GRUNDZÜGE DER GESCHICHTE · SEKUNDARSTUFE II

Historisch-politisches Arbeitsbuch

QUELLENBAND II

GRUNDZÜGE DER GESCHICHTE · SEKUNDARSTUFE II

Historisch-politisches Arbeitsbuch

QUELLENBAND II

Vom Zeitalter der Aufklärung bis zur Gegenwart

Bearbeitet von

Hermann Meyer und Wilhelm Langenbeck

in Verbindung mit

Hans-Georg Fernis, Joachim Hoffmann, Nikolaus von Preradovich und Werner Ripper

VERLAG MORITZ DIESTERWEG

Frankfurt am Main · Berlin · München

GRUNDZÜGE DER GESCHICHTE . SEKUNDARSTUFE II

Historisch-politisches Arbeitsbuch

Herausgegeben von Hans-Georg Fernis, Eugen Kaier und Hermann Meyer

Textband I Von der Urzeit bis zum Zeitalter des Absolutismus

Bearbeitet von Hans-Georg Fernis und Heinrich Haverkamp in Verbindung mit Ernst Busch und Joachim Hoffmann

Diesterweg 7374

Textband II Vom Zeitalter der Aufklärung bis zur Gegenwart

Bearbeitet von Hans-Georg Fernis und Andreas Hillgruber in Verbindung mit Ernst Busch und Joachim Hoffmann

Diesterweg 7375

Quellenband I Von der Urzeit bis zum Zeitalter des Absolutismus

Bearbeitet von Rudolf Weirich und Gerhart Bürck in Verbindung mit Richard Dietrich, Joachim Hoffmann, Hermann Meyer und Nikolaus v. Preradovich

Diesterweg 7376

Quellenband II Vom Zeitalter der Aufklärung bis zur Gegenwart

Bearbeitet von Hermann Meyer und Wilhelm Langenbeck in Verbindung mit Hans-Georg Fernis, Joachim Hoffmann, Nikolaus v. Preradovich und Werner Ripper

Diesterweg 7377

Genehmigt für den Gebrauch in Schulen.
Genehmigungsdaten teilt der Verlag auf Anfrage mit.

ISBN 3-425-07377-X

7. Auflage

Druck: aprinta, Wemding
Bindearbeiten: Großbuchbinderei Monheim GmbH

Inhaltsverzeichnis

ABSCHNITT I
Das Zeitalter der Aufklärung

A. Preußen und Österreich. Die Anfänge des Dualismus in Deutschland

B. Staatslehre

C. Der aufgeklärte Absolutismus

D. Wandlungen in Wirtschaft und Gesellschaft

E. Die Entstehung der Vereinigten Staaten von Amerika

ABSCHNITT II
Die Französische Revolution und ihre Überwindung durch Napoleon I.

ABSCHNITT III
Kapitalistische Wirtschaft und soziale Probleme im 19. Jahrhundert

ABSCHNITT IV
Nationalismus und Imperialismus

A. Deutschland im 19. Jahrhundert

C. Frankreich: Zur Kolonial- und Außenpolitik der Dritten Republik

D. Die angelsächsischen Staaten

E. Japans Aufstieg zur Großmacht im Fernen Osten

ABSCHNITT V
Zur politischen Geschichte des Ersten Weltkriegs

ABSCHNITT VI
Das bolschewistische Rußland von der Revolution bis zum Beginn des Zweiten Weltkrieges

A. Die Weiterentwicklung der marxistischen Geschichts- und Gesellschaftstheorie bei W.I. Lenin

B. Dokumente der bolschewistischen Revolution 1917

C. Die NEP-Politik Lenins

D. Von Lenin zu Stalin

ABSCHNITT VII
Das Deutsche Reich 1918 bis 1933

A. Das Reich im europäischen Spannungsfeld

B. Die innenpolitischen Probleme der Weimarer Republik

C. Die Stellung der Reichswehr in der Weimarer Republik

D. Weltwirtschaft und Reparationen

ABSCHNITT VIII
Österreich von St. Germain bis zur Moskauer Erklärung 1943

ABSCHNITT IX
Faschismus und Nationalsozialismus

A. Der Faschismus

B. Der Nationalsozialismus

C. Die Vernichtung des Rechtsstaates

D. Der Antisemitismus

E. Die christlichen Kirchen im nationalsozialistischen Staat

F. Nationalsozialistische Außenpolitik

G. Die deutsche Widerstandsbewegung gegen den Nationalsozialismus

ABSCHNITT X
Die Ausweitung des kommunistischen Machtbereichs in Europa und Asien seit 1939

A. Europa

B. China

C. Fragen der Koexistenz

ABSCHNITT XI

Die Politik der westlichen Demokratien seit 1930

A. Politik der angelsächsischen Mächte zwischen 1930 und 1960

B. Mitteleuropa im Spannungsfeld zwischen West und Ost

ABSCHNITT XIII
Die Frage der Sicherung des Weltfriedens

ABSCHNITT XIV
Die Lage der beiden Führungsmächte bis Anfang der 70er Jahre

A. Die Situation der Vereinigten Staaten

B. Die Situation der Sowjetunion

Verzeichnis der Abbildungen

die im Einklang stehen mit dem gesunden Menschenverstand und der Gerechtigkeit, und ihre möglichst strenge Durchführung. Statt dessen bietet es das schreckliche Schauspiel eines Landes, wo Menschen mit Menschen handeln, ohne dazu auch nur eine Rechtfertigung zu haben, die sich die amerikanischen Plantagenbesitzer so listig erschleichen, indem sie behaupten, der Neger sei kein Mensch."

Entnommen aus Walter G. Oschilewski: Stimmen der Menschlichkeit; Fackelträger Verlag

Links: „Friedensidylle" (1871).
Für die Zeitung „Charivari" (Katzenmusik) schuf Daumier Tausende solcher Lithographien, mit denen er die politischen und gesellschaftlichen Zeitverhältnisse leidenschaftlich karikierte.

Faksimile aus dem Entwurf des Abschiedsgesuches des Reichskanzlers Bismarck vom 18. März 1890 mit seinen eigenhändigen Verbesserungen. – Fotos Ullstein-Bilderdienst

Die Proklamation des amerikanischen Präsidenten Abraham Lincoln zur Sklavenbefreiung vom 1. Januar 1863. – Foto USIS

Der Koloß oder Die Panik. Gemälde, 1808, von Francisco de Goya (1746–1828). – Madrid, Prado; Farbaufnahme Scala

Goya vermochte dank einer schnellen Karriere am spanischen Hof mit Gelassenheit auf die Launen seiner Auftraggeber einzugehen und doch die Nichtigkeiten ihres Lebens, ihr Blendwerk in seinen Gemälden zu enthüllen. Er näherte sich der Welt von Bosch und Brueghel, wenn er – am Ende des Jahrhunderts der Aufklärung – die von jenen gezeichnete Welt des Wahnsinns und physischer Grausamkeiten im Inneren der Seele und des menschlichen Gehirns findet und in seinen Gemälden beschwört. Der entsetzliche Krieg zwischen den Spaniern und Napoleon erregte seine Fantasie. 1809 malt er den ersten seiner kosmischen Alpträume, den „Koloß", und beginnt danach die Serie der „Desastros de la guera" (Schrecken des Krieges).

Oben: Abraham Lincoln. Miniatur, 1864, von Daniel Huntington (1816–1906). – Lincolniana, Fort Wayne/Indiana

Huntington galt während der Amtszeit Lincolns als einer der bedeutendsten Porträtisten Amerikas und hat den Präsidenten wahrscheinlich nach dem Leben dargestellt. Die Miniatur ist auf Elfenbein gemalt, das von einem Metallgehäuse eingefaßt ist. Sie zeigt den Präsidenten in seiner Amtskleidung.

Unten: Otto von Bismarck. Pastellbildnis von Franz von Lenbach (1836–1904). – Stiftung Preußischer Kulturbesitz: Berlin-Dahlem, Staatliche Museen, Nationalgalerie; Farbaufnahme Walter Steinkopf

Rue Montorgueil mit Fahnen. Gemälde, 1878, von Claude Monet (1840–1926). – Rouen, Musée des Beaux-Arts; Farbaufnahme Giraudon

Im Impressionismus gelangen die realistischen Ausdrucksmöglichkeiten des Bürgertums zu ihrer letzten Steigerung. Die Gegenständlichkeit ist nur noch als Träger des Atmosphärischen für den Künstler von Bedeutung. Monets vibrierende Farbtechnik zeugt in der konsequent durchgeführten Verwendung nur der Grund- und Komplementärfarben von fast mathematischer Überlegung.

ABSCHNITT I

Das Zeitalter der Aufklärung

A. Preußen und Österreich. Die Anfänge des Dualismus in Deutschland

Einführung

Die Außenpolitik vollzieht sich im Zeitalter der Aufklärung im bisherigen Stil; sie wird weiterhin von den Machtkämpfen der Großmächte beherrscht. Friedrich der Große erhebt Preußen durch die Eroberung der schlesischen Provinzen und deren Behauptung im Siebenjährigen Krieg zur zweiten deutschen Großmacht neben Österreich und schafft damit jenes spannungsgeladene Nebeneinander, jenen machtpolitischen Dualismus, der das Verhältnis beider Staaten für die Folgezeit bestimmt. Der Verlust Schlesiens bedeutet eine unverkennbare Schwächung der habsburgischen Stellung im Reich. Mit seiner rein preußisch orientierten Konzeption gibt Friedrich den Anstoß zum Zerfall und schließlichen Zusammenbruch des alten deutschen Reiches.

Quellen

1. Friedrich der Große: Wann kann ein Herrscher einen Krieg verantworten?

Die Werke Friedrichs d. Gr., hrsg. von G.B. Volz, Bd. VII, S. 111–114, Berlin 1913.

„Wir wollen uns nunmehr die Frage vorlegen, wann ein Herrscher einen Krieg verantworten kann, ohne sich Vorwürfe machen zu müssen über seiner Untertanen vergossenes Blut, wann es ohne zwingende Notwendigkeit und wann es aus Eitelkeit und Hoffart geschieht.

Von allen Kriegen die gerechtesten und unvermeidlichsten sind die Verteidigungskriege, sobald Feindseligkeiten ihrer Gegner die Fürsten zu wirksamen Maßregeln wider deren Angriffe zwingen und sie Gewalt mit Gewalt abwehren müssen. Dann liegt in der Stärke ihres Arms aller Schutz wider die Begehrlichkeit ihrer Nachbarn und alle Bürgschaft für die Ruhe ihrer Untertanen in der Tapferkeit der Truppen; und genau wie der im Recht ist, der einen Dieb, den er just beim Einbruch ertappt, aus dem Hause jagt, so ist es eine Tat im Namen des Rechts, wenn ein Großer oder ein König mit Waffengewalt einen Usurpator zwingt, aus seinen Staaten zu weichen. Nicht weniger wohlbegründet als die genannten Kriege sind solche, durch die ein Herrscher bestimmte Rechte oder bestimmte Ansprüche, die man ihm bestreiten will, behauptet. Über Könige gibt es keinen Gerichtshof mehr, keine Obrigkeit hat über ihre Händel ein Urteil zu fällen, so muß denn das Schwert über ihre Rechte und die Stichhaltigkeit ihrer Beweismittel entscheiden. Das ist die Art, wie Fürsten ihren Rechtsstreit führen, mit den Waffen in der Hand; so zwingen sie, wenn es ihnen gelingt, ihre Neider, der Gerechtigkeit ihrer Sache die Bahn frei zu geben. So dienen denn solche Kriege der Erhaltung des Rechtszustandes in der Welt und der Verhütung der Völkerknechtung: das heiligt ihre Anwendung, ja macht sie unerläßlich.

Auch Angriffskriege gibt es, die ihre Rechtfertigung in sich tragen, ebenso wie die eben besprochenen: es sind das die vorbeugenden Kriege, wie sie Fürsten wohlweislich dann unternehmen, wenn die Riesenmacht der größten Staaten alle Schranken zu durchbrechen und die Welt zu verschlingen droht. Man sieht ein Unwetter sich zusammenziehen, allein vermag man es nicht zu beschwören, da vereinigt man sich mit allen den Mächten, die gemeinsame Gefahr zu Schicksalsgefährten macht. . . .

Klugheit empfiehlt immer die Wahl des kleineren Übels und ein Handeln, solange man seines Handelns Herr ist. Besser also zum Angriffskriege schreiten, solange man noch zwischen Ölzweig und Lorbeer zu wählen hat, als bis zu dem Zeitpunkt warten, wo alles so verzweifelt steht, daß eine Kriegserklärung nur noch einen Aufschub der völligen Knechtung und des Unterganges um Augenblicke bedeutet . . .

So sind denn also alle Kriege, die, nach strenger Prüfung, der Abwehr eines Usurpators, der Aufrechterhaltung wohlverbriefter Rechte, der Sicherung der Freiheit der Welt, der Notwehr wider Bedrückung und Gewalttat durch die Ehrgeizigen dienen, in Übereinstimmung mit den Forderungen des Rechtes und der Billigkeit. Beginnt ein Landesherr einen Krieg von dieser Art, so ist er unschuldig an allem vergossenen Blut: er befand sich in der Zwangslage zu handeln, und unter solchen Umständen ist der Krieg ein geringeres Übel als der Friede. . . .

Jedoch, die Walter und Herren der Welt können nicht vorsichtig und umsichtig genug jeden ihrer Schritte bedenken, können nicht sparsam genug mit dem Leben der Ihren geizen, denn jene sind ja nicht ihre Hörigen, sie sollen ihresgleichen in ihnen sehen . . ."

2. Friedrich der Große über Österreich

Aus dem Politischen Testament von 1768. Entnommen aus Friedrich der Große, Die Politischen Testamente, übers. von Fr. v. Oppeln-Bronikowski, 3. Aufl. München 1941, S. 209f.

„Die österreichische Macht, von der wir jetzt reden wollen, bedarf besonderer Aufmerksamkeit. Mit dem Kaiserhaus war es seit Karls V. Zeiten abwärts gegangen. Unter Karl VI. erhob es sich wieder, aber nach dem Tode dieses letzten Kaisers, der keinen männlichen Erben hinterließ, hielt Europa Österreich für verloren. Eine Frau richtete es wieder auf und erhielt es aufrecht. Sie wurde zum Abgott eines noch vor kurzem aufsässigen Volkes, das sie zum Kampf für ihre Sache entflammte[1]. . . . Ihre Einkünfte werden auf jährlich 26 Millionen geschätzt. Sie hält gegenwärtig 140000 Mann und kann diese Zahl auf 200000 erhöhen, wenn der Anlaß und die Verhältnisse es erfordern. Ihre Macht wäre noch bedrohlicher, müßte sie nicht jährlich 8 Millionen Taler für Zinszahlungen und für einen Fonds zur Abtragung der Schulden des letzten Krieges abrechnen. Sie versteht sich auf die Kunst, geschickte Minister zu finden und anzustellen. Ihr Ministerrat übertrifft durch kluge und planvolle Leitung der Geschäfte diejenigen aller anderen Herrscher. Sie regiert selbst und führt ihren Sohn in die Geschäfte ein, und dieser folgt ihren Anregungen . . . Haltet stets fest, daß jeder große Herrscher den Wunsch hat, seine Herrschaft zu erweitern. Auch die Kaiser-Königin hat wie jeder andere ihre ehrgeizige Ader. Die Staatsraison verlangt, daß diese Absichten in undurchdringliche Schleier gehüllt bleiben, und daß man ihre Ausführung hinausschiebt, solange die Mittel fehlen, es mit Erfolg zu tun. Man darf daher das System der Friedfertigkeit, das der Wiener Hof zur Schau trägt, nur den 180 Millionen Schulden zuschreiben, die den Staatsbankrott herbeiführen

[1] Anspielung auf die Ungarn.

würden, wenn ein neuer Krieg ausbräche, bevor er einen beträchtlichen Teil davon bezahlt hat."

3. Maria Theresia über Preußen

Aus einem Erlaß Maria Theresias zur Neuordnung der Staatsbehörden. 2. Mai 1749. H. Kretschmayr, Denkschriften Maria Theresias, S. 250ff.

„... Gar leicht erkannte Ich durch eigene Erfahrenheit, daß ohne augenscheinlichen Wunderwerk die Monarchie auf den Fuß, wie die Sachen bishero gestanden, so lange sich nicht souteniret hätte, viel weniger aber hinfüro sich souteniren könne, wo ein so ansehnlicher Antheil davon einem gefährlichen Nachbarn zu Theil geworden, deme an Kräften so wenig als an Willen es fehlet immer mehrers sich auszubreiten: der seiner Lage nach weit wenigeren Risico als Ich eines anderwärts gegen ihn ausbrechen können den Kriegs ausgesetzt ist, nachdeme er mit weit wenigeren Nachbarn als Ich umgeben: der in forthiniger Bereitschaft und vornehmlich in einer so beschaffenen Verfassung bei sich alles hat, daß alles, so er will, nicht nur befolget, sondern auf das Schleinigste befolget wird, anstatt daß nach der bisherigen Regierungsart ungemein viel Zeit es erforderte, bevor das Anbefohlene zu Standen allhier gebracht werden können, und daß diesem ersteren Gebrechen der hiesigen Verfassung abzuhelfen seie, in so lange nicht die Sachen mehrers concentriret und durch wenigere Hände und Stellen hinfüro laufen würden ... Das vor selbe Teutsche-Erblande festgesetzte Systema in Militari, Camerali und Schuldwesen begreifet in sich sowohl die Hungarische als auch die Böhmisch- und Österreichische-Erblande und setzet mich in Stand, nach Bestreitung der vorfallenden Cameralausgaben und nothdürftigsten Bedeckung des Schuldenstatus, in denenselben 110000 Mann auszuhalten, auch nach und nach möglichster Dingen jährlich eine Cassae-Ersparnüß zu machen, umb hiermit bei einem feindlichen Einfall meine Armé sogleich in marschfertigen Zustand zu setzen, mithin andurch jene schädliche Situation zu vermeiden, welche mich leider bei dem Antritt meiner Regierung betroffen und welche der eigentliche Ursprung alles nachhero erfolgten Unheils ist."

B. Staatslehre

Einführung

Ausgangspunkt für die Staatslehre der Aufklärung ist das naturrechtliche Denken. Hatte der englische Philosoph Thomas Hobbes (1651) aus dem Gedanken des Gesellschaftsvertrages die absolute Monarchie begründet, so führt die politische Entwicklung Englands die Staatsdenker zu anderen Folgerungen. Zwar gehen auch Locke und die französischen Theoretiker vom Gesellschaftsvertrag aus; doch modifizieren ihre Lehren den absolutistischen Staat und unterhöhlen ihn allmählich geistig. England wirkt auf das Festland ein, dessen Staatstheoretiker sich an der englischen Verfassung orientieren. Sie bauen das englische Ideal der Gewaltenteilung systematisch aus. Der bei Rousseau in diesem Zusammenhang erkennbare Rückschlag wirkt sich in der Französischen Revolution aus, ist aber nicht von dauerndem Einfluß. Die Lehre von der Trennung und gegenseitigen Hemmung der Gewalten findet ihre Verwirklichung in der Verfassung der Vereinigten Staaten von Nordamerika und hat auch die Verfassungen der europäischen Staaten im 19. und 20. Jahrhundert bestimmt.

Quellen

4. Aus John Locke: Zwei Abhandlungen über Regierung (Two treatises of government) 1690

„Das erste und grundlegende Gesetz aller Staaten ist die Einrichtung der legislativen Gewalt. Die legislative Gewalt ist nicht nur die höchste Gewalt des Staates, sie ist auch heilig und unabänderlich in den Händen, in welche die Gemeinschaft sie einmal gelegt hat. Da aber die Gesetze, die dort auf einmal und innerhalb kurzer Zeit gegeben werden, eine immerwährende Kraft haben und stetiger Aufsicht bedürfen, muß überdies eine ständige Gewalt vorhanden sein, die auf die Vollziehung der erlassenen Gesetze achtet. Und so kommt es oft vor, daß die legislative und exekutive Gewalt getrennt werden. Es gibt aber noch eine dritte Gewalt, die (außenpolitische) Gewalt über Krieg und Frieden, über Bündnisse und sonstige Abmachungen außerhalb des Staates. Sie kann föderative Gewalt genannt werden. Und obwohl die exekutive und föderative Gewalt jedes Staates in Wirklichkeit von einander verschieden sind, so können sie doch ... kaum in die Hände verschiedener Personen gelegt werden.

Obwohl es in einem geordneten Staate nur *eine* höchste Gewalt geben kann, welches die Legislative ist, und der alle übrigen untergeordnet sein müssen, so verbleibt dennoch dem Volke die höchste Gewalt, die Legislative zu entfernen oder zu ändern, wenn es findet, daß die Legislative dem in sie gesetzten Vertrauen zuwiderhandelt."

5. Aus Voltaire: Briefe über die Engländer, 1733

Georg Brandes, Voltaire, Berlin 1923

Aus Brief 8: „Die englische Nation ist die einzige auf Erden, die durch ihren Widerstand es zu einer Abgrenzung der königlichen Gewalt gebracht und nach verschiedenen Anläufen endlich die kluge Regierungsform geschaffen hat, durch die der Fürst alle Macht erhält, das Gute zu tun, seine Hände aber gebunden sieht, falls er das Schlechte wollte. Das Haus der Lords und das der Gemeinen sind die beiden Schiedsrichter der Nation, der König aber ist ihr Beauftragter."

Aus Brief 9: „Ein Mann ist hier keineswegs von der Entrichtung gewisser Steuern befreit, weil er ein Adliger oder ein Priester ist; alle Auflagen werden vom Unterhaus geregelt ... Die Lords und Bischöfe können wohl ein Gesetz des Unterhauses ablehnen, wenn es sich um neue Steuern handelt, aber sie haben kein Recht, etwas daran zu ändern. Wenn das Gesetz von den Lords bestätigt und vom König gebilligt worden ist, zahlt jedermann, und zwar nicht seinem Range nach, was man dort als lächerlich empfinden würde, sondern seinem Einkommen nach."

6. Aus Montesquieu: Vom Geist der Gesetze, 1748

Übersetzt und eingeleitet von E. Forsthoff, Tübingen 1951, S. 214ff.

„In jedem Staate gibt es drei Arten von Gewalten, die gesetzgebende Gewalt, die Macht, die die Dinge vollzieht, die zum Völkerrecht gehören, und die Macht, welche diejenigen ausführt, die zum bürgerlichen Recht gehören. Durch die erste gibt der Fürst oder die Obrigkeit ihre Gesetze für eine gewisse Zeit oder für immer, verbessert oder schafft die bestehenden ab. Durch die zweite macht er Frieden oder Krieg, schickt er Gesandtschaften ab oder empfängt welche, sorgt er für die öffentliche Sicherheit, beugt fremden Einfällen vor. Durch die dritte bestraft er die Verbrecher oder schlichtet die Zwistigkeiten unter den einzelnen Bürgern. Man kann diese letztere die richterliche Gewalt nennen, die zweite einfach die vollziehende Gewalt des Staates.

Die politische Freiheit ist bei einem Bürger jene Geistesruhe, die sich auf die Überzeugung stützt, die jeder von seiner persönlichen Sicherheit hat, und damit man diese Freiheit besitze, muß die Regierung so sein, daß kein Bürger den anderen zu fürchten braucht.

Wenn in derselben Person oder in derselben Körperschaft die gesetzgebende Gewalt mit der vollziehenden Gewalt vereinigt ist, so herrscht keine Freiheit, weil man befürchten kann, daß derselbe Monarch oder derselbe Senat tyrannische Gesetze gebe, um sie tyrannisch zu vollziehen.

Es gibt auch keine Freiheit, wenn die richterliche Gewalt von der gesetzgebenden und der vollziehenden nicht getrennt ist. . . .

Alles wäre verloren, wenn derselbe Mann oder dieselbe Körperschaft der Vornehmen oder der Adligen oder des Volkes diese drei Gewalten ausüben würde: die, Gesetze zu geben, die öffentlichen Beschlüsse zu vollstrecken und die Verbrechen oder die Streitsachen des einzelnen zu richten . . .

Da in einem freien Staate jeder vernünftige Mensch von sich selbst regiert werden sollte, so müßte das gesamte Volk die gesetzgebende Gewalt besitzen; aber da dies in großen Staaten unmöglich und auch in kleinen vielen Übelständen unterworfen ist, muß das Volk durch seine Vertreter tun, was es nicht selbst tun kann.

Man kennt die Bedürfnisse seiner Stadt besser als die der andern Städte, und man beurteilt die Tätigkeit seines Nachbarn besser als die seiner übrigen Landsleute. Daher sollen die Mitglieder der gesetzgebenden Behörde im allgemeinen nicht aus dem gesamten Volke gezogen werden; aber es geziemt sich, daß in jedem Hauptort die Einwohner sich einen Vertreter wählen. Der große Vorteil der Vertreter ist, daß sie imstande sind, die Geschäfte zu besprechen. Das Volk ist dazu keineswegs geeignet, was einer der großen Übelstände der Demokratie ist.

Alle Bürger in den verschiedenen Bezirken sollen das Recht haben, ihre Stimme zur Wahl des Vertreters abzugeben, außer denjenigen, die in einem so niedrigen Stande leben, daß man nicht annehmen kann, sie hätten einen besonderen Willen.

Es gibt in jedem Staat Leute, die durch Geburt, Reichtum und Ehre hervorragen; aber wenn sie in die gleiche Linie mit dem Volke gestellt würden und nur eine Stimme hätten wie die anderen, so wäre die allgemeine Freiheit ihre Knechtschaft, und sie hätten keinen Vorteil, sie zu verteidigen, weil die meisten Beschlüsse gegen sie ausfallen würden. Der Anteil, den sie an der Gesetzgebung haben, soll daher im Verhältnis zu den anderen Vorteilen stehen, die sie im Staate haben; was geschieht, wenn sie eine Körperschaft bilden, die das Recht haben soll, die Unternehmungen des Volkes aufzuhalten, wie das Volk das Recht hat, ihre eigenen aufzuhalten.

So soll die gesetzgebende Gewalt einer Körperschaft der Adligen und einer das Volk vertretenden Körperschaft anvertraut werden; jede von ihnen soll besondere Versammlungen und Beratungen, getrennte Ziele und Interessen haben.

Von den drei Gewalten, von denen wir gesprochen haben, ist die richterliche gewissermaßen nichtssagend. So bleiben nur zwei; und da sie einer ordnenden Gewalt bedürfen, um sie zu mäßigen, ist der Teil des gesetzgebenden Körpers, der aus Adligen zusammengesetzt ist, sehr geeignet, diese Wirkung hervorzubringen.

Die Körperschaft der Adligen soll erblich sein. Sie ist es . . . ihrer Natur nach, und muß . . . ein sehr großes Interesse daran haben, ihre an sich schon verhaßten Vorrechte beizubehalten, die in einem freien Staate immer in Gefahr sein müssen.

Aber eine erbliche Gewalt könnte versucht sein, ihre besonderen Interessen zu verfolgen und die des Volkes zu vergessen; in den Gesetzen über die Erhebung des Geldes hätte sie ein höchstes Interesse, eigennützige Ziele zu verfolgen; daher soll sie an der Gesetzgebung nur Anteil haben durch die Befugnis, Beschlüsse zu verhindern, und nicht durch die, solche zu fassen. Ich nenne Befugnis, Beschlüsse zu fassen, das Recht, selber Verfügungen zu treffen oder zu verbessern, was ein anderer verfügt hat. Ich nenne Befugnis zu verhindern, das Recht, einen von einem andern gefaßten Beschluß aufzuheben, was in Rom den Tribunen zukam. Und obgleich derjenige, der die Befugnis zu verhindern hat, auch das Recht der Zustimmung haben kann, so ist diese Zustimmung dann nichts andres als eine Erklärung, daß er keinen Gebrauch von seiner Befugnis zu verhindern macht, und ist von dieser Befugnis abgeleitet.

Die vollziehende Gewalt soll in den Händen eines Monarchen liegen, weil dieser Teil der Regierung, der fast immer eine augenblickliche Handlungsweise nötig hat, besser von einem als von mehreren verwaltet wird, während hingegen, was zur gesetzgebenden Gewalt gehört, besser von mehreren als von einem einzelnen angeordnet wird. Wenn aber kein Monarch da wäre und die vollziehende Gewalt einer gewissen Anzahl von Personen der gesetzgebenden Behörde anvertraut würde, so hätte man keine Freiheit mehr, weil die beiden Gewalten vereinigt wären. ...

Wenn die gesetzgebende Behörde lange Zeit nicht versammelt würde, wäre keine Freiheit mehr. Denn: ... entweder gäbe es keine gesetzgebenden Beschlüsse mehr und der Staat würde der Anarchie verfallen, oder diese Beschlüsse würden von der vollziehenden Behörde gefaßt, die damit unumschränkt würde.

Es wäre nicht gut, wenn die gesetzgebende Behörde immer versammelt wäre. Das wäre unbequem für die Vertreter und würde übrigens die ausführende Gewalt zu sehr beschäftigen, die nicht ans Vollziehen, sondern an die Verteidigung ihrer Vorrechte und ihres Rechtes zur Vollziehung denken würde.

Wenn die vollziehende Gewalt nicht das Recht hat, den Plänen des gesetzgebenden Körpers entgegenzutreten, wird dieser despotisch sein; denn da er sich jede beliebige Gewalt verleihen kann, wird er alle anderen Gewalten vernichten.

Aber umgekehrt soll die gesetzgebende Gewalt nicht die Befugnis haben, die vollziehende Gewalt aufzuhalten; denn da das Vollziehen der Natur nach seine Grenzen hat, ist es unnütz, es zu beschränken, abgesehen davon, daß die vollziehende Gewalt sich immer an Dingen des Augenblickes betätigt. ...

Aber wenn in einem freien Staate die gesetzgebende Gewalt nicht das Recht haben darf, die vollziehende Gewalt aufzuhalten, so hat sie doch das Recht und soll die Befugnis haben, zu prüfen, wie die von ihr gegebenen Gesetze ausgeführt werden.

Da der gesetzgebende Körper aus zwei Teilen zusammengesetzt ist, wird durch die gegenseitige Befugnis der Verhinderung der eine den anderen im Zaume halten. Beide werden von der vollziehenden und diese selbst wieder von der gesetzgebenden Gewalt gebunden werden."

7. Rousseau: Der Gesellschaftsvertrag, 1762

Rousseaus „Gesellschaftsvertrag" gehört zu den umstrittensten Staatsschriften der Aufklärungsepoche. Wir zitieren aus dem Buch von Otto Vossler, „Rousseaus Freiheitslehre" Göttingen 1963 S. 222, 223 zum besseren Verständnis unserer Textstellen.

„Wie also lautet jetzt — nunmehr endlich positiv und richtig — die Aufgabe, die der 'Contrat' lösen will? Daß der Staat ohne fremde Hilfe und Vorschrift vom

Menschen selbst zu schaffen ist, wissen wir schon. Aber das tun die Machtstaaten auch. Sie sind verworfen worden, weil sie „mit dem Wesen des Menschen unvereinbar" sind. Die Aufgabe ist also enger gestellt: das Menschenwerk Staat muß so beschaffen sein, daß es mit dem Wesen des Menschen vereinbar ist, mit seiner Freiheit. Wesen und Bestimmung des Menschen ist die Freiheit; im Staate aber muß er sich der Ordnung fügen. Wie kann dieser Widerspruch in Rechtmäßigkeit gelöst werden? Das ist, in die nüchterne Sprache unserer Zeit übertragen, der Sinn jenes prachtvollen Paukenschlages, mit dem Rousseau con gusto seinen 'Contrat' eröffnet: „Der Mensch ist frei geboren und überall liegt er in Ketten... Was kann diesen Wandel rechtfertigen?" Es ist also das alte Problem der Versöhnung von Freiheit und Ordnung, von Freiheit und Zwang. Das war schon längst gelöst in seiner alten Form, durch die Lehre vom Naturrecht. Rousseau hat diese Lehre und ihre Lösung widerlegt und verworfen. Für ihn stellt sich jetzt das alte Problem in einer gänzlich neuen und strengeren Gestalt, vor allem deshalb, weil für ihn Freiheit — nicht mehr Genuß einer gegebenen, sondern Schaffung einer eigenen Ordnung — eine gänzlich neue und viel strengere Bedeutung gewonnen hat. Aus dem Sein, Haben und Recht ist ein Sollen, Tun und Pflicht geworden, die erfüllt werden muß. Aus dem vernünftigen und zugleich nutzbringenden Gehorsam gegenüber einem präexistenten, ichfremden Gebot ist der unbedingte Gehorsam nur gegenüber dem eigenen Willen geworden, die volle Selbstbestimmung des Menschen. Dasselbe Gebot des „Sei du selbst!", „Gehorche keinem fremden Willen!", das der Zögling Emile in seinem animalischen wie in seinem utilitarischen, in seinem vernünftigen wie in seinem — erst beginnenden — moralischen Verhalten befolgt und verwirklicht hat, es soll jetzt auch in seinem politischen Verhalten, auch im Staate befolgt und verwirklicht werden. Was bisher nur in einer höchst künstlichen Isolierung gelingen mochte, es muß jetzt ohne jede Konzession auch im Staate gelingen. Der unerhört sperrige Mensch, der nur sich selbst gehorcht und gehorchen darf, soll jetzt in den Staat eingefügt werden und auch in ihm sich selbst, lediglich seinem eigenen Willen gehorchen. Die Frage lautet also nicht einfach: wie läßt sich die Freiheit, sondern von Grund auf verändert: wie läßt sich die Selbstbestimmung des Menschen mit der Ordnung und dem Zwange des Staates versöhnen? Entsprechend formuliert Rousseau im 6. Kapitel das Problem viel präziser und schwieriger als im ersten mit den Sätzen:

Buch I, Kap. 6: „Da die Stärke und die Freiheit jedes Menschen die Hauptwerkzeuge seiner Erhaltung sind, wie kann er sie hergeben, ohne sich Schaden zu tun und die Sorgfalt zu versäumen, die er sich selbst schuldet? Diese Schwierigkeit läßt sich...in die Worte zusammenfassen: ‚Wie findet man eine Gesellschaftsform, die mit der ganzen gemeinsamen Kraft die Person und das Vermögen jedes Gesellschaftsglieds verteidigt und schützt und kraft dessen jeder einzelne, obgleich er sich mit allen vereint, doch nur sich selbst gehorcht und so frei bleibt wie vorher?' "

„Scheidet man vom Gesellschaftsvertrag alles aus, was nicht zu seinem Wesen gehört, so wird man sich überzeugen, daß er sich in folgende Worte zusammenfassen läßt: Jeder von uns stellt gemeinschaftlich seine Person und seine ganze Kraft unter die oberste Leitung des allgemeinen Willens, und wir nehmen jedes Mitglied als untrennbaren Teil des Ganzen auf."

Rousseau behandelt dann vergleichend den Naturzustand und den Vertragszustand der Menschheit. Der Vertragszustand gilt ihm als der höhere, weil er sittliche Maßstäbe, Achtung des Nächsten, Bildung einer echten Gemeinschaft überhaupt erst ermöglicht. Aber deshalb muß auch ein echter Vertragszustand vorhanden sein. Unterwerfung unter den fürstlichen Willen ist kein Vertrag. Die Staatshoheit kann nach Rousseau niemals veräußert werden, sie kann daher auch nicht vertreten werden. Rousseau folgert aus solchen Überlegungen im 15. Kap. des III. Buchs:

„Die Staatshoheit... „besteht wesentlich im allgemeinen Willen, und der Wille läßt sich nicht vertreten; er bleibt derselbe oder ist ein anderer" ... die Abgeordneten eines Volkes sind also nicht seine Vertreter und können es gar nicht sein; sie sind nur seine Bevollmächtigten und dürfen nichts entscheidend beschließen. Jedes Gesetz, das das Volk nicht selbst bestätigt hat, ist null und nichtig; es ist überhaupt kein Gesetz. Das englische Volk wähnt frei zu sein; es täuscht sich gründlichst; nur während der Wahlen der Parlamentsmitglieder ist es frei; haben diese stattgefunden, dann lebt es wieder in Knechtschaft, ist es nichts anderes als Objekt der Staatsgewalt..."

C. Der aufgeklärte Absolutismus

Einführung

Die Lehren der Aufklärung von Religion, Staat und Wirtschaft, ihre Auffassungen von Humanität und Toleranz wirken auf die Innenpolitik verschiedener kontinentaler Staaten und verändern das Gesicht des Absolutismus. Friedrich der Große in Preußen, Maria Theresia und Joseph II. in Österreich, Katharina die Große in Rußland sind vom Geiste der Zeit beeinflußt und werden wenigstens in ihren innenpolitischen Maßnahmen von ihm bestimmt.

Vornehmlich in Österreich und Preußen entsteht der aufgeklärte Absolutismus, jene Spielart der unumschränkten Regierungsform, in der sich der Regent als Diener seines Staates fühlt und die Förderung des allgemeinen Wohles als oberste Maxime seines politischen Handelns erkennt: Betonte Hinwendung der königlichen Maßnahmen auf Gewerbe, Handel und Verkehr, innere Kolonisation (in Preußen im Oder- und Warthebruch, im Netzedistrikt und in Westpreußen; in Österreich im Banat und in der Bukowina), Humanisierung von Verwaltung und Justiz, Pflege des Schul- und Unterrichtswesens, religiöse Toleranz. Preußen wie Österreich werden so zu Vorbildern für zahlreiche andere deutsche Staaten: für Sachsen, Bayern, Baden und andere. Sozial- und verfassungspolitisch gesehen nehmen beide Länder auf diese Weise vieles von dem vorweg, was erst durch die Französische Revolution zu allgemeinen Forderungen erhoben wird.

Quellen

8. Friedrich der Große: Der Herrscher als erster Diener des Staates

Aus dem politischen Testament von 1752. In: Friedr. d. Große, Die Politischen Testamente, a.a.O., S. 41ff.

„In einem Staate wie Preußen ist es durchaus notwendig, daß der Herrscher seine Geschäfte selbst führt. Denn ist er klug, wird er nur dem Staatsinteresse folgen, das auch das seine ist. Ein Minister dagegen hat, sobald seine eigenen Interessen in Frage kommen, stets Nebenabsichten. Er besetzt alle Stellen mit seinen Kreaturen, statt verdienstvolle Leute zu befördern, und sucht sich durch die große Zahl derer, die er an sein Schicksal kettet, auf seinem Posten zu befestigen. Der Herrscher dagegen wird den Adel stützen, die Geistlichkeit in die gebührenden Schranken weisen, nicht dulden, daß die Prinzen von Geblüt Ränke spinnen, und das Verdienst ohne jene eigennützigen Hintergedanken belohnen, die die Minister bei allen ihren Handlungen hegen.

Ist es aber schon notwendig, daß der Herrscher die inneren Angelegenheiten seines Staates selber lenkt, um wieviel mehr muß er dann seine äußere Politik selbst leiten, die Allianzen schließen, die ihm zum Vorteile gereichen, seine Pläne selber entwerfen und in bedenklichen und schwierigen Zeitläuften seine Entschlüsse fassen. Bei dem innigen Zusammenhang zwischen Finanzen, innerer Verwaltung, äußerer Politik und Heerwesen ist es unmöglich, einen dieser Zweige ohne Rücksicht auf die anderen zu behandeln. Sobald das geschieht, fahren die Fürsten schlecht. In Frankreich regieren vier Fachminister das Königreich: der Finanzminister unter dem Namen des Generalkontrolleurs, der Marineminister, der Kriegsminister und der Minister der auswärtigen Angelegenheiten. Diese vier Könige verständigen und vertragen sich nie. Daher kommen all die Widersprüche, die wir in der französischen Regierung sehen. Eifersüchtig stößt der eine um, was der andere mit Geschick aufbaut. Da gibt es kein System, keinen Plan, der Zufall herrscht, und alles ist in Frankreich der Spielball der Umtriebe am Hofe. Die Engländer erfahren alles, was in Versailles vorgeht. Da gibt es kein Geheimnis, und mithin läßt sich auch keine Politik treiben.

Eine gut geleitete Staatsregierung muß ein ebenso festgefügtes System haben wie ein philosophisches Lehrgebäude. Alle Maßnahmen müssen gut durchdacht sein, Finanzen, Politik und Heerwesen auf ein gemeinsames Ziel steuern: nämlich die Stärkung des Staates und das Wachstum seiner Macht. Ein System kann aber nur aus einem Kopfe entspringen, also muß es aus dem des Herrschers hervorgehen. Trägheit, Vergnügungssucht und Dummheit: diese drei Ursachen hindern die Fürsten in ihrem edlen Berufe, für das Glück ihrer Völker zu wirken. Solche Herrscher machen sich verächtlich, werden zum Spott und Gelächter ihrer Zeitgenossen, und ihre Namen geben in der Geschichte höchstens Anhaltspunkte für die Chronologie ab. Sie vegetieren auf dem Throne, dessen sie unwürdig sind, und denken nur an das liebe Ich. Ihre Pflichtvergessenheit gegen ihre Völker wird geradezu strafbar ... Der Herrscher ist nicht zu seinem hohen Rang erhoben, man hat ihm nicht die höchste Macht anvertraut, damit er in Verweichlichung dahinlebe, sich vom Mark des Volkes mäste und glücklich sei, während alles darbt. Der Herrscher ist der erste Diener des Staates. Er wird gut besoldet, damit er die Würde seiner Stellung aufrechterhalte. Man fordert aber von ihm, daß er werktätig für das Wohl des Staates arbeite und wenigstens die Hauptgeschäfte mit Sorgfalt leite. Er braucht unzweifelhaft Gehilfen. Die Bearbeitung der Einzelheiten wäre zu umfangreich für ihn. Aber er muß ein offenes Ohr für alle Klagen haben, und wem Vergewaltigung droht, dem muß er schleunig sein Recht schaffen. Ein Weib wollte einem König von Epirus eine Bittschrift überreichen. Hart fuhr er sie an und gebot ihr, ihn in Ruhe zu lassen. ‚Wozu bist du denn König', erwiderte sie, ‚wenn nicht, um mir Recht zu schaffen?' Ein schöner Ausspruch, dessen die Fürsten unablässig eingedenk sein sollten.

Wir haben in Preußen das Generaldirektorium, die Justizbehörden und die Kabinettsminister. Tag für Tag senden sie an den König ihre Berichte mit eingehenden Denkschriften über die Gegenstände, die seine Entscheidung erfordern. In strittigen oder schwierigen Fällen erörtern die Minister das Für und Wider selbst. Damit setzen sie den Herrscher in den Stand, seine Entscheidung auf den ersten Blick zu treffen, vorausgesetzt, daß er sich die Mühe gibt, die vorgetragenen Sachen gründlich und mit Verständnis zu lesen. Ein klarer Kopf erfaßt den Kernpunkt einer Frage mit Leichtigkeit. Diese Methode der Geschäftsführung verdient den Vorzug vor der sonst üblichen, wo der Herrscher im Ministerrate präsidiert; denn aus großen Versammlungen gehen keine weisen Beschlüsse hervor. Auch sind die Minister, die meist gegeneinander Ränke spinnen, uneins. Persönliches, Haß und Leidenschaft werden in die Staatsangelegenheiten hineingetragen; die mündliche Debatte mit ihrem oft heftigen Widerstreit der Meinungen verdunkelt die Sachlage, die sie aufklären soll, und schließlich bleibt das Geheimnis, die Seele der Geschäfte, bei so vielen Mitwissern nie völlig gewahrt.

In schwierigen Fällen kann es sich empfehlen, einen Minister, den man für den klügsten und sachverständigsten hält, um Rat anzugehen. Will man noch einen zweiten befragen, so geschehe das getrennt, um nicht durch Bevorzugung der Ansicht des einen ewige Zwietracht zwischen beiden zu säen. Ich verschließe mein Geheimnis in mir selbst. Nur einen einzigen Sekretär, von dessen Treue ich überzeugt bin, ziehe ich heran. Sofern man mich also nicht selbst besticht, ist es unmöglich, meine Absichten zu erraten. Die Minister sind nur mit den Angelegenheiten betraut, die das deutsche Reich betreffen. Alle wichtigen Verhandlungen, Verträge oder Bündnisse gehen durch meine Hände."

9. Maria Theresia über die Stellung des Herrschers

Aus einem Brief an Joseph II. vom 25. September 1777. Entnommen aus Emil Schaeffer, Habsburger schreiben Briefe, Leipzig-Wien 1935, S. 45 (Original in französischer Sprache).

„Ein Herrscher muß die Gesetze des Staates respektieren und darf von diesem Grundsatz nur abgehen, wenn er, und zwar nicht bloß nach seiner persönlichen Überzeugung, sondern der allgemeinen Ansicht nach, ohne Respekt vor den Verordnungen besser regiert. Wir sind niemandem Rechenschaft schuldig, außer jenem, der unsere Stellung uns angewiesen hat, um gemäß seinem heiligen Gesetze seine Völker zu leiten, die zu lieben und schirmen unsere Pflicht ist."

10. Katharina die Große über den Endzweck einer unumschränkten Regierung

Instruktion Katharinas II. an die Gesetzgebende Kommission, 1767. Zitiert nach: Gottfried Guggenbühl, Quellen zur Allgemeinen Geschichte, Bd. 3, Zürich ²1956, S. 145.

„Die Länder des russischen Reiches erstrecken sich auf der Erdkugel bis 32 Grad in die Breite und 165 Grad in die Länge. Der Beherrscher desselben ist unumschränkt (Autokrator): denn keine andere als eine nur in dessen Person vereinte Macht kann auf eine der Weitläufigkeit eines so großen Reichs gemäße Weise wirken. Ein weitläufiges Reich setzt eine unumschränkte Gewalt in derjenigen Person voraus, die solches regiert. Die Geschwindigkeit in der Entscheidung der Sachen, die aus fernen Orten einlaufen, muß die Langsamkeit ersetzen, die aus dieser weiten Entfernung entsteht. Jede andere Regierungsform würde für Rußland nicht nur schädlich sein, sondern auch zuletzt die Ursache seiner gänzlichen Zerstörung werden. Eine andere Ursache ist diese, weil es besser ist, den Gesetzen unter einem Herrn zu gehorchen, als sich nach dem Willen vieler zu bequemen.

Was ist aber der Endzweck einer unumschränkten Regierung? Nicht, die Menschen ihrer natürlichen Freiheit zu berauben, sondern ihre Handlungen zur Erlangung der höchsten Glückseligkeit anzuleiten. Folglich ist eine Regierungsform, die mehr als andere auf diesen Endzweck hin gerichtet ist und dabei weniger als andere die natürliche Freiheit einschränkt, diejenige, die den Absichten, die man bei vernünftigen Geschöpfen voraussetzt, am besten entspricht, und dem Zwecke, auf den man bei Errichtung bürgerlicher Gesellschaften von jeher gesehen, am gemäßesten.

Das Augenmerk und der Endzweck unumschränkter Regierung ist der Ruhm der Bürger, des Staates und des Beherrschers. Aus diesem Ruhm aber quillt bei einem Volke, das unter einer monarchischen Regierung steht, der Geist der Freiheit, welcher sich in solchen Staaten in eben so große Taten ergießen und das Glück der Untertanen in eben dem Maße befördern kann wie die Freiheit selbst. Die mittleren, untergeordneten und von den oberen abhängenden Mächte machen das Wesen der Regierung aus. Ich habe gesagt: die mittleren, untergeordneten und von den oberen abhängigen Mächten. In der Tat aber ist der Beherrscher die Quelle aller Reichs- und bürgerlichen Macht."

11. Kirchenpolitik in Preußen

Aus dem politischen Testament Friedrichs des Großen von 1752, a.a.O., S. 35ff.

„Katholiken, Lutheraner, Reformierte, Juden und zahlreiche andere christliche Sekten wohnen in meinem Staate und leben friedlich beieinander. Wenn der Herrscher aus falschem Eifer auf den Einfall käme, eine dieser Religionen zu bevorzugen, so würden sich sofort Parteien bilden und heftige Dispute ausbrechen. Allmählich würden Verfolgungen beginnen, und schließlich würden die Anhänger der verfolgten Religion ihr Vaterland verlassen, und Tausende von Untertanen würden unsere Nachbarn mit ihrem Gewerbefleiß bereichern und deren Volkszahl vermehren. Ich bin gewissermaßen der Papst der Lutheraner und das kirchliche Oberhaupt der Reformierten. Ich ernenne Prediger und fordere von ihnen nur Sittenreinheit und Versöhnlichkeit. Ich erteile Ehedispense und bin in diesem Punkte sehr nachsichtig, da die Ehe im Grunde nur ein bürgerlicher Vertrag ist, der gelöst werden kann, sobald beide Parteien damit einverstanden sind! ...

Alle anderen christlichen Sekten werden in Preußen geduldet. Dem ersten, der einen Bürgerkrieg entzünden will, schließt man den Mund, und die Lehren der Neuerer werden der verdienten Lächerlichkeit preisgegeben. Ich bin neutral zwischen Rom und Genf. Will Rom sich an Genf vergreifen, so zieht es den Kürzeren. Will Genf Rom unterdrücken, so wird Genf verdammt. Auf diese Weise kann ich dem religiösen Haß steuern, indem ich allen Parteien Mäßigung predige. Ich suche aber auch Einigkeit unter ihnen zu stiften, indem ich ihnen vorhalte, daß sie alle Mitbürger eines Staates sind und daß man einen Mann im roten Kleide ganz ebenso lieben kann wie einen, der ein graues Gewand trägt. Ich suche, gute Freundschaft mit dem Papste zu halten, um dadurch die Katholiken zu gewinnen und ihnen begreiflich zu machen, daß die Politik der Fürsten die gleiche bleibt, auch wenn die Religion, zu der sie sich bekennen, verschieden ist."

12. Aus dem Toleranzedikt Josephs II. (1781)

Jahrbuch der Gesellschaft f. d. Geschichte d. Protestantismus in Österr., Bd. 32/33, und Georg Loesche, Von der Duldung zur Gleichberechtigung, Wien-Leipzig 1911, S. 655ff.

„Liebe Getreue! Überzeugt einerseits von der Schädlichkeit alles Gewissenszwanges und andererseits von dem großen Nutzen, der für die Religion und den Staat aus einer wahren christlichen Toleranz entspringt, haben wir uns bewogen gefunden, den augsburgischen und helvetischen Religionsverwandten, dann den nicht unierten Griechen ein ihrer Religion gemäßes Exerzitium allenthalben zu gestatten, ohne Rücksicht, ob selbes jemals gebräuchlich oder eingeführt gewesen ist oder nicht. Der römisch-katholischen Religion allein soll der Vorzug des öffentlichen Religionsexerzitii verbleiben.

Insbesondere aber bewilligen wir: 1. Den nicht katholischen Untertanen, wo hundert Familien existieren, wenn sie auch nicht in dem Orte des Bethauses oder Seelsorgers, sondern ein Teil desselben auch einige Stunden entfernt wohnt, ein eigenes Bethaus nebst einer Schule erbauen zu dürfen; die weiter entfernten aber können sich in das nächste, jedoch inner den Erblanden befindliche Bethaus, so oft sie wollen, begeben, auch ihre erbländischen Geistlichen die Glaubensverwandten besuchen . . . In Ansehung des Bethauses befehlen wir ausdrücklich, daß, wo es nicht schon anders ist, solches kein Geläute, keine Glocken, Türme und keinen öffentlichen Eingang von der Gasse, so eine Kirche vorstelle, haben, sonst aber, wie und von welchen Materialien sie es bauen wollen, ihnen freistehen, auch alle Administrierung ihrer Sakramente und Ausübung des Gottesdienstes sowohl im Orte selbst als auch deren Überbringung zu den Kranken in den dazu gehörigen Filialen, dann die öffentlichen Begräbnisse mit Begleitung ihres Geistlichen vollkommen erlaubt sein soll.

2. bleibt denselben unbenommen, ihre eigenen Schulmeister, welche von den Gemeinden zu erhalten sind, zu bestellen, über welche jedoch unsere dortländige Schuldirektion, was Lehrmethode und Ordnung betrifft, die Einsicht zu nehmen hat.

6. hat es von Ausstellung der bisher gewöhnlich gewesenen Reverse bei Heiraten von seiten der Ak. (= akatholischen) wegen Erziehung ihrer zu erzeugenden Kinder in der rk. Religion von nun an gänzlich abzukommen, da bei einem rk. Vater alle Kinder in der rk. Religion sowohl von männlichem als weiblichem Geschlechte ohne Anfrage zu erziehen sind, welches als Prärogativum der dominanten Religion anzusehen ist, wo hingegen bei einem protestantischen Vater und einer rk. Mutter sie dem Geschlechte zu folgen haben."

D. Wandlungen in Wirtschaft und Gesellschaft

Einführung

Hatte der Merkantilismus vor allem Handel und Gewerbe gefördert, so weisen die Physiokraten in Reaktion auf die Vernachlässigung der agrarischen Interessen auf die Bedeutung der Landwirtschaft und des Bauernstandes im Rahmen der Gesamtwirtschaft hin. Ihre Lehren beeinflussen die Innen- und Wirtschaftspolitik Friedrichs des Großen und Josephs II.

Sowohl gegen den Merkantilismus wie gegen die Physiokraten richtet sich die Kritik des englischen Wirtschaftstheoretikers Adam Smith. Er wendet sich überhaupt gegen Begünstigungen wie gegen Beschränkungen bestimmter Zweige der Wirtschaft und verkündet das „System der natürlichen Freiheit". Er ist davon überzeugt, daß sich im freien Spiel der Kräfte die richtige Harmonie ergibt und tritt ein für Freihandel und Wirtschaftsfrieden.

Seine Theorie begleitet den großen Umbruch des Wirtschaftslebens, der gleichzeitig in England einsetzt und später als „Industrielle Revolution" bezeichnet wird. Wenn Smith die Arbeitsteilung als Grundlage der modernen Technik schildert, so bezeichnet er einen entscheidenden Vorgang der industriellen Produktion.

Die Erfindung von Maschinen, ihre Verwendung in Fabriken und die Entwicklung der Industrie wirken sich auch im gesellschaftlichen Leben aus. Neue Schichten der Bevölkerung treten neben die alten Stände. Da sich das Bürgertum hinter den privilegierten Ständen zurückgesetzt fühlt, erhebt es immer drängender den Anspruch auf soziale und politische Gleichberechtigung. Die Lehren der Staatsdenker und der Wirtschaftstheoretiker beflügeln die Neuerungswünsche, die außerdem durch die Vorgänge in Nordamerika erheblichen Auftrieb erhalten. In der Industriellen Revolution, im Aufstand der englischen Kolonisten in Nordamerika und in der Französischen Revolution versinkt das Ancien régime; die moderne Welt steigt empor.

Quellen und Darstellungen

13. Adam Smith (1723–1790) über das System der natürlichen Freiheit

Aus Adam Smith, Untersuchung über die Natur und die Gründe des Reichtums der Nationen, 1776, hrsg. von Heinrich Schmidt, Leipzig 1924, Buch IV, Kap. 9.

„Der größte und wichtigste Zweig des Handels einer jeden Nation ist der Verkehr zwischen den Bewohnern der Stadt und des Landes. Die Städter beziehen von dem Lande das Rohprodukt, welches ihnen die Materialien zu ihrer Arbeit und den Fonds zu ihrem Unterhalt liefert, und sie bezahlen dieses Rohprodukt dadurch, daß sie einen gewissen Teil davon verarbeitet und zum unmittelbaren Gebrauche zubereitet auf das Land zurückschicken. Der zwischen diesen beiden Gruppen von Leuten betriebene Handel besteht am Ende in dem Tausche einer gewissen Menge von Rohprodukten gegen eine gewisse Menge von verarbeiteten. Je teurer diese sind, desto wohlfeiler sind jene, und was in einem Lande den Preis der verarbeiteten Produkte zum Steigen veranlaßt, das bringt den der Rohprodukte des Bodens zum Sinken und lähmt auf diese Weise den Ackerbau. Je kleiner die Menge verarbeiteter Produkte ist, die eine gegebene Menge von Rohprodukten oder, was auf eins herauskommt, die der Preis einer gegebenen Menge von Rohprodukten kaufen kann, desto geringer ist auch der Tauschwert jener gegebenen Menge von Rohprodukten, und desto geringer der Reiz für den Grundherrn, diese Menge durch Verbesserung seiner Ländereien zu vermehren, oder für den Pächter, das Land zu kultivieren. Was überdies dazu beiträgt, die Zahl der Handwerker und Manufakturisten in einem Lande zu vermindern, das macht auch, daß der inländische Markt, der wichtigste unter allen für das Rohprodukt des Bodens, geringer wird, und lähmt daher den Ackerbau um so mehr.

Diejenigen Systeme also, die die Landwirtschaft über alle andern Beschäftigungen setzen und, um sie zu fördern, die Manufakturen und den Handel einschränken, handeln gegen ihren eigenen Zweck und lähmen indirekterweise eben diejenige Art des Gewerbefleißes, die sie fördern wollen. Sie sind insofern vielleicht noch unhaltbarer als das Merkantilsystem. Dieses System nimmt, indem es die Manufakturen und den auswärtigen Handel mehr als die Landwirtschaft begünstigt, einen Teil von dem Kapital der Gesellschaft, der eine vorteilhaftere Art des Gewerbefleißes unterstützte, von diesem weg, um ihn einer minder vorteilhaften zuzuwenden; aber es befördert doch immer noch in der Tat und seinem Zweck gemäß eben die Art von Gewerbefleiß, die es heben wollte. Diese Agrikultursysteme dagegen lähmen in der Tat und ganz gegen ihren Zweck gerade ihre eigne Lieblingsart von Gewerbefleiß.

So kommt es, daß jedes System, das entweder durch außerordentliche Begünstigung einer einzelnen Art von Gewerbefleiß einen größeren Anteil von dem Gesellschaftskapital zuwenden will, als ihm von selbst zufließen würde, oder das durch außerordentliche Beschränkungen einer einzelnen Art von Gewerbefleiß einen Teil des Kapitals gewaltsam entzieht, der sonst darauf verwendet worden wäre, in der Tat dem Hauptzweck selbst entgegenwirkt, den es erreichen will. Es hemmt den Fortschritt der Gesellschaft zu wirklicher Größe, statt ihn zu beschleunigen, und vermindert den wirklichen Wert des jährlichen Produktes seines Bodens und seiner Arbeit, statt ihn zu vermehren.

Räumt man also alle Begünstigungs- und Beschränkungssysteme völlig aus dem Wege, so stellt sich das klare und einfache System der natürlichen Freiheit von selbst her. Jeder Mensch hat, solange er nicht die Gesetze der Gerechtigkeit verletzt, vollkommene Freiheit, sein eignes Interesse auf seine eigne Weise zu verfolgen und sowohl seinen Gewerbefleiß als auch sein Kapital mit dem Gewerbefleiß und den Kapitalien anderer Menschen oder anderer Klassen von Menschen in Konkurrenz zu bringen. Das Staatsoberhaupt wird dadurch gänzlich einer Pflicht entbunden, bei deren Ausübung es immer unzähligen Täuschungen ausgesetzt sein muß und zu deren richtiger Erfüllung keine menschliche Weisheit und Kenntnis hinreicht, der Pflicht nämlich, den Gewerbefleiß der Privatleute zu überwachen und ihn auf die dem Interesse der Gesellschaft zuträglichste Beschäftigung hinzuleiten. Nach dem System der natürlichen Freiheit hat das Staatsoberhaupt nur drei Pflichten zu beobachten, drei Pflichten freilich, die höchst wichtig, aber die auch ganz einfach und für den gemeinen Menschenverstand fraglich sind: erstens die Pflicht, die Gesellschaft gegen die Gewalttätigkeiten und Angriffe anderer unabhängiger Gesellschaften zu schützen, zweitens die Pflicht, jedes einzelne Glied der Gesellschaft gegen die Ungerechtigkeit und Unterdrückung jedes anderen Gliedes derselben soviel als möglich zu schützen, d.h. die Pflicht, eine genaue Rechtspflege aufrechtzuerhalten, drittens die Pflicht, gewisse öffentliche Werke und Anstalten zu errichten und zu unterhalten, deren Einrichtung und Unterhaltung niemals in dem Interesse eines Privatmannes oder einer kleinen Zahl von Privatleuten liegen kann, weil der Profit daraus niemals einem Privatmanne oder einer kleinen Zahl von Privatleuten die Auslagen ersetzen würde, obgleich er in einer großen Gesellschaft oft mehr als die Auslagen ersetzen würde."

14. Adam Smith über die Wirkung von Angebot und Nachfrage auf den Preis

Adam Smith, a.a.O., Buch I, Kap. 7, S. 180.

„Wenn die feilgebotene Quantität die wirksame Nachfrage übersteigt, so kann sie nicht ganz an diejenigen verkauft werden, welche den ganzen Wert der Rente, des Gewinnes und der Arbeit, welche bis zur Feilbietung aufgelegt werden mußten, zu bezahlen geneigt sind. Ein Teil der Waren muß dann an diejenigen abgelassen werden, welche weniger zahlen wollen, und der niedrige Preis, den diese erlegen, muß den Preis des Ganzen herunterdrücken. Der Marktpreis wird nun mehr oder weniger unter den natürlichen Preis (d.h. den Preis, der mit den Produktionskosten übereinstimmt; Anm. d. Hrsg.) sinken, und zwar in dem Maße, als die Größe des Überflusses den Wettbewerb der Verkäufer mehr oder weniger lebhaft macht oder als es für sie mehr oder minder wichtig ist, ihre Ware auf der Stelle loszuwerden.

Reicht die feilgebotene Quantität gerade hin, die wirksame Nachfrage zu decken, und nicht mehr, so wird der Marktpreis natürlich entweder ganz oder doch möglichst genau dem natürlichen Preis gleichkommen. Die ganze vorhandene Quantität kann dann zu diesem Preise abgesetzt – aber sie kann auch zu keinem höheren Preise abgesetzt werden. Die Konkurrenz der Verkäufer zwingt sie alle, diesen Preis anzunehmen, und zwingt sie zugleich doch nicht, auf einen geringeren einzugehen. Die Quantität des Feilgebotenen richtet sich natürlich von selbst nach der wirksamen Nachfrage ..."

15. Die Arbeitsteilung als Grundlage der modernen Industrie

Adam Smith, a.a.O., Buch I, Kap. 1, S. 203.

„Die Wirkungen der Arbeitsteilung in der allgemeinen Gewerbstätigkeit der Gesellschaft lassen sich leichter verstehen, wenn man beachtet, in welcher Weise jene Teilung in einzelnen Gewerben wirkt.

Nehmen wir zum Beispiel ein sehr unbedeutendes Gewerbe, bei welchem man jedoch sehr oft von der Teilung der Arbeit Notiz genommen hat, nämlich das Gewerbe des Nadelmachers. Ein Arbeiter, der für diese Tätigkeit (woraus die Teilung der Arbeit ein eigenes Gewerbe gemacht hat) nicht angelernt wäre, der mit dem Gebrauch der dazu verwendeten Maschinen (zu deren Erfindung wahrscheinlich ebendieselbe Teilung der Arbeit Gelegenheit gegeben hat) nicht vertraut wäre, könnte vielleicht mit dem äußersten Fleiße täglich kaum eine, gewiß aber keine zwanzig Nadeln herstellen. In der Tat aber, wie diese Tätigkeit jetzt betrieben wird, ist sie nicht nur ein besonderes Gewerbe, sondern sie teilt sich in eine Anzahl von Zweigen, von denen die meisten wiederum besondere Gewerbe sind. Der eine zieht den Draht, ein anderer streckt ihn, ein dritter schneidet ihn ab, ein vierter spitzt ihn zu, ein fünfter schleift ihn am oberen Ende, wo der Kopf angesetzt wird; die Herstellung des Kopfes erfordert zwei oder drei verschiedene Tätigkeiten; das Ansetzen desselben ist eine besondere Tätigkeit, das Weißglühen der Nadeln eine andere; ja sogar das Einlegen der Nadeln in Papier bildet ein Gewerbe für sich. So ist das unwichtige Geschäft der Stecknadelfabrikation in ungefähr achtzehn verschiedene Verrichtungen geteilt, die in manchen Fabriken alle von verschiedenen Händen vollbracht werden, während in anderen zuweilen zwei oder drei derselben von einem einzigen Manne besorgt werden. Ich habe eine kleine Fabrik dieser Art gesehen, wo nur zehn Menschen beschäftigt waren und manche daher zwei oder drei verschiedene Verrichtungen zu erfüllen hatten. Obgleich nun diese Menschen sehr arm und darum nur leidlich mit den nötigen Maschinen versehen waren, so konnten sie doch, wenn sie sich tüchtig daranhielten, in einem Tag zusammen etwa zwölf Pfund Stecknadeln liefern. Ein Pfund enthält über viertausend Nadeln von mittlerer Größe. Diese zehn Personen konnten demnach täglich über achtundvierzigtausend Nadeln herstellen. Da jeder den zehnten Teil machte, so läßt sich auf jeden täglich viertausendachthundert Nadeln rechnen. Hätten sie dagegen alle einzeln und unabhängig gearbeitet und wäre keiner für diese besondere Tätigkeit angelernt worden, so hätte gewiß keiner zwanzig, vielleicht nicht *eine* Nadel täglich machen können ...

In jeder anderen Kunst und jedem anderen Gewerk sind die Wirkungen der Arbeitsteilung denen, welches dieses so wenig bedeutende Geschäft darbietet, ähnlich, obgleich in vielen derselben die Arbeit weder in so viele Unterabteilungen zerlegt noch auf eine so große Einfachheit in der Verrichtung zurückgeführt werden kann. Indessen bewirkt die Arbeitsteilung, soweit sie sich einführen läßt, in jedem Gewerk eine verhältnismäßige Vermehrung der produktiven Arbeitskräfte. Die Trennung der verschiedenen Gewerbe und Beschäftigungen scheint aus diesem Vorteil entstanden zu sein. Auch geht diese Trennung gewöhnlich in denjenigen Ländern am weitesten, welche sich auf der höchsten Stufe der Industrie und des Fortschritts befinden ...

Der Mensch braucht fortwährend die Hilfe seiner Mitmenschen, und er würde diese vergeblich von ihrem Wohlwollen allein erwarten. Er wird viel eher zum Ziele kommen, wenn er ihren Egoismus zu seinen Gunsten interessieren und ihnen zeigen kann, daß sie ihren eigenen Nutzen davon haben, wenn sie für ihn tun, was er von ihnen haben will. Wer einem anderen irgendeinen Handel anträgt, macht ihm einen Vorschlag: Gib mir, was ich will, und du sollst haben, was du willst, ist der Sinn eines solchen Anerbietens; und auf diese Weise erhalten wir voneinander den weitaus größten Teil der guten Dienste, deren wir benötigen. Nicht von dem Wollen des Fleischers, Brauers oder Bäckers erwarten wir unsere Mahlzeit, sondern von ihrer Bedachtnahme auf ihr eigenes Interesse. Wir wenden uns nicht an ihre Humanität, sondern an ihren Egoismus. ..."

16. England und die Industrielle Revolution

Aus L.C.A. Knowles, England und die industrielle Revolution. In: The Industrial and Commercial Revolution in Great Britain, 1947, S. 47.

„Warum die Industrielle Revolution zuerst in Großbritannien kam: Die Gründe für die Entwicklung der Industriellen Revolution in Großbritannien waren, daß dieses Land bereits durch das Kapital beherrscht wurde, daß es einen Mangel an Arbeitskräften, große, sich ausweitende Märkte, eine freie Einwohnerschaft, politische Sicherheit und große Erfahrung im Überseehandel besaß, daß es bequemen Zugang zu den überseeischen Märkten durch seine geographische Lage und seine Schiffahrt hatte, während seine Eisen- und Kohlengruben es mit den wertvollsten Rohstoffen, der Antriebskraft für Maschinen und den Materialien zum Eisenschmelzen versahen. Die frühen Maschinen waren aus Holz verfertigt und wurden durch Wasser angetrieben. Als die Maschinen durch Dampf angetrieben und aus Eisen gemacht wurden, war der Besitz von billiger Kohle und von Eisen ein weiterer Aktivposten. Der unmittelbare Anstoß zur Entwicklung des Eisenhandels war der Mangel an Holz für den Hausbrand und zum Einschmelzen und die Notwendigkeit, Steinkohle zu benutzen. Dies regte die Einführung der Dampfmaschine im Bergbau an, ebenso den Kanalbau, um die Kohle fortzuschaffen, während die Verbreitung der Dampfmaschine und der Bergbaugeräte wiederum eine neue Nachfrage nach Eisen hervorrief. Im Falle der Textilindustrie war der Anstoß der Mangel an Arbeitskräften in Anbetracht der steigenden Nachfrage, die durch das Einfuhrverbot für Baumwollstoffe aus Indien für den englischen Bedarf verursacht wurde und die Engländer veranlaßte, im Land selbst Baumwollverarbeitung aufzunehmen. In einem neuen Gewerbezweig pflegt es an Arbeitskräften zu fehlen, auch mangelte es an Garn. Eine Maschine, „Spinning Jenny" genannt, die im Hause gebraucht werden konnte, wurde ergänzt durch eine Baumwoll-Spinnmaschine, die durch Wasser angetrieben wurde. Der Gebrauch der Wasserkraft bedeutete Konzentration in Fabriken. Später ... gab es eine fortwährende Wechselwirkung in der Entwicklung von Maschinenbau, Bergbau und Textilindustrie ...

Ökonomische und soziale Auswirkungen der Entwicklung: Der Begriff „Industrielle Revolution" vermeint nicht nur einen schnellen, sondern letztlich einen grundsätzlichen Wandel des Charakters eines Landes. Das soziale System, das allmählich dem Fabriksystem wich, gründete sich auf Familienarbeit und Familieneinkommen, wobei die meisten Arbeiter einen landwirtschaftlichen Nebenerwerb hatten. Solange Wasser die Hauptantriebskraft war, behielt die Industrie viel von ihrem ländlichen Charakter. Die Dampfmaschine bedeutete das Städtewachstum. Die Folge wurde in England zwischen 1830 und 1840 deutlich. Die hauptsächlichsten Veränderungen waren: Der Aufstieg des Nordens, Süd Wales', des Westens von Schottland und der Midlands als große Bergbau- und Industriegebiete; die Entwicklung eines neuen Handelswesens; die Entwicklung eines neuen Produktionssystems; die Entwicklung neuer Beziehungen zwischen Kapital und Arbeit. Die Vorteile der Veränderung waren: die gesetzliche Regelung der Kinderarbeit und der Erziehung; die Trennung von Wohnung und Arbeitsplatz; bessere sanitäre Bedingungen; reguläre Arbeitsstunden; größere Produktionsleistung; höhere Löhne; die Macht des Zusammenschlusses und des Klassenbewußtseins; größere Beschäftigungsaussichten. ... Nachteile waren: der Verlust der Unabhängigkeit; die Unterwerfung unter die Anordnungen der Vorarbeiter; die Monotonie der Arbeit.... Großbritannien rettete sich selbst und Europa vor Napoleon durch die Entwicklung seiner natürlichen Hilfsquellen und wurde die Werkstatt für die Welt."

Oben: Charles de Montesquieu – Jean Jacques Rousseau
Unten: John Locke – Adam Smith

IN CONGRESS, JULY 4, 1776

The unanimous Declaration of the thirteen united States of America,

When in the Course of human events it becomes necessary for one people to dissolve the political bands which have connected them with another, and to assume among the powers of the earth, the separate and equal station to which the Laws of Nature and of Nature's God entitle them, a decent respect to the opinions of mankind requires that they should declare the causes which impel them to the separation. —— We hold these truths to be self-evident, that all men are created equal, that they are endowed by their Creator with certain unalienable Rights, that among these are Life, Liberty and the pursuit of Happiness. — That to secure these rights, Governments are instituted among Men, deriving their just powers from the consent of the governed, — That whenever any Form of Government becomes destructive of these ends, it is the Right of the People to alter or to abolish it, and to institute new Government, laying its foundation on such principles and organizing its powers in such form, as to them shall seem most likely to effect their Safety and Happiness. Prudence, indeed, will dictate that Governments long established should not be changed for light and transient causes; and accordingly all experience hath shewn, that mankind are more disposed to suffer, while evils are sufferable, than to right themselves by abolishing the forms to which they are accustomed. But when a long train of abuses and usurpations, pursuing invariably the same Object evinces a design to reduce them under absolute Despotism, it is their right, it is their duty, to throw off such Government, and to provide new Guards for their future security. — Such has been the patient sufferance of these Colonies; and such is now the necessity which constrains them to alter their former Systems of Government. The history of the present King of Great Britain is a history of repeated injuries and usurpations, all having in direct object the establishment of an absolute Tyranny over these States. To prove this, let Facts be submitted to a candid world. —— He has refused his Assent to Laws, the most wholesome and necessary for the public good. —— He has forbidden his Governors to pass Laws of immediate and pressing importance, unless suspended in their operation till his Assent should be obtained; and when so suspended, he has utterly neglected to attend to them. —— He has refused to pass other Laws for the accommodation of large districts of people, unless those people would relinquish the right of Representation in the Legislature, a right inestimable to them and formidable to tyrants only. —— He has called together legislative bodies at places unusual, uncomfortable, and distant from the depository of their public Records, for the sole purpose of fatiguing them into compliance with his measures. —— He has dissolved Representative Houses repeatedly, for opposing with manly firmness his invasions on the rights of the people. —— He has refused for a long time, after such dissolutions, to cause others to be elected; whereby the Legislative powers, incapable of Annihilation, have returned to the People at large for their exercise; the State remaining in the mean time exposed to all the dangers of invasion from without, and convulsions within. —— He has endeavoured to prevent the population of these States; for that purpose obstructing the Laws for Naturalization of Foreigners; refusing to pass others to encourage their migrations hither, and raising the conditions of new Appropriations of Lands. —— He has obstructed the Administration of Justice, by refusing his Assent to Laws for establishing Judiciary powers. —— He has made Judges dependent on his Will alone, for the tenure of their offices, and the amount and payment of their salaries. —— He has erected a multitude of New Offices, and sent hither swarms of Officers to harrass our people, and eat out their substance. —— He has kept among us, in times of peace, Standing Armies without the Consent of our legislatures. —— He has affected to render the Military independent of and superior to the Civil power. —— He has combined with others to subject us to a jurisdiction foreign to our constitution, and unacknowledged by our laws; giving his Assent to their Acts of pretended Legislation: — For Quartering large bodies of armed troops among us: — For protecting them, by a mock Trial, from punishment for any Murders which they should commit on the Inhabitants of these States: — For cutting off our Trade with all parts of the world: — For imposing Taxes on us without our Consent: — For depriving us in many cases, of the benefits of Trial by Jury: — For transporting us beyond Seas to be tried for pretended offences: — For abolishing the free System of English Laws in a neighbouring Province, establishing therein an Arbitrary government, and enlarging its Boundaries so as to render it at once an example and fit instrument for introducing the same absolute rule into these Colonies: — For taking away our Charters, abolishing our most valuable Laws, and altering fundamentally the Forms of our Governments: — For suspending our own Legislatures, and declaring themselves invested with power to legislate for us in all cases whatsoever. — He has abdicated Government here, by declaring us out of his Protection and waging War against us. —— He has plundered our seas, ravaged our Coasts, burnt our towns, and destroyed the lives of our people. —— He is at this time transporting large Armies of foreign Mercenaries to compleat the works of death, desolation and tyranny, already begun with circumstances of Cruelty & perfidy scarcely paralleled in the most barbarous ages, and totally unworthy the Head of a civilized nation. —— He has constrained our fellow Citizens taken Captive on the high Seas to bear Arms against their Country, to become the executioners of their friends and Brethren, or to fall themselves by their Hands. —— He has excited domestic insurrections amongst us, and has endeavoured to bring on the inhabitants of our frontiers, the merciless Indian Savages, whose known rule of warfare, is an undistinguished destruction of all ages, sexes and conditions. In every stage of these Oppressions We have Petitioned for Redress in the most humble terms: Our repeated Petitions have been answered only by repeated injury. A Prince, whose character is thus marked by every act which may define a Tyrant, is unfit to be the ruler of a free people. Nor have We been wanting in attentions to our British brethren. We have warned them from time to time of attempts by their legislature to extend an unwarrantable jurisdiction over us. We have reminded them of the circumstances of our emigration and settlement here. We have appealed to their native justice and magnanimity, and we have conjured them by the ties of our common kindred to disavow these usurpations, which, would inevitably interrupt our connections and correspondence. They too have been deaf to the voice of justice and of consanguinity. We must, therefore, acquiesce in the necessity, which denounces our Separation, and hold them, as we hold the rest of mankind, Enemies in War, in Peace Friends. ——

We, therefore, the Representatives of the united States of America, in General Congress, Assembled, appealing to the Supreme Judge of the world for the rectitude of our intentions, do, in the Name, and by Authority of the good People of these Colonies, solemnly publish and declare, That these United Colonies are, and of Right ought to be Free and Independent States; that they are Absolved from all Allegiance to the British Crown, and that all political connection between them and the State of Great Britain, is and ought to be totally dissolved; and that as Free and Independent States, they have full Power to levy War, conclude Peace, contract Alliances, establish Commerce, and to do all other Acts and Things which Independent States may of right do. —— And for the support of this Declaration, with a firm reliance on the protection of divine Providence, we mutually pledge to each other our Lives, our Fortunes and our sacred Honor.

John Hancock

Button Gwinnett
Lyman Hall
Geo Walton.

Wm Hooper
Joseph Hewes,
John Penn

Edward Rutledge 1.

Thos Heyward Junr.
Thomas Lynch Junr.
Arthur Middleton

Samuel Chase
Wm Paca
Thos Stone
Charles Carroll of Carrollton

George Wythe
Richard Henry Lee
Th Jefferson
Benja Harrison
Thos Nelson jr.
Francis Lightfoot Lee
Carter Braxton

Robt Morris
Benjamin Rush
Benja. Franklin
John Morton
Geo Clymer
Jas. Smith
Geo. Taylor
James Wilson
Geo. Ross
Caesar Rodney
Geo Read
Tho M:Kean

Wm Floyd
Phil. Livingston
Frans Lewis
Lewis Morris

Richd Stockton
Jno Witherspoon
Fras Hopkinson
John Hart
Abra Clark

Josiah Bartlett
Wm Whipple
Saml Adams
John Adams
Robt Treat Paine
Elbridge Gerry
Step. Hopkins
William Ellery
Roger Sherman
Sam.el Huntington
Wm Williams
Oliver Wolcott
Matthew Thornton

17. Die Emanzipation des Bürgers

Aus Sieyès' Schrift über den dritten Stand, 1789. Sieyès, Politische Schriften, Leipzig 1921, S. 311; ferner Sammlung Insel, 1968, S. 55 ff.

„Der Plan dieser Schrift ist ganz einfach. Wir legen uns nur drei Fragen vor:

1. Was ist der dritte Stand? Alles.
2. Was ist er bis jetzt in der politischen Ordnung gewesen? Nichts.
3. Was verlangt er zu werden? Etwas.

Der dritte Stand ist eine vollständige Nation. Was wird zum Unterhalt und Wohlsein einer Nation erfordert? Private Arbeit und öffentliche Dienstgeschäfte. Man kann alle private Arbeit in vier Klassen bringen:

1. Da die Erde und das Wasser die erste Materie zu den Bedürfnissen der Menschen hergeben, so werden in der Ideenordnung alle die Familien in die erste Klasse kommen, welche die Feldarbeiten verrichten.

2. Von dem Absatz dieser Waren bis zu ihrem Verbrauch oder Gebrauche gibt eine neue, mehr oder weniger vermehrte Handarbeit diesen Materien einen zweiten, mehr oder weniger zusammengesetzten Wert. So gelangte die menschliche Industrie zu der Vervollkommnung der Wohltaten der Natur, und das rohe Produkt verdoppelt, verzehnfacht, verhundertfacht seinen Wert. Das sind die Arbeiten der zweiten Klasse.

3. Zwischen der Produktion und dem Verbrauch, wie auch zwischen den verschiedenen Graden der Produktion befindet sich eine Menge Zwischenagenten, die denen sowohl, welche produzieren, als denen, welche verbrauchen, nützlich sind. Dies sind die Kauf- und Handelsleute ...

4. Die vierte Klasse umfaßt sowohl die ausgezeichnetsten, den Wissenschaften und den freien Berufen gehörenden Stände als auch die, welche die niedrigsten häuslichen Dienste verrichten.

Dies sind die Arbeiten, welche die bürgerliche Gesellschaft erhalten. Wer übernimmt diese Arbeiten? Der dritte Stand. Die einträglichen und ehrenvollen Stellen allein sind von den Gliedern des privilegierten Standes besetzt. Dieses Monopol ist ein gesellschaftliches Verbrechen und eine wahre Feindseligkeit gegen den dritten Stand.

Was ist eine Nation? Eine Gesellschaft von Verbundenen, welche unter einem gemeinschaftlichen Gesetz leben, und deren Stelle durch ein und dieselbe gesetzgebende Versammlung vertreten wird. Ist es nun nicht zu gewiß, daß der Adelsstand Vorrechte, Erlassungen genießt, welche er, seine Rechte zu nennen, sich erdreistet, und welche von den Rechten des großen Ganzen der Bürger abgesondert sind? Er tritt dadurch aus der gemeinsamen Ordnung, aus dem gemeinschaftlichen Gesetz heraus. Also seine bürgerlichen Rechte machen schon aus ihm ein eigenes Volk in der Nation. Was seine politischen Rechte betrifft, so übt er sie auch besonders aus. Seine Stellvertretung ist für die Nation ganz fremd, erstlich durch ihren Ursprung, weil ihre Sendung nicht vom Volke kommt, und dann durch ihren Gegenstand, welcher darin besteht, nicht das allgemeine, sondern das private Interesse zu verteidigen. Der dritte Stand umfaßt alles, was der Nation gehört; und alles, was nicht der dritte Stand ist, kann sich nicht als einen Bestandteil der Nation ansehen ...

Was ist der dritte Stand bis jetzt gewesen? Nichts. Der dritte Stand hat bis jetzt bei den Reichsständen keine wahren Stellvertreter gehabt; er befand sich also nicht im Besitze seiner politischen Rechte.

Was verlangt der dritte Stand zu werden? Etwas. Man kann das wahre Verlangen des dritten Standes nur nach den authentischen Forderungen beurteilen, welche die großen Munizipalitäten des Reiches an die Regierung gerichtet haben (die Cahiers). Was sieht man da? Daß das Volk etwas, und wirklich das wenigste Etwas, sein wolle. Es will haben: 1. Wahre Stellvertreter bei den Reichsständen, das heißt Abgeordnete, die aus seinem Stande genommen... Allein wozu würde es ihm nützen, den Reichsständen beizuwohnen, wenn das dem seinigen entgegengesetzte Interesse dort die Oberhand hätte? Es würde durch seine Gegenwart die Unterdrückung, deren ewiges Opfer es wäre, nur bestätigen. Also ist es wohl gewiß, daß es bei den Reichsständen nicht stimmen kann, wenn es da nicht wenigstens einen gleichen Einfluß mit den Privilegierten haben soll. Er verlangt 2. ebensoviele Stellvertreter wie die beiden anderen Stände zusammen. Da aber diese Gleichheit der Stellvertretung vollkommen täuschen würde, wenn jede Kammer ihre abgesonderte Stimme hätte, so verlangt der dritte Stand also 3., daß die Stimmen nach den Köpfen und nicht nach den Ständen genommen werden sollen. Das sind die Forderungen, welche unter die Privilegierten Feuerlärm zu verbreiten schienen; sie haben geglaubt, daß dadurch die Abschaffung der Mißbräuche unvermeidlich würde."

E. Die Entstehung der Vereinigten Staaten von Amerika

Einführung

Die Entstehungsgeschichte der USA läßt sich in zwei Phasen gliedern, eine koloniale (1584–1760) und eine revolutionäre (1760–1783). Die koloniale Phase ist gekennzeichnet durch eine relativ große Unabhängigkeit von der britischen Krone in wirtschaftlicher, politischer und religiöser Hinsicht. Eine entscheidende Wendung im Verhältnis der Kolonien zum englischen Mutterland tritt ein, als die britische Regierung versucht, vor allem im wirtschaftlichen Bereich durch gesetzgeberische Maßnahmen direkten Einfluß auszuüben. Das ausgeprägte Selbstbewußtsein der Kolonisten, gestärkt durch den siegreichen Krieg gegen den französischen Nachbarn in Kanada und Louisiana, widersetzt sich diesen Absichten. An einer politischen Frage („no taxation without representation") entzündet sich der Konflikt. Das Wesentliche der amerikanischen Absage an das britische Mutterland besteht aber darin, daß sich die Kolonisten nicht auf einen revolutionären Akt beschränken, sondern mit der Formulierung der Menschenrechte in der Unabhängigkeitserklärung vom 4. 7. 1776 eine Begründung ihres politischen Handelns geben. Es mindert die geschichtliche Bedeutsamkeit dieses Schrittes nicht, wenn man nachweist, daß die Wurzeln jener Ideen im Geistesgut der europäischen Aufklärung (Locke, Montesquieu, Rousseau) und im traditionellen britischen Selbstverwaltungsdenken zu suchen sind. Die Grundrechte gehen 1789 als Zusatzartikel in das Verfassungsrecht der USA ein.

Der Unabhängigkeitskrieg von 1776–1783 ist dann das erste neuzeitliche Beispiel eines erfolgreichen, durch die politische und geographische Lage begünstigten Volkskrieges.

Der Friede von Versailles zwingt England nicht nur zu territorialen Abtretungen an Spanien und Frankreich in Übersee, sondern bringt darüber hinaus als bedeutsamstes Ergebnis die staatsrechtliche Anerkennung der nordamerikanischen Union: entscheidender Wendepunkt der britischen Kolonialpolitik.

Die weder von historischer Tradition noch institutionellen Rücksichten belastete junge Nation schafft sich dann in der Konvention von Philadelphia die erste repu-

bearbeiten + herausschreiben

blikanische und demokratische Verfassung der modernen Geschichte. Sie verwirklicht den Grundsatz der Gewaltentrennung und übt einen tiefgreifenden Einfluß auf die demokratischen Strömungen des kontinentalen Europa aus.

Quellen

18. Aus dem Mayflower-Vertrag der Pilgerväter, 1620

„Im Namen Gottes, Amen. Wir, die Unterzeichneten, haben zur Ehre Gottes und zur Verbreitung des Glaubens eine Reise unternommen, um die erste Kolonie im nördlichen Teil von Virginia zu errichten. Mit diesem Pakt treten wir feierlich und einvernehmlich zusammen und schließen uns zu einem Staatskörper zusammen zum Zweck der besseren Ordnung, der Erhaltung und Förderung der obigen Ziele; und in dieser Vollmacht beschließen wir, richten wir ein und setzen fest diejenigen gerechten und gleichen Gesetze, Verordnungen, Erlasse, Verfassungen und Ämter, die zur jeweiligen Zeit für das Gesamtwohl der Kolonie als die richtigsten und passendsten erscheinen, und denen wir allen gehörigen Gehorsam und Achtung versprechen. Anno Domini 1620."

19. Der Charakter der Kolonisten

Aus Edmund Burke, Gedanken über die französische Revolution, 1790, vgl. O. Schädel, Burke, Leipzig 1898.

„... Im Charakter der Amerikaner ist die Liebe zur Freiheit das vorherrschende Merkmal, was das Ganze bezeichnet; und so wie eine glühende immer auch eine argwöhnische Neigung ist, so werden Eure Kolonien argwöhnisch, störrisch und sind schwer zu behandeln, wenn sie auch nur den leisesten Versuch sehen, daß man ihnen mit Gewalt oder unvermerkt durch eine Schikane das entreißen will, was sie für den einzigen Vorteil halten, für den es sich lohnt zu leben. Dieser ungestüme Drang nach Freiheit ist in den englischen Kolonien wahrscheinlich stärker als in irgendeinem anderen Volk der Erde. Und diese ist eine von verschiedenen mächtigen Ursachen, die, wenn man die wahre Natur ihrer Anlage und die Richtung, die diese Gesinnung nimmt, verstehen will, noch ein wenig näher zu erklären, nicht falsch sein wird. Einmal sind die Völker der Kolonien Abkömmlinge der Engländer. England, mein Herr, ist eine Nation, die noch, wie ich hoffe, ihre Freiheit respektiert und früher bewunderte. Die Kolonisten wanderten von Euch aus, als dieser Teil Eures Charakters außerordentlich hervorstechend war, und sie nahmen diesen Hang und diese Richtung an in dem Augenblick, als sie aus Euren Händen schieden. Sie sind daher nicht nur der Freiheit ergeben, sondern der Freiheit, die den englischen Ideen gemäß ist und auf englischen Grundsätzen beruht. Eine abstrakte Freiheit ist wie viele andere Abstraktionen nicht zu entdecken. Die Freiheit ist eingeschlossen in ein sinnliches Objekt; und jede Nation hat in sich selbst einen bevorzugten Punkt herausgebildet, der auf dem Weg des Ruhms das Kriterium für ihr Glück wird. Es geschah, wie Sie wissen, mein Herr, daß der größte Kampf um die Freiheit sich in diesem Lande von den frühesten Zeiten an hauptsächlich wegen der Steuerfrage abspielte. Die meisten Kämpfe in den alten Staaten drehten sich vor allen Dingen um das Recht der Wahl der Beamten oder den Ausgleich zwischen den verschiedenen Gesetzen des Staates. Um die Frage des Geldes ging es dabei nicht so unmittelbar. Aber in England war es anders. Um die Steuerfrage haben sich die fähigsten Schreiber und berühmte Zungen bemüht und die größten Geister Schmerzen gelitten. Um der Wichtigkeit dieses Punktes vollste Genugtuung zu geben, war es für die, welche in ihrer Beweisführung die Vortrefflichkeit der englischen Verfassung verteidigten, nicht nur nötig an dem Privileg, Geld zu verleihen als einem trockenen Punkt von Tatsachen festzuhalten und zu beweisen, daß dies Recht in alten Urkunden und übereinkommenen Handelsbräuchen bekannt gewesen ist, um in einer gewissen Körperschaft, genannt das House of Commons zu residieren; sie gingen noch viel weiter. Sie machten den Versuch zu beweisen – und sie hatten Erfolg damit –, daß es in der Theorie so sein müßte von der besonderen Natur eines House of Commons aus gesehen, als einer unmittelbaren Volksvertretung, ob die alten Urkunden nun dieses Orakel überlieferten oder nicht. Sie nahmen unendliche Mühen auf sich, um allen als Fundamentalprinzip einzuschärfen, daß in allen Monarchien das Volk selbst, mittelbar oder unmittelbar die Macht besitzen müsse, sein eigenes Geld zu bewilligen oder kein Schatten von Freiheit könne bestehen. Die Kolonien sogen von Euch mit ihrem Lebensodem diese Ideen und Prinzipien ein. Ihre Liebe zur Freiheit wurde festgelegt und angeheftet an diesen bestimmten Punkt der Steuern. Die Freiheit mag in zwanzig anderen Umständen gesichert oder gefährdet sein, ohne daß dies besonders erfreute oder aufregte. Hier aber fühlten sie ihren Pulsschlag und je nachdem sie sich hier angeschlagen fanden, fühlten sie sich krank oder gesund. Ich sage nicht, wieweit sie sich im Recht oder Unrecht dabei fanden, indem sie Eure allgemeinen Argumente in ihrer eigenen Sache anwendeten ... Tatsache ist, daß sie solche allgemeinen Argumente anwendeten; und Eure Art, sie zu regieren, sei es nun durch Milde oder Strenge, in Weisheit oder mit Fehlern, bestärke sie in der Annahme, daß sie ebenso wie Ihr ein Interesse an diesen allgemeinen Prinzipien hätten.“

20. Aus Thomas Paine (1737-1809): Common Sense, 1776

Great Political Documents of the USA, Leipzig 1923, und J. Wagner, USA – Geschichte in Zeitdokumenten 1607–1865, Nr. 37, 1947.

„Der Vorteil Amerikas erfordert jetzt, daß es für sich selbst sorge. Es besitzt bereits eine große und junge Familie, deren Wohlfahrt es in acht zu nehmen ... hat. Ihr, deren Pflicht es ist, über die Sittlichkeit einer Nation zu wachen, von welcher Sekte oder Religionspartei Ihr auch seid, Ihr sowohl als auch diejenigen, die noch unmittelbarer die Wächter der öffentlichen Freiheit sind, wofern Ihr Euer Geburtsland unbefleckt von europäischer Verderbnis erhalten wollt, Ihr müßt vor allem eine Trennung (vom Mutterland) wünschen!

... Denn keine Nation, die im Zustand fremder Abhängigkeit lebt, in ihrem Handel eingeschränkt und in ihrer gesetzgebenden Gewalt gefesselt und eingeengt ist, kann jemals auf eine wesentlich hohe Stufe gelangen. Amerika weiß bis jetzt noch nicht, was Wohlhabenheit ist; und obwohl der Fortschritt, den es gemacht hat, in der Geschichte anderer Nationen ohne Beispiel ist, so ist dies doch nur ein Kinderzustand im Vergleich mit dem, zu dem es hätte gelangen können, hätte es, wie eigentlich notwendig, die gesetzgebende Gewalt in eignen Händen ...

O Ihr, die Ihr das Menschengeschlecht liebt, Ihr, die Ihr nicht nur der Tyrannei, sondern dem Tyrannen selbst Euch zu widersetzen wagt, erhebt Euch! Jeder Fleck der Alten Welt ist mit Unterdrückung überschwemmt. Die Freiheit ist auf dem ganzen Erdkreis gehetzt worden. Asien und Afrika haben sie längst vertrieben. Europa betrachtet sie als eine Fremde, und England hat sie zur Abreise aufgefordert. Oh, empfangt den Flüchtling und bereitet beizeiten dem menschlichen Geschlechte einen Zufluchtsort ...“

Herauslösung aus dem Staatsverband
Einbringung eigener Rechte

21. Aus Thomas Jefferson (1743-1826): Unabhängigkeitserklärung vom 4. Juli 1776

J. Wagner, a.a.O., Nr. 39.

„Wir halten die Wahrheit selbst für einleuchtend, daß alle Menschen gleichgeschaffen sind, so daß sie von ihrem Schöpfer mit gewissen unveräußerlichen Rechten ausgestattet sind, wozu Leben, Freiheit und das Streben nach Glückseligkeit gehören; daß zur Sicherung dieser Rechte Regierungen unter den Menschen eingesetzt sind, welche ihre gerechte Vollmacht von der Zustimmung der Regierten ableiten. Sobald aber die Form einer solchen Regierung verderblich wird, hat das Volk das Recht, sie zu ändern oder abzuschaffen und eine neue zu ernennen, und es hat dann seine Neugründung nach solchen Grundsätzen anzulegen und seine politische Macht in solcher Form zu organisieren, daß ihm seine Sicherheit und Glückseligkeit am besten verbürgt zu sein scheinen. Wenn aber wiederholter Machtmißbrauch das Volk . . . in die Knechtschaft der absoluten Despotie zurückführen will, dann hat es das Recht und die Pflicht, eine solche Regierung zu stürzen."

Es folgt der Beweis, daß dies für die englische Regierung hinsichtlich ihres Verhaltens den Kolonien gegenüber zutrifft. Also muß ihre Herrschaft in Amerika beseitigt werden:

„Demnach verkünden wir, die im Generalkongreß der Vereinigten Staaten von Amerika versammelten Vertreter, feierlich, . . . daß diese Vereinigten Kolonien sind und von Rechts wegen sein müssen freie und unabhängige Staaten, daß sie gelöst sind von aller Pflicht gegen die britische Krone, daß alle politische Verbindung zwischen ihnen und dem Staate Groß-Britannien ein für allemal aufgehoben ist . . ."

22. Aus den Grundrechten von Virginia (Virginia Bill of rights), 1776

Von Jefferson entworfen; vgl. auch Commager, Documents of American History, [7]1963, Nr. 67.

„1. Alle Menschen sind von Natur aus in gleicher Weise frei und unabhängig und haben unveräußerliche Rechte, namentlich auf Genuß von Leben und Freiheit . . . Eigentum . . . Glück . . . und Sicherheit.

2. Alle Gewalt geht vom Volke aus. Behörden sind nur seine Treuhänder und Diener und ihm jederzeit verantwortlich.

3. Also ist Regierung für das allgemeine Beste, den Schutz und die Sicherheit von Volk, Nation und Gemeinschaft da . . . (folgt Betonung des Rechtes des Volkes, eine schlechte Regierung zu reformieren oder abzusetzen).

5. Die gesetzgebende und die ausführende Gewalt des Staates sollen von der richterlichen Gewalt getrennt und unterschieden werden. . . .

6. Wahlen von Vertretern des Volkes für die allgemeine Versammlung müssen frei sein.

7. Es gibt keine Gewalt, Gesetze aufzuheben oder in Kraft zu setzen, ohne Billigung der Volksvertreter.

8. u. 10. bestimmen die Rechte des Angeklagten auf schnelle Verhandlung seines Falles und begrenzen die behördlichen Vollmachten einer Haussuchung auf den Fall der begangenen Tat.

12. Die Freiheit der Presse ist eines der stärksten Bollwerke jeder Freiheit. Wer sie einschränkt, übt einen Akt der Despotie aus.

15. Es gibt keine Freiheit ohne Gerechtigkeit, Mäßigung, Gelassenheit, Einfachheit, also Tugend, und also beständiges Zurückgreifen auf die Grundrechte.

16. Religion und ebenso ihre Ablehnung ist an vernünftige Überzeugung gebunden, nicht an Zwang und Gewalt. Und deshalb sind alle Menschen zu freier Religions-

Despot - Willkürherrscher

übung ermächtigt und haben nur den Weisungen ihres Gewissens zu folgen. Aber die gegenseitige Pflicht aller Christenmenschen ist es, Langmut, Liebe und Nachsicht gegeneinander zu hegen."

23. Aus der Verfassung der Vereinigten Staaten von Amerika, 1787

K. Zuchardt, Moderne Staatsverfassungen; ferner J. Wagner, a.a.O., Nr. 66, Commager, a.a.O., Nr. 87.

„I. 1. Mit der ganzen gesetzgebenden Gewalt soll ein Kongreß bekleidet werden, der aus einem Senat und einem Repräsentantenhaus bestehen soll.

2. Das Repräsentantenhaus soll aus Mitgliedern bestehen, die jedes zweite Jahr von der Bevölkerung der einzelnen Staaten gewählt werden. Niemand soll Abgeordneter werden, der nicht ein Alter von 25 Jahren erreicht hat. Jeder Staat soll wenigstens einen Vertreter haben.

3. Der Senat soll aus zwei Senatoren jedes Staates gebildet werden, die von dessen gesetzgebender Körperschaft auf sechs Jahre gewählt sind. Sogleich nach dem Zusammentritt sollen sie in drei Klassen eingeteilt werden. Die Sitze der Senatoren der ersten Klasse sollen nach Ablauf des zweiten Jahres frei werden usw., so daß jedes zweite Jahr ein Drittel gewählt wird. Das Mindestalter eines Senators wird auf 30 Jahre festgesetzt. Der Vizepräsident der Vereinigten Staaten soll Präsident des Senats sein, aber keine Stimme haben, es sei denn, daß Stimmengleichheit herrscht.

4. Der Kongreß soll wenigstens einmal im Jahre zusammentreten, und diese Tagung soll am ersten Montag im Dezember stattfinden.

6. Niemand, der ein Amt in den Vereinigten Staaten innehat, soll, solange er im Dienst verbleibt, Mitglied eines der beiden Häuser werden.

7. Jeder Gesetzesvorschlag, der vom Repräsentantenhaus und dem Senat verabschiedet ist, soll, ehe er Gesetz wird, dem Präsidenten der Vereinigten Staaten vorgelegt werden. Billigt er ihn nicht, so soll er ihn dem Hause zurückgeben, aus dem er hervorging. Stimmen zwei Drittel des Hauses darin überein, den Gesetzesvorschlag rechtskräftig zu machen, so soll er dem andern Hause übergeben werden; und wenn er auch von zwei Dritteln dieses Hauses gebilligt wird, soll er Gesetz werden.

II. 1. Mit der ausführenden Gewalt soll ein Präsident der Vereinigten Staaten betraut werden. Er soll sein Amt vier Jahre lang innehaben.

2. Der Präsident soll Oberbefehlshaber der Armee und der Flotte sein. Er soll das Recht haben, unter Mitberatung des Senats Verträge zu schließen, vorausgesetzt, daß zwei Drittel der anwesenden Senatoren zustimmen; und er soll unter Mitberatung des Senats Gesandte ernennen, die Richter des obersten Gerichtshofes und alle anderen Beamten, deren Ernennung nicht anders vorgesehen ist.

3. Er soll von Zeit zu Zeit dem Kongreß einen Bericht über den Stand der Dinge erstatten und ihm Maßnahmen zur Überlegung empfehlen. Er kann bei außergewöhnlichen Anlässen beide Häuser oder eines von beiden zusammenrufen.

III. 1. Die richterliche Gewalt soll einem obersten Gerichtshof und niederen Gerichtshöfen übertragen werden. Die Richter sollen im Amt bleiben, solange ihre Amtsführung einwandfrei ist."

ABSCHNITT II

Die Französische Revolution und ihre Überwindung durch Napoleon I.

Einführung

Die Große Revolution zerstört die politische Einheit Europas, läßt neben die alten, absolutistischen Mächte, die aus wohlverstandenem Eigeninteresse um die Erhaltung der bestehenden Staatsordnung kämpfen, Frankreich als neue revolutionäre Kraft treten und verschärft dadurch den bisherigen rein politischen Gegensatz durch weltanschaulich-soziale Spannungen. Darüber hinaus melden sich in Frankreich neue Schichten und neue politische Führertypen zu Wort. Die Revolutionsheere leiten mit neuen taktischen und strategischen Formen und dem Geist der allgemeinen Wehrpflicht die moderne Kriegsgeschichte ein. Als durch den Staatsstreich des 18. Brumaire (9. November 1799) Napoleon als Erster Konsul die Macht über Frankreich gewinnt, hat die Große Revolution ihren Abschluß gefunden. Seine Mission sieht er nicht nur darin, Zügellosigkeit und Anarchie zu beseitigen, sondern auch die Revolution zu überwinden, ihre positiven Gedanken und Errungenschaften jedoch zu sichern und über Europa auszubreiten. Napoleon übt noch einmal – und zwar mit größerer Ausschließlichkeit als die Monarchen der absolutistischen Ära – eine unumschränkte Gewalt im Staate aus, degradiert den Staat zum Instrument seiner persönlichen Intentionen und löscht das individuelle politische Mitbestimmungsrecht durch die Herrschaft seines organisierenden Willens aus. Frankreich erträgt den Emporkömmling, die Jahre eines harten Regiments und kriegerischer Eroberung, da sie erst die Verwirklichung der neuen, revolutionären Grundsätze von persönlicher Freiheit und rechtlicher Gleichheit ermöglichen. Napoleons Wirken als Kraft des Aufbaus wie der Zerstörung ist eine der unbestreitbaren Voraussetzungen der modernen europäischen Geschichte. Der Ausbau der Verwaltung (Polizei unter Fouché) und des Rechtswesens (Code civil), die er zentralisiert und nach freiheitlichen Prinzipien ausrichtet, verraten den Geist der Revolution und enthüllen sein staatsmännisches Format. Er schafft der Nation einen einheitlichen Rechtsbereich und steht besonders in dieser Hinsicht in der großen Überlieferung der französischen Geschichte, die auf allen Gebieten eine Zentralisation seit Jahrhunderten erstrebt hatte und ihr Schritt für Schritt immer näher gekommen war. Auch in Italien und Deutschland, wo Napoleon das alte Reich zertrümmert, verhilft er dem modernen Staatsdenken zum Sieg über feudale Sonderrechte und kleinstaatliche Zersplitterung.

Ideen und politisch-wirtschaftlich-soziale Strukturen der Gegenwart gründen in der Französischen Revolution. Die liberal-demokratischen Vorstellungen, anfangs mit bürgerlichem Denken identisch, wandeln sich im Hochkapitalismus des 19. und 20. Jahrhunderts zugunsten einer universalen pluralistischen Industriegesellschaft. Kommunistische und sozialistische Vorstellungen werden zur Grundlage des Totalitarismus „volksdemokratischer“ Diktaturen.

Quellen und Darstellungen

24. Erklärung der Menschen- und Bürgerrechte vom 26. August 1789

Aus: Günther Franz, Staatsverfassungen, [2]1964, S. 303ff.

„In der Überzeugung, daß die Unkenntnis, das Vergessen oder die Verachtung der Menschenrechte die alleinigen Ursachen der öffentlichen Mißstände und der Verderbtheit der Regierungen sind, haben die in der Nationalversammlung vereinigten Vertreter des französischen Volkes beschlossen, in einer feierlichen Erklärung die natürlichen, unveräußerlichen und geheiligten Menschenrechte darzulegen, damit diese Erklärung allen Mitgliedern des gesellschaftlichen Verbandes beständig vor Augen ist und sie ohne Unterlaß an ihre Rechte und Pflichten erinnert werden; damit die Handlungen der gesetzgebenden wie auch der ausübenden Macht in jedem Augenblick mit dem Zweck jeglicher politischen Einrichtung verglichen werden können und dadurch mehr geachtet werden; damit die Beschwerden der Bürger, von nun an auf einfache und unbestreitbare Grundsätze gegründet, sich immer auf die Erhaltung der Verfassung und das Wohl aller richten mögen.

Infolgedessen erkennt und verkündet die Nationalversammlung in Gegenwart und unter dem Schutze des Allerhöchsten die folgenden Menschen- und Bürgerrechte:

1. Die Menschen werden frei und gleich an Rechten geboren und bleiben es. Die gesellschaftlichen Unterschiede können nur auf dem allgemeinen Nutzen begründet werden.

2. Der Zweck jeder staatlichen Vereinigung ist die Erhaltung der natürlichen und unverjährbaren Menschenrechte. Diese Rechte sind Freiheit, Eigentum, Sicherheit und Widerstand gegen Unterdrückung.

3. Der Ursprung jeder Herrschaft liegt wesensmäßig beim Volke; keine Körperschaft, kein einzelner kann Herrschaft ausüben, die nicht ausdrücklich von ihm ausgeht.

4. Die Freiheit besteht darin, alles tun zu können, was einem anderen nicht schadet; also hat die Ausübung der natürlichen Rechte eines jeden Menschen keine anderen Grenzen als jene, die den anderen Mitgliedern der Gesellschaft den Genuß dieser gleichen Rechte sichern. Diese Grenzen werden allein durch das Gesetz bestimmt.

5. Das Gesetz darf nur die Handlungen verbieten, die der Gesellschaft schaden. Nur das, was das Gesetz verbietet, kann untersagt werden, und niemand kann zu einer Handlung gezwungen werden, die das Gesetz nicht gebietet.

6. Das Gesetz ist der Ausdruck des allgemeinen Willens. Alle Bürger haben das Recht, an seiner Gestaltung persönlich oder durch ihre Vertreter mitzuwirken. Es soll für alle Bürger das gleiche sein, es mag beschützen oder bestrafen. Da alle Bürger vor dem Gesetz gleich sind, so sind sie auch alle in der gleichen Weise zu allen Ehrenämtern, öffentlichen Stellungen und Beschäftigungen gemäß ihren Fähigkeiten zugelassen, ohne einen anderen Unterschied als den ihrer Kräfte und Geistesgaben.

7. Niemand darf außer in den durch das Gesetz bestimmten Fällen angeklagt, verhaftet oder gefangengehalten werden, und nur nach den Formen, die es vorgeschrieben hat. Wer willkürliche Anordnungen empfiehlt, erläßt, ausführt oder ausführen läßt, soll bestraft werden; aber jeder Bürger, der kraft des Gesetzes vorgeladen oder festgenommen wird, muß sofort gehorchen; durch Widerstand macht er sich strafbar.

8. Das Gesetz darf nur Strafen festsetzen, die unbedingt und offenbar notwendig sind, und man kann nur bestraft werden auf Grund eines Gesetzes, das vor der Straftat festgelegt und verkündet war und gesetzmäßig angewendet wurde.

9. Da jeder Mensch so lange für unschuldig gehalten wird, bis er für schuldig er-

klärt worden ist, soll, wenn seine Verhaftung für unumgänglich erachtet wird, jede Härte, die nicht notwendig wäre, um sich seiner Person zu versichern, durch das Gesetz streng unterbunden werden.

10. Niemand darf wegen seiner Ansichten, selbst nicht der religiösen, bedrängt werden, vorausgesetzt, daß ihre Äußerung nicht die durch das Gesetz festgelegte öffentliche Ordnung stört.

11. Die freie Mitteilung der Gedanken und Ansichten ist eines der kostbarsten Menschenrechte; daher kann jeder Bürger frei sprechen, schreiben, drucken, mit dem Vorbehalt, daß er verantwortlich ist für den Mißbrauch dieser Freiheit in den von dem Gesetz festgelegten Fällen.

12. Die Sicherung der Menschen- und Bürgerrechte erfordert eine öffentliche Gewalt; diese Gewalt ist also zum Vorteil aller eingesetzt und nicht zum besonderen Nutzen derer, denen sie anvertraut ist.

13. Für die Unterhaltung der öffentlichen Gewalt und für die Verwaltungsausgaben ist eine allgemeine Abgabe unerläßlich; sie muß gleichmäßig auf alle Bürger gemäß ihrem Vermögen verteilt werden.

14. Alle Bürger haben das Recht, selbst oder durch ihre Vertreter die Notwendigkeit der öffentlichen Abgaben festzustellen, sie frei zu bewilligen, ihre Verwendung zu überwachen und ihre Höhe, ihre Veranlagung, ihre Einziehung und ihre Dauer zu bestimmen.

15. Die Gesellschaft hat das Recht, von jedem Staatsbeamten Rechenschaft über seine Amtsführung zu verlangen.

16. Eine Gesellschaft, in der die Garantie der Rechte nicht gesichert und die Teilung der Gewalten nicht festgelegt ist, hat keine Verfassung.

17. Da das Eigentum ein unverletzliches und geheiligtes Recht ist, kann es niemandem genommen werden, wenn nicht die öffentliche, gesetzlich festgestellte Notwendigkeit es klar erfordert und unter der Bedingung einer gerechten und vorherigen Entschädigung."

25. Aus der Verfassung von 1791

Franz, a.a.O., S. 307ff.

„Die Nationalversammlung schafft unwiderruflich ab alle Einrichtungen, die der Freiheit und Rechtsgleichheit im Wege standen.

Mithin gibt es nicht mehr irgendeinen Adel, Hochadel, erbliche oder Standesvorrechte, eine Feudalherrschaft oder Patrimonialgerichtsbarkeit oder irgendeinen Titel oder sonst Benennungen und Vorrechte, die sich davon herleiten, es gibt keinen Ritterstand, keine Körperschaften oder Orden, die Adelsproben fordern oder Geburtsvorzüge bedingen, und überhaupt keine andere Bevorrechtigung als die der Staatsbeamten in Ausübung ihrer Amtsgewalt. Aber es gibt auch keine Käuflichkeit oder Erblichkeit eines öffentlichen Amtes mehr. Für keine Gruppe der Nation und für keinen einzelnen Bürger gibt es fortan ein Vorrecht oder eine Ausnahme vom gemeinen Recht aller Franzosen. Es soll auch keine Zünfte oder Berufskörperschaften mehr geben. Das Gesetz wird auch kein Religionsgelübde oder sonst eine Verbindlichkeit anerkennen, wenn sie dem Naturrecht oder der Verfassung entgegen sind.

Die Verfassung gewährleistet als natürliche und bürgerliche Rechte,

1. daß alle Bürger zu Stellen und Ämtern kommen können ohne anderen Unterschied als den ihrer Tugenden und Begabungen;

2. daß alle Steuern gleichmäßig nach dem Vermögen unter alle Bürger aufgeteilt werden sollen;

3. daß gleiche Vergehen durch gleiche Strafen geahndet werden ohne jeden Unterschied der Person.

Die französische Verfassung ist repräsentativ. Ihre Repräsentanten sind der Gesetzgebende Körper und der König.

Die Gesetzgebung ist einer Nationalversammlung übertragen, die sich aus den auf Zeit frei gewählten Vertretern des Volkes zusammensetzt.

Die Regierung ist monarchisch. Die ausübende Gewalt ist dem König überlassen, wird aber unter seiner Obergewalt von Ministern und anderen Beamten vollzogen.

Die Gerichtsbarkeit wird Richtern übertragen, die auf Zeit vom Volke gewählt werden.

Die Nationalversammlung, welche den Gesetzgebenden Körper bildet, besteht nur aus einer Kammer. Sie erneuert sich alle zwei Jahre aus Neuwahlen. Der Gesetzgebende Körper kann vom König nicht aufgelöst werden. Um wahlfähiger Bürger zu sein, muß man das fünfundzwanzigste Lebensjahr vollendet haben; man muß irgendwo eine direkte Steuer bezahlen, die wenigstens dem Wert dreier Arbeitstage entspricht; und man darf nicht in dienstbarer Stellung, das heißt Lohnempfänger sein; auch muß man in der Stammrolle der Nationalgarde stehen. Ferner sind von den Rechten des aktiven Staatsbürgers ausgeschlossen Leute, die vor Gericht angeklagt sind, im Bankrott stehen oder sonstwie zahlungsunfähig sind. Endlich kann niemand in die Wahllisten aufgenommen werden, wenn er nicht Eigentümer oder Nutznießer eines Besitzes oder wenigstens Mieter einer Wohnung ist. Der König hat vor dem Gesetzgebenden Körper den Eid auf die Verfassung zu leisten. Ihm steht es zu, die Minister zu ernennen und abzuberufen. Die Minister zeichnen gegen und sind verantwortlich. Über Krieg und Frieden allerdings befindet der Gesetzgebende Körper. Alle Beschlüsse des Gesetzgebenden Körpers werden dem König zur Unterzeichnung vorgelegt. Verweigert er seine Zustimmung, so hat seine Weigerung nur aufschiebende Wirkung. Ist das vorgelegte Gesetz von den beiden Gesetzgebenden Körpern, die danach folgen, gleichfalls beschlossen, dann wird so verfahren, als habe der König zugestimmt."

26. Aus einer Rede Mirabeaus in der Nationalversammlung

Am 20. Mai 1790 zum Verhandlungsthema: Wer entscheidet über Krieg und Frieden? Nach Ecrivains d'hier et d'aujourd'hui, Paris 1898.

„Ich frage Sie: wird man gegen ungerechte Kriege besser gesichert, wenn man das Recht, über Kriege zu entscheiden, ausschließlich einer Versammlung von siebenhundert Personen überläßt? Haben Sie überlegt, wie sehr leidenschaftliche Erregungen und der Antrieb des Mutes oder eines falschen Ehrbegriffs die Unbesonnenheit anpeitschen und vor sich rechtfertigen können? Glauben Sie, daß solche Erregungen, wenn der Gesetzgebende Körper ausschließlich entscheidet, nicht auch Sie zu verhängnisvollen Kriegen hinreißen werden? Daß Sie nicht den Stachel des Mutes mit dem Ratschluß der Erfahrung vermengen werden?

Noch eine andere Gefahr ist gerade einem Gesetzgebenden Körper in seinen ausschließlichen Entscheidungen über Krieg und Frieden eigen: ein solcher Körper kann keiner Art von Verantwortung unterworfen werden.

Man sagt immer, die Vertreter der Nation würden vom Zügel der öffentlichen Meinung gelenkt. Aber die öffentliche Meinung, so oft schon irregeleitet, sogar durch recht lobenswerte Gefühle, sie wird die Vertreter der Nation nur verführen! Sie spricht auch gar nicht jedes Mitglied einer großen Versammlung im besonderen an.

Schauen Sie doch die großen politischen Versammlungen an! Immer haben sie unter einem Zauber der Leidenschaft den Krieg beschlossen.

Und hier noch einige wichtigere Betrachtungen. Fürchten Sie denn gar nicht, meine Herren, die Meinungsverschiedenheiten in Ihrer Mitte und im ganzen Reich, die ein unerwarteter Kriegsbeschluß, ohne Mitwirkung des Königs allein vom Gesetzgebenden Körper gefaßt, aufwirbeln kann?

Nun aber auf der andern Seite: Haben Sie nichts von einem König zu fürchten, der die Verschwörung seines Despotismus mit dem Schein eines notwendigen Krieges deckt und an der Spitze einer siegreichen Armee heimkehrt, nicht um seine Stellung als Bürgerkönig wieder einzunehmen, sondern um seine Tyrannenmacht wiederzuerobern? Sie haben mich wohl verstanden: ich nahm einen despotischen und rebellischen König an, der mit einer Armee von Franzosen den Platz des Tyrannen zurückerobern will. Nun in dem Fall ist der König kein König mehr!

Die gültige Formel für Kriegserklärung und Friedensschluß muß also heißen: der König der Franzosen befindet darüber zugleich im Auftrage der Nation! Dem König steht es zu, alle Friedens-, Bündnis- und Handelsverträge zu prüfen und zu unterzeichnen, aber die genannten Verträge werden null und nichtig sein, sofern sie nicht vom Gesetzgebenden Körper gebilligt sind!"

27 Aus Dantons Rede vom 1. August 1793 im Konvent

Ecrivains d'hier et d'aujourd'hui, Paris 1898.

„Es muß also der Wohlfahrtsausschuß als provisorische Regierung eingesetzt werden, und die Minister dürfen nur die ersten Handlanger seines Willens sein. Diesem Regierungsausschuß müssen auch die nötigen Mittel bereitgestellt werden für die politischen Ausgaben, zu denen uns die Perfidie unserer Feinde zwingt. Fünfzig Millionen Francs müssen dem Ausschuß zur Verfügung stehen, und er mag darüber am Ende seiner Session Rechenschaft ablegen, aber inzwischen muß er das Recht haben, die Mittel alle an einem Tage auszuwerfen, wenn er das für richtig befindet.

Wir haben in Frankreich noch eine Menge Verräter zu entdecken und unschädlich zu machen. Los denn! Eine geschickte Regierung sollte hinreichend mit Spitzeln versehen sein. Fügt der Gewalt der Waffen, fügt der Entfaltung einer nationalen Macht alle Mittel hinzu, die gewitzte Köpfe euch an die Hand geben können! Oder muß das sein, daß der hochmütige Minister eines Despoten an Einfällen und Mitteln uns übertrifft, uns, die wir den Auftrag haben, die Welt in Ordnung zu bringen?

Ich fordere also, daß ihr unverzüglich meinen Antrag annehmt. Ich verlange im Namen der Nation eine provisorische Regierung, die in einem Tage die ganze Masse der Franzosen in Bewegung setzen kann!"

28. Robespierre vor seinem Sturz

Rede im Sicherheitsausschuß Thermidor 1794. Nach Ernst Hamel, Histoire de Saint-Just.

„Ich glaube an schicksalhafte Verstrickungen in der Revolution, die nichts mit verbrecherischen Plänen zu tun haben. Ich glaube an den schrecklichen Einfluß der Intrige und vor allem an die finstere Macht der Verleumdung. Ich sehe die Welt bevölkert von Dummköpfen und Schurken. Aber die Zahl der Schelme ist kleiner, sie muß man verantwortlich machen für die Verbrechen und das Unheil der Welt. Sie helfen auch der Tyrannei auf die Beine. Und wer sich dagegen anstemmt, wohin gelangt der? Ins Grab – und in die Unsterblichkeit. Und wie heißt jener andere Tyrann, auf den ich mich stütze? Zu welcher Partei gehöre ich? Das seid ihr, das Volk, das sind die heiligen Prinzipien!"

29. Europa und die Französische Revolution

Martin Göhring, Geschichte der Großen Revolution (1951), Bd. II, S. 150f.

„Daß die Französische Revolution von Anfang an eine gesamteuropäische Erscheinung wurde, liegt in mancherlei Umständen begründet. Alle Bedingungen einer umfassenden Wirkung waren gegeben. Was ist von Frankreich an Impulsen schon immer ausgegangen! Seit dem Zeitalter Ludwigs XIV. ist Europa vom Westen her bestimmt. Montesquieu, Voltaire, Rousseau, Buffon, Diderot usw. wurden in Deutschland genauso gelesen wie in Frankreich. Nicht etwa, daß der französische Mensch dem deutschen überlegen gewesen wäre, aber Frankreich hatte den anderen Festlandsstaaten voraus, daß es sehr früh ein geschlossener Nationalstaat geworden war, als solcher eine ziemlich stetige Entwicklungslinie aufwies und feste Lebensformen herausbilden konnte. So vom Glück begünstigt, brachte es Schriftsteller hervor, in denen das europäische Denken gleichsam zusammenfloß, so daß man die Aufklärung – sehr zu Unrecht – als eine französische Geisteshaltung ansprechen konnte. Daß sie eine gesamteuropäische, stark kosmopolitische Bewegung war, in der sich alle Gebildeten, alle fortschrittlichen Denkenden fanden, macht die werbende Kraft der Französischen Revolution aus."

30. Napoleon I. an Talleyrand am 19. Oktober 1797

Briefe Napoleons I., hrsg. v. Kircheisen, Berlin 1910, Bd. I, S. 143.

„Österreich ist Frankreich nicht gefährlich. Unser wahrer Feind ist England. Wir müssen es vernichten, damit es uns nicht vernichtet. Der gegenwärtige Augenblick ist uns günstig. Werfen wir uns angespannt auf die Vermehrung unserer Flotte und vernichten wir England, dann liegt Europa zu unseren Füßen."

31. Friedensangebot Napoleons an England, 25. Dezember 1799

Briefe Napoleons I., a.a.O., S. 207.

„Durch den Wunsch der französischen Nation zu der höchsten Würde der Republik berufen, halte ich es für geeignet, Eurer Majestät vom Antritt meines Amtes direkt Mitteilung zu machen.

Soll denn der Krieg, der seit 8 Jahren die 4 Weltteile verwüstet, ewig währen? Gibt es denn kein Mittel, sich zu verständigen?

Wie können die beiden aufgeklärtesten Nationen Europas, die viel mächtiger und stärker sind, als es ihre Sicherheit und Unabhängigkeit erforderte, wie können sie den blühenden Handel, das innere Gedeihen, das Glück der Familien den Hoffnungen auf eitle Größe zum Opfer bringen? Fühlen Sie denn nicht, daß wir vor allem des Friedens bedürfen, daß er der schönste Ruhm ist? ...

Eure Majestät wird in diesem Entgegenkommen nur meinen aufrichtigen Wunsch sehen, zum zweiten Male auf wirksame Weise zur allgemeinen Pazifizierung beizutragen, und zwar durch einen entschlossenen, ganz vertrauensvollen Schritt, frei von jenen Förmlichkeiten, die wohl nötig sein mögen, um die Abhängigkeit schwacher Staaten zu verbergen, aber bei starken Staaten nur den gegenseitigen Wunsch, sich zu hintergehen, verraten.

Frankreich und England können durch Aufbietung aller ihrer Kräfte noch lange zum Unglück aller Völker die völlige Erschöpfung hinausschieben, aber, ich wage es zu sagen, das Geschick aller zivilisierten Völker ist mit dem Ende eines Krieges verknüpft, der die ganze Welt umfaßt."

32. Brief Napoleons an den Zaren vom 21. Dezember 1800

Briefe Napoleons I., a.a.O., S. 263.

„Es ist mein sehnlichster Wunsch, die beiden mächtigsten Nationen der Welt schnell und unwiderruflich verbündet zu sehen. Seit zwölf Monaten habe ich es vergebens versucht, Europa Friede und Ruhe zu geben: es hat mir nicht gelingen können. Immer noch schlägt man sich ohne Grund und, wie es scheint, nur auf Antrieb der englischen Politik.

Vierundzwanzig Stunden, nachdem Eure Kaiserliche Majestät jemand, der Ihr ganzes Vertrauen besitzt und Ihre Wünsche kennt, mit Ihren besonderen Vollmachten versehen haben, werden das Festland und die Meere in Frieden leben. Denn, wenn England, der Kaiser von Deutschland und alle anderen Mächte überzeugt sind, daß der Wille und die Armeen unserer beiden großen Völker ein Ziel erstreben, dann werden die Waffen ihren Händen entfallen, und die gegenwärtige Generation wird Eure Kaiserliche Majestät segnen, sie den Greueln und dem verheerenden Parteigeist entrissen zu haben.

Wenn, wie ich nach der Ehrenhaftigkeit und Größe Ihres Charakters annehmen darf, Eure Kaiserliche Majestät diese Gefühle teilen, so halte ich es für würdig und angemessen, daß die Grenzen der verschiedenen Staaten zu gleicher Zeit geregelt werden und Europa an demselben Tage erfahre, daß der Friede zwischen Frankreich und Rußland unterzeichnet sei und sie die gegenseitige Verpflichtung eingegangen wären, alle Staaten zu pazifizieren.

Diese markige, offene und loyale Haltung wird zwar einigen Kabinetten mißfallen, aber von allen Völkern und der Nachwelt einstimmig anerkannt werden . . ."

33. Der englische Außenminister Lord Hawkesbury und der Parlamentarier Fox verteidigen den Frieden von Amiens vor dem Unterhaus (3. November 1801)

Parliamentary History of England, London 1819 u.ö., S. 86 f.

Hawkesbury: „Aus diesen Feststellungen geht hervor, daß der Handel unseres Landes in Beziehung auf unsere alten Besitzungen in einigen Beispielen fast verdoppelt worden ist und in allen Fällen eine Vermehrung um ein Drittel gehabt hat. Ich möchte dies um so mehr betonen, als es notwendig ist, das Anwachsen unseres Handels mit der Abnahme des französischen Handels zu vergleichen.

Wir werden nicht damit beschäftigt sein, Schiffe zu bauen sowie Seeleute zu beschaffen. Mit dem Anwachsen unseres Handels wird unsere Flotte stets wachsen. Frankreich wird zweifellos große Anstrengungen zu dem Zwecke machen. Ob aber im Laufe von 8 oder 10 Jahren ein Streit stattfindet oder nicht, ich vertraue, daß wir ihn mit mehr Vorteil erneuern werden, als wir ihn im letzten Kriege begannen. Ich muß an jeden, der mich hört, eine Frage richten, nämlich, ob der Friede unter gesicherteren und ehrenvolleren Bedingungen geschlossen werden konnte . . . Wir sind in einen sehr furchtbaren Kampf verwickelt gewesen, aber wir sind ehrenvoll und vorteilhaft aus ihm hervorgegangen. Die Lage Europas und die Großbritanniens mag immer noch gefahrvoll erscheinen, doch hoffe ich, daß bei einem gesunden System der Politik, das aus einer Mischung von Festigkeit und Mäßigung besteht, stets ein Gegengewicht gegen jede Gefahr und ein Heilmittel für jedes Übel gefunden werden wird."

Fox: „Die einzige Frage ist die, ob wir durch den Druck des Krieges Frankreich dazu bewegen konnten, uns Malta oder das Kap abzutreten. Hätten wir es durch den

Druck auf seine Kolonien bewirken können? Nein, denn dies ist bereits getan worden. Durch den Druck auf das europäische Territorium Frankreichs? Dieser Gedanke ist absurd. Durch Druck auf seine Finanzen? Hier kann ich nur das kluge Verhalten Ihrer Majestät Minister bewundern, die uns nicht durch die sinnlosen Versicherungen, daß die Franzosen am Rande des Bankerotts wären, zu täuschen suchten ... Sie wußten wohl, daß, wenn sie auf Malta oder das Kap bestanden, sie den Frieden unter weniger würdigen Bedingungen hätten schließen oder den Krieg fortsetzen müssen...

Ich komme also zu dem Schluß, daß es wenig Wahrscheinlichkeit für uns gab, bessere Friedensbedingungen zu erlangen."

34. Der englische Kriegsminister Lord Windham gegen den Frieden von Amiens (13. Mai 1802)

Documents of Foreign Affairs I, S. 88f., London 1899.

„Das Gespenst der französischen Macht verfolgt uns jetzt überall. Es folgt uns in Europa, in Asien, in Amerika und erschreckt uns fortwährend mit seinem drohenden Anblick ... Wir haben tatsächlich Frankreich zwei Kontinente abgetreten. Wir haben zugelassen, daß es sich in eine Stellung brachte, in der es solchen Einfluß auf die amerikanischen Staaten gewonnen hat, daß es für die Zukunft möglich sein wird, sie mit Erfolg gegen unsere wichtigsten Interessen zu verwenden. Wenn das die Mittel Frankreichs sind, was ist sein Wille? Diejenigen, die erwarten, daß der Friede Frankreich seiner Feindseligkeit entkleiden würde, die dachten, daß es zufrieden sein würde, die Vorteile des Handels und der Industrie ohne Feindschaft England gegenüber zu pflegen, müssen jetzt sehen, daß es mehr als je das große Ziel eines Universalreichs verfolgt. Es hat unverhohlen den Geist, durch den es beseelt wird, zu jeder Zeit vor den Präliminarien und seitdem zum Ausdruck gebracht.

Alles wird in dem Geist der Feindschaft ausgesonnen und durchgeführt, und nachdem es in dem jetzt beendeten Krieg der Schwerter Erfolg hatte, tritt es mit derselben Neigung und mit denselben Hoffnungen in den Zollkrieg ein."

35. Napoleon Bonaparte: Selbstrechtfertigung

Aus „Staats- und Weltweisheit", hrsg. von A. von Gleichen-Russwurm (1919), S. 125f.

„(Die Geschichtschreiber) mögen noch so viel unterschlagen und verstümmeln, es wird ihnen doch schwerfallen, mich ganz verschwinden zu machen. Jeder französische Historiker ist genötigt, vom Kaiserreich zu reden, und wenn er das Herz auf dem richtigen Fleck hat, wird er mir doch etwas wiedergeben müssen von dem, was man mir entreißt – die Tatsachen sprechen, sie schimmern wie die Sonne!

Ich habe den Abgrund der Anarchie zugeschüttet, ich habe Ordnung in ein Chaos gebracht. Ich habe die Revolution geläutert, habe die Völker veredelt, die Könige auf ihrem Thron gesichert. Ich habe die guten Bestrebungen gefördert, jedes Verdienst belohnt, die Grenzen des Ruhmes erweitert. Das ist doch immerhin etwas! Und dann ... wie könnte man mich angreifen, ohne daß der Historiker imstande wäre, mich zu verteidigen? Handelt es sich um meine Absichten? Er ist in der Lage, mich freizusprechen! Ist von meinem Despotismus die Rede? Nun, so kann er ja leicht nachweisen, daß meine Diktatur eine Notwendigkeit war. Will man behaupten, daß ich der Freiheit hinderlich war? Er wird darauf hinzuweisen haben, daß Anarchie, Unordnung, Zügellosigkeit nah vor dem Tore waren. Will man mich beschuldigen, den Krieg zu sehr geliebt zu haben, so braucht er nur nachzuweisen, daß ich stets der Angegriffene war ... Die Universalmonarchie hätte ich erstrebt! ...

Nun, sie war mir vielleicht aufgenötigt, die Feinde führten mich ihr Schritt für Schritt näher. Wird der Vorwurf des Ehrgeizes erhoben, so sage man, daß mein Ehrgeiz der edelste, reinste war, den es nur geben kann: ich wollte der Vernunft zur Herrschaft verhelfen, den menschlichen Fähigkeiten und Talenten die Bahn frei machen – hier wäre für den Historiker der Ausdruck eines Bedauerns am Platz, daß ein solcher Ehrgeiz nicht mehr hat erreichen können."

36. Lamartine über das Geistesleben zur Zeit Napoleons I.

Alphonse de Lamartine (1790–1869), Les destinées de la poesie, 1834.

„Ich erinnere mich, daß zu der Zeit, da ich mich zum ersten Mal in der Gesellschaft zeigte, Einstimmigkeit herrschte über den unheilbaren Verfall, über das vollständige und schon nicht mehr empfundene Hinsterben jener geheimnisvollen Fähigkeit des menschlichen Geistes: der Dichtung. Es war die Zeit des Kaiserreichs, die Zeit, da die materialistische Philosophie des 18. Jahrhunderts in der Regierungs- und in der Lebensweise Gestalt annahm. All jene mathematisch denkenden Köpfe, die damals allein das Wort führten und uns junge Leute durch die anmaßende Tyrannei ihres Siegestaumels zu erdrücken versuchten, wähnten, in uns für immer das gelähmt zu haben, was sie in sich selbst mit Erfolg geschwächt und ertötet hatten, den ganzen sittlichen, göttlichen, klingenden Bereich des menschlichen Denkens. Wer diese Zeit nicht miterlebt hat, dem kann man die dünkelhafte Unfruchtbarkeit, die ihr eigen war, nicht schildern Es war das teuflische Lächeln eines großen höllischen Geistes, dem es gelungen ist, ein ganzes Geschlecht zu erniedrigen, die Begeisterung einer ganzen Nation mit der Wurzel auszureißen und eine in der Welt wirkende Kraft zu vernichten; diese Menschen hatten dasselbe Gefühl sieghafter Ohnmacht im Herzen und auf den Lippen, wenn sie zu uns sagten: „Liebe, Philosophie, Glaube, Begeisterung, Freiheit, Dichtung – alles nichtig! Berechnung und Kraft, Zahl und Säbel, darauf kommt es an! Wir glauben nur das, was sich beweisen läßt, wir sind nur empfänglich für das, was zu greifen ist; die Dichtung ist mit der Innerlichkeit gestorben, aus der sie hervorgegangen war." Sie sagten die Wahrheit, sie war gestorben in ihren Seelen, gestorben in ihren Köpfen, gestorben in ihnen und rings um sie. Aus einem untrüglichen und seherischen Drang ihrer Bestimmung bangten sie davor, sie werde mit der Freiheit in der Welt zu neuem Leben erwachen; die geringsten Keime streuten sie in den Wind, sowie etwas davon unter ihren Schritten aufsproßte, in ihren Schulen, Gymnasien, Lehranstalten, vor allem aber in ihren militärischen und technischen Ausbildungsstätten. Alles war gegen diese Auferstehung des sittlichen und dichterischen Empfindens aufgeboten; es war eine weltumfassende Verschwörung der mathematischen Wissenschaften gegen das Denken und die Dichtung.

Zwei große Geister allein, die von der Tyrannei mit ängstlichen Blicken beobachtet wurden, verwahrten sich gegen dieses Todesurteil über Seele, Geist und Dichtung: Chateaubriand und Frau von Staël ...

Schließlich hatte sich die Zeit geändert, die Dichtung war nach Frankreich zurückgekommen mit der Freiheit, mit dem Denken, mit dem sittlichen Leben, das uns die Restauration wiederschenkte. Die Rückkehr der Bourbonen und der Freiheit nach Frankreich gab anscheinend der unterdrückten und in Schlaf versunkenen Literatur jener Zeit einen neuen Anstoß, eine neue Seele; und dann sahen wir in der Dichtung oder in der Philosophie eine Menge jener berühmten Namen auftauchen, die noch immer unsere Akademien bevölkern und das glänzende Bindeglied zwischen den beiden Zeitaltern bilden."

ABSCHNITT III

Kapitalistische Wirtschaft und soziale Probleme im 19. Jahrhundert

Einführung

Exakte Naturwissenschaft und technische Revolution bestimmen maßgeblich die Entwicklung im 19. Jahrhundert. Die technische Entwicklung konzentriert sich vornehmlich auf die Konstruktion von Antriebsmaschinen, die menschliche Körperkraft ersetzen, und neuartigen Produktionsmethoden und -maschinen, die den Fertigungsprozeß immer mehr mechanisieren. Dieser radikale Umschwung auf dem Gebiet der Herstellungsverfahren treibt die Industrialisierung Europas mächtig voran. Sie bringt besonders einschneidende Umwälzungen im Bereich des Verkehrswesens, der Nachrichtenübermittlung und der Stahlerzeugung.

Die technischen und wirtschaftlichen Wandlungen werden von einer gesellschaftlichen Umwälzung im weitesten Sinn begleitet. Ein Großteil der Landbevölkerung muß sein Glück in der Stadt und ihren Fabriken suchen. In den Sog der industriellen Umwälzung gerät nicht nur das rechtlich weitgehend emanzipierte Bauerntum, sondern auch der Handwerkerstand. Immer mehr bedrängt ihn die Konkurrenz der schnell und billig nach neuen Produktionsmethoden arbeitenden Industriebetriebe.

Den entwurzelten Arbeitskräften braucht die Industrie nur Hungerlöhne zu zahlen, so daß auch Frauen und Kinder zur Fabrikarbeit gezwungen sind. Menschen, die keine andere Existenzmöglichkeit finden, kann man beliebig lange arbeiten lassen. Der vierzehn- oder sechzehnstündige Arbeitstag ist die Regel. In Elendsvierteln der Städte zusammengedrängt lebt eine Bevölkerung, die sich rasch verdoppelt, verdreifacht, verfünffacht. Seuchen grassieren, die Unzufriedenheit wächst.

Die liberale Wirtschaftsauffassung der Zeit, die Arbeit wie Produktion nur unter ökonomischem Blickwinkel sieht und menschliche Arbeitskraft nur wie eine Ware betrachtet, die dem Verhältnis von Angebot und Nachfrage unterliegt, überläßt den Arbeiter seinem Schicksal.

In der Bildung von Koalitionen und Assoziationen suchen die Arbeiter, wenngleich oft durch gesetzliche Verordnungen behindert, einen Ausweg. Selbst in England, das durch vielerlei Umstände begünstigt, die erste Phase der Industrialisierung bereits durchschritten, die „Übelstände des ökonomischen Wildwuchses“ (Carlo Schmid) überwunden hat, harrt die soziale Frage einer heilsamen Lösung.

In dieser spannungsgeladenen Atmosphäre veröffentlichen Marx und Engels das „Kommunistische Manifest“, das in einer Umkehrung der Besitzverhältnisse die Beseitigung der proletarischen Not verheißt.

Die Wirkung und Faszination der Lehren von Marx liegen in der Theorie, daß der Lohnarbeiter gezwungen sei, zur Ansammlung von Unternehmergewinnen eine nicht vergütete Mehrleistung zu vollbringen (Mehrwerttheorie). Dieser Umstand ist in der Tat durch die Ausgangslage der kapitalistischen Wirtschaft bedingt. Er soll durch die Diktatur des Proletariats beseitigt werden. Blickt man heute zurück, so zeigt sich sowohl im kapitalistischen wie im kommunistischen Bereich eine Überwindung der Notlage des frühen 19. Jahrhunderts, jedoch immer noch keine endgültige Lösung

Rechts: Aus der Französischen Verfassung von 1791. Erklärung der Menschenrechte und Ratifikation Ludwigs XVI. – Links: Dekret von 1792. Die Abschaffung des Königtums

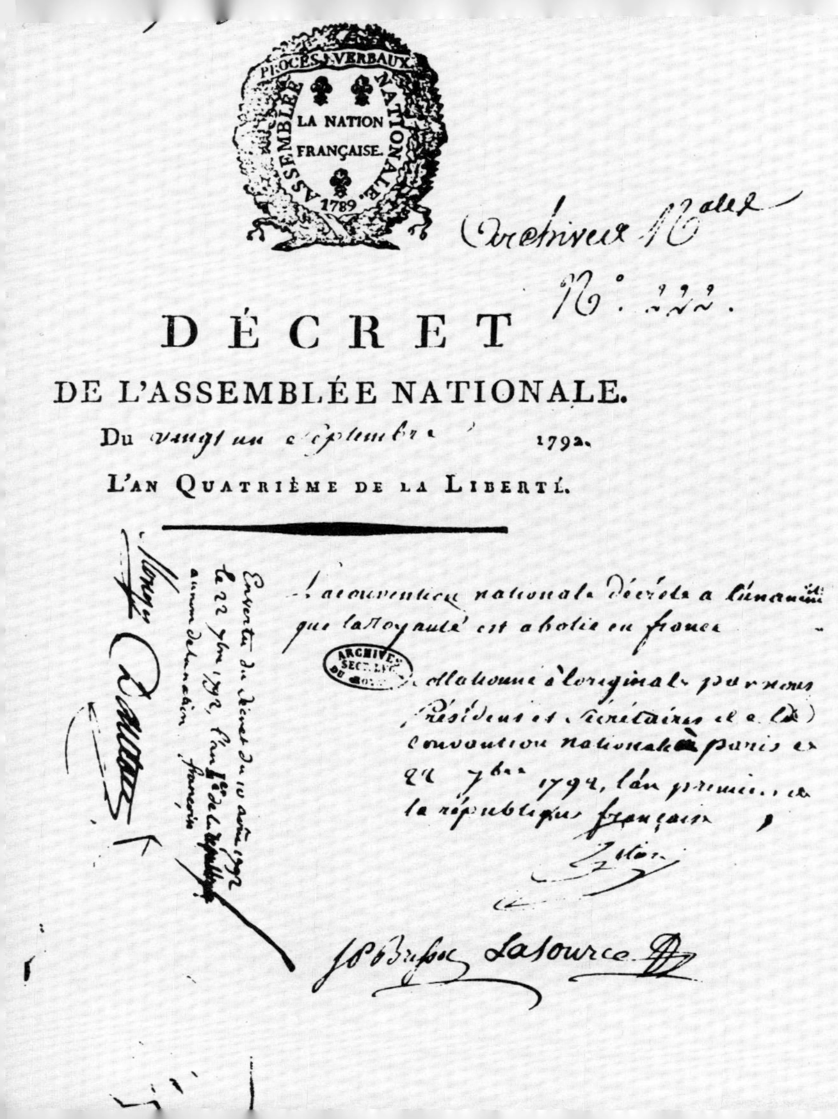
PROCÈS-VERBAUX · ASSEMBLÉE NATIONALE · LA NATION FRANÇAISE · 1789

Archives Nationales · N°. 222

DÉCRET
DE L'ASSEMBLÉE NATIONALE.

Du vingt un septembre 1792.

L'AN QUATRIÈME DE LA LIBERTÉ.

La convention nationale décrète à l'unanimité que la Royauté est abolie en France.

Collationné à l'original par nous présidens et secrétaires de la convention nationale à Paris ce 22 7bre 1792, l'an premier de la république française.

Pétion

J.P. Brissot · Lasource

En vertu du décret du 10 août 1792 le 22 7bre 1792, l'an 1er de la République française, au nom de la nation

Monge · Danton

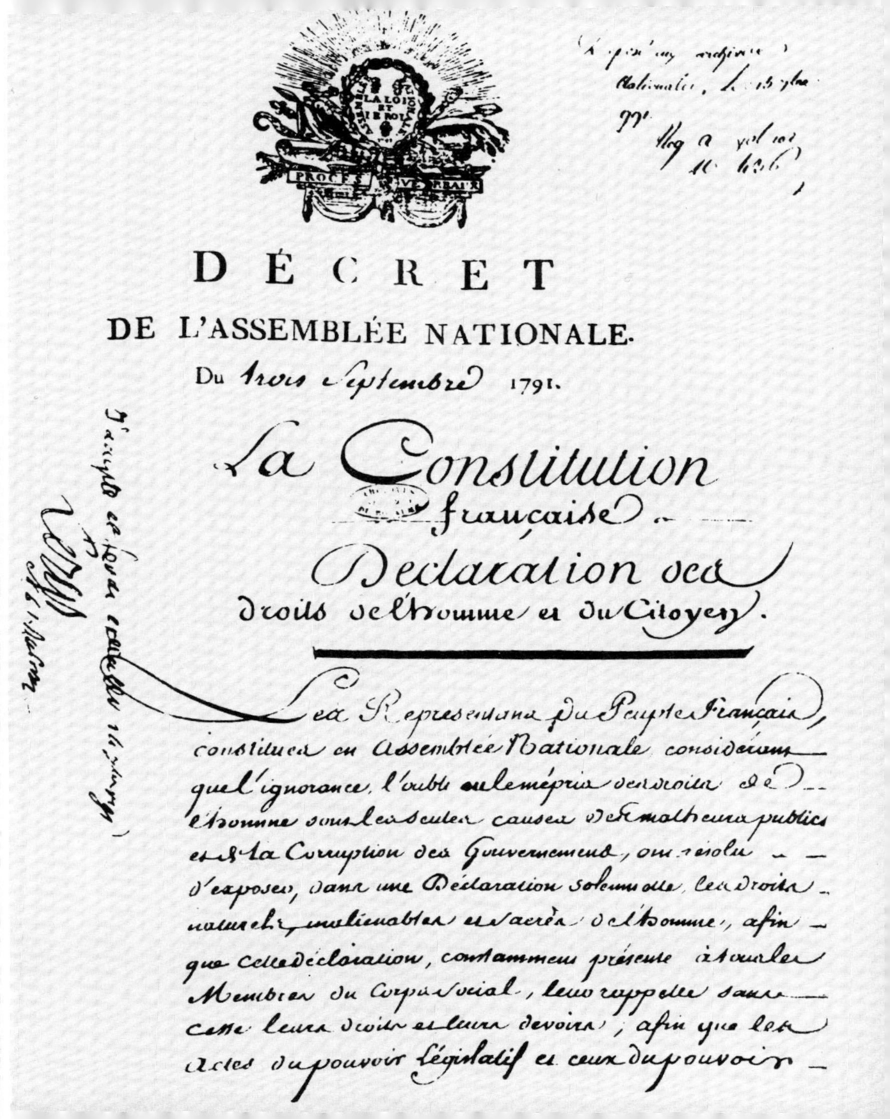
LA LOI ET LE ROI · PROCÈS-VERBAUX

Déposé aux archives nationales …

DÉCRET
DE L'ASSEMBLÉE NATIONALE.

Du trois Septembre 1791.

La Constitution française —

Déclaration des droits de l'homme et du Citoyen.

Les Représentans du Peuple François, constitués en Assemblée Nationale, considérant que l'ignorance, l'oubli ou le mépris des droits de l'homme sont les seules causes des malheurs publics et de la corruption des Gouvernemens, ont résolu d'exposer, dans une Déclaration solemnelle, les droits naturels, inaliénables et sacrés de l'homme, afin que cette déclaration, constamment présente à tous les Membres du Corps social, leur rappelle sans cesse leurs droits et leurs devoirs; afin que les actes du pouvoir législatif et ceux du pouvoir —

J'accepte et ferai exécuter 14 7bre 1791

Louis

CODE CIVIL,

OU

RECUEIL DES LOIS

Sur les Droits civils, — le Mariage, — le Divorce, — l'Adoption, — la Tutelle, — la Puissance paternelle, — les Successions, — les Donations, — les Testamens et Legs;

DÉCRÉTÉES

PAR LE CORPS LÉGISLATIF,

depuis le 14 ventôse jusqu'au 13 floréal an XI.

A PARIS,

Chez MARCHAND, Libraire, Palais du Tribunat, première galerie de bois près le passage de Valois, n°. 188: et, passage Feydeau, n°. 24.

M DCCC III

TITRE IX.

De la puissance paternelle.

ARTICLE 365.

L'enfant, à tout âge, doit honneur et respect à ses père et mère.

366. Il reste sous leur autorité jusqu'à sa majorité ou, son émancipation.

367. Le père seul exerce cette autorité durant le mariage.

368. L'enfant ne peut quitter la maison paternelle, sans la permission de son père, si ce n'est pour enrôlement volontaire, après l'âge de dix-huit ans revolus.

369. Le père qui aura des sujets de mecontentement tres-graves sur la conduite d'un enfant, aura les moyens de correction suivans.

370. Si l'enfant est âgé de moins de

der sozialen Frage, weder auf westlich-evolutionärem, noch auf kommunistisch-revolutionärem Wege.

Am Ende des 19. Jahrhunderts hat sich die kapitalistische Wirtschaftsweise – der Terminus stammt von Marx – in ihren wesentlichen Aspekten ausgeprägt: Die Produktionsfaktoren (Boden, Arbeit und Kapital) erscheinen gegenüber der merkantilistischen Epoche staatlicher Bindung ledig, der Zusammenhang zwischen Naturwissenschaft und Technik bestimmt die industrielle Sphäre, die Internationalität des Wirtschaftsverkehrs und freien Wettbewerbs hat sich unter den Parolen des ökonomischen Liberalismus durchgesetzt und die Erkenntnis sich unabweislich aufgedrängt, daß „die Wirtschaft in hohem Maße historischen Charakter trägt und alle Kräfte, die in der Geschichte lebendig sind, gestaltend auch auf die Wirtschaft einwirken“ (W. Eucken).

Quellen, Darstellungen und statistisches Material

37. Petition der Handelskammer von Manchester unter Richard Cobden zur Aufhebung der Kornzölle (1838)

Gottfried Guggenbühl, a.a.O., 4. Bd., S. 159 ff.

„Die Bittsteller glauben, voraussetzen zu können, daß das Hohe Haus (der Gemeinen von Großbritannien und Irland) wohlvertraut ist mit dem Wesen und der Ausdehnung des Baumwollgewerbes, das, in Wahrheit zu sagen, in sich einen größeren Betrag von Kapital mit mehr Unternehmungsgeist und Geschicklichkeit vereinigt und ausgedehntere und regelmäßigere Beschäftigung gibt als irgendein anderer Zweig der Fabrikationsindustrie.

Die Bittsteller blicken mit großer Besorgnis auf die reißende Zunahme der Fabriken im Auslande und beklagen insbesondere die daraus folgende Abnahme eines einträglichen Handels mit dem europäischen Kontinent. Ungeachtet der großen Zunahme der Bevölkerung seit Beendigung des Krieges hat die Nachfrage nach den Artikeln, in denen der größte Teil der Arbeitskraft unserer Arbeiter steckt, beständig abgenommen, während die Ausfuhr von Rohstoffen ebenso schnell zugenommen hat.

Verschiedene Nationen des Kontinents produzieren nicht nur ausreichend Fabrikate für ihren eigenen Bedarf, sondern konkurrieren bereits erfolgreich mit uns auf neutralen auswärtigen Märkten. Unter andern Beispielen, die dafür gegeben werden könnten, weisen wir auf die furchtbare Zunahme der Baumwollwirkerei Sachsens hin, wovon infolge ihrer überlegenen Billigkeit beinahe viermal soviel ausgeführt wird als aus England. Nach den Vereinigten Staaten allein hat Sachsen soviel ausgeführt wie England nach allen Teilen der Welt zusammengenommen. Dazu kommt die noch wichtigere Tatsache, daß sächsische Wirkware, hergestellt aus englischen Garnen, trotz des Zolles von zwanzig Prozent bereits anfängt, nach England eingeführt und dort für unsern heimischen Gebrauch zu niedrigeren Preisen verkauft zu werden, als wie sie irgendein englischer Fabrikant herstellen kann.

Für den reißenden Fortschritt der Fabrikationsindustrie auf dem Kontinent liegt ein fernerer Beweis in der Tatsache, daß Fabriken zur Herstellung jeder Art von Maschinen für Baumwoll-, Flachs- und Wollspinnerei und -weberei neuerdings in fast allen großen Städten Europas errichtet worden sind. Gegenwärtig sind daselbst gelernte Arbeiter aus England angestellt, um die einheimischen Mechaniker darin zu unterrichten, wie sie nach Modellen neuester englischer Erfindung Maschinen herstellen können. Es vergeht keine Woche, ohne daß Arbeiter dieser Art die Werkstätten von Manchester, Leeds und Birmingham verlassen, um ähnliche Stellungen im Auslande anzunehmen.

Unsere frühere Überlegenheit in einem Straßen- und Kanalsystem ohnegleichen ist heutzutage keine englische Eigentümlichkeit mehr. In großer Ausdehnung, und billiger als in England, machen die Eisenbahnen in allen Teilen Europas und der Vereinigten Staaten Amerikas Fortschritte, während unser Kapital aus Mangel an gewinnreicher Anlage im Inland ständig in fremden Ländern Beschäftigung sucht und so dem großen Mangel abhilft, unter dem unsere Konkurrenten früher zu leiden hatten.

Die Aufmerksamkeit des Hohen Hauses auf die für unsere Industrie höchst beunruhigenden Tatsachen hinlenkend, können die Bittsteller gar nicht ernst genug darauf hinweisen, daß diese Übelstände durch unsere unkluge und ungerechte Gesetzgebung veranlaßt sind, die den britischen Fabrikanten daran hindert, gegen seine Erzeugnisse das Getreide andrer Länder einzutauschen, und gerade dadurch unsre ausländischen Konkurrenten instand setzt, ihre Nahrungsmittel halb so billig einzukaufen, als sie auf dem englischen Markte bezahlt werden müssen. Die Bittsteller erklären es für ihre heilige Überzeugung, daß dies der Anfang eines Zustandes der Dinge ist, der, wenn ihm nicht durch Aufhebung aller Schutzzölle auf Getreide und sonstige Nahrungsmittel rechtzeitig Einhalt getan wird, am letzten Ende unsere Industrie auf die Konkurrenzländer übertragen muß. Unter dem tiefen Eindruck dieser Befürchtungen können die Bittsteller die gefahrdrohende Lage der uns umgebenden Volksmassen, deren Ernährung von Tag zu Tag mehr vom Gedeihen der Baumwollindustrie abhängt, weder mit Gleichgültigkeit betrachten noch dem Hohen Hause verbergen. Schon hat sich der Millionenschrei nach Nahrungsmitteln erhoben. Vernunft, Mitgefühl und gesunde Politik verlangen, daß etwas geschehe, um die erregten Leidenschaften zu besänftigen, wenn nicht üble Folgen eintreten sollen. Treue Anhänglichkeit eines Volkes an die gesetzlichen Einrichtungen des Landes kann dauernd auf keinem andern Grunde gesichert werden, als auf dem der Gerechtigkeit in Handel und Wandel. Durchdrungen von der Überzeugung, daß zu diesen ewigen Grundsätzen auch das unveräußerliche Recht jedes Menschen gehört, die Ergebnisse seiner Arbeit gegen die Erzeugnisse anderer auszutauschen, und den Schutz eines Teils der Allgemeinheit auf Kosten aller andern Klassen für ungesund und unverantwortlich erklärend, sprechen die Bittsteller an das Hohe Haus die ernste Bitte aus:

Alle Gesetze, die sich auf die Einfuhr ausländischen Kornes und andrer ausländischer Nahrungsmittel beziehen, aufzuheben und auf die Landwirtschaft wie auf die Fabrikation die wahren und friedlichen Grundsätze freien Handels in weitestem Maße auszudehnen durch Beseitigung aller Hindernisse, die der unbeschränkten Beschäftigung von Industrie und Kapital entgegenstehen.“

38. Friedrich List: Das nationale System der politischen Ökonomie, 1844

Friedrich List, Werke, Bd. VI, S. 161 f.

„Die politische und die kosmopolitische Ökonomie:

Quesnay zuerst, bei welchem die Idee der allgemeinen Handelsfreiheit entstand, dehnte seine Forschungen, ohne auf den Begriff der Nation Rücksicht zu nehmen, auf das ganze menschliche Geschlecht aus. Offenbar handelt Quesnay von der kosmopolitischen Ökonomie, d.h. von derjenigen Wissenschaft, welche lehrt, wie das gesamte menschliche Geschlecht zu Wohlstand gelangen könne, im Gegensatz zu der politischen Ökonomie oder derjenigen Wissenschaft, die sich darauf beschränkt, zu lehren: wie eine gegebene Nation unter den gegebenen Weltverhältnissen durch Ackerbau, Industrie und Handel zu Wohlstand, Zivilisation und Macht gelange.

In gleich ausgedehntem Sinne behandelt auch Adam Smith seine Lehre, indem er sich die Aufgabe stellte, die kosmopolitische Idee der absoluten Freiheit des Welthandels, trotz der groben Verstöße der Physiokraten gegen die Natur der Dinge und die Logik, zu rechtfertigen. Adam Smith stellte sich sowenig wie Quesnay die Aufgabe, die politische Ökonomie, d.h. diejenige Politik abzuhandeln, welche die besonderen Nationen zu befolgen haben, um in ihren ökonomischen Zuständen Fortschritte zu machen. Er betitelt sein Werk: „Die Natur und Ursachen des Reichtums der Nationen", d.h. aller Nationen des gesamten menschlichen Geschlechts. J.B. Say verlangt mit klaren Worten: man müsse sich die Existenz einer Universalrepublik denken, um die Idee der allgemeinen Handelsfreiheit einleuchtend zu finden.

Wir an unserem Teil sind weit entfernt, die Theorie der kosmopolitischen Ökonomie, wie sie von der Schule ausgebildet worden ist, zu verwerfen; nur sind wir der Meinung, daß auch die politische Ökonomie wissenschaftlich auszubilden und daß es immer besser sei, die Dinge bei ihrem rechten Namen zu nennen, als ihnen Benennungen zu geben, die mit der Bedeutung der Worte im Widerspruch stehen.

Will man den Gesetzen der Logik und der Natur der Dinge getreu bleiben, so muß man der Privatökonomie die Gesellschaftsökonomie gegenüberstellen und in der letzteren unterscheiden: die politische oder Nationalökonomie, welche, von dem Begriff und der Natur der Nationalität ausgehend, lehrt, wie eine gegebene Nation bei der gegenwärtigen Weltlage und bei ihren besonderen Nationalverhältnissen ihre ökonomischen Zustände behaupten und verbessern kann – von der kosmopolitischen oder Weltökonomie, welche von der Voraussetzung ausgeht, daß alle Nationen der Erde eine einzige, unter sich in ewigem Frieden lebende Gesellschaft bilden."

39. Über den Zollverein von 1834

Friedrich List, Die politische-ökonomische Nationaleinheit der Deutschen. (F.L., Werke, Bd. VII, S. 444ff.).

„Der Zollverein soll die Deutschen ökonomisch und materiell zu einer Nation verbinden; er soll in dieser Beziehung nach außen die Nation als ein Ganzes kräftigst vertreten und durch die Wahrung seiner auswärtigen Gesamtinteressen wie durch Beschützung seiner inneren Gesamtproduktivkräfte die materielle Kraft der Nation stärken; er soll durch Verschmelzung der einzelnen Provinzialinteressen zu einem Nationalinteresse das Nationalgefühl wecken und heben; er soll nicht bloß die Gegenwart, sondern auch die Zukunft der Nation im Auge haben; die einzelnen deutschen Provinzen sollen stets des Spruchs eingedenk sein: „Was hülfe es dir, so du die ganze Welt gewännest und nähmest doch Schaden an deiner – Nationalität"

Das war's, was die Sehnsucht der Deutschen nach einer handgreiflichen Nationalität erzeugte, und das ist es auch, was ihre enthusiastischen Wünsche nach einem wahrhaften Schutzsystem, nach einer tüchtigen auswärtigen Handelspolitik und nach zweckmäßigen Navigationsgesetzen erzeugt, was allgemeine Erbitterung gegen die trügerischen Grundsätze der Freihandelstheorie verursacht und was diese Erbitterung fort und fort steigern wird, solange man der Nation statt des Brotes, das sie fordert, die Steine der Freihandelstheorie reicht. Denn abgesehen von dem ökonomischen Wert beider Systeme, fühlt das deutsche Volk in allen seinen Gliedern, daß das Schutzsystem das einzige Mittel ist, nationale Interessen zu schaffen und nationalen Sinn zu erzeugen und zu nähren, und daß im Gegenteil dem Freihandelssystem die Arglist der Fremden innewohnt, das Joch der Handels- und Gewerbshörigkeit, das sie den Deutschen in den Zeiten der Zersplitterung und der Unmacht aufgelegt, für immer auf ihrem Nacken zu befestigen.

Mit dem Zollverein kam Deutschland zum Bewußtsein seiner materiellen Bedürfnisse, und seine schönste Frucht waren die Eisenbahnen, die, indem sie die Kooperation unserer Produktivkräfte begünstigen und damit den Nachteilen der Wasserkraft begegnen und den Mangel der der Dampfkraft eigentümlichen Vorzüge ergänzen, für Deutschland ungleich größere Bedeutung haben als für England.

Vom Zollverein datiert sich die Wiedergeburt des deutschen Unternehmensgeistes, der jahrhundertelang geschlafen hatte.

Von ihm datiert sich die Teilnahme des deutschen Publikums an allen Nationalangelegenheiten, und erst der Zollverein hat die Deutschen die Notwendigkeit und die Nützlichkeit der politischen Ausbildung gelehrt, erst infolge des Zollvereins hat der deutsche Mittelstand und der Stand der großen Güterbesitzer an der praktischen Politik Anteil genommen.

Fassen wir die deutschen Völker in ein Gesamtbild, so sehen wir eine Nation, die, im Besitz aller moralischen und materiellen Elemente zur Stiftung einer großen Nationalität, durch den Zollverein zum Bewußtsein ihrer Kraft und zur Einsicht gelangt ist, es sei die höchste Zeit für sie, mit all ihrer Kraft eine politisch-ökonomische Organisation anzustreben, die, von anderen großen Nationen schon zur Vollkommenheit ausgebildet, ihr mit jedem Jahr weniger erreichbar werde, auf deren Erstrebung aber gleichwohl ihre ganze künftige Größe, ja ihre Unabhängigkeit und Existenz beruhe . . ."

40. Statistiken zur Veranschaulichung der Industrialisierung, der Entwicklung der Weltwirtschaft und der Bedeutung wirtschaftlicher Faktoren für die Weltpolitik

I. Bevölkerungszunahme

a) Bevölkerung der Erde in Millionen[1]:

Bei allen berechtigten Vorbehalten gegenüber Ermittlungen der Bevölkerungsgröße in Zeiten und Räumen, für die es keine exakten und systematischen Zählungen der Bevölkerung gibt, lassen sich die Entwicklungstendenzen wenigstens in groben Umrissen verfolgen: (Quelle: Statistisches Bundesamt Wiesbaden, Februar 1969)

	Europa[2]	Asien	Afrika	Nord-amerika	Mittel- und Süd-amerika	Australien und Ozeanien	Welt insgesamt
Steinzeit	.	.	.	.	.	.	10
1650	100	330	100	1	12	2	545
1750	140	479	95	1	11	2	728
1800	187	602	90	6	19	2	906
1850	266	749	95	26	33	2	1171
1900	423	857	120	81	63	6	1550
1950	593	1360	222	167	162	13	2517
1960	667	1631	277	200	212	16	3003
1970	700	2017	346	510		19	3592
1980	757	2461	449	640		23	4330
1990	820	2950	587	804		27	5188
2000	880	3458	768	992		32	6130

[1] Schätzungen der Vereinten Nationen. – [2] Einschl. Sowjetunion.

b) Bevölkerung einiger Länder 1831–1967 (in Millionen):

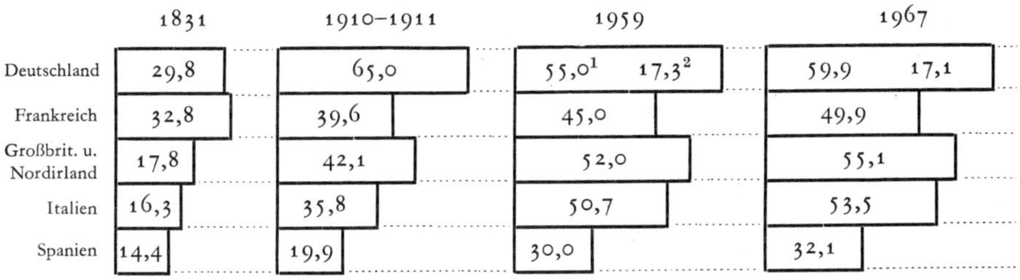

[1] Bundesrepublik einschl. West-Berlin
[2] DDR mit Ost-Berlin

USA	1790	3,9	Rußland		—	Japan	1800	26,2	China		—
	1830	10,5		1913	159,2		1920	55,4		1920	476,0
	1961	183,7		1959	208,8		1940	71,4		1957	646,5
	1967	199,1		1967	235,5		1967	100,0		1967	720,0

II. Beispiele zur Entwicklung des Verkehrs- und Nachrichtenwesens

a) Das Eisenbahnnetz der Welt (in 1000 km):

Jahr	Europa	Amerika	Davon USA	Asien	Afrika	Australien und Ozeanien	Welt insgesamt
1840	2,9	4,8	4,5	—	—	—	7,7
1850	23,5	15,1	14,5	—	—	—	38,6
1860	51,9	53,9	49,3	1,4	0,5	0,4	108,0
1870	104,9	93,1	85,1	8,2	1,8	1,8	209,8
1880	169,0	174,7	150,7	16,3	4,6	7,8	372,4
1890	223,9	331,4	268,4	33,7	9,8	18,9	617,3
1900	283,5	402,2	311,1	60,3	20,1	24,0	990,1
1910	333,8	526,4	388,2	101,9	36,9	31,0	1030,0
1913	346,2	570,1	410,9	108,1	44,3	35,4	1104,2 (4)

b) Vergleich der Welthandelsschiffstonnage 1880, 1938, 1960, 1964 und 1968 (in Millionen Bruttoregistertonnen):

	1880	1938	1960	1964	1968
USA	3,2	11,4	25	22,4	19,7
Großbritannien	9,2	17,7	21	21,5	21,9
Bundesrepublik Deutschland	1,05	4,2	5	5,2	6,5
Frankreich	1,1	2,9	4,5	5,1	5,8
übrige Welt	6,7	30,7	79,5	98,8	140,2
EWG	—	—	20	21,9	25,1
EFTA	—	—	39	43,6	50,6
OECD	—	—	66	110,5	128,5
insgesamt Mill BRT	21,25	66,9	140	153,0	194,2

1964 u. 1968 *Quelle:* Lloyd's Register of Shipping

c) Ablösung der Segelschiffe durch Dampf- und Motorschiffe (in Millionen Bruttoregistertonnen):

Von der Welttonnage waren:

	Segelschiffe	Dampfschiffe	Motorschiffe
1890	12,01	10,25	.
1900	9,99	16,21	.
1914	3,69	45,40	.
1929	1,67	59,78	6,63
1938	0,98	51,64	15,23
1947	.	66,41	17,11
1957	.	69,29	40,95
1967	.	74,81	107,29
1968	.	74,26	119,89

Quelle: Lloyd's Register of Shipping

d) Entwicklung des Luftverkehrs (Millionen Flugkilometer):

	1953	1959	1961	1966
USA	1040	1657	1560,4	2385,8
Bundesrepublik Deutschland	23,9	90,0	119,7	227,5

e) Bestand an Kraftfahrzeugen (in Millionen):

		davon Personenwagen	
Bundesrepublik Deutschland	13,7	11,0	(1. 7. 1967)
DDR	2,3	0,7	(1. 1. 1967)
Großbritannien und Nordirland	.	9,8	(30. 9. 1966)
Sowjetunion	6,5	1,0	(1965)
USA	95,8	75,5	(31. 12. 1966)

III. Aufschwung der landwirtschaftlichen Produktion

Weltgetreideernten 1840 und 1860 (in Millionen bushels):

	1840	1860
Europa	3212	4046
USA	616	1240
Übrige Welt	291	464

Weltgetreideernten (in Mill. t):

	1948/52	1952/56	1966
Europa	112,4	127,0	173,1
UdSSR	76,2	96,6	164,2
USA	136,7	136,7	183,4
Welt	690,9	797,8	1087,5

IV. Entwicklung der Rohstoffproduktion

a) Steinkohlenförderung einiger Länder 1913–1967 (in Millionen Tonnen):

	1913	1929	1939	1954	1964	1967
Großbritannien	292	262	235	228	196,7	167,7
Frankreich	40	54	49	54	53	47,6
Bundesrepublik Deutschland	154	177	189	128	142,2	112,0
USA	517	550	401	379	446,2	506,2
UdSSR	30	37	124	265	411,4	439,1 (1966)
gesamte Erde	1220	1326	1294	1477	2182 (1963)	2052,0 (1966)

b) Roheisenproduktion einschl. Ferrolegierungen 1820–1967 (in Millionen Tonnen):

	1820	1830	1850	1860	1870	1880	1890	1910	1938	1954	1967
USA			0,6	0,8	1,7	3,9	9,4	27,7	19,5	54,3	79,5
Großbritannien und Nordirland	0,4	0,7	2,3	3,9	6,0	7,8	8,3	10,2	6,9	12,1	15,4
Deutschland			0,2	0,5	1,4	2,7	4,7	14,8	18,1	12,5 (Bundesrepublik)	27,4
Frankreich		0,3	0,4	0,9	1,2	1,7	2,0	4,0	6,1	8,9	15,7
Rußland						0,5	0,9	3,0	14,6	30,0	74,8[1]

[1] UdSSR; Schätzung

c) Baumwollproduktion (1801–1888 in Millionen Englischen Pfund):

	1801	1821	1850	1870	1888	1000 Tonnen 1966
USA	48	180	890	1540	3420	2085
Südamerika	102	86	90	270	85	622 (Brasilien)
Ägypten	—	6	45	240	290	462
Indien	160	175	310	625	888	888
gesamte Erde	520	630	1435	2775	4783	10686

d) Erdölproduktion der Erde 1900–1964 (in Millionen Tonnen):

1900	1910	1929	1932	1937	1947	1950	1954	1960	1964
20,2	43,6	207	181	279	390	485	688	1076	1446

V. Einige Ziffern der Industrialisierung und der industriellen Produktion

a) Wert der industriellen Produktion 1780–1888 (in Millionen Pfund Sterling):

	1780	1800	1820	1840	1860	1888
Gr.-Britannien	177	230	290	387	577	820
Frankreich	147	190	220	264	380	485
Deutschland	50	60	85	150	310	583
Rußland	10	15	20	40	155	363
USA	15	25	55	96	393	1443
gesamte Erde	480	650	865	1314	2404	4618

b) Die Steigerung der Industrieproduktion 1860–1913; 1913=100

Jahr	Deutschland	Großbritannien	Frankreich	Rußland	Italien	Ver. Staaten von Amerika	Welt
1860	14	34	26	8	—	8	14
1870	18	44	34	13	17	11	19
1880	25	53	43	17	23	17	26
1890	40	62	56	27	40	39	43
1900	65	79	66	61	56	54	60
1910	89	85	89	84	99	89	88
1913	100	100	100	100	100	100	100

c) Die „Rangordnung“ der Anteile der Industrieländer an der Weltproduktion von 1860 bis 1968:

1860	1870	1880	1900 bis 1913	1920	1929	1938	1950	1968
England	England	USA	USA	USA	USA	USA	USA	USA
Frankreich	USA	England	Deutschland	England	Deutschland	Deutschland	UdSSR	UdSSR
USA	Frankreich	Deutschland	England	Deutschland	England	England	England	Japan
Deutschland	Deutschland	Frankreich	Frankreich	Frankreich	Frankreich	UdSSR	Deutschland	BR Deutschland

d) Der prozentuale Anteil Europas und Nordamerikas an der Weltproduktion:

	Europa	Nordamerika
Um 1860	75	22
1913	53	42

e) Deckung des Weltenergiebedarfs 1920–1946:

	1920	1930	1946
Kohle	78,0%	62,2%	51,3%
Erdöl	14,9%	25,3%	33,0%
Naturgas ..	3,8%	9,2%	11,4%
Wasserkraft	3,3%	3,3%	4,3%

f) Verbrauch – umgerechnet in Mill. t – SKE:

	1956	1966
Kohle	55,3%	41,7%
Erdöl	30,2%	37,7%
Naturgas ..	12,6%	18,3%
Wasserkraft	1,9%	2,3%

VI. Der Prozeß der internationalen Wirtschaftsverflechtung

a) Anteil Europas am Welthandel:

	Außenhandelswerte in Milliarden DM umgerechnet		Wertanteil Europas
	Gesamte Welt	Europa	(%)
1720	1,76	1,24	70,4
1750	2,80	2,06	73,6
1780	3,72	2,74	73,6
1800	6,04	4,56	75,5
1820	6,82	4,98	73,0
1830	8,14	6,02	73,9

b) Zwischenstaatlicher Handel 1800–1880 (in Millionen Pfund Sterling):

	1800	1820	1840	1850	1860	1870	1880
Gr.-Britannien	67	74	114	169	375	547	698
Frankreich ...	31	33	66	95	167	227	339
Deutschland .	36	40	52	70	130	212	294
Rußland	30	22	33	40	48	103	131
USA	17	23	41	62	136	165	308
gesamte Erde	302	341	573	832	1489	2191	3033

c) Welthandel nach Erdteilen, europäischen Wirtschaftsorganisationen und ausgewählten Ländern (Mrd. DM):

Einfuhr und (in Klammern) Ausfuhr

Land	1938	1967	v. H. des Welthandels 1938	v. H. des Welthandels 1967
Welt	59,3 (54,9)	806,8 (757,6)	100 (100)	100 (100)
Europa	34,5 (26,6)	401,2 (363,6)	58,3 (48,5)	49,7 (48,0)
OEEC	30,4 (22,2)	581,1 (561,3)	51,3 (40,8)	72,0 (74,1)
EWG	14,1 (12,1)	219,6 (224,6)	23,8 (22)	27,2 (29,6)
Bundesrepublik	5,4 (5,3)	70,2 (87,0)	9,2 (9,6)	8,7 (11,5)
Frankreich	3,3 (2,2)	49,4 (45,5)	5,6 (4)	6,1 (6,0)
EFTA	15,1 (9,4)	141,0 (114,7)	25,5 (17,2)	17,5 (15,1)
Großbritannien	10,4 (5,7)	68,8 (55,4)	17,5 (10,5)	8,5 (7,3)
Afrika	3,1 (2,3)	43,8 (40,8)	5,1 (4,2)	5,4 (5,4)
Amerika	10,4 (14,2)	215,6 (222,6)	17,4 (25,9)	26,7 (29,4)
USA	4,8 (7,6)	107,3 (125,0)	8,1 (13,9)	13,3 (16,5)

VII. Vergleich der Wirtschaftsmacht der USA und der Sowjetunion (Produktion)

	Roheisen		Stahl (Millionen Tonnen)		Steinkohle		Erdöl		Elektr. Energie (Mrd. kWh.)	
	USA	SU	USA	SU	USA	SU	USA	SU	USA	SU
1930	34,8	4,5	45,6	3,8	—	—	—	—	—	—
1940	46,1	15,0	67,0	18,3	462	139	—	—	—	—
1950	60,0	14,0[1]	87,8	45,0	505	209	270	38	389	90
1952	64,0	25,0[2]	95,5	33,0	458	230	308	47	463	117
1954	54,3	30,0	79,0	41,0	379	265	313	58	545	148
1957	72,0	37,0	102,3	51,0	465,8	463,0	353,9	98,3	—	—
1967	79,5	74,8	118,0	102,2	506,2	439,2	440,6	288,0	1314	589

VIII. Einige Unterlagen zur sozialen Frage in Deutschland

a) Arbeitszeit für Kinder um 1825:

Dortmund	10 –15	Stunden
Düsseldorf	6 –13	„
Köln	11½–14	„
Breslau	10 –14	„
Erfurt	10–14	Stunden
Potsdam	13–14	„
Berlin	7–12	„

b) Der Prozentsatz der arbeitslosen Mitglieder der Eisengießergewerkschaft (England, Irland und Wales):

Aus den „Statistical Tables and Reports on Trade Unions“, 4th Report 1891

Im Jahre	auf je 100 Mitglieder	Im Jahre	auf je 100 Mitglieder
1837	12,4	1844	5,1
1838	10,5	1845	3,9
1839	11,1	1846	19,3
1840	14,8	1847	15,7
1841	18,5	1848	33,4
1842	11,0	1849	22,3
1843	7,4	1850	13,8

Beträchtliche Arbeitslosigkeit war symptomatisch für die ganze Periode

c) Berufliche Gliederung der Bevölkerung Deutschlands 1882–1925:

	Selbständige	Angestellte	Arbeiter	Davon industr. Lohnarbeiter	Anteil der Arbeiter a. d. Gesamtbevölkerung
1882	5 191 000	307 000	8 500 000	4 100 000	19,0%
1907	5 490 000	1 291 000	13 548 000	8 460 000	21,8%
1925	5 186 000	3 834 000	13 828 000	9 780 000	21,9%
1957	5 968 000	18 181 000		—	—

d) Entstehung der Großbetriebe[1] (Bergbau, Bauwesen, Handel, Verkehr): Personenzahl in

	Kleinbetrieben — 5 Personen	Mittelbetrieben — 50 Personen	Großbetrieben über 50 Personen
		Deutsches Reich[2]	
1882	4,3 Mill. = 59,1%	1,4 Mill. = 18,9%	1,6 Mill. = 22,0%
1907	5,4 Mill. = 37,3%	3,6 Mill. = 25,4%	5,4 Mill. = 37,3%
1933	5,8 Mill. = 39,7%	3,2 Mill. = 21,9%	5,6 Mill. = 38,4%
		Bundesrepublik Deutschland[2]	
1939	3,7 Mill. = 26,7%	3,3 Mill. = 23,5%	6,9 Mill. = 49,8%
1961	3,7 Mill. = 16,2%	6,8 Mill. = 29,7%	12,5 Mill. = 54,1%

[1] 1882 bis 1907 technische Einheiten; ab 1925 örtliche Einheiten – [2] Jeweiliger Gebietsstand

e) Gewerkschaften in Deutschland (Mitgliederzahlen in 1000):

	Sozialistische	Christliche	Hirsch-Duncker	Gelbe (wirtschaftsfriedl.)
1878	49,1	—		
1895	259,0	5,5		
1900	680,0	76,7		11,0
1913	2500,0	343,0	107,0	280,0
1920	8000,0	1077,0	226	190
1929	6400	673	169	

f) Gewerkschaftsmitglieder 1960 und 1967:

	1960	1967
DGB (Deutscher Gewerkschaftsbund)	1 093 607	6 407 733
DAG (Deutsche Angestelltengewerkschaft)	450 417	481 286
DHV (Deutscher Handels- und Industrieangestelltenverband)	55 318	62 897
Deutscher Beamtenbund	649 965	724 763

g) Das Brutto-Sozialprodukt in der Bundesrepublik Deutschland 1950 bis 1960:

Das Brutto-Sozialprodukt umfaßt den Geldwert sämtlicher im Inland während eines bestimmten Zeitraums durch die Volkswirtschaft erzeugten Güter und Dienstleistungen, die verbraucht oder investiert bzw. gegen ausländische Produkte eingetauscht werden. Das Brutto-Sozialprodukt stieg in der Bundesrepublik seit 1950 im Jahresdurchschnitt um rund 11% an und erhöhte sich seit dieser Zeit um 179,5 Mrd. DM auf 276,7 Mrd. DM im Jahre 1960, auf 413,4 Mrd. DM im Jahre 1964 (einschließlich Berlin).

Die Gütererzeugung, von der reichlich zwei Drittel auf die Industrie entfielen, hat sich seit 1950 vervielfacht:

Bruttosozialprodukt zu Marktpreisen (in Mrd. DM)

	Bruttosozialprodukt	
	in jeweiligen Preisen	in Preisen von 1954
	Bundesgebiet (ohne Saarland und Berlin)	
1950	97,9	112,9
1955	180,4	176,9
	Bundesgebiet	
1960	296,8	254,9
1965	452,7	325,7
1968	ca. 527,2	ca. 356,2

41. Karl Marx und Friedrich Engels: Aus dem Kommunistischen Manifest, 1848

Marx/Engels, Werke, Deutsche Ausgabe, Berlin 1929, S. 14ff.

„Ein Gespenst geht um in Europa – das Gespenst des Kommunismus. Alle Mächte des alten Europa haben sich zu einer heiligen Hetzjagd gegen dies Gespenst verbündet, der Papst und der Zar, Metternich und Guizot, französische Radikale und deutsche Polizisten ... Die Geschichte aller bisherigen Gesellschaft ist die Geschichte von Klassenkämpfen. Freier und Sklave, Patrizier und Plebejer, Baron und Leibeigener, Zunftbürger und Gesell, kurz, Unterdrücker und Unterdrückte standen in stetem Gegensatz zueinander, führten einen ununterbrochenen Kampf, der jedesmal mit einer revolutionären Umgestaltung der ganzen Gesellschaft endet oder mit dem gemeinsamen Untergang der kämpfenden Klasse ...

Die aus dem Untergang der feudalen Gesellschaft hervorgegangene moderne bürgerliche Gesellschaft hat die Klassengegensätze nicht aufgehoben. Sie hat nur neue Klassen, neue Bedingungen der Unterdrückung, neue Gestaltungen des Kampfes an die Stelle der alten gesetzt.

Unsere Epoche, die Epoche der Bourgeoisie, zeichnet sich jedoch dadurch aus, daß sie die Klassengegensätze vereinfacht hat. Die ganze Gesellschaft spaltet sich mehr und mehr in zwei große feindliche Lager, in zwei große, einander direkt gegenüberstehende Klassen: Bourgeoisie und Proletariat ...

In demselben Maße, worin sich die Bourgeoisie, d.h. das Kapital, entwickelt, in demselben Maße entwickelt sich das Proletariat, die Klasse der modernen Arbeiter, die nur so lange leben, als sie Arbeit finden, und die nur so lange Arbeit finden, als ihre Arbeit das Kapital vermehrt. Diese Arbeiter, die sich stückweis verkaufen müssen, sind eine Ware wie jeder andere Handelsartikel und daher gleichmäßig allen Wechselfällen der Konkurrenz, allen Schwankungen des Marktes ausgesetzt ...

Aber mit der Entwicklung der Industrie vermehrt sich nicht nur das Proletariat. Es wird in größeren Massen zusammengedrängt, seine Kraft wächst, und es fühlt sie mehr. Die Interessen, die Lebenslagen innerhalb des Proletariats gleichen sich immer mehr aus, indem die Maschinerie mehr und mehr die Unterschiede der Arbeit verwischt und den Lohn fast überall auf ein gleich niedriges Niveau herabdrückt ... Immer mehr nehmen die Kollisionen zwischen dem einzelnen Arbeiter und dem einzelnen Bourgeois den Charakter von Kollisionen zweier Klassen an. Die Arbeiter beginnen damit, Koalitionen gegen die Bourgeois zu bilden. Sie treten zusammen zur Behauptung ihres Arbeitslohnes ...

Von Zeit zu Zeit siegen die Arbeiter, aber nur vorübergehend. Das eigentliche Resultat ihrer Kämpfe ist nicht der unmittelbare Erfolg, sondern die immer weiter um sich greifende Vereinigung der Arbeiter. Sie wird gefördert durch die wachsenden Kommunikationsmittel, die von der großen Industrie erzeugt werden und die Arbeiter der verschiedenen Lokalitäten miteinander in Verbindung setzen. Es bedarf aber bloß der Verbindung, um die vielen Lokalkämpfe von überall gleichem Charakter zu einem nationalen, zu einem Klassenkampf zu zentralisieren. Jeder Klassenkampf ist aber ein politischer Kampf...

Alle bisherigen Bewegungen waren Bewegungen von Minoritäten oder im Interesse von Minoritäten. Die proletarische Bewegung ist die selbständige Bewegung der ungeheuren Mehrzahl im Interesse der ungeheuren Mehrzahl. Das Proletariat, die unterste Schicht der jetzigen Gesellschaft, kann sich nicht erheben, nicht aufrichten, ohne daß der ganze Überbau der Schichten, die die offizielle Gesellschaft bilden, in die Luft gesprengt wird ... Wir sahen schon oben, daß der erste Schritt in der Arbeiterrevolution die Erhebung des Proletariats zur herrschenden Klasse, die Erkämpfung der Demokratie ist.

Das Proletariat wird seine politische Herrschaft dazu benutzen, der Bourgeoisie nach und nach alles Kapital zu entreißen, alle Produktionsinstrumente in den Händen des Staats, d.h. des als herrschende Klasse organisierten Proletariats, zu zentralisieren und die Masse der Produktionskräfte möglichst rasch zu vermehren.

Es kann dies natürlich zunächst nur geschehen vermittels despotischer Eingriffe in das Eigentumsrecht und in die bürgerlichen Produktionsverhältnisse, durch Maßregeln also, die ökonomisch unzureichend und unhaltbar erscheinen, die aber im Lauf der Bewegung über sich selbst hinaustreiben und als Mittel zur Umwälzung der ganzen Produktionsweise unvermeidlich sind.

Diese Maßregeln werden natürlich je nach den verschiedenen Ländern verschieden sein. Für die fortgeschrittenen Länder werden jedoch die folgenden ziemlich allgemein in Anwendung kommen können:

1. Expropriation des Grundeigentums und Verwendung der Grundrente zu Staatsausgaben. 2. Starke Progressivsteuer. 3. Abschaffung des Erbrechts. 4. Konfiskation des Eigentums aller Emigranten und Rebellen. 5. Zentralisation des Kredits in den Händen des Staates durch eine Nationalbank mit Staatskapital und ausschließlichem Monopol. 6. Zentralisation des Transportwesens in den Händen des Staates. 7. Vermehrung der Nationalfabriken, Produktionsinstrumente, Urbarmachung und Verbesserung der Ländereien nach einem gemeinschaftlichen Plan. 8. Gleicher Arbeitszwang für alle, Errichtung industrieller Armeen, besonders für den Ackerbau. 9. Vereinigung des Betriebs von Ackerbau und Industrie. Hinwirken auf die allmähliche Beseitigung des Unterschieds von Stadt und Land. 10. Öffentliche und unentgeltliche Erziehung aller Kinder. Beseitigung der Fabrikarbeit der Kinder in ihrer heutigen Form. Vereinigung der Erziehung mit der materiellen Produktion usw. ...

... Die politische Gewalt im eigentlichen Sinn ist die organisierte Gewalt einer Klasse zur Unterdrückung einer anderen. Wenn das Proletariat im Kampf gegen die Bourgeoisie sich notwendig zur Klasse vereint, durch eine Revolution sich zur herrschenden Klasse macht und als herrschende Klasse gewaltsam die alten Produktionsverhältnisse aufhebt, so hebt es ... die Existenzbedingungen des Klassengegensatzes, der Klassen überhaupt und damit seine eigene Herrschaft als Klasse auf. An die Stelle der alten bürgerlichen Gesellschaft mit ihren Klassen und Klassengegensätzen tritt eine Assoziation, worin die freie Entwicklung eines jeden die Bedingung für die freie Entwicklung aller ist. ...

Proletarier aller Länder, vereinigt Euch!“

42. Ferdinand Lassalle: Aus dem offenen Antwortschreiben an das Zentralkomitee, 1. März 1863

F. Salomon, Die deutschen Parteiprogramme, H. 2[4], 1932.

„Das eherne ökonomische Gesetz, welches unter den heutigen Verhältnissen, unter der Herrschaft von Angebot und Nachfrage nach Arbeit, den Arbeitslohn bestimmt, ist dieses: daß der durchschnittliche Arbeitslohn immer auf den notwendigen Lebensunterhalt reduziert bleibt, der in einem Volke gewohnheitsmäßig zur Fristung der Existenz und zur Fortpflanzung erforderlich ist. Dies ist der Punkt, um welchen der wirkliche Tageslohn in Pendelschwingungen jederzeit herum gravitiert, ohne sich jemals lange weder über denselben erheben noch unter denselben hinunterfallen zu können. Er kann sich nicht dauernd über diesen Durchschnitt erheben – denn sonst entstünde durch die leichtere, bessere Lage der Arbeiter eine Vermehrung der Arbeiterehen und der Arbeiterfortpflanzung, eine Vermehrung der Arbeiterbevölkerung und somit des Angebots von Händen, welche den Arbeitslohn wieder auf und unter seinen früheren Stand herabdrücken würde.

Der Arbeitslohn kann auch nicht dauernd tief unter diesen notwendigen Lebensunterhalt fallen, denn dann entstehen Auswanderungen, Ehelosigkeit, Enthaltung von der Kinderzeugung und endlich eine durch Elend erzeugte Verminderung der Arbeiterzahl, welche somit das Angebot von Arbeiterhänden noch verringert und den Arbeitslohn daher wieder auf den früheren Stand zurückbringt . . .

(Nach Kritik und Ablehnung der von Schulze-Delitzsch vorgeschlagenen Arbeiterassoziationen – Konsumvereine, Kreditgenossenschaften usw. –, die ohne Hilfe von außen nur durch den Zusammenschluß der Arbeiter entstehen sollten, fährt Lassalle fort:)

Wie also? Sollte das Prinzip der freien individuellen Assoziation der Arbeiter nicht vermögen, die Verbesserung der Lage des Arbeiterstandes zu bewirken? Allerdings vermag es das – aber nur durch seine Anwendung und Ausdehnung auf die fabrikmäßige Großproduktion.

Den Arbeiter zu seinem eigenen Unternehmer machen – das ist das Mittel, durch welches – und durch welches allein – jenes eherne und grausame Gesetz beseitigt sein würde, das den Arbeitslohn bestimmt!

Wenn der Arbeiterstand sein eigener Unternehmer ist, so fällt jene Scheidung zwischen Arbeitslohn und Unternehmergewinn und mit ihr der bloße Arbeitslohn überhaupt fort, und an seine Stelle tritt als Vergeltung der Arbeit: der Arbeitsertrag!

Die Aufhebung des Unternehmergewinns in der friedlichsten, legalsten und einfachsten Weise, indem sich der Arbeiterstand durch freiwillige Assoziationen als sein eigener Unternehmer organisiert, die hiermit und hiermit allein gegebene Aufhebung jenes Gesetzes, welches unter der heutigen Produktion von dem Produktionsertrag das eben zur Lebensfristung Erforderliche auf die Arbeiter als Lohn und den gesamten Überschuß auf den Unternehmer verteilt, das ist die einzige wahrhafte, die einzige seinen gerechten Ansprüchen entsprechende, die einzige nichtillusionäre Verbesserung der Lage des Arbeiterstandes.

Aber wie? . . .

Eben deshalb ist es Sache und Aufgabe des Staates, Ihnen dies zu ermöglichen, die große Sache der freien individuellen Assoziation des Arbeiterstandes fördernd und entwickelnd in seine Hand zu nehmen und es zu seiner heiligsten Pflicht zu machen, Ihnen die Mittel und Möglichkeit zu dieser Ihrer Selbstorganisation und Selbstassoziation zu bieten . . ."

43. Schulze-Delitzsch über die arbeitenden Klassen und das Assoziationswesen in Deutschland 1858

Die deutschen Parteiprogramme, hrsg. von W. Mommsen u. G. Franz. Teubners Quellensammlung.

„Alle Bestrebungen zum Wohl der arbeitenden Klassen müssen auf die innere sittliche und wirtschaftliche Stärkung derselben, auf die Erweckung und Hebung der eignen Kraft, auf die Selbsthilfe der Beteiligten gegründet sein, wenn die Aufgabe ernstlich der Lösung zugeführt werden soll.

Von allen bisher praktisch in Anwendung gebrachten Mitteln gibt es nun bloß ein einziges, welches den Widerspruch löst, in dem wir uns zu befinden scheinen, wenn wir einerseits nur dem Großbetrieb eine gewerbliche Zukunft vindizierten, andererseits das Vorhandensein der Bedingungen dazu bei den Arbeitern bestritten. Faßt man freilich die Aufgabe so, daß jeder einzelne Handwerker oder Arbeiter in einen großen Unternehmer umgewandelt werden solle, so fehlt es bei der großen Mehrzahl dieser Leute an nicht weniger als allen Erfordernissen dazu, das ist sicher. Allein diese Sachlage ändert sich sofort, sobald sich die Leute entschließen, die Vereinzelung aufzugeben, welche sie den großen Etablissements gegenüber zu solcher Ohnmacht herabdrückt. Und dies geschieht mittels der Assoziation, der Vergesellschaftung im Erwerb. „Mehrere kleine Kräfte vereint bilden eine große, und was man nicht allein durchsetzen kann, dazu soll man sich mit andern verbinden", dies der einfache, uralte Satz, auf welchem sie beruht, dessen Anwendung wir, seitdem es eine Geschichte gibt, überall, wo Menschen auftreten, eine Menge der großartigsten Schöpfungen verdanken. Und dieser Weg ist es auch allein, der die Handwerker und Arbeiter in den Stand setzt, zur Selbständigkeit in geschäftlicher Beziehung zu gelangen und die Schranken der Dienstbarkeit, wenn sie allzu hart werden, zu durchbrechen. Denn das, woran es den einzelnen unter ihnen hierzu gebricht, das erforderliche Maß von Intelligenz und Kapital, wird durch ihren Zusammentritt zu einer engverbündeten Gesamtheit alsbald ergänzt . . .

Zur Assoziation also drängt alles, sie ist das einzige Rettungsmittel für die unbemittelten Arbeiter und Handwerker . . ."

44. Aus dem Gothaer Programm der Sozialdemokratischen Partei, Mai 1875

Die deutschen Parteiprogramme, a. a. O.

„Die Arbeit ist die Quelle allen Reichtums und aller Kultur, und da allgemein nutzbringende Arbeit nur durch die Gesellschaft möglich ist, so gehört der Gesellschaft, das heißt allen ihren Gliedern, das gesamte Arbeitsprodukt, bei allgemeiner Arbeitspflicht, nach gleichem Recht, jedem nach seinen vernunftgemäßen Bedürfnissen.

In der heutigen Gesellschaft sind die Arbeitsmittel Monopol der Kapitalistenklasse, die hierdurch bedingte Abhängigkeit der Arbeiterklasse ist die Ursache des Elends und der Knechtschaft in allen Formen.

Die Befreiung der Arbeit erfordert die Verwandlung der Arbeitsmittel in Gemeingut der Gesellschaft und die genossenschaftliche Regelung der Gesamtarbeit mit gemeinnütziger Verwendung und gerechter Verteilung des Arbeitsertrages. Die Befreiung der Arbeit muß das Werk der Arbeiterklasse sein, der gegenüber alle anderen Klassen nur eine reaktionäre Masse sind.

Von diesen Grundsätzen ausgehend, erstrebt die sozialistische Arbeiterpartei Deutschlands mit allen gesetzlichen Mitteln den freien Staat und die sozialistische Gesellschaft, die Zerbrechung des ehernen Lohngesetzes durch Abschaffung des Systems der Lohnarbeit, die Aufhebung der Ausbeutung in jeder Gestalt, die Beseitigung aller sozialen und politischen Ungleichheit.

Die sozialistische Arbeiterpartei Deutschlands fordert, um die Lösung der sozialen Frage anzubahnen, die Errichtung von sozialistischen Produktivgenossenschaften mit Staatshilfe unter der demokratischen Kontrolle des arbeitenden Volkes. Die Produktivgenossenschaften sind für Industrie und Ackerbau in solchem Umfange ins Leben zu rufen, daß aus ihnen die sozialistische Organisation der Gesamtarbeit entsteht ...“

45. Aus dem Erfurter Programm der Sozialdemokratischen Partei 1891

Die deutschen Parteiprogramme, a.a.O.

„Die ökonomische Entwicklung der bürgerlichen Gesellschaft führt mit Naturnotwendigkeit zum Untergang des Kleinbetriebes, dessen Grundlage das Privateigentum des Arbeiters an seinen Produktionsmitteln bildet. Sie trennt den Arbeiter von seinen Produktionsmitteln und verwandelt ihn in einen besitzlosen Proletarier, indes die Produktionsmittel das Monopol einer verhältnismäßig kleinen Zahl von Kapitalisten und Großgrundbesitzern werden ...

Immer größer wird die Zahl der Proletarier, immer massenhafter die Armee der überschüssigen Arbeiter, immer schroffer der Gegensatz zwischen Ausbeutern und Ausgebeuteten, immer erbitterter der Klassenkampf zwischen Bourgeoisie und Proletariat, der die moderne Gesellschaft in zwei feindliche Heerlager trennt und das gemeinsame Merkmal aller Industrieländer ist.

Der Abgrund zwischen Besitzenden und Besitzlosen wird noch erweitert durch die im Wesen der kapitalistischen Produktionsweise begründeten Krisen, die immer umfangreicher und verheerender werden, die allgemeine Unsicherheit zum Normalzustand der Gesellschaft erheben und den Beweis liefern, daß die Produktivkräfte der heutigen Gesellschaft über den Kopf gewachsen sind, daß das Privateigentum an Produktionsmitteln unvereinbar geworden ist mit deren zweckentsprechender Anwendung und voller Entwicklung ...

Nur die Verwandlung des kapitalistischen Privateigentums an Produktionsmitteln – Grund und Boden, Gruben und Bergwerke, Rohstoffe, Werkzeuge, Maschinen, Verkehrsmittel – in gesellschaftliches Eigentum und die Umwandlung der Warenproduktion in sozialistische, für und durch die Gesellschaft betriebene Produktion kann es bewirken, daß der Großbetrieb und die stets wachsende Ertragsfähigkeit der gesellschaftlichen Arbeit für die bisher ausgebeuteten Klassen zu einer Quelle der höchsten Wohlfahrt und allseitiger, harmonischer Vervollkommnung werde ...“

46. Bismarck zur Begründung seiner sozialpolitischen Gesetzgebung

Reden im Deutschen Reichstag am 15. und 20. März 1884. Ges. Werke, Friedrichsruher Ausgabe Bd. Reden S. 319f.

Der Plan der Reform, den wir nach dem Willen des Kaisers und der verbündeten Regierungen befolgen, läßt sich ja nicht in kurzer Zeit ausführen. Er bedarf zu seiner Ausführung eines Zeitraums von Jahren. Wir hatten uns bemüht, die Lage der Arbeiter nach drei Richtungen hin zu verbessern: einmal, indem wir zu einer Zeit, wo die Arbeitsgelegenheit gering und die Löhne niedrig geworden waren, zum Schutze der vaterländischen Arbeit Maßregeln getroffen haben gegen Konkurrenten, mit anderen Worten, Schutzzölle eingeführt haben zum Schutze der inländischen Arbeit, Infolge dieser Maßregeln hat sich eine wesentliche Besserung der Löhne vollzogen und eine Verminderung der Arbeitslosigkeit ...

Ein zweiter Plan, der im Sinne der Regierung liegt, ist die Verbesserung der Steuerverhältnisse, indem eine geschicktere Verteilung derselben gesucht wird, wodurch namentlich die drückenden Steuerexekutionen wegen kleiner Beträge, wenn nicht abgeschafft, so doch wesentlich vermindert und vielleicht einer weiteren Verminderung entgegengeführt werden ...

Der dritte Zweig der Reformen, die wir erstreben, liegt in der direkten Fürsorge für die Arbeiter. Die Frage von Arbeitszeit und Lohnhöhe ist durch staatliche Einwirkung, überhaupt durch Gesetze außerordentlich schwierig zu lösen, durch irgendeine Gesetzgebung, die man macht, läuft man Gefahr, in die persönliche Freiheit, seine Dienste zu verwerten, sehr erheblich und unnütz einzugreifen. Denn wenn man die milchgebende Kuh oder die eierlegende Henne mit einem Male schlachtet, so geht damit die Industrie ein, um die es sich handelt, weil sie die ihr aufzulegende Last der kurzen Arbeit für hohe Löhne nicht tragen kann. Dann leidet darunter der Arbeiter ebenso wie der Unternehmer. Das ist also die Grenze, die geboten ist, und vor der jede gesetzliche Einwirkung haltmachen muß. Ich habe darüber auch nur sporadisch lokale Klagen gehört. Der eigentliche Beschwerdepunkt des Arbeiters ist die Unsicherheit seiner Existenz. Er ist nicht sicher, daß er immer Arbeit haben wird, er ist nicht sicher, daß er immer gesund ist, und er sieht voraus, daß er einmal alt und arbeitsunfähig sein wird. Verfällt er aber der Armut auch nur durch eine längere Krankheit, so ist er darin nach seinen eigenen Kräften vollständig hilflos, und die Gesellschaft erkennt ihm gegenüber bisher eine eigentliche Verpflichtung außer der ordinären Armenpflege nicht an, auch wenn er noch so treu und fleißig die Zeit vorher gearbeitet hat. Die ordinäre Armenpflege läßt aber viel zu wünschen übrig ...

Für den Arbeiter ist da immer eine Tatsache, daß der Armut und der Armenpflege in einer großen Stadt zu verfallen gleichbedeutend ist mit Elend, und diese Unsicherheit macht ihn feindlich und mißtrauisch gegen die Gesellschaft. Das ist menschlich nicht unnatürlich, und solange der Staat ihm da nicht entgegenkommt, oder solange er zu dem Entgegenkommen des Staats kein Vertrauen hat, da wird er, wo er es finden mag, immer wieder zu dem sozialistischen Wunderdoktor laufen, und ohne großes Nachdenken sich von ihm Dinge versprechen lassen, die nicht gehalten werden. Deshalb glaube ich, daß die Unfallversicherung, mit der wir vorgehen, sobald sie namentlich ihre volle Ausdehnung bekommt auf die gesamte Landwirtschaft, auf die Baugewerbe vor allem, auf alle Gewerke, wie wir das erstreben, doch mildernd auf die Besorgnis und auf die Verstimmung der arbeitenden Klassen wirken wird. Ganz heilbar ist die Krankheit nicht, aber durch die Unterdrückung äußerer Symptome derselben, durch Zwangsgesetze halten wir sie nur auf und treiben sie nach innen.

Wenn man mir dagegen sagt, das ist Sozialismus, so scheue ich das gar nicht. Es fragt sich nur, wo liegt die erlaubte Grenze des Staatssozialismus? Ohne eine solche können wir überhaupt nicht wirtschaften. Jedes Armenpflegegesetz ist Sozialismus.

War nicht z.B. die Stein-Hardenbergsche Gesetzgebung gloriosen Angedenkens, an deren Zweckmäßigkeit heutzutage niemand mehr zweifeln wird, staatssozialistisch?

Wer den Staatssozialismus als solchen vollständig verwirft, muß auch die Stein-Hardenbergsche Gesetzgebung verwerfen, der muß überhaupt dem Staate das Recht absprechen, da, wo sich Gesetz und Recht zu einer Kette und zu einem Zwang, der unsere freie Atmung hindert, verbinden, mit dem Messer des Operateurs einzuschneiden und neue und gesunde Zustände herzustellen. Ich tue aus eigenem Antriebe meine Pflicht, ich halte dies für meine Pflicht und werde dafür kämpfen, solange ich hier das Wort nehmen kann ...

47. Aus der Thronrede Wilhelms II. vom 22. November 1888

Hohlfeld, Deutsche Reichsgesch. in Dokumenten II, S. 349f.

Als ein teures Vermächtnis Meines in Gott ruhenden Herrn Großvaters habe Ich die Aufgabe übernommen, die von Ihm begonnene sozialpolitische Gesetzgebung fortzuführen. Ich gebe mich der Hoffnung nicht hin, daß durch gesetzgeberische Maßnahmen die Not der Zeit und das menschliche Elend sich aus der Welt schaffen lassen. Aber Ich erachte es doch für eine Aufgabe der Staatsgewalt, auf die Linderung vorhandener wirtschaftlicher Bedrängnisse nach Kräften hinzuwirken und durch organische Einrichtungen die Betätigung der auf dem Boden des Christentums erwachsenden Nächstenliebe als eine Pflicht der staatlichen Gesamtheit zur Anerkennung zu bringen. Die Schwierigkeiten, welche sich einer auf staatliches Gebot gestützten durchgreifenden Versicherung aller Arbeiter gegen die Gefahren des Alters und der Invalidität entgegenstellen, sind groß, aber mit Gottes Hilfe nicht unüberwindlich ...

48. SPD-Stellungnahme zur staatlichen Sozialpolitik

Aus den Beschlüssen des Kopenhagener Kongresses 1883

Die deutschen Parteiprogramme, a.a.O.

Die Partei erklärt, daß sie nach dem bisherigen Verhalten der herrschenden Klasse weder an ihre ehrlichen Absichten noch an ihre Fähigkeiten glaube. Die angebliche Sozialreform werde nur als taktisches Mittel benutzt, um die Arbeiter von richtigen Wegen abzulenken. Wohl aber hält es der Kongreß für die Pflicht der Partei und ihrer parlamentarischen Vertreter, bei allen auf die ökonomische Lage des arbeitenden Menschen gerichteten Bestrebungen, gleichviel welchen Motiven sie entsprängen, die Interessen der Arbeiterklasse energisch wahrzunehmen; selbstverständlich ohne dabei auch nur einen Augenblick auf die Gesamtheit der sozialistischen Forderungen zu verzichten . . .

49. Aus Karl Kautsky: Die soziale Revolution (1907)

Die deutschen Parteiprogramme, a.a.O.

Jeder Sozialist erstrebt die soziale Revolution im weiteren Sinne an, und doch gibt es Sozialisten, welche die Revolution verwerfen und die soziale Umwälzung nur durch die Reform erreichen wollen. Man setzt der sozialen Revolution die soziale Reform entgegen. Dieser Gegensatz ist es, der heute in unseren Reihen diskutiert wird ...

Darin liegt der wesentliche Unterschied zwischen Revolution und Reform: Maßregeln, die dahin streben, den juristischen und politischen Überbau der Gesellschaft den veränderten ökonomischen Bedingungen anzupassen, sind Reformen, wenn sie von Klassen durchgeführt werden, die die Gesellschaft bisher politisch und ökonomisch beherrschten ...

Dagegen sind derartige Maßregeln Ausflüsse einer Revolution, wenn sie von einer Klasse ausgehen, die bisher ökonomisch und politisch unterdrückt gewesen und die nun die politische Macht erobert hat, welche sie in ihrem eigenen Interesse notwendigerweise dazu benutzen muß, den ganzen politischen und juristischen Überbau langsamer oder schneller umzuwälzen und neue Formen des gesellschaftlichen Zusammenwirkens zu schaffen.

Die Eroberung der Staatsgewalt durch eine bis dahin unterdrückte Klasse, also die politische Revolution, ist demnach ein wesentliches Merkmal der sozialen Revolution im engeren Sinne, im Gegensatz zur sozialen Reform. Wer die politische Revolution als Mittel der sozialen Umwälzung prinzipiell abweist und diese Umwälzung auf solche Maßregeln beschränken will, die von den herrschenden Klassen zu erlangen sind, der ist ein Sozialreformer, wie sehr auch sein gesellschaftliches Ideal der bestehenden Gesellschaftsform entgegengesetzt sein mag. Dagegen ist jeder ein Revolutionär, der dahin strebt, daß eine bisher unterdrückte Klasse die Staatsgewalt erobert. Er verliert diesen Charakter nicht, wenn er diese Eroberung durch soziale Reformen, die er den herrschenden Klassen abzuringen sucht, vorbereiten und beschleunigen will. Nicht das Streben nach sozialen Reformen, sondern die ausgesprochene Beschränkung auf sie unterscheiden den Sozialreformer vom Sozialrevolutionär . . .

50. Totalitärer, marxistischer oder demokratischer Sozialismus

Günther Bartsch in Beilage zum „Parlament“ B 31/65 vom 4. Aug. 1965, S. 9ff.

Die Idee der allgemeinen Gütergemeinschaft ist die kommunistische Primäridee. Wer sich zu ihr bekannte, legte damit ein grundsätzliches Bekenntnis zum Kommunismus ab, und zwar auch dann, wenn er über die Methoden ihrer Einführung besondere Ansichten hatte, und unabhängig davon, daß der Vollkommunismus auch die Akzeptierung anderer Prämissen einschloß. Daher kann die Idee der allgemeinen Gütergemeinschaft als Prüfstein für die Zugehörigkeit zum vormodernen Kommunismus gelten; mag derjenige, der sie vertrat, auch keiner kommunistischen Gruppe oder Organisation angehört haben, die ja bis zum 20. Jahrhundert nur verhältnismäßig wenigen Menschen zugänglich waren. . . .

Nicht alle, die als Sozialisten oder Kommunisten gelten, und sich möglicherweise auch so nannten, waren das eine oder andere auch. Und es sollte schon lange nicht mehr möglich sein, schlechthin jede Gruppe, die eine Form des Gemeineigentums in Erwägung zieht, kommunistisch zu nennen. Dann wäre nämlich auch das Grundgesetz der Bundesrepublik eine kommunistische Verfassung, weil es in Art. 15 vorsieht, daß „Grund und Boden, Naturschätze und Produktionsmittel zum Zwecke der Vergesellschaftung . . . in Gemeineigentum oder in andere Formen der Gemeinwirtschaft überführt werden“ können (Grundgesetz der Bundesrepublik, Textausgabe 1957, S. 14). Bekanntlich ist das Grundgesetz der Bundesrepublik aber keineswegs eine sozialistische oder radikaldemokratische Verfassung.

Es gilt also, im Umgang mit Begriffen Vorsicht zu wahren. Wenn der Begriff Sozialismus nur als Synonym für Kommunismus gedacht war, weiß man nicht recht, warum er entstand. In Wahrheit hat sich der Sozialismus schon unmittelbar nach seiner Geburt, vom Kommunismus distanziert, ohne daß diese Tatsache bisher in ihrer ganzen Bedeutung erkannt und hinreichend gewürdigt worden wäre.

Im Verhältnis zur Geschichte des Kommunismus, der sich in allen Epochen nachweisen läßt, mutet die Geschichte des Sozialismus vergleichsweise bescheiden an, beginnt sie doch nicht vor der Französischen Revolution.

Ihr erster Kopf war Saint Simon (1760–1825), der beispielsweise eine europäische Gesamtregierung empfahl und die Idee der Weltgemeinschaft aller Nationen gebar – die Idee der Einen Welt. Im Unterschied zu den Kommunisten war er gegen Gewaltanwendung und Revolution. Die Verfügungsgewalt über das Privateigentum an Produktionsmitteln sollte beschränkt, aber das Eigentum sollte nicht abgeschafft werden. Nicht die Beseitigung des Staates schlechthin, sondern das allmähliche Absterben seiner Zwangsfunktion zugunsten der Ausweitung seiner Verwaltungsfunktion schwebte ihm vor, also die Umwandlung des Repressions- in einen Wohlfahrtsstaat. Er trat gegen die „künstliche Gleichheit“ auf, da von den unterschiedlichen Fähigkeiten der Menschen ausgegangen werden müsse. Die Gütergemeinschaft wäre nicht weniger gewaltsam und ungerecht als die kapitalistische Eigentumsordnung, denn sie widerspräche dem Grundsatz, daß jeder nach seiner Leistung belohnt werden müsse. Der zweite Kopf des Sozialismus, der seine Doktrin aber unabhängig von Saint Simon (und etwa gleichzeitig wie dieser die seine) entwarf, war Fourier (1772–1835). Ihm schwebte eine neue, genossenschaftliche Wirtschaftsform vor. Grundlage sollte die freiwillige Assoziation der Phalanstère sein, eine Kombination von Produktionsgenossenschaft und Großhaushalt mit ca. 300 Familien. Sie sollte Dividenden im Verhältnis zur Einlage zahlen, zweistündigen Arbeitswechsel ermöglichen, keine Einförmigkeit in Wohnung, Kleidung und Nahrung dulden und freien Austritt unter Mitnahme des Eigentums gestatten. Fourier lehnte gewaltsame Enteignungen und Umstürze ab. Ohne Privateigentum sei die individuelle Selbstverwirklichung des Menschen unmöglich; seine Zerstörung käme daher einer Unterdrückung der menschlichen Individualität gleich, weshalb der gütergemeinschaftliche Kommunismus nur mit Gewalt durchsetzbar wäre, ein Versiegen der schöpferischen Quellen nach sich zöge und die Gesellschaft primitivieren würde. Das Privateigentum an Produktionsmitteln dürfe jedoch nicht unbeschränkt bleiben, sondern müsse sozialen Gesichtspunkten folgen.

Der dritte Kopf des Frühsozialismus Owen (1771–1858) war ein Praktiker. Um die „künstlichen“ Wertmaße Gold und Silber durch das „echte“ Wertmaß der menschlichen Arbeitszeit zu ersetzen – wovon sich Owen die Wandlung der gesamten Gesellschaft versprach –, schuf er Arbeitsbörsen für den direkten Produktionsaustausch. Auch die von ihm inspirierten Konsumgenossenschaften sollten den Zwischenhandel überflüssig machen. Außerdem leitete Owen die Arbeitsschutzgesetzgebung ein; das erste, 1819 in England erlassene Gesetz zur Beschränkung der Frauen- und Kinderarbeit ging auf seine Initiative zurück. Schließlich schuf er den ersten Kindergarten der Welt...

Auf die Genossenschaft als Grundelement einer neuen Gesellschaft setzte auch Louis Blanc (1813–1882). Für die genossenschaftlichen Betriebe, die nicht aus Enteignungen, sondern aus Verträgen des Staates mit den Eigentümern hervorgehen sollten, dachte er an eine Arbeiterselbstverwaltung; die Arbeiter sollten die Direktoren in freier Wahl selber bestimmen. Gleichzeitig schlug Blanc die Gewinnbeteiligung der Arbeiter vor... Die Doppelidee der Produktivgenossenschaften mit Staatshilfe und die Forderung des allgemeinen Wahlrechts wurden später von Lassalle wieder aufgenommen. Sie finden sich aber auch in dem Programm der Sozialdemokratischen Arbeiterpartei Bebels vom 8. 8. 1869, schließlich auch im Gothaer Programm der SPD vom Mai 1875 programmatisch formuliert (siehe W. Treue, Deutsche Parteiprogramme 1861–1954, Göttingen 1954, S. 55 u. 63).

ABSCHNITT IV

Nationalismus und Imperialismus

A. Deutschland im 19. Jahrhundert

1. Geistige Grundlagen der Befreiung

Einführung

In Deutschland entwickelt sich ein nationales geschichtsbewußtes Denken unter englischem Einfluß. Es wird bedeutsam für die nationale Besinnung und den Abwehrwillen der gebildeten Führungsschicht in Deutschland gegen das napoleonische Zwangseuropa. Hinzukommt die auch in den breiten Volksschichten lebendige Empörung über die französische Unterdrückung. Auf diese Kräfte stützen sich *Freiherr vom Stein* in Preußen, Graf *Stadion* und die Erzherzöge *Karl* und *Johann* sowie *Andreas Hofer* in Österreich. *Stein* erkennt die Notwendigkeit *demokratischer Staatsgestaltung*, um die innere Anteilnahme des Staatsbürgers am Wohlergehen des Staates zu entwickeln. Er denkt dabei nicht an eine Kopie der französischen Revolutionsverfassung, sondern will ihre wertvollen Grundprinzipien auf die preußische Wirklichkeit *sinnvoll* übertragen, also das historisch Gewordene nicht völlig über Bord werfen. Im nationalen Denken der *Romantik* und der *Wiener Reformer* tritt jedoch gegenüber dem freiheitlichen Element das national-konservative und restaurative (das Alte, nämlich die Monarchie und ihre Gesellschaftsordnung *wiederherstellen* heißt *restaurieren*!) in den Vordergrund, obwohl Stadion selbst auch liberalen Gedanken huldigt.

Während in England (Burke) *konservativ* (bewahrend) zugleich auch *demokratisch* denken heißt, weil in England die Staatsform sich schon seit dem Mittelalter in Richtung auf eine freiheitliche Verfassung hin entwickelt hat, gibt es in *Deutschland* keinen solchen unmittelbaren Anknüpfungspunkt. Freiheitliches, liberales Denken ist in seinen Formen oft Import revolutionär wirkender westlicher, vor allem französischer Prinzipien; es wird daher von der alten Führungsschicht, dem *Adel*, aber auch von weiten Kreisen des konservativen Bürgertums, vor allem des süddeutsch-katholischen, abgelehnt. Eine Ausnahme bildet Baden. Daß sich in jener Epoche keine echte Verbindung von liberalfreiheitlichem und national-konservativem Gedankengut gebildet hat, gehört zur Tragik der deutschen Geschichte. So treten sich im weiteren Ablauf des Geschehens liberal-nationales und konservativ-nationales Denken feindlich gegenüber. Die Epoche von 1815 bis 1848 ist vom Kampf beider Richtungen, der revolutionären und der restaurativen, erfüllt. Infolge der Niederlage der achtundvierziger Revolutionäre siegten in Deutschland (mit Österreich) die restaurativen Kräfte. Diese Problematik reicht im Grunde genommen bis in unsere Zeit: revolutionäre (hier: *sozialistische* Ideen als Nachfolger der bürgerlich-liberalen) und *nationalkonservative politische Anschauungen* und Haltungen sollten im *Nationalsozialismus* ihre organische Verschmelzung finden. Das Experiment mißlingt, und dieses Mißlingen zerstört den deutschen Nationalstaat. Ein Grund (unter dem Geflecht vieler Ursachen) dieses Scheiterns liegt in der schon seit der Romantik angebahnten Entfremdung westlichen (französisch-angelsächsischen) und deutschen Staatsdenkens. In diesem Zusammenhang war es entscheidend, daß die *Steinsche* Staatspraxis und Gedankenwelt infolge seines frühen Sturzes (Nov. 1808) nicht zur echten Verwirklichung in Preußen gelangt ist.

Interessant die Feststellung: der Führer der preußischen Reform, Freiherr vom *Stein*, ist kein gebürtiger Preuße, er stammt aus einem Reichsrittergeschlecht an der Lahn. Der österreichische Programmatiker und Publizist *Gentz* ist ebenfalls kein gebürtiger Österreicher, er stammt aus Schlesien.

Quellen

51. Edmund Burke über Staatsvertrag und Menschenrechte

Aus: Gedanken über die Französische Revolution, a. a. O.

„Der Staat ist allerdings ein Vertrag. Untergeordnete Verträge, Dinge von vorübergehendem Interesse betreffend, kann man beliebig aufheben; aber der Staat sollte doch als etwas Besseres als ein Kompaniegeschäft in Pfeffer, Kaffee, Baumwolle und Tabak angesehen werden. Man soll mit Ehrfurcht zu ihm aufblicken, denn es ist kein Bund in Fragen, die nur das irdische Dasein unserer vergänglichen Natur betreffen. Es ist ein Bund aller Wissenschaften, aller Künste, aller Tugend, aller Vollkommenheit. Da die Zwecke dieses Bundes nicht durch einige Menschengeschlechter erreicht werden, so wird er nicht nur zu einem Bunde derer, die leben, sondern derer, die tot sind, und derer, die noch geboren werden. Jeder Vertrag jedes besonderen Staates ist nur ein Artikel in dem großen, ursprünglichen Bunde der ewigen Gesellschaft, der die Naturen der niedern Ordnung mit denen der höheren, der die sichtbare Welt mit der unsichtbaren verknüpft . . .

Die bürgerliche Gesellschaft beruht, wie man gesagt hat, allerdings auf einem Vertrag. Wenn sie also auf einem Vertrag beruht, muß dieser Vertrag ihr Grundgesetz sein. Auf ihm beruht alle gesetzgebende, richterliche und ausübende Gewalt. Wie kann nun jemand im Namen dieses Staatsvertrages Rechte beanspruchen, die mit dem Wesen des Staates ganz unvereinbar sind? So z. B. verbietet uns eins der Grundgesetze des Staates, in eigener Sache Richter zu sein. Mit diesem Gesetz aber hat der Staatsbürger sich eines der ersten Rechte des Naturmenschen begeben, nämlich des Rechts, sich selbst zu schützen. Die Menschen können eben nicht zu gleicher Zeit die Rechte einer barbarischen und einer zivilisierten Gesellschaft genießen. Um überhaupt zu seinem Recht zu kommen, gibt der Mensch sein Recht auf, zu bestimmen, was in gewissen Fällen Rechtens ist; um sich wenigstens ein gewisses Maß von Freiheit zu sichern, vertraut er den Schutz der Freiheit ein für allemal dem Schutz der Gesellschaft an. So beruht also die Staatsgewalt nicht auf den sogenannten natürlichen Rechten, denn diese sind eitel Theorie, und zwar, wie gar nicht geleugnet werden soll, eine Theorie von höchster Folgerichtigkeit und, wenn man will, Vollkommenheit. Aber gerade ihre theoretische Vollkommenheit ist ihre Unvollkommenheit fürs praktische Leben. Nach ihnen darf man schlechthin alles begehren; wo man aber alles begehren darf, begehrt man auch alles. Die Staatsgewalt dagegen ist eine Erfindung menschlicher Weisheit, nur den berechtigten, nicht aber den unberechtigten Forderungen der Menge gerecht zu werden. Nun gehört unter diese berechtigten Forderungen auch die, menschlicher Leidenschaft den Zügel anzulegen. Bei der großen Masse wie bei dem einzelnen Menschen ist eine solche Zügelung gelegentlicher Ausbrüche der Leidenschaft unentbehrlich. Dies kann aber nur eine Macht, die über ihnen steht, besorgen und nicht eine, die dem Willen, den sie zügeln soll, selbst unterworfen ist. In diesem Lichte betrachtet, gehört also die Beschränkung der Freiheit gerade wie die Freiheit selbst zu den Menschenrechten. Man sieht, von dem Augenblick an, wo man den unbegrenzten Menschenrechten die geringste Schranke auferlegt, wird die ganze Frage der Staatsverfassung eine Zweckmäßigkeitsfrage, zu deren Lösung es einer gründlichen praktischen Kenntnis der menschlichen Natur, aber nicht philosophischer Theorien bedarf . . .

Wenn diese philosophischen Menschenrechte ins praktische Leben eintreten, so werden sie wie Lichtstrahlen, die in eine andere Schicht eindringen, vermöge eines Naturgesetzes von der geraden Linie abgebrochen. Tatsächlich erfahren in der unendlich wirren Masse menschlicher Leidenschaften und Interessen die ursprünglichen Rechte so viele Brechungen, daß es lächerlich ist, von ihnen so zu sprechen, als behielten sie die ursprüngliche Einfachheit ihrer Richtung noch bei. Die Natur des Menschen ist verwickelt, ebenso sind es die Zwecke der Gesellschaft, deshalb kann die berühmte Einfachheit der Verfassung für beide Fälle nicht das Richtige sein. – Die angeblichen Menschenrechte dieser Theoretiker sind Extreme; und in dem Maße, wie sie philosophisch wahr sind, sind sie moralisch und politisch falsch; die wirklichen Menschenrechte liegen in der Mitte, schwer in Worte festzulegen, aber trotzdem klar und deutlich, sie bilden eine Art Ausgleich. – Ich verkenne die Menschenrechte weder in der Theorie noch in der Praxis. Wenn ich lieber ihre falschen Forderungen bekämpfe, so will ich die berechtigten durchaus nicht beeinträchtigen, die im Gegenteil gerade durch die verkehrten Forderungen geschädigt werden. Wenn die bürgerliche Gesellschaft zum Vorteil des Menschen geschaffen ist, so werden diese Vorteile sein gutes Recht. Das Gesetz selbst ist nur eine uns in fester Form entgegentretende Wohltat, und die Menschen haben ein Recht, nach ihm zu leben . . .

. . . Die Fehler der französischen Versammlung werden alle mit dem allversöhnenden Namen der Freiheit zugedeckt. Was aber ist Freiheit ohne Weisheit und Tugend? Sie kann das größte Übel sein, und gerade die, die eine tugendhafte Freiheit kennen, werden unwillig, wenn sie sie von unfähigen Menschen mißbraucht sehen, die nur große Worte im Munde führen. Eine Regierung schaffen ist leicht: Bestimme den Sitz der Regierung und lerne Gehorsam! Freiheit geben ist noch leichter, da braucht man gar nicht zu lenken, sondern nur den Zügel schießen lassen. Aber ‚eine freie Regierung' zu schaffen, das ist, die widerstrebenden Elemente von Freiheit und Zwang in einem organischen Ganzen zu vereinigen, das erfordert große Kunst."

52. Adam Müller über den Staat

Aus seiner Schrift „Die Elemente der Staatskunst", hrsg. von J. Baxa, Leipzig 1922, 1. Halbband, S. 28.

„1. So wie jedes Geschöpf der Natur in der Mitte der Natur zu stehen meint, wie jede Kreatur, wenn sie die Wahrheit gestehen will, sich einbildet, die ganze Welt bewege sich um sie her, wie keine Seele außer der Natur oder auf ihrer untersten Stufe zu stehen glaubt, wie kein Wurm schlecht von sich denkt: so steht jeder Mensch in der Mitte des bürgerlichen Lebens, von allen Seiten in den Staat verflochten, da, und sowenig er aus sich selbst heraustreten kann, ebensowenig aus dem Staate.

2. So wie ferner niemand, wenn er sich nicht ziert und den Propheten oder den Tacitus spielen will, im Grunde des Herzens von seiner Zeit schlecht denkt, und am Anfang oder am Ende der Welt, an ihrem Morgen oder an ihrem Abend, sondern wie jeder andre, in der Mitte der Zeit, und am Mittage der Welt zu leben glaubt: ebenso

steht jeder Staatsbürger mitten in der Lebenszeit des Staates und hat hinter sich eine Vergangenheit, die respektiert, vor sich eine ebenso große Zukunft, für die gesorgt werden soll; aus diesem Zeitzusammenhange kann niemand heraustreten, ohne sich selbst zu widersprechen. Wir alle klagen mitunter über die schlechte Zeit, sehnen uns in unglücklichen Augenblicken wohl gar nach andren vergangenen oder kommenden Zeiten hin, und möchten unsre eignen Ahnherren, oder unsre eignen Enkel sein; doch der Widerspruch hierin ist offenbar und bleibt ewig.

Endlich 3. ist der Staat keine bloß künstliche Veranstaltung, nicht eine von den tausend Erfindungen zum Nutzen und Vergnügen des bürgerlichen Lebens, sondern er ist das Ganze dieses bürgerlichen Lebens selbst, notwendig, sobald es nur Menschen gibt, unvermeidlich, in der Natur des Menschen begründet, würde ich sagen, wenn nicht, aus allen richtigen Gesichtspunkten betrachtet, menschliche Existenz und bürgerliche eins und dasselbe wären, und wenn ich also mit jenen Worten nicht etwas sehr Überflüssiges sagen würde . . .

Lassen Sie uns diese drei Wahrheiten noch inniger und kräftiger zusammenfassen in eine einzige, und diese so ausdrücken: der Mensch ist nicht zu denken außerhalb des Staates. Der Staat ist nicht eine bloße Manufaktur, Meierei, Assekuranzanstalt oder merkantilische Sozietät; er ist die innige Verbindung der gesamten physischen und geistigen Bedürfnisse, des gesamten physischen und geistigen Reichtums, des gesamten inneren und äußeren Lebens einer Nation zu einem großen energischen, unendlich bewegten und lebendigen Ganzen . . . Der Staat ist die Totalität der menschlichen Angelegenheiten, ihre Verbindung zu einem lebendigen Ganzen."

53. Aus J. G. Fichte: Reden an die deutsche Nation, 1807/08

Auszug aus Rede 8 und 12

Joh. Gottlieb Fichte, Reden an die deutsche Nation, Kröners Taschenausgabe Bd. 35, Leipzig o. J., S. 131ff. u. S. 191ff.

„Wo da wirklich regiert worden ist, wo bestanden worden sind ernsthafte Kämpfe, wo der Sieg errungen worden ist gegen gewaltigen Widerstand, da ist es jene Verheißung ewigen Lebens gewesen, die da regierte und kämpfte und siegte.

In diesem Glauben setzten unsere Vorfahren sich der herandringenden Weltherrschaft der Römer mutig entgegen. Sklaverei hießen ihnen alle jene Segnungen, die ihnen die Römer antrugen. Es verstehe sich von selbst, setzten sie voraus, daß jeder, ehe er dies werde, lieber sterbe. Sie sind nicht alle gestorben, sie haben die Sklaverei nicht gesehen, sie haben die Freiheit hinterlassen ihren Kindern.

Diese und alle anderen in der Weltgeschichte, die ihres Sinnes waren, haben gesiegt, weil das Ewige sie begeisterte, und so siegt immer und notwendig die Begeisterung über den, der nicht begeistert ist. Nicht die Gewalt der Arme noch die Tüchtigkeit der Waffen, sondern die Kraft des Gemüts ist es, welche Siege erkämpft....

Wer sich ohne Aufmerksamkeit auf sich selbst gehen läßt und von den Umständen sich gestalten, der gewöhnt sich bald an jede mögliche Ordnung der Dinge. Laßt es nur täglich auf dieselbe Weise wiederkehren, so gewöhnt er sich daran und findet es späterhin natürlich und als ebenso sein müssend, gewinnt es zuletzt gar lieb. Auf diese Weise gewöhnt man sich sogar an Sklaverei und gewinnt sie mit der Zeit lieb. Und dies ist eben das Gefährlichste an der Unterworfenheit, daß sie für alle wahre Ehre abstumpft und sodann ihre sehr erfreuliche Seite hat für den Trägen, indem sie ihn mancher Sorge und manches Selbstdenkens überhebt.

Laßt uns auf der Hut sein gegen diese Überraschung der Süßigkeit des Dienens, denn diese raubt sogar unsern Nachkommen die Hoffnung künftiger Befreiung.

Wird unser äußeres Wirken in hemmende Fesseln geschlagen, laßt uns desto kühner unsern Geist erheben zum Gedenken der Freiheit, zum Wünschen und Begehren nur dieses Einigen. Lassen wir nur nicht mit unserm Körper auch unsern Geist niedergebeugt und unterworfen und in die Gefangenschaft gebracht werden!

Fragt man mich, wie dies zu erreichen sei, so müssen wir eben vor allen Dingen einen Geist uns anschaffen, und einen festen und gewissen Geist. Wir müssen uns haltbare und unerschütterliche Grundsätze bilden, Leben und Denken muß bei uns aus einem Stücke sein und ein sich durchdringendes und gediegenes Ganzes. Wir müssen in beiden der Natur und der Wahrheit gemäß werden und die fremden Kunststücke von uns werfen; wir müssen, um es mit einem Worte zu sagen, uns Charakter anschaffen, denn Charakter haben und deutsch sein ist ohne Zweifel gleichbedeutend..."

54. Freiherr vom Stein (1757–1831)

a) Aus der Denkschrift vom 24. November 1808 bei seiner Entlassung

Freiherr vom Stein, Staatsschriften und politische Briefe, hrsg. von H. Thimme, München 1921, S. 89ff.

„Umstände, deren Darstellung es nicht bedarf, forderten meinen Austritt aus dem Dienste des Staates, für den ich lebe, und für den ich leben werde.

In den äußeren Verhältnissen herrscht die Notwendigkeit so stark und mächtig, daß die Stimme eines Individuums darin wenig vermag. In der Verwaltung des Inneren setzte ich mein Ziel. Es kam darauf an, die Disharmonie, die im Volke stattfindet, aufzuheben, den Kampf der Stände unter sich, der uns unglücklich macht, zu vernichten, gesetzlich die Möglichkeit aufzustellen, daß jeder im Volke seine Kräfte frei in moralischer Richtung entwickeln könne und auf solche Weise das Volk zu nötigen, König und Vaterland dergestalt zu lieben, daß es Gut und Leben ihnen gerne zum Opfer bringe.

Mit Ihrem Beistande, meine Herren, ist vieles bereits geschehen. Der letzte Rest der Sklaverei, die Erbuntertänigkeit, ist vernichtet, und der *unerschütterliche Pfeiler jedes Thrones, der Wille freier Menschen*, ist gegründet. Das unbeschränkte Recht zum Erwerb des Grundeigentums ist proklamiert. Dem Volke ist die Befugnis, seine ersten Lebensbedürfnisse sich selbst zu bereiten, wiedergegeben. Die Städte sind mündig erklärt, und andere minder wichtige Bande, die nur einzelnen nützen und dadurch die Vaterlandsliebe lähmten, sind gelöst. Wird das, was bis jetzt geschah, mit Festigkeit aufrechterhalten, so sind nur wenige Hauptschritte noch übrig ...

1. Regierung kann nur von der höchsten Gewalt ausgehen ... Nur der König sei Herr, insofern diese Benennung die Polizeigewalt bezeichnet, und sein Recht übe nur der aus, dem er es jedesmal überträgt ...

2. Derjenige, der Recht sprechen soll, hänge nur von der höchsten Gewalt ab ...

3. Die Erbuntertänigkeit ist vernichtet. Es bestehen aber noch in einigen Gegenden Gesindeordnungen, welche die Freiheit des Volkes lähmen... Es bedarf meiner Ansicht nach keiner neuen Gesindeordnungen, sondern der Aufhebung der vorhandenen. Das, was das Allgemeine Landrecht über das Gesindewesen festsetzt, scheint mir durchaus zureichend. Das nächste Beförderungsmittel scheint

4. eine allgemeine Nationalrepräsentation. Heilig war mir und bleibe uns das Recht und die Gewalt unseres Königs. Aber damit dieses Recht und diese unumschränkte Gewalt das Gute wirken kann, was in ihr liegt, schien es mir notwendig, der höchsten Gewalt ein Mittel zu geben, wodurch sie die Wünsche des Volkes kennenlerne und ihren Bestimmungen Leben geben kann. Wenn dem Volke alle Teilnahme an den Operationen des Staates entzogen wird, wenn man ihm sogar die Verwaltung seiner Kommunalangelegenheiten entzieht, kommt es bald dahin, die Regierung teils gleich-

gültig, teils in einzelnen Fällen in Opposition mit sich zu betrachten. Daher ist der Widerstreit oder wenigstens der Mangel an gutem Willen bei Aufopferung für die Existenz des Staates. Wo Repräsentation des Volkes unter uns bisher stattfand, war sie höchst unvollkommen eingerichtet. Mein Plan war daher, jeder aktive Staatsbürger, er besitze 100 Hufen oder eine, er betreibe Landwirtschaft oder Fabrikation oder Handel, er habe ein bürgerliches Gewerbe oder sei durch geistige Bande an den Staat geknüpft, habe ein Recht zur Repräsentation. Mehrere mir eingereichte Pläne sind von mir vorgelegt. Von der Ausführung oder Beseitigung eines Planes hängt Wohl und Wehe unseres Staates ab; denn auf diesem Wege allein kann der Nationalgeist positiv erweckt und belebt werden.

5. Zwischen unseren beiden Hauptständen, dem Adel und dem Bürgerstande, herrscht durchaus keine Verbindung. Wer aus dem einen in den andern übergeht, entsagt seinem vorigen Stande ganz. Dieses hat notwendig die Spannung, die stattfindet, erzeugen müssen. Der Adel ist, um den Wert, den man ihm beilegen kann, zu behaupten, zu zahlreich und wird immer zahlreicher. Bei dem Gewerbe, das er bisher allein trieb, und dem Staatsdienste, den er bisher ausschließlich bekleidete, hat zur Erhaltung des Ganzen Konkurrenz gestattet werden müssen. Der Adel wird daher zu Geschäften und Gewerben schreiten müssen, die mit der Auszeichnung, auf die er wegen seiner Geburt Ansprüche macht, im Widerspruche stehen. Er wird dadurch ein Gegenstand des Spottes und verliert, was bald daraus folgt, die Achtung, die ihm schon als Staatsbürger gebührt ...

Diese Ansicht hat mit die Meinung der Notwendigkeit der Reformation des Adels veranlaßt. Durch eine Verbindung des Adels mit den anderen Ständen wird die Nation zu einem Ganzen verkettet, und dabei kann das Andenken an edle Handlungen, welche der Ewigkeit wert sind, in einem höheren Grade erhalten werden. Diese Verbindung wird zugleich

6. die allgemeine Pflicht zur Verteidigung des Vaterlandes lebhaft begründen, und auch diese Allgemeinheit muß notwendig gleichen Eifer für die Regierung in jedem Stande erzeugen. Nur der Bauernstand wird deshalb, weil er durch Erbuntertänigkeit so lange zurückgehalten wurde, einiger positiven Unterstützung zur Erhöhung seines persönlichen Wertes noch bedürfen. Hierzu zähle ich

7. die Aufstellung gesetzlicher Mittel zur Vernichtung der Fronen ...

8. Damit alle diese Einrichtungen ihren Zweck, die innere Entwicklung des Volkes, vollständig erreichen und die Treue und Glauben, Liebe zum Könige und Vaterlande in der Tat gedeihen, so muß der religiöse Sinn des Volkes neu belebt werden. Vorschriften und Anordnungen allein können dieses nicht bewirken. Doch liegt es der Regierung ob, mit Ernst diese wichtige Angelegenheit zu beherzigen ...

9. Am meisten aber hierbei, wie im ganzen, ist von der Erziehung und dem Unterricht der Jugend zu erwarten. Wird durch eine auf die innere Natur des Menschen gegründete Methode jede Geisteskraft von innen heraus entwickelt und jedes edle Lebensprinzip angereizt und genährt, alle einseitige Bildung vermieden, und werden die bisher oft mit seichter Gleichgültigkeit vernachlässigten Triebe, auf denen die Kraft und Würde des Menschen beruht, Liebe zu Gott, König und Vaterland, sorgfältig gepflegt, so können wir hoffen, ein physisch und moralisch kräftiges Geschlecht aufwachsen und eine bessere Zukunft sich eröffnen zu sehen ..."

„Das Los der Waffen wird über Deutschlands Schicksal und über die Verfassung entscheiden, welche es erhalten soll. Das allgemeine Beste Europas erheischt die Auflösung des Rheinbundes, aber man muß sich dann entscheiden, was an die Stelle des gegenwärtigen Zustandes treten soll. .. Die Ruhe Europas erheischt, daß Deutschland so eingerichtet sei, daß es Frankreich widerstehen, seine Unabhängigkeit erhalten, England in seinen Häfen zulassen und der Möglichkeit französischer Einfälle in Rußland zuvorkommen könne. Diesen Zweck kann man erreichen:

1. entweder durch Vereinigung Deutschlands zu einer Monarchie,
2. oder wenn man es nach dem Lauf des Main zwischen Preußen und Österreich teilt,
3. oder indem man in diesen beiden großen Teilen einige Länder, wie z. B. Hannover und andere, unter einem Bündnis mit Preußen und Österreich bestehen läßt. . . .

Statt die deutsche Verfassung des Westfälischen Friedens herzustellen, würde es dem allgemeinen Besten Europas und dem besonderen Deutschlands unendlich angemessener sein, die Monarchie wiederaufzurichten, ein Reich zu bilden, welches alle sittlichen und physischen Bestandteile der Kraft, Freiheit und Aufklärung enthielte und dem unruhigen Ehrgeize Frankreichs widerstehen könnte.“

b) Prager Denkschrift vom August 1813

Freiherr vom Stein, Staatsschriften und politische Briefe, a.a.O., S. 105 ff.

„Deutschland hat eine Richtung genommen zu einer Trennung in zwei größere Teile, in das nördliche und das südliche. In dem ersten besaß Preußen, in dem letzteren Österreich ein Übergewicht in den öffentlichen Angelegenheiten. Verschiedenheit der ursprünglichen Stämme seiner Bewohner, der Sachsen und der Franken, der Sitten, der Religion, der Gemeindeeinrichtungen veranlaßten und beförderten diese Trennung, und sie würde ohne Schwierigkeit in dem gegenwärtigen Augenblick können ausgeführt werden. Ist es möglich, die Einheit der Nation zu erhalten, so hat dies unstreitig einen großen Vorzug in Hinsicht auf Macht und innere Ruhe. In diesam Fall ist es nötig, die Macht des Kaisers oder des Oberhauptes des Staates noch mehr zu verstärken . . .

Die Vernichtung der französischen Organisation und die Auflösung des Rheinbundes sind die ersten Bedingungen der Wiederherstellung der deutschen Freiheit . . .

Mit ihr gehe die Souveränität oder die Despotie der sechsunddreißig Häuptlinge unter und gestalte sich um in eine den Bedürfnissen und Wünschen der Nation angemessene, umgeformte Landeshoheit.

Die Macht des *Kaisers* werde vergrößert, man setze ihn in den Stand, eine Oberherrlichkeit auszuüben, indem man allen denjenigen Mitgliedern des Reiches, so nach dem Reichsdeputationshauptschluß von Anno 1803 unmittelbar waren, diese Eigenschaft wieder beilege, die Länder in die damaligen Grenzen einschränke, denn es waren die großen deutschen Staaten, so sich durch Neutralitätsallianzverträge an Frankreich anschlossen und ihren Pflichten gegen Deutschland entzogen, nicht die kleineren, die fest an der alten Verfassung hielten und von ihrer Erhaltung ihr Heil erwarteten. Die Vergrößerung einzelner Stände, die Aufhebung vieler kleinen waren Mittel, deren Frankreich sich bereits Anno 1806 bediente, um den Einfluß des kaiserlichen Hofes zu vernichten, und diesem Mittel muß um so kräftiger entgegengewirkt werden, als es in der Natur eines Bundes kleiner Staaten liegt, daß seinen Mitgliedern eine immer rege Neigung zur Unabhängigkeit und Vergrößerung beiwohnt, die nur durch ihre Kleinheit und ihr Unvermögen unschädlich gemacht werden kann.

Die Macht der Stände werde ferner geschwächt. Man nehme ihnen das Recht, Krieg und Frieden zu schließen, und übertrage es dem Kaiser und dem Reichstage. Der *Kaiser* erhalte das Recht der exekutiven Gewalt, das heißt die Oberaufsicht über die Reichsgerichte, ihre Visitation, die unmittelbare Leitung der Verhältnisse mit fremden Mächten, der Militärangelegenheiten, der Reichskasse . . .

. . .Erhält Österreich die so verstärkte Kaiserwürde, so wird seine Macht bedeutend vermehrt. Es ist ratsam, sie ihm anzuvertrauen, um sein Interesse an Deutschland zu binden und wegen des langen Besitzes und der Gewohnheit der Völker.

Aber auch *Preußen* darf Deutschland nicht entfremdet werden, und es muß eine hinlängliche Kraft erhalten, um zu dessen Verteidigung mitzuwirken, ohne seine Kräfte zu überspannen und sein politisches Dasein auf das Spiel zu setzen – es muß kräftig und selbständig werden. In Preußen erhält sich der deutsche Geist freier und reiner als in dem mit Slawen und Ungarn gemischten, von Türken und slawischen Nationen umgrenzten Österreich, dessen Entwicklung daher auf jeden Fall erschwert würde, wären ihre Fortschritte auch nicht im 17. und 18. Jahrhundert noch durch Geistesdruck und Intoleranz gestört worden . . .

Preußen bleibt wegen seiner geographischen Lage, des Geistes seiner Bewohner, seiner Regierung, des Grades seiner erworbenen Bildung ein für Europa, besonders für Deutschland wichtiger Staat. Die Notwendigkeit seiner Wiederherstellung ist von Rußland, Österreich und England anerkannt, aber seine Wiederherstellung ist ohne seine innere Verstärkung ohne Wert und ohne wesentlichen Erfolg. Preußen hat seinen politischen Indifferentismus, den es seit dem Baseler Frieden zeigte, teuer gebüßt und seine Ansprüche auf den alten Waffenruhm und eine achtbare Stelle unter den Nationen mit seinem edelsten Blute wieder erkauft. Um Preußen abzurunden und zu verstärken, müßte man ihm Mecklenburg, Holstein, Kursachsen einverleiben – über beide letztern entscheidet das Eroberungsrecht. Die Herzöge von Mecklenburg entschädigt ein verhältnismäßiger Teil des Herzogtums Berg . . . Österreich gelangt zu dem Besitzstand von 1805 und zu der mit Macht und Einfluß versehenen Kaiserwürde über eine Bevölkerung von 10 Millionen Menschen . . . Preußens Bevölkerung beträgt alsdann ungefähr 11 Millionen Menschen, sein Verhältnis gegen Deutschland ist das eines zur Mitsorge für seine Erhaltung verpflichteten Standes und eines ewigen Garants seiner Verfassung und Integrität. Deutschland verbürgt ein gleiches an Preußen, der casus foederis ist ein Angriffskrieg von Auswärtigen.

Österreich verbindet mit der Kaiserwürde die Eigenschaften eines Mitstandes und eines Garants von Deutschland und Preußen.“

55. Friedrich von Gentz (1764–1832): Fragmente (1806)

Friedrich von Gentz, Werke, Wien 1911.

„Vergeßt nie, daß da, wo Ihr Euch befindet, der wahre Mittelpunkt aller Unternehmungen ist, wodurch, früher oder später, Europa von der Knechtschaft erlöset, das Gesetzbuch der Willkür zerrissen, der hochmütige Luftbau vergänglicher Übermacht gestürzt und ein neuer unsterblicher Bund zwischen Freiheit, Ordnung und Friede, für eine glücklichere Nachwelt gegründet werden muß. Nicht England, nicht Rußland vermögen es. Als Bundesgenossen beide erwünscht, als Gegengewichte oder Hilfsmächte unschätzbar; aber das eigentliche Werk der Befreiung muß auf deutschem Boden gedeihen. Von hier muß die Wiederherstellung ausgehen. So wie hier die Zerrüttung entschieden, das Verderben zur Vollendung gebracht war. *Europa ist durch Deutschland gefallen*; *durch Deutschland muß es wieder emporsteigen.* Nicht Frankreichs Energie oder Kunst, nicht die wildkonvulsivische Kraft, die aus dem giftigen Schlunde der Revolution, eine vorüberziehende Wetterwolke, hervorbrach, nicht irgendeines Geschöpfes dieser Revolution, persönliches Übergewicht oder Geschick hat die Welt aus ihren Angeln gehoben, die *selbstverschuldete Wehrlosigkeit* Deutschlands hat es getan. Unser innerer unseliger Zwiespalt, die Zersplitterung unsrer herrlichen

Kräfte, die wechselseitige Eifersucht unserer Fürsten, die wechselseitige Entfremdung ihrer Völker, das Verlöschen jedes echten Gefühls für das gemeinschaftliche Interesse der Nation, die Erschlaffung des vaterländischen Geistes – das sind die Zerstörer unserer Freiheit, das sind unsere tödlichen Feinde und die Feinde Europas gewesen. Wenn wir uns vereinigen, wenn wir unsere Familienfehden vergessen, wenn wir in der Stunde der Gefahr, in der Stunde gemeinschaftlicher Not uns entschließen konnten, Deutsche zu sein, so trotzten wir jeglichem Sturme, so wurde nie eine Fußbreite deutschen Gebietes den übermütigen Fremden zum Raube, so fiel nicht ein einziges Glied, nein, auch nicht das geschiedenste und schwächste von dem wohlgebauten lebensvollen Körper des europäischen Staatensystems ab . . .

Wenn aus diesem Abgrunde der Ohnmacht, worin wir heute unsere Vergehungen büßen, noch irgend etwas uns zu reißen vermag, so ist es immer nur derselbe Entschluß, wodurch wir früher ihm entgangen sein würden. Getrennt wurden wir niedergeworfen; nur vereint können wir uns wieder erheben. Diesen einzigen Rettungsweg zu betreten, ist freilich jetzt viel schwerer noch als sonst; aber soviel ist unumstößlich gewiß: sollen die Staatskräfte Deutschlands je eins werden, so muß zuvor der Nationalwille eins sein. . .

Fragt nie nach dem unmittelbaren Erfolge, noch nach dem Umfange des Guten, das Ihr gewirkt habt, noch nach der Anzahl der ergebenen Gemüter! Es bedarf nicht vieler, um das Größte zustande zu bringen. Bedenkt, daß ein einziges Wort, in einer glückseligen Stunde gesprochen, Nationen vom Tode erwecken, das verloschene heilige Feuer in ganzen Geschlechtern wieder anzünden kann! Es ist unmöglich, daß ein Volk, wie das unsre, so sehr es auch gepeinigt und gekränkt, verlassen und verraten werden mochte, so sehr es auch durch höllische Blendwerke oder durch Niederlagen und Unglück verwirrt eine Zeitlang sich selbst vergessen haben konnte, nicht endlich vom schmählichsten Verfall, von der grausamsten Erniedrigung zurückkomme."

2. Von den Reformen des Freiherrn vom Stein bis zur Paulskirche

Einführung

Das Anliegen der Reformen des Freiherrn vom Stein war die Überwindung der Staatsfremdheit in den inzwischen nach Zahl und wirtschaftlicher Bedeutung entscheidend gewordenen Schichten des Bürgertums und des Bauernstandes. Stein entwickelt die Vorstellung einer Ständegesellschaft, die es in der Geschichte in Wirklichkeit niemals gegeben hatte, wenn man von dem Einfluß des niederen Adels im Hochmittelalter absieht. Politisch bedeutsam waren ja nur die „Reichstagsstände", d.h. die Vertreter des Stadtregiments, der Geistlichkeit und des Hochadels, während die eigentliche politische Macht in den Händen der Kurfürsten lag, die sie nur zeitweise mit einem Kaiser zu teilen hatten, der seine territoriale Stellung in die Wagschale zu werfen verstand. Steins Idee einer ständischen Gliederung war schon im Augenblick ihres Verwirklichungsversuches eine sowohl rückwärts wie vorwärts gewandte Utopie.

Seine reaktionären Gegner sahen freilich in jedem Fortschritt eine Utopie. So äußerte Yorck von Wartenburg: „Der Mann ist zu unserem Unglück in England gewesen und hat von dort seine Staatsweisheit hergeholt; und nun sollen die in Jahrhunderten begründeten Institutionen des auf Seemacht, Handel und Fabrikwesen beruhenden reichen Großbritanniens unserm armen, ackerbautreibenden Preußen angewöhnt werden. Daß die sogen. Sklaverei der Bauern usw. nur philantropisches Geschwätz ist, wissen wir alle. Doch läuft es eigentlich darauf hinaus, daß ein Grundbesitz sein soll wie ein Taler Geld, der durch die Zirkulation sich vervielfältigt... Wie aber wird das schöne Land bei diesem Plusmachersystem verwüstet werden!" (Aus Droysen, Yorck.) Der Gang der preußisch-deutschen Geschichte hat infolge der nach 1815 einsetzenden Reaktion und infolge des Primats der Außenpolitik verhindert, daß die Tragkraft und Anpassungsfähigkeit des Gedankenguts des Freiherrn vom Stein erprobt werden konnte. Unter Hardenberg wurden die viel weitergehenden Reformpläne Steins nicht mehr voll verwirklicht.

Auf die Dauer wirksam war jedoch die von Stein durchgeführte Reform des Regierungssystems. Die altmodische Kabinettsregierung wurde durch eine moderne Ordnung arbeitsfähiger Staatsministerien ersetzt, die fünf Fachministerien (Auswärtiges, Inneres, Krieg, Justiz, Finanz) zu einem einheitlichen Ganzen zusammenfaßte.

Quellen und Darstellungen

56. „Edict den erleichterten Besitz und den freien Gebrauch des Grundeigentums sowie die persönlichen Verhältnisse der Landbewohner betreffend" (9. Oktober 1807)

Freiherr vom Stein, Staatsschriften und politische Briefe, a.a.O., S. 70; ferner Huber, Dokumente zur deutschen Verfassungsgeschichte I, Nr. 7, Stuttgart 1961.

„Wir, Friedrich Wilhelm, von Gottes Gnaden König von Preußen etc. etc.

Tun kund und fügen hiermit zu wissen: Nach eingetretenem Frieden hat uns die Vorsorge für den gesunkenen Wohlstand Unserer getreuen Untertanen, dessen baldigste Wiederherstellung und möglichste Erhöhung vor allem beschäftigt. Wir haben hierbei erwogen, daß es bei der allgemeinen Not die Uns zu Gebot stehenden Mittel übersteige, jedem Einzelnen Hilfe zu verschaffen, ohne den Zweck erfüllen zu können, und daß es eben sowohl den unerläßlichen Forderungen der Gerechtigkeit, als den Grundsätzen einer wohlgeordneten Staatswissenschaft gemäß sei, alles zu entfernen, was den Einzelnen bisher hinderte, den Wohlstand zu erlangen, den er nach dem Maß seiner Kräfte zu erreichen fähig war. Wir haben ferner erwogen, daß die vorhandenen Beschränkungen teils in Besitz und Genuß des Grundeigentums, teils in den persönlichen Verhältnissen des Landarbeiters Unserer wohlwollenden Absicht vorzüglich entgegenwirken und der Wiederherstellung der Kultur eine große Kraft seiner Tätigkeit entziehen, jene, indem sie auf den Wert des Grundeigentums und den Kredit des Grundbesitzers einen höchst schädlichen Einfluß haben, diese, indem sie den Wert der Arbeit verringern. Wir wollen daher beides auf diejenigen Schranken zurückführen, welche das gemeinsame Wohl nötig macht, und verordnen daher folgendes:

§ 1. Jeder Einwohner Unserer Staaten ist, ohne alle Einschränkung in Beziehung auf den Staat, zum eigentümlichen und Pfandbesitz unbeweglicher Grundstücke aller Art berechtigt, der Edelmann also zum Besitz nicht bloß adeliger, sondern auch unadeliger, bürgerlicher und bäuerlicher Güter aller Art, und der Bürger zum Besitz nicht bloß bürgerlicher, bäuerlicher und anderer unadeliger, sondern auch adeliger Grundstücke, ohne daß der eine oder der andere zu irgendeinem Gütererwerb einer besonderen Erlaubnis bedarf, wenngleich, nach wie vor, jede Besitzveränderung den Behörden angezeigt werden muß. Alle Vorzüge, welche bei Gütererbschaften der adelige vor dem bürgerlichen Erben hatte, und die bisher durch den persönlichen Stand des Besitzers begründete Einschränkung und Suspension gewisser gutsherrlichen Rechte fallen gänzlich weg.

In Absicht der Erwerbsfähigkeit solcher Einwohner, welche den ganzen Umfang ihrer Bürgerpflichten zu erfüllen durch Religionsbegriffe verhindert werden, hat es bei den besonderen Gesetzen sein Verbleiben.

§ 2. Jeder Edelmann ist ohne allen Nachteil seines Standes befugt, bürgerliche Gewerbe zu treiben; und jeder Bürger oder Bauer ist berechtigt, aus dem Bauern- in den Bürger- und aus dem Bürger- in den Bauernstand zu treten.

§ 6. Wenn ein Gutsbesitzer meint, die auf einem Gute vorhandenen einzelnen Bauernhöfe oder ländlichen Besitzungen, welche nicht erblich, erbpacht- oder erbzinsweise ausgetan sind, nicht wieder herstellen oder erhalten zu können, so ist er verpflichtet, sich deshalb bei der Kammer der Provinz zu melden, mit deren Zustimmung die Zusammenziehung, sowohl mehrerer Höfe in eine bäuerliche Besitzung, als mit Vorwerksgrundstücken, gestattet werden soll, sobald auf dem Gute keine Erbuntertänigkeit mehr stattfindet. Die einzelnen Kammern werden hierüber mit besonderen Instruktionen versehen werden.

§ 7. Werden die Bauernhöfe aber erblich, erbpacht- oder erbzinsweise besessen, so muß, bevor von deren Einziehung oder einer Veränderung in Absicht der dazugehörigen Grundstücke die Rede sein kann, zuerst das Recht des bisherigen Besitzers, sei es durch Veräußerung desselben an die Gutsherrschaft, oder auf einem anderen gesetzlichen Wege, erloschen sein. In diesem Falle treten auch in Absicht solcher Güter die Bestimmungen des § 6 ein.

§ 10. Nach dem Datum dieser Verordnung entsteht fernerhin kein Untertänigkeitsverhältnis, weder durch Geburt, noch durch Heirat, noch durch Übernehmung einer untertänigen Stelle, noch durch Vertrag.

§ 11. Mit der Publikation der gegenwärtigen Verordnung hört das bisherige Untertänigkeitsverhältnis derjenigen Untertanen und ihrer Weiber und Kinder, welche ihre Bauerngüter erblich oder eigentümlich oder erbzinsweise oder erbpächtlich besitzen, wechselseitig gänzlich auf.

§ 12. Mit dem Martini-Tage Ein tausend Acht hundert und Zehn hört alle Gutsuntertänigkeit in Unseren sämtlichen Staaten auf. Nach dem Martini-Tage 1810 gibt es nur freie Leute so wie solches auf den Domänen in allen Unseren Provinzen schon der Fall ist bei denen aber, wie sich von selbst versteht, alle Verbindlichkeiten, die ihnen als freien Leuten vermöge des Besitzers eines Grundstückes, oder vermöge eines besonderen Vertrages obliegen, in Kraft bleiben."

57. Aus Steins „Städteordnung" 1808

Freiherr vom Stein, Staatsschriften und politische Briefe, a.a.O., S. 82.

„§ 70. In kleinen Städten werden 24 bis 36, in mittleren 36 bis 60 und großen 60 bis 102 geeigenschaftete Mitglieder der Stadtgemeine (zu Stadtverordneten) erwählt.

§ 72. Die Wahl der Stadtverordneten wird in verschiedenen Bezirken der Stadt bewirkt. Die Zahl der im ganzen zu wählenden Subjekte muß daher auf die Wahlbezirke nach Verhältnis der darin vorhandenen stimmfähigen Bürger verteilt werden.

§ 73. Die Wahl der Stadtverordneten nach Ordnungen, Zünften und Korporationen in den Bürgerschaften wird dagegen hierdurch völlig aufgehoben. Es nehmen an der Wahl alle stimmfähigen Bürger Anteil, und es wirkt jeder lediglich als Mitglied der Stadtgemeine ohne alle Beziehung auf Zünfte, Stand, Korporation und Sekte.

§ 108. Die Stadtverordneten erhalten durch ihre Wahl die unbeschränkte Vollmacht, in allen Angelegenheiten des Gemeinwesens der Stadt die Bürgergemeine zu vertreten, sämtliche Gemeineangelegenheiten für sie zu besorgen und in betreff des gemeinschaftlichen Vermögens, der Rechte und der Verbindlichkeiten der Stadt und der Bürgerschaft namens derselben verbindende Erklärungen abzugeben.

§ 110. Die Stadtverordneten sind berechtigt, alle diese Angelegenheiten ohne Rücksprache mit der Gemeine abzumachen. Sie bedürfen dazu weder einer besonderen Instruktion oder Vollmacht der Bürgschaft, noch sind sie verpflichtet, derselben über ihre Beschlüsse Rechenschaft zu geben. Das Gesetz und ihre Wahl sind ihre Vollmacht, ihre Überzeugung und ihre Ansicht vom gemeinen Besten der Stadt ihre Instruktion, ihr Gewissen aber die Behörde, der sie deshalb Rechenschaft zu geben haben. Sie sind im vollsten Sinne Vertreter der ganzen Bürgerschaft, mithin so wenig Vertreter des einzelnen Bezirks, der sie gewählt hat, noch einer Korporation, Zunft usw., der sie zufällig gehören."

58. Urkunde über die Gründung der „Heiligen Allianz" 1815

Hist.-Krit. Ausgabe in „Europapolitik zu Beginn des 19. Jh.", hrsg. von W. Näf, S. 5 ff., Bern 1953.

„Im Namen der Allerheiligsten und Unteilbaren Dreieinigkeit, Ihre Majestät der Kaiser von Österreich, der König von Preußen und der Kaiser von Rußland haben infolge der großen Ereignisse, die in Europa den Lauf der letzten drei Jahre gekennzeichnet haben, und insbesondere infolge der Wohltaten, welche die göttliche Vorsehung den Staaten erwiesen hat, deren Regierungen ihr Vertrauen und ihre Hoffnung allein auf sie setzten, die innige Überzeugung von der Notwendigkeit gewonnen, in ihren gegenseitigen Beziehungen den Verkehr auf die erhabenen Wahrheiten zu gründen, welche uns die unvergängliche Religion des göttlichen Heilandes lehrt. Sie erklären, daß der gegenwärtige Akt nur den Zweck hat, vor aller Welt ihren unerschütterlichen Entschluß zu bekunden, zur Richtschnur ihres Verhaltens im Innern ihrer Staaten wie in den politischen Beziehungen zu jeder anderen Regierung nur die Gebote dieser heiligen Religion zu nehmen, Vorschriften der *Gerechtigkeit*, *Liebe* und *Friedseligkeit*, welche, weit entfernt, nur für das Privatleben bestimmt zu sein, im Gegenteil besonders die Entschlüsse der Fürsten beeinflussen und alle ihre Schritte lenken sollen, als das einzige Mittel zur Befestigung der menschlichen Einrichtungen und zur Heilung ihrer Unvollkommenheiten. Infolgedessen haben Ihre Majestäten folgende Artikel vereinbart:

Artikel 1. Entsprechend den Worten der Heiligen Schrift, welche alle Menschen heißt, sich als Brüder zu betrachten, werden die drei Monarchen vereinigt bleiben durch die Bande einer wahren und unauflöslichen *Brüderlichkeit*, indem sie sich als *Landsleute* ansehen und sich bei jeder Gelegenheit und an jedem Orte Hilfe und Beistand leisten; indem sie sich ihren Untertanen und Heeren gegenüber als Familienväter betrachten, werden sie sie in dem gleichen Geiste der Brüderlichkeit lenken, von dem sie erfüllt sind, um *Religion*, *Frieden* und *Gerechtigkeit* zu schützen.

Artikel 2. Infolgedessen wird als einziger Grundsatz, sei es zwischen den genannten Regierungen, sei es zwischen ihren Untertanen, gelten, daß sie sich gegenseitige Dienste erweisen, durch ein unveränderliches Wohlwollen sich die gegenseitige Zuneigung bezeugen, von der sie beseelt sein sollen, und sich insgesamt nur als *Glieder ein und derselben christlichen Nation* betrachten, während die drei verbündeten Fürsten sich selbst nur als Beauftragte der Vorsehung ansehen, um *drei Zweige ein und derselben*

Familie zu regieren, nämlich Österreich, Preußen und Rußland, und dadurch zu bekennen, daß die christliche Nation, zu der sie und ihre Völker gehören, in Wahrheit keinen anderen Herrn hat als den, dem allein die Macht gehört, weil in ihm allein alle Schätze der Liebe, des Wissens und der unendlichen Weisheit liegen, das heißt Gott, unseren göttlichen Erlöser Jesus Christus, das Wort des Allerhöchsten, das Wort des Lebens. Ihre Majestäten empfehlen daher ihren Völkern mit der zartesten Sorge als das einzige Mittel, dieses Friedens teilhaftig zu werden, welcher aus dem guten Gewissen entspringt und allein von Dauer ist, sich täglich mehr zu befestigen in den Grundsätzen und der Erfüllung der Pflichten, welche der göttliche Heiland die Menschen gelehrt hat.

Artikel 3. *Alle Mächte*, welche sich feierlich zu den heiligen Grundsätzen bekennen werden, die den gegenwärtigen Vertrag veranlaßt haben, und anerkennen werden, wie wichtig es für das Glück der zu lange erschütterten Nationen ist, daß diese Wahrheiten fortan ihren ganzen gebührenden Einfluß auf die menschlichen Geschicke ausüben, werden *bereitwilligst* und *wohlwollend in diese Heilige Allianz aufgenommen werden.*"

59. Aus der Deutschen Bundesakte, 1815

Huber, a.a.O., Nr. 29.

„Artikel 1. Die souveränen Fürsten und Freien Städte Deutschlands mit Einschluß Ihrer Majestäten des Kaisers von Österreich und der Könige von Preußen, von Dänemark und der Niederlande, und zwar der Kaiser von Österreich und der König von Preußen beide für ihre gesamten vormals zum Deutschen Reich gehörigen Besitzungen, der König von Dänemark für Holstein, der König der Niederlande für das Großherzogtum Luxemburg, vereinigen sich zu einem beständigen Bunde, welcher der Deutsche Bund heißen soll.

Artikel 2. Der Zweck desselben ist: Erhaltung der äußeren und inneren Sicherheit Deutschlands und der Unabhängigkeit und Unverletzbarkeit der einzelnen deutschen Staaten.

Artikel 4. Die Angelegenheiten des Bundes werden durch eine Bundesversammlung besorgt, in welcher alle Glieder desselben durch ihre Bevollmächtigten teils einzelne, teils Gesamtstimmen führen.

Artikel 5. Österreich hat bei der Bundesversammlung den Vorsitz.

Artikel 6. Wo es auf Abfassung und Abänderung von Grundgesetzen des Bundes, auf Beschlüsse, welche die Bundesakte selbst betreffen, auf organische Bundeseinrichtungen und auf gemeinnützige Anordnungen sonstiger Art ankommt, bildet sich die Versammlung zu einem Plenum, wobei jedoch mit Rücksicht auf die Verschiedenheit der Größe der einzelnen Bundesstaaten folgende Berechnung und Verteilung der Stimmen verabredet ist: Österreich erhält 4 Stimmen, Preußen 4, Sachsen 4, Bayern 4, Hannover 4, Württemberg 4, Baden 3, Kurhessen 3, Großherzogtum Hessen 3, Holstein 3, Luxemburg 3, Braunschweig 2, Mecklenburg-Schwerin 2, Nassau 2, Sachsen-Weimar 1, Sachsen-Gotha 1, Sachsen-Koburg 1, Sachsen Meiningen 1, Sachsen-Hildburghausen 1, Mecklenburg-Strelitz 1, Holstein-Oldenburg 1, Anhalt-Dessau 1, Anhalt-Bernburg 1, Anhalt-Cöthen 1, Schwarzburg-Sondershausen 1, Schwarzburg-Rudolstadt 1, Hohenzollern-Hechingen 1, Lichtenstein 1, Hohenzollern-Sigmaringen 1, Waldeck 1, Reuß ältere Linie 1, Reuß jüngere Linie 1, Schaumburg-Lippe 1, Lippe 1, Lübeck 1, Frankfurt 1, Bremen 1, Hamburg 1 Stimme. Zusammen 69 Stimmen.

Artikel 9. Die Bundesversammlung hat ihren Sitz zu Frankfurt a.M.

Artikel 11. Alle Mitglieder des Bundes versprechen, sowohl ganz Deutschland als jeden einzelnen Bundesstaat gegen jeden Angriff in Schutz zu nehmen, und garantieren sich gegenseitig ihre sämtlichen unter dem Bunde begriffenen Besitzungen. Bei einmal erklärtem Bundeskrieg darf kein Mitglied einseitige Unterhandlungen mit dem Feinde eingehen noch einseitig Waffenstillstand oder Frieden schließen. Die Bundesmitglieder behalten zwar das Recht der Bündnisse aller Art, verpflichten sich jedoch, in keine Verbindungen einzugehen, welche gegen die Sicherheit des Bundes oder einzelner Bundesstaaten gerichtet wären. Die Bundesmitglieder machen sich ebenfalls verbindlich, einander unter keinerlei Vorwand zu bekriegen noch ihre Streitigkeiten mit Gewalt zu verfolgen, sondern sie bei der Bundesversammlung anzubringen.

Artikel 13. In allen Bundesstaaten wird eine landesständische Verfassung stattfinden."

Der Artikel 13 der Bundesakte wurde in der Wiener Schlußakte vom 15. Mai 1820 folgendermaßen ausgelegt:

„Artikel 57. Da der Deutsche Bund, mit Ausnahme der Freien Städte, aus souveränen Fürsten besteht, so muß, dem hierdurch gegebenen Grundbegriffe zufolge, die gesamte Staatsgewalt in dem Oberhaupt des Staates vereinigt bleiben, und der Souverän kann durch eine ständische Verfassung nur in der Ausübung bestimmter Rechte an die Mitwirkung der Stände gebunden werden.

Artikel 59. Wo die Öffentlichkeit landständischer Verhandlungen durch die Verfassung gestattet ist, muß durch die Geschäftsordnung dafür gesorgt werden, daß die gesetzlichen Grenzen der freien Äußerung weder bei den Verhandlungen selbst noch bei deren Bekanntmachung durch den Druck auf eine die Ruhe des einzelnen Bundesstaates oder des gesamten Deutschlands gefährdende Weise überschritten werden."

60. Carl Ludwig von Haller: Restauration der Staatswissenschaften

Org. Ausgabe 1816, Bd. I, S. 495ff., ferner Mommsen, Deutsche Programme, ^{2}1964, S. 26ff.

„Resultate. . ., welche das sogenannte spekulative pseudophilosophische Staatssystem vollends vernichten und zugleich die Grundregeln des entgegengesetzten wahrhaft natürlichen Staatenrechts in sich fassen. . .:

1. Die Fürsten (sie seien Individuen oder Korporationen) herrschen nicht aus anvertrauten, sondern aus eigenen Rechten (nicht jure delegato, sondern jure proprio). Es ist ihnen keine Gewalt von dem Volk übertragen worden, welche es mithin nach bloßer Willkür zurückfordern oder in andere Hände legen könnte: sondern sie besitzen diese Macht und die damit verbundene höhere Freiheit durch sich selbst, entweder von der Natur, wie alle Angeborene, oder durch rechtmäßig Anwendung eigner Kraft (die Frucht des Angeborenen) oder endlich durch Wohltaten und Privatverträge, wie alles Erworbene.

2. Sie sind also nicht von dem Volk gesetzt oder geschaffen, sondern sie haben im Gegenteil dieses Volk (die Summe aller ihrer Untergebenen) nach und nach um sich her versammelt, in ihren Dienst aufgenommen, sie sind die Stifter und Väter dieses wechselseitigen Verbandes. Das Volk ist ursprünglich nicht vor dem Fürsten, sondern im Gegenteil der Fürst vor dem Volk, gleich wie der Vater vor seinen Kindern, der Herr vor den Dienern, überall der Obere vor den Untergebenen, die Wurzel und der Stamm vor den Ästen, Zweigen und Blättern existiert.

3. Die Fürsten sind nicht Administratoren eines gemeinen Wesens, denn in einem herrschaftlichen oder Dienstverhältnis ist keine Kommunität, folglich kein gemeines Wesen; nicht die ersten Diener des Staats, denn außer ihnen ist der Staat nichts, ihre Selbständigkeit allein macht das gesellige Verband zum sogenannten Staate aus; nicht die obersten Beamten des Volks, wodurch die Diener zu Herren und der Herr zum Diener gemacht würde, nicht bloß Oberhaupt des Staats, wie etwa der Meier in einer Gemeinde: alle diese neueren verkehrten Ausdrücke sind im Grunde synonym, fließen aus dem nämlichen revolutionären Geist, setzen das nämliche falsche Prinzip des bürgerlichen Kontrakts, der Volkssouveränität und delegierter Volksgewalt, voraus: sondern die Fürsten sind selbständige Personen, unabhängige Herren, die gleich anderen Herren wesentlich und nach den Regeln der Gerechtigkeit nicht fremde, sondern nur ihre eigne Sache regieren. Alle ihre Befugnisse müssen aus ihren eignen Rechten erklärt und hergeleitet werden können, das heißt aus allgemeinen Menschenrechten, die ihnen so gut als den übrigen Sterblichen zukommen, und aus erworbenen Privatrechten, mit anderen Worten aus Freiheit und Eigentum; wir werden auch sehen, daß diese Quellen vollkommen hinreichen, daß gar keine anderen zu Hilfe genommen werden müssen.

4. Die Befugnis und die Ausübung jenes Regierens ist daher in ihren Händen ein Recht und nicht eine Pflicht. Denn jeder Mensch ist befugt, über eigne Sache zu herrschen, rechtmäßige Freiheit nach möglichsten Kräften auszuüben, anderen Menschen zu nützen und die Hilfe zu leisten, mithin die Unabhängigen so gut als die, welche noch einen Oberen über sich haben. Nur die Art der Regierung ist eine Pflicht, darin nämlich, daß sie nicht fremde Rechte beleidige, sondern vielmehr fördere und begünstige. In diesem Sinn wird die fürstliche Gewalt mit Recht als ein von Gott erhaltenes Amt betrachtet, gleich wie die Kräfte und Talente der Privatpersonen auch ein von ihm anvertrautes Pfund genannt werden, das man zur Handhabung und Ausübung seiner Gesetze der Gerechtigkeit und des Wohlwollens gebrauchen soll. Und eben deswegen, weil ein Fürst im Grund nur eigne Sache verwaltet, so ist auch bei den unteren Beamten, die er zu seiner Erleichterung bestellt, der ihnen eingeräumte Anteil an der Regierung, gleichwie bei anderen Dienern, eine Pflicht gegen ihren Herrn, nicht gegen das Volk, göttliche Gesetze (frühere und höhere Pflichten) immer vorbehalten, als denen die besonderen menschlichen stets subordiniert sind.

5. Gleichwie die Fürsten nicht von dem Volk geschaffen sind: so sind sie auch nicht allein für das Volk geschaffen, sondern vor allem aus und wesentlich für sich selbst wie jeder andere Mensch. Ebenso sind auch die Untertanen nicht allein für den Fürsten und seinen Nutzen vorhanden, sonst wären sie Sklaven, und in ein solches Verband würde sich niemand freiwillig begeben. Die Verbindlichkeiten sind wechselseitig, im Dienste sucht jeder seinen Vorteil und hat daher die demselben entsprechenden Pflichten zu erfüllen. In rechtlicher Rücksicht, nach dem Gesetze des bloßen Rechts ist jeder für sich selbst vorhanden, sein eigner Zweck; in moralischer aber, nach dem Gesetz der Liebe und dem Austausch wechselseitiger Wohltaten ist jeder für den anderen gemacht, der Herr für den Diener, die Diener für den Herrn, der Starke für den Schwachen und der Schwache hinwieder für den Starken.

6. Ein Fürstentum, sei es auch so groß, daß man es eine Monarchie nennt, ist kein gemeines Wesen, sondern seinem wesentlichen Charakter nach eine Privatexistenz, ein herrschaftliches und Dienstverband, ein Hauswesen (magna familia). Es kann in keiner Rücksicht eine Republik genannt noch mit solcher verglichen werden... Mag man auch annehmen, daß Fürsten und Untertanen gewissermaßen zusammen ein Ganzes ausmachen, daß sie, wenn nicht in allen, doch in vielen Rücksichten z.B.

gegen äußere Feinde oft ein gemeinschaftliches Interesse haben, daß das Wohl des einen mit dem Wohl der anderen mannigfaltig verflochten sei: so ist die Benennung Republik oder Gemeinwesen für ein Fürstentum allemal falsch, unpassend und gibt zu höchst unrichtigen Argumentationen und Konsequenzen Anlaß, ja es sind aus dieser Verwechslung allein alle übrigen Irrtümer in der Wissenschaft entstanden. Der Ausdruck Gemeinwesen (civitas) ist nur bei einer Gesellschaft im engeren Sinn, einer Korporation oder Genossenschaft, passend, wo der Besitzstand gemeinschaftlich ist und gegen die gleichen Beschwerden auch die gleichen Vorteile Platz haben."

61. Friedr. J. Stahl: Die Philosophie des Rechts, Bd. II, „Rechts- und Staatslehre" (Auszug)

Originalausgabe, Berlin 1846, Neudruck Wiss. Buchgesellsch., Darmstadt 1963, ferner Mommsen, a.a.O., S. 32ff.

„Wenn der Staat zunächst als ein sittlich-intellektuelles Reich der menschlichen Gemeinschaft sich darstellt, so ist er doch, tiefer betrachtet, ein göttliches Reich, eine göttliche Institution. Es ruht vor allem das Ansehen des Staates auf Gottes Ansehen. Seine Verfassung und seine Obrigkeiten, Fürst oder Volksversammlung, haben ihre Gewalt von Gott, durch Gottes Ordnung. Dies und nur dies ist der letzte Titel für dasselbe. Sie sind von Gottes Gnaden.

Der Staat ist aber auch seinem Inhalte nach ein göttliches Reich. Es ist Gottes Gebot für das Gemeinleben – Gerechtigkeit, Zucht, Sitte –, das er handhabt, es ist Gottes Herrschaft, die er vertritt. Gott allein ist Haupt und Herrscher des sittlichen Reiches. Nun gehört es eben zur Verwirklichung dieses Reiches auf Erden, daß die menschliche Gemeinschaft selbst unter Gott die Herrschaft über ihre Zustände führe, damit die Vollendung derselben zugleich das Erzeugnis ihrer Tat sei, und sie wird dadurch ein neues drittes Subjekt zwischen Gott und den einzelnen Menschen mit einer selbständigen Gewalt über diese. Aber nichtsdestoweniger bleibt es immer allein Gott, dessen Herrschaft und Reich durch sie für den irdischen Zustand aufgerichtet werden soll. Die Gewalt des Staates ist darum von Gott nicht bloß in dem allgemeinen Sinn, wie alle Rechte von Gott sind, Eigentum, Ehe, väterliche Gewalt, sondern in dem ganz spezifischen Sinne, daß es das Werk Gottes ist, das er versieht. Er herrscht nicht bloß kraft Gottes Ermächtigung, wie auch der Vater über seine Kinder, sondern er herrscht in Gottes Namen. Es ist nicht ein eignes Recht, ein eigner Besitz, sondern eine göttliche Mission. Die Gewalt über Leben und Freiheit der Menschen und zu dem Zwecke, eine höhere sittliche Ordnung herzustellen, kann nie das eigne Recht eines Menschen über den andren sein, gleichwie das Recht eines Ehegatten über den andren, des Vaters über die Kinder, daher auch nicht das Recht des Volkes über den einzelnen, sondern nur an Gottes Statt geübtes Recht. Darum ist auch der Staat mit der Majestät umkleidet; denn die Majestät ist die spezifische Attribution Gottes als der absoluten realen und sittlichen Macht und des Rächers des Gesetzes.

Hierin liegt in seinem letzten Grunde jener gegnerische Unterschied der öffentlichen Gewalt (imperium) von aller Privatgewalt, sei diese Gesellschaftsgewalt oder häusliche Gewalt (potestas). Hierin liegt in seinem letzten Grunde jener durch und durch öffentliche Charakter des Staates; nur um deswillen, weil der Staat zum Dienste eines Höheren, zum Dienste Gottes vorhanden ist, muß in ihm alles Persönliche, Private, bloß Menschliche sich unterordnen und das Anstaltliche, das eigentlich Organische hervortreten, nur um deswillen stehen Obrigkeit und Volk gemeinsam unter einer höhren Notwendigkeit, auf die ihre Befugnisse und ihre Wirksamkeit bezogen sind. Hierin liegt in seinem letzten Grunde jener gedoppelte Zweck des Staats, die

Vollendung des Gemeinlebens und das Wohl und das Recht der Individuen, denn als ein Reich Gottes dient er ebensosehr zur Verherrlichung Gottes und zur Offenbarung der göttlichen Ideen in einer beherrschten Welt, als zu Schutz und Wohlfahrt der Menschen, ähnlich wie die Naturschöpfung, ähnlich wie das ewige Reich Gottes selbst, nur jedes in seiner Weise.

Der Staat ist eine allen Menschen ohne Unterschied ihrer Religion gemeinsame Institution. Er ist allen gleich notwendig, umfaßt für alle im wesentlichen die gleichen Lebensverhältnisse und heischt von allen die gleiche Unterwerfung. Insofern kann es unzulässig erscheinen, dem Staate einen christlichen Charakter beizulegen. Allein da der Staat doch ein sittliches Gemeinwesen ist, auf sittlicher Gesinnung ruht und sittliche Ideen realisiert, die sittliche Lebenswürdigung aber in untrennbarem Zusammenhang mit der religiösen steht, so muß der Staat eines christlichen Volkes sich wesentlich unterscheiden von jedem andern, sowohl nach der Gesinnung, auf der er ruht, als nach den Ideen, die er realisiert, und dies ist es, was wir den christlichen Staat nennen. Sein Begriff ist also nicht sowohl, daß er die christliche Religion zum Zweck hat, denn diese ist jedenfalls nur einer seiner Zwecke, sondern vielmehr, daß er die christliche Religion zum Maßstab des Urteils hat, nach welchem er seine anderweiten Ziele anstrebt, seine anderweiten Lebensverhältnisse ordnet. Die Leugnung des christlichen Staates beruht denn auch darauf, daß man entweder den Staat als bloßen Schutz des Mein und Dein von der Sitte, oder daß man die Sitte von der Religion löst."

62. Hauptpunkte der „Karlsbader Beschlüsse", 20. September 1819

(vgl. auch Huber, a.a.O., Nr. 31–35).

„§ 1. Es soll bei jeder Universität ein mit zweckmäßigen Instruktionen und ausgedehnten Befugnissen versehener, am Orte der Universität residierender, außerordentlicher landesherrlicher Bevollmächtigter entweder in der Person des bisherigen Kurators oder eines anderen von der Regierung dazu tüchtig befundenen Mannes angestellt werden. Das Amt dieses Bevollmächtigten soll sein, über die strengste Vollziehung der bestehenden Gesetze und Disziplinarvorschriften zu wachen, den Geist, in welchem die akademischen Lehrer bei ihren öffentlichen und *Privatvorträgen* verfahren, sorgfältig zu beobachten und demselben, jedoch ohne unmittelbare Einmischung in das Wissenschaftliche und die Lehrmethoden, eine heilsame, auf die künftige Bestimmung der studierenden Jugend berechnete Richtung zu geben, endlich allem, was zur Beförderung der Sittlichkeit, der guten Ordnung und des äußeren Anstandes unter den Studierenden dienen kann, seine unausgesetzte Aufmerksamkeit zu widmen.

§ 2. Die Bundesregierungen verpflichten sich gegeneinander, Universitäts- und andere öffentliche Lehrer, die durch erweisliche Abweichung von ihrer Pflicht oder Überschreitung der Grenzen ihres Berufes, durch Mißbrauch ihres rechtmäßigen Einflusses auf die Gemüter der Jugend, durch Verbreitung verderblicher, der öffentlichen Ordnung und Ruhe feindseliger oder die Grundlagen der bestehenden Staatseinrichtungen untergrabender Lehren ihre Unfähigkeit zur Verwaltung des ihnen anvertrauten wichtigen Amtes unverkennbar an den Tag gelegt haben, von den Universitäten und sonstigen Lehranstalten zu entfernen. Ein auf solche Weise ausgeschlossener Lehrer darf in keinem anderen Bundesstaate bei irgendeinem öffentlichen Lehrinstitut wieder angestellt werden.

§ 3. Die seit langer Zeit bestehenden Gesetze gegen geheime oder nicht autorisierte Verbindungen auf den Universitäten sollen in ihrer ganzen Kraft und Strenge aufrechterhalten und insbesondere auf den seit einigen Jahren gestifteten, unter dem

Namen der Allgemeinen Burschenschaft bekannten Verein um so bestimmter ausgedehnt werden, als diesem Verein die schlechterdings unzulässige Voraussetzung einer fortdauernden Gemeinschaft und Korrespondenz zwischen den verschiedenen Universitäten zugrunde liegt. Die Regierungen vereinigen sich darüber, daß Individuen, die nach Bekanntmachung des gegenwärtigen Beschlusses erweislich in geheimen oder nicht autorisierten Verbindungen geblieben oder in solche getreten sind, bei keinem öffentlichen Amt zugelassen werden sollen.

§ 4. Kein Studierender, der durch einen von dem Regierungsbevollmächtigten bestätigten oder auf dessen Antrag erfolgten Beschluß eines akademischen Senates von der Universität verwiesen worden ist, soll auf einer anderen Universıtat zugelassen werden.

Pressegesetz

§ 1. Solange als der gegenwärtige Beschluß in Kraft bleiben wird, dürfen Schriften, die in der Form täglicher Blätter oder heftweise erscheinen, desgleichen solche, die nicht über 20 Bogen im Druck stark sind, in keinem deutschen Bundesstaate ohne Vorwissen und vorgängige Genehmhaltung der Landesbehörden zum Druck befördert werden.

Zentraluntersuchungs-Kommission zu Mainz

Ihre Aufgabe ist: Gemeinschaftliche, möglichst gründliche und umfassende Untersuchung und Feststellung des Tatbestandes, des Ursprungs und der mehrfachen Verzweigungen der gegen die bestehende Verfassung und innere Ruhe sowohl des ganzen Landes als einzelner Bundesstaaten gerichteten revolutionären Umtriebe und demagogischen Verbindungen."

63. Metternich an den badischen Gesandten am österreichischen Hof über die deutsche Politik, 4. Mai 1820

Fürst Felix Metternich, Diplomat. Schriften und Briefe (Werke), Wien 1911, Bd. I, S. 84f.

Die Zeit rückt unter Stürmen vorwärts: ihren Ungestüm aufhalten zu wollen, würde vergebliches Bemühen sein. Festigkeit, Mäßigung und endlich Vereinigung in wohlberechneten Kräften, dies allein bleibt der Macht der Beschützer und den Freunden der Ordnung übrig.

Das Ziel ist leicht zu bestimmen; in unseren Zeiten ist es nichts mehr und nichts weniger als die Aufrechterhaltung dessen, was vorhanden ist. Dieses zu erreichen, ist das einzige Erhaltungsmittel; es ist vielleicht sogar das geeignetste, das bereits Verlorene wiederzuerlangen. Dazu müssen sich daher die Anstrengungen eines jeden vereinigen sowie die Maßregeln aller derjenigen, die ein und denselben Grundsatz, ein und dasselbe Interesse miteinander verbinden. Die Brennstoffe, welche seit langer Zeit vorbereitet waren, haben sich in der Epoche von 1817 bis 1820 entflammt. Der falsche Schritt, den das französische Ministerium während dieses Zeitraumes befolgte; die Duldung, welche man in Deutschland diesen gefährlichen Lehren angedeihen ließ; die bewiesene Schwäche, um die Mißbräuche der Presse zu unterdrücken; die Übereilung endlich, womit man den Staaten des südlichen Deutschlands Konstitutionen gab; alle diese Ursachen haben den Parteien, die durch nichts befriedigt werden können, den allerunglücklichsten Mißbrauch nahegelegt.

Nichts beweist mehr die Unmöglichkeit, die Parteien zu befriedigen als die Bemerkung, daß die tätigsten Umtriebe gerade in dem Staate stattgefunden haben, wo man die meiste Nachgiebigkeit gegen ihre vermessenen Wünsche an den Tag gelegt hat.

Das Übel war vor dem Kongreß zu Karlsbad zu einem solchen Grade gediehen, daß es nur einer unbedeutenden politischen Verwicklung bedurft hätte, um die gesellschaftliche Ordnung völlig umzustürzen. Die Weisheit des Systems, welches die großen Mächte annahmen, hat uns vor dieser Gefahr geschützt, die selbst noch im gegenwärtigen Augenblick tödlich sein könnte.

Um also auf eine glücklichere Zukunft hinzuarbeiten, muß man wenigstens der Gegenwart gewiß sein; die Erhaltung dessen, was besteht, muß folglich die erste und wichtigste aller Sorgen sein. Darunter verstehen wir nicht nur die alte Ordnung der Dinge, soweit sie in einigen Ländern seit jeher geschont blieb, sondern auch alle neuen gesetzlich geschaffenen Institutionen. Die Wichtigkeit, dies fest und ausdauernd zu erhalten, erhellt aus den Angriffen, die man mit einer vielleicht noch größeren Erbitterung gegen sie als gegen die alten Institutionen richtete. In den gegenwärtigen Zeiten ist der Übergang vom Alten zum Neuen mit ebensoviel Gefahr verbunden als die Rückkehr vom Neuen zu dem, was nicht mehr vorhanden ist. Beides kann gleichmäßig den Ausbruch von Unruhen herbeiführen, was um jeden Preis zu vermeiden wesentlich ist.

Auf keine Weise von der bestehenden Ordnung, welchen Ursprunges sie auch sei, abzuweichen, Veränderungen, wenn sie durchaus nötig scheinen, nur mit völliger Freiheit und nach reiflich überlegtem Entschluß vorzunehmen; dies ist die erste Pflicht einer Regierung, die dem Unglück des Jahrhunderts widerstehen will. Ein solcher Entschluß, wie gerecht und natürlich er auch sein möge, wird allerdings hartnäckige Kämpfe verursachen: allein der Vorteil, auf eine bekannte und anerkannte Grundlage gebaut zu haben, ist augenscheinlich, weil von diesem Stützpunkt aus es leicht sein wird, die notwendig unsichere Bewegung des Feindes nach allen Richtungen hin aufzusuchen und zu vereiteln.

Zwei große Rettungsmittel sind gegenwärtig jeder Regierung zugesichert, die, im Gefühl ihrer Würde und Pflicht, nicht entschlossen ist, sich selbst zugrunde zu richten. Das eine dieser Mittel beruht auf der befriedigenden Überzeugung, daß unter den europäischen Mächten durchaus kein Mißverständnis obwalte und daß man nach den unveränderlichen Grundsätzen der Monarchie auch keines voraussehen könne. Diese über jeden Zweifel erhabene Tatsache befestigt und verbürgt unsere Lage und unsere Kraft. Das andere Mittel ist die im Laufe der letzten neun Monate gebildete Vereinigung, eine Vereinigung, die mit Gottes Hilfe durch Festigkeit und Treue unauflösbar werden wird.

64. Ludwig Börne über die Pressezensur, 1826

Teubners Quellensammlung, Heft „Vormärz", Leipzig 1927, S. 56.

„Wer von uns den Jüngsten Tag erlebt, wird viel zu lachen bekommen. Was Gott unter zwanzig Bogen spricht, wird zensiert werden, und wenn die Welt brennt und das Fett schmilzt von den Ständern herab, wird die Polizei bekanntmachen: ‚Unruhestifter haben das Gerücht verbreitet, es sei heiß in der Welt; aber das ist eine hämische Lüge, das Wetter war nie kühler und schöner gewesen. Man warnt jedermann vor unvorsichtigen Reden und müßigem Umherschweifen auf der Straße. Eltern sollen ihre Kinder, Lehrer ihre Schüler, Meister ihre Gesellen im Hause behalten. Man bleibe ruhig. Ruhe ist die erste Bürgerpflicht.' Und dann wird die Welt untergehen und ruhig werden, und dann wird die Welt deutsch sein."

65. Aus der Reichsverfassung der Paulskirche, 28. März 1849

Ferd. Siebert, Von Frankfurt nach Bonn, Frankfurt am Main [10]1970, S. 18ff.

Die deutsche verfassunggebende Nationalversammlung hat beschlossen und verkündigt als Reichsverfassung:

Verfassung des Deutschen Reiches

Abschnitt I. Das Reich

Artikel I

§ 1. Das Deutsche Reich besteht aus dem Gebiet des bisherigen Deutschen Bundes. Die Festsetzung der Verhältnisse des Herzogtums Schleswig bleibt vorbehalten.

Abschnitt II. Die Reichsgewalt

Artikel I

§ 6. Die Reichsgewalt ausschließlich übt dem Auslande gegenüber die völkerrechtliche Vertretung Deutschlands und der einzelnen deutschen Staaten aus.

Die Reichsgewalt stellt die Reichsgesandten und die Konsuln an. Sie führt den diplomatischen Verkehr, schließt die Bündnisse und Verträge mit dem Auslande, namentlich auch die Handels- und Schiffahrtsverträge, sowie die Auslieferungsverträge ab. Sie ordnet alle völkerrechtlichen Maßregeln an.

§ 7. Die einzelnen deutschen Regierungen haben nicht das Recht, ständige Gesandte zu empfangen oder solche zu halten.

Auch dürfen dieselben keine besonderen Konsuln halten. Die Konsuln fremder Staaten erhalten ihre Exequatur von der Reichsgewalt.

Die Absendung von Bevollmächtigten an das Reichsoberhaupt ist den einzelnen Regierungen unbenommen.

§ 8. Die einzelnen deutschen Regierungen sind befugt, Verträge mit anderen deutschen Regierungen abzuschließen.

Ihre Befugnis zu Verträgen mit nichtdeutschen Regierungen beschränkt sich auf Gegenstände des Privatrechts, des nachbarlichen Verkehrs und der Polizei.

§ 9. Alle Verträge nicht rein privatrechtlichen Inhalts, welche eine deutsche Regierung mit einer anderen deutschen oder nichtdeutschen abschließt, sind der Reichsgewalt zur Kenntnisnahme und, insofern das Reichsinteresse dabei beteiligt ist, zur Bestätigung vorzulegen.

Artikel III

§ 11. Der Reichsgewalt steht die gesamte bewaffnete Macht Deutschlands zur Verfügung.

Abschnitt III. Das Reichsoberhaupt

Artikel I

§ 68. Die Würde des Reichsoberhauptes wird einem der regierenden deutschen Fürsten übertragen.

§ 69. Diese Würde ist erblich im Hause des Fürsten, dem sie übertragen worden. Sie vererbt im Mannesstamme nach dem Rechte der Erstgeburt.

§ 70. Das Reichsoberhaupt führt den Titel: Kaiser der Deutschen.

§ 71. Die Residenz des Kaisers ist am Sitz der Reichsregierung. Wenigstens während der Dauer des Reichstages wird der Kaiser dort bleibend residieren.

Sooft sich der Kaiser nicht am Sitze der Reichsregierung befinde, muß einer der Reichsminister in seiner unmittelbaren Umgebung sein.

Die Bestimmungen über den Sitz der Reichsregierung bleiben einem Reichsgesetz vorbehalten.

§ 72. Der Kaiser bezieht eine Zivilliste, welche der Reichstag festsetzt.

Abschnitt IV. Der Reichstag

Artikel I

§ 85. Der Reichstag besteht aus zwei Häusern, dem Staatenhaus und dem Volkshaus.

Artikel II

§ 86. Das Staatenhaus wird gebildet aus den Vertretern der deutschen Staaten.

Abschnitt VI. Die Grundrechte des deutschen Volkes

§ 130. Dem deutschen Volke sollen die nachstehenden Grundrechte gewährleistet sein. Sie sollen den Verfassungen der deutschen Einzelstaaten zur Norm dienen, und keine Verfassung oder Gesetzgebung eines deutschen Einzelstaates soll dieselben je aufheben oder beschränken können.

§ 132. Jeder Deutsche hat das deutsche Reichsbürgerrecht. Die ihm kraft dessen zustehenden Rechte kann er in jedem deutschen Lande ausüben.

§ 134. Kein deutscher Staat darf seinen Angehörigen und anderen Deutschen einen Unterschied im bürgerlichen, politischen und Prozeßrecht machen, welcher die letzteren als Ausländer zurücksetzt.

§ 137. Vor dem Gesetz gilt kein Unterschied der Stände. Der Adel als Stand ist aufgehoben.

Alle Standesvorrechte sind abgeschafft.

Die Deutschen sind vor dem Gesetz gleich.

Die öffentlichen Ämter sind für alle Befähigten gleich zugänglich.

§ 150. Die bürgerliche Gültigkeit der Ehe ist von der Vollziehung des Zivilaktes abhängig; die kirchliche Trauung kann nur nach der Vollziehung des Zivilaktes stattfinden.

Die Religionsverschiedenheit ist kein bürgerliches Ehehindernis.

§ 157. Für den Unterricht in Volksschulen und niederen Gewerbeschulen wird kein Schulgeld bezahlt.

Unbemittelten soll auf allen öffentlichen Unterrichtsanstalten freier Unterricht gewährt werden.

§ 160. Eine vorgängige Genehmigung der Behörden ist nicht notwendig, um öffentliche Beamte wegen ihrer amtlichen Handlungen gerichtlich zu verfolgen.

§ 181. Rechtspflege und Verwaltung sollen getrennt und voneinander unabhängig sein.

§ 184. Jede Gemeinde hat als Grundrechte ihrer Verfassung:

a) die Wahl ihrer Vorsteher und Vertreter;
b) die selbständige Verwaltung ihrer Gemeindeangelegenheiten mit Einschluß der Ortspolizei unter gesetzlich geordneter Oberaufsicht des Staates;
c) die Veröffentlichung ihres Gemeindehaushalts;
d) Öffentlichkeit der Verhandlungen als Regel.

§ 186. Jeder deutsche Staat soll eine Verfassung mit Volksvertretung haben. Die Minister sind der Volksvertretung verantwortlich.

§ 187. Die Volksvertretung hat eine entscheidende Stimme bei der Gesetzgebung, bei der Besteuerung, bei der Ordnung des Staatshaushaltes; auch sie hat – wo zwei

Kammern vorhanden sind, jede Kammer für sich – das Recht des Gesetzesvorschlags, der Beschwerde, der Adresse sowie der Anklage der Minister. Die Sitzungen der Landtage sind in der Regel öffentlich.

§ 188. Den nicht deutsch redenden Volksstämmen Deutschlands ist ihre volkstümliche Entwicklung gewährleistet, namentlich die Gleichberechtigung ihrer Sprachen, so weit deren Gebiete reichen, in dem Kirchenwesen, dem Unterrichte, der inneren Verwaltung und der Rechtspflege.

§ 189. Jeder deutsche Staatsbürger in der Fremde steht unter dem Schutze des Reiches.

Abschnitt VII. Die Gewähr der Verfassung

§ 197. Im Falle des Krieges oder Aufruhrs können die Bestimmungen der Grundrechte über Verhaftung, Haussuchung und Versammlungsrecht von der Reichsregierung oder der Regierung eines Einzelstaates für einzelne Bezirke zeitweise außer Kraft gesetzt werden; jedoch nur unter folgenden Bedingungen:

1. die Verfügung muß in jedem einzelnen Falle von dem Gesamtministerium des Reiches oder des Einzelstaates ausgehen;
2. das Ministerium des Reiches hat die Zustimmung des Reichstages, das Ministerium des Einzelstaates die des Landtages, wenn dieselben zur Zeit versammelt sind, sofort einzuholen. Wenn dieselben nicht versammelt sind, so darf die Verfügung nicht länger als 14 Tage dauern, ohne daß dieselben zusammenberufen und die getroffenen Maßregeln zu ihrer Genehmigung vorgelegt werden.

3. Die Epoche Bismarcks

Einführung

Die Diskussion um Bismarck ist vom Tage seines Rücktritts bis heute niemals unterbrochen worden. Es gab nur einen Wechsel zwischen Höhepunkten und Flauten in ihrem Gang. Das Wilhelminische Deutschland war in zwei Lager gespalten: das offizielle und bewußt „moderne“ um Wilhelm II. kritisierte Bismarcks Eigenwilligkeit und seinen mangelnden Kontakt mit den Strömungen der eigenen Epoche, das Bürgertum und die breite Masse des Volkes zollte ihm jene instinktive Verehrung, die aus dem naiven Gefühl für die Genialität des Großen entsprang.

Die sozialistischen Kräfte, die nach 1919 zur verantwortlichen Mitwirkung am Bau des Staates berufen wurden, hatten, aufs Ganze gesehen, ihre Ablehnung aus der Kampfzeit beibehalten. Ihren nationalistischen und reaktionären Gegnern wurde Bismarck in gleichem Maße zum Idol. Auch die wissenschaftliche Forschung, wenn sie auch durch die Fülle des von ihr beigebrachten Quellenmaterials mehr und mehr zu objektiver Sicht der Sachzusammenhänge gelangte, hat sich von diesen parteilichen A-priori-Standpunkten nie ganz frei machen können. In dieser Stagnation brachten die Forschungen von Rudolf *Stadelmann* über den Vertrag von Gastein neue Einsichten. Unabhängig von der Kritik des Nationalsozialismus an Bismarck, die dem Reichskanzler die Verkümmerung der außenpolitischen Kräfte der Nation durch seine „ziellose“ Friedenspolitik vorwarf und die ihn außerdem als „volksfremden Junker“ betrachtete (hierin mit der sozialistischen Kritik, wenn auch aus anderen Ansätzen heraus, übereinstimmend), legte *Stadelmann* an Hand intensiver Quellenforschung die Grundlage und die Struktur der Bismarckschen Politik am Beispiel des Vertrags von Gastein dar. Er konnte zeigen, daß der Ausgangspunkt Bismarckschen politischen

Denkens sein Preußentum war; „Preußen als Großmacht", nicht Deutschland, war Boden und Bewegungsraum seiner Politik. Die besondere Situation Preußens nach 1815 führte den Politiker dann freilich in die deutschen Probleme hinein und machte ihn zwangsläufig zum deutschen Politiker. Die zweite Einsicht *Stadelmanns* war, daß Bismarck stets eine zwei- und mehrgleisige Politik des „Sich-Offenhaltens" vieler Möglichkeiten getrieben hat, daß er jede Bindung an ein vorher festgelegtes Ziel und eine ebensolche Marschroute grundsätzlich abgelehnt und niemals praktiziert hat. Spätere Forschungen haben diese Ergebnisse Stadelmanns nicht in ihrem Kern verändern, sondern nur noch in Einzelheiten und Nuancen ergänzen können. Gastein war nach Stadelmann der Versuch Bismarcks, die deutsche Frage auf friedlichem Wege mit Österreich zu lösen und diesen Weg zunächst am Exempel Schleswig-Holstein zu erproben. Die Ziellosigkeit der von konträren Kräften durchzogenen österreichischen Politik, aber auch, wie wir heute deutlicher als Stadelmann sehen, die Wirkung der Bismarckschen politischen Taktik des Offenhaltens vieler Möglichkeiten und ihr – gewiß begründetes – tiefes Mißtrauen gegenüber dem Partner, haben danach den Weg des Ausgleiches verschüttet.

Nach 1945 ist die Diskussion um Bismarck wieder rasch in Gang gekommen. Moralische und innerpolitische Aspekte wiegen jetzt vor. Ausländische Betrachter sahen in der deutschen Katastrophe die sinnvolle und gerechte Antwort des Schicksals an die deutsche „*Gewaltpolitik*" von *Friedrich dem Großen* bis *Adolf Hitler*. *Bismarck* wurde in dieser Kritik zum unmittelbaren Vorläufer Hitlers gestempelt, man kennzeichnete ihn als nackten Gewaltpolitiker und Machiavellisten, dem nichts heilig war. So habe auch er zur Niederlage der demokratischen Kräfte in Deutschland beigetragen und die sittliche Verderbnis des deutschen Volkes auf politischem Gebiet eingeleitet. *Beispiele*: *Adolf Gasser*: „Bismarck statt Hitler?", zuerst in der Schweiz, dann in Deutschland (Neue Auslese II, 7) erschienen; *W. Röpke*: „Die Deutsche Frage" (Zürich 1945), und René *Juvet*: „Die Deutschen im kommenden Europa" (Bern 1945). Aber schon die große dreibändige Bismarckbiographie von Erich *Eyck* (Erlenbach, Zürich, während des zweiten Weltkrieges erschienen), die zwar noch vom Standpunkt des Liberalen die selbstherrliche Politik des Junkers und konservativen Politikers Bismarck verurteilte, hat die Einseitigkeit solcher Urteile vermieden. Welche Bedeutung der religiöse Wurzelgrund von Bismarcks politischem Handeln gerade für den Begriff der *Realpolitik* hat, die bisher als bloße Zweck- und Machtpolitik (Utilitarismus) geschildert und verdammt worden war, ist von Otto *Vossler* („Bismarcks Ethos", in der „Historischen Zeitschrift", Bd. 171, S. 263, München 1951) eingehend dargelegt worden. Auch andere bedeutende deutsche Historiker haben sich zum Bismarckproblem geäußert: *Fr. Meinecke*, *Gerhard Ritter*, *Hans Rothfels*, *A.O. Meyer* und *G. A. Rein*.

Quellen und Darstellungen

66. Verteidigung der Konvention von Olmütz. Rede Bismarcks vom 3. Dezember 1850 vor dem preußischen Abgeordnetenhaus

Bismarck, „Gedanken und Erinnerungen", Bd. I, Kap. 3.

Lage: Preußen muß in dieser Konvention dem außenpolitischen Druck Österreichs und Rußlands nachgeben und seine Pläne einer norddeutschen Union unter preußischer Führung aufgeben.

„Es ist leicht für einen Staatsmann, sei es in dem Cabinette oder in der Kammer, mit dem populären Winde in die Kriegstrompete zu stoßen und sich dabei an seinem

Kaminfeuer zu wärmen oder von dieser Tribüne donnernde Reden zu halten, und es dem Musketier, der auf dem Schnee verblutet, zu überlassen, ob sein System Sieg und Ruhm erwirbt oder nicht. Es ist nichts leichter als das, aber wehe dem Staatsmann, der sich in dieser Zeit nicht nach einem Grunde zum Kriege umsieht, der auch nach dem Kriege noch stichhaltig ist...

Die preußische Ehre besteht nach meiner Überzeugung nicht darin, daß Preußen überall in Deutschland den Don Quixote spiele für gekränkte Kammer-Celebritäten, welche ihre locale Verfassung für gefährdet halten. Ich suche die preußische Ehre darin, daß Preußen vor allem sich von jeder schmachvollen Verbindung mit der Demokratie entfernt halte, daß Preußen in der vorliegenden wie in allen andern Fragen nicht zugebe, daß in Deutschland etwas geschehe ohne Preußens Einwilligung, daß dasjenige, was Preußen und Österreich nach gemeinschaftlicher unabhängiger Erwägung für vernünftig und politisch richtig halten, durch die beiden gleichberechtigten Schutzmächte Deutschlands gemeinschaftlich ausgeführt werde...

Die Hauptfrage, die Krieg und Frieden birgt, die Gestaltung Deutschlands, die Regelung der Verhältnisse zwischen Preußen und Österreich und der Verhältnisse von Preußen und Österreich zu den kleinern Staaten, soll in wenigen Tagen der Gegenstand der freien Conferenzen werden, kann also jetzt nicht Gegenstand eines Krieges sein. Wer den Krieg durchaus will, den vertröste ich darauf, daß er in den freien Conferenzen *jederzeit zu finden ist:* in vier oder sechs Wochen, wenn man ihn haben will. Ich bin weit davon entfernt, in einem so wichtigen Augenblicke, wie dieser ist, die Handlungsweise der Regierung durch Rathgeben hemmen zu wollen. Wenn ich dem Ministerium gegenüber einen Wunsch aussprechen wollte, so wäre es der, daß wir nicht eher *entwaffnen*, als bis die freien Conferenzen ein positives Resultat gegeben haben; *dann bleibt es noch immer Zeit, einen Krieg zu führen*, wenn wir ihn wirklich mit Ehren nicht vermeiden können oder nicht vermeiden wollen ...

Wie in der Union die deutsche Einheit gesucht werden soll, vermag ich nicht zu verstehn; es ist eine sonderbare Einheit, die von Hause aus verlangt, im Interesse dieses Sonderbundes einstweilen unsere deutschen Landsleute im Süden zu erschießen und zu erstechen; die die deutsche Ehre darin findet, daß der Schwerpunkt aller deutschen Fragen nothwendig nach Warschau und Paris fällt. Denken Sie sich zwei Theile Deutschlands einander in Waffen gegenüber, deren Machtverschiedenheit nicht in dem Grade bedeutend ist, daß nicht eine Parteinahme auf einer Seite, auch von einer geringeren Macht als Rußland und Frankreich, ein entscheidendes Gewicht in die Wagschale legen könnte, und ich begreife nicht, mit welchem Recht jemand, der ein solches Verhältnis selbst herbeiführen will, sich darüber beklagen darf, daß der Schwerpunkt der Entscheidung unter solchen Umständen nach dem Auslande fällt."

67. Über das Problem des Dualismus

Bismarck, „Gedanken und Erinnerungen", Bd. I, Kap. 17.

a) „Die ersten Versuche auf der Bahn, auf welcher das Bündnis mit Österreich 1879 erreicht wurde, fanden statt, während der Graf Rechberg Ministerpräsident, respective Minister des Äußern war (17. Mai 1859 bis 27. Oktober 1864)."

b) „Die Versuche zur Zeit des Ministeriums Rechberg würden, wenn erfolgreich damals zu einer gesamtdeutschen Union auf der Basis des Dualismus haben führen können, zu dem Siebzigmillionenreich in Centraleuropa mit zweiköpfiger Spitze, während die Schwarzenberg'sche Politik auf etwas Ähnliches ausgegangen war, aber mit einheitlicher Spitze Österreichs und Hinabdrückung Preußens nach Möglichkeit auf den mittelstaatlichen Stand. Der letzte Anlauf dazu war der Fürstenkongreß von 1863."

c) „Unter einer dualistischen Spitze mit Gleichberechtigung Preußens und Österreichs, wie sie als Consequenz meiner Annäherung an Rechberg erstrebt werden konnte, würde unsere innere verfassungsmäßige Entwicklung von der Versumpfung in bundestägiger Reaction und von der einseitigen Förderung absolutistischer Zwecke in den einzelnen Staaten nicht nothwendig bedroht worden sein; die Eifersucht der beiden Großstaaten wäre der Schutz der Verfassungen gewesen."

d) „Daß Österreich und Preußen, sobald sie einig, eine Macht in Europa darstellten, welche leichtfertig anzugreifen keine der anderen Mächte geneigt war, hat der ganze Verlauf der dänischen Verwicklungen gezeigt. So lange Preußen allein, wenn auch in Verbindung mit dem stärksten Ausdruck der öffentlichen Meinung des deutschen Volkes, einschließlich der Mittelstaaten, die Sache in der Hand hatte, kam sie nicht vorwärts und führte zu Abschlüssen wie der Waffenstillstand von Malmö und die Olmützer Convention."

e) „Ich hatte im Dezember 1862 gegenüber dem Grafen Karoly, mit dem ich auf vertrautem Fuß stand, mit offenen Karten gespielt. Ich sagte ihm: ,Unsere Beziehungen müssen entweder besser oder schlechter werden, als sie sind. Ich bin bereit zu einem gemeinschaftlichen Versuche, sie besser zu machen. Mißlingt dasselbe durch Ihre Weigerung, so rechnen Sie nicht darauf, daß wir uns durch bundesfreundliche Redensarten werden fesseln lassen. Sie werden mit uns als europäische Großmacht zu thun bekommen; die Paragraphen der Wiener Schlußacte haben nicht die Kraft, die Entwicklung der deutschen Geschichte zu hemmen.'"

f) „Wenn das österreichische Cabinet... seine Politik dahin modificirt hätte, die Verständigung mit Preußen anstatt dessen Vergewaltigung durch Majoritäten und andre Einflüsse zu suchen, so hätten wir wahrscheinlich eine Periode dualistischer Politik in Deutschland erlebt oder doch versucht."

68. Bündnisverträge nach 1871

a) Drei-Kaiser-Abkommen 1873

Die Diplomatischen Akten des Auswärtigen Amtes 1871–1914, hrsg. von B. Schwertfeger, Teil I, S. 215 f., Berlin 1923.

„S. M. der Kaiser von Österreich und König von Ungarn und S. M. der Kaiser aller Reussen haben im Wunsche, dem Grundgedanken ihres intimen Einverständnisses eine praktische Form zu geben, ferner in der Absicht, den gegenwärtig in Europa herrschenden Friedenszustand zu befestigen, in der Überzeugung ferner, daß dieser Zweck nicht besser erreicht werden kann, als durch eine direkte und persönliche Verständigung zwischen den Souveränen, sich über folgende Punkte geeinigt:

1. Ihre Majestäten versprechen sich wechselseitig, sobald die Interessen ihrer Staaten irgendwelche Abweichungen in bezug auf Sonderfragen darbieten sollten, sich zu verständigen, damit diese abweichenden Ansichten nicht über Erwägungen höherer Art, die sie beschäftigen, das Übergewicht gewinnen können.

Ihre Majestäten sind entschlossen zu verhindern, daß ihre Trennung auf dem Gebiete der Grundsätze gelingen könnte, die sie als allein geeignet betrachten, die Aufrechterhaltung des europäischen Friedens gegen alle Erschütterungen zu sichern und wenn nötig zu erzwingen.

2. Für den Fall, daß ein Angriff einer dritten Macht den europäischen Frieden zu gefährden drohen sollte, verpflichten sich Ihre Majestäten wechselseitig ohne Auf-

suchung oder Abschließung neuer Bündnisse sich zunächst untereinander zu verständigen, um sich so über eine gemeinsam zu verfolgende Linie zu einigen.

3. Sollte infolge dieser Verständigung eine militärische Aktion notwendig werden, so wäre sie durch eine zwischen Ihren Majestäten abzuschließende Spezialkonvention zu regeln.

4. Wenn eine der Hohen vertragschließenden Parteien im Wunsche, ihre Handlungsfreiheit wiederzugewinnen, den gegenwärtigen Vertrag zu kündigen wünschen sollte, so soll sie gehalten sein, es zwei Jahre im voraus zu tun, um der anderen Partei die Zeit zu gewähren, die ihr geeignet erscheinenden Maßregeln zu treffen.

Schönbrunn, den 25. Mai/6. Juni 1873 Franz Joseph Alexander

S. M. der Kaiser von Deutschland hat von dem oben abgeschlossenen, zu Schönbrunn durch Ihre Majestät etc. entworfenen und unterzeichneten Übereinkommen Kenntnis genommen und tritt, da er dessen Inhalt mit dem Grundgedanken der zu St. Petersburg zwischen Ihren Majestäten, dem Kaiser Wilhelm und dem Kaiser Alexander, unterzeichneten Entente übereinstimmend findet, in allen den darin festgelegten Abmachungen bei.

Ihre Majestäten der Kaiser und König Wilhelm und der Kaiser und König Franz Joseph billigen und zeichnen diese Akzessionsakte und werden sie zur Kenntnis Sr. M. des Kaisers Alexander bringen.

Schönbrunn, den 22. Oktober 1873 Wilhelm Franz Joseph“

b) Zweibund 1879

Die Große Politik der Europäischen Kabinette 1871–1914, hrsg. von Lepsius u.a., Berlin 1922ff., Bd. V, 1116.

„Artikel 1. Sollte wider Verhoffen und gegen den aufrichtigen Wunsch der beiden Hohen Kontrahenten eines der beiden Reiche von seiten Rußlands angegriffen werden, so sind die Hohen Kontrahenten verpflichtet, einander mit der gesamten Kriegsmacht ihrer Reiche beizustehen und demgemäß den Frieden nur gemeinsam und übereinstimmend zu schließen.

Artikel 2. Würde eines der Hohen kontrahierenden Teile von einer anderen Macht angegriffen werden, so verpflichtet sich hiermit der andere Hohe Kontrahent, dem Angreifer gegen seinen Hohen Verbündeten, nicht nur nicht beizustehen, sondern mindestens eine wohlwollende neutrale Haltung gegen den Hohen Mitkontrahenten zu beobachten.

Wenn jedoch in diesem Falle die angreifende Macht von seiten Rußlands, sei es in Form einer aktiven Kooperation, sei es durch militärische Maßnahmen, welche den Angegriffenen bedrohen, unterstützt werden sollte, so tritt die im Artikel 1 dieses Vertrages stipulierte Verpflichtung des gegenseitigen Beistandes mit voller Heeresmacht auch in diesem Falle sofort in Kraft, und die Kriegführung der beiden Hohen Kontrahenten wird auch dann eine gemeinsame bis zum gemeinsamen Friedensschluß.

Artikel 3. Dieser Vertrag soll in Gewißheit seines friedlichen Charakters und, um jede Mißdeutung auszuschließen, von beiden Hohen Kontrahenten geheim gehalten und einer dritten Macht nur im Einverständnis beider Teile und nach Maßgabe spezieller Einigung mitgeteilt werden.

Beide Hohe Kontrahenten geben sich nach den bei der Begegnung in Alexandrowo ausgesprochenen Gesinnungen des Kaisers Alexander der Hoffnung hin, daß die Rüstungen Rußlands sich als bedrohlich für sie in Wirklichkeit nicht erweisen werden und haben aus diesem Grunde zu einer Mitteilung für jetzt keinen Anlaß – sollte sich aber die Hoffnung wider Erwarten als eine irrtümliche erweisen, so würden die beiden Hohen Kontrahenten es als eine Pflicht der Loyalität erkennen, den Kaiser Alexander mindestens vertraulich darüber zu verständigen, daß sie einen Angriff auf einen von ihnen als gegen beide gerichtet betrachten müßten."

c) Dreibund 1882

Die Diplomatischen Akten a.a.O., Teil I, S. 265 ff.

„Ihre Majestäten, von dem Wunsche beseelt, die Sicherheiten des allgemeinen Friedens zu vermehren, das monarchische Prinzip zu befestigen, und dadurch die unversehrte Aufrechterhaltung der sozialen und politischen Ordnung in ihren Staaten zu sichern, sind übereingekommen, einen Vertrag zu schließen, der durch seine in seiner Wesensart konservative und defensive Grundrichtung nur das Ziel verfolgt, sie gegen die Gefahren zu sichern, die die Sicherheit ihrer Staaten und die Ruhe Europas bedrohen könnten.

Artikel 1. Die hohen vertragschließenden Parteien versprechen sich wechselseitig Frieden und Freundschaft und werden kein Bündnis und keine Verpflichtung eingehen, die sich gegen einen ihrer Staaten richtet.

Artikel 2. In dem Falle, wo Italien ohne unmittelbare Herausforderung seinerseits aus irgendeinem Grunde von Frankreich angegriffen werden sollte, sollen die beiden anderen vertragschließenden Parteien gehalten sein, der angegriffenen Partei mit allen ihren Kräften Hilfe und Beistand zu leisten. Diese gleiche Verpflichtung soll Italien im Falle eines nicht unmittelbar herausgeforderten Angriffs Frankreichs gegen Deutschland obliegen.

Artikel 3. Wenn eine oder zwei der h.v. Parteien ohne unmittelbare Herausforderung ihrerseits angegriffen werden sollten und sich in einen Krieg mit zwei oder mehreren Großmächten verwickelt sehen sollten, die den gegenwärtigen Vertrag nicht unterzeichnet haben, so soll der „casus foederis" gleichzeitig für alle Parteien eintreten.

Artikel 4. In dem Falle, wo eine Großmacht, die den gegenwärtigen Vertrag nicht unterzeichnet hat, die Sicherheit der Staaten einer der h.v. Parteien bedrohen sollte, und die bedrohte Partei sich dadurch gezwungen sehen sollte, ihr den Krieg zu machen, verpflichten sich die beiden anderen, ihrem Verbündeten gegenüber eine wohlwollende Neutralität zu beobachten. Eine jede behält sich in diesem Falle das Recht vor, an dem Kriege teilzunehmen, falls sie es für angezeigt hält, mit ihrem Verbündeten gemeinsame Sache zu machen.

Artikel 5. Wenn der Frieden einer der h.v. Parteien unter den Umständen bedroht werden sollte, die in den vorhergehenden Artikeln vorgesehen sind, so werden sich die h.v. Parteien rechtzeitig über die militärischen Maßnahmen verständigen, die im Hinblick auf ein etwaiges Zusammenwirken zu treffen wären. Sie verpflichten sich, von nun an in allen Fällen einer gemeinsamen Beteiligung an einem Kriege nur auf Grund einer gemeinsamen gegenseitigen Übereinkunft Waffenstillstand, Frieden oder einen Vertrag abzuschließen.

Artikel 6. Die h.v. Parteien versprechen sich wechselseitig, den Inhalt und das Vorhandensein des gegenwärtigen Vertrags geheimzuhalten.

Artikel 7. Der gegenwärtige Vertrag soll vom Tage des Austausches der Ratifikationen ab fünf Jahre in Kraft bleiben."

d) Rückversicherungsvertrag 1887

Die Diplomatischen Akten a.a.O., Teil I, S. 315 ff.

„Artikel 1. Für den Fall, daß eine der hohen vertragschließenden Parteien sich mit einer dritten Großmacht im Kriege befinden sollte, wird die andere eine wohlwollende Neutralität bewahren und ihre Sorgen darauf richten, den Streit örtlich zu begrenzen. Diese Bestimmung soll auf einen Krieg gegen Österreich oder Frankreich keine Anwendung finden, falls dieser Krieg durch einen Angriff einer h. v. Parteien gegen eine dieser beiden Mächte hervorgerufen ist.

Artikel 2. Deutschland erkennt die geschichtlich erworbenen Rechte Rußlands auf der Balkanhalbinsel an und insbesondere die Rechtmäßigkeit seines vorwiegenden und entscheidenden Einflusses in Bulgarien und Ost-Rumelien. Die beiden Höfe verpflichten sich, keine Änderungen des territorialen Status quo der genannten Halbinsel ohne vorheriges Einverständnis zuzulassen und sich gegebenenfalls jedem Versuche, diesem Status quo Abbruch zu tun oder ihn ohne ihr Einverständnis abzuändern, zu widersetzen.

Artikel 4. Der gegenwärtige Vertrag soll während eines Zeitraumes von drei Jahren in Geltung bleiben.

Artikel 5. Die h. v. Parteien versprechen einander, über den Inhalt und das Bestehen des gegenwärtigen Vertrages und des beigefügten Protokolls Schweigen zu bewahren.

Ganz geheimes Zusatzprotokoll

Um die Bestimmungen der Artikel 2 und 3 des Geheimvertrages vom heutigen Tage zu vervollständigen, sind die beiden Höfe über folgende Punkte übereingekommen:

1. Deutschland wird wie bisher Rußland beistehen, in Bulgarien eine geordnete, gesetzmäßige Regierung wiederherzustellen. Es verspricht, in keinem Falle seine Zustimmung zur Wiedereinsetzung des Prinzen von Battenberg zu geben.

2. In dem Fall, daß S. M. der Kaiser von Rußland sich in die Notwendigkeit versetzt sehen sollte, zur Wahrung der Rechte Rußlands selbst die Aufgabe der Verteidigung des Zuganges zum Schwarzen Meere zu übernehmen, verpflichtet sich Deutschland, seine wohlwollende Neutralität zu gewähren und die Maßnahmen, die S. M. für notwendig halten sollte, um den Schlüssel seines Reiches in der Hand zu behalten, moralisch und diplomatisch zu unterstützen.

3. Das gegenwärtige Protokoll bildet einen untrennbaren Bestandteil des am heutigen Tage in Berlin unterzeichneten Geheimvertrages und soll dieselbe Kraft und Geltung haben."

69. Bismarck zur Frage des Wahlrechts

Rede im Norddeutschen Reichstag, 28. März 1867. Stenogramme des Norddeutschen Reichstages Bd. 1, Berlin 1899, S. 204f.; Ges. Werke, Bd. 10, S. 356ff.

„Das allgemeine Wahlrecht ist uns gewissermaßen als ein Erbteil der Entwicklung der deutschen Einheitsbestrebungen überkommen; wir haben es in der Reichsverfassung gehabt, wie sie in Frankfurt entworfen wurde; wir haben es im Jahre 1863 den damaligen Bestrebungen Österreichs in Frankfurt entgegengesetzt, und ich kann nur sagen: ich kenne wenigstens kein besseres Wahlgesetz, es hat ja gewiß eine große Anzahl von Mängeln, die machen, daß auch dieses Wahlgesetz die wirklich besonnene und berechtigte Meinung eines Volkes nicht vollständig photographiert und en miniature wiedergibt, und die verbündeten Regierungen hangen an diesem Wahlgesetz nicht in dem Maße, daß sie nicht jedes andere akzeptieren sollten, dessen Vorzüge vor diesem ihnen nachgewiesen werden. Bisher ist diesem kein einziges gegenübergestellt worden. Was wollen denn die Herren, die das anfechten, und zwar mit der Beschleunigung, deren wir bedürfen, an dessen Stelle setzen? Etwa das preußische

Dreiklassen-System? Ja, meine Herren, wer dessen Wirkung und die Konstellation, die es im Lande schafft, etwas in der Nähe beobachtet hat, muß sagen, ein widersinnigeres, elenderes Wahlgesetz ist nicht in irgendeinem Staate ausgedacht worden, ein Wahlgesetz, welches alles Zusammengehörige auseinanderreißt und Leute zusammenwürfelt, die nichts miteinander zu tun haben, in jeder Kommune mit anderem Maße mißt, Leute, die in irgendeiner Gemeinde weit über die erste Klasse hinausreichen, diese allein ausfüllen würden, in einer benachbarten Kommune in die dritte Klasse wirft. Wenn der Erfinder dieses Wahlgesetzes sich die praktische Wirkung desselben vergegenwärtigt hätte, hätte er es nie gemacht. Eine ähnliche Willkürlichkeit und zugleich eine Härte liegt in jedem Zensus, eine Härte, die da am fühlbarsten wird, wo dieser Zensus abreißt, wo die Ausschließung anfängt. Wir können es dem Ausgeschlossenen gegenüber doch wirklich schwer motivieren, daß er deshalb, weil er nicht dieselbe Steuerquote wie sein Nachbar zahlt – und er würde sie gern bezahlen, denn sie bedingt ein größeres Vermögen, das hat er aber nicht – er gerade Helot und politisch tot in diesem Staatswesen sein solle."

70. Bismarck über den Sinn des Kulturkampfs

Rede im preußischen Herrenhaus vom 10. März 1873. Hans Rothfels, Bismarck und der Staat. Ausgew. Dokumente, 1958, S. 236f.

„Die Frage, in der wir uns befinden, wird m. E. gefälscht, und das Licht, in dem wir sie betrachten, ist ein falsches, wenn man sie als eine konfessionelle, kirchliche betrachtet. Es ist wesentlich eine politische; es handelt sich nicht um den Kampf, wie unsern katholischen Mitbürgern eingeredet wird, einer evangelischen Dynastie gegen die katholische Kirche, es handelt sich nicht um den Kampf zwischen Glauben und Unglauben, es handelt sich um den uralten Machtstreit, der so alt ist wie das Menschengeschlecht, um den Machtstreit zwischen Königtum und Priestertum, den Machtstreit, der viel älter ist als die Erscheinung unseres Erlösers in dieser Welt, den Machtstreit, in dem Agamemnon in Aulis mit seinen Sehern lag, der ihm dort die Tochter kostete und die Griechen am Auslaufen verhinderte, den Machtstreit, der die deutsche Geschichte des Mittelalters bis zur Zersetzung des Deutschen Reiches erfüllt hat unter dem Namen der Kämpfe der Päpste mit den Kaisern, der im Mittelalter seinen Abschluß damit fand, daß der letzte Vertreter des erlauchten schwäbischen Kaiserstammes unter dem Beil eines französischen Eroberers auf dem Schafott starb und daß dieser französische Eroberer im Bündnis mit dem damaligen Papste stand.

Dieser Machtstreit unterliegt denselben Bedingungen wie jeder andere politische Kampf, und es ist eine Verschiebung der Frage, die auf den Eindruck auf urteilslose Leute berechnet ist, wenn man sie darstellt, als ob es sich um Bedrückung der Kirche handelte. Es handelt sich um Verteidigung des Staates, es handelt sich um die Abgrenzung, wie weit die Priesterherrschaft und wie weit die Königsherrschaft gehen soll, und diese Abgrenzung muß so gefunden werden, daß der Staat seinerseits dabei bestehen kann. Denn in dem Reiche dieser Welt hat er das Regiment und den Vortritt."

71. Bismarck zum Problem des Sozialismus

a) Reichstagsrede vom 17. September 1878

Ges. Werke, Bd. 11, S. 610.

„Ich komme zu der Frage zurück, wann und warum ich meine Bemühungen um soziale Verhältnisse aufgegeben habe, und wann überhaupt meine Stellung zur sozialen Frage eine andere geworden ist. Es stammt dies von dem Augenblick her, wo in ver-

Oben: Erste Seite des Wanderbuches für August Bebel – Ausweis mit Unterschrift von August Bebel – Unten: Mitgliedskarte der Internationalen Arbeiterassociation mit Unterschrift von Karl Marx

Religion und Tugend

Arbeitsamkeit und Fleiß

Gott segne das ehrbare Handwerk!

Wanderbüchlein für das Mitglied des Kath. Gesellen-Vereins

August Bebel, Drechsler von Köln —

Aufgenommen zu Freiburg Großhzth. Baden am 20t Juni 1858 vom Präses Prof. Dr. A. Stolz unter Gutheißung [illegible] [illegible] Schriftführer

Eintracht und Liebe

Frohsinn und Scherz

... in Holz geschn. v. R. Brendamour

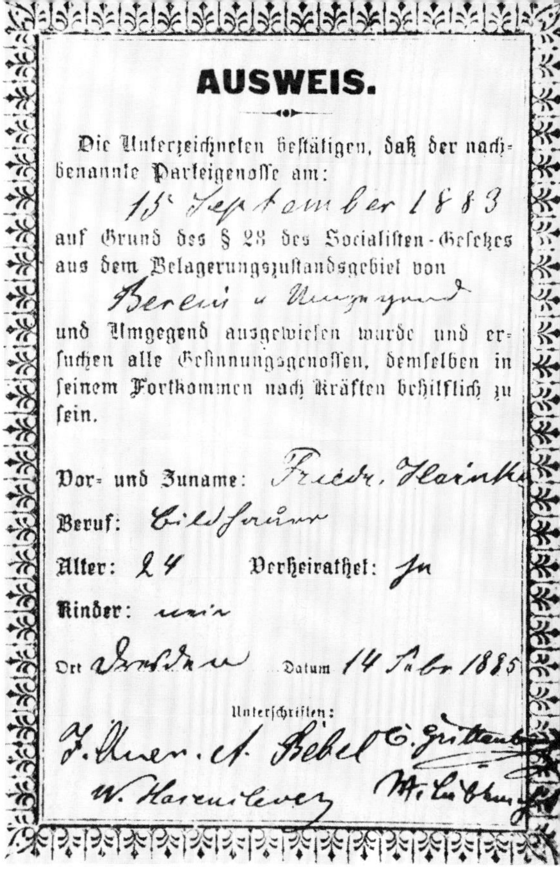

AUSWEIS.

Die Unterzeichneten bestätigen, daß der nachbenannte Parteigenosse am:

15 September 1883

auf Grund des § 28 des Socialisten-Gesetzes aus dem Belagerungszustandsgebiet von

Berlin u. Umgegend

und Umgegend ausgewiesen wurde und ersuchen alle Gesinnungsgenossen, demselben in seinem Fortkommen nach Kräften behilflich zu sein.

Vor- und Zuname: Friedr. Hainke

Beruf: Bildhauer

Alter: 24 Verheirathet: ja

Kinder: keine

Ort Dresden Datum 14 Febr. 1885

Unterschriften:

J. Auer. A. Bebel C. Grillenberger

W. Hasenclever W. Liebknecht

INTERNATIONAL Working Men's Association

INTERNle ARBEITER ASSOCn. ASSOCIATION INTERNle DES OUVRIERS ASSOCne INTERNle OPERAI.

CARD OF MEMBERSHIP

This is to Certify that Cit. H. Jung was admitted a Member of the above Association in September 1864 and paid as his Annual Subscription for the year 1869 0. 2. 0.

R. Shaw Corresponding Secretary for America.

Herman Cor. Sec. for Belgium.	Jules Johannard Italy.
Eugene Dupont France.	Anthony Zabicki Poland.
Karl Marx Germany.	H. Jung Switzerland.
[illegible] Treasurer.	J. George Eccarius Sec. to Gen. Council.

sammeltem Reichstag... ich weiß nicht, war es der Abg. Bebel oder Liebknecht, in pathetischem Appell die französische Kommune als Vorbild politischer Einrichtungen hinstellte und sich selbst offen vor dem Volke zu dem Evangelium dieser Mörder und Mordbrenner bekannte. Von diesem Augenblick an habe ich die Wucht der Überzeugung von der Gefahr, die uns bedroht, empfunden; jener Anruf der Kommune war ein Lichtstrahl, der in die Sache fiel, und von diesem Augenblick an habe ich in den sozialdemokratischen Elementen einen Feind erkannt, gegen den der Staat, die Gesellschaft, sich im Stande der Notwehr befindet."

b) Reichstagsrede vom 9. Oktober 1878

ebd. Bd. 12, S. 3 ff.

„Ich habe schon bei der ersten Lesung mir erlaubt zu bemerken, daß ich eine jede Bestrebung fördern werde, welche positiv auf Verbesserung der Lage der Arbeiter gerichtet ist, also auch einen Verein, der sich den Zweck gesetzt hat, die Lage der Arbeiter zu verbessern, den Arbeitern einen höheren Anteil an den Erträgnissen der Industrie zu gewähren und die Arbeitszeit nach Möglichkeit zu verkürzen, soweit die Grenzen, die durch die Konkurrenz und die absatzfähige Fabrikation gegeben sind, beide Bestrebungen noch gestatten.

Sobald uns von sozialdemokratischer Seite irgendein positiver Vorschlag entgegenträte oder vorläge, wie sie in vernünftiger Weise die Zukunft gestalten wollen, um das Schicksal der Arbeiter zu verbessern, so würde ich wenigstens mich einer wohlwollenden entgegenkommenden Prüfung der Sache nicht entziehen und würde selbst vor dem Gedanken der Staatshilfe nicht zurückschrecken, um den Leuten zu helfen, die sich selbst helfen.

Wie steht aber heute die Sache. Wir befinden uns lediglich im Stadium der Untergrabung und des Umsturzes, im Stadium der Negation. Seit 11 Jahren haben wir den Vorzug, mit Sozialdemokraten gemeinschaftlich zu tagen; ist Ihnen bei den langen Reden auch nur eine einzige in Erinnerung, wo auch der leiseste Schatten eines positiven Gedankens, eines Vorschlages über das, was künftig werden soll, über die Gestaltung, über das Programm, das diesen Herren vorschwebt, nachdem sie das Bestehende in Bresche gelegt haben, ist ihnen etwas Derartiges erinnerlich? Ich wäre dankbar, darauf aufmerksam gemacht zu werden. Ich kenne nichts derart, und ich glaube auch den Grund zu wissen, warum die Herren darüber, wie sie die Welt künftig gestalten wollen, wenn sie die Herren wären, sorgfältig schweigen: sie wissen es nicht, sie wissen in dieser Beziehung nichts, die haben auch den Stein der Weisen nicht. Sie können die Versprechungen niemals halten, mit denen sie jetzt die Leute verführen."

72. Programmpunkte des politischen Katholizismus

Die deutschen Parteiprogramme, a.a.O.

a) Bischof Ketteler über das Zentrum, 1872

„Die Zentrumsfraktion vertritt zwei große Prinzipien, welche eminent politischer Natur sind und tief im deutschen Wesen, in der deutschen Gesinnung und in der deutschen Geschichte wurzeln:

1. das Prinzip, daß Religion, Sittlichkeit und Gerechtigkeit die allein wahren Grundlagen des Staates und der gesamten bürgerlichen Gesellschaft sind;

2. das Prinzip, daß die Verfassung des Deutschen Reiches den Einzelstaaten jene Selbständigkeit bezüglich der Gesetzgebung und Selbstverwaltung gewähren muß, welche mit einer starken Reichsgewalt vereinbar ist."

Oben: Der Berliner Kongreß 1878 unter Leitung Bismarcks – Unten: Honoré Daumier, Karikaturen: Friedensidylle – Der russische Bär

b) Programm der Vereinigten Katholischen Parteien in Bayern (Karl Fürst zu Löwenstein), 1875

„Eine Heilung der schweren Schäden und Leiden unserer Zeit ist auch auf sozialem Gebiete nur durch Rückkehr der wirtschaftlichen Gesetzgebung zu den Grundsätzen des Christentums möglich. Wir treten daher dem modernen Staate entgegen, der durch seine selbstsüchtige, unchristliche Wirtschaftspolitik zugunsten des Kapitals das Volk ausbeuten läßt, und erstreben: 1. Heilighaltung der Sonn- und Feiertage; 2. Anerkennung des kirchlichen Eherechtes; 3. Heilighaltung der Rechte der Familie, insbesondere bezüglich der Erziehung der Kinder; 4. Schutz des Individuums gegen das Überwuchern der Macht des Kapitals, insbesondere durch Erlaß von Wuchergesetzen nach dem Geist des kanonischen Rechtes; 5. gleichmäßigen Schutz und Förderung der Rechte und Interessen aller Berufsstände, insbesondere der Grundbesitzer; 6. ein christliches Arbeiterrecht nach Vereinbarung mit Arbeitern und Arbeitgebern; 7. Übertragung der Armenpflege an die Kirche."

4. Die Wendung zur Weltpolitik

Einführung

Die Vorgeschichte des Ersten Weltkriegs beginnt – von Deutschland her gesehen – mit der Wendung der deutschen Außenpolitik zum imperialistischen Kurs unter Wilhelm II. Die Fortsetzung der Außenpolitik Bismarcks (Saturiertheit in Europa, Verzicht auf koloniale und wirtschaftliche Expansion im Weltmaßstab) hätte allein den Druck der europäischen Großmächte auf das Deutsche Reich in jenen Grenzen halten können, die eine militärische Explosion in Europa verhindert hätte.

Zu bedenken ist jedoch, daß die Vorkriegs-Generation – nicht nur in Deutschland – von der Vorstellung geleitet wurde, in ihrer Zeit habe die endgültige Verteilung der Welt in koloniale Besitzräume und politisch-wirtschaftliche Einflußgebiete begonnen, die den kontinental-europäischen und angelsächsischen Industriestaaten sowie Japan für die Zukunft allein den nötigen sozialen und wirtschaftlichen Atemraum verschaffe. Man glaubte, daß infolge des industriellen Vorsprungs Europas die Welt für alle Zeiten in hochindustrialisierte Produktions- und in industrielose Absatzgebiete eingeteilt werde, die zugleich die Aufgabe der Rohstofflieferanten zu übernehmen hätten und deren wirtschaftliche Struktur in aller Zukunft von Europa aus bestimmt werden könne.

Quellen und Darstellungen

73. Europäische Kolonialerwerbungen

Nach: The History of Colonisation, New York 1900, zit. in Schmollers Jahrbuch, Jg. 74 (1959), S. 306.

Jahr	Großbritannien		Frankreich		Deutschland	
	Fläche Millionen Quadratmeilen	Bevölkerg. Millionen	Fläche Millionen Quadratmeilen	Bevölkerg. Millionen	Fläche Millionen Quadratmeilen	Bevölkerg. Millionen
1815–1830	?	126,4	0,02	0,5	—	—
1860	2,5	145,1	0,2	3,4	—	—
1880	7,7	267,9	0,7	7,5	—	—
1899	9,3	309,0	3,7	56,4	1,0	14,7

Wie die Zahlen ausweisen, liegt der Schwerpunkt der imperialistischen Kolonialpolitik allgemein nach den 60er Jahren des 19. Jahrhunderts. Genauer – da von allen Kolonialgebieten der Erde nur noch Afrika übrig bleibt, das 1876 erst zu etwa 10 vH besetzt ist – zwischen den 70er und 80er Jahren. Ein, zwei Jahrzehnte später, um 1900, ist die „Aufteilung der Welt“ vollzogen.

74. Bismarck über Kolonialpolitik

Im Gespräch mit dem Afrikareisenden Eugen Wolf am 5. 12. 1888.
Bismarck, Gespräche, hrsg. von W. Andreas, Bd. II, 1926, S. 646.

„Meine Karte von Afrika liegt in Europa. Hier liegt Rußland, und hier liegt Frankreich, und wir sind in der Mitte; das ist meine Karte von Afrika.“

75. Der Realwert der deutschen Kolonien

Aus P.E. Schramm, Deutschland und Übersee 1950, S. 458f.

Militärisch bedeuteten die deutschen Schutzgebiete für Deutschland nichts, da es im Gegensatz zu Frankreich und auch zu England nie einen Eingeborenen außerhalb seines Heimatgebietes als Soldaten verwandt hat. Daß im ersten Weltkriege alle deutschen Besitzungen mehr oder minder schnell von den Gegnern erobert wurden, bedeutete für alle Sachkundigen keine Überraschung; sie wurden höchstens dadurch in Erstaunen versetzt, daß einzelne deutsche Kontingente sich so lange halten konnten. Denn die Schwäche, die den deutschen Besitzungen durch ihre Isolierung von Anfang an anhaftete, war so offensichtlich, daß Illusionen gar nicht möglich waren.

Wirtschaftlich hat der deutsche Kolonialbesitz immer nur einen Zuschuß zu den Rohstoffen geleistet, deren Deutschland bedurfte; zwar stieg er von Jahr zu Jahr, aber was Deutschland aus nichtdeutschen Gebieten einführte, betrug das 200fache:

	1912 (in Mill. Mark)		1913 (in Mill. Mark)	
Handel mit	Einfuhr	Ausfuhr	Einfuhr	Ausfuhr
fremden Ländern	10639	8900	10717	10039
deutschen Kolonien	53	57	53	57

Sieht man von dem Kupfer und den Diamanten Deutsch-Südwestafrikas ab, so gab es unter den Produkten der deutschen Kolonien keinen Artikel, der Deutschland auf dem Weltmarkte eine besondere Stärke gab oder in absehbarer Zeit zu geben versprach.

An weißer Bevölkerung wurden in den deutschen Schutzgebieten 1913 gezählt: in Togo 368, in Kamerun 1871, in Deutsch-Südwestafrika 14830, in Deutsch-Ostafrika 5336, also in Afrika 22405, ferner in Deutsch-Neu-Guinea 1427, auf dem Kaiser-Wilhelm-Land und dem Bismarck-Archipel 968, auf den Ost-Karolinen 264, auf den West-Karolinen und den Marianen 195, auf Samoa 557, also in der Südsee 1984, ferner in Kiautschau 4470. Es handelte sich demnach insgesamt um 28859 Weiße, bei denen noch die in deutschen Gebieten lebenden Ausländer mitgezählt sind. Eine ungefähr gleich große Bevölkerung wiesen Mittelstädte wie Paderborn, Brieg, Wilhelmsburg, Lüneburg, Stargard, Siegen und Stendal auf. Kein Schutzgebiet ist also – trotz der Bemühungen eines Menschenalters – imstande gewesen, eine ins Gewicht fallende Auswanderung aufzunehmen; selbst Deutsch-Südwestafrika, das ja die

Hälfte aller dieser Weißen beherbergte, gab zahlenmäßig nicht mehr Menschen eine Existenzmöglichkeit wie eine Kleinstadt in der Heimat. Es bestand Aussicht, daß sich diese Verhältnisse mit der Zeit noch besserten; aber ein – im Großen gesehen – nennenswerter Wandel lag außerhalb des Bereichs des Möglichen. Auswandererkolonien hat Deutschland nicht besessen.

Zusammenfassend ist demnach festzustellen, daß die geopolitische Struktur des deutschen Kolonialbesitzes sehr ungünstig war, daß sein wirtschaftlicher Wert für das große Ganze unerheblich blieb und die deutsche Überbevölkerung durch ihn in keiner Weise aufgelockert werden konnte.

76. Reichskanzler von Caprivi begründet die Nichterneuerung des Rückversicherungsvertrags mit Rußland

Aus seinen Aufzeichnungen; Joh. Hohlfeld, Dokumente der dt. Politik und Geschichte von 1848 bis zur Gegenwart, II, 12, Berlin 1951.

„Eine Annäherung Deutschlands an Rußland würde unsere Verbündeten nur entfremden, England schädigen und unserer eigenen Bevölkerung, die sich in den Gedanken des Dreibundes immer mehr eingelebt hat, unverständlich und unsympathisch sein. Was gewönnen wir für diese Nachteile? Welchen Wert hätte es, wenn Rußland sich mindestens die ersten Wochen nach einem Angriff der Franzosen auf uns ruhig verhielte? Diese Ruhe würde nicht so vollständig sein, daß wir nicht einen Teil unserer Armee an der russischen Grenze stehen lassen müßten. Wir würden gegen Frankreich doch nicht mit unserer ganzen Kraft auftreten können, während auf der anderen Seite für Österreich der casus foederis nicht vorläge.

Was aber die Möglichkeit angeht, daß Rußland die Anlehnung, die es bei uns nicht findet, anderswo suchen könnte, so kommen hierfür nur Frankreich und England in Betracht. Für den Schritt, den Rußland jetzt vorzuhaben scheint, ist die französische Allianz ihm wertlos, solange die englische Mittelmeerflotte dazwischentreten kann. Durch eine englische Allianz würde Rußland das, was es von uns kostenfrei zu erhalten wünscht, nur durch Opfer an anderen Stellen (Asien) gewinnen können und seine Beziehungen zu Frankreich voraussichtlich lockern. Eine Allianz aber, die England und Frankreich umschlösse, ist der englischen Interessen im Mittelmeer wegen durchaus unwahrscheinlich."

77. Zum Problem des „Imperialismus"

a) Wilhelm Mommsen über die imperialistische deutsche Politik in Ostasien

„Geschichte des Abendlandes", München 1951 (S. 455 f.).

„Im Kriege mit China der Jahre 1894/95, dem schon mancher Kampf zwischen beiden Völkern vorausgegangen war, griffen die Japaner auf das asiatische Festland über. Sie errangen im Kampf schnell Erfolge, marschierten gegen Peking und besetzten die wichtigsten Hafenplätze. Bisher hatten die großen europäischen Mächte, im besonderen Rußland, England und Frankreich, den ostasiatischen Raum als Objekt ihrer Politik angesehen. In beiden ostasiatischen Staaten waren die Ausländer privilegiert. Jetzt begann Japan im Kampf gegen China zugleich der Ausbeutung Ostasiens durch die europäischen Mächte entgegenzutreten.

Im Frieden von Schimonoseki erreichte Japan die Selbständigkeit Koreas, das seit Jahrhunderten ein von China abhängiger Staat war, und erwarb Formosa. Weitere Erfolge scheiterten am Einspruch Rußlands, Frankreichs und des Deutschen Reiches;

während Großbritannien sich klug zurückhielt, drängte sich das Deutsche Reich in den Vordergrund und diente damit im Grunde nur den russischen Interessen.

Die Schwäche Chinas, die der Krieg mit Japan so deutlich gezeigt hatte, wurde von den europäischen Mächten dazu ausgenutzt, um auf chinesische Kosten weiter vorzudringen. Rußland wollte die Mandschurei und Korea gewinnen. 1896 gestattete China den Russen, die sibirische Bahn durch die Mandschurei zu führen. Vier Jahre später kam Tibet unter die russische Schutzherrschaft. Auch Frankreich und England dehnten sich in den chinesischen Randgebieten aus. England besetzte Wai-Hai-Wei, Rußland Port Arthur, während das Deutsche Reich Kiautschou pachtete. Gleichzeitig begann die Loslösung der Mandschurei von China.

Japan war es gelungen, in seinen Gebieten die Sonderstellung der Ausländer zu beseitigen und mit den europäischen Mächten Handelsverträge abzuschließen; unter dem Eindruck der japanischen Erfolge entstand auch in China eine Bewegung, die dem weiteren Vordringen der Europäer entgegentrat. 1899 entlud sich in den Boxerunruhen der wilde und ohnmächtige Haß gegen die Fremden. In Peking wurden die ausländischen Gesandtschaften belagert und der deutsche Gesandte ermordet.

Die Mächte beschlossen jetzt, gemeinsam gegen China vorzugehen. Wiederum ließ sich das Deutsche Reich unklug in den Vordergrund schieben. Wilhelm II. war sehr stolz, daß der General Waldersee den Oberbefehl über die internationalen Truppen erhielt, die in China eingreifen sollten. Als der ‚Weltmarschall' nach China kam, war Peking schon befreit."

b) Der marxistische Historiker Alfred Meusel zum gleichen Thema

„Beiträge zur Geschichte des deutschen Imperialismus", Berlin 1951 (S. 44f.).

„Als Deutschland in die Weltpolitik eintrat, schien der Augenblick zur Aufteilung Chinas gerade gekommen zu sein. Der deutsche Imperialismus beschloß, die Schwäche Chinas, die sich im Japanisch-Chinesischen Krieg von 1894 bis 1895 offenbart hatte, auszunützen und sich einen Stützpunkt oder am liebsten gleich mehrere in China zu schaffen. Das war nicht einfach, denn der Ausgang des Krieges hatte sehr deutlich bewiesen, daß sich gegen den Sieger (also Japan) sofort eine Koalition anderer in Ostasien interessierter Großmächte zusammenzog, die ihn dazu nötigte, einen Teil seiner Beute wieder fahrenzulassen. Die deutsche Regierung hatte keine Neigung, nach einigen Waffenerfolgen über China eine diplomatische Niederlage zu erleiden, wie sie Japan im Frieden von Schimonoseki (April 1895) zugefügt worden war. Wenn Deutschland in China vorstieß, wollte es das nur im Bündnis oder jedenfalls im Einverständnis mit den anderen in China interessierten Großmächten tun. ‚Hiernach bleibt als einziger Weg nur übrig', schrieb das Auswärtige Amt in einer dem Kaiser unterbreiteten Denkschrift, ‚aufzupassen, bis uns die Chinesen den Anlaß zu einer Repressalie geben.'

1897 wurden zwei deutsche katholische Missionare von Chinesen getötet. Sofort schrieb Kaiser Wilhelm II. an den damaligen Staatssekretär im Auswärtigen Amt, den späteren Reichskanzler, Graf Bülow, einen frohlockenden Brief, in dem es heißt:

‚Also endlich haben uns die Chinesen den schon von Marschall, Ihrem Vorgänger, so lange ersehnten Grund und Zwischenfall geboten. Ich beschloß, sofort einzugreifen. Hunderte von deutschen Kaufleuten werden aufjauchzen in dem Bewußtsein, daß endlich das Deutsche Reich festen Fuß in Asien gefaßt hat. Hunderttausende von Chinesen werden erzittern, wenn sie die eiserne Faust des Deutschen Reiches in ihrem Nacken fühlen werden, und das ganze deutsche Volk wird sich freuen.'

,Graf, dieser Mortimer starb Ihnen sehr gelegen', wie es in Schillers ,Maria Stuart' heißt. Zehn Tage, nachdem die Missionare getötet waren, wurde Kiautschou von deutschen Truppen besetzt (November 1897).

Die beiden in Ostasien am meisten interessierten europäischen Großmächte, Großbritannien und Rußland, machten böse Miene zum bösen Spiel. Wie groß ihre Interessengegensätze in Ostasien auch waren, darin waren sie vollkommen einig, daß sie nicht wünschten, das deutsche Kaiserreich als ernsthaften Mitbewerber um die chinesische Beute auftauchen zu sehen. Die öffentliche Meinung in Frankreich und den Vereinigten Staaten sympathisierte mit der Ablehnung des deutschen Vorgehens durch Großbritannien und Rußland. Japan war entzückt darüber, daß die russisch-französich-deutsche Koalition, die ihm in Schimonoseki einen Teil seiner Beute abgejagt hatte, zerbrochen war; außerdem war es von der Aussicht begeistert, seine Eroberungspolitik in China als Preisfechter aller übrigen Großmächte gegen den deutschen Eindringling wiederaufzunehmen. Also erklärte Japan offen, daß es, da ihm das Wohl des chinesischen Volkes am Herzen läge, einem bewaffneten Vorgehen der Deutschen in China nicht tatenlos zuschauen werde; außerdem wurde der japanische Geschäftsträger in Berlin damit beauftragt, eine Demarche beim Auswärtigen Amt vorzunehmen."

78. Bekenntnisse Kaiser Wilhelms II. zur Weltpolitik

Die Reden Kaiser Wilhelms II., hrsg. von Joh. Penzler, Teil II, Leipzig 1897–1913.

„Unsere afrikanischen Siedlungen haben das Deutsche Reich an der Aufgabe beteiligt, jenen Weltteil für christliche Gesittung zu gewinnen. Ich habe deshalb eine Verständigung zunächst mit England gesucht und gefunden, deren Inhalt und Zweck Ihnen mitgeteilt werden wird." (Thronrede vor dem Reichstag vom 22. 11. 1888)

„Aus dem Deutschen Reiche ist ein Weltreich geworden. Überall in fernen Teilen der Erde wohnen Tausende unserer Landsleute. Deutsche Güter, deutsches Wissen, deutsche Betriebsamkeit gehen über den Ozean. Nach Tausenden von Millionen beziffern sich die Werte, die Deutschland auf der See fahren hat. An Sie, meine Herren, tritt die ernste Pflicht heran, Mir zu helfen, dieses größere Deutsche Reich auch fest an unser heimisches zu gliedern." (Tischrede zum 18. 1. 1896)

„Der Dreizack gehört in unsere Faust. So ist es mein Wunsch, der Welt den Frieden zu erhalten, desgleichen aber nach außen die Ehre des Reiches in jeder Weise hochhalten zu können, unserer vaterländischen Arbeit und der Industrie der produzierenden Stände die Absatzgebiete zu sichern und zu erhalten, die wir brauchen." (Tischrede zur Denkmalseinweihung in Köln vom 18. 6. 1897)

„Die Fahrt, die Du antreten wirst, und die Aufgabe, die Du zu erfüllen hast, bedingen an sich nichts Neues. Es ist weiter nichts wie die erste Bestätigung des neugeeinten und neuerstandenen Deutschen Reiches in seinen überseeischen Aufgaben. Dasselbe hat in der staunenswerten Entwicklung seiner Handelsinteressen einen solchen Umfang genommen, daß es Meine Pflicht ist, der neuen deutschen Hansa zu folgen und ihr den Schutz angedeihen zu lassen, den sie vom Reich und vom Kaiser verlangen kann. Es soll unter dem schützenden Panier unserer deutschen Kriegsflagge unserm deutschen Handel, dem deutschen Kaufmann, den deutschen Schiffen das Recht zuteil werden, das wir beanspruchen dürfen, das gleiche Recht, was von Fremden allen anderen Nationen gegenüber zugestanden wird." (Aus der Verabschiedung des nach Ostasien gehenden Prinzen Heinrich, Kiel, 15. 12. 1897)

„Der Ozean ist unentbehrlich für Deutschlands Größe. Aber der Ozean beweist auch, daß auf ihm in der Ferne, jenseits von ihm, ohne Deutschland und ohne den deutschen Kaiser keine große Entscheidung fallen darf.“ (Begrüßung des Prinzen Rupprecht, Wilhelmshaven, 3. 7. 1900)

79. Bestand an Schlachtschiffen bei den Großmächten 1896

Walther Hubatsch, Die Ära Tirpitz, Göttingen (1955), S. 56.

1896 hatten die Großmächte folgenden Bestand an Hochseepanzerschiffen erster Klasse fertig und im Bau:

England 33
Frankreich 17
Italien 13
Nordamerika 9
Deutschland 6
Japan 6
Österreich-Ungarn 3

Das war der Zustand in dem Jahre, bevor Tirpitz an die Spitze des Reichsmarineamtes trat. Deutschland stand damit unter den Seemächten an sechster Stelle, während es unter Bismarcks Kanzlerschaft eine Zeitlang den dritten Platz behauptet und seitdem sein Außenhandel die zweite Stelle in der Welt eingenommen hatte.

80. Schiffsbauten der europäischen Großmächte

Nach Hans Hallmann, Der Weg zum deutschen Schlachtflottenbau, Stuttgart 1933, S. 337.

Die Vordreadnoughts

1. Der Bau von Linienschiffen 1898–1905

	Seit 1889	1898	1899	1900	1901	1902	1903	1904	1905	Summe
England	29	7	2	2	3	2	5	2	—	52
Deutschland	7	2	3	2	2	2	2	2	2	24
Frankreich	14	1	—	—	2	3	—	—	—	20
Rußland (Ostsee)	7	8	—	—	—	—	2	—	—	17

2. Der Bau von Panzerkreuzern 1898–1905

	Seit 1889	1898	1899	1900	1901	1902	1903	1904	1905	Summe
England	4	6	3	7	6	2	4	3	—	35
Deutschland	1	1	—	1	1	1	1	1	1	8*)
Frankreich	7	10	—	2	1	1	1	1	1	24
Rußland (Ostsee)	2	2	—	—	—	—	—	—	5	9

*) Dazu „Blücher“ (1906).

Die Großkampfschiffe 1905–1913

	1900	1906	1907	1908	1909	1910	1911	1912	1913	Summe
England	4	3	3	2	10	5	5	5	5	42
Deutschland	—	2	3	4	4	4	4	2	3	26
Frankreich	—	6	—	—	—	2	2	3	4	17
Rußland	—	—			4	—		4	—	8

81. Der Risikogedanke

Aus der Begründung zur 2. Flottenvorlage von 1900 durch Admiral Tirpitz.
Walter Hubatsch, a.a.O., S. 72f.

Unter den gegebenen Umständen gibt es nur ein Mittel, um Deutschlands Handel und Kolonien zu schützen: Deutschland muß eine Flotte von solcher Stärke haben, daß selbst für die größte Flotte ein Krieg mit ihm ein solches Risiko in sich schließen würde, daß ihre eigene Überlegenheit gefährdet wäre. Für diesen Zweck ist es nicht absolut notwendig, daß die deutsche Flotte ebenso groß ist wie die der größten Seemacht, weil in der Regel eine große Seemacht nicht in der Lage sein wird, ihre ganze Kraft gegen uns zu konzentrieren. Aber selbst, wenn es ihr gelingen sollte, uns mit überlegenen Kräften entgegenzutreten, würde der Feind durch seine Überwindung des Widerstandes der deutschen Flotte so erheblich geschwächt werden, daß dann trotz des etwa errungenen Sieges die eigene Machtstellung zunächst nicht mehr durch eine ausreichende Flotte gesichert wäre.

82. Der deutsche Militärsachverständige lehnt die Abrüstung ab

Aus der Rede des Obersten Schwarzhoff (26. 6. 1899)
B. v. Suttner, Die Haager Friedenskonferenz, 1901, S. 228.

... Ich wollte nicht, daß mein Stillschweigen als Zustimmung aufgefaßt würde.

Das deutsche Volk ist *nicht* erdrückt unter dem Druck der Lasten und Steuern; es ist nicht auf der schiefen Ebene zum Abgrund; es eilt nicht der Erschöpfung und dem Ruin entgegen. Ganz im Gegenteil: der öffentliche und der Privatreichtum ist im Steigen begriffen; der allgemeine Wohlstand, der „standard of life" wird von Jahr zu Jahr ein höherer.

Was die allgemeine Wehrpflicht betrifft, die mit diesen Fragen innig verbunden ist, so betrachtet sie der Deutsche nicht als eine schwere Last, sondern als eine heilige und patriotische Pflicht, deren Erfüllung er seine Existenz, seinen Wohlstand und seine Zukunft verdankt. ...

83. Aus den Satzungen des Alldeutschen Verbandes, 1894

Grell, Der Alldeutsche Verband, Joh. Hohlfeld, a.a.O., Nr. 20.

1. Belebung des vaterländischen Bewußtseins in der Heimat und Bekämpfung aller der nationalen Entwicklung entgegengesetzten Richtungen.
2. Lösung der Bildungs-, Erziehungs- und Schulfragen im Sinne des deutschen Volkstums.
3. Pflege und Unterstützung deutsch-nationaler Bestrebungen in allen Ländern, wo Angehörige unseres Volkes um die Behauptung ihrer Eigenart zu kämpfen haben, und Zusammenfassung aller Deutschen auf der Erde für diese Ziele.
4. Förderung einer tatkräftigen deutschen Interessenpolitk in Europa und Übersee, insbesondere auch Fortführung der deutschen Kolonialbewegung zu praktischen Ergebnissen.

84. Germaniam esse delendam

Aus einem Artikel der Saturday Review vom 11. 9. 1897
W. L. Langer, The Diplomacy of Imperialism, 1951, S. 437

... Auf die Länge beginnen auch in England die Leute einzusehen, daß es in Europa zwei große, unversöhnliche, entgegengesetzte Mächte gibt, zwei große Nationen, welche die ganze Welt zu ihrer Domäne machen und von ihr den Handelstribut erheben möchten. England, mit seiner langen Geschichte erfolgreicher Aggression und der wunderbaren Überzeugung, daß es beim Verfolg seiner eigenen Interessen Licht unter den im Dunkeln wohnenden Völkern verbreite, und Deutschland, Fleisch vom selben Fleisch und Blut vom selben Blut, mit geringerer Willenskraft, aber vielleicht lebhafterer Intelligenz, wetteifern in jedem Winkel des Erdballs. ... Überall, wo die Flagge der Bibel und der Handel der Flagge gefolgt ist, liegt ein deutscher Handlungsreisender mit dem englischen Hausierer im Streit. Gibt es irgendwo eine Mine auszubeuten, eine Eisenbahn zu bauen, einen Eingeborenen von der Brotfrucht zum Büchsenfleisch, von der Enthaltsamkeit zum Schnapshandel zu bekehren – ein Deutscher und ein Engländer streiten um den ersten Platz.

Eine Million geringfügiger Streitigkeiten schließen sich zum größten Kriegsgrund zusammen, welchen die Welt je gesehen hat. Wenn morgen Deutschland ausgelöscht würde, gäbe es übermorgen keinen Engländer in der Welt, der nicht um so reicher geworden wäre. Völker haben jahrelang um eine Stadt oder ein Erbfolgerecht gekämpft; müssen sie nicht um einen jährlichen Handel von 250 Millionen Pfund Krieg führen? ...

85. Englands Annäherungsversuch 1901

Joh. Hohlfeld, a.a.O., Nr. 53a und c.

a) Der deutsche Botschafter in London an das Auswärtige Amt. Bericht vom 18. Januar 1901

„Herr Chamberlain hat kürzlich folgende bedeutungsvolle Äußerungen gemacht: Er und seine Freunde im Kabinett seien sich jetzt darüber klar, daß für England die Zeit seiner Politik der ‚Splendid isolation' vorüber sei. England müsse sich für die Zukunft nach Bundesgenossen umsehen. Die Wahl sei zwischen Rußland, Frankreich und dem Dreibund. Zunächst sei er dafür, daß ein geheimes Abkommen zwischen England und Deutschland in bezug auf Marokko zustande käme. Solange er, Chamberlain, die Überzeugung habe, daß ein dauerndes Zusammengehen mit Deutschland möglich sei, werde er sich jeder Idee eines Ausgleichs mit Rußland auf das entschiedenste widersetzen. Sollte es sich jedoch herausstellen, daß ein permanenter Anschluß an Deutschland nicht durchführbar sei, so werde auch er ein Zusammengehen mit Rußland trotz des voraussichtlich von England zu zahlenden abnormen Preises (eventuell inklusive China und des Persischen Golfs) befürworten."

b) Vortragender Rat im Auswärtigen Amt, von Holstein (21. Januar 1901)

„Ich bin gegen den jetzigen Freundschaftssturm von Chamberlain und Genossen[1] deshalb besonders mißtrauisch, weil die angedrohte Verständigung mit Rußland und Frankreich so vollständiger Schwindel ist. Wir können warten, die Zeit läuft für uns. Ein vernünftiges Abkommen mit England, d.h. ein solches, wo der beinahe sicheren Kriegsgefahr, welcher wir uns dabei aussetzen, gebührende Rechnung getragen wird, läßt sich meines Erachtens erst dann erreichen, wenn das Gefühl der Zwangslage in England allgemeiner als heute geworden ist."

[1] Chamberlein ist Kolonialminister, Salisbury Premierminister; diese Formulierung Holsteins ist irreführend. Chamberlains Interesse stehen die Ablehnung Salisburys und die Gleichgültigkeit des Außenministers Landsdowne und des Führers der Konservativen, Balfour, gegenüber. Auch die Volksstimmung beider Länder ist dem Versuch ungünstig.

86. Gespräch Kaiser [illegible] mit dem Unterstaatssekretär im Foreign Office Sir Charles Hardinge im August 1908

Aus dem Bericht Wilhelms II.

Joh. Hohlfeld, a.a.O., Bd. 2, S. 184ff.

Nach Tisch redete mich Sir Charles Hardinge auf unsere militärischen Einrichtungen an und ging nach kurzer Besprechung der Armee auf die Flottenfrage über. Er sprach von ernster Besorgnis, von der alle Kreise Englands über unsern Flottenbau erfüllt seien . . .:

„. . . Der Dreadnoughtbau nimmt bei Ihnen so rasche Fortschritte, daß Sie in wenigen Jahren, sagen wir 1912, uns an Stärke gleich oder sogar überlegen sein werden. Darüber ist das englische Volk voll Aufregung und schwerer Besorgnis . . . Dieser Konkurrenzbauerei muß ein Ende gemacht werden, es muß ein Arrangement getroffen werden, wonach das Bautempo verlangsamt wird. Denn unsere Regierung muß sonst im nächsten Jahre ein großes Programm für Neubauten einbringen, für die bei dem Mangel an Mitteln neue Steuern ausgeschrieben werden müssen. Das wird sehr unpopulär sein, das Volk wird murren und kann vielleicht der Regierung den Hals kosten." *Ich*: „. . . Konkurrenzbau treiben wir nicht, unser Tempo ist gesetzlich festgelegt, die Anzahl der Schiffe desgleichen und Ihnen bekannt. Sie treiben Konkurrenzbau, und zwar eine Konkurrenz, die nur einseitig englisch ist und von Ihrer Admiralität erfunden ist."

Er: „Können Sie nicht Ihrem Bauen Einhalt tun? Oder weniger Schiffe bauen?"

Ich: „Das Maß der maritimen Rüstung Deutschlands richtet sich nach seinen Interessen und Bedürfnissen, ist ein defensives und bestimmt nicht gegen eine Nation, am wenigsten gegen England, gerichtet. Sie sind keine Drohung für Sie, da Sie augenblicklich alle miteinander an Gespensterfurcht leiden." *Er*: „Aber ein Arrangement müßte doch getroffen werden, um den Bau einzuschränken. Sie müssen einhalten oder langsamer bauen." *Ich*: „Dann werden wir kämpfen, denn es ist eine Frage der nationalen Ehre und Würde." Und dabei sah ich ihm fest und scharf in die Augen. Sir Charles bekam einen feuerroten Kopf, machte mir einen Diener, bat mich um Entschuldigung für seine Worte und ersuchte mich ausdrücklich, dieselben als versehentlich im Privatgespräch gemachte Bemerkungen zu betrachten, welche ich vergeben und vergessen möchte . . .

Abends nahm ich das Gespräch mit ihm wieder auf, wobei er ein ganz anderer Mann war, liebenswürdig vergnügt, seine Erzählungen mit Anekdoten würzend . . . Als ich nach Tisch mit Erlaubnis des Königs ihm den Roten Adlerorden 1. Klasse verlieh, war er windelweich . . . Die offene Aussprache mit mir, in der ich ihm scharf die Zähne gezeigt hatte, hat ihre Wirkung nicht verfehlt. Mit Engländern muß man immer so verkehren.

B. Die Probleme des Nationalstaates: Österreich, Italien, Rußland-Polen

1. Österreich

Einführung

Der diplomatischen Kunst Metternichs gelang es zwar, Österreich eine beherrschende Stellung in der europäischen Staatenwelt und den vorwaltenden politischen Einfluß in dem Deutschen Bund zu sichern, doch war sie mit ihren polizeistaatlichen Methoden eines nivellierenden Zentralismus und argwöhnischer Zensur nicht geeignet, ein innenpolitisch befriedigendes Klima herzustellen. Das konsequente Beharren auf den Prinzipien des Legitimismus und der dynastischen Tradition barg notwendigerweise eine entschiedene Frontstellung gegenüber den aufsteigenden geistig-politischen Strömungen der Zeit, Liberalismus und Nationalismus, in sich. Allerdings bedurfte es des Anstoßes von außen, um die aufgestauten revolutionären Kräfte zu entbinden. Daß die habsburgische Monarchie nach ihrem militärischen Sieg es nicht verstand, einen tragfähigen Ausgleich zwischen Zentralismus und Föderalismus, zwischen Gesamtstaatsidee und nationaler Eigenständigkeit, zwischen Einheit des Ganzen und Freiheit der Teile zu erreichen, sollte dem österreichischen Staat zum Verhängnis werden. Die Anerkennung der ungarischen Sonderstellung bedeutete letztlich auch keine Entschärfung der aufgebrochenen Gegensätze, keine Sicherung des durch Panslawismus und Irredenta bedrohten Staates, da die Magyaren einerseits eine weitere Ausdehnung ihrer bevorrechteten Position gegenüber Wien forderten und andererseits die übrigen Nationalitäten, Rumänen, Serben, Kroaten und Slowaken, mit harter Hand unterdrückten. Auch die entgegenkommenden Sprachenverordnungen gegenüber den Tschechen haben den Hader der Nationalitäten mehr gefördert als beschwichtigt und die Regierungstätigkeit immer stärker auf das monarchische Verfügungsrecht verwiesen. Dem opportunistischen Lavieren der rasch wechselnden Kabinette waren wohl zeitweilige Scheinerfolge beschieden, doch war diese Ad-hoc-Politik nicht imstande, den strukturellen Verfall der Donaumonarchie – auf föderalistischem Wege etwa – aufzufangen. Auch den Siegermächten des Ersten Weltkrieges ist die Entwirrung dieses Chaos nicht gelungen.

Quellen und Darstellungen

87. Die österreichische Monarchie am Vorabend der Revolution

Golo Mann in Propyläen Weltgeschichte, 8. Bd. (1960), S. 479f.

„Die vielsprachige Habsburger Monarchie selber lag nicht außerhalb Europas und konnte den Wind fordernder Unruhe, der durch Europa ging, nicht zwingen, an ihren Grenzen haltzumachen, trotz Polizei und Zensur; in ihren deutschsprachigen Gebieten, dann in Ungarn, Böhmen, Galizien so wenig wie in Norditalien. Magyarismus, Illyrismus, Tschechismus, Slawismus, Polonismus – dieselbe Tendenz wühlte in allen diesen neuen, nationalen Programmen; und wühlte gegen das gesamt österreichische Staatswesen wie auch gegen sich selber, weil die Träume der habsburgischen Völker, so wie sie waren, sich untereinander nicht versöhnen ließen.

Ungarn existierte unter seiner feudal-repräsentativen Konstitution, die einerseits den Magnaten, den großen Grundbesitzern, andererseits dem Kleinadel und einigen Delegierten des Königreiches Kroatien eine altmodische Art von Vertretung gab. Die Magyaren waren uneins in dem, was sie wollten: kulturelle Wiedergeburt, einen Verfassungsstaat im westlichen Sinn, aber im Rahmen der österreichischen Monarchie; radikale Demokratie und Trennung von Habsburg. Einig waren sie im Nationalismus, dem Willen, die Länder der Stephanskrone, in denen sie selber eine Minderheit waren, zu magyarisieren und den Nebenvölkern Kroaten, Rumänen, Slowaken, Deutschen, die Rechte ganz zu nehmen, deren Erfüllung sie für sich selber forderten. Das Lateinische wich dem Magyarischen als Verhandlungssprache im Reichstag; den

Kroaten wurde auferlegt, Magyarisch zu lernen oder des Rechtes, ein staatliches Amt zu bekleiden, verlustig zu gehen. Es begann damit ein Streit, der so lange dauern sollte wie die Habsburger Monarchie, der nicht einmal mit ihr endete und der von trostloser Dummheit und Dürftigkeit war: der Sprachenstreit. Des Menschen menschlichste Gabe, die Sprache, wurde zum Trennenden, boshaft Konkurrierenden.

Dem magyarischen Nationalismus antwortete der südslawische oder illyrische; das Bestreben, aus verschiedenen südslawischen Dialekten eine Schriftsprache zu schaffen (Ludewit Gaj); auch schon der Traum eines Königreiches der Kroaten und Slowenen, vielleicht mit Einbeziehung der Serben und Bulgaren.

In Böhmen meldeten sich Professoren, Schriftsteller, auch aristokratische Politiker zu Wort und entdeckten aufs neue die slawische Nation der Tschechen. Soweit die Bestrebung eine antiquarisch-kulturelle war, hatte der Staatskanzler Metternich nichts gegen sie, weder im Fall der Tschechen noch anderswo. Es lag aber im Wesen des europäischen Nationalismus, so wie die Slawen ihn von den Deutschen übernommen hatten und ihn nun gegen die Deutschen kehrten, wie die Magyaren ihn gegen die Slawen, daß er nur kulturell nicht bleiben konnte und sollte, sondern nach politischer Erfüllung trachtete; daß nur zu oft der Nachweis alter Kulturherrlichkeit im Dienste politischen Ehrgeizes stand, wobei es dann auch nicht ganz ohne Fälschungen abging; daß, während doch Kultur das Schöpferische, nur das Positive ist, hier das Negative, die Antipathie, die Konkurrenz, der Neid ein konstituierendes Element waren. Die tschechischen Patrioten erstrebten etwas wie die staatsrechtliche Erneuerung des alten böhmischen Königreiches. Es sollte aber sein, was das alte Böhmen nicht gewesen war, ein tschechischer Nationalstaat, in dem die Deutschen eine Minderheit wären; zuerst die kulturelle Gleichberechtigung mit den Deutschen, dann die Prädominanz. Obgleich eng verwandt mit dem in Rußland zentrierenden gesamtslawischen Nationalismus, Panslawismus, und kaum möglich ohne ihn, hatte der Tschechismus in den vierziger Jahren einen nur tschechischen, sogar einen entschieden österreichfreundlichen Charakter, wie wir noch sehen werden. Österreichfreundlich, aber nicht deutschfreundlich. Die Idee war, die Habsburger Monarchie zu einem überwiegend slawischen Bundesstaat zu machen. Der Dynastie Habsburg, die deutsch war, dann italienisch, lothringisch, spanisch, nur nicht slawisch, war diese Idee fremd; fremd dem historischen Stil der Donaumonarchie. Selbst Metternich, nichts weniger als ein deutscher Nationalist, hielt doch fest am deutschen Charakter des Gesamtstaates; deutsch in der Form, deutsch nach außen hin. – Übrigens ging es in Böhmen zu wie in Ungarn und wie im deutschsprachigen Niederösterreich: die Stände oder Landtage verlangten Rechte, welche die Vertreter des Monarchen ihnen zu verweigern hatten: Mitwirkung an der Gesetzgebung, Steuerbewilligungsrecht, Kontrolle des Budgets, Öffentlichkeit der Verhandlungen und so fort – die Forderungen des Konstitutionalismus.

Das kleine, künstlich ausgeschnittene und umhegte Stück Land, welches der Wiener Kongreß 1815 dem polnischen Patriotismus eingeräumt hatte, die Republik Krakau, wurde 1846 dem österreichischen Staatswesen einverleibt. Metternich, der an nichts so sehr glauben wollte als an die Heiligkeit der Verträge von 1815, verfügte das ungern, aber das unruhige Treiben der Polen ließ keine andere Wahl, und hätte er Krakau nicht genommen, so hätte es der Zar getan. Das klassische Volk des Unglücks, das polnische, konnte nicht ruhig bleiben, wenn selbst die glücklichsten Völker sich in Unruhe gefielen. Von Krakau spülte der polnische Nationalismus hinüber in die österreichische Provinz Galizien, wo der Konflikt ein zugleich nationaler und sozialer war: ukrainische Bauern gegen die Grundbesitzer polnischer Nationalität. Dort kam es zu fürchterlichen Gewalttaten von arm gegen reich, Exzessen, von denen es hieß, daß der Staat, Österreich sie begünstigte, oder doch sie nicht hinderte, um die polnische Herrenschicht zur Räson zu bringen."

88. Die Donaumonarchie und die Slawen

Aus der Resolution des Slawenkongresses vom 2. Juni 1848 in Prag.
Fischel, Materialien zur Sprachenfrage in Österreich (1902), S. 1f.

„Eine große Umgestaltung der politischen Verhältnisse geht in ganz Europa vor. Die alte Kabinettspolitik, die über das Geschick der Völker willkürlich entschied, sie ist verschwunden. Das Europa von 1815 existiert nicht mehr; die Völker sind zum Selbstbewußtsein und zur Selbständigkeit erwacht. Mehr denn andere Staaten wurde von dieser politischen Bewegung die österreichische Monarchie ergriffen. Nur eine von oben gewaltsam gehandhabte zentralisierende Macht vermochte es, ein Aggregat von so verschiedenen Nationalitäten zu einem einheitlichen Staatsorganismus zusammenzuhalten. Dieser auf einem über die Völker gespannten Netze der Bürokratie künstlich basierte Organismus vermochte sich nur durch die Gewaltmittel des Absolutismus zu halten. Österreich hat die traurigen Wirkungen der konsequenten Durchführung dieses Systems an sich erfahren müssen und hat selbst nach dessen Sturze noch an dessen Folgen zu leiden. Plötzlich, ohne Übergangsstufen, geht das Volk aus der Finsternis zum hellflammenden Licht der Freiheit, aus der Unmündigkeit zu einem Zustande über, der die vollkommenste politische Reife voraussetzt."

89. Die Rumänen und die Magyarisierungspolitik

Aus der Denkschrift der Rumänen an den Kaiser-König vom 26. 3. 1892.
E. Broto, Die rumänische Frage in Siebenbürgen und Ungarn (1895), S. 333f.

„Eure kaiserliche und königliche apostolische Majestät!
Allergnädigster Herr!
Die Vertreter der Wähler romänischer Nationalität aus den Ländern der ungarischen Krone Eurer Majestät, welche am 20. und 21. Januar l. J. in Hermannstadt in einer Wählerkonferenz versammelt waren, haben konstatiert, daß ihre Entsender nach den traurigen Erfahrungen, die sie gemacht, gar kein Vertrauen mehr dem Budapester Reichstag und der ungarischen Regierung entgegenbringen können.

A. Das Wahlgesetz

Infolge dieses engherzigen und mit dem Geiste des Konstitutionalismus nicht zu vereinbarenden Arrangements könnten wir Rumänen Siebenbürgens, die friedlichsten Zeitumstände vorausgesetzt, nicht mehr als 10 bis 20 nationale Deputierte in den Landtag wählen. Wir machen drei Viertel der Bevölkerung dieses Landes aus, sind Eigentümer des Bodens im nämlichen Verhältnis, und in demselben Verhältnis tragen wir auch die öffentlichen Lasten: unleugbar ist demnach auch unser gutes Recht, in demselben Verhältnis im Landtag vertreten zu sein und an der Leitung der Angelegenheiten teilzunehmen; es wäre, meinen wir, mit der Menschenwürde unvereinbar, wenn wir auf Grund eines solchen ungerechten Gesetzes in den Wahlkampf uns begeben wollten. Mit der Ungerechtigkeit des Gesetzes wetteifert die künstliche Arrondierung der Wahlkreise. Es ist geradezu lächerlich zu sehen, wie in manchen Wahlkreisen der romänische Wähler gezwungen ist, einen oder mehrere Tage zu reisen, um an den Ort zu gelangen, wo er sein Wahlrecht ausüben kann. In Siebenbürgen leben an 200000 Magyaren und auch diese in den gewesenen feudalen Komitaten zerstreut unter den über 1 500 000 zählenden Romänen; doch haben die Gesetzgeber Sorge getragen, daß durch Schaffung der Wahlkreise dieser verschwindend kleinen magyarischen Minderheit die Mehrheit der Wahlstimmen gewahrt bleibe.

B. Das Gesetz für die Gleichberechtigung der Nationalitäten, wenn auch mangelhaft, hätte die Romänen bestimmen können, an der Konsolidierung des ungarischen Staates mitzuwirken, wenn es aufrichtig ausgeübt worden wäre.

Wer jedoch mit Aufmerksamkeit die Bestimmungen des Gesetzes für Gleichberechtigung der Nationalitäten betrachtet, gelangt bald zu der Überzeugung, daß zur Zeit, als dies Gesetz geschaffen wurde, ... die Gesetzgeber das Bestreben hatten, mit Ignorierung der nationalen Individualitäten alle Nationalitäten in einem einzigen nationalen Körper und unter der ethnischen und politischen Maske des Wortsinns der magyarischen Sprache zu verschmelzen, in der offenen Absicht, eine gesetzliche Grundlage zu schaffen für die Unifizierung der magyarischen Nation.

Durch diese beabsichtigte Verwechslung des politischen Begriffs der Nation mit dem der ethnischen verneint das Gesetz vom ersten Satze an unsere Existenz als politischer Faktor.

Und die Ausübung dieses Gesetzes bekräftigt uns in der Ansicht, daß die Gesetzgebung von allem Anfange an, was die Übersetzung dieser Bestimmungen in die Praxis betrifft, einen Hintergedanken hatte.

§ 27 des Gesetzes sagt nämlich: „Da bei Besetzung der Ämter auch künftig bloß die persönliche Befähigung als Richtschnur dienen wird, so kann auch in der Folge jemandes Nationalität nicht als Hindernis seiner Ernennung zu einem Amte oder einer Würde im Lande betrachtet werden. Vielmehr wird die Staatsregierung Sorge tragen, daß in den richterlichen und Verwaltungsämtern des Landes, insbesondere in den Obergespansämtern, nach Möglichkeit Personen aus den verschiedenen Nationalitäten verwendet werden, welche die notwendigen Sprachkenntnisse vollständig und auch die sonstige Eignung besitzen."

Diese Bestimmung des Gesetzes bleibt aber ein toter Buchstabe. In Siebenbürgen überhaupt, ebenso wie in vielen Komitaten außerhalb Siebenbürgens. . ., im ganzen in 23 Komitaten, bilden die Romänen die überwiegende Majorität, wenn nicht die ausschließliche Bevölkerung; in keinem dieser Komitate jedoch hat die Regierung Gebrauch gemacht von der im genannten Gesetzesparagraphen enthaltenen Bestimmung, um sich als gerecht und billig zu erweisen, und so kommt es, daß im ganzen Königreich kein einziger Obergespan, ja nicht einmal ein Vizegespan existiert, der aus der Mitte der Romänen entnommen wäre. Und das wird wohl niemand allen Ernstes behaupten wollen, daß unter 3 Millionen Menschen kein einziger sich verfinde, der nicht die Eignung hierzu hätte."

90. Der mährische Sprachenausgleich vom 27. November 1905

Fischel, Das österreichische Sprachenrecht (1910), S. 296f.

„§ 1. Der Gemeindevertretung bleibt es vorbehalten, ihre Amts- oder Geschäftssprache für alle Angelegenheiten des selbständigen und übertragenen Wirkungskreises zu bestimmen. Dieselbe bestimmt sonach mit Vorbehalt der in den §§ 2, 3 und 4 dieses Gesetzes enthaltenen Anordnungen, ob die der Gemeinde zustehenden Geschäftsführungen bloß in einer Landessprache durchgeführt, oder aber ob und in welchem Maße hierbei die zweite Landessprache angewendet werden soll.

§ 2. Schriftliche, an die Gemeinden einlangende Eingaben sind auch dann anzunehmen und in Verhandlung zu nehmen, wenn dieselben in jener Landessprache abgefaßt sind, welche nicht die Amts- oder Geschäftssprache der Gemeinde ist. Die Gemeinde ist berechtigt, ausgenommen die im § 3, Absatz 2, angeführten Fälle, solche Eingaben an den Landesausschuß zur kostenfreien Übersetzung einzusenden.

§ 3. Der Gemeinde steht es in der Regel frei, alle an dieselbe einlangenden Eingaben in ihrer Amts- oder Geschäftssprache zu erledigen. In Städten, welche ein eigenes Statut haben, sind die Gemeindeorgane verpflichtet, die an dieselben als politische Behörden erster Instanz in Angelegenheiten der Parteien einlangenden schriftlichen und mündlichen Eingaben in jener Landessprache zu erledigen, in welcher dieselben eingelangt sind. In anderen Gemeinden und auch in Gemeinden mit eigenem Statut in Betreff des selbständigen sowie übertragenen Wirkungskreises tritt diese Verpflichtung nur dann ein, wenn wenigstens ein Fünftel der Einwohnerzahl jene Landessprache gebraucht, welche nicht die Amts- oder Geschäftssprache dieser Gemeinde ist. Ausgenommen sind jene Anstalten und Gemeindeangelegenheiten, welche ausschließlich nur eine Nationalität betreffen.

§ 4. Den einzelnen Mitgliedern der Gemeindevertretung steht es frei, in ihren Sitzungen die eine oder die andere Landessprache zu gebrauchen. Die Leitung der Verhandlung, die Protokollierung der Verhandlung, der gestellten Anträge und gefaßten Beschlüsse (§ 47 der Gemeindeordnung) erfolgt jedoch in der Amts- oder Geschäftssprache der Gemeinde.

§ 9. In Städten, welche ein eigenes Statut haben, haben sämtliche Kundmachungen derselben als politischer Behörden erster Instanz ausnahmslos, dagegen in allen sprachlich gemischten Gemeinden, wenn bei denselben die Bedingungen des § 3 zutreffen, im selbständigen sowie übertragenen Wirkungskreise in beiden Landessprachen zu geschehen. Ausgenommen sind jene Anstalten und Angelegenheiten, welche ausschließlich nur eine Nationalität betreffen."

91. Tschechische Kritik an der Habsburger Monarchie

Edvard Benesch, Aufstand der Nationen (1928), S. 5f.

„Aus dem Ausland kehrte ich (September 1908) bestärkt in meiner ursprünglichen tiefen Abneigung gegen die politischen und sozialen Verhältnisse bei uns zurück. Verglich ich sie mit England, Frankreich und überhaupt mit Westeuropa, so war mir Österreich-Ungarn ein Prototyp des reaktionären, aristrokratisch-bürokratischen Polizeistaates, der vielfach die Reaktion, den Militarismus und Bürokratismus Deutschlands nachahmte, aber ohne seine administrative und finanzielle Ordnung, ohne die innere Kraft und den Einfluß, dabei in nationaler Hinsicht völlig zerrüttet. Gefiel mir damals Deutschland nicht, so mißfiel mir das Reich der Habsburger noch mehr. Übrigens hatte unsere traditionelle antiösterreichische Erziehung all diese Empfindungen in mir schon seit meiner Jugend systematisch ausgebildet. Ich war beim Verlassen der Heimat (1905) in sozialem und nationalem Sinn ein bewußter Malkontenter gewesen, gegen Wien und Budapest eingenommen als national fühlender Tscheche; zurückgekehrt, fühlte ich als politisch und philosophisch in Paris und London erzogener Europäer gleich elementar, wenn nicht noch elementarer diese Abneigung gegen das Reich der Habsburger.

Nach einiger Zeit (1907) versprach ich mir, in fast fanatischem Glauben an die Kraft und den Einfluß demokratischer Prinzipien, von der Einführung des allgemeinen Wahlrechts in Österreich eine Wandlung und Erneuerung im Sinne des Föderalismus und der Ideen Palackys. Die Entwicklung der Dinge in den Jahren 1909 bis 1914 bereitete mir immer größere Enttäuschungen. Innerlich bewußter und konsequenter Demokrat, wurde ich immer mehr überzeugter Radikaler und Revolutionär, so sehr mich Jugenderziehung und hartes Leben auch gelehrt hatten, meine Leidenschaften und Gefühle zu mäßigen, sie intellektuell zu beherrschen und eine gewisse Ruhe und Besonnenheit zu bewahren.

Das lange Studium des Sozialismus und der sozialen Probleme in der Heimat und im Ausland bestärkten mich überdies in der Überzeugung, daß wir uns einer Zeit näherten, in der manche Grundfragen unserer gesellschaftlichen Struktur prinzipiell würden gelöst werden. Der politische Kampf im Innern des österreichisch-ungarischen Reiches, der Kampf um das allgemeine Wahlrecht, die bosnische Annexionskrise von 1908, der Absolutismus in Böhmen und Kroatien überzeugten mich davon, daß wir auch politisch eine große Krise durchlebten, die im Guten oder nach bösen Erschütterungen eine tiefe Wandlung herbeiführen würde."

92. Die Notwendigkeit einer neuen Nationalitätenpolitik

Friedrich Naumann, Mitteleuropa (1915), S. 72f.

Alle europäischen Großstaaten und selbst mehrere Kleinstaaten haben mit nationalen Schwierigkeiten dieser Art zu kämpfen. Am meisten überwunden sind sie in den lateinischen Staaten Italien, Spanien und Frankreich, weil hier die alte Herrenrasse die Reste der Volkssprachen soweit verdrängt hat, daß diese sich nur noch als provinzielle Dialekte hindurchretten und zu keiner wirksamen Organisation mehr ausreichen. Schon anders ist es mit den Iren in Großbritannien und mit den Vlamen in Belgien. Das Hauptgebiet der Nationalitätsfragen findet sich aber dort, wo Mitteleuropa in die weite russische Fläche übergeht, an der Ostsee, an der Weichsel, an den Karpathen und an der Donau bis hin zum Goldenen Horn von Konstantinopel. Und der Mittelpunkt aller dieser Probleme ist in gegenwärtiger Geschichtszeit die österreichisch-ungarische Monarchie, der „Völkerstaat." Da wir Reichsdeutschen mit diesen Nöten weniger zu tun haben, so findet man bei uns im allgemeinen recht wenig wirkliches Verständnis für sie und wenig Lust, grundsätzlich und ernstlich auf sie einzugehen. Wir haben oder hatten bisher unsere Grenzschwierigkeiten in Elsaß-Lothringen und an der dänischen Grenze, aber da es sich hier um kleinere Minderheiten handelte, so glaubte man ihre Regelung auf dem Verwaltungswege erledigen zu können und sah die Widerstände, die sich regten, als unbefugte Opposition an. Es ist an diesen zwei Stellen in Namen des Deutschtums recht viel Kleinliches geschehen, dessen wir uns schämen, das deutsche Volk im ganzen hat sich wenig darum gekümmert. Es regte sich kaum bei den wechselnden Experimenten am lebendigen Leibe dieser Kleingruppen und meinte, die betreffenden Behörden würden schon wissen, was der Staatssicherheit diene. Jetzt im Kriege fangen viele an, sich eigene Gedanken zu machen, beginnen aber oft dabei mit dem elementarsten Plan: Germanisierungszwang, kaum wissend, wie viele trübe Erfahrungen in aller Welt mit dieser in Rußland noch möglichen, an den Vogesen und in Jütland aber bereits unmöglich gewordenen Methode schon gemacht worden sind. Wenn beispielsweise am Markt in Kolmar nicht mehr Französich gesprochen werden soll, so ist ein solcher Erlaß selbst im Kriege einfach unmöglich. Dann lacht man eben auf französisch. Die Gewinnung fremdsprachlicher Bevölkerungsteile für einen anderssprachlichen Nationalstaat ist eine viel kompliziertere Sache, als daß hier einige Verbote und Abschiebung etlicher Führer einen Erfolg zeitigen könnten. Sprechen wir es offen aus: so unvollkommen die Ergebnisse der Nationalitätenbehandlung in Österreich und Ungarn sind, so findet sich doch dort immer noch viel mehr Sachverständnis für diese Art von

…, den 18. März 1890.

Seiner Majestät
dem Kaiser und Könige.

c. H. R. 755.

Gesch. Sch.-P.
[illegible] 9. [illegible]
Ab. 18/3 Sch. 8 h Abends.

Bei meinem ehrfurchtsvollen Vortrage am 15. d. M. haben Eure Majestät mir befohlen, einen Ordre-Entwurf vorzulegen, durch welchen die Allerhöchste Ordre vom 8. September 1852 +, welche die Stellung des Ministerpräsidenten seinen Collegen gegenüber seither regelte, außer Geltung gesetzt werden soll, die. Ich gestatte mir über die Genesis und die Bedeutung dieser Ordre

…

Ich würde die Bitte um Entlassung aus meinen Ämtern schon vor Jahr u. Tag Ew. M. unterbreitet haben, wenn ich nicht den Eindruck gehabt hätte, daß es Ew. M. erwünscht wäre, die Erfahrungen u. Fähigkeiten eines treuen Dieners Ihrer Vorfahren zu benutzen. Nachdem ich sicher bin, daß Ew. M. derselben nicht bedürfen, darf ich aus dem politischen Leben zurücktreten, ohne zu befürchten, daß mein Entschluß von der öffentl. Meinung als unzeitig verurtheilt werde.

habe, darf ich in Ehrfurcht annehmen, daß ich mit diesem meinem Entlassungsgesuch den Wünschen Eurer Majestät entgegenkomme und also auf eine huldreiche Bewilligung meines Gesuches mit Sicherheit rechnen darf.

PROCLAMATION OF EMANCIPATION

BY THE PRESIDENT OF THE UNITED STATES OF AMERICA.

Whereas, On the Twenty-Second day of September, in the year of our Lord One Thousand Eight Hundred and Sixty-Two, a Proclamation was issued by the President of the United States, containing, among other things, the following, to wit:

"That on the First day of January, in the year of our Lord One Thousand Eight Hundred and Sixty-Three, all persons held as Slaves within any State, or designated part of a State, the people whereof shall then be in rebellion against the United States, shall be then, thenceforth, and **FOREVER FREE**, and the *Executive Government of the United States*, including the Military and Naval Authorities thereof, ***will recognise and maintain the freedom of such persons***, and will do no act or acts to repress such persons, or any of them, in any efforts they may make for their actual freedom.

"That the Executive will, on the First day of January aforesaid, by proclamation, designate the States and parts of States, if any, in which the people thereof respectively shall then be in rebellion against the United States, and the fact that any State, or the people thereof, shall on that day be in good faith represented in the Congress of the United States by members chosen thereto at elections wherein a majority of the qualified voters of such State shall have participated, shall, in the absence of strong countervailing testimony, be deemed conclusive evidence that such State and the people thereof are not then in rebellion against the United States."

Now, therefore, I, ABRAHAM LINCOLN, PRESIDENT OF THE UNITED STATES, by virtue of the power in me vested as **Commander-in-Chief of the Army and Navy of the United States** in time of actual armed rebellion against the authority and government of the United States, and as a fit and necessary war measure for suppressing said rebellion, do, on this First day of January, in the year of our Lord One Thousand Eight Hundred and Sixty-Three, and in accordance with my purpose so to do, publicly proclaim for the full period of one hundred days from the day of the first above-mentioned order, and designate, as the States and parts of States wherein the people thereof respectively are this day in rebellion against the United States, the following, to wit:— **Arkansas, Texas, Louisiana,** (except the Parishes of St. Bernard, Plaquemines, Jefferson, St. John, St. Charles, St. James, Ascension, Assumption, Terre Bonne, La Fourche, St. Mary, St. Martin, and Orleans, including the City of Orleans,) **Mississippi, Alabama, Florida, Georgia, South Carolina, North Carolina, and Virginia,** (except the forty-eight counties designated as West Virginia, and also the counties of Berkeley, Accomac, Northampton, Elizabeth City, York, Princess Ann, and Norfolk, including the cities of Norfolk and Portsmouth,) and which excepted parts are for the present left precisely as if this Proclamation were not issued.

And by virtue of the power and for the purpose aforesaid, I do order and declare that **ALL PERSONS HELD AS SLAVES** within said designated States and parts of States ARE, AND HENCEFORWARD **SHALL BE FREE!** and that the Executive Government of the United States, including the Military and Naval Authorities thereof, will recognize and maintain the freedom of said persons.

And I hereby enjoin upon the people so declared to be free to abstain from all violence, UNLESS IN NECESSARY SELF-DEFENCE; and I recommend to them that in all cases, when allowed, they LABOR FAITHFULLY FOR REASONABLE WAGES.

And I further declare and make known that such persons of suitable condition will be received into the armed service of the United States, to garrison forts, positions, stations, and other places, and to man vessels of all sorts in said service.

And upon this act, sincerely believed to be AN ACT OF JUSTICE, warranted by the Constitution, upon military necessity, I invoke the considerate judgment of mankind and the gracious favor of ALMIGHTY GOD!

In Testimony Whereof, *I have hereunto set my name, and caused the seal of the United States to be affixed.*

[L. S.] *Done at the* CITY OF WASHINGTON, *this First day of January, in the Year of our Lord One Thousand Eight Hundred and Sixty-Three, and of the Independence of the United States the Eighty Seventh.*

By the President,

William H. Seward

Secretary of State.

A. Lincoln.

J. MAYER & Co. LITH 4 STATE ST BOSTON.

Aufgaben, als bei uns, wo sie nur nebenbei und widerwillig erledigt werden. Dasselbe gilt in erhöhtem Maße von der reichsdeutschen und insbesondere preußischen Polenpolitik.

Es wird auch hier nach dem Kriege eine große Revision aller Methoden stattfinden müssen, eine Loslösung vom Germanisierungszwang und eine Zuwendung zu besserer innerstaatlicher Regelung. Das aber bringt uns Reichsdeutsche ganz von selbst den österreichischen und ungarischen Nationalitätenfragen näher. Wir müssen anfangen, sie begreifen zu lernen, wir müssen es. Unter Bezugnahme auf das ungarische Nationalitätengesetz von 1868: Man sieht also, daß mit einem einfachen und guten Grundgesetz an sich die Sache noch keineswegs gemacht ist. Das sollen sich insbesondere diejenigen merken, welche glauben, daß man mit einem klug ausgedachten Normalstatut von morgen an den Nationalitätenfrieden herbeizaubern könne. Mindestens ebenso wichtig als Gesetze sind Sitten und Verwaltungsgewohnheiten. Diese aber entstehen überall in der Welt nur langsam und durch unzählige Erörterungen."

2. Italien

Einführung

Die italienische Geschichte des 19. Jahrhunderts ist erfüllt von einem leidenschaftlichen Streben nach nationaler Einheit und Freiheit. Die Anfänge des Risorgimento, die bestimmt sind durch das Wirken Giuseppe Mazzinis und den Traum, die nationale Einigung aus eigener Kraft vollziehen zu können, werden überwunden durch Camillo Cavour, den „Bismarck Italiens". Seit 1852 Ministerpräsident in Sardinien-Piemont, zieht er die Lehren aus der tragischen Liquidation des italienischen Freiheitskampfes im Jahre 1849 und sucht politische und militärische Hilfe bei den Westmächten, Frankreich und England. Wie er trotz aller Anlehnung an das napoleonische Frankreich, ohne dessen militärisches Eingreifen die Abschüttelung des österreichischen Joches nicht möglich war, den liberalen Grundzug des älteren Risorgimento Mazzinis kontinuierlich wahrt, wie er Österreich in die nach den eigentlichen Voraussetzungen paradoxe Lage des Angreifers hineinmanövriert, wie er die unbedachten Unternehmungen des revolutionären Condottiere Garibaldi in seinen politischen Plan einzubauen und zu bremsen weiß, erweist ihn als Meister diplomatischer Gewandtheit.

Von der imperialistischen Welle des ausgehenden 19. Jahrhunderts wird auch Italien erfaßt. Außenminister Crispis afrikanische Pläne, die er, vom Dreibund gedeckt, gegen Frankreich zu verwirklichen beginnt (Eritrea, Somaliland), scheitern. Seine Nachfolger verbleiben zwar im Dreibund, doch wird dessen praktischer Wert, ohnehin durch die irredentistische Bewegung in Frage gestellt, entscheidend herabgesetzt, als die italienische Politik mit Energie und Erfolg den Gegensatz zu Frankreich abzubauen vermag.

Quellen und Darstellungen

93. Mazzini und das Junge Italien (1831)

Gottfried Guggenbühl, a.a.O., Bd. 4, S. 143 f., [3]1954.

„§ 1. Das Junge Italien ist die Verbrüderung derjenigen Italiener, welche an ein Gesetz des Fortschrittes und der Pflicht glauben und die Überzeugung haben, daß Italien berufen sei, eine Nation zu sein, die mit ihren eigenen Kräften sich dazu aufzuschwingen vermag. Sie sind des Glaubens, daß der üble Ausgang der vergangenen Versuche nicht von der Schwäche, sondern von der schlechten Verwendung der revolutionären Elemente herrührt und daß das Geheimnis der Macht in der Einigkeit und Ausdauer der Anstrengungen besteht. Sie weihen, vereinigt in einer Verbindung, Gedanken und Tat der großen Absicht, Italien als eine Nation von freien und gleichen Bürgern, als ein einiges, unabhängiges und souveränes Volk wiederherzustellen.

§ 2. Italien umfaßt: erstens das Festland und die Halbinsel Italien, zwischen dem Meer im Süden, dem obern Gebiet der Alpen im Norden, den Mündungen des Var im Westen in Trient im Osten, zweitens die Inseln welche nach der Sprache der eingebornen Bewohner italienisch und dazu bestimmt sind, mit einer besonderen Verwaltungsorganisation in die politische Einheit Italiens einzutreten. Die Nation ist die Gesamtheit der Italiener, die durch einen Bund verbrüdert sind und unter einem gemeinsamen Gesetze leben.

§ 3... Das Junge Italien ist republikanisch und für die Einheit, Republikanisch, – weil der Theorie nach alle Männer einer Nation nach dem Gesetze Gottes und der Menschheit berufen sind, gleich und verbrüdert zu sein...

Republikanisch, – weil erfahrungsgemäß Italien keine Elemente für die Monarchie hat: keine ehrwürdige und mächtige Aristokratie, die sich zwischen den Thron und die Nation stellen könnte, keine Dynastie italienischer Fürsten, die durch langjährigen Ruhm und wichtige, der Entwicklung der Nation geleistete Dienste die Liebe und Zuneigung aller Staaten, aus denen Italien besteht, sich erworben hätte ...

Das Junge Italien ist für die Einheit, – weil ohne Einheit es keine wahre Nation, ohne Einheit keine Kraft gibt, und Italien, umgeben von geeinigten, mächtigen und eifersüchtigen Nationen, bedarf vor allem der Stärke...

§ 4. Die Mittel, die die Verbindung anzuwenden beabsichtigt, um ihren Zweck zu erreichen, sind Erziehung und Aufstand. Diese beiden Mittel müssen gemeinsam angewendet werden und miteinander übereinstimmen. Die Erziehung durch Schriften, durch das Beispiel, durch das Wort muß immer auf die Notwendigkeit des Aufstandes hinweisen und diesen predigen, und der Aufstand, wenn er ausgeführt werden kann, muß in einer Weise gemacht werden, daß ein Prinzip der nationalen Erziehung daraus hervorgeht. Die Erziehung, die gezwungen ist, in Italien eine geheime zu sein, ist außerhalb Italiens öffentlich... Der Aufstand muß in seinem Charakter den Keim zum Programm der italienischen Nationalität legen. Wo der Aufstand beginnt, wird er die italienische Fahne, italienischen Zweck, italienische Sprache haben. Dazu bestimmt, ein Volk zu bilden, wird er im Namen des Volkes handeln, und er wird sich auf das bisher vernachlässigte Volk stützen...

§ 6. Die Farben des Jungen Italien sind weiß, rot und grün. Die Fahne des Jungen Italien trägt auf diesen Farben auf einer Seite als Inschrift die Worte: Freiheit, Gleichheit, Menschheit, auf der andern: Einheit, Unabhängigkeit.

§ 7. Jeder in das Junge Italien Eintretende wird vor dem ihn Einweihenden das folgende Versprechen in folgender Form ablegen: „Im Namen Gottes und Italiens..., der ich glaube an die von Gott Italien übertragene Sendung und an die Pflicht, die jeder als Italiener geborene Mensch hat, zu ihrer Erfüllung beizutragen..., gebe ich meinen Namen dem Jungen Italien, einer Vereinigung von Männern, die den gleichen Glauben haben, und schwöre, mich ganz und für immer der Aufgabe zu weihen, mit ihnen ein einheitliches, unabhängiges, freies und republikanisches Italien zu schaffen,–

die Erziehung meiner italienischen Brüder zu dem Ziel des Jungen Italien, zu der Vereinigung, die es allein erobern, zu der Tugend, die allein die Eroberung zu einer dauernden machen kann, mit allen Mitteln des Wortes, der Schrift, der Tat zu befördern, – von heute an niemals mehr andern Verbindungen anzugehören, – mich nach den Verhaltungsmaßregeln zu richten, die mir im Geiste des Jungen Italien von denen erteilt werden, die mit mir die Einheit meiner Brüder vertreten, und auch um den Preis meines Lebens ihre Geheimnisse unverletzt zu bewahren, – durch Rat und Tat meinen Brüdern in der Verbindung beizustehen, – nun und für immer. So schwöre ich und rufe auf mein Haupt den Zorn Gottes, den Abscheu der Menschen und die Schmach des Meineidigen herab, wenn ich ganz oder teilweise den Schwur brechen sollte."

94. Cavour und Italien

Aus einem Antwortbrief Cavours auf den Vorschlag, sich in Paris niederzulassen, vom Mai 1835. G. Guggenbühl, ebenda S. 150f.

„Nein, nein, nicht indem man sein Vaterland flieht, weil es unglücklich ist, gelangt man an das Ziel des Ruhmes. Wehe dem, der mit Verachtung das Land verläßt, das ihm das Leben gab, der seine Brüder verleugnet, als wären sie seiner nicht wert! Was mich angeht, so bin ich entschlossen: niemals trenne ich mein Geschick von dem der Piemontesen. Im Glück oder Unglück wird mein Vaterland mein ganzes Leben haben; nie werde ich ihm untreu werden, und wäre ich noch so sicher, anderwärts dem glänzendsten Los entgegenzugehen.

Aber sehen wir ab von der Frage der Pflicht, von meinen Eigenschaften als Bürger und als Sohn, – was gewönne meine Zukunft, wenn ich Italien aufgäbe für Frankreich? Was wollte ich denn machen in diesem Frankreich? Wie wollte ich hier zu Ansehen und Ruhm gelangen? Der einzige für mich beschreitbare Weg wäre der der Literatur. Nein, Madame, ich bekenne Ihnen offen, ich fühle in mir kein Genie für die Schriftstellerei; mein Kopf ist der eines Grüblers, nicht der eines Erfinders. Vergebens würde ich versuchen, die Gaben der Einbildungskraft in mir zu entwickeln; ich habe davon keinen Keim. Mein Leben lang habe ich nicht die kleinste Fabel, das kleinste Geschichtchen fertiggebracht, um ein Kind zu vergnügen. Wieviel Mühe ich mir auch gäbe, ich würde nie mehr als ein mittelmäßiger Schriftsteller, eine Feder dritten Ranges werden. Nein, Madame, das ist eine Aussicht, die mich nicht lockt. In der Kunst kenne ich nur *eine* haltbare Stellung, das ist der erste Rang. Aber wenn die Literatur meine Zukunft nicht sein könnte, hätte ich nicht das weite Reich der Naturwissenschaften für mich? Es ist wahr, ich könnte ein Forscher werden, ein gründlicher Mathematiker, ein großer Physiker und selbst ein ausgezeichneter Chemiker. Ich könnte mir einen Namen in der Akademie machen und Ruhm erwerben in der gelehrten Welt; das ist eine Art, Ruhm zu gewinnen, wie jede andere; aber sie hat wenig Reiz für einen Italiener mit Rosenwangen und Kindeslächeln. Ich vergaß die Moralwissenschaften, eine ungeheure Ackerflur, auf der noch viele Furchen zu ziehen sind. Ich liebe die Moralwissenschaften, ich liebe sie mit Leidenschaft; aber glauben Sie, man könne sie nur in Paris betreiben? Das glaube ich nicht: ganz im Gegenteil, mir scheint, daß diese Welt erkünstelten Scheins eine wenig geeignete Umgebung ist für den, welcher die Gesetze des Menschentums erforschen will. Die großen Denker, die großen Pflichtenlehrer, die berühmten Wirtschaftsforscher haben nicht in den großen Hauptstädten gelebt. Sie haben in der Stille ihrer dunklen Gedankenwinkel gearbeitet; von dort aus haben sie die Strahlen ihres Genies blitzen lassen durch die Welt."

95. Cavour und die italienische Einigung

Golo Mann in Propyläen Weltgeschichte, 8. Bd. (1960), S. 534f.

„Cavour kam von der Westgrenze Italiens, und seine Bildung war mehr westlich und französisch, als mitteleuropäisch. Der Gründer des modernen Italien hat Venedig, Rom, Neapel in seinem Leben nicht gesehen; Florenz nur einmal, auf dem späten Höhepunkt seiner Laufbahn. Aber London und Paris kannte er gut, dort hatte er die für sein Leben richtunggebenden Bekanntschaften gemacht, dort sein Denken fundiert. Das Evangelium des Freihandels, der Industrialisierung in Freiheit, fand in ihm einen kräftigen Vertreter. Er wurde zum Ökonom und Finanzier, Theoretiker und Praktiker; wurde selber wohlhabend durch wissenschaftliche Ausbeutung seiner Güter und durch Spekulationen. Dem entsprach sein politisches Ideal: Rechtsstaat und Juste Milieu, aristokratisch-bürgerlicher Parlamentarismus in der englischen besser noch als in der orleanistischen Form. Ein Ideal, mit dem die Anhänger Mazzinis so wenig anzufangen wußten wie die Nur-Konservativen. Cavour war überall geachtet, als er 1850 in das Turiner Kabinett eintrat, aber nicht überall beliebt, weder bei der extremen Rechten noch bei der Linken. Übrigens war er, bei allen liberalen Überzeugungen, von autoritärem Temperament, wie vom Durchschnitt umgebene, überlegene Menschen es leicht sind. Die größeren Eigenschaften des Staatsmannes zeigten sich später: Schlauheit, Geduld, Weitsicht des Odysseus; der gebändigte Wagemut, der nie irrende Instinkt, hinter aller praktischer Meisterschaft die brennende, auf das gesamte, schöne, leidende Italien sich richtende Vaterlandsliebe. Von ihm sagte Manzoni, er hätte „alle Klugheit und alle Unklugheit des wahren Staatsmannes."

Zu den Vorläufern der italienischen Freiheit, den Carbonari und Mazzinisten, verhält sich Cavour ungefähr wie Lenin zu den Vorläufern der russischen Revolution; wie Lenin nach dem Opfer seines Bruders konnte er von den Verschwörungen Mazzinis sagen: „So geht es nicht." Das italienische Problem war nicht durch Revolution und Anarchie, nicht durch übel vorbereitete Kriegstaten im Stil des Jahres 1849 zu lösen; es war auf die Ebene zu heben, auf der Europas Staaten sich bewegten. Ein italienischer Staat, der piemontesische, hatte sich durch innere Reformen zur Führung bereitzumachen und Bündnisse zu suchen, deren Auswahl nicht Sympathie, sondern Staatsräson bestimmen mußte. „Ich bin resigniert", sagte Cavour einmal, als Mazzini ihm vorwarf, er wollte sich mit dem Tyrannen Bonaparte verbünden; „es gibt in Europa drei Mächte, die an der Zerstörung des Status quo interessiert sind, nämlich Frankreich, Rußland und Preußen; es gibt zwei Mächte, die an der Erhaltung des Status quo Interesse haben: Österreich und England. Ich bedaure, daß die ersten drei Mächte nicht liberal sind, aber was tun? Ich kann nicht mit den beiden anderen zusammengehen." Die praktischen Argumente stimmten mit dem geistigen Charakter zusammen; Cavour war kein Freund der Revolution, der Massen, der Demagogie und demagogischen Diktatur."

96. Das italienische Irredentaprogramm nach Mazzini (1866)

M. Mayr, Der italienische Irredentismus (1916), S. 276f.

„Uns gehören die Julischen und die Karnischen Alpen, das istrianische Litorale ist der östliche Teil und die Ergänzung des venetianischen. Uns gehört Hochfriaul. Uns gehört auch aus ethnographischen, politischen und wirtschaftlichen Gründen Istrien, das für Italien ebenso notwendig ist, wie die Häfen Dalmatiens für die Südslaven. Unser ist Triest und der Karst mit Adelsberg, der jetzt Laibach unterworfen ist. . . Uns gehört, wenn jemals ein italienisches Land unser war, das Trentino (Südtirol) bis Brunopolis (Bruneck) und bis zum rätischen Alpenkamme. Unser sind alle Voralpen südlich davon und alle Gewässer, die sich in die Etsch, in die Adda, in den Oglio und Chiese, in den Po und in den Golf von Venedig ergießen. Natur, Wachstum und Sitte dieser Gebiete redet im Gegensatz zum Inn die Sprache Italiens; sie gehörten einst zu Rom. Italienisch sind die Überlieferungen, die bürgerlichen Gewohnheiten, italienisch die Wirtschaftsbeziehungen, die natürlichen Linien des Verkehrssystems, italienisch ist die Sprache; denn unter 500000 Menschen wohnen bloß 100000 deutschen Stammes, nicht geschlossen siedelnd, die sich leicht italianisieren würden. Vermöchte Italien auch der nationalen Liebe und der Trentiner zu vergessen, die für die italienische Sache kämpften oder starben. . ., so vergesset wenigstens nicht, daß das Trentino die zweite Pforte Italiens ist, daß seine Berge und Täler bis zum Gardasee der natürliche Schlüssel des Pogebietes sind, daß vom oberen Etschgebiete alle Militärstraßen nach dem Tonale, Bergamo und Mailand, über die Sarca und den Chiese nach Rocca d'Anfo, längs der Etsch nach Verona, über die Quellen der Benta nach Bassano führen, daß das Trentino ein zwischen die militärischen Verbindungen der Lombardei und Venetien hineingetriebener Keil ist, daß Istrien und die Pässe des oberen Friaul im Osten nach Venedig, über den Paß Colfredo und durch die Täler von Ampezzo und Agordo nach Westen führen, daß alle großen Autoritäten seit Napoleon I. als die einzige natürliche Grenze Italiens die Berge bezeichnen, welche die Gewässer des Schwarzen Meeres vom Adriatischen scheiden. Dieser Friede ist eine Schmach für Italien, ein feiger Verrat an Istrien, Friaul und am Trentino. Er erniedrigt Italien zu einer Macht dritten Ranges in Europa und beraubt es des Vertrauens der Völker."

3. Rußland – Polen

Einführung

Die russische Politik im 19. Jahrhundert, die im Vergleich zum übrigen Europa reaktionär und rückständig anmutet, vermag die ihr gestellten Probleme, soziale Frage und Agrarkrise, nicht zu lösen. Sobald sie sich überhaupt auf diese drängenden Fragen einläßt, tut sie es verspätet und mit den falschen Mitteln. Bereits bei Alexander I. und Nikolaus I. kann man diese unelastische, von absolutistischer Starrheit und kirchlicher Orthodoxie beherrschte Politik feststellen. Die Versuche ihrer Nachfolger, dieser politischen Sackgasse zu entrinnen, schlagen fehl, zumal mit der Polenfrage dem russischen Staat eine weitere schwere Belastung entsteht. Radikal-politische Bewegungen nationalistischer und sozialistischer Richtung, die sich in terroristischen Ausschreitungen überbieten, verschärfen die Spannungen zwischen Volk und Staat. Im Grunde genommen lassen sich bereits alle Elemente erkennen, die das revolutionäre Verhängnis herbeiführen und das „gewaltsamste Erdbeben der modernen Geschichte" (Herzfeld) auslösen sollen.

Quellen und Darstellungen

97. Russische Polenpolitik in zeitgenössischer Sicht

Aus einem Bericht des österreichischen Gesandten in Petersburg an den Außenminister in Wien (1866). Reinhard Wittram, Nationalitätenkämpfe in Europa, 1954, S. 19f.

. . . Man fürchtet, ebensowohl das Nationalgefühl der Russen zu verletzen wie die Hoffnungen der Polen zu wecken. Die Unzufriedenheit der einen und der andern würde in der Tat mehr Gefahren bieten – heute, wo das soziale Gefüge Schläge erlitten hat, die zum großen Teil nicht wiedergutgemacht werden können, und es ist sehr wahrscheinlich, daß die Regierung, die das versuchen wollte, außerstande wäre, sich den Folgen ihrer früheren Maßnahmen zu entziehen. . . Ein Verhängnis also wird die Regierung, wenn nicht alle Anzeichen trügen, dazu drängen, auf den Pfaden des demokratischen Cäsarismus zu wandeln unter Mißachtung der alten Rechte, mögen diese Rechte sich Nationalität, Stand oder religiöser Glaube nennen. Vielleicht unternimmt man jetzt einen Versuch, auf halbem Wege anzuhalten; denn Rückschritte zu machen wäre unmöglich. Aber ich glaube, daß selbst die Zeit für einen Stillstand nicht lang sein wird, denn eine Regierung kann nicht stehen bleiben, wenn alles um sie her sich bewegt.

Wenn man beobachtet, was in den westlichen, ehemals polnischen Provinzen des Reiches geschieht, so ist es offenbar, daß die russische Regierung sich selbst der Notwendigkeit ausgesetzt hat, ein in jeder Hinsicht ungerechtes Regime aufrechtzuerhalten, sogar auf die Gefahr hin, in Anarchie zu verfallen.

. . . In den Westprovinzen Rußlands hat der nationale Antagonismus schon – ebenso wie in Polen – den Charakter einer sozialen Revolution angenommen. Das polnische Element, das der Staat mit Vernichtung bedroht, ist der Vertreter der konservativen Interessen: es wird durch die kaiserliche Demokratie verdrängt werden, indessen ist es erlaubt, vorauszusehen, daß die Regierung hierbei nicht ihre Rechnung finden werde. Eine Nationalität ist schwerer zu zerstören als eine Gesellschaft. Und wenn der polnische Bauer, getäuscht durch den Köder des Gewinns, seinen Schritt der Regierung angleicht, um dem Adel die Haut abzuziehen, wird der Tag kommen, wo er – wenn er von Rußland nichts mehr zu hoffen hat – sich der Verschiedenheit des Volkstums und des Glaubens seiner Väter erinnern wird."

98. Danilewski: Rußland und Europa (1869)

Die moralischen Eigenschaften teilen sich äußerst natürlich in drei Gruppen: in Eigenschaften der Güte, der Gerechtigkeit und der Reinheit. Diese letzteren können nicht irdendwelche völkische Charakteristik vermitteln. Sie bilden sozusagen die Krone der persönlichen Tugenden des Menschen. Die beiden übrigen Kategorien bilden gesellschaftliche Eigenschaften, da sie den Charakter der Beziehungen der Menschen zueinander bedingen. Es bedarf keiner großen Beobachtungskraft, um in den ersteren vornehmlich Eigenschaften des slawischen, in den zweiten des germanischen Volkscharakters zu erkennen. . .

Die ganze Drohung Rußlands beruht darin, daß es die Zuflucht und der Rettungsanker ist der geknechteten, aber noch nicht erdrückten, noch nicht beseitigten gewaltigen slawischen Welt. . .

Der allslawische Bund ist der einzige feste Boden, auf dem eine eigenständige slawische Kultur erwachsen kann – die unerläßliche Bedingung ihrer Entwicklung. . .

Das Los Rußlands ist ein glückliches: um seine Macht zu vergrößern, braucht es nicht zu unterwerfen, nicht zu knechten wie alle Vertreter der Gewalt, die bisher auf unserer Erde lebten. . . – nur zu befreien und wieder aufzurichten; und in diesem göttlichen, vielleicht einzigartigen Zusammenfallen von sittlichen Beweggründen und Verpflichtungen mit politischem Vorteil und Notwendigkeit muß man ein Unterpfand der Erfüllung seiner großen Aufgaben sehen. . .

Da Rußland seiner inneren Wesensart nach der europäischen Welt fremd ist, da es zudem allzu stark und mächtig ist, um den Platz eines der Mitglieder der europäischen Familie einzunehmen, um eine von den europäischen Großmächten zu sein, vermag es nicht anders eine seiner selbst und des Slawentums würdige Stellung in der Geschichte einzunehmen, als indem es zum Haupte eines besonderen, selbständigen politischen Staatensystems wird und Europa in seiner ganzen Gemeinschaft und Ganzheit zum Gegengewicht dient. Das sind die Vorteile, der Nutzen, der Sinn des allslawischen Bundes in Hinsicht auf Rußland...

In Hinsicht auf seinen gesellschaftlich-wirtschaftlichen Aufbau stellt Rußland ein einziges gewaltiges Reich dar, das einen festen Grund unter seinen Füßen hat, in dem es keine landlose Masse gibt, in dem folglich das gesellschaftliche Gebäude nicht auf der Not der meisten Bürger beruht, nicht auf der Ungesichertheit ihrer Lage, wo kein Widerspruch besteht zwischen den politischen und wirtschaftlichen Idealen... Die Bedingungen, welche dem russischen gesellschaftlichen Aufbau einen solchen Vorzug vor dem europäischen geben und die ihm eine unerschütterliche Widerstandskraft verleihen, indem sie gerade diejenigen gesellschaftlichen Klassen in die allerkonservativsten verwandeln, welche Europa mit dem Umsturz bedrohen, beruhen im bäuerlichen Landanteil und in dem gemeindlichen Bodenbesitz...

Der Hauptstrom der Weltgeschichte beginnt mit zwei Quellen an den Ufern des alten Nils. Eine, die himmlische göttliche, geht über Jerusalem und Zarenstadt (Konstantinopel) und erreicht in ungetrübter Reinheit Kiew und Moskau; die andere, irdische menschliche, zerfällt ihrerseits wieder in zwei Hauptbäche: Kultur und Politik, fließt über Athen, Alexandrien, Rom, in die Länder Europas, zeitweilig vertrocknend, dann wieder sich bereichernd mit neuen, immer reichlicheren Wassern. Auf der russischen Erde entsteht ein neuer Quell: eines gesellschaftlich-ökonomischen Aufbaus, der die Volksmassen in gerechter Weise befriedigt. Auf den weiten Flächen des Slawentums sollen sich alle diese Ströme zu einem mächtigen Meere vereinigen.

99. Dostojewski: Rußlands Anspruch auf Konstantinopel

Wer der Größte im Reiche Gottes sein will, der muß ein Diener aller sein. So fasse ich die russische Sendung in ihrem Ideal auf. Nach Peter dem Großen klärte sich ganz von selbst der erste Schritt unserer Politik: dieser erste Schritt sollte eben in der Einigung aller Slawen, sozusagen unter dem Fittiche Rußlands bestehen. Diese Einigung soll aber keine Eroberung, keine Vergewaltigung, keine Vernichtung der einzelnen slawischen Persönlichkeiten durch den russischen Koloß bedeuten; sie soll sie vielmehr erneuern, in das richtige Verhältnis zu Europa und zu der Menschheit bringen, ihnen schließlich die Möglichkeit geben, sich zu beruhigen und nach ihren zahllosen jahrhundertelangen Leiden auszuruhen, ihre geistigen Kräfte zu sammeln und, nachdem sie ihre neue Kraft erkannt haben, auch ihr Scherflein der Schatzkammer des menschlichen Geistes beizutragen, sozusagen auch ein Wort in der Zivilisation mitzureden... Selbstverständlich muß Konstantinopel zu diesem selben Zweck früher oder später uns gehören...

Im Namen welches moralischen Rechtes könnte Rußland Konstantinopel beanspruchen? Auf welche höheren Ziele gestützt, könnte es das von Europa fordern? Nun, gerade als die Führerin der Rechtgläubigkeit, als ihre Beschützerin und Bewahrerin, – welche Rolle Rußland schon von Iwan III. zugedacht worden war, der zur Versinnbildlichung dessen den byzantinischen Doppeladler über das alte Wappen gestellt hatte... (Tagebuch eines Schriftstellers, 1876).

100. Dostojewski über Wesen und Sendung des russischen Volkes

J. Bohatec, Der Imperialismusgedanke und die Lebensphilosophie Dostojewskis, 1951, S. 137f.

„Jedes große Volk, das lange leben will, glaubt und muß glauben, daß in ihm und nur in ihm allein das Heil der Welt ruhe, daß es nur dazu lebe, um an der Spitze der anderen Völker zu stehen, um sie alle in sich aufzunehmen und sie in einem harmonischen Chore zum endgültigen, ihnen allein vorbestimmten Ziel zu führen. Ein großes Volk kann sich niemals mit einer Rolle zweiten Ranges in der Menschheit begnügen, nicht einmal mit einer solchen ersten Ranges, sondern es verlangt unbedingt und ausschließlich den ersten Platz einzunehmen... und zwar entspringt dieser Glaube in Rußland dem Lebensgefühl, nicht der theoretischen Erkenntnis wie bei den Völkern Europas. Darum ist er allgemein und lebendig.

Die größte unter den größten Sendungen, die die Russen in ihrer Zukunft schon erkannt haben, ist die allmenschliche Sendung, der Dienst der gesamten Menschheit... Denn ein echter Russe zu sein, bedeutet nichts anderes als danach streben, die europäischen Widersprüche endgültig zu versöhnen, der europäischen Sehnsucht den Ausweg in der russischen allmenschlichen und allvereinenden Seele zu zeigen, in sie mit brüderlicher Liebe alle unsere Brüder aufzunehmen und schließlich vielleicht auch das endgültige Wort der großen Harmonie auszusprechen, der brüderlichen endgültigen Einigung aller Völker nach dem Gesetze Christi und des Evangeliums. Damit muß Rußland ein neues Wort, das größte Wort und den höchsten Gedanken der Menschheit verkünden."

101. Der Petersburger Vertrag zwischen Rußland und England 31. August 1907

Joh. Hohlfeld, a.a.O., Bd. III, S. 96.

„Indem die Regierungen Rußlands und Großbritanniens gegenseitig übereingekommen sind, die Unabhängigkeit Persiens zu achten, haben sie sich auf das Nachfolgende geeinigt:

1. Großbritannien verpflichtet sich, keine Konzessionen politischen oder kommerziellen Charakters – als da sind Konzessionen, die den Bau von Eisenbahnen, Banken, Telegrafen, Wegen, Transport- und Versicherungswesen usw. betreffen, weder für sich zu fordern, noch zum Nutzen von großbritannischen Untertanen zu erstreben, und zwar nördlich einer (bestimmten) Linie...

2. Rußland seinerseits verpflichtet sich, keinerlei Konzessionen... zu erstreben, und zwar südlich einer Linie, die... (folgt nähere geographische Bestimmung).

3. Die englische Regierung erklärt, daß sie nicht die Absicht hat, die politische Lage Afghanistans zu ändern. Sie verpflichtet sich, ihren Einfluß in Afghanistan nur in friedlichem Sinne geltend zu machen, und auch Afghanistan nicht zur Ergreifung von Maßnahmen anzuregen, die Rußland bedrohen könnten. Ihrerseits erklärt die russische Regierung, daß sie Afghanistan für außerhalb der russischen Einflußsphäre gelegen erachtet. Sie verpflichtet sich, keinerlei Agenten nach Afghanistan zu senden.

4. Beide vertragschließenden Teile verpflichten sich, die Integrität des tibetanischen Territoriums zu wahren und sich jeder Einmischung in die innere Verwaltung Tibets zu enthalten."

C. Frankreich: Zur Kolonial- und Außenpolitik der Dritten Republik

Einführung

Die französische Geschichte des 19. Jahrhunderts ist bestimmt durch revolutionäre Erschütterungen, von denen auch das übrige kontinentale Europa nicht unberührt bleiben konnte. Auf den Sturz Napoleons folgt die Restauration. Die schwächliche

Monarchie kann sich des politisch erstarkten, selbstbewußten Bürgertums immer weniger erwehren. Die Julirevolution 1830 begründet dann die bürgerliche Vorherrschaft in der Form der konstitutionell-parlamentarischen Monarchie. Unter dem Bürgerkönig beginnen goldene Tage des bürgerlichen Unternehmertums, die aber mit der Entwicklung der kapitalistischen Wirtschaft zugleich die Anfänge eines Proletariats und die ersten Regungen sozialistischer Ideen hervorrufen. Die Februarrevolution (1848) führt zu einem kurzen republikanischen Zwischenspiel, das durch die Auseinandersetzung radikal-sozialistischer und bürgerlich-gemäßigter Tendenzen beherrscht wird. Das allgemeine Sicherheitsbedürfnis, die Haltung der Kammer und der Gegensatz zwischen Bourbon und Orléans erleichtern es Louis Napoleon, eine autoritäre Diktatur zu errichten, die ihr wahres Wesen hinter scheinkonstitutionellen Formen verbirgt.

Das Hauptziel der Außenpolitik ist die Wiedererhebung Frankreichs zur führenden Kontinentalmacht. Diese Konzeption läuft auf eine Sprengung der Ordnungssetzungen des Wiener Kongresses hinaus und birgt den Konflikt mit Preußen – Deutschland bereits in sich. Diese von Napoleon verfolgte Außenpolitik überdauert seinen Sturz. Der koloniale Imperialismus, der in Nordafrika und Ostasien beachtliche Gewinne erreicht, kommt hinzu.

Mit dem Abschluß der französisch-russischen Militärkonvention (1892) gelingt Frankreich, das auch in dieser Zeit von inneren Krisen nicht verschont bleibt, der entscheidende Einbruch in das Bismarcksche Bündnissystem. Nach dem Zwischenfall von Faschoda entscheidet sich die Dritte Republik für ein Zusammengehen mit England, mit dem es sich über die Abgrenzung der kolonialen Expansionssphären einigt: Am 8. 4. 1904 kann Delcassé den die französischen Bemühungen krönenden Vertrag unterzeichnen, der die Entente cordiale begründet.

Als dann der Lothringer Poincaré, führender Repräsentant des deutschfeindlichen republikanischen Nationalismus, die Regierung übernimmt und mit aller Energie die zielbewußte Annäherung an England und Rußland betreibt, ist bereits die Konstellation geschaffen, die den Ausbruch des Ersten Weltkriegs zu einer tödlichen Bedrohung des Deutschen Reiches werden läßt.

Das Versailler Diktat, das ganz den Geist Poincarés und Clémenceaus verriet, hat sich aber dann als Pyrrhussieg der französischen Politik erwiesen.

Quellen und Darstellungen

102. Gabriel Hanotaux: Expansion heißt Verbreitung der Zivilisation

K. Epting, Das französische Sendungsbewußtsein, 1951, S. 90f.

„Bei der Ausdehnung Frankreichs handelt es sich nicht um Eroberungs- oder Machtpolitik, sondern darum, jenseits der Meere in Landstrichen, die gestern barbarisch waren, die Prinzipien einer Zivilisation zu verbreiten, deren sich zu rühmen eine der ältesten Nationen des Globus wohl das Recht besitzt. Es handelt sich darum, in der Nähe und in der Ferne ebenso viele neue Frankreiche zu schaffen. Es handelt sich darum, unsere Sprache, unsere Sitten, unser Ideal, den französischen und lateinischen Namen inmitten der stürmischen Konkurrenz der anderen Rassen, die alle auf demselben Wege marschieren, zu schützen. Die französische Ausdehnung hatte zu allen Zeiten zivilisatorischen und religiösmissionarischen Charakter . . .

Die kolonisatorische Mission Frankreich ist so alt wie seine Geschichte. Es gehört zu seiner Tradition, die verspäteten Völker in seinem Gefolge mitzunehmen. Die wirkliche Kolonisation ist die Opfergabe, die das Mutterland den jungen Völkern, seinen Kindern, in sich selber reicht. Frankreichs Aufgabe ist die „intellektuelle und moralische Evangelisation der Völker"... Wenn die Kunst, die Literatur, die Sprache, der Geist Galliens nicht ausgesät worden wären, der Rest des Universums wäre unfruchtbar geblieben. Frankreich hat seine geistigen Töchter in alle Winkel des Planeten hinausgesandt."

103. Leopold de Saussure: Kritik an der französischen Kolonialpolitik

K. Epting, ebenda S. 89f.

„Es gibt zwei Methoden der Kolonisation. Die erste ist diejenige der Völker, die beherrscht sind von einem absoluten politischen oder religiösen Glauben, dem sie eine universelle Ausbreitung zu geben das Bedürfnis empfinden. Sie wenden diesen Glauben an, ohne auf die Umstände Rücksicht zu nehmen, überzeugt, daß er für ihren eigenen Ruhm und das Glück ihrer Untertanen notwendig sei"... Die zweite Methode – es ist die Roms und Englands – richtet sich in biegsamer Weise nach den Umständen. Sie läßt den Unterworfenen ihre Sitten und Gebräuche aus der Erkenntnis heraus, daß „die Völker oft mit einer überraschenden Leichtigkeit das Joch derer annehmen, die ihnen ihr Erbe lassen"...

Frankreich aber tut das Gegenteil. „Durchdrungen von der durch die Revolution feierlich bestätigten Idee, daß es zur Herstellung des Glückes der Völker eine absolute Formel gibt, eine Formel, die von Raum und Zeit unabhängig ist, nimmt Frankreich für sich die Mission in Anspruch, die Ankunft des Glückes bei seinen Untertanen zu beschleunigen. Frankreich ist überzeugt, daß sein Ruhm und seine Interessen an die Verwirklichung dieses Ideals gebunden sind. Die moralische Assimilation der verschiedenartigen Rassen, über die es seine Herrschaft ausgebreitet hat, erscheint ihm nicht nur als Ziel, sondern vor allem als Mittel seiner Herrschaft."

104. Jules Ferry: Rechtfertigung der französischen Kolonialpolitik (1885)

K. Epting, ebenda S. 92f.

„Wir haben viele Rechte auf der Erdoberfläche. Nicht von ungefähr ist Frankreich, woran gerade erinnert wurde, eine der größten Seemächte der Welt. Es hat seit zwei Jahrhunderten... von vielen Punkten der Erde Besitz ergriffen, und es hat auch ein weites Versuchsfeld für die Kolonialpolitik. Ist das nun ein Grund dafür, daß diese Politik überall zugleich entwickelt wird? Muß man ihre Maßnahmen nicht vielmehr aufeinander abstimmen, nach und nach entwickeln, abschnitts- und reihenweise verwirklichen?...

Diese kluge und maßvolle Kolonialpolitik ist für Frankreich einfach lebensnotwendig zu einer Zeit, in der alle Länder sich gegen ausländische Erzeugnisse sperren, was jedes Land nötigt, sich die für seine Landwirtschaft und seine Industrie unentbehrlichen Absatzmärkte zu sichern... Ja, was unserer großen Industrie, welche die Handelsverträge von 1860 unwiderruflich in die Bahn des Exportes gelenkt haben, mehr und mehr fehlt, das sind die Absatzmärkte. Warum? Weil Deutschland und die Vereinigten Staaten von Nordamerika sich durch Schutzzölle absperren und die Gefahr besteht, daß auch der seit alters Frankreich gehörige große Markt Südamerikas streitig gemacht und vielleicht weggenommen wird...

Die überlegeneren Rassen haben außerdem ein Recht gegenüber den unterlegeneren Rassen, und in dieser Hinsicht sollte Frankreich sich nicht der Pflicht entziehen, die Völker zu zivilisieren, die mehr oder minder barbarisch geblieben sind... Wenn Frankreich verzichtet, wenn es seine Rechte verfallen läßt, werden andere seinen Platz einnehmen, und während es auf den dritten oder vierten Platz herabfallen wird, werden sie auf den ersten gelangen."

105. Die Entente cordiale, 8. April 1904

Joh. Hohlfeld, a.a.O., Bd. III, S. 102.

Art. 1. Die Regierung der Französischen Republik erklärt, daß sie die Maßnahmen Englands in Ägypten nicht erschweren wird.

Art. 2. Die Regierung der Französischen Republik erklärt, daß sie nicht die Absicht hat, den politischen Zustand Marokkos zu ändern. England erkennt seinerseits an, daß es Frankreich zukommt, vornehmlich weil es auf einer langen Strecke Marokkos Grenznachbar ist, über die Ruhe in diesem Lande zu wachen und ihm bei allen Verwaltungs-, Wirtschafts-, Finanz- und Militärreformen, deren es bedarf, Beistand zu leisten. Sie erklärt, daß sie die diesbezüglichen Maßnahmen Frankreichs nicht erschweren wird.

Art 9. Die beiden Regierungen vereinbaren, einander bei der Durchführung der Bestimmungen dieser Erklärung über Ägypten und Marokko diplomatisch zu unterstützen.

106. Aristide Briand: Über die französischen Kriegsziele

Vertrauliche Weisung an den französischen Botschafter in London, Paul Cambon, vom 12.1. 1917. G. Suarez, Briand, 1940, Bd. 4, S. 129f.

„Sie haben Lord Grey völlig richtig angezeigt, daß die Wiedererwerbung Elsaß-Lothringens nicht nur keine Frage sein darf, sondern auch nicht als ein Vorteil, als eine Neuerwerbung angesehen werden darf... Wir nehmen unser Gut zurück, das uns gegen den Willen der Bevölkerung geraubt worden ist. Wohl verstanden müssen uns Elsaß und Lothringen nicht verstümmelt zurückgegeben werden, wie es durch die Verträge von 1815 geschehen ist, sondern in den Grenzen von vor 1790. Wir würden auf diese Weise auch das Land- und Grubengebiet der Saar erhalten, dessen Besitz für unsere Industrie wesentlich ist, und die Erinnerung der aufeinander folgenden Verstümmelungen unserer alten Grenze muß ausgelöscht werden. Indessen wird bei dieser Gelegenheit notwendigerweise eine Frage aufgeworfen werden, nämlich die des linken Rheinufers. Erlauchte Geister in Frankreich, die an den ältesten Überlieferungen unserer nationalen Politik hängen, fordern es zurück als das verlorene Erbe der Französischen Revolution, das notwendig ist, um das zu bilden, was Richelieu unser „Vorfeld" nannte:

Es ist jedoch zu befürchten, daß uns die Rücknahme der Rheinprovinzen, die uns vor einem Jahrhundert weggenommen worden sind, als eine Eroberung angesehen wird und daß sie so geartet ist, uns große Schwierigkeiten zu schaffen. Wichtiger als ein glorreicher, aber fragwürdiger Vorteil ist jedoch, einen Zustand zu schaffen, der eine Garantie für Europa sowohl als auch für uns sein und der eine Deckung für unser Territorium abgeben müßte.

Nach unserer Ansicht darf Deutschland keinen Fuß mehr jenseits des Rheins fassen. Die Organisation dieser Gebiete, ihre Neutralität, ihre vorläufige Besetzung müssen in dem Gedankenaustausch zwischen den Alliierten ins Auge gefaßt werden; aber es kommt darauf an; daß Frankreich als das Land, das an der Gebietsverfassung dieser Gegend am unmittelbarsten interessiert ist, eine vorwiegende Stimme bei der Prüfung der Lösung dieser schweren Frage haben muß."

D. Die angelsächsischen Staaten

1. England in der Viktorianischen Ära

Einführung

Die tiefgreifenden wirtschaftlichen und sozialen Veränderungen des 19. Jahrhunderts stellten auch die englische Politik vor die schwierige Aufgabe, der neuen Situation Herr zu werden, was aufgrund des industriellen Vorsprungs der Insel gegenüber dem kontinentalen Europa mit größter Dringlichkeit zu geschehen hatte. Es mag sein, daß England dank seiner parlamentarischen Tradition über eine relativ günstige Ausgangsbasis, die liberalen und demokratischen Kräfte neuer Prägung auf evolutionärem Wege zu bändigen, verfügte, aber die Art und Weise, wie die britische Politik elastisch und undogmatisch durch rechtzeitige Reformen und politische Konzessionen die Gebote der Stunde erfüllte, erklärt auch, weshalb die britische Insel vom kontinentalen Radikalismus verschont blieb und revolutionäre sozialistische Theorien in England nie eine Rolle spielen konnten. Die ungebrochene Entwicklung zur Demokratie, die freilich auch von innenpolitischen Krisen begleitet war, eine konsequente Verwirklichung des wirtschaftlichen Liberalismus, die allgemeinen Wohlstand und Frieden mit sich brachte, und eine stetige Ausbreitung der englischen Macht in Übersee sind die hervorstechendsten Merkmale der Viktorianischen Ära, die mit Recht als glanzvollste Epoche der britischen Geschichte gilt. Eine isolationistische, das europäische Mächtespiel jedoch aus strategisch-diplomatisch überlegener Position steuernde und freiheitliche Regungen auf dem Kontinent fördernde Außenpolitik begünstigte ihrerseits die wirtschaftliche Entfaltung im Innern.

Die imperialistische Welle im kontinentalen Europa löste auch eine Wendung der englischen Außenpolitik aus, die die traditionelle Bahn des Isolationismus und bündnisfreien Gleichgewichtsprinzips zu verlassen und nach loyalen Koalitionspartnern sich umzusehen beginnt.

Quellen

107. Der englische Imperialismus

Aus einer Rede Joseph Chamberlains (1836–1914) vom 6. Oktober 1903. Gottfried Guggenbühl, a.a.O., Bd. 4, S. 303ff.

„Unser zweites Ziel ist oder sollte sein: Die Verwirklichung des größten Ideals, das jemals Staatsmännern... vorgeschwebt hat: die Schaffung eines Reiches, wie es die Welt noch nie gesehen hat. Wir müssen bauen an der Einheit der Staaten um die Ozeane; wir müssen die britische Rasse konsolidieren: wir müssen dem ganzen Rattenkönig von Wettbewerbungen begegnen, die gegenwärtig Handelswettbewerbe sind, die früher etwas anderes waren und es auch einmal in der Zukunft wieder werden könnten. Wir müssen ihnen entgegentreten gekräftigt, gestärkt und abgesteift durch die Strebepfeilerkraft aller jener Vettern von uns, aller kraftvollen und beständig wachsenden Staaten, welche dieselbe Sprache mit uns reden, auf dieselbe Flagge mit uns stolz sind...

Das Jahr 1900 war das Rekordjahr im britischen Handel: die Ausfuhr war die größte je dagewesene. Das Jahr 1902 war beinahe ebensogut, und doch, wenn Sie mit diesem den Handel von 1872, das ist vor 30 Jahren, vergleichen, so werden Sie nur die mäßige Zunahme von 22 Millionen L finden, das sind etwa 7½%; die Bevölkerung hat indes um 30% zugenommen. Können Sie eine derartig steigende Bevölkerung ernähren, wenn Sie selbst in den besten Jahren eine um so viel geringere Zunahme des auswärtigen Handels aufweisen können? Während unter unserer Freihandelspolitik die Zunahme nur 22 Millionen betrug, war sie in den Vereinigten Staaten von Nordamerika 110, in Deutschland 56 Millionen. Unser auswärtiger Handel hat, praktisch genommen, 30 Jahre lang stagniert, ist zeitweise herabgegangen und ist nun in den allerglücklichsten Zeiten zwar aufwärtsgestiegen, aber auch kaum erheblich höher als vor 30 Jahren.

Die Schutzzolländer, die, wie man Ihnen sagte und wie ich selbst eine Zeitlang glaubte, mit Riesenschritten dem Ruin entgegengingen, haben tatsächlich bedeutend größere Fortschritte gemacht als wir. Aber nicht nur der Betrag Ihres Handels stagnierte, sondern sein Charakter ist auch ein anderer geworden. Als Cobden seine Lehre predigte, glaubte er – und für jene Zeit nicht ohne Grund –, daß die fremden Länder uns mit Nahrungsmitteln und mit Rohstoffen versorgen, wir der Weltmarkt bleiben, und daß wir ihnen unsere Fabrikate verkaufen würden. Aber das haben wir eben nicht getan. Im Gegenteil! In dem genannten Zeitabschnitte senden wir ihnen immer weniger und weniger von unseren Fabrikaten, und sie senden immer mehr Fabrikate zu uns... Unsere nationale Existenz beruht auf unserer industriellen Leistungsfähigkeit und Produktion. Wir sind nicht etwa ein wesentlich ackerbautreibendes Land; dies kann niemals die Hauptquelle unseres Wohlstandes sein. Wir sind ein großes industrielles Land.

Daraus folgt eins: daß der Handel innerhalb unseres Weltreiches für unser Gedeihen in der Gegenwart unbedingt notwendig ist. Geht dieser Handel nieder oder hört er nur auf, im Verhältnis zu unserer Bevölkerung zuzunehmen, dann sinken wir zu einer Nation fünfter Klasse herab. Unser Schicksal wird dann das Schicksal der Reiche der Vergangenheit sein...

Nur durch eine Handelsvereinigung, durch gegenseitige Zollbevorzugung können wir den Grund legen zu einer Reichskonföderation, auf die als glänzende Möglichkeit wir alle hinblicken. Ich habe Ihnen gesagt, was Sie durch Zollbevorzugung erlangen können: Erhaltung und Vermehrung Ihrer Kunden, Beschäftigung für das ungeheure Heer der gegenwärtigen Arbeitslosen. Sie pflastern damit den Weg für eine festere und dauernde Reichseinheit. Und was wird es Ihnen kosten, was fordern die Kolonien? Sie fordern eine Zollbevorzugung zugunsten ihrer Produkte. Für Fabrikate können Sie ihnen diese Zollbevorzugung nicht gewähren (es wäre unnütz, sie anzubieten), da bis jetzt die Fabrikatenausfuhr der Kolonien ganz unbedeutend ist. Nach meiner Meinung können Sie auch keine Zollbevorzugung auf Rohstoffe für Fabrikation gewähren. Man hat gesagt, daß ich doch einen solchen Zoll vorschlagen würde. Aber ich wiederhole es, und zwar in den bestimmtesten Ausdrücken, daß ich keinerlei Zoll auf Rohstoffe, die für unsere Fabrikation erforderlich sind, vorschlage. Was bleibt übrig? Nahrungsmittel. Also: wenn Sie Zollbevorzugung genießen, wenn Sie jene Zunahme des Handels wünschen, wenn Sie einer Trennung vorbeugen wollen, so müssen Sie einen Zoll auf Nahrungsmittel legen.“

108. Thomas Carlyle: Englands Aufgabe

Das englische Volk hat in der Weltgeschichte zwei Aufgaben, die industrielle Aufgabe, die Hälfte oder mehr von diesem aus Erde und Wasser bestehenden Planeten für den Gebrauch des Menschen zu erobern, und zweitens die große konstitutionelle Aufgabe, in irgendeiner friedlichen, dauernden Weise die Frucht dieser Eroberung zu verteilen und andern Völkern zu zeigen, wie das gemacht werden kann (Chartism, 1839).

Wenn England auf seine Kolonien blickt, kann es sagen: Hier sind Länder und Meere, Gewürz-Länder, Korn-Länder, Holz-Länder, überwölbt von Wendekreisen und Sternen, eingefaßt von vielstimmigen Ozeanen, weite Räume vom Schöpfer erschaffen, die geeignet sind als Wiege mächtiger Nationen, ihrer Wissenschaft und heroischer Taten. Fruchtbare Kontinente, die noch von wilden Tieren bewohnt sind, sind mein; in sie können alle notleidenden Nationen Europas strömen und zugleich eine alte Welt und eine neue Welt menschlich gestalten. Durch den ewigen Ratschluß der Götter muß dies eines Tages geschehen... Eine unaussprechliche wunderbare Erlösung und eine neue Bestimmung tausendfältig erweiterter Mannhaftigkeit ragt hier für alle Menschen aus der Zukunft hervor. Mir ist die göttliche Aufgabe zugefallen, all das zu schaffen. An mich und meine Kolonien stellt die dunkle Zukunft die Frage: Seid ihr weise genug für eine so erhabene Bestimmung oder seid ihr zu töricht? (Latter Day Pamphlets, 1850)

109. Charles Dilke: Die Zukunft der angelsächsischen Rasse

Die angelsächsische Rasse, die auf jedem Teil der Erde Reiche errichtet hat, regiert Länder mit einer Bodenfläche von 9½ Millionen Quadratmeilen und einer Bevölkerung von 300 Millionen Menschen. Ihr Gebiet ist fünfmal so groß wie das Reich des Darius und viereinhalb mal so groß wie das römische Reich zur Zeit seiner größten Ausdehnung. An Macht sind die angelsächsischen Länder ohne Übertreibung allen übrigen Nationen der Welt mehr als gewachsen, an Intelligenz der Bevölkerung sowie an Ausdehnung und Reichtum ihrer Besitzungen überragen sie sie bereits beträchtlich. Rußland, so sagt man uns, gewinnt beständig an Boden – wir tun es auch. Nimmt man Karten der angelsächsisch regierten und der russischen Länder von vor 50 Jahren und vergleicht sie mit dem Stand von heute, so findet man, daß die Angelsachsen die Moskowiter im Punkte der Eroberung und der Kolonisation geschlagen haben. Die Vereinigten Staaten allein haben die gleiche Ausdehnung wie das russische Reich... Keine mögliche Kette von Ereignissen kann verhindern, daß die englische Rasse im Jahre 1970 dreihundert Millionen Menschen einer Nationalität und einer Sprache umfaßt. Italien, Spanien, Frankreich, Rußland werden zu Pygmäen an der Seite eines solchen Volkes...

Der Besitz Indiens verleiht uns selbst die Ausdehnung des Herrschaftsgebietes, die in unserem Zeitalter die Voraussetzung weiten Denkens und hoher Zielsetzung ist, während unsere Besitzungen dort, in Afrika und in China der ganzen englichen Rasse die Möglichkeit bieten, freie Einrichtungen unter den farbigen Rassen der Welt zu verbreiten. Die schließliche Zukunft irgendeines Teiles der englischen Rasse ist von geringer Bedeutung angesichts ihres Triumphes als eines Ganzen; aber die Herrschaft englischer Gesetze und Regierungsformen ist nicht bloß eine englische Angelegenheit – ihre Fortdauer ist wesentlich für die Freiheit der ganzen Menschheit. (Greater Britain, 1868)

110. John Ruskin: Das höchste Schicksal

„Es gibt noch ein Schicksal für uns", das höchste, das je einer Nation zu Annahme oder Ablehnung dargeboten wurde. Als Rasse sind wir noch nicht degeneriert, sind ein Gemisch aus bestem, nordischen Blut. Wir haben kein ausschweifendes Temperament, haben aber noch die Festigkeit zum Herrschen und die Tugend zu gehorchen... Wollt ihr, englische Jugend, euer Land noch einmal zu einem königlichen Herrscherthron machen? Zu einer zeptertragenden Insel, die für die ganze Welt eine Quelle des Lichts, ein Mittelpunkt des Friedens ist, Herrin der Wissenschaften und Künste, getreuer Wächter zeitenerprobter Grundsätze, die... inmitten der grausamen und lärmenden Eifersucht anderer Nationen in ihrem seltenen Wert und gutem Willen gegen die Menschen verehrt werden?... Das ist es, was England tun muß, oder es muß untergehen: Es muß Kolonien gründen, so schnell und in so entfernten Gebieten wie nur möglich, durch seine hervorragendsten Männer und von denen, die am meisten Energie haben; es muß von jedem Stück freier, fruchtbarer Erde, auf das es den Fuß setzen kann, Besitz ergreifen und dann seine Kolonisten lehren, daß ihre Haupttugend in der Treue zu ihrem Land besteht und daß ihr erstes Streben sein muß, die Macht Englands zu Wasser und zu Land zu fördern, und daß ,obwohl sie auf einem entlegenen Fleck Erde leben, sie sich nicht mehr als von ihrem Geburtsland losgelöst betrachten können, als die Seeleute seiner Flotte es tun, weil sie auf fernen Meeren segeln... Wenn wir Männer finden, die sich aus Liebe zu England um geringen Lohn den Mündungsrohren von Kanonen entgegenstellen, werden wir ja wohl auch Männer finden, die für England pflügen und säen werden, die seinetwegen gut und rechtschaffen leben werden und ihre Kinder in der Liebe zu England erziehen und sich am Glanz seines Ruhmes ergötzen mehr als an dem Licht tropischer Himmel. (John Ruskin, Oxforder Antrittsrede, 1870)

2. Die Vereinigten Staaten von Amerika von George Washington bis Woodrow Wilson

Einführung

Die Warnung des großen Präsidenten George Washington vor Koalitionen und verstrickenden Bündnissen blieb ein Grundaxiom der amerikanischen Außenpolitik bis zum Ausgang des 19. Jahrhunderts, das seinen beredtsten Ausdruck in der Monroe-Doktrin von 1823 fand. Die scheue Zurückhaltung gegenüber dem europäischen Mächtespiel beruhte nicht zuletzt auf der Einsicht, daß die junge Republik die Phase der inneren Konsolidierung noch längst nicht durchlaufen hatte. Nicht nur die verkehrstechnischen und wirtschaftlichen Probleme der Erschließung weiterer Gebiete erforderten höchste Anspannung der Regierung, nicht nur dem wirtschaftlichen Auseinanderstreben von Nord und Süd galt es zu steuern, sondern darüber hinaus den staatlichen Organismus der Union, der sich in steter Folge Gebiet um Gebiet, Staat um Staat anfügte, intakt zu halten im Spannungsfeld („states-rights"-Bewegung) partikularer und föderativer Kräfte. Der Prozeß fortschreitender sozialer und politischer Differenzierung, verschärft durch den Gegensatz der Parteien, die allerdings in ihrer Programmatik unbestimmter und in ihrem Anhang heterogener waren als die des Kontinents, war nicht aufzuhalten und hat die Behauptung des demokratischen Grundcharakters der Union immer sehr erschwert.

Seit dem Jahre 1790 wuchs die Bevölkerung der Vereinigten Staaten von 3,9 Millionen bis zum Jahre 1860 auf über 31 Millionen an, 1790 zählte man darunter ca. 750000 Neger und 1860 waren es 4,5 Millionen. In den Südstaaten waren die ca. 4 Millionen Neger Eigentum von 384000 Weißen. 107000 Weiße besaßen mehr als 10 Sklaven. Der Bürgerkrieg, der sich 1861 über der Sklavenfrage entlud, nördlich wie südlich als unvermeidbar empfunden, war nicht nur eine Auseinandersetzung zweier wirtschaftlich und gesellschaftlich verschiedener Landesteile, sondern ebensosehr ein politischer Konflikt um das Verhältnis von Bund und Einzelstaat, Bundesstaat oder Staatenbund, weil zunächst diejenigen aus dem Bund hinausstrebten, welche die Politik der Sklavenbefreiung nicht mitmachen wollten. Sein Ergebnis mag paradox anmuten, ist aber nicht ohne geschichtliche Parallelen: Die amerikanische Nation entstand dadurch, daß sie auseinanderfiel und gegen sich selber Krieg führte. In den folgenden Jahrzehnten waren die USA im steigenden wirtschaftlichen Aufschwung begriffen, der sie – dank ihrer Weiträumigkeit und ihres natürlichen Reichtums – zum führenden Land des modernen Kapitalismus und Industrialismus machte. Das Einschwenken auf die imperialistische Bahn der übrigen Großmächte geschah dann zwangsläufig und führte bald zur Verdrängung des britischen Einflusses in Lateinamerika. Die erste „Panamerikanische Konferenz“ trat 1889 in Washington zusammen. Trotz aller Wandlungen in der Politik hat diese Organisation niemals eine Entscheidung gegen die Interessen der USA getroffen.

Quellen und Darstellungen

111. George Washingtons Abschiedsbotschaft, 1796

H. Strauß, Die Botschaften der Präsidenten der USA, 1957, S. 13f.

„... Die große Verhaltensregel hinsichtlich fremder Nationen liegt für uns darin bei der Ausweitung unserer Handelsbeziehungen so wenig politische Verbindung wie möglich mit ihnen zu haben. Soweit wir bereits Verpflichtungen eingegangen sind, laßt sie in vollendet gutem Glauben erfüllt werden. – Hier aber laßt uns Halt machen.

Europa hat ein Gefüge primärer Interessen, die keine oder sehr entfernte Beziehungen zu uns haben. Deshalb muß es in häufige Auseinandersetzungen geraten, deren Ursachen unseren Anliegen wesentlich fremd sind. Daher also muß es unklug für uns sein, uns durch künstliche Bande in die gewöhnlichen Wechselfälle seiner Politik oder die gewöhnlichen Kombinationen und Zusammenstöße seiner Freund- oder Feindschaften zu verwickeln.

Unsere abgesonderte und entfernte Lage veranlaßt uns und setzt uns instand, einen anderen Kurs zu verfolgen. Wenn wir ein einiges Volk unter einer wirksamen Regierung bleiben, ist die Zeit nicht fern, wo wir beträchtlicher Schädigung durch auswärtige Staaten trotzen können; wo wir eine Haltung einnehmen können, die die Neutralität achten lassen wird, die wir zu irgendeiner Zeit beschließen mögen; wo kriegführende Nationen angesichts der Unmöglichkeit, Erwerbungen bei uns zu machen, nicht leichthin damit spielen werden, uns zu provozieren; wo wir Krieg oder Frieden wählen können, wie unser Interesse, geleitet vom Recht, es geraten sein läßt. Warum sich der Vorteile einer solchen Lage begeben? Warum unseren eigenen Boden verlassen, um auf fremdem zu stehen? Warum durch Verflechtung unseres Geschicks mit dem irgendeines Teils von Europa unseren Frieden und unseren Wohlstand in die Netze europäischer Ambition, Rivalität, Interessen, Stimmung oder Laune verstricken? Unsere wahre Politik ist, uns fernzuhalten von allen dauernden Bündnissen mit irgendeinem Teil der ausländischen Welt; insoweit, meine ich, als wir jetzt frei sind

Francisco de Goya: Der Koloß

es zu tun; denn laßt mich nicht so verstanden werden, als wäre ich für Untreue gegenüber bestehenden Verpflichtungen. Ich halte die Maxime für nicht weniger anwendbar auf öffentliche als auf private Angelegenheiten, daß ehrlich immer am längsten währt. Ich wiederhole es deshalb, laßt diese Verpflichtungen in ihrem wirklichen Sinn beobachtet werden. Aber meiner Meinung nach ist es unnötig und wäre es unklug, sie auszudehnen.

Wenn wir immer darauf sehen, uns durch geeignete Einrichtungen in achtungsgebietendem Verteidigungszustand zu halten, können wir ohne Gefahr zeitweiligen Bündnissen für ungewöhnliche Notlagen vertrauen ..."

112. Inaugurationsrede Thomas Jeffersons, 1801

H. Commager, Dokumente der amerikanischen Geschichte, 1949, Bd. I, S. 188; Documents, a.a.O., Nr. 106.

„...Da ich, Mitbürger, auf der Schwelle zur Erfüllung von Pflichten stehe, die alles, was euch teuer und wert ist, umfassen, ist es richtig, daß ihr Klarheit darüber bekommt, was ich für die wesentlichen Grundsätze unseres Regierungssystems halte und folglich für die, die seine Administration gestalten sollten. Ich will sie in den engsten Rahmen zusammendrängen, den sie vertragen, das allgemeine Prinzip feststellen, aber nicht alle seine Einschränkungen. Gleiches und genaues Recht für alle, welchen Standes und welcher religiösen oder politischen Überzeugung sie auch seien; Friede, Handelsverkehr und aufrichtige Freundschaft mit allen Nationen, Bündnisse, die uns Schwierigkeiten bringen könnten, mit keiner; die Unterstützung der einzelstaatlichen Regierungen in allen ihren Rechten, als der zuständigsten Verwaltungen unserer internen Angelegenheiten und der zuverlässigsten Bollwerke gegen antirepublikanische Tendenzen; die Bewahrung des allgemeinen Regierungssystems in seiner ganzen verfassungsmäßigen Lebenskraft, als des Rettungsankers unseres Friedens zu Hause und unserer Sicherheit in der Fremde; eine eifersüchtige Sorge für das Recht zur Wahl durch das Volk – ein sanftes und gefahrloses Korrektiv für Mißstände, die mit dem Schwert der Revolution ausgehauen werden, wo keine friedliche Abhilfe vorgesehen ist; unbedingte Bescheidung bei den Beschlüssen der Mehrheit, dem Lebensprinzip der Republiken, gegen die es keine Berufung an die Gewalt, das Lebensprinzip und die Mutter des Despotismus, gibt; eine wohldisziplinierte Miliz, unsere beste Zuversicht im Frieden und für die Anfänge eines Krieges, bis reguläre Truppen sie entsetzen mögen; die Oberhoheit der zivilen Autorität über die militärische; Sparsamkeit bei öffentlichen Ausgaben, damit die Arbeit gering belastet werde; die redliche Abzahlung unserer Schulden und die Heilighaltung des öffentlichen Vertrauens; Ermutigung der Landwirtschaft und des Handels als ihres Gehilfen; die Verbreitung von Information und die Anklage aller Mißstände vor den Schranken der öffentlichen Vernunft; Religionsfreiheit; Pressefreiheit und persönliche Freiheit unter dem Schutz des Habeas-corpus-Grundsatzes, sowie Prozesse vor unparteiisch ausgewählten Geschworenengerichten. Diese Grundsätze formen das helle Sternbild, das uns vorangeleuchtet und unsere Schritte durch ein Zeitalter der Revolution und Reformation geleitet hat. Die Geisteskraft unserer Weisen und das Blut unserer Helden waren ihrer Erreichung gewidmet. Sie sollten sein das Credo unseres politischen Glaubens, der Grundtext für die staatsbürgerliche Unterweisung, der Prüfstein für die Dienste derer, auf die wir vertrauen: und sollten wir uns einmal in Augenblicken des Irrtums oder der Angst von ihnen entfernen, so laßt uns eilen, unsere Schritte zurückzulenken und den Weg wiederzugewinnen, der allein zu Frieden, Freiheit und Sicherheit führt. .."

113. Präsident Jackson und die Nationalbank

Aus einer Botschaft an den Kongreß von 1832. H. Commager, ebenda S. 225; Documents, a.a.O., Nr. 147.

„. . .Es ist zu bedauern, daß die Reichen und Mächtigen allzu oft die Gesetze der Regierung nach ihren selbstsüchtigen Zwecken beugen. Unterschiede in der Gesellschaft werden immer bestehen unter jeder gerechten Regierung. Gleichheit der Talente, der Erziehung oder des Reichtums kann durch menschliche Einrichtungen nicht bewirkt werden. Im vollen Genuß der Gaben des Himmels und der Früchte überlegenen Fleißes, überlegener Sparsamkeit und Tugend hat jedermann gleichermaßen das Recht auf Schutz durchs Gesetz; aber wenn die Gesetze es unternehmen, zu diesen natürlichen und gerechten Vorteilen künstliche Unterscheidungen zu fügen, Titel, Belohnungen und ausschließliche Vorrechte zu gewähren, die Reichen reicher und die Mächtigen mächtiger zu machen, so haben die geringen Glieder der Gesellschaft – die Farmer, Handwerker und Arbeiter –, die nicht Zeit noch Mittel haben, sich gleiche Gunsterweisungen zu verschaffen, ein Recht, sich über die Ungerechtigkeit ihrer Regierung zu beklagen. Es gibt keine notwendigen Übel in der Regierung. Ihre Übel bestehen nur in ihren Mißbräuchen. Wenn sie sich auf gleichen Schutz beschränkte und, wie der Himmel seinen Regen, ihre Gunstbeweise gleichermaßen über Hoch und Niedrig, Reiche und Arme, ausschütten wollte, wäre sie ein uneingeschränkter Segen. . .

Auch braucht unsere Regierung nicht unterhalten und unsere Union nicht bewahrt zu werden durch Eingriffe in die Rechte und Befugnisse der Einzelstaaten. Wenn wir auf solche Weise versuchen, unsere allgemeine Regierung zu stärken, schwächen wir sie. Ihre wahre Stärke besteht darin, Individuen und Staaten so weit wie möglich sich selbst zu überlassen, – sich fühlbar zu machen nicht durch ihre Macht, sondern ihre Wohltätigkeit; nicht durch ihre Kontrolle, sondern ihren Schutz; nicht indem sie die Staaten enger an die Mitte bindet, sondern indem sie es jedem überläßt, sich ungehindert in seiner zugemessenen Bahn zu bewegen. . .“

114. William Garrison zur Frage der Sklaverei, 1831

Garrison war ein Vorkämpfer des Abolitionismus des Nordens.
H. Commager, ebenda S. 278; Documents, a.a.O., Nr. 149.

„. . .Ich weiß wohl, daß viele etwas gegen die Schärfe meiner Sprache haben; aber ist denn nicht Grund zur Schärfe? Ich will so herb wie die Wahrheit sein und so kompromißlos wie die Gerechtigkeit. Über diese Angelegenheit (sc. die Sklavereifrage) wünsche ich nicht mit Mäßigung nachzudenken, zu sprechen oder zu schreiben. Nein! Nein! Sagt einem Manne, dessen Haus brennt, er solle gemäßigten Lärm schlagen; sagt ihm, er solle sein Weib gemäßigt aus den Händen eines Schänders befreien; sagt einer Mutter, sie möge ihr Kleines allmählich aus dem Feuer ziehen, in das es gefallen; – aber drängt nicht mich, in einer Sache wie der gegenwärtigen Mäßigung zu üben. Ich spreche im Ernst – ich will nicht um den Brei herumgehen – ich will nicht entschuldigen – ich will nicht um einen einzigen Zoll zurückweichen – UND ICH WERDE GEHÖRT WERDEN! Die Apathie des Volkes genügt, jede Statue vom Sockel springen zu lassen und die Auferstehung der Toten zu beschleunigen.

Es wird vorgegeben, ich verzögerte die Sache der Emanzipation durch die Grobheit meiner Ausfälle und die Übereiltheit meiner Maßregeln. Der Vorwurf ist nicht wahr. Mein Einfluß auf diese Frage – gering, wie er ist – wird im Augenblick in beträchtlichem Ausmaß gespürt und wird in den kommenden Jahren gespürt werden

– nicht verderblich, sondern wohltätig – nicht als Fluch, sondern als Segen; und die Nachwelt wird Zeugnis ablegen, daß ich Recht hatte. Ich verlange danach, Gott zu danken, daß er mich befähigt, „die Menschenfurcht, die Fallstricke legt" in den Wind zu schlagen und seine Wahrheit in ihrer Einfachheit und Kraft zu sagen ..."

115. George Fitzhugh, ein Verteidiger der Sklaverei, 1854

Fitzhugh war ein Hauptvertreter der südlichen Gegenideologie.
H. Commager, ebenda S. 280f.

„... Nun, es ist deutlich, daß die athenische Demokratie für ein Negervolk nicht passen würde, noch wird eine Regierung durchs bloße Gesetz für den einzelnen Neger genügen. Er ist nur ein erwachsenes Kind und muß als Kind beherrscht werden, nicht als Geisteskranker oder Verbrecher. Der Herr nimmt ihm gegenüber die Stelle des Vaters oder Vormundes ein. Wir werden uns nicht bei dieser Ansicht aufhalten, denn niemand, der wie wir über die Begabung der Neger denkt, wird anderer Meinung sein, und wir möchten uns bis zum Jüngsten Tag mit denen vergeblich herumstreiten, die von der sittlichen und intellektuellen Kapazität des Negers eine hohe Meinung haben.

Zum zweiten ist der Neger ohne Voraussicht; er wird nicht im Sommer für die Bedürfnisse des Winters zurücklegen; er wird nicht in der Jugend für die Not des Alters ansammeln. Er würde zu einer unerträglichen Last für die Gesellschaft. Die Gesellschaft hat ein Recht, dies zu verhindern, und kann das nur, indem sie ihn häuslicher Sklaverei unterwirft.

Letzlich, die Negerrasse ist minderwertig gegenüber der weißen, und die Neger, wenn sie inmitten der Weißen leben, würden in der Hetze der freien Konkurrenz bei weitem überholt oder überlistet. Allmähliche, aber sichere Vernichtung wäre ihr Los. Wir nehmen an, daß selbst der tollste Abolitionist nicht meinen wird, die gewohnheitsmäßige Voraussicht und die Befähigung des Negers zum Geldverdienen könnten sich überhaupt mit denen der Weißen messen. Dieser Charakterfehler rechtfertigte allein schon seine Versklavung, wenn er denn hier bleiben soll. In Afrika oder auf den Westindischen Inseln würde er zum Götzendiener, Wilden und Menschenfresser oder selbst von Wilden und Kannibalen aufgefressen. Im Norden würde er erfrieren oder verhungern.

Wir möchten die, die das Sklaventum des Negers bedauern und bemitleiden, daran erinnern, daß diese Sklaverei ihn befreit von einer weit grausameren Sklaverei in Afrika oder von Götzendienst und Menschenfresserei und allen brutalen Lastern und Verbrechen, welche die Menschheit schänden können; und daß sie ihn christianisiert, beschützt, erhält und zivilisiert; daß sie ihn weit besser regiert, als die weißen Arbeiter im Norden regiert werden ...

Wir erachten diese spezielle Frage der Negersklaverei für sehr wenig wichtig. Die Streitfrage über die allgemeine Sache der Sklaverei in abstracto wird in aller Welt aufgerollt. Das Streitgespräch hat begonnen. Ein Ideenkreis wird nach einer Weile die zivilisierte Welt beherrschen. Die Sklaverei wird überall abgeschafft oder überall wiedereingeführt werden. Wir meinen, daß die Gegner praktischer, bestehender Sklaverei durch ihr eigenes Zugeständnis behindert werden; nein, daß sie unbewußt, als Sozialisten, die Verteidiger und Propagandisten der Sklaverei sind und die einzigen guten Argumente beigebracht haben, auf denen ihre Verteidigung und Rechtfertigung aufgebaut werden kann. Wir haben das Thema der Negersklaverei angeschnitten, um uns eine bessere Gelegenheit zu schaffen, die Absicht zu bestreiten, als wolten wir den weißen Mann irgendwo auf die Dasseinsbedingungen der Negersklaven hier hinabdrücken. Es wäre sehr unweise und unwissenschaftlich, weiße Menschen wie Neger zu regieren. Jede Schattierung und Abart der Sklaverei hat auf der Welt existiert. In einigen Fällen hat es viel gesetzliche Regelung gegeben, viele Beschränkung der herrschaftlichen Autorität; in andern gar keine. Das Gepräge der Sklaverei, wie es nötig wäre, die Weißen in Europa zu schützen, sollte viel milder sein als die Negersklaverei, denn die Sklaverei wird lediglich für den Schutz des weißen Mannes gebraucht, während sie sogar noch notwendiger zur Beherrschung des Negers als zu seinem Schutz ist. Aber selbst die Negersklaverei sollte nicht außerhalb des Gesetzes gestellt werden (be outlawed). Wir möchten und sollten in Virginia, wie in Louisiana, Gesetze haben, um den Herrn der Anklage vor einem großen Schwurgericht der Bestrafung zu unterwerfen für jede unmenschliche oder unschickliche Behandlung oder Vernachlässigung seines Sklaven . . ."

116. Abraham Lincoln zum Sklavenproblem, 1858

„The People Shall Judge", 1949, Bd. I, S. 735.

„Wenn wir erst wüßten, wo wir stehen und wohin wir tendieren, könnten wir besser beurteilen, was zu tun ist und wie es zu tun ist. Wir stehen nun weit im fünften Jahr, seit eine Politik mit dem eingestandenen Ziel und zuversichtlichen Versprechen, der (Anti-)Sklaverei-Agitation ein Ende zu setzen, aufgenommen wurde. Unter der Wirksamkeit dieser Politik hat jene Agitation nicht nur nicht aufgehört, sondern ständig zugenommen. Meiner Meinung nach wird sie nicht aufhören, ehe eine Krise erreicht und überstanden ist. ‚Ein Haus, das in sich uneins ist, kann nicht bestehen.' Ich glaube, daß diese Regierung auf die Dauer nicht sklavisch und halb frei bleiben kann. Ich erwarte nicht, daß die Union aufgelöst wird – ich erwarte nicht, daß das Haus einstürzt – aber ich erwarte, daß es uneins zu sein aufhören wird. Es wird ganz das eine oder ganz das andere werden. Entweder werden die Gegner der Sklaverei ihre weitere Ausbreitung aufhalten und sie in eine Stellung bringen, wo die öffentliche Meinung bei dem Glauben Ruhe findet, daß sie auf dem Weg zur schließlichen Austilgung ist, oder ihre Verfechter werden sie vorantreiben, bis sie in allen Staaten gleich rechtmäßig wird, in alten so gut wie neuen – im Norden so gut wie im Süden . . ."

117. Abraham Lincoln in einem Offenen Brief zur Einheits- und Sklavereifrage, 1862

„The People Shall Judge", a.a.O., S. 768 f., Documents, a.a.O., Nr. 219.

„. . . Bezüglich der Politik, die ich, wie Sie sagen, „zu verfolgen scheine", habe ich niemanden im Zweifel zu lassen beabsichtigt. Ich wollte die Union erhalten. Ich wollte sie auf dem kürzesten Weg unter der Verfassung erhalten. Je eher die nationale Herrschaftsgewalt wiederhergestellt werden kann, desto näher wird die Union kommen ‚der Union, wie sie war'. Wenn es Leute gibt, die die Union nicht erhalten wollten, wenn sie nicht zugleich die Sklaverei erhalten könnten, so stimme ich nicht mit ihnen überein. Wenn es Leute gibt, die die Union nicht erhalten wollten, wenn sie nicht zugleich die Sklaverei zerstören könnten, so stimmte ich nicht mit ihnen überein. Mein oberstes Anliegen in diesem Zwist ist, die Union zu erhalten, und ist nicht, die Sklaverei zu erhalten oder zu zerstören. Wenn ich die Union erhalten könnte, ohne einen einzigen Sklaven zu befreien, wollte ich es tun; und wenn ich sie erhalten könnte, indem ich alle Sklaven befreite, wollte ich es tun; und wenn ich es tun könnte, indem ich einige befreite und andere ließe wie sie sind, so wollte ich auch das tun.

Was ich in bezug auf die Sklaverei und die farbige Rasse tue, tue ich, weil ich glaube, es helfe die Union zu erhalten; und was ich unterlasse, unterlasse ich, weil ich nicht glaube, es würde die Union zu erhalten helfen ... Ich werde Irrtümer zu berichtigen versuchen, wenn sie als Irrtümer erwiesen sind; und ich werde neue Ansichten annehmen, sobald sie wahre Ansichten zu sein scheinen werden. Ich habe hier mein Vorhaben entsprechend meiner Ansicht von der Amtspflicht umrissen, und ich beabsichtige keine Modifikation meines oft ausgedrückten persönlichen Wunsches, alle Menschen möchten überall frei sein können.

Ihr A. Lincoln"

118. James Monroe: Kongreßbotschaft vom 2. Dezember 1823

H. Strauß, a.a.O., Nr. 5.

„Bei den Erörterungen über diese Angelegenheit (nämlich über die Vorschläge der russischen Regierung betreffend die Nordwestküste Amerikas) und den Abmachungen, durch welche sie erledigt werden sollen, hat sich eine passende Gelegenheit gefunden, ein für die Rechte und Interessen der Vereinigten Staaten wesentliches Prinzip zu betonen, nämlich, daß die Gebiete des amerikanischen Kontinents in Anbetracht der freien und unabhängigen Stellung, die sie sich errungen haben und an der sie festhalten, hinfort nicht mehr als Objekte für eine zukünftige Kolonisation durch irgendwelche europäischen Mächte zu betrachten sind. Die Bürger der Vereinigten Staaten hegen die freundschaftlichsten Gefühle für Freiheit und Glück ihrer Mitmenschen auf jener (nämlich der europäischen) Seite des Atlantischen Ozeans. Wir haben niemals Partei ergriffen in den Kriegen der europäischen Mächte noch in irgendwelchen Angelegenheiten, die sich darauf beziehen. Das entspräche auch nicht unserer Politik. Nur wenn unsere Rechte verletzt oder ernstlich bedroht werden, rächen wir Beleidigungen oder treffen wir Vorbereitungen zu unserer Verteidigung. Mit den Vorgängen auf *dieser* Hemisphäre dagegen sind wir notwendigerweise unmittelbar verknüpft, und zwar aus Gründen, die allen einsichtigen und unparteiischen Beobachtern offenbar sein müssen. *Das politische System der verbündeten Mächte der Heiligen Allianz ist in dieser Beziehung von dem Amerikas wesentlich verschieden.* Dieser Unterschied ergibt sich aus ihren bezüglichen Regierungen, und der Verteidigung unserer eigenen Regierung, die mit so viel Opfern an Gut und Blut hergestellt und durch die Weisheit aufgeklärter Bürger reif geworden ist, unter der wir beispielloses Glück genossen haben, hat sich unsere ganze Nation geweiht. Wir sind es deshalb der Aufrichtigkeit und den freundschaftlichen Beziehungen schuldig, die zwischen den Vereinigten Staaten und jenen Mächten bestehen, zu erklären, daß wir irgendwelchen Versuch, ihr System auf irgendeinen Teil dieser Hemisphäre auszudehnen, als gefährlich für unseren Frieden und unsere Sicherheit betrachten würden. Mit den bestehenden Kolonien oder den von irgendeiner europäischen Macht abhängigen Ländern haben wir uns nicht befaßt und werden wir uns nicht befassen. Aber was die Regierungen anbelangt, die ihre Unabhängigkeit erklärt und behauptet haben und deren Unabhängigkeit wir nach großer Überlegung und auf *gerechte* Prinzipien hin anerkannt haben, so könnten wir irgendeine seitens irgendeiner europäischen Macht unternommene Vermittlung, welche dem Zwecke dient, sie zu unterdrücken oder in irgendeiner Weise ihr Geschick zu bestimmen, nur als Kundgebung einer unfreundlichen Gesinnung gegen die Vereinigten Staaten ansehen.

Die Ereignisse, die sich kürzlich in Spanien und Portugal zugetragen haben, zeigen, daß es in Europa noch schwankende und ungeordnete Zustände gibt. Kein stärkerer Beweis dieser wichtigen Tatsache kann angeführt werden, als daß die verbündeten

Mächte es für passend erachtet haben, nach einem für sie selbst befriedigenden Prinzip mit Gewalt sich in die inneren Angelegenheiten Spaniens zu mischen. Bis zu welcher Ausdehnung eine solche Einmischung nach diesem Prinzip durchgeführt werden mag, das ist eine Frage, an der alle unabhängigen Mächte, deren Regierungen von den ihrigen verschieden sind, Interesse haben, selbst die entferntesten, und sicherlich keine mehr als die Vereinigten Staaten. Unsere Politik im Hinblick auf Europa bleibt trotzdem dieselbe und besteht darin, sich nicht in die inneren Verhältnisse einer seiner Mächte zu mischen, die tatsächlich bestehende Regierung als die für uns gesetzmäßige zu betrachten, freundliche Beziehungen mit ihr zu pflegen und diese Beziehungen durch eine offene, feste und männliche Politik zu erhalten, in allen Fällen den gerechten Ansprüchen jeder Macht entgegenzukommen und uns Beleidigungen von keiner zu unterwerfen. Aber bezüglich dieser (amerikanischen) Kontinente sind die Umstände offenbar und sichtbarlich verschieden. Es ist unmöglich, daß die verbündeten Mächte ihr politisches System auf irgendeinen Teil eines der beiden Kontinente ausdehnen, ohne unseren Frieden und unser Glück zu gefährden; auch kann niemand glauben, daß unsere südlichen Brüder, sich selber überlassen, es aus eigenem Antrieb annehmen würden. Wir können deshalb unmöglich eine solche Einmischung, in irgendwelcher Gestalt, mit Gleichgültigkeit ansehen."

119 Die Panamerikanische Konferenz 1889

Aus dem Wirtschaftsbericht des französischen Gesandten in Montevideo (17. Juli 1894). Nach Gustavo Beyhaut in Band 23 der Fischer-Weltgeschichte, S. 83.

„... Der panamerikanische Kongreß von 1889 und die Vorschläge einer Zollvereinigung, die dort gemacht wurden, dann auch der geplante Bau einer Eisenbahnverbindung von New York nach Montevideo haben mir schon oft Anlaß gegeben, das Ministerium über die Schritte zu unterrichten, mit deren Hilfe die Regierung in Washington versucht, die lateinischen Republiken im Süden unter die Botmäßigkeit ihrer Handels- und Finanzpolitik zu bringen, um so ihre Hegemonie in den drei Amerikas zu begründen. Anfangs schienen diese Bemühungen in meinem Zuständigkeitsbereich nur wenige praktische Konsequenzen zu haben. Gewisse Anzeichen lassen darauf schließen, daß sich das instinktive Mißtrauen zu legen beginnt. Uruguay neigt zu der Ansicht, seine Erzeugnisse könnten leicht Absatz in einem Land mit aufstrebender Industrie wie den Vereinigten Staaten finden. Die uruguayischen Geschäftsleute und Spekulanten sind schon fast gewonnen und versuchen, ihren Vorteil aus dem guten Willen zu schlagen, den nordamerikanische Kapitalisten, Großindustrielle und Großhändler ihnen bezeigen; seit sie anstelle illusorischer Vorteile für ihre Exportgüter besondere Erleichterungen für die Überschwemmung des uruguayischen Marktes mit nordamerikanischen Importfertigwaren geboten bekommen, denken sie weniger als je an die wahrscheinlich damit verbundenen verheerenden Folgen für die eigenen, eben erst entstehenden Industrien ..."

120. Theodore Roosevelt: Die amerikanische Außenpolitik, 1904

H. Strauß, a.a.O., S. 76f.

„... Es ist nicht wahr, daß die Vereinigten Staaten irgendwelchen Landhunger verspürten oder irgendwelche Projekte hinsichtlich der anderen Nationen der westlichen Hemisphäre hätten, außer solchen, die ihrer Wohlfahrt dienen. Alles, was dieses Land wünscht, ist, die Nachbarländer beständig, in Ordnung und wohlhabend zu sehen.

Jedes Land, dessen Volk sich gut beträgt, kann auf unsere warme Freundschaft rechnen. Wenn eine Nation zeigt, daß sie mit vernünftiger Wirksamkeit und Anstand in gesellschaftlichen und politischen Angelegenheiten zu handeln weiß, wenn sie Ordnung hält und ihre Schulden zahlt, braucht sie kein Eingreifen der Vereinigten Staaten zu fürchten. Ständiges Übeltun oder Unvermögen, die sich in einer allgemeinen Lockerung der Bande zivilisierter Gesellschaft auswirken, können in Amerika wie sonstwo schließlich die Intervention einer zivilisierten Nation fordern, und in der westlichen Hemisphäre mag das Festhalten der Vereinigten Staaten an der Monroe-Doktrin sie, wie widerwillig auch immer, in flagranten Fällen solchen Übeltuns oder Unvermögens zur Ausübung einer internationalen Polizeigewalt zwingen . . . Unsere Interessen und die unserer südlichen Nachbarn sind in Wirklichkeit identisch. Sie haben große natürliche Reichtümer, und wenn sie innerhalb ihrer Grenzen die Herrschaft des Gesetzes und des Rechtes behaupten, ist ihnen der Wohlstand sicher. Solange sie derart den ersten Gesetzen zivilisierter Gesellschaft gehorchen, dürfen sie versichert sein, daß sie im Geiste herzlicher und hilfreicher Sympathie von uns behandelt werden. Wir würden uns nur im äußersten Fall bei ihnen einmischen, und dann nur, wenn es offenkundig würde, daß ihre Unfähigkeit und Abgeneigtheit, zu Hause und im Ausland Recht zu üben, die Rechte der Vereinigten Staaten verletzt oder fremde Nationen herausgefordert haben. Es ist nur eine Binsenwahrheit, wenn man sagt, daß jede Nation, ob in Amerika oder anderswo, die ihre Freiheit, ihre Unabhängigkeit aufrechtzuerhalten wünscht, am Ende einsehen muß, daß das Recht auf solche Unabhängigkeit nicht von der Verantwortlichkeit, Gutes damit anzufangen, trennbar ist . . ."

121. Amerikanischer Imperialismus

Aus Th. Roosevelts Autobiographie.
Gottfried Guggenbühl, a.a.O., S. 300.

„Wenn unsere Nation es zufrieden ist, zum China der Neuen Welt zu werden, dann und nur dann kann sie es sich leisten, ihre Armee und Flotte aufzugeben. Wenn sie bereit ist, Hawaii und den Panamakanal fahren zu lassen, aufzuhören, von der Monroedoktrin zu sprechen . . . kann sie sich in allen ausländischen Angelegenheiten auf Schiedsspruch einlassen. In diesem Fall kann Amerika es sich leisten, seine freie Zeit in einem ständigen Taumel von Weltfriedensfeiern zu verbringen . . .

Ich habe während der siebenundeinhalb Jahre meiner Präsidentschaft eine konsequente ausländische Politik verfolgt: eine Politik des aufrichtigen guten Willens . . . begleitet von steter Kriegsbereitschaft. Meiner Ansicht nach habe ich dem Frieden den wichtigsten Dienst geleistet, indem ich die Weltreise unserer Flotte anordnete (1907-1909). Ich war zu der Überzeugung gelangt, daß es aus vielen Gründen von größter Wichtigkeit sei, unserm eigenen Volk und auch andren Völkern deutlich zu verstehen zu geben, daß der Stille Ozean ebensowohl unser heimisches Gewässer sei wie der Atlantische und daß unsere Flotte nach Belieben von einem dieser beiden großen Ozeane nach dem andern fahren darf und wird . . ."

122. Die USA und der Erste Weltkrieg

a) Wilsons Erklärung im Kongreß vom 2. April 1917

Joh. Hohlfeld, a.a.O., Bd. IV, S. 103.

„Der gegenwärtige deutsche Unterseebootkrieg gegen den Handelsverkehr ist ein Krieg gegen die Menschheit. Er ist ein Krieg gegen alle Nationen. Wir werden nicht den Weg der Unterwerfung wählen und dulden, daß die heiligsten Rechte unserer Nation und unseres Volkse außer acht gelassen und verletzt werden. Mit tiefem Gefühl für den ernsten und sogar tragischen Charakter des Schrittes, den ich unternehme, empfehle ich, daß der Kongreß erklärt, daß das jüngste Vorgehen der deutschen Regierung nicht weniger ist als der Krieg gegen Regierung und Volk der Vereinigten Staaten.

Unser Ziel ist, die Grundsätze des Friedens und der Gerechtigkeit im Leben der Welt gegen eine selbstsüchtige und autokratische Macht zu verteidigen. Wir haben keinen Streit mit dem deutschen Volke. Wir haben gegen dieses nur ein Gefühl der Sympathie und der Freundschaft. Seine Regierung hat nicht auf sein Betreiben gehandelt, als sie in den Krieg eintrat. Das geschah nicht mit vorheriger Kenntnis oder Billigung des Volkes ...

Es wird uns um so leichter sein, uns als Kriegführende in einem hohen Geiste von Recht und Ehrlichkeit zu benehmen, da wir ohne Gehässigkeit handeln, nicht in Feindschaft gegen ein Volk, sondern nur in bewaffneter Gegnerschaft gegen eine unverantwortliche Regierung, die alle Rücksichten auf Menschlichkeit und Recht beiseite geworfen hat und Amok läuft.

Aber das Recht ist wertvoller als der Friede, und wir werden für die Dinge kämpfen, die immer unseren Herzen am nächsten gelegen haben, für Demokratie, für Rechte und Freiheiten der kleinen Nationen, für eine allgemeine Herrschaft des Rechts durch einen solchen Bund freier Völker, der allen Nationen Frieden und Sicherheit bringt und schließlich die Welt selbst befreit. Einer solchen Aufgabe widmen wir unser Leben und unser Vermögen, alles, was wir sind, und alles, was wir haben, mit dem Stolz derer, die wissen, daß der Tag gekommen ist, da Amerika das Vorrecht genießt, sein Blut und seine Macht einzusetzen für die Grundsätze, die ihm sein Dasein, sein Glück und seinen Frieden gegeben haben. Gott möge ihm helfen, es kann nicht anders handeln."

b) Wilsons „14 Punkte"

H. Rönnefarth, Vertrags-Ploetz Teil II, 4, Würzburg 1959, S. 23–24.

Der amerikanische Präsident hat schon im Jahre 1916 versucht, die kämpfenden Mächte zur Bekanntgabe ihrer Kriegsziele zu veranlassen, weil er hoffte, es könne dann zu einer Annäherung und Beendigung des Ringens kommen. Auf diese Weise erfuhr die amerikanische Regierung einiges über die ungefähren Vorstellungen der kämpfenden Parteien, den künftigen Frieden betreffend, wenn auch keine genauen Bedingungen bekanntgegeben wurden. Nach dem Kriegseintritt der USA hörten die Bemühungen Wilsons um einen allseits gerechten Frieden mit gemäßigten Kriegszielen nicht auf. Aus diesem Grunde arbeitete er seine Botschaft der 14 Punkte aus die am 8. Januar 1918 im Kongreß bekanntgegeben wurden und folgendes Friedensprogramm enthielten:

1. Forderung nach Öffentlichen Friedensverträgen und Abschaffung der Geheimdiplomatie;
2. nach absoluter Freiheit der Schiffahrt im Krieg und im Frieden;
3. nach Aufhebung aller Handelsschranken und Schaffung allgemeiner gleicher Bedingungen des Welthandels;
4. nach Garantien zur Rüstungsbeschränkung;
5. nach unparteiischer Ordnung aller Kolonialansprüche;
6. nach Räumung alles in Rußland besetzten Gebietes und Lösung aller Rußland betreffenden Fragen;

7. nach Wiederherstellung der belgischen Souveränität;

8. nach Räumung Frankreichs und Rückgabe von Elsaß-Lothringen. Wiederaufbau der verwüsteten Landschaften;

9. nach einer Berichtigung der italienischen Grenzen entsprechend den Nationalitätenlinien;

10. nach autonomer Entwicklung für die Völker der Donaumonarchie;

11. nach Räumung Rumäniens, Serbiens und Montenegros, nach freiem Zugang für Serbien zum Meer und nach Ordnung der balkanischen Verhältnisse;

12. nach Souveränität der Türkei bei Gewährung der Autonomie an die der Türkei unterstehenden anderen Nationalitäten. Freie Durchfahrt durch die Dardanellen;

13. nach Errichtung eines polnischen Staates mit freiem Zugang zum Meer unter internationaler Garantie;

14. nach Errichtung eines Völkerbunds zur Garantierung der politischen Unabhängigkeit und territorialen Unverletzlichkeit aller großen und kleinen Staaten.

E. Japans Aufstieg zur Großmacht im Fernen Osten

Einführung

Es gehört zu den erstaunlichen Leistungen der Meiji-Ära (1868–1912), den mittelalterlich-feudalen Staat zu einem entwickelten industriekapitalistischen Land geformt und in knapp fünf Jahrzehnten den europäischen Vorsprung wettgemacht zu haben. Die Modernisierungsaktion, die der jugendliche Tenno mit Energie und Konsequenz in Angriff nahm, war eine schlechterdings ungeheure Aufgabe, galt es doch eine gesellschaftliche und wirtschaftliche Umwandlung herbeizuführen, die mit alten, in jahrhundertelanger Dauer erstarrten Formen gänzlich brach. Die Reformtätigkeit, die unter der Parole „Reichtum und politische Stärke" stand, hatte nicht nur feudalistische Widerstände zu überwinden, sondern mußte auch gesellschaftlich den Boden bereiten, um Technisierung und Industrialisierung zu ermöglichen. Der Erfolg des japanischen Bemühens, den kluge Führung eines außergewöhnlichen Herrschers und schöpferischer Fleiß seines Volkes bewirkten, wurde vor aller Welt sichtbar, als Japan auf das benachbarte Festland ausgreifen und sich in die Reihe der imperialistischen Großmächte erheben konnte.

Quellen und Darstellungen

123. Die Situation des vormodernen Japan

Herschel Webb in Propyläen Weltgeschichte, Bd. 8, S. 617f.

„Europäer und Amerikaner, die Japan in den ersten Jahren nach der Wiedcraufnahme des Verkehrs mit der Außenwelt besuchten, beschrieben das Land als wirtschaftlich zurückgeblieben, streng, aber stabil regiert und von einem freundlichen und verständigen Volk bewohnt, das sich voller Eifer zeigte, über die Lebensweise des Westens möglichst viel zu erfahren. Beeindruckt waren die Besucher von den geduldigen, schwerarbeitenden Bauern, die aus dicht zusammengedrängten, in straffer Zucht gehaltenen Dörfern Tag für Tag den Weg antraten zu ihren winzigen, aber intensiv bebauten Reisfeldern. Merkwürdig aber muteten den Fremden die riesigen übervölkerten Städte an, wo die Bodenerzeugnisse des Landes gespeichert und gehandelt wurden und wo sich die Samurai, die waffentragende Oberklasse, von den Früchten der Arbeit der sozial Niedrigergestellten nährten.

Um die Mitte des 19. Jahrhunderts war Japan fast noch reines Agrarland. Vier Fünftel seiner Bevölkerung waren Bauern. Von einer entwickelten Industrie war keine Rede. Die meisten gewerblichen Güter wurden im bäuerlichen Haushalt erzeugt, der so sein mageres landwirtschaftliches Einkommen aufbesserte; in den Städten arbeiteten gewöhnlich sogar die Handwerker mitsamt ihren Familien in kleinen Fabriken, denen noch der Charakter der Heimindustrie anhaftete. Werkzeuge mit Kraftantrieb waren unbekannt. Die Verkehrsmittel waren primitiver, als man sich in westlichen Ländern seit Jahrhunderten vorstellen konnte. Die Landstraßen waren nicht viel mehr als ausgetretene Fußpfade; die meisten Flüsse überquerte man an Furten, nicht auf Brücken. Reiche und vornehme Reisende wurden mit menschlicher Muskelkraft in Sänften befördert; wer sonst unterwegs zu sein hatte, war zu Pferde oder wanderte zu Fuß. Bei diesem primitiven Stand des Verkehrs- und Nachrichtenwesens war das Land von der Hauptstadt aus nicht einheitlich zu regieren. Die Zentralregierung, das Shogunat, waltete ihres Amtes so despotisch, wie sie nur konnte, aber die Wirkung ihres Polizeisystems schrumpfte mit der Entfernung vom Shogunatssitz im Zentrum des Landes. An der Peripherie war das lokale Regiment fast unabhängig von der staatlichen Zentralgewalt.

In mehr als zwei Jahrhunderten Isolierung von der übrigen Welt hatte das japanische Volk als Ganzes jede Kenntnis fremder Sitten eingebüßt und alles Fremde fürchten gelernt. Als Einzelne durchaus bereit, westlichen Menschen mit viel Charme und Güte gegenüberzutreten, empfanden die Japaner als Nation nur Angst vor der militärischen Übermacht des Westens und der zersetzenden Wirkung westlicher Ideen. Auch das Christentum flößte Angst ein: es galt als das bewährte Mittel des Westens, die Völker des Ostens zu verweichlichen und gefügig zu machen, um ihrer kriegerischen Unterjochung den Weg zu ebnen. Die Betätigung christlichen Glaubens blieb Japanern auch nach der Aufnahme von diplomatischen und Handelsbeziehungen mit christlichen Ländern verboten. Östlichen Religionen gegenüber herrschte dagegen volle Toleranz. Der einheimische Shinto-Kult, der Buddhismus und der Konfuzianismus existierten unbehelligt nebeneinander, die beiden ersten als Religionen für das Volk, der zuletztgenannte als ein von der Aristokratie gepflegtes System sozialer und politischer Maximen."

124. Japanisch-amerikanischer Handelsvertrag vom 31. März 1854

Oskar Kressler, Japan und Korea, in: Geschichte Asiens (1950), S. 672.

„1. Friede und Freundschaft.

2. Die Häfen von Shimoda (auf der Halbinsel Izu) und Hakodate (an der Südküste der Insel Hokkaido, damals Ezo) werden für die Amerikaner geöffnet; daselbst sollen ihnen auch die nötigen Vorräte geliefert werden.

3. Hilfe für Schiffbrüchige, ohne Vergütung von seiten der Amerikaner.

4. Die Amerikaner sind frei wie in anderen Ländern, aber sie sind gerechten Gesetzen unterworfen.

5. In den Häfen von Shimoda und Hakodate sind die Amerikaner keinerlei Einschränkungen unterworfen.

6. Sorgfältige Beratung bei Geschäften zur Wohlfahrt beider Parteien.

7. Der Handel in den offenen Häfen ist lokalen Regulationen unterworfen.

8. Holz, Wasser, Vorräte, Kohle werden nur durch japanische Beamte geliefert.

9. Meistbegünstigungsklausel.

10. Amerikanische Schiffe dürfen andere als die beiden genannten Häfen nur im Notfalle anlaufen.

11. Konsuln oder Agenten der Vereinigten Staaten müssen in Shimoda ihren Wohnsitz haben.

12. Die Ratifikationen des Vertrags sollen innerhalb einer Frist von 18 Monaten ausgetauscht werden."

125. Programmatische Erklärung des Meiji-Tenno, 1869

Oskar Kressler, a.a.O., S. 696.

„1. Eine beratende Versammlung von Vertretern aller Provinzen ist einzuberufen, und alle Regierungsmaßnahmen sollen durch die öffentliche Meinung entschieden werden.

2. Die Richtlinien aller sozialen und wirtschaftlichen Maßnahmen sollen von den oberen und unteren Klassen erwogen werden.

3. Jeder Untertan, von den Beamten und Kriegern bis zum einfachen Manne, soll die Möglichkeit haben, sein Lebensziel zu erreichen, um seine Fähigkeiten in nutzbringender Weise wirken zu lassen.

4. Überlebte Gebräuche und Gewohnheiten sollen abgeschafft werden; Gerechtigkeit und Unparteilichkeit sollen nach natürlichen Grundsätzen zur Grundlage allen Handelns gemacht werden.

5. Aus allen Teilen der Welt sollen Kenntnisse und Wissen aufgenommen werden zum Zwecke der Errichtung der Grundlagen des Kaiserreiches."

126. Die Stellung des japanischen Kaisers, 1889

Aus dem 1889 erlassenen Gesetz über die Einführung einer konstitutionellen Verfassung. P. Ostwald, Quellen zur Geschichte Ostasiens, 1953, S. 14f.

Artikel 1. Das Kaiserreich von Japan soll von einer seit undenklichen Zeiten ununterbrochenen Reihe von Kaisern regiert werden ...

Artikel 3. Der Kaiser ist geheiligt und unverletzlich ...

Artikel 5. Der Kaiser übt die gesetzgebende Macht in Übereinstimmung mit dem Parlament aus ...

Artikel 7. Der Kaiser beruft das Parlament ein, eröffnet, schließt, vertagt es und löst das Haus der Abgeordneten auf ...

Artikel 11. Der Kaiser hat den allerhöchsten Befehl über Armee und Flotte ...

Artikel 13. Der Kaiser erklärt den Krieg, macht Frieden und schließt Verträge ab ...

ABSCHNITT V

Zur politischen Geschichte des Ersten Weltkriegs

Einführung

Die Entstehungsgeschichte des Ersten Weltkrieges sollte einmal im Rahmen des imperialistischen Machtstrebens der Großmächte im Kampf um Einflußsphären und im Rüstungswettlauf, zum anderen im Bereich der diplomatisch-politischen Auseinandersetzung betrachtet werden. Die Frage nach der Verantwortung für den Ausbruch des Krieges wird sich nur zutreffend beantworten lassen, wenn man beide Komponenten in ihrer wechselseitigen Durchdringung vor Augen hat. Auch das Verhalten der Großmächte in der Julikrise 1914 wird erst vor diesem doppelten Hintergrund verständlich. Seit der Bosnischen Krise 1908/09 war der Balkanraum das Feld der europäischen Politik, in dem sich die Kräfteverschiebung zugunsten der Entente-Mächte am deutlichsten abzeichnete. Die Verbindung des serbischen Nationalismus mit der russischen Balkanpolitik wurde von der Doppelmonarchie Österreich-Ungarn als tödliche Gefahr für den Vielvölkerstaat betrachtet. Ihr ständiger Macht- und Prestigeschwund, der auch die Position des verbündeten Deutschen Reiches in der Mächtekonstellation schwächte, da bei einem Ausfall der Habsburger Monarchie eine völlige Isolierung Deutschlands zu erwarten war, führte nach dem Mord in Serajewo zum Entschluß der deutschen Reichsleitung, die Krise zu einer Aufwertung der österreichischen Großmachtstellung zu nutzen und durch ein militärisches Vorgehen Österreichs gegen Serbien die Position der Mittelmächte gegenüber der Entente wieder etwas zu stärken. Die Kraftprobe zwischen den beiden Mächtegruppen drohte von Anfang an zu einem Weltkrieg zu führen, wenn die Gegengruppe, voran Rußland, auf das österreichische Vorgehen mit militärischen Maßnahmen reagierte. Bethmann Hollweg ging dieses Risiko bewußt ein, weil er allein durch diese Konzeption des kalkulierten Risikos die gegen die Mittelmächte laufende allgemeine Entwicklung aufhalten zu können vermeinte. Durch die deutsche militärische Planung für den Kriegsfall, die die Schwerpunktbildung im Westen und den Durchmarsch durch Belgien vorsah, wurden in einem sich an einer Südostfrage entzündenden Konflikt sogleich alle fünf Großmächte in den Krieg einbezogen, da das Eingreifen Englands im Falle des deutschen Durchzuges durch Belgien mit Sicherheit zu erwarten war.

Über die Vorgeschichte des Ersten Weltkriegs und die Frage der Kriegsschuld entwickelte sich gleich nach Kriegsende eine ausgedehnte, internationale wissenschaftliche Forschung, die in den 30er Jahren zu einem gewissen Abschluß kam. Erneut entstand über die Konzeption der Reichsleitung in der Julikrise eine wissenschaftliche Kontroverse durch das Buch von Fritz *Fischer* „Griff nach der Weltmacht" (1961). Er leitet darin aus expansionistischen Tendenzen und imperialistischen Bestrebungen („Mitteleuropa"-Konzeption) in der deutschen Führungsschicht einen bewußten Willen der Reichsleitung zur Nutzung der Julikrise für einen Kontinentalkrieg zur Verwirklichung dieser Ziele ab. Er unterscheidet damit nicht deutlich die begrenzte politische Konzeption der politischen Reichsleitung (Bethmann Hollweg), die strategische Planung des Generalstabes und die Bestrebungen anderer gesellschaftlicher, politischer und wirtschaftlicher Kräfte in Deutschland. Egmont *Zechlin* weist demgegenüber auf die Verschärfung der außenpolitischen Konstellation gegen Deutschland im Sommer 1914 hin, die die Reichsleitung durch eine begrenzte „Offensive" (Vorstoß Österreich-Ungarns gegen Serbien) verbessern wollte. Karl Dietrich *Erdmann* legt durch Veröffentlichung von Auszügen aus dem Tagebuch des Vertrauten Bethmann Hollwegs, Riezler, die Überlegungen des Kanzlers bei Erteilung des „Blankoschecks" für Österreich-Ungarn dar. Gerhard *Ritter* weist auf die Abhängigkeit der politischen Führung des Reiches von militärtechnischen Zwängen hin, die in einem bestimmten Stadium der Krise (nach russischen Mobilmachungsvorbereitungen) der Reichsleitung die Zügelung der Krise entgleiten ließ. Aus der zur Zeit noch andauernden Diskussion tritt deutlicher, als es dem Forschungsstand der Zwischenkriegszeit zu entnehmen war, die Mitverantwortung der deutschen Reichsleitung für den Ausbruch des Krieges hervor; sie erstrebte zwar nicht eine „Weltmacht"-Stellung über einen siegreichen Kontinentalkrieg, wollte aber die Julikrise zur Verbesserung der Situation der Mittelmächte nutzen und nahm dabei das Kriegsrisiko in Kauf.

Gegenüber dem zentralen Problem des Kriegsbeginns 1914 tritt die Problematik der Kriegsausweitung (durch den Kriegsentschluß Italiens, später vor allem der USA 1917) in der gegenwärtigen Diskussion etwas zurück. Die Tendenz zur Rechtfertigung aller politischen und militärischen Entscheidungen war bei allen Regierungen seit Ausbruch des Krieges noch gesteigert, so daß aus offiziellen, veröffentlichten Bekundungen der Kriegführenden nicht das Wesentliche über ihre Ziele, ihre Absichten und ihre Beurteilung der Situation zu entnehmen ist. Die Beschönigung der Kriegslage, die das eigene Volk in Unkenntnis über den Ernst der Situation ließ, führte bei einem scheinbar plötzlichen Zusammenbruch zu verhängnisvollen Fehldeutungen („Dolchstoß"). Andererseits führte die Härte des Krieges bei allen Beteiligten zu extremen Kriegszielen und in Verknüpfung mit älteren imperialistischen Zielsetzungen zu Friedensschlüssen, die von den Besiegten als „Diktate" und als nationale Erniedrigung empfunden wurden (Brest-Litowsk, Bukarest, Versailles, St. Germain, Trianon, Neuilly, Sèvres). Die Ideologisierung der Kriegführung nach dem Eintritt der USA in den Krieg und nach der bolschewistischen Oktoberrevolution 1917 schwächte diese Tendenz zum Teil ab (Forderung nach dem Selbstbestimmungsrecht der Völker, Friede ohne Annexionen und Kontributionen), verschärfte sie aber auf der anderen Seite auch (Moralisierung des Sieges, Forderung nach Bestrafung von „Kriegsverbrechern", „Reparationen").

Quellen und Darstellungen

127. Handschreiben Kaiser Franz Josephs an Kaiser Wilhelm II. (2. Juli 1914)

Joh. Hohlfeld, a.a.O., Bd. II, Nr. 118, S. 276ff., Berlin o.J.

„. . . Das gegen meinen Neffen verübte Attentat ist die direkte Folge der von den russischen und serbischen Panslawisten betriebenen Agitation, deren einziges Ziel die Schwächung des Dreibundes und die Zertrümmerung meines Reiches ist.

Nach allen bisherigen Erhebungen hat es sich in Sarajewo nicht um die Bluttat eines Einzelnen, sondern um ein wohlorganisiertes Komplott gehandelt, dessen Fäden nach Belgrad reichen und, wenn es auch vermutlich unmöglich sein wird, die Komplizität der serbischen Regierung nachzuweisen, so kann man wohl nicht im

Zweifel darüber sein, daß ihre auf die Vereinigung aller Südslawen unter serbischer Flagge gerichtete Politik solche Verbrechen fördert, und daß die Andauer dieses Zustandes eine dauernde Gefahr für mein Haus und für meine Länder bildet.

Diese Gefahr wird noch dadurch erhöht, daß auch Rumänien trotz des bestehenden Bündnisses mit uns sich mit Serbien eng befreundet hat und auch im eigenen Land eine ebenso gehässige Agitation gegen uns duldet, wie Serbien es tut. ..." „... Das Bestreben meiner Regierung muß in Zukunft auf die Isolierung und Verkleinerung Serbiens gerichtet sein. Die erste Etappe auf diesem Wege wäre in einer Stärkung der Stellung der gegenwärtigen bulgarischen Regierung zu suchen, damit Bulgarien, dessen reelle Interessen mit den unserigen übereinstimmen, vor der Rückkehr zur Russophilie bewahrt bleibt.

Wenn man in Bukarest erkennt, daß der Dreibund entschlossen ist, auf einen Anschluß Bulgariens nicht zu verzichten, jedoch bereit wäre, Bulgarien zu veranlassen, sich mit Rumänien zu verbinden und dessen territoriale Integrität zu garantieren, so wird man dort vielleicht von der gefährlichen Richtung zurückkommen, in welche man durch die Freundschaft mit Serbien und die Annäherung an Rußland getrieben worden ist.

Wenn dies gelingt, könnte der weitere Versuch gemacht werden, Griechenland mit Bulgarien und der Türkei zu versöhnen; es würde sich dann unter der Patronanz des Dreibundes ein neuer Balkanbund bilden, dessen Ziel darin bestehen würde, dem Vordringen der panslawistischen Hochflut ein Ziel zu setzen und unseren Ländern den Frieden zu sichern.

Dieses aber wird nur dann möglich sein, wenn Serbien, welches gegenwärtig den Angelpunkt der panslawistischen Politik bildet, als politischer Machtfaktor am Balkan ausgeschaltet wird.

Auch Du wirst nach dem jüngsten furchtbaren Geschehnis in Bosnien die Überzeugung haben, daß an eine Versöhnung des Gegensatzes, welcher Serbien von uns trennt, nicht mehr zu denken ist, und daß die erhaltende Friedenspolitik aller europäischen Monarchen bedroht sein wird, solange dieser Herd von verbrecherischer Agitation in Belgrad ungestraft fortlebt."

128. Der Staatssekretär des Auswärtigen von Jagow an den deutschen Gesandten in Brüssel, von Below (Berlin, 29. Juli 1914)

Joh. Hohlfeld, a.a.O., Bd. II, S. 290ff., Nr. 122a.

„Der k. Regierung liegen zuverlässige Nachrichten vor über den beabsichtigten Aufmarsch französischer Streitkräfte an der Maasstrecke Givet-Namur. Sie lassen keinen Zweifel über die Absicht Frankreichs, durch belgisches Gebiet gegen Deutschland vorzugehen.

Die k. Regierung kann sich der Besorgnis nicht erwehren, daß Belgien trotz besten Willens nicht imstande sein wird, ohne Hilfe einen französischen Vormarsch mit so großer Aussicht auf Erfolg abzuwehren, daß darin eine ausreichende Sicherheit gegen die Bedrohung Deutschlands gefunden werden kann. Es ist ein Gebot der Selbsterhaltung für Deutschland, dem feindlichen Angriff zuvorzukommen. Mit dem größten Bedauern würde es daher die deutsche Regierung erfüllen, wenn Belgien einen Akt der Feindseligkeit gegen sich darin erblicken würde, daß die Maßnahmen seiner Gegner Deutschland zwingen, zur Gegenwehr auch seinerseits belgisches Gebiet zu betreten.

Um jede Mißdeutung auszuschließen, erklärt die k. Regierung das Folgende:

1. Deutschland beabsichtigt keinerlei Feindseligkeiten gegen Belgien. Ist Belgien gewillt, in dem bevorstehenden Kriege Deutschland gegenüber eine wohlwollende Neutralität einzunehmen, so verpflichtet sich die deutsche Regierung beim Friedensschluß nicht nur Besitzstand und Unabhängigkeit des Königreichs in vollem Umfang zu garantieren, sie ist sogar bereit, etwaigen territorialen Kompensationsansprüchen des Königreichs auf Kosten Frankreichs in wohlwollendster Weise entgegenzukommen.

2. Deutschland verpflichtet sich unter obiger Voraussetzung, das Gebiet des Königreichs wieder zu räumen, sobald der Friede geschlossen ist.

3. Bei einer freundschaftlichen Haltung Belgiens ist Deutschland bereit, im Einvernehmen mit den k. Belgischen Behörden alle Bedürfnisse seiner Truppen gegen Barzahlung anzukaufen und jeden Schaden zu ersetzen, der etwa durch deutsche Truppen verursacht werden könnte.

Sollte Belgien den deutschen Truppen feindlich entgegentreten, insbesondere ihrem Vorgehen durch Widerstand der Maasbefestigungen oder durch Zerstörungen von Eisenbahnen, Straßen, Tunneln oder sonstigen Kunstbauten Schwierigkeiten bereiten, so wird Deutschland zu seinem Bedauern gezwungen sein, das Königreich als Feind zu betrachten. In diesem Falle würde Deutschland dem Königreich gegenüber keine Verpflichtungen übernehmen können, sondern müßte die spätere Regelung des Verhältnisses beider Staaten zueinander der Entscheidung der Waffen überlassen ...“

129. Der Chef des Generalstabes der Armee Generaloberst v. Moltke an das Auswärtige Amt

Joh. Hohlfeld, a.a.O., Nr. 122c. Berlin, den 3. August 1914

Es muß am Dienstag, dem 4. August, 6 Uhr morgens, der belgischen Regierung mitgeteilt werden, daß wir zu unserem Bedauern durch das ablehnende Verhalten der k. Belgischen Regierung unseren wohlmeinenden Vorschlägen gegenüber gezwungen sein werden, die von uns als unumgänglich notwendig dargelegten Sicherheitsmaßregeln gegen französische Bedrohung, wenn es sein muß mit Waffengewalt, zur Ausführung zu bringen.

Die Mitteilung ist nötig, da unsere Truppen bereits morgen früh belgischen Boden betreten werden. Ich halte diese Erklärung für genügend, da Belgien uns erklärt hat, es werde jedem Einmarsch mit Waffengewalt entgegentreten. Eine Kriegserklärung halte ich nicht für erwünscht, weil ich noch immer darauf rechne, mit Belgien zu einer Verständigung zu kommen, wenn der belgischen Regierung der Ernst der Lage klar wird.

Moltke

130. Aide Mémoire, vom englischen Botschafter Sir Edward Goschen dem Auswärtigen Amt überreicht

Joh. Hohlfeld, a.a.O., Nr. 122f. Berlin, den 4. August 1914

Sr. M. Regierung erfährt, daß Deutschland an den belgischen Minister des Auswärtigen eine Note des Inhalts gerichtet hat, daß die deutsche Regierung nötigenfalls mit Waffengewalt Maßnahmen, die für sie unumgänglich sind, durchzuführen gezwungen sein werde. Sr. M. Regierung hat auch erfahren, daß belgisches Gebiet bei Gemmenich verletzt worden ist.

Unter diesen Umständen und in Anbetracht der Tatsache, daß Deutschland sich geweigert hat, in betreff Belgiens die gleiche Versicherung zu erteilen, die Frankreich vergangene Woche als Antwort auf das gleichzeitig in Berlin und Paris gestellte Ersuchen abgegeben hat, muß Sr. M. Regierung dieses Ersuchen wiederholen und verlangen, daß hierauf und auf die von Sir Edward Goschen früher im Laufe des Nachmittags gemachte Mitteilung bis heute 12 Uhr nachts eine zufriedenstellende Antwort in London eingeht. Andernfalls ist Sir Edward Goschen angewiesen, seine Pässe zu verlangen und mitzuteilen, daß Sr. M. Regierung sich für verpflichtet hält, alle in ihrer Macht liegenden Schritte zu tun, um die Neutralität Belgiens und die Einhaltung eines Vertrages zu sichern, zu dessen Unterzeichnern Deutschland ebenso gehört wie Sr. M. Regierung.

131. Aus der Deutschen Note an die USA vom 4. Mai 1916

Joh. Hohlfeld, a.a.O., Bd. II, S. 327ff.

... Das deutsche Volk weiß, daß es in der Hand der Regierung der Vereinigten Staaten liegt, den Krieg im Sinne der Menschlichkeit und des Völkerrechts auf die Streitkräfte der kämpfenden Staaten zu beschränken. Die amerikanische Regierung wäre dieses Erfolges sicher gewesen, wenn sie sich entschlossen hätte, ihre unbestreitbaren Rechte auf die Freiheit der Meere England gegenüber nachdrücklich geltend zu machen. So aber steht das deutsche Volk unter dem Eindruck, daß die Regierung der Vereinigten Staaten von Deutschland in dessen Existenzkampf die Beschränkung im Gebrauch einer wirksamen Waffe verlangt, und daß sie die Aufrechterhaltung ihrer Beziehungen zu Deutschland von der Erfüllung dieser Forderung abhängig macht, während sie sich gegenüber den völkerrechtswidrigen Methoden seiner Feinde mit Protesten begnügt. Auch ist dem deutschen Volke bekannt, in wie weitem Umfang unsere Feinde aus den Vereinigten Staaten mit Kriegsmitteln aller Art versehen werden.

Unter diesen Umständen wird es verstanden werden, daß die Anrufung des Völkerrechts und der Gefühle der Menschlichkeit im deutschen Volke nicht den vollen Widerhall finden kann, dessen ein solcher Appell hier unter anderen Verhältnissen stets sicher ist.

Wenn die deutsche Regierung sich trotzdem zu einem äußersten Zugeständnis entschließt, so ist für sie entscheidend einmal die mehr als hundertjährige Freundschaft zwischen den beiden großen Völkern, sodann aber der Gedanke an das schwere Verhängnis, mit dem eine Ausdehnung und Verlängerung dieses grausamen und blutigen Krieges die gesamte zivilisierte Menschheit bedroht....“... „... Die deutsche Regierung geht (demgemäß) von der Erwartung aus, daß ihre neue Weisung an die Seestreitkräfte auch in den Augen der Regierung der Vereinigten Staaten jedes Hindernis für die Verwirklichung der in der Note vom 23. Juli 1915 angebotenen Zusammenarbeit zu der noch während des Krieges zu bewirkenden Wiederherstellung der Freiheit der Meere aus dem Wege räumt, und sie zweifelt nicht daran, daß die Regierung der Vereinigten Staaten nunmehr bei der großbritannischen Regierung die alsbaldige Beobachtung derjenigen völkerrechtlichen Normen mit allem Nachdruck verlangen und durchsetzen wird, die vor dem Kriege allgemein anerkannt waren und die insbesondere in den Noten der amerikanischen Regierung an die britische Regierung vom 28. Dezember 1914 und vom 5. November 1915 dargelegt sind. Sollten die Schritte der Regierung der Vereinigten Staaten nicht zu dem gewollten Erfolge führen, den Gesetzen der Menschlichkeit bei allen kriegführenden Nationen Gel-

Lovis Corinth
1925.

tung zu verschaffen, so würde die deutsche Regierung sich einer neuen Sachlage gegenübersehen, für die sie sich die volle Freiheit der Entschließung vorbehalten muß.

S. Exzellenz dem Botschafter
der Vereinigten Staaten von Amerika
Herrn James W. Gerard gez. von Jagow

132. Italiens Kriegserklärung an das Deutsche Reich

Erläutert in einer Note an die Schweiz vom 26. August 1916.
Joh. Hohlfeld, a.a.O., Nr. 138, S. 331f.

„Auf Weisung der Regierung Seiner Majestät habe ich die Ehre, die nachfolgende Mitteilung zur Kenntnis Euerer Exzellenz und des Bundesrats zu bringen:

Die feindlichen Akte seitens der deutschen Regierung gegenüber Italien folgen einander mit wachsender Häufigkeit; es genügt, die wiederholten Lieferungen an Waffen und an Werkzeugen für den Land- und Seekrieg zu erwähnen, die von Deutschland an Oesterreich-Ungarn erfolgt sind; desgleichen die ununterbrochene Teilnahme deutscher Offiziere, Soldaten und Matrosen an den verschiedenen, gegen Italien gerichteten militärischen Operationen. Auch ist es nur der von deutscher Seite Oesterreich-Ungarn in den verschiedendsten Formen und in reichlichstem Maße zuteil gewordenen Unterstützung zu danken, daß es diesem möglich geworden ist, jüngst die Kräfte für eine Unternehmung von besonderer Ausdehnung gegen Italien zusammenzubringen. Ferner ist zu erwähnen die Auslieferung italienischer Gefangener, die aus den oesterreichisch-ungarischen Konzentrationslagern entkommen und auf deutsches Gebiet geflüchtet waren, an unseren Feind, die auf Betreiben des Kaiserlichen Auswärtigen Amtes an die deutschen Kreditinstitute und Bankiers gerichtete Aufforderung, wonach diese jeden italienischen Untertan als feindlichen Ausländer zu erachten und jede Zahlung, die ihm auch geschuldet sein sollte, hintanhalten sollten, sowie die Unterbrechung der Zahlung der Renten an italienische Arbeiter, die diesen auf Grund ausdrücklicher Bestimmungen des deutschen Gesetzes zustehen. Alles dieses sind Erscheinungen, aus denen sich die wahre systematische Stellungnahme der Kaiserlichen Regierung Italien gegenüber ergibt.

Ein derartiger Zustand kann auf die Dauer seitens der Königlichen Regierung nicht geduldet werden. Er vertieft zum ausschließlichen Schaden Italiens den schwerwiegenden Gegensatz zwischen der tatsächlichen und der rechtlichen Lage, die sich an sich schon aus dem Umstande ergibt, daß Italien einerseits, Deutschland anderseits mit zwei untereinander im Kriege befindlichen Staatsgruppen verbündet sind.

Aus den aufgezählten Gründen erklärt die italienische Regierung im Namen Seiner Majestät des Königs von Italien hiermit, daß sie sich vom 28. dieses Monats ab mit Deutschland im Kriegszustand befindlich erachtet, und bittet die schweizerische Bundesregierung, das Vorstehende zur Kenntnis der Kaiserlich deutschen Regierung bringen zu wollen.“

133. Hindenburgs Erklärung vor dem Parlamentarischen Untersuchungsausschuß des Deutschen Reichstags, 18. November 1919

Michaelis-Schraepler, Ursachen und Folgen. Vom deutschen Zusammenbruch 1918 und 1945 bis zur staatlichen Neuordnung Deutschlands in der Gegenwart, Berlin 1960, Bd. IV, S. 7f.

„. . .Wir faßten es als unsere vornehmste Aufgabe auf, den Krieg mit den militärischen Mitteln so schnell wie möglich und so günstig wie möglich zu beenden, um der

Reichsleitung, sobald es irgend ging, es zu ermöglichen, die Geschicke des Landes wieder mit den normalen, friedlichen Mitteln der Politik zu bestimmen. Diese Auffassung ist natürlich; sie war maßgebend für die Führung des Krieges und bedarf keiner Erörterung. Im Weltkriege kam die Erkenntnis hinzu, die uns nicht eine Stunde verlassen hat, daß das Übergewicht der Feinde an lebendem und totem Kriegsmaterial so groß war, daß die Verluste an allen Werten ein solch beispielloses Ausmaß gewinnen mußten, auch bei relativ günstigem Kriegsausgange, daß diese Schwächung einem unglücklichen Kriegsausgang gleichkam. Wenn schon die Liebe zum Vaterlande und zum Volke uns zwang, den Krieg möglichst schnell zu beenden, so wurde dieser Zwang durch den oben angegebenen Grund noch verstärkt.

Wir wußten, was wir vom Heere, der oberen und niederen Führung, nicht zuletzt von dem Mann im feldgrauen Rock zu fordern hatten, und was sie alle geleistet haben. Aber trotz der ungeheuren Ansprüche an Truppen und Führung, trotz der zahlenmäßigen Überlegenheit des Feindes konnten wir den ungleichen Kampf zu einem günstigen Ende führen, wenn die geschlossene und einheitliche Zusammenwirkung von Heer und Heimat eingetreten wäre. Darin hatten wir das Mittel zum Siege der deutschen Sache gesehen, den zu erreichen wir den festen Willen hatten.

Doch was geschah nun? Während sich beim Feinde trotz seiner Überlegenheit an lebendem und totem Material alle Parteien, alle Schichten der Bevölkerung in dem Willen zum Siege immer fester zusammenschlossen, und zwar um so mehr, je schwieriger ihre Lage wurde, machten sich bei uns, wo dieser Zusammenschluß bei unserer Unterlegenheit viel notwendiger war, Parteiinteressen breit, und diese Umstände führten sehr bald zu einer Spaltung und Lockerung des Siegeswillens. Die Geschichte wird über das, was ich hier nicht weiter ausführen darf, das endgültige Urteil sprechen. Damals hofften wir noch, daß der Wille zum Siege alles andere beherrschen würde. Als wir unser Amt übernahmen, stellten wir bei der Reichsleitung eine Reihe von Anträgen, die den Zweck hatten, alle nationalen Kräfte zur schnellen und günstigen Kriegsentscheidung zusammenzufassen; sie zeigten der Reichsleitung zugleich ihre riesengroßen Aufgaben. Was aber schließlich, zum Teil wieder durch Einwirken der Parteien, aus unseren Anträgen geworden ist, ist bekannt. Ich wollte kraftvolle und freudige Mitarbeit, und bekam Versagen und Schwäche. Die Sorge, ob die Heimat fest genug bliebe, bis der Krieg gewonnen sei, hat uns von diesem Augenblicke an nie mehr verlassen. Wir erhoben noch oft unsere warnende Stimme bei der Reichsregierung. In dieser Zeit setzte die heimliche planmäßige Zersetzung von Flotte und Heer als Fortsetzung ähnlicher Erscheinungen im Frieden ein. Die Wirkungen dieser Bestrebungen waren der Obersten Heeresleitung während des letzten Kriegsjahres nicht verborgen geblieben. Die braven Truppen, die sich von der revolutionären Zermürbung freihielten, hatten unter dem pflichtwidrigen Verhalten der revolutionären Kameraden schwer zu leiden; sie mußten die ganze Last des Kampfes tragen. Die Absichten der Führung konnten nicht mehr zur Ausführung gebracht werden. Unsere wiederholten Anträge auf strenge Zucht und strenge Gesetzgebung wurden nicht erfüllt. So mußten unsere Operationen mißlingen, es mußte der Zusammenbruch kommen; die Revolution bildete nur den Schlußstein. Ein englischer General sagte mit Recht: ‚Die deutsche Armee ist von hinten erdolcht worden'. Den guten Kern des Heeres trifft keine Schuld. Seine Leistung ist ebenso bewunderungswürdig wie die des Offizierskorps. Wo die Schuld liegt, ist klar erwiesen. Bedurfte es noch eines Beweises, so liegt er in dem angeführten Ausspruche des englischen Generals und in dem maßlosen Erstaunen unserer Feinde über ihren Sieg.

Das ist die große Linie der tragischen Entwicklung des Krieges für Deutschland nach einer Reihe so glänzender, nie dagewesener Erfolge an zahlreichen Fronten, nach einer Leistung von Heer und Volk, für die kein Lob groß genug ist. Diese große Linie mußte festgelegt werden, damit die militärischen Maßnahmen, die wir zu vertreten haben, richtig bewertet werden können.

Im übrigen erkläre ich, daß General Ludendorff und ich bei allen großen Entscheidungen die gleiche Auffassung gehabt und in voller Übereinstimmung gearbeitet haben. Wir haben Sorge und Verantwortung gemeinschaftlich getragen. Wir vertreten somit auch hier Hand in Hand die Auffassungen und Handlungen der Obersten Heeresleitung seit dem 29. August 1916."

134. Aus einem Telegramm des Freiherrn von Lersner an das Auswärtige Amt, 1. Oktober 1918

Amtliche Urkunden zur Vorgeschichte des Waffenstillstandes 1918, S. 59.

General Ludendorff bat mich soeben, Eurer Exz. seine dringende Bitte zu übermitteln, daß unser Friedensangebot sofort hinausgeht. Heute halte die Truppe noch, was morgen geschehen könne, sei nicht vorauszusehen.

135. Hindenburgs Schreiben an den Reichskanzler Prinz Max von Baden wegen Herausgabe des Friedensangebots, 3. Oktober 1918

Amtliche Urkunden, a.a.O., S. 73.

An den Herrn Reichskanzler!

Die Oberste Heeresleitung bleibt auf ihrer am Sonntag, dem 29. 9., gestellten Forderung der sofortigen Herausgabe des Friedensangebots an unsere Feinde bestehen.

Infolge des Zusammenbruchs der mazedonischen Front, der dadurch notwendig gewordenen Schwächung unserer Westreserven und infolge der Unmöglichkeit, die in den Schlachten der letzten Tage eingetretenen sehr erheblichen Verluste zu ergänzen, besteht nach menschlichem Ermessen keine Aussicht mehr, dem Feinde den Frieden aufzuzwingen.

Der Gegner seinerseits führt ständig neue, frische Reserven in die Schlacht. Noch steht das deutsche Heer festgefügt und wehrt siegreich alle Angriffe ab. Die Lage verschärft sich aber täglich und kann die Oberste Heeresleitung zu schwerwiegenden Entschlüssen zwingen.

Unter diesen Umständen ist es geboten, den Kampf abzubrechen, um dem deutschen Volke und seinen Verbündeten nutzlose Opfer zu ersparen. Jeder versäumte Tag kostet Tausenden von tapferen Soldaten das Leben.

von Hindenburg

136. Feststellungen des früheren Vizekanzlers v. Payer vom 14. Dezember 1925 auf einer Kundgebung des Republikanischen Reichsbundes in Frankfurt a. Main

Michaelis-Schraepler, a.a.O., Nr. 805.

„Weshalb in Wirklichkeit der Krieg für uns verlorenging, kann man mit wenigen Sätzen sagen.

Weil unsere Heerführer trotz aller Siege nicht verhindern konnten, daß an den wichtigsten Fronten der Bewegungskrieg in den Stellungskrieg überging,

weil bei diesem letzten Endes das Mehr an Mannschaften, Kriegsgeräten, Materialien und Nahrungsmitteln entscheiden mußte, weil unsere Feinde weit zahlreicher waren als wir samt unsern Bundesgenossen und weil ihnen die Vorräte und Hilfsmittel der ganzen Welt zur Verfügung standen, uns nicht,
weil denn auch richtig schließlich unsere Bataillone an Zahl und Umfang immer kläglicher zusammenschmolzen und unsere Reserven verschwanden – während die Amerikaner alle Monat für Monat mehr als 250000 Mann frischer Truppen an die Front warfen,
weil der verstärkte U-Boot-Krieg nicht, wie versprochen, zum Ziele führte,
weil wir den gepanzerten Sturmwagen unserer Gegner nichts Ähnliches entgegenzusetzen hatten,
weil wir unseren Truppen aus Mangel an Mannschaft nicht mehr die zum Ausruhen nötigen Kampfpausen gewähren konnten,
weil jahrelang unsere Ernährung an der Front und zu Hause ungenügend war,
weil unsere Bundesgenossen einer um den anderen zusammenbrachen, weil Entbehrungen, die ständigen Verluste an Menschenleben, die Befürchtung weiterer Opfer und die immer wachsende Besorgnis vor einem unglücklichen Ausgang des Krieges nach vier Jahren die Stimmung in Heer und Volk zu einer gedrückten machen mußten, weil das Vertrauen in die Oberste Heeresleitung und deren Berichte schwand,
weil dem Feldsoldaten der Unterschied zwischen den von ihm und den von den Offizieren und von der Etappe zu bringenden Opfern immer fühlbarer wurde,
weil man eine solche Stimmung nicht wegkommandieren und auch durch keine Propaganda wegdiskutieren konnte,
weil daraus eine steigende Friedenssehnsucht heranwachsen mußte – wogegen die Eroberungssucht gerade der größten deutschen Dynastien einen Verständigungsfrieden unmöglich machte,
weil die Konservativen mit der Obersten Heeresleitung die von der Krone und der Regierung in Preußen aufs feierlichste zugesagte Abschaffung des Dreiklassenwahlrechts schimpflich zu vereiteln wußten,
und weil zum Schluß die Oberste Heeresleitung durch ihr überstürztes, der Reichsleitung abgerungenes Ersuchen um Waffenstillstand und Frieden vor Freund und Feind das unwiderrufliche Geständnis ablegte, daß wir militärisch mit unserer Kraft zu Ende seien.

Diese unbestreitbaren Tatsachen erklären unseren Zusammenbruch mehr als genügend. Es hat auch während desselben in allen amtlichen Auseinandersetzungen niemand daran gedacht, einer „zielbewußten auf die Zertrümmerung der deutschen Wehrmacht gerichteten" Agitation der Heimat die Schuld an der Katastrophe zuzuschreiben; er hätte sich damals auch nur lächerlich gemacht. Viel später erst kam zur Deckung der wirklich Schuldigen diese Fabel auf und fand aus parteipolitischen Gründen nur zu willige kritiklose Gläubige. Sie hatte kurze Beine. Heute schon ist sie in ihrem wichtigsten Teil selbst von ihren eifrigsten Verfechtern in aller Form preisgegeben."

137. Aufzeichnung der Deutschen Regierung vom 5. November 1919

Michaelis-Schraepler, a.a.O., Bd. IV, Nr. 806, 807, S. 15–17.

Der Standpunkt der Deutschen Regierung, daß die Ehre und Würde des deutschen Volkes es nicht vertragen würde, wenn Volksgenossen, die eines Vergehens gegen die Gesetze und Gebräuche des Krieges beschuldigt werden, an fremde Gerichte ausgeliefert werden sollten, kann gegenwärtig nicht geltend gemacht werden. Aber die Tatsache, daß das ganze deutsche Volk ohne Unterschied der Klasse und politischen Partei dieses Gefühl teilt, ist von entscheidender Bedeutung. Wenn trotzdem die Deutsche Regierung versuchen würde, die Auslieferung durchzuführen, so würde sie auf allen Seiten auf den schärfsten Widerstand stoßen. Zunächst würde es wahrscheinlich notwendig sein, ein neues Gesetz zu schaffen, auf Grund dessen man zwangsweise zur Ausführung der Auslieferung, besonders zur Festnahme der auszuliefernden Personen schreiten könnte. Wenn die Mitglieder der gegenwärtigen Regierung einen solchen Gesetzentwurf vorlegen würden, so würden sie in der Nationalversammlung nicht die nötige Majorität dafür finden. In ihren eigenen Parteien würden sie nicht Gefolgschaft finden, denn jede Partei, welche dem Gesetz zustimmen würde, würde bei den nächsten Wahlen kompromitiert sein. Aber selbst, wenn ein solches Gesetz angenommen würde, würden die Anordnungen der Regierung hinsichtlich der Auslieferung in Wirklichkeit unausführbar sein. Die Beamten, die bei der Auslieferung ihrer Volksgenossen mitzuwirken hätten, würden das Gefühl haben, persönlich dafür verantwortlich zu sein, und würden sich nicht dazu hergeben, einen Deutschen festzunehmen, um ihn dem Gericht der alliierten und assoziierten Mächte auszuliefern. Die Regierung würde gegenüber einer solchen Haltung ohnmächtig sein. Sie könnte diese Beamten aus ihren Stellungen entfernen, aber sie würden keine anderen finden, die mehr geneigt wären, sich ihren Befehlen zu fügen. Aber abgesehen von diesen Schwierigkeiten würde die Deutsche Regierung, wenn sie Anordnungen dieser Art zugeben würde, einen solchen Sturm der Entrüstung entfachen, daß sie sich sowohl gegenüber dem Lande wie dem Parlament und den Reichswehrtruppen in einer äußerst schwierigen Lage befinden würde, deren Folgen im einzelnen nicht näher beschrieben zu werden brauchen.

138. Gesetz zur Verfolgung von Kriegsverbrechen und Kriegsvergehen vom 18. Dezember 1919

Michaelis-Schraepler, a.a.O., Nr. 807, S. 16 ff.

§ 1. Bei Verbrechen oder Vergehen, die ein Deutscher im In- oder Ausland während des Krieges bis zu 28. Juni 1919 gegen feindliche Staatsangehörige oder feindliche Vermögen begangen hat, ist das Reichsgericht für die Untersuchung und Entscheidung in erster und letzter Instanz ausschließlich zuständig.

§ 2. Der Oberreichsanwalt ist verpflichtet, nach deutschem Recht strafbare Handlungen der im § 1 bezeichneten Art auch dann zu verfolgen, wenn die Tat im Ausland begangen und durch die Gesetze des Ortes, wo sie begangen ist, mit Strafe bedroht ist.

§ 3. Das Verfahren richtet sich, soweit dieses Gesetz nicht ein anderes bestimmt, nach den Vorschriften, die für das Verfahren vor dem Reichsgericht in erster und letzter Instanz gelten.

§ 4. Die Geschäfte, die im § 72 Abs. 1, des Gerichtsverfassungsgesetzes der Strafkammer des Landgerichts zugewiesen sind, erledigt der erste Strafsenat des Reichsgerichts.

Das Hauptverfahren findet vor einem der übrigen Strafsenate des Reichsgerichts statt.

§ 5. Eine gerichtliche Voruntersuchung ist nur bei Verbrechen notwendig.

Eine Entscheidung über die Eröffnung des Hauptverfahrens findet nicht statt.

Der Oberreichsanwalt reicht die Anklage bei dem erkennenden Senat ein.

Der Vorsitzende des Senats beraumt den Termin zur Hauptverhandlung an.

Dem Angeklagten wird die Anklage mit der Terminanberaumung zugestellt.

Dem Verteidiger, der gemäß § 137 der Strafprozeßordnung und § 341 der Militärstrafprozeßordnung bezeichneten Personen bestellt werden kann, ist in jeder Lage des Verfahrens Akteneinsicht zu gewähren.

§ 6. Der Verletzte, oder im Falle seines Todes seine Erben, sind berechtigt, sich den Verfahren als Nebenkläger (§§ 435 ff. der Strafprozeßordnung) anzuschließen.

Der Reichsminister der Justiz kann bestimmen, daß auch andere Personen als Nebenkläger zugelassen sind.

§ 7. Dieses Gesetz tritt mit dem Tage der Verkündung in Kraft. Die in diesem Zeitpunkt bei den Gerichten oder Staatsanwaltschaften bereits anhängigen Verfahren werden nach den bisherigen Vorschriften erledigt; der Oberreichsanwalt kann jedoch die noch nicht gerichtlich anhängigen Verfahren übernehmen.

Berlin, den 18. Dezember 1919

Der Reichspräsident: (gez.) Ebert

Der Reichsminister der Justiz: (gez.) Schiffer

139. Note der deutschen Reichsleitung an die Feindmächte vom 29. November 1918 über die Untersuchung der Kriegsschuldfrage

Michaelis-Schraepler, a.a.O., Bd. III, Nr. 706.

Für die Herbeiführung des Weltfriedens, für die Schaffung dauernder Sicherheiten gegen künftige Kriege und für die Wiederherstellung des Vertrauens der Völker untereinander erscheint es dringend geboten, die Vorgänge, die zum Kriege geführt haben, bei allen kriegführenden Staaten und in allen Einzelheiten aufzuklären. Ein vollständiges, wahrheitsgetreues Bild der Weltlage und der Verhandlungen zwischen den Mächten im Juli 1914 und der Schritte, welche die einzelnen Regierungen in dieser Zeit unternommen haben, könnte und würde viel dazu beitragen, die Mauern des Hasses und der Mißdeutung niederzureißen, die während des langen Krieges zwischen den Völkern errichtet worden sind. Eine gerechte Würdigung der Hergänge bei Freund und Feind ist die Vorbedingung für die künftige Versöhnung der Völker, ist die einzige mögliche Grundlage für einen dauernden Frieden und für den Bund der Völker. Die deutsche Regierung schlägt daher vor, daß eine neutrale Kommission zur Prüfung der Frage der Schuld am Kriege eingesetzt werde, die aus Männern bestehen soll, deren Charakter und politische Erfahrung einen gerechten Urteilsspruch gewährleisten. Die Regierungen sämtlicher kriegführenden Mächte müßten sich bereiterklären, einer solchen Kommission ihr gesamtes Urkundenmaterial zur Verfügung zu stellen. Die Kommission soll befugt sein, alle jene Persönlichkeiten zu vernehmen, die zur Zeit des Kriegsausbruchs die Geschicke der einzelnen Länder bestimmt haben, sowie alle Zeugen, deren Aussagen für die Beweiserhebung von Bedeutung sein könnten.

140. Antwort der britischen Regierung vom 7. März 1919

Michaelis-Schraepler, a.a.O., 706a.

Ich habe die Ehre, Sie zu benachrichtigen, daß die Regierung Seiner Majestät der Meinung ist, daß es unnötig sei, auf den deutschen Vorschlag irgendeine Antwort zu geben, da nach der Meinung der verbündeten Regierungen die Verantwortlichkeit Deutschlands für den Krieg längst unzweifelhaft festgestellt ist.

141. Note der deutschen Regierung vom 30. März 1919 an das Schweizerische Politische Departement in Bern

Michaelis-Schraepler, a.a.O., 706b.

In Beantwortung des Schreibens vom 7. März bittet die deutsche Gesandtschaft das schweizerische Politische Departement, durch Vermittlung der schweizerischen Gesandtschaft in London der britischen Regierung zur Kenntnis zu bringen, daß die deutsche Regierung gegen die in dem Schreiben der britischen Regierung wiedergegebene Auffassung der Alliierten nachdrücklich Verwahrung einlegt. Wenn in diesem Schreiben erklärt wird, der deutsche Vorschlag auf Einsetzung einer neutralen Kommission zur Prüfung der Frage der Schuld am Kriege bedürfe keiner Antwort, weil die Verantwortlichkeit Deutschlands für den Krieg längst unzweifelhaft festgestellt sei, so maßen sich die Alliierten an, Ankläger und Richter zugleich zu sein, und zwar in einer Sache, in der sie zum Teil gleichfalls der Schuld geziehen werden. Deutschland kann einen Urteilsspruch in dieser Frage nur anerkennen, wenn er von einer Stelle ausgeht, der das gesamte Aktenmaterial beider Parteien zur Verfügung steht und die in der Lage ist, die nötigen Beweise durch Urkunden und Zeugen in voller Öffentlichkeit zu erheben.

142. Deutsche Note vom 23. Juni 1919 an die Siegermächte

Michaelis-Schraepler, a.a.O., Nr. 731.

„Versailles, den 23. Juni 1919

Die Regierung der Deutschen Republik hat aus der letzten Mitteilung der alliierten und assoziierten Regierungen mit Erschütterung ersehen, daß sie entschlossen sind, von Deutschland auch die Annahme derjenigen Friedensbedingungen mit äußerster Gewalt zu erzwingen, die, ohne eine materielle Bedeutung zu besitzen, den Zweck verfolgen, dem deutschen Volke seine Ehre zu nehmen. Durch einen Gewaltakt wird die Ehre des deutschen Volkes nicht berührt. Sie nach außen hin zu verteidigen, fehlt dem deutschen Volke nach den entsetzlichen Leiden der letzten Jahre jedes Mittel. Der übermächtigen Gewalt weichend, und ohne damit ihre Auffassung über die unerhörte Ungerechtigkeit der Friedensbedingungen aufzugeben, erklärt deshalb die Regierung der Deutschen Republik, daß sie bereit ist, die von den alliierten und assoziierten Regierungen auferlegten Friedensbedingungen anzunehmen und zu unterzeichnen."

143. Aus einer Rede des Präsidenten der Nationalversammlung, Fehrenbach, vom 23. Juni 1919

Michaelis-Schraepler, a.a.O., Nr. 732.

‚Ich stelle fest mit Genugtuung, daß von verschiedenen Seiten des Hauses anerkannt wurde, daß alle Teile des Hauses, ob ja, ob nein, nur aus vaterländischen Gründen sich bei ihren Abstimmungen leiten lassen, getragen von großen Gewissensbedenken, von der ernstesten Auffassung über die Lage unseres Vaterlandes.

...Ich möchte wünschen, daß der Geist, der sich zum allergrößten Teil in dieser Nationalversammlung soeben kundgegeben hat, sich auch hinausträgt in unser Volk. Das wäre nun noch das allerschlimmste, wenn wir nach Vorgängen aller Jahrzehnte, die glücklich hinter uns liegen, in Schmähungen und Verdächtigungen gegen die vaterländische Gesinnung unserer Mitbürger uns ergehen wollten. Ich würde es in dieser schwersten Stunde des deutschen Volkes als das größte Verbrechen bezeichnen, das von innen heraus an demselben begangen werden könnte. Ich hoffe, daß man draußen in der gesamten Bevölkerung, daß man namentlich in der Presse dafür ein Verständnis hat und gewillt ist, nunmehr einträchtig die ungeheuren Lasten, die uns jetzt bevorstehen, auf sich zu nehmen, getragen alle zusammen von dem heiligen Willen vaterländischer Liebe. Im übrigen empfehlen wir unser unglückliches Vaterland dem Schutze des barmherzigen Gottes."

144. Aus dem Versailler Friedensvertrag

Michaelis-Schraepler, a.a.O., Nr. 733.

Teil III a) Abschnitt V

Elsaß-Lothringen

„In Anerkennung der sittlichen Verpflichtung, das Unrecht wiedergutzumachen, das Deutschland im Jahre 1871 sowohl dem Rechte Frankreichs als dem Willen der trotz des feierlichen Protestes ihrer Vertreter in der Versammlung zu Bordeaux von ihrem Vaterlande getrennten elsaß-lothringischen Bevölkerung gegenüber begangen hat, kommen die hohen vertragschließenden Mächte über folgende Artikel überein:

Art. 51: Die infolge des Versailler Vorfriedens vom 26. Februar 1871 und des Frankfurter Vertrages vom 10. Mai 1871 an Deutschland abgetretenen Gebiete fallen mit Wirkung vom Zeitpunkte des Waffenstillstandes vom 11. November 1918 ab unter die französische Souveränität zurück.

Die Bestimmungen der Verträge über die Grenzführung vor 1871 treten wieder in Kraft.

Art. 56: Nach den Bestimmungen des Artikels 256 Teil IX (Finanzielle Bestimmungen) des gegenwärtigen Vertrages gehen alle Güter und alles Eigentum des Deutschen Reiches oder der deutschen Staaten, die in dem in Artikel 51 bezeichneten Gebiete liegen, ohne Bezahlung oder Gutschrift in französischen Besitz über...

Das Krongut und das Privateigentum des vormaligen Kaisers oder vormaliger deutscher Herrscher stehen den Staatsgütern gleich.

Art. 65: Binnen drei Wochen nach Inkrafttreten des gegenwärtigen Vertrages werden die Häfen von Straßburg und von Kehl für die Dauer von sieben Jahren zu einer Betriebseinheit ausgestaltet.

Die Verwaltung dieser Betriebseinheit leitet ein Direktor, den die Rheinschiffahrts-Zentralkommission ernennt und auch wieder abrufen kann.

Dieser Direktor muß französischer Staatsbürger sein.

...Ist Frankreich nach Ablauf des sechsten Jahres der Ansicht, daß der Stand der Straßburger Hafenarbeiten eine Verlängerung dieser Übergangsordnung erheischt, so steht ihm frei, sie bei der Rheinschiffahrts-Zentralkommission zu beantragen. Diese kann sie für eine Zeit von höchstens drei Jahren bewilligen..."

Abschnitt VI

Österreich

Art. 80: Deutschland erkennt die Unabhängigkeit Österreichs ... an und verpflichtet sich, sie unbedingt zu achten; es anerkennt, daß diese Unabhängigkeit unabänderlich ist, es sei denn, daß der Rat des Völkerbundes einer Abänderung zustimmt.

Abschnitt VII

Tschecho-Slowakei

Art. 81: Deutschland erkennt, wie die alliierten und assoziierten Mächte es schon getan haben, die vollständige Unabhängigkeit der Tschecho-Slowakei an, die das autonome Gebiet der Ruthenen südlich der Karpathen mit einbegreift.

Abschnitt VIII

Polen

Art. 87: Deutschland erkennt, wie die alliierten und assoziierten Mächte es bereits getan haben, die völlige Unabhängigkeit Polens an und verzichtet zugunsten Polens auf alle Rechte und Ansprüche auf das Gebiet, das begrenzt wird durch die Ostsee, die Ostgrenze Deutschlands, wie sie in Artikel 27, Teil II des gegenwärtigen Vertrages festgelegt ist ...

Art. 88: In dem Teil Oberschlesiens, der innerhalb der nachstehend beschriebenen Grenzen gelegen ist, werden die Bewohner berufen, im Wege der Abstimmung bekanntzugeben, ob sie mit Deutschland oder Polen vereinigt zu werden wünschen ...

Die polnische und die deutsche Regierung verpflichten sich bereits jetzt, ... an keiner Stelle ihres Gebietes wegen politischer Vorkommnisse, die sich ... bis zur endgültigen Regelung des Schicksals dieses Gebietes ereignen, Strafverfolgungen einzuleiten oder irgendwelche Ausnahmeregeln zu ergreifen.

Deutschland verzichtet bereits jetzt zugunsten Polens auf alle Rechte und Ansprüche auf den Teil Oberschlesiens, der jenseits der auf Grund der Volksabstimmung von den alliierten und assoziierten Mächten festgesetzen Grenzlinie gelegen ist.

Art. 89: Polen verpflichtet sich, den Personen-, Waren-, Schiffs-, Boots-, Eisenbahnwagen- und Postverkehr zwischen Ostpreußen und dem übrigen Deutschland durch das polnische Gebiet einschließlich der Hoheitsgewässer völlige Durchgangsfreiheit zuzugestehen.

Art. 93: Polen ist damit einverstanden, daß die alliierten und assoziierten Hauptmächte in einem mit ihm abzuschließenden Vertrag die Bestimmungen aufnehmen, die sie zum Schutz von Interessen der nationalen, sprachlichen und religiösen Minderheiten in Polen für notwendig halten.

Abschnitt IX

Ostpreußen

Art. 94: In der Zone zwischen der Südgrenze Ostpreußens ... und der nachstehend beschriebenen Linie werden die Einwohner berufen, im Wege der Abstimmung zu erklären, welchem Staat sie angeschlossen zu werden wünschen: West- und Nordgrenze des Reg.-Bezirkes Allenstein bis zu ihrem Zusammentreffen mit der Grenzlinie zwischen den Kreisen Oletzko und Angerburg; von dort Nordgrenze des Kreises Oletzko bis zu ihrem Zusammentreffen mit der alten Grenze Ostpreußens ...

Art. 96: In einer Zone, die die Kreise Nuhm und Rosenberg, den östlich des Nogat liegenden Teil des Kreises Marienburg und den östlich der Weichsel liegenden Teil des Kreises Marienwerder umfaßt, werden die Einwohner berufen, durch eine gemeindeweise Abstimmung kundzutun, ob sie wünschen, daß die verschiedenen, in diesem Gebiet liegenden Gemeinden zu Polen oder zu Ostpreußen gehören sollen.

Abschnitt X

Memel

Art. 99: Deutschland verzichtet zugunsten der alliierten und assoziierten Hauptmächte auf alle Rechte und Ansprüche auf die Gebiete zwischen der Ostsee, der ... Nordostgrenze Ostpreußens und den ehemaligen deutsch-russischen Grenzen.

Abschnitt XI

Freie Stadt Danzig

Art. 100: Deutschland verzichtet zugunsten der alliierten und assoziierten Hauptmächte auf alle Rechte und Ansprüche auf das Gebiet, das von den nachstehend angegebenen Grenzen umschlossen ist (folgt Grenzumschreibung).

Art. 102: Die alliierten und assoziierten Hauptmächte verpflichten sich, die Stadt Danzig, nebst dem in Art. 100 bezeichnetem Gebiet als Freie Stadt Danzig zu begründen; sie tritt unter den Schutz des Völkerbundes.

Art. 103: Die Verfassung der Freien Stadt Danzig wird im Einvernehmen mit einem Oberkommissar des Völkerbundes von ordnungsgemäß ernannten Vertretern der Stadt ausgearbeitet. Die Verfassung wird vom Völkerbund gewährleistet ....

Abschnitt XIV

Rußland und russische Staaten

Art. 116: Deutschland erkennt die Unabhängigkeit aller Gebiete, die am 1. August 1914 zum ehemaligen Russischen Reich gehörten, an und verpflichtet sich, diese Unabhängigkeit als dauernd und unantastbar zu achten.

Gemäß den Vorschriften des Artikels ... des gegenwärtigen Vertrages erkennt Deutschland endgültig die Aufhebung der Verträge von Brest-Litowsk sowie aller anderen Vereinbarungen ... an, die es mit der maximalistischen Regierung in Rußland abgeschlossen hat.

Die alliierten und assoziierten Mächte behalten ausdrücklich die Rechte Rußlands vor, von Deutschland alle Wiederherstellungen und Wiedergutmachungen zu erhalten, die den Grundsätzen des gegenwärtigen Vertrages entsprechen.

Art. 117: Deutschland verpflichtet sich, die volle Freiheit aller Verträge und Vereinbarungen anzuerkennen, die von den alliierten und assoziierten Mächten mit den Staaten abgeschlossen werden, die sich auf dem Gesamtgebiet des ehemaligen Russischen Reiches, wie es am 1. August 1914 bestand, oder in einem Teil desselben gebildet haben oder noch bilden werden. Deutschland verpflichtet sich ferner, die Grenzen dieser Staaten so, wie sie danach festgesetzt werden, anzuerkennen. ...

(Hohlfeld, Dokumente, Bd. III, S. 41 ff.).

Teil IV b) Abschnitt I

Deutsche Kolonien

„Art. 119: Deutschland verzichtet zugunsten der alliierten und assoziierten Hauptmächte auf alle seine Rechte und Ansprüche bezüglich seiner überseeischen Besitzungen.

Art. 120: Alle Rechte an beweglichem und unbeweglichem Eigentum, die in diesen Gebieten dem Deutschen Reich oder irgendeinem deutschen Staate zustehen, gehen auf die Regierung über, unter deren behördliche Gewalt diese Gebiete treten. . ."

Aus den Abrüstungsbestimmungen

Art. 42: „Es ist Deutschland untersagt, auf dem linken Ufer des Rheins und auf dem rechten westlich einer Linie, die 50 km östlich des Flusses verläuft, Befestigungen beizubehalten oder anzulegen."

Art. 43: „Ebenso ist in der im Art. 42 bezeichneten Zone die ständige Unterhaltung oder Ansammlung von Streitkräften untersagt; das gleiche gilt für jede Art militärischer Übungen und die Beibehaltung aller materiellen Vorkehrungen für eine Mobilmachung."

„Um die Einleitung einer allgemeinen Rüstungsbeschränkung aller Nationen zu ermöglichen, verpflichtet sich Deutschland, die im folgenden niedergelegten Bestimmungen über Landheer, Seemacht und Luftfahrt genau einzuhalten."

Art. 160: „Spätestens am 31. März 1920 darf die gesamte Iststärke des *Heeres* der sämtlichen deutschen Einzelstaaten nicht mehr als 100000 Mann, einschließlich der Offiziere, betragen. Das Heer ist nur für die Erhaltung der Ordnung innerhalb des deutschen Gebiets und zur Grenzpolizei bestimmt. Die Gesamtstärke an Offizieren darf die Zahl 4000 nicht übersteigen."

Art. 173: „Die allgemeine Wehrpflicht wird in Deutschland abgeschafft. Das deutsche Heer darf nur auf der Grundlage freiwilliger Verpflichtung aufgestellt und ergänzt werden."

Art. 181: „Nach Ablauf von 2 Monaten dürfen die deutschen *Seestreitkräfte* höchstens betragen: 6 Schlachtschiffe der Deutschland- oder Lothringenklasse, 6 kleine Kreuzer, 12 Zerstörer, 12 Torpedoboote oder eine gleiche Anzahl von Ersatzschiffen. Es darf kein Unterwasserfahrzeug darunter sein."

Art. 183: „Nach Ablauf der Frist darf die gesamte Kopfstärke der deutschen Kriegsmarine 15000 Mann nicht übersteigen."

Art. 198: „Deutschland darf *Luftstreitkräfte* weder zu Lande noch zu Wasser unterhalten. Kein Lenkluftschiff darf beibehalten werden."

Teil VII c)

Strafbestimmungen

Art. 227: Die alliierten und assoziierten Mächte stellen Wilhelm II. von Hohenzollern, vormaligen Kaiser von Deutschland, wegen schwerster Verletzung des internationalen Sittengesetzes und der Heiligkeit der Verträge unter öffentliche Anklage.

Ein besonderer Gerichtshof wird eingesetzt, um über den Angeklagten unter Wahrung der wesentlichen Bürgschaften des Rechts auf Verteidigung zu Gericht zu sitzen. Der Gerichtshof besteht aus fünf Richtern, von denen je einer von folgenden fünf Mächten, nämlich den Vereinigten Staaten von Amerika, Großbritannien, Frankreich, Italien und Japan ernannt wird.

Der Gerichtshof urteilt auf Grundlage der erhabensten Grundsätze der internationalen Politik; Richtschnur ist für ihn, den feierlichen Verpflichtungen und internationalen Verbindlichkeiten ebenso wie dem internationalen Sittengesetze Achtung zu verschaffen. Es steht ihm zu, die Strafe zu bestimmen, deren Verhängung er für angemessen erachtet.

Die alliierten und assoziierten Mächte werden an die Regierung der Niederlande das Ersuchen richten, den vormaligen Kaiser zum Zwecke seiner Aburteilung auszuliefern. . ."

Teil VIII d) Abschnitt I

Wiedergutmachungen

Allgemeine Bestimmungen

Art. 231: Die alliierten und assoziierten Regierungen erklären, und Deutschland erkennt an, daß Deutschland und seine Verbündeten als Urheber für alle Verluste und Schäden verantwortlich sind, die die a. u. a. Regierungen und ihre Staatsangehörigen infolge des Krieges, der ihnen durch den Angriff Deutschlands und seiner Verbündeten aufgezwungen wurde, erlitten haben."

ABSCHNITT VI

Das bolschewistische Rußland von der Revolution bis zum Beginn des Zweiten Weltkriegs

Einführung

Um die Jahrhundertwende stritten sich die verschiedenen sozialrevolutionären, sozialreformerischen und marxistischen Gruppen Rußlands im Exil über den einzuschlagenden Weg, der zum Umsturz der kapitalistischen Weltordnung führen sollte.

Es liegen viele Anzeichen dafür vor, daß die Sozialdemokratie in Rußland aus einer Partei der sozialen Revolution zu einer demokratischen Partei der sozialen Reformen gemacht werden sollte. Immer eindeutiger wurde in den verschiedenen kapitalistischen Ländern – so im Revisionismus Bernsteins in Deutschland, in dem Labour-Sozialismus der Sidney und Beatrice Webb in England, bei Kautsky u.a. – die Forderung nach einer Schwenkung von der „revolutionären Sozialdemokratie zum bürgerlichen Sozialreformismus" erhoben.

Dagegen liefen Lenin und seine Gruppe Sturm. Er bekennt sich zwar zu den entscheidenden Prinzipien der Marxschen Geschichts- und Gesellschaftstheorie, aber bei der Übernahme und Verarbeitung der Marxschen Gedanken gibt er ihnen zu einem erheblichen Teil eine Bedeutung, die nicht mehr mit dem übereinstimmt, was Marx vorgetragen hat. Seine wichtigsten Gedanken, die den Vorstellungen Marx' etwas entscheidend Neues hinzufügen, hat Lenin in seiner Schrift „Was tun?" im Februar 1902 niedergelegt.

Lenin hat sich nicht nur mit der Frage beschäftigt, was zu tun sei, um den Umsturz vorzubereiten, sondern er mußte auch die wichtige Frage im voraus klären, was *nach* dem Umsturz der „bürgerlichen Gesellschaft" zu tun sei, d.h. was geschehen solle nach der Machtergreifung der Partei des Proletariats. Lenin lehnt sich hierbei an die Ausführungen von Karl Marx über die Epoche der Diktatur des Proletariats an; allerdings sind die Ausführungen von Marx nicht sehr aufschlußreich. Weit tiefer dringt hier Friedrich Engels in seinen Untersuchungen über die Rolle und Funktion des Staates in der proletarischen Revolution.

Beide großen Theoretiker geben Lenin die Denkanstöße, um von der Praxis der geschichtlichen Erfahrung her (Februarrevolution 1848, Pariser Kommune 1871) die Theorie der Revolution eindeutiger und schärfer zu begründen und zugleich gegen die angeblichen Verfälscher des Marxismus zu Felde zu ziehen.

Das Ergebnis seiner Studien legt Lenin im August 1917 in seiner Schrift „Staat und Revolution" nieder. Dabei kommt es ihm vor allem darauf an, durch seine Theorie richtiges Handeln für die Zeit zwischen der Machtergreifung des Proletariats und dem Sieg der Revolution als Weltrevolution, d.h. bis zur Vollendung der großen Verwandlung, zu gewährleisten. Seine Abhandlung trägt den bezeichnenden Untertitel: „Die Lehre des Marxismus vom Staat und die Aufgabe des Proletariats in der Revolution."

Im Laufe der russischen Revolution von 1917 wird innenpolitisch die bürgerlich-sozialistische Mehrheit durch die radikale kommunistische Minderheit überflügelt und das zaristische Regime beseitigt, weil die Sowjets systematisch die Eroberung des

Machtapparates (Heer-Verwaltung) des Staates betreiben und auch erreichen. Hierin unterscheidet sich die russische Revolution grundlegend von allen europäischen demokratischen Revolutionen. Eine Parallele besteht nur zur Französischen Revolution von 1789. Dort konnte der militärische Machtapparat – in ausgreifende militärisch-außenpolitische Unternehmungen verwickelt – nicht zum sicheren Instrument der in sich gespaltenen revolutionären Führung werden und fiel daher einem Usurpator, dem erfolgreichsten militärischen Führer an der Hauptfront, in die Hände (Napoleon I.).

Quellen und Darstellungen

A. Die Weiterentwicklung der marxistischen Geschichts- und Gesellschaftstheorie bei W. I. Lenin

145. Aus Lenins Schrift: Was tun? (1902)

Lenin, Ausgewählte Werke, Bd. I, Moskau 1946, S. 181–292.

„. . .Ohne revolutionäre Theorie kann es auch keine revolutionäre Bewegung geben. Die Rolle des Vorkämpfers (kann) nur eine Partei erfüllen, die von einer fortgeschrittenen Theorie geleitet wird. . . Die Geschichte aller Länder zeugt davon, daß die Arbeiterklasse aus eignen Kräften nur ein trade-unionistisches Bewußtsein herauszuarbeiten vermag. . . Die Lehre des Sozialismus ist hingegen aus den philosophischen, historischen und ökonomischen Theorien hervorgewachsen, die von den gebildeten Vertretern der besitzenden Klassen, der Intelligenz, ausgearbeitet wurden. Auch Marx und Engels gehören ihrer sozialen Stellung nach der bürgerlichen Intelligenz an. . .

Darum besteht unsere Aufgabe. . . darin, die Arbeiterbewegung von dem spontanen Streben des Trade-Unionismus, sich unter die Fittiche der Bourgeoisie zu begeben, abzubringen und sie unter die Fittiche der revolutionären Sozialdemokratie zu bringen.

Wir müssen aktiv ans Werk gehen, um die Arbeiterklasse politisch zu erziehen, um ihr politisches Bewußtsein zu entwickeln. Unsere Hauptsünde in organisatorischer Beziehung besteht darin, daß wir durch unsere Handwerklerei das Ansehen der Revolutionäre in Rußland herabgesetzt haben.

Ich behaupte, daß

1. keine einzige revolutionäre Bewegung ohne eine stabile und die Kontinuität wahrende Führerorganisation Bestand haben kann;

2. je breiter die Masse ist,. . . um so dringender ist die Notwendigkeit einer solchen Organisation, und um so fester muß die Organisation sein;

3. eine solche Organisation muß hauptsächlich aus Leuten bestehen, die sich berufsmäßig mit revolutionärer Tätigkeit befassen;

4. je mehr wir die Mitgliedschaft einer solchen Organisation *einengen*, und zwar so weit, daß sich an der Organisation nur diejenigen Mitglieder beteiligen können, die sich berufsmäßig mit revolutionärer Tätigkeit befassen,. . . um so schwieriger wird es in einem absolutistischen Lande sein, eine solche Organisation ‚abzufangen'. . .

Der Arbeiterrevolutionär muß, um für sein Wirken vollkommen vorbereitet zu sein, ebenfalls Berufsrevolutionär werden. . .

Haben wir erst Kolonnen speziell geschulter Revolutionäre aus der Arbeiterklasse, dann wird keine politische Polizei der Welt mit diesen Kolonnen fertig werden können, denn diese Kolonnen der Revolution vorbehaltlos ergebener Menschen werden auch das vorbehaltlose Vertrauen der breitesten Arbeitermassen genießen. Und es ist unsere direkte Schuld, daß wir die Arbeiter zu wenig auf diesen Weg der berufsrevolutionären Schulung ‚stoßen', der für sie derselbe ist wie für die ‚Intellektuellen', daß wir sie allzuoft nach rückwärts ziehen durch unsere dummen Reden darüber, was der Arbeitermasse, den ‚Durchschnittsarbeitern' zugänglich sei...

Stellen wir die Frage konkret auf den Boden der heutigen russischen Verhältnisse, so werden wir den positiven Schluß ziehen müssen, daß eine starke revolutionäre Organisation unbedingt notwendig ist, gerade um der Bewegung Widerstandsfähigkeit zu verleihen...

Der ‚breite Demokratismus' der Bewegung wäre nur eine leere und schädliche Spielerei; denn in Wirklichkeit hat nie eine revolutionäre Organisation einen breiten Demokratismus durchgeführt und kann es auch beim besten Willen nicht tun...

(Die Mitglieder einer revolutionären Organisation)... haben keine Zeit, an spielerische Formen des Demokratismus zu denken, aber ihre Verantwortlichkeit empfinden sie sehr lebhaft, denn sie wissen dabei aus Erfahrung, daß eine aus wirklichen Revolutionären bestehende Organisation vor keinem Mittel zurückschrecken wird, wenn es gilt, ein untaugliches Mitglied loszuwerden..."

146. Lenin: Staat und Revolution (August 1917)

Lenin, Ausgewählte Werke, Bd. II, Moskau 1947, S. 168–227

„...Der Staat ist das Produkt und die Äußerung der Unversöhnlichkeit der Klassengegensätze. Der Staat entsteht dort, wo ... die Klassengegensätze objektiv nicht versöhnt werden können. Und umgekehrt: das Bestehen des Staates beweist, daß die Klassengegensätze unversöhnlich sind...

Die Sozialrevolutionäre und Menschewiki sind...während der Revolution von 1917... zur kleinbürgerlichen Theorie von der ‚Versöhnung' der Klassen durch den ‚Staat' hinabgerutscht...

Der Staat ist aber nicht von Ewigkeit her...es hat Gesellschaften gegeben, die ohne ihn fertig wurden, die von Staat und Staatsgewalt keine Ahnung hatten."

„Das Proletariat ergreift die Staatsgewalt und verwandelt die Produktionsmittel zunächst in Staatseigentum. Aber damit hebt es sich selbst als Proletariat, damit hebt es alle Klassengegensätze und Klassenunterschiede auf, und damit auch den Staat als Staat...

Indem es endlich tatsächlich Repräsentant der ganzen Gesellschaft wird, macht es sich selbst überflüssig. Sobald es keine Gesellschaftsklassen mehr in der Unterdrükkung zu halten gibt, sobald mit der Klassenherrschaft... auch die daraus entspringenden Kollisionen und Exzesse beseitigt sind, gibt es nichts mehr zu reprimieren, das eine besondere Repressionsgewalt im Staat nötig machte... Der Staat wird nicht abgeschafft; er stirbt ab..."

„Nach Engels stirbt aber der bürgerliche Staat nicht ab (die Worte vom Absterben beziehen sich auf die Überreste des proletarischen Staatswesens *nach* der sozialistischen Revolution), sondern er wird in der Revolution vom Proletariat ‚*aufgehoben*'... Wir haben schon davon gesprochen,... daß die Lehre von Marx und Engels von der Unvermeidbarkeit der gewaltsamen Revolution sich auf den bürgerlichen Staat bezieht. Dieser kann durch den proletarischen Staat (die Diktatur des Proletariats) nicht auf dem Wege des ‚Absterbens' abgelöst werden, sondern, als allgemeine Regel, nur durch eine gewaltsame Revolution.

Die Ablösung des bürgerlichen Staates durch den proletarischen ist ohne gewaltsame Revolution unmöglich... die Aufhebung des proletarischen Staates, d.h. die Aufhebung jeglichen Staates, ist nicht anders möglich als auf dem Wege des ‚Absterbens'."

Lenin wendet sich weiterhin gegen den Vorwurf, daß die kompromißlose Unversöhnlichkeit der gewaltsamen revolutionären Aktion unvereinbar sei mit dem Gedanken der Demokratie:

„In der kapitalistischen Demokratie haben wir eine gestutzte, dürftige, falsche Demokratie, eine Demokratie nur für die Reichen, für eine Minderheit...

Demokratie ist nicht identisch mit der Unterordnung der Minderheit unter die Mehrheit. Demokratie ist ein die Unterordnung der Minderheit unter die Mehrheit anerkennender Staat, d.h. eine Organisation zur systematischen ‚*Gewaltanwendung*' einer Klasse gegen die andere, eines Teils der Bevölkerung gegen den anderen. Die Diktatur des Proletariats...wird zum erstenmal Demokratie für das Volk bringen, aber zugleich wird sie notwendigerweise eine Minderheit, die Ausbeuter, niederhalten.

Beim Übergang vom Kapitalismus zum Kommunismus ist die Unterdrückung noch notwendig; aber schon ist es eine Unterdrückung der Minderheit der Ausbeuter durch Mehrheit der Ausgebeuteten...

Ein besonderer Apparat, eine besondere Unterdrückungsmaschine, ein ‚Staat' ist noch notwendig, aber er ist bereits ein Übergangsstaat, kein Staat im eigentlichen Sinne mehr, denn die Niederhaltung der Minderheit der Ausbeuter durch die Mehrheit der Lohnsklaven von gestern ist eine verhältnismäßig leichte, einfache und natürliche Sache... Das Volk vermag die Ausbeuter...ohne einen besonderen Apparat niederzuhalten durch eine einfache Organisation der bewaffneten Massen...

Die erste Phase der kommunistischen Gesellschaft kann Gerechtigkeit und Gleichheit noch nicht bringen...In der ersten Phase (die gewöhnlich Sozialismus genannt wird) wird das bürgerliche Recht noch nicht vollständig abgeschafft, sondern nur zum Teil; denn man darf nicht annehmen, daß die Menschen sofort nach dem Sturz des Kapitalismus lernen werden, ohne alle Rechtsnormen für die Allgemeinheit zu arbeiten...in dieser Phase bleibt noch die Notwendigkeit des Staates bestehen.

Solange es einen Staat gibt, gibt es keine Freiheit. Wenn es Freiheit geben wird, wird es keinen Staat geben...

Wir sind nur berechtigt, von dem unvermeidlichen Absterben des Staates zu sprechen. Dabei betonen wir, daß dieser Prozeß von langer Dauer ist und vom Entwicklungstempo der höheren Phase des Kommunismus abhängt, wobei wir die Frage nach den Fristen oder der konkreten Form des Absterbens vollkommen offenlassen, denn Unterlagen zur Entscheidung dieser Frage gibt es nicht...

Bis die höhere Phase des Kommunismus eingetreten sein wird, fordern die Sozialisten die strengste Kontrolle seitens der Gesellschaft und seitens des Staates über das Maß der Arbeit und das Maß der Konsumption, aber diese Kontrolle muß mit der Expropriation der Kapitalisten beginnen, mit der Kontrolle der Arbeiter über die Kapitalisten, und muß nicht durch einen Beamtenstaat durchgeführt werden, sondern durch den Staat der *bewaffneten Arbeiter*...

Von dem Augenblick an, da alle Mitglieder der Gesellschaft oder wenigstens ihre übergroße Mehrzahl gelernt haben, den Staat zu regieren, selbst die Staatsregierung in ihre Hand genommen haben, die Kontrolle...‚in Gang gebracht' haben über die verschwindende Minderheit der Kapitalisten...beginnt die Notwendigkeit irgendeines Regierens überhaupt zu schwinden. Je vollständiger die Demokratie, um so näher der Augenblick, in dem sie überflüssig wird. Je demokratischer der ‚Staat', der aus bewaffneten Arbeitern besteht und der ‚schon kein Staat im eigentlichen Sinne mehr' ist, um so rascher beginnt jeder Staat abzusterben. . ."

147. Abweichungen von Karl Marx in Lenins Geschichts- und Revolutionstheorie

H. Joachim Lieber, Die Philosophie des Bolschewismus in den Grundzügen ihrer Entwicklung, Frankfurt 1957, S. 55

„. . .Obgleich mit Marx von der unentrinnbaren Gesetzlichkeit und geschichtlichen Entwicklung und der Notwendigkeit der proletarischen Revolution überzeugt, verbindet Lenin damit doch viel stärker, als Marx das getan hatte, den Glauben, daß der zielbewußte Wille und der Einsatz der Person in der Geschichte eine entscheidende Rolle spielen.

Das Problem der Revolution wird von ihm viel stärker als von Marx im Zusammenhang mit der Frage der Machtverteilung und Machtablösung unter den bestehenden gesellschaftlichen Verhältnissen gesehen und führt schließlich dazu, daß Lenin die Lehre von der Herrschaft des Proletariats zur Lehre von der Diktatur einer proletarischen Elite (bevorrechtigte Führungsgruppe) abwandelt. Sie verkörpert das radikale revolutionäre Bewußtsein, dessen Inhalt der Klassenkampf und die Vernichtung des Bürgertums ist. Und sie hat auch zugleich als proletarische Führungsgruppe alles Recht auf ihrer Seite.

Das Sendungsbewußtsein, das Marx dem ganzen Proletariat als Klasse zuerkannte, wird von Lenin gleichsam in einem vollen Sinne nur noch dieser proletarischen Führungsgruppe zugesprochen. Sie ist damit zugleich berufen, für sich und für das gesamte Proletariat einen Kontrollmechanismus aufzubauen, der die Reinerhaltung des proletarischen Bewußtseins und der revolutionären Aktivität gewährleistet.

Da nun diese proletarische Führungsgruppe mit der unter Lenins Führung stehenden bolschewistischen Partei gleichgesetzt wird, ist sie über jede wie auch immer geartete Kritik erhaben und kann für ihr politisches Handeln den Anspruch auf unbedingte Anerkennung erheben. . ."

148. Thesen Lenins über den Sinn einer kommenden sozialistischen Revolution (13. Oktober 1915)

Valentin Gitermann, Geschichte Rußlands, Bd. III, Quellentexte, S. 631, Hamburg 1949. Dekret vom 28. Oktober 1917

„Der soziale Inhalt der nächsten Revolution in Rußland kann lediglich die revolutionär-demokratische Diktatur des Proletariats und des Bauerntums sein. Die Revolution kann in Rußland nicht siegen, ohne die Monarchie und die feudalen Grundbesitzer gestürzt zu haben. Aber man kann sie nicht stürzen ohne eine Unterstützung des Proletariats durch die Bauern."

Lenin glaubt an ein Zusammengehen beider Stände, weil die Schichtung der Landbevölkerung in „Pächter-Gutsbesitzer" und „Landproletarier" ihre Unterjochung nicht beseitigt habe.

„Es ist die Aufgabe des russischen Proletariats, die bürgerlich-demokratische Revolution in Rußland zu Ende zu führen, um die sozialistische Revolution in Europa zu entfachen."

„Auf die Frage, was die Partei des Proletariats tun würde, wenn die Revolution sie im jetzigen Krieg ans Ruder brächte, antworten wir: Wir würden *allen* Kriegführen-

 Oben: Widmung Kaiser Wilhelms II für das Goldene Buch des deutschen Volkes, 1900 – Abdankung 1918 – Unten: Zeitungsausschnitt „Die Internationale" am 10. November 1918

Von Gottes Gnaden ist der König,
ihm ist er auch nur dem Herrn allein
verantwortlich. Er darf seinen Weg und
sein Wirken nur unter diesem Gesichtspunkt
wählen. Diese furchtbar schwere Verantwortung,
welche der König für sein Volk trägt, giebt
ihm auch ein Anrecht auf treue Mitwirkung
seiner Unterthanen. Daher muß ein Jedermann
im Volk von der Überzeugung durchdrungen sein,
daß er für seinen Posten mitverantwortlich ist für
des Vaterlandes Wohlfahrt.

Wilhelm
I.R.

Ich verzichte hierdurch für alle Zukunft auf die Rechte an der Krone Preussen und die damit verbundenen Rechte an der deutschen Kaiserkrone.

Zugleich entbinde ich alle Beamten des Deutschen Reiches und Preussens sowie alle Offiziere, Unteroffiziere und Mannschaften der Marine, des Preussischen Heeres und der Truppen der Bundeskontingente des Treueides, den sie Mir als ihrem Kaiser, König und Obersten Befehlshaber geleistet haben. Ich erwarte von ihnen, dass sie bis zur Neuordnung des Deutschen Reichs den Inhabern der tatsächlichen Gewalt in Deutschland helfen, das Deutsche Volk gegen die drohenden Gefahren der Anarchie, der Hungersnot und der Fremdherrschaft zu schützen.

Urkundlich unter Unserer Höchsteigenhändigen Unterschrift und beigedrucktem Kaiserlichen Insiegel.

Gegeben Amerongen, den 28. November 1918.

Wilhelm

Die Internationale

früher: Norddeutsche Allgemeine Zeitung.

Die „Norddeutsche Allgemeine Zeitung" erscheint täglich zweimal, Sonntags als Morgenausgabe. Der Bezugspreis ist für das Deutsche Reich vierteljährlich Mark 9 —, für das Ausland mit dem entsprechenden Portozuschlag. Bestellungen werden bei allen Postanstalten angenommen. Für Berlin bestellt man bei den Zeitungsspediteuren und bei der Geschäftsstelle der Zeitung.

Berlin SW 48, Wilhelmstraße 32.
Schriftleitung: Berlin SW 68, Kochstraße 73.
Fernsprecher: Schriftleitung: Zentrum 614, 964, 965, 1580, 1582, 1583. Für Nachtgespräche 1580. Geschäftsstelle: Lützow 1902, 2918, 3304. Postscheckkonto: Berlin 25 632.

Anzeigen nehmen die Geschäftsstelle der Zeitung und alle Anzeigengeschäfte zum Grundpreise von 1 Mark für die neungespaltene Zeile im Anzeigenteil und 5 Mark für die viergespaltene Zeile im Reklameteil entgegen. Stellengesuche und Familienanzeigen die Zeile 50 Pf. Aufträge sind zu richten an die Anzeigen-Abteilung, Berlin SW. 48, Wilhelmstraße 32.

Nr. 576. [58. Jahrgang.] Sonntag 10. November 1918. Morgen-Ausgabe. [58. Jahrgang.] Nr. 576.

An die Arbeit!

… wenigen Stunden ist ein Herrschaftssystem zusammen…
…en. Fast ohne Blutvergießen hat sich eine Umwälzung
…en von so großer Gewalt und Bedeutung, daß wir sie
…n Wirkungen noch gar nicht ausmessen können.
…as deutsche Volk, das werktätige Volk in Bürgerrock und
…der Uniform, hat sein Schicksal selbst in die Hand ge…
…n, hat mit einem Ruck alle Gewalten, die es bisher
…n und fesselten, abgeschüttelt. In der Reichshauptstadt
… sozialistische Republik proklamiert.

…e Erhebung der Reichshauptstadt setzt den Schlußstein in
…igen Bau, den die tapferen Matrosen, Soldaten und
… der Seestädte begonnen haben. Das revolutionäre
… das von Kiel ausging sich über Hamburg,
…en, Stettin an der Wasserkante weiter fraß, über
…over nach Mitteldeutschland übersprang, in
…n und Sachsen zündete, umgab Berlin mit einem
…evolutionärer Erhebungen. Die Reichshauptstadt, die
… der politischen Gewalt, ist zuletzt gefolgt. Das ist
…Verhältnissen begründet. Berlin ist auch die Zentrale
…itärgewalt, eine bedeutende Truppenmacht war hier
…welt und noch in den letzten Stunden waren frische
…teile herangeführt worden, die die „Ordnung" retten
…Es heißt, daß darunter solche Formationen waren, die
…nland die roten Garden niederge…
…n hatten. Am Freitag wurden die in Berlin an…
… und durchreisenden Offiziere aufgefordert, sich dem
…mando zur Verfügung zu stellen. Ein genau ausge…
… Plan, wie eine Volksbewegung niederzuwerfen, war
…eitet. Er ist nicht zur Ausführung gekommen. Der
…ilitärische Apparat klappte zusammen wie eine leere
…Kampflos gingen die Truppen zum Volke über, ja sie
…nd dem Volke vorangegangen. Zu einem größeren
…t es nirgends gekommen, wenn auch einige schmerz…
…r zu verzeichnen sind. Noch um 11 Uhr war Berlin
…e — wenig später um 2 Uhr brach die Bewegung los

Arbeiter! Soldaten! Genossen! Brüder!

Der große sehnsüchtig erwartete Tag ist erschienen. Seit dem 9. November hat das deutsche Volk die Macht in den Händen.

Seit dem 9. November ist Deutschland Republik, und zwar sozialistische Republik der Arbeiter und Soldaten.

Unsere Herzen sind voller Stolz.

Aber wir haben keine Zeit, uns unserer Freude hinzugeben. Nun gilt es, die organisatorische Grundlage für das neue Gemeinwesen herzustellen. Ungeheure Aufgaben erwarten uns. Vor allem die, eine Regierung zu bilden, die unseren Idealen entspricht und den gewaltigen Problemen gewachsen ist.

Grundlage dieser Regierung ist, daß die gesamte gesetzgebende, ausführende, verwaltende und richterliche Gewalt ausschließlich in Händen der Vertreter der Arbeiter und Soldaten ruht.

Diese Vertreter zu bestellen ist Eure erste praktische Aufgabe.

Deshalb Soldaten, Brüder, tretet am Sonntag, 10. November, spätestens 10 Uhr, in den Kasernen und Lazaretten zusammen und wählt Eure Vertreter. Auf jedes Bataillon fällt 1 Delegierter, ebenso auf jede kleinere selbständige Formation und jedes Lazarett.

Arbeiter! Arbeiterinnen! Brüder! Schwestern! Tretet auch Ihr am Sonntag um 10 Uhr in Euren Betrieben zusammen. Auf je 1000 Beschäftigte, Männer oder Frauen, fällt 1 Delegierter. Kleinere Betriebe schließen sich zusammen.

Am Sonntag um 5 Uhr treten die so Gewählten im Zirkus Busch zusammen.

Arbeiter! Soldaten! Sorgt für die Ausführung dieser Anordnungen. Bewahrt Ruhe und Ordnung!

Berlin, 9. November 1918.

Der provisorische Arbeiter- und Soldatenrat.

Aufrufe des neuen Kanzlers.

Der neue Reichskanzler Ebert erläßt folgende Kundgebung an die deutschen Bürger:

Mitbürger!

Der bisherige Reichskanzler Prinz Max von Baden hat mir unter Zustimmung der sämtlichen Staatssekretäre die Wahrnehmung der Geschäfte des Reichskanzlers übertragen. Ich bin im Begriff, die neue Regierung im Einvernehmen mit den Parteien zu bilden und werde über das Ergebnis der Oeffentlichkeit in Kürze berichten.

Die neue Regierung wird eine Volksregierung sein. Ihr Bestreben wird sein müssen, dem deutschen Volke den Frieden schnellstens zu bringen und die Freiheit, die es errungen hat, zu befestigen.

Mitbürger! Ich bitte Euch alle um Eure Unterstützung bei der schweren Arbeit, die unser harrt. Ihr wißt, wie schwer der Krieg die Ernährung des Volkes, die erste Voraussetzung des politischen Lebens, bedroht. Die politische Umwälzung darf die Ernährung der Bevölkerung nicht stören. Es muß die erste Pflicht aller in Stadt und Land bleiben, die Produktion von Nahrungsmitteln und ihre Zufuhr in die Städte nicht zu hindern, sondern zu fördern.

Nahrungsmittelnot bedeutet Plünderungen und Raub, mit Elend für alle. Die Aermsten würden am schwersten leiden, die Industriearbeiter am bittersten. Wer sich an Nahrungsmitteln oder sonstigen Bedarfsgegenständen oder an den für ihre Verteilung benötigten Verkehrsmitteln vergreift, versündigt sich aufs schwerste an der Gesamtheit.

Ich bitte Euch alle dringend: Verlaßt die Straßen! Sorgt für Ruhe und Ordnung!

Berlin, 9. November 1918.

Der Reichskanzler:
Ebert.

* * *

Der Reichskanzler Ebert veröffentlicht nachfolgenden

Die Verfassung des Deutschen Reichs.

Vom 11 August 1919.

Das Deutsche Volk, einig in seinen Stämmen und von dem Willen beseelt, sein Reich in Freiheit und Gerechtigkeit zu erneuen und zu festigen, dem inneren und dem äußeren Frieden zu dienen und den gesellschaftlichen Fortschritt zu fördern, hat sich diese Verfassung gegeben.

Erster Hauptteil.

Aufbau und Aufgaben des Reichs.

Erster Abschnitt.

Reich und Länder.

Artikel 1.

Das Deutsche Reich ist eine Republik.
Die Staatsgewalt geht vom Volke aus.

Artikel 2.

Das Reichsgebiet besteht aus den Gebieten der deutschen Länder. Andere Gebiete können durch Reichsgesetz in das Reich aufgenommen werden, wenn es ihre Bevölkerung kraft des Selbstbestimmungsrechts begehrt.

Artikel 3.

Die Reichsfarben sind schwarz-rot-gold. Die Handelsflagge ist schwarz-weiß-rot mit den Reichsfarben in der oberen inneren Ecke.

Artikel 4.

Die allgemein anerkannten Regeln des Völkerrechts gelten als bindende Bestandteile des deutschen Reichsrechts.

Artikel 5.

Die Staatsgewalt wird in Reichsangelegenheiten durch die Organe des Reichs auf Grund der Reichsverfassung, in Landesangelegenheiten durch die Organe der Länder auf Grund der Landesverfassungen ausgeübt.

Die nach den bisherigen Vorschriften dem Staatenausschuß zustehende Befugnis zum Erlaß von Verordnungen geht auf die Reichsregierung über; sie bedarf zum Erlaß der Verordnungen der Zustimmung des Reichsrats nach Maßgabe dieser Verfassung.

Artikel 180.

Bis zum Zusammentritt des ersten Reichstags gilt die Nationalversammlung als Reichstag. Bis zum Amtsantritt des ersten Reichspräsidenten wird sein Amt von dem auf Grund des Gesetzes über die vorläufige Reichsgewalt gewählten Reichspräsidenten geführt.

Artikel 181.

Das Deutsche Volk hat durch seine Nationalversammlung diese Verfassung beschlossen und verabschiedet. Sie tritt mit dem Tage ihrer Verkündung in Kraft.

Schwarzburg, den 11. August 1919.

Der Reichspräsident
Ebert

Das Reichsministerium
Bauer — Erzberger
Hermann Müller. — Schmidt
Noske. — Dr Bell
David — Schlicke.
Dr Mayer — Giesberts

den den Frieden anbieten, unter der Bedingung der Befreiung der Kolonien und *aller* abhängigen, unterdrückten und entrechteten Nationen. Weder Deutschland noch England oder Frankreich würde unter den jetzigen Regierungen diese Bedingungen annehmen. Dann müßten wir den revolutionären Krieg vorbereiten und führen, d.h. wir würden nicht nur mit den entschlossensten Mitteln unser ganzes Programm-Minimum (Anmerkung des Bearbeiters: Sieg der sozialistischen Revolution in Rußland) weiterführen, sondern auch alle von den Großrussen jetzt unterdrückten Völker, alle Kolonien und die abhängigen Länder Asiens (Indien, China, Persien usw.) aufrütteln, und vor allem würden wir das sozialistische Proletariat Europas gegen seine Regierungen... zum Aufstand anstacheln. Es unterliegt keinem Zweifel, daß ein Sieg des Proletariats in Rußland ungewöhnlich günstige Bedingungen für die Entfaltung der Revolution sowohl in Asien wie auch in Europa ergeben würde."

149. Kurze Zusammenfassung der Imperialismustheorie Lenins

Nach Iring Fetscher, Von Marx zur Sowjetideologie, Frankfurt/Main [16]1971, S. 58ff.

Zunächst entstand der Monopolkapitalismus, der sich mit dem Finanzkapital verband. Industrie und Bankkapital nehmen dann immer mehr Einfluß auf die Politik.

An die Stelle des Warenexportes tritt in zunehmendem Maße der Kapitalexport (Anleihen, Kredite, Investitionen). Es entstehen internationale Kartelle.

Die Großmächte beenden die Aufteilung der noch „unverteilten Gebiete", wobei es zu Gegensätzen unter ihnen kommt. Neue Konkurrenten treten auf, und schließlich entstehen daraus imperialistische Kriege.

Aus diesen Überlegungen heraus zieht Lenin folgende politische Folgerungen:

1. Der Imperialismus hat zum Ersten Weltkrieg geführt.

2. Die wachsenden Monopolprofite ermöglichten es den Kapitalisten, die „Arbeiteraristokratie" mit hohen Löhnen zu bestechen. Diese Arbeiterklasse denkt opportunistisch und nationalistisch, denn sie will ihren Besitzstand erhalten. Sie hat damit den Sozialismus verraten.

3. Die Kolonialländer werden durch den Imperialismus ausgebeutet, und ihre Bewohner verstärken damit als ausgebeutetes Proletariat die revolutionäre Arbeiterschaft.

4. Der Monopolkapitalismus ist zur Entwicklung der Revolution nötig, aber er ist innerlich faul. So kann auch an der Peripherie die „Kette des Weltkapitalismus" reißen, wenn die Bedingungen hierfür momentan günstig sind. Diese Stelle kann auch Rußland sein, denn es hat auch einen Kolonialbesitz von 17,4 Millionen qkm und ist damit die 2. Kolonialmacht nach England.

5. Die revolutionäre Arbeiterklasse wird vor die Alternative gestellt, den bereits in Fäulnis übergehenden Kapitalismus und Imperialismus zu beseitigen oder mit ihm unterzugehen. Sie wird das erstere wählen und die Entwicklung nicht abwarten, die nach Karl Marx naturnotwendig eintreten muß. Diese Aufgabe wird die von Lenin propagierte Elitepartei übernehmen, die aus wenigen, aber fanatischen intellektuellen Berufsrevolutionären besteht.

B. Dokumente zur bolschewistischen Revolution 1917

150. Befehl Nr. 1 des Petrograder Sowjets der Arbeiter- und Soldatendelegierten an die Garnison des Militärbezirks von Petrograd 1. März 1917

Valentin Gitermann, a.a.O., S. 631.

„Der Sowjet der Arbeiter- und Soldatendelegierten hat beschlossen:

1. In allen Kompanien, Bataillonen, Regimentern, Batterien, Eskadronen, in allen einzelnen Stellen der verschiedenen militärischen Verwaltungen sowie auf den Schiffen der Kriegsflotte sind unverzüglich Komitees von ausgewählten Vertretern der Mannschaften der oben aufgezählten Truppenteile zu wählen.

2. Alle Truppeneinheiten, die ihre Vertreter in den Sowjet der Arbeiterdelegierten noch nicht gewählt haben, sollen auf jede Kompanie einen Vertreter wählen. Diese Vertreter haben mit einer schriftlichen Bestätigung am 2. März, um zehn Uhr morgens, im Dumagebäude zu erscheinen.

3. In allen politischen Angelegenheiten untersteht jeder Truppenteil dem Sowjet der Arbeiter- und Soldatendelegierten und seinen Komitees...

6. Bei Ausübung ihres Dienstes müssen die Soldaten die strengste militärische Disziplin einhalten, aber außerhalb des Dienstes dürfen die Soldaten in ihrem politischen, bürgerlichen und privaten Leben in denjenigen Rechten keineswegs beeinträchtigt werden, die alle übrigen Bürger genießen. Der militärische Gruß außerhalb des Dienstes wird abgeschafft.

7. Ebenso wird das Titulieren der Offiziere in Exzellenz, Wohlgeboren usw. abgeschafft und wird durch Wendungen, wie Herr General, Herr Oberst usw., ersetzt...“

151. Enteignungsdekret des 2. Allrussischen Kongresses der Bauern- und Soldatendeputierten vom 26. Oktober 1917

Valentin Gitermann a.a.O., S. 631.

„§ 1. Das Eigentumsrecht der Grundbesitzer an Grund und Boden wird sofort ohne jede Entschädigung aufgehoben.

§ 2. Die gutsherrlichen Ländereien ebenso wie die Ländereien der Kloster- und Kirchendomänen mit dem gesamten lebenden und toten Inventar, mit den Gutsgebäuden und allem Zubehör gehen bis zur Einberufung der Nationalversammlung in die Verwaltung der Bezirks-Agrarkomitees und des Kreissowjets der Bauerndelegierten über...“

152. Einsetzung des Rates der Volkskommissare

Dekret vom 28. Oktober 1917
Valentin Gitermann a.a.O., S. 631.

„Zur Regierung des Landes ist bis zur Einberufung der konstituierenden Versammlung eine zeitweilige Arbeiter- und Bauernregierung zu bilden, die der ‚Rat der Volkskommissare‘ genannt wird. Die Verwaltung der einzelnen Zweige des staatlichen Lebens wird Kommissionen übertragen, deren Zusammensetzung die Verwirklichung des von der Versammlung verkündeten Programms gewährleisten muß und deren Tätigkeit in enger Verbindung mit den Massenorganisationen der Arbeiter, Soldaten, Bauern und Angestellten stehen muß. Die Regierungsgewalt steht dem Kollegium der Vorsitzenden dieser Kommissionen, d. h. dem Rat der Volkskommissare zu. Die Kontrolle über die Tätigkeit des Rates der VK und das Recht, ihn abzusetzen, steht dem Allrussischen Kongreß der Arbeiter-, Soldaten- und Bauerndeputierten und deren Zentral-Exekutiv-Komitee zu."

Es folgt die Liste der Mitglieder des RVK: Darunter die Volkskommissare für Inneres: A. J. Rykow, für Äußeres: Trotzkij, für Nationalitäten: Stalin.

153. Die Einführung der Arbeiterkontrolle

Aus dem Dekret vom November 1917

Valentin Gitermann a.a.O., S. 631.

„1. Zwecks planmäßiger Regulierung der Volkswirtschaft in allen gewerblichen, Handels-, Bank-, Landwirtschafts-, Transport-, Korporativ-, Produktionsgesellschaften und anderen Unternehmen, welche Lohnarbeiter beschäftigen oder Heimarbeit vergeben, wird die Arbeiterkontrolle über Produktion, Kauf und Verkauf von Erzeugnissen und Rohmaterialien, über ihre Aufbewahrung sowie über die finanzielle Seite des Unternehmens eingeführt.

2. Die Arbeiterkontrolle wird ausgeübt von allen Arbeitern des betreffenden Unternehmens durch ihre gewählten Organe, wie: Betriebs-, Fabrikkomitees, Ältestenräte u. dgl., wobei diesen Organen Vertreter der Angestellten und des technischen Personals angehören müssen. . ."

C. Die NEP-Politik Lenins

154. David Shub: Lenin

Wiesbaden 1962. Aus dem Kapitel „Kronstadt" (Kap. 20, S. 413ff.).

„Kronstadt war das stolzeste Bollwerk der bolschewistischen Revolution. Die Matrosen dieser Petrograd vorgelagerten Inselfestung waren im Juli 1917 gegen Kerenskij marschiert und hatten im November den Winterpalast erstürmt, um Lenin an die Macht zu bringen. Später, als das rote Petrograd von General Judenitsch bedroht war, waren die Kronstadter Matrosen geschlossen zur Verteidigung des Sowjetregimes geeilt.

Am 1. März 1921 erhoben sich die Matrosen von Kronstadt gegen Lenin. In Matrosenversammlungen der verschiedenen Schiffe und Garnisonen wurden Resolutionen angenommen, die sofortige Neuwahlen zum Sowjet durch geheime Abstimmung verlangten, neben Rede- und Pressefreiheit für alle linken sozialistischen Parteien, Versammlungsfreiheit für Gewerkschaften und Bauernorganisationen, Abschaffung der politischen Agenturen in Armee und Marine, sofortiges Abberufen aller Getreide-Requisitionskommandos und die Wiederherstellung des freien Marktes für die Bauernschaft.

Die Revolte in Kronstadt erfolgte nach einer Reihe von Bauernaufständen in Zentralrußland sowie Streiks in Petrograd und anderen Städten. . ."

Der Verfasser schildert dann die Niederwerfung des Aufstandes unter Führung *Trotzkijs* und des Marschalls *Tuchatschewskij* (damals noch im Generalsrang, später von Stalin als Gegenrevolutionär beseitigt) und stellt die Wirkung der Ereignisse auf *Lenin* dar:

„Den Widerhall der Kronstadter Geschütze noch in den Ohren, erkannte Lenin, daß, wollten die Bolschewiken an der Macht bleiben, es Zeit war, Kompromisse zu machen. Trotz Einwänden der ‚Linken' führte er im Frühjahr 1921 eine neue Wirtschaftspolitik (NEP) ein.

1918 hatte Lenin das Privatunternehmen in Acht und Bann getan. Nun gab er zu, daß zur wirtschaftlichen Gesundung Rußlands der Privathandel unerläßlich sei. Das Lohnsystem wurde wieder eingeführt und das Eigentumsrecht der Bauern an ihren Erzeugnissen anerkannt. Der ‚Bürgerkrieg in den Dörfern' wurde beendet."

155. Lenin über seine NEP-Politik

David Shub, Lenin, Wiesbaden 1962, S. 418.

a) Zehnter Parteikongreß, 15. März 1921

„Wir müssen trachten, den Forderungen der Bauern, die unzufrieden und mit Recht unzufrieden sind... stattzugeben. Im wesentlichen kann der Kleinpächter mit zwei Dingen zufriedengestellt werden. Erstens ... muß er eine gewisse Verfügungsfreiheit haben, Freiheit für den Kleinlandwirt; zweitens muß man ihm Waren und Industrieprodukte verschaffen."

b) Ansprache in Moskau, Oktober 1921

„Unsere Neue Ökonomische Politik bedeutet, daß unsere früheren Methoden uns eine Niederlage gebracht haben und daß wir einen strategischen Rückzug antreten mußten... Das Verteilungssystem in den Dörfern und die sofortige Anwendung kommunistischer Methoden in den Städten hemmte unsere Kräfte für die Produktion und verursachte die schwere wirtschaftliche und politische Krise, die im Frühjahr 1921 ausbrach...

Wir hatten gehofft, mit Hilfe der Dekrete der proletarischen Regierung staatliche Industrien zu gründen und die Verteilung von staatlichen Erzeugnissen auf kommunistischer Basis zu organisieren – in einem Land, das kleinbürgerlich ist! Das Leben hat uns gezeigt, daß wir im Irrtum waren. Es bedurfte einer Folge von Übergangsperioden wie Staatskapitalismus und Sozialismus, um in jahrelanger Vorarbeit den Übergang zum Kommunismus in die Wege zu leiten..."

156. Rußlands Wirtschaft 1913 – 1927/28

(zur Beurteilung der Auswirkungen der NEP-Politik)

1. Getreideerzeugung in Mill. dz)			
Jahr:	1913	1921	1927
Weizen	206	80?	212
Roggen	189	—	244
Gerste	90	13?	45
Hafer	134	100	133

2. Rohstofferzeugung				
	1913	1921	1927	1928
Kohle (Millionen t) ...	29,5	7,8	32,2	34,5
Erdöl (Million. Barrels)	62,8	25,4	77	87,8
Roheisen (in 1000 t) ..	4220	115	2977	3374
Rohstahl (in 1000 t) ..	4212	163	3541	4267

D. Von Lenin zu Stalin

157. Lenin in seinem Testament über die Stellung Stalins, 4. Januar 1923

David Shub, a. a. O., S. 441 f.

„Nachdem Genosse *Stalin* Generalsekretär wurde, vereinigte er eine enorme Macht in seinen Händen, und ich bin nicht sicher, daß er es immer versteht, diese Macht mit der notwendigen Vorsicht zu gebrauchen."

Lenin schildert dann *Trotzkij* als den fähigsten Kopf im Zentralkomitee und fährt fort:

„Diese ... Eigenschaften der beiden fähigsten Führer des augenblicklichen Zentralkomitees könnten, ganz unbeabsichtigt, zu einer Spaltung führen. Wenn unsere Partei nicht Vorkehrungen trifft, um das zu verhindern, könnte diese Spaltung ganz plötzlich eintreten."

158. Der erste Fünfjahresplan Stalins

Hans Herzfeld, Die moderne Welt (1789–1945), Bd. II, Braunschweig ^{3}1960, S. 225 f.

a) Die Agrarrevolution

„Bis 1928 hat der Bolschewismus durch den Erfolg der NEP-Politik die Fortschritte seiner internationalen Anerkennung und durch den schrittweisen Ausbau der Machtstellung Stalins einen Grad innerer Befestigung erreicht, der es gestattete, mit dem Fünfjahresplan von 1928 dasjenige System seiner inneren und Wirtschaftspolitik einzuleiten, das den Charakter der Sowjetunion bis heute bestimmt hat.

Dieser erste Fünfjahresplan lenkte nach Abschwächung des Kollektivismus in der NEP-Politik entschlossen in die Bahn einer Sozialisierung zurück, die nun freilich ganz von oben her, durch Staat und Partei, bestimmt wurde... Die Auflockerung der Agrarpolitik im NEP-System hatte zu schnellem Anwachsen des mittleren Bauerntums, der Kulaken, geführt, durch das der Bauer mit seinem zähen Besitztrieb dem Sozialismus entfremdet und damit in dem noch immer... überwiegend agrarischen Rußland die Idee der Revolution an dem entscheidenden Punkte geschlagen zu werden drohte. So wurde jetzt die ‚Liquidierung' der Kulaken in Angriff genommen und trotz einiger Schwankungen in den nächsten Jahren mit unbarmherziger Härte durchgeführt. Die ... Masse des Bodens wurde in ein doppeltes Schema der Kollektivierung, die riesigen *Staatsgüter der Sowchose* und die Bildung *dörflicher Kooperativwirtschaften in den Kolchosen*, gepreßt. Der erbitterte Widerstand des flachen Landes zwang Stalin zeitweise, den Radikalismus und das Tempo des Vorgehens zu mildern, auch dem Bauern der Kolchose wieder ein bescheidenes Maß eigner Viehhaltung und in Eigenwirtschaft verbleibende Parzellen für die Versorgung seiner Familie zuzugestehen. Aber das Endergebnis dieser gigantischsten Agrarrevolution der Geschichte war schließlich doch, daß die Landwirtschaft zu über 90% in die Form kollektivierter Betriebe gezwungen war, die gleichzeitig die absolute Herrschaft der Partei über das flache Land sichern sollte."

b) Die Industrialisierung

1. *Übersicht über den Industrieaufbau*

Es wurden entwickelt:

A. Flugzeugwerke, Panzerfabriken, Rüstungsfabriken allgemeiner Art, neue Industriezentren im Ural und in Sibirien

B. *Energieversorgungsanlagen:*
Wasserkraft-Elektrizitätswerke. *Beispiel:* Dnjeprstaudamm

C. *Zivile Industrieanlagen:*
Automobilfabriken und Traktorenfabriken

2. *Allgemeine Auswirkungen*

A. *Entwicklung der Industriearbeiterschaft:*
1913 = 17% der Bevölkerung Rußlands
1920 = 10% der Bevölkerung Rußlands
1937 = 35% der Bevölkerung Rußlands

B. *Akkordlohnsystem,* System der individuellen Arbeitsleistungs-Steigerung (sogenanntes „Stachanow-System"), *innerbetriebliche Aufstiegsmöglichkeiten.*

C. *Politische Auswirkungen:*
Innen: Steigerung des Parteieinflusses infolge Zunahme der Arbeiterschaft; der Staatsallmacht infolge Aufbaues neuer Wirtschaftsbürokratien.
Nach außen: Erhöhung des Rüstungspotentials und der militärischen Leistungskraft.

D. *Psychologische Wirkungen:* Überwindung der Lethargie des russischen Menschen, Stärkung seines Selbstbewußtseins. Der immer noch starke innere Widerstand wird dann durch die Erfolge im „Vaterländischen Krieg" gebrochen. Stalin knüpft bewußt an die geschichtliche Tradition des Landes an.

159. Grundzüge der Verfassung vom 5. Dezember 1936

Nach Iring Fetscher, a.a.O., S. 127ff.

A. *Staatsstruktur:* Bundesstaat UdSSR

Föderatives Element	Republiken – Territorien ihrerseits föderative Struktur in vielen Fällen: Eigenleben der Nationalitäten und völkischen Minderheiten
Unitarisches Element	Bolschewistische Ideologie überall. Zentralistischer Parteiapparat

B. *Formaler Aufbau:*
Repräsentative Rolle: Präsident der UdSSR.
Allgemeine gleiche, geheime, unmittelbare Wahl:

Oberster Rat der Union

Rat der Union — Rat der Nationalitäten

C. *Funktion der Partei:*

1. Als einzige Partei allein berechtigt, die Kandidaten für die Wahlen (zu B) aufzustellen.
2. Sie stellt im *Rat der Volkskommissare die eigentliche Regierung.*
3. Das *Politbüro* ist die parteiliche Parallelorganisation zum R.d.V.

D. *Die Regierung stützt ihre Macht auf:*

Wehrmacht — Geheimpolizei — Parteiapparat

Stalin zählte in einer Rede über die Verfassung (November 1936) sechs grundlegende Besonderheiten der Verfassung auf:

1. Gesetzgeberische Registrierung der Errungenschaften des Sozialismus in der SU.
2. Prinzipien des Sozialismus: Sozialistisches Eigentum an Grund und Boden, Wer-

ken, Produktionsmitteln u.a.; Aufhebung der Ausbeutung und der Ausbeuterklassen. Beseitigung des Elends der Mehrheit und der Verschwendung der Minderheit; Beseitigung der Arbeitslosigkeit; die Arbeit als Obliegenheit und Ehrenpflicht.
3. Verankerung der Führungsrechte der Arbeiterklasse.
4. Alle Nationen und Rassen sind gleichberechtigt.
5. Konsequenter Demokratismus.
6. Garantie der materiellen Verwirklichung der demokratischen Rechte.

Den Einparteienstaat rechtfertigt Stalin damit, daß es in der SU keine verschiedenen Gesellschaftsklassen und antagonistische Interessen gebe. Die beiden Klassen der Arbeiter und Bauern „harmonierten“ in ihren Interessen.

160. Aus Stalin: Der Marxismus und die Fragen der Sprachwissenschaft, 1950

Verlag Das Neue Wort, Stuttgart, 1953, S. 5–42.

... Frage: Ist es richtig, daß die Sprache ein Überbau über der Basis ist? Antwort: Nein, das ist nicht richtig.

Die Basis ist eine ökonomische Struktur der Gesellschaft in einer bestimmten Etappe ihrer Entwicklung. Der Überbau – das sind die politischen, juristischen, religiösen, künstlerischen und philosophischen Ansichten der Gesellschaft und die ihnen entsprechenden politischen, juristischen und sonstigen Institutionen.

Jede Basis hat ihren entsprechenden Überbau. . .Wird die Basis verändert und liquidiert, so wird alsbald auch der Überbau verändert und liquidiert; entsteht eine neue Basis, so entsteht alsbald auch ein ihr entsprechender Überbau.

In dieser Beziehung unterscheidet sich die Sprache grundlegend vom Überbau. Nehmen wir zum Beispiel die russische Gesellschaft und die russische Sprache! Im Laufe der letzten dreißig Jahre wurde in Rußland die alte, kapitalistische Basis liquidiert und ein neuer Überbau geschaffen. . . Trotzdem ist aber die russische Sprache im wesentlichen die gleiche geblieben, die sie vor dem Oktoberumsturz war. . . Verändert hat sich bis zu einem gewissen Grade der Wortbestand der russischen Sprache... durch eine ganz beträchtliche Menge neuer Wörter und Ausdrücke, die im Zusammenhang mit der Entstehung der neuen sozialistischen Produktion, mit dem Erscheinen eines neuen Staates, einer neuen sozialistischen Kultur, einer neuen öffentlichen Moral und schließlich im Zusammenhang mit dem Wachstum der Technik und der Wissenschaften auftauchten. Verändert hat sich der Sinn einer Reihe von Wörtern und Ausdrücken, die eine neue Bedeutung gewonnen haben. . . Was jedoch den Grundbestand an Wörtern und die grammatische Struktur der russischen Sprache betrifft,. . . so wurde sie nach der Liquidierung der kapitalistischen Basis keineswegs liquidiert und durch einen neuen Grundbestand an Wörtern. . . ersetzt, sondern sie sind ... ohne irgendwelche wesentlichen Veränderungen vollständig erhalten geblieben ...

Der Überbau wird von der Basis ... geschaffen, um aktiv für die Liquidierung der alten überlebten Basis mit ihrem alten Überbau zu kämpfen. . .

Die Sprache unterscheidet sich in dieser Beziehung grundlegend vom Überbau. Die Sprache wird nicht durch diese oder jene Basis ... hervorgebracht, sondern durch den gesamten Verlauf der Geschichte der Gesellschaft und der Geschichte der Basen im Laufe von Jahrhunderten. Sie ist nicht durch irgendeine Klasse geschaffen worden, sondern durch die ganze Gesellschaft, durch alle Klassen der Gesellschaft, durch die Bemühungen zahlreicher Generationen. Sie ist geschaffen worden zur Befriedigung der Bedürfnisse nicht irgendwelcher einzelnen Klassen, sondern der ganzen Gesellschaft. In dieser Hinsicht unterscheidet sich die Sprache prinzipiell vom Überbau ...

Die Sprache ist das Produkt einer ganzen Reihe von Epochen, ... deshalb lebt die Sprache unvergleichlich länger als jede beliebige Basis und jeder beliebige Überbau...

Schließlich gibt es noch einen grundlegenden Unterschied zwischen Überbau und Sprache. Der Überbau hängt nicht unmittelbar mit der Produktion ... zusammen. Die Sprache hängt dagegen mit der Produktionstätigkeit des Menschen unmittelbar zusammen, und ... auch mit jeder anderen Tätigkeit des Menschen auf allen seinen Arbeitsgebieten von der Produktion bis zur Basis, von der Basis bis zum Überbau...

ABSCHNITT VII

Das Deutsche Reich 1918 bis 1933

A. Das Reich im europäischen Spannungsfeld

Einführung

Zum Verständnis der europäischen Machtlage unmittelbar nach dem Ersten Weltkrieg sei daran erinnert, daß die staatlich-militärische Macht des Deutschen Reiches zusammengebrochen und daß Rußland durch den Vertrag von Brest-Litowsk mehrere hundert Kilometer weit in den Osten zurückgeworfen worden war.

So entstanden in Europa vier voneinander geschiedene Zonen: ein französisch beherrschtes Westeuropa, ein seiner selbst unsicheres und ohnmächtiges Deutschland, eine neugeschaffene bzw. wiederhergestellte Staatenwelt Ostmitteleuropas von Finnland bis zum Schwarzen Meer und der russische Osten.

Das stark gerüstete Frankreich mit dem Griff auf Rhein und Ruhr fühlt sich aber in seiner Sicherheit noch immer bedroht und greift über Mitteleuropa hinweg durch Militär- und Nichtangriffspakte nach Ostmitteleuropa hinein. So wird es verständlich, daß die ersten tastenden Versuche einer eigenständigen deutschen Außenpolitik Halt und Anlehnung bei der Sowjetunion suchen. Von sowjetischer Seite finden die deutschen Annäherungsversuche ein sehr lebhaftes Echo; denn zwei Jahre revolutionärer Agitation und der Versuch, die Revolution auf den Spitzen der Bajonette nach dem Westen zu tragen, hatten den Sowjets keinen Erfolg gebracht. Da die mit Hilfe der ideologischen Methoden der Revolution (Polit-Büro) erstrebten Erfolge auf sich warten ließen, beschritt Lenin den Weg der „realpolitischen" Außenpolitik, ohne das Endziel der Weltrevolution aus den Augen zu verlieren. Die Hinwendung nach Sowjetrußland, die Reichskanzler Wirth vollzogen hat, wird getragen von der Meinung, daß Sowjetrußland den Kriegskommunismus überwinden werde, da es im wirtschaftspolitischen Bereich bereits demokratische Züge zur Schau trage. Neben politischen Erwägungen im engeren Sinne spielen hierbei auch Überlegungen der Reichswehrführung eine Rolle, um die geheime Wiederaufrüstung trotz der militärischen Klauseln des Versailler Vertrages zu ermöglichen (Entwicklung, Erprobung und Beschaffung der durch den Versailler Vertrag verbotenen Waffen sowie personelle Vermehrung der Armee, die der Kontrolle der interalliierten Militärkontrollkommission entzogen bleibt). Für das Deutsche Reich bedeutete das Abkommen von Rapallo die Befreiung von einer neuen, schwer zu tragenden Last und stellte einen ersten, von der Entente unabhängigen Schritt zu einer selbständigen Außenpolitik dar.

Die diplomatische, konsularische und wirtschaftliche Fühlungnahme mit der Sowjetunion bedeutet keine einseitige Bindung an den Osten, wenn auch die Sowjetunion darin einen ersten möglichen Schritt zu einer Einbeziehung der deutschen Republik in den Einflußbereich der UdSSR zu erblicken scheint.

Es war Stresemanns Verdienst, das Reich aus der einseitigen Bindung an den bolschewistischen Staat herausgeführt zu haben. Der Locarno-Vertrag weist auf das Bemühen der Reichsregierung hin, auch zu einem Abbau der Spannungen mit Frankreich zu gelangen. Freilich mußte eine solche Politik, die sich am aufrichtigen Gedanken der Solidarität der Mächte inspirierte, Mißtrauen, Besorgnis und Verdacht in

Sowjetrußland auslösen, als werde durch diesen Schritt eine Wendung nach dem Westen vollzogen. Es geht für Stresemann nach 1925 darum, die Befürchtungen der Sowjets zu zerstreuen, daß durch eine Bereinigung der Konfliktstoffe und die Befriedigung des französischen Sicherheitsbedürfnisses eine Schwenkung der deutschen Politik eingeleitet werde. Daher erfolgt im Jahre 1926 der Abschluß eines Neutralitäts- und Freundschaftsvertrages mit Sowjetrußland, der die Absicht der Weimarer Republik unterstreicht, ausbalanciert zwischen West und Ost, zwischen dem Genfer Völkerbund und dem bolschewistischen Rußland eine Sonderstellung anzustreben.

Stresemann blieb sich immer der Bedrohung durch die Weltrevolution bewußt, jedoch hoffte er, daß wenigstens eine wirtschaftliche Zusammenarbeit mit der Sowjetunion möglich sei. Seine größten Bemühungen galten aber in der Gesamtkonzeption seiner Außenpolitik der Ausgestaltung der Beziehungen zu den Westmächten, zumal Deutschland nur von ihnen eine Milderung der Versailler Bedingungen erhoffen konnte.

Man darf als wesentlichstes Ergebnis der Jahre 1924 bis 1929 die Schaffung eines europäischen Vertragssystems zur Sicherung des Friedens bezeichnen, durch das Deutschland wieder in die internationale Politik einbezogen wurde.

Das Dilemma, das die demokratische Revisionsbewegung gegen Versailles tragisch überschattete, lag darin, daß sie sich nicht von dem Agitationsdruck der radikalen Rechten frei zu machen vermochte. Der Aufstieg und der Triumph des Nationalsozialismus sind auf das engste mit dem Verlauf der Revisionsbewegung verknüpft.

Quellen und Darstellungen

161. Lenin hofft auf ein Zusammengehen mit der Weimarer Republik

Aus einer Rede Lenins vom Dezember 1920, abgedruckt bei Lionel Kochan, Rußland und die Weimarer Republik, Düsseldorf 1955, S. 39f.

„... Unter dem Versailler Vertrag befindet sich dieses Land (Deutschland) in Bedingungen, die ihm die Existenz unmöglich machen. Diese Lage stößt Deutschland natürlich in ein Bündnis mit Rußland hinein. Als sich die russischen Truppen Warschau näherten, geriet ganz Deutschland in Bewegung. Das Bündnis dieses Landes mit Rußland – eines Landes, das zwar jetzt gehemmt ist, (aber) ungeheure Produktivkräfte in Bewegung setzen kann –, alles das erzeugt in Deutschland ein politisches Durcheinander. Die deutschen Reaktionäre Seite an Seite mit den Spartakisten sympathisieren mit den Bolschewisten, und das ist durchaus verständlich, denn es beruht auf wirtschaftlichen Ursachen. Das ist die Grundlage unserer wirtschaftlichen Stellung und unserer gesamten Außenpolitik. Solange wir allein sind und die kapitalistische Welt stark ist, besteht die eine Seite unserer Außenpolitik darin, Gegensätze auszunützen. Unsere Existenz beruht andererseits aber darauf, daß es der Versailler Friede der überwältigenden Mehrheit des deutschen Volkes unmöglich gemacht hat zu leben. Der Versailler Friede hat eine solche Lage geschaffen, in der Deutschland nicht im Traum an eine Atempause denken kann, nicht im Traum sich einen Zustand denken kann, wo es nicht ausgeplündert, nicht seiner Lebensnotwendigkeiten beraubt wird, wo seine Bevölkerung nicht zur Hungersnot verdammt ist. Deutschland kann davon nicht einmal träumen, und seine einzige Rettung liegt daher in einem Bündnis mit Sowjetrußland, auf das sie ihre Blicke richten.

Sie greifen Sowjetrußland wild an, sie hassen die Bolschewisten, sie erschießen ihre Kommunisten wie richtige Weißgardisten. Die deutsche bürgerliche Regierung hat einen wilden Haß auf die Bolschewisten, aber ihre Interessen auf dem Gebiet der internationalen Politik zwingen sie gegen ihren eigenen Willen zum Frieden mit Sowjetrußland.

... Deutschlands Existenz wird durch den von der Entente geschaffenen Zustand unmöglich gemacht. Die Menschen sterben dort ... eine solche Lage drängt Deutschland zu einer Annäherung an Sowjetrußland.

Darum ist es klar, daß wir Konzessionen anbieten müssen als eine wirtschaftliche Maßnahme, selbst unabhängig davon, ob unser Plan gelingt ... Wir müssen diese Politik verfolgen, weil wir so den Kreuzzug der imperialistischen Länder gegen uns erschweren. Unsere Politik gruppiert um die Sowjet-Republik gewisse kapitalistische Länder, die der Imperialismus erdrückt. Darum hat dieses Angebot von Konzessionen nicht bloß eine kapitalistische Bedeutung, darum strecken wir diese Hand nicht nur den deutschen Kapitalisten entgegen – schickt uns Hunderte von Traktoren und nehmt 300% Profit, wenn ihr wollt –, sondern diese Hand strecken wir auch den unterdrückten Völkern und den unterdrückten Massen entgegen, und das ist ein Faktor der heranwachsenden proletarischen Revolution. . ."

162. Aus einem Brief Stalins an Lenin vom 20. Juni 1920

Geschichtliche Quellenhefte, hrsg. von Walter Wulf, Heft 11a, Diesterweg Nr. 7351, S. 26.

„... Für Nationen, die schon zum alten Rußland gehörten, kann und muß unsere Sowjetföderation als gangbarer Weg zur Einheit angesehen werden. Diese Nationalitäten haben entweder in der Vergangenheit nie einen eigenen Staat gehabt, oder sie haben ihn schon lange verloren. In Anbetracht dieser Tatsache wird sich bei ihnen unsere zentralistische Sowjetföderation ohne größere Reibungen durchsetzen. Das gleiche gilt jedoch nicht für jene Nationen, die nicht zum alten Rußland gehörten, die selbständig gewesen sind, die eigne Staatsformen entwickelten und die sich, sobald sie eine sowjetische Staatsordnung einführen, durch Gewalt oder durch die Umstände gezwungen sehen werden, mit Sowjetrußland eine staatliche Verbindung dieser oder jener Art einzugehen.

Nehmen wir beispielsweise ein künftiges Sowjetdeutschland, Sowjetpolen, Sowjetungarn, Sowjetfinnland; diese Völker werden – selbst als Sowjetstaaten – kaum damit einverstanden sein, nach der Art der Baschkiren oder Ukrainer sofort eine Föderation mit Sowjetrußland einzugehen. Denn die breiten Massen würden eine Föderation sowjetischen Typs als Beeinträchtigung ihrer staatlichen Unabhängigkeit, ja als Angriff auf diese ansehen. Ich zweifle daher nicht daran, daß für diese Nationalitäten eine Konföderation die annehmbarste Form der Verbindung sein wird."

163. Der deutsch-russische Vertrag von Rapallo vom 16. April 1922

Joh. Hohlfeld, a.a.O., Bd. IV, S. 159ff.

Artikel 1: Beide Regierungen sind darin einig, daß die Auseinandersetzung zwischen Deutschland und Rußland aus der Zeit des Kriegszustandes auf folgender Grundlage geregelt ist:

a) Das Deutsche Reich und die Russische Sowjetrepublik verzichten gegenseitig auf Ersatz der Kriegskosten sowie auf Ersatz der Kriegsschäden ... dergleichen verzichten beide Teile auf Ersatz der zivilen Schäden, die den Angehörigen des einen Teils durch sogenannte Kriegsausnahmegesetze oder durch Gewaltmaßnahmen der staatlichen Organe des anderen Teils verursacht worden sind.

b) Die durch den Kriegszustand betroffenen öffentlichen und privaten Rechtsbeziehungen einschließlich der Fragen der Behandlung der in die Gewalt des anderen Teils geratenen Handelsschiffe werden nach dem Grundsatz der Gegenseitigkeit geregelt werden.

c) Deutschland und Rußland verzichten gegenseitig auf Erstattung der beiderseitigen Aufwendungen für Kriegsgefangene...

Artikel 2: Deutschland verzichtet auf die Ansprüche, die sich aus der bisherigen Anwendung der Gesetze und Maßregeln der Sowjetrepublik auf deutsche Reichsangehörige oder auf ihre Privatrechte sowie auf Rechte des Deutschen Reiches und der Länder gegen Rußland, die sich aus von der Sowjetregierung oder ihren Organen gegen deutsche Reichsangehörige oder ihre privaten Rechte getroffene Maßregeln ergeben, vorausgesetzt, daß die Regierung der Sowjetrepublik auch ähnliche Ansprüche dritter Staaten nicht bewilligt.

Artikel 3: Die diplomatischen und konsularischen Beziehungen zwischen dem Deutschen Reich und der Sowjetregierung werden sogleich wieder aufgenommen...

Artikel 5: Die beiden Regierungen werden den wirtschaftlichen Bedürfnissen der beiden Länder in wohlwollendem Geist wechselseitig entgegenkommen. Bei einer grundsätzlichen Regelung dieser Frage auf internationaler Basis werden sie in vorherigen Gedankenaustausch eintreten...

164. Beurteilung des Rapallo-Vertrages

Gustav Hilger, Wir und der Kreml, Frankfurt 1955, S. 85ff.

„... Es ist klar, daß es sich beim Rapallovertrag weder um ein regelrechtes Bündnis noch um einen aggressiven Vertrag handelte, er war auch kein Nichtangriffspakt, ja nicht einmal ein Neutralitätsvertrag.

Trotzdem rief der Abschluß einen Sturm der Entrüstung und Anklagen hervor. Selbst in Deutschland kursierten jahrelang Gerüchte über Geheimklauseln, die den Rapallovertrag als ein regelrechtes politisches und militärisches Bündnis erscheinen ließen. Über die Frage, ob ein politischer Zug im richtigen Augenblick getan wurde, ließe sich endlos streiten. Artur Rosenberg behauptet in seiner ‚Geschichte der Weimarer Republik', Rapallo sei dreieinhalb Jahre zu spät abgeschlossen worden und hat vielleicht recht, wenn er sagt, daß ein derartiger Vertrag im Dezember 1918 der inneren und äußeren Geschichte Deutschlands eine völlig andere Wendung gegeben hätte.

Rapallo bedeutet weder eine entschiedene Abkehr vom Westen noch eine Wendung zu einem festen Bündnis mit Rußland. Im Gegenteil bemühte sich Walther Rathenau nach wie vor um die Westmächte ..."

165. Stresemann regt einen Sicherheitspakt an

Aus einer Rede in Stuttgart am 2. September 1923. G. Stresemann, Vermächtnis, Berlin 1932, Bd. I S. 100.

„... Wir sind bereit zu schweren materiellen Opfern, aber wir sind nicht bereit, die Freiheit deutschen Bodens irgend jemand gegenüber preiszugeben. Wenn es sich darum handelt, daß die am Rhein interessierten Staaten sich vereinigen sollen, um die Unversehrtheit des gegenwärtigen Besitzstandes auf eine zu bestimmende Zeit sich gegenseitig zu sichern, so wird Deutschland jederzeit bereit sein, einem solchen Bündnis beizutreten, um der Gefahr entgegenzuwirken, die erneute Zusammenstöße, insbesondere ein erneutes Verbluten der Volkskraft, bringt. Ein wirtschaftlich mit Frankreich verbundenes Deutschland wird für die Durchführung einer solchen Friedensidee die denkbar größte Friedenssicherheit bieten. . ."

166. Aus dem Locarno-Vertrag vom 16. Oktober 1925

Joh. Hohlfeld, a.a.O., Bd. IV, S. 230ff.

Die Vertreter der deutschen, belgischen, französischen, italienischen, polnischen und tschechoslowakischen Regierung, die vom 5. bis zum 16. Oktober 1925 in Locarno vereinigt waren, um gemeinsam die Mittel zum Schutz ihrer Völker vor der Geißel des Krieges zu suchen und für die friedliche Regelung von Streitigkeiten jeglicher Art, die etwa zwischen einigen von ihnen entstehen könnten, zu sorgen, haben ihre Zustimmung zu den Entwürfen der sie betreffenden Verträge und Abkommen gegeben, die im Laufe der gegenwärtigen Konferenz ausgearbeitet worden sind.

Die Delegierten der hier vertretenen Regierungen erklären ihre feste Überzeugung, daß die Inkraftsetzung dieser Verträge und Abkommen, indem sie Frieden und Sicherheit in Europa festigt, das geeignete Mittel sein wird, in wirksamer Weise die im Artikel 8 der Völkerbundssatzung vorgesehene Entwaffnung zu beschleunigen. Sie verpflichten sich, an den vom Völkerbund bereits aufgenommenen Arbeiten hinsichtlich der Entwaffnung aufrichtig mitzuwirken und die Verwirklichung der Entwaffnung in einer allgemeinen Verständigung anzustreben.

Anlage A

Art. 1. Die Hohen Vertragschließenden Teile garantieren, jeder für sich und insgesamt, die Aufrechterhaltung des sich aus den Grenzen zwischen Deutschland und Belgien und zwischen Deutschland und Frankreich ergebenden territorialen Status quo, die Unverletzlichkeit dieser Grenzen, wie sie durch den in Versailles am 28. Juni 1919 unterzeichneten Friedensvertrag oder in dessen Ausführung festgesetzt sind, sowie die Beobachtung der Bestimmungen der Artikel 42 und 43 des bezeichneten Vertrages über die demilitarisierte Zone.

Art. 2. Deutschland und Belgien und ebenso Deutschland und Frankreich verpflichten sich gegenseitig, in keinem Falle zu einem Angriff oder zu einem Einfall oder zu einem Kriege gegeneinander zu schreiten.

Art. 3. Alle Fragen, bei denen die Parteien über ihre beiderseitigen Rechte im Streite sind, sollen Richtern unterbreitet werden, deren Entscheidung zu befolgen die Parteien sich verpflichten.

Artikel 6: Die Bestimmungen des gegenwärtigen Vertrages lassen die Rechte und Pflichten unberührt, die sich für die Hohen Vertragschließenden Teile aus den Friedensschlüssen von Versailles sowie aus den ergänzenden Vereinbarungen, einschließlich der in London am 3. August 1924 unterzeichneten[1], ergeben.

Artikel 7: Der gegenwärtige Vertrag, der der Sicherung des Friedens dienen soll und der Völkerbundssatzung entspricht, kann nicht so ausgelegt werden, als beschränke er die Aufgabe des Völkerbundes, die zur Wahrung des Weltfriedens geeigneten Maßnahmen zu ergreifen.

---

[1] Das Londoner Abkommen sah fiskalische, wirtschaftliche Maßnahmen zur Ingangsetzung des Dawes-Planes vor und enthielt die Erklärung, soweit wie möglich mit der Vergangenheit reinen Tisch zu machen, ausgenommen jener Straftaten „für Verbrechen gegen das Leben, die den Tod herbeigeführt haben".

Auslegung des Artikels 16 der Völkerbundssatzung

Die deutsche Delegation hat gewisse Klarstellung hinsichtlich des Artikels 16 der Völkerbundssatzung verlangt.

Wir[2] sind nicht zuständig, im Namen des Völkerbundes zu sprechen. Wir zögern aber nicht, nach den in der Versammlung und den Kommissionen des Völkerbundes bereits gepflogenen Beratungen und nach den zwischen uns ausgetauschten Erläuterungen Ihnen die Auslegung mitzuteilen, die wir unsererseits dem Artikel 16 geben. Nach dieser Auslegung sind die sich für die Bundesmitglieder aus diesem Artikel ergebenden Verpflichtungen so zu verstehen, daß jeder der Mitgliedstaaten des Bundes gehalten ist, loyal und wirksam mitzuarbeiten, um der Satzung Achtung zu verschaffen und jeder Angriffshandlung entgegenzutreten, in einem Maße, das mit seiner militärischen Lage verträglich ist und das seiner geographischen Lage Rechnung trägt.

167. Die Beurteilung des Locarno-Vertrages durch die Sowjetunion

Aus einer Rede Stalins auf dem 14. Parteitag der KPdSU. Geschichtliche Quellenhefte a.a.O., S. 47.

„... Was Locarno anlangt, so ist das nur eine Fortsetzung von Versailles und kann nur das Ziel haben, den Status quo aufrechtzuerhalten, wie es in der Diplomatensprache heißt, d.h., die bestehende Sachlage aufrechtzuerhalten, kraft derer Deutschland ein besiegtes Land ist und die Entente die Siegerin.

Wenn früher, nach dem Deutsch-Französischen Kriege, die Frage Elsaß-Lothringens, einer der Knotenpunkte der damals bestehenden Gegensätze, ernstlich mit dazu beitrug, den imperialistischen Krieg herbeizuführen, wo ist dann heute die Garantie, daß der Friede von Versailles und seine Fortsetzung, Locarno, die den Verlust Oberschlesiens, des Danziger Korridors und Danzigs für Deutschland, den Verlust Galiziens und Westwolhyniens für die Ukraine, den Verlust seiner westlichen Teile für Weißruthenien, den Verlust Wilnas für Litauen u.a. zum Gesetz erheben und juristisch heiligen – wo ist dann die Garantie, daß dieser Vertrag, der eine ganze Reihe von Staaten zerstückelt und eine ganze Reihe neuer Knoten geschürzt hat, nicht das gleiche Schicksal haben wird wie seinerzeit der deutsch-französische Vertrag, der nach dem Kriege von 1870/71 Elsaß-Lothringen von Frankreich losriß. Eine solche Garantie gibt es nicht und kann es nicht geben. Locarno geht mit einem neuen Krieg in Europa schwanger."

168. Die Aufgabe der deutschen Außenpolitik

Stresemann an den ehemaligen Kronprinzen, 7. September 1925. Aus Stresemann, Vermächtnis, Bd. II, Berlin 1932, S. 553ff.

Vorbemerkung: Der berühmte Brief an den ehemaligen Kronprinzen, durch den Stresemann bei den hinter dem Kronprinzen stehenden Kreisen der Rechten Verständnis für seine Politik gewinnen will, soll in Frankreich Entrüstung, in England beträchtliches Aufsehen erregt haben. Man deutete ihn so, daß der gutgläubige Briand von seinem doppelzüngigen Verhandlungspartner düpiert worden sei.

Dieser Brief wurde zu Beginn des zweiten Weltkrieges von Lord Vansittart wieder hervorgeholt und dazu benutzt, Stresemann den einzigen deutschen Staatsmann, der den Nobelpreis gewann, „eherner Lügenhaftigkeit" zu zeihen.

---

[2] D.h. England, Frankreich, Belgien, Italien, Polen, Tschechoslowakei.

„Zu der Frage des Eintritts in den Völkerbund möchte ich folgendes bemerken:

Die deutsche Außenpolitik hat nach meiner Auffassung für die nächste absehbare Zeit drei große Aufgaben:

Einmal die Lösung der *Reparationsfrage* in einem für Deutschland erträglichen Sinne und die Sicherung des Friedens, die die Voraussetzung für eine Wiedererstarkung Deutschlands ist.

Zweitens rechne ich dazu den Schutz der *Auslandsdeutschen*, jener 10 bis 12 Millionen Stammesgenossen, die jetzt unter fremdem Joch in fremden Ländern leben.

Die dritte große Aufgabe ist die Korrektur der *Ostgrenzen*: die Wiedergewinnung Danzigs, des polnischen Korridors und eine Korrektur der Grenze in Schlesien.

Im Hintergrund steht der Anschluß von *Deutsch-Österreich*, obwohl ich mir sehr klar darüber bin, daß dieser Anschluß nicht nur Vorteile für Deutschland bringt, sondern das Problem des Deutschen Reiches sehr kompliziert.

Wollen wir diese Ziele erreichen, so müssen wir uns aber auch auf diese Aufgaben konzentrieren. Daher der Sicherheitspakt, der uns einmal den Frieden garantieren und England sowie, wenn Mussolini mitmacht, Italien als Garanten der deutschen Westgrenze festlegen soll. Der Sicherheitspakt birgt andererseits in sich den Verzicht auf eine kriegerische Auseinandersetzung mit Frankreich wegen der Rückgewinnung Elsaß-Lothringens, einen deutschen Verzicht, der aber insoweit nur theoretischen Charakter hat, als keine Möglichkeit eines Krieges gegen Frankreich besteht. Die Reparationslasten, die uns der Dawes-Plan auferlegt, werden voraussichtlich schon 1927 untragbar sein. Wir müssen dann eine neue Konferenz verlangen zur Neufestsetzung der deutschen Leistungsfähigkeit, ein Recht, das uns nach dem Versailler Vertrag jederzeit zusteht. Bei Vergleichung der 2,5 Milliarden, die wir als Maximalsumme zu zahlen haben, mit den durchschnittlich über 4 Milliarden an Verzinsung ihrer Kriegsschuld, die die Gegenseite zu zahlen hat, müssen wir bedenken, daß die Gegner steuerlich mindestens ebenso belastet sind wie wir.

Die Sorge für die Auslandsdeutschen spricht für den Eintritt in den Völkerbund. Auch das Saarland, selbst die am weitesten rechts stehenden Politiker sind für diesen Eintritt. Wir werden in *Genf* der Wortführer der gesamten deutschen Kulturgemeinschaft sein, weil das gesamte Deutschland in uns seinen Hort und Schild sehen wird. Das Bedenken, daß wir im Völkerbund überstimmt werden, geht von der falschen Voraussetzung aus, daß es in diesem Völkerbundsrat, der die Entscheidung hat, eine Überstimmung gäbe. Die Beschlüsse des Völkerbundsrates müssen einstimmig gefaßt werden. Deutschlands *ständiger Sitz* im Völkerbundsrat ist ihm zugesichert. Wenn wir jetzt im Völkerbund wären, würde Polen in Danzig in der Frage der Post nicht durchkommen, weil der Einspruch des deutschen Vertreters genügen würde, um diesen Anspruch zurückzuweisen. Polen, die Tschechoslowakei, Jugoslawien und Rumänien, die sämtlich durch internationale Verträge gebunden sind, für ihre Minderheiten, d.h. speziell für die deutschen Minderheiten zu sorgen, werden sich nicht so sträflich über ihre Verpflichtung hinwegsetzen können, wenn sie wissen, daß Deutschland alle diese Verfehlungen vor den Völkerbund bringen kann. Zudem sind alle Fragen, die dem deutschen Volk auf dem Herzen brennen, z.B. Fragen der Kriegsschuld, allgemeine Abrüstung, Danzig, Saargebiet usw., Angelegenheiten des Völkerbundes, die durch einen geschickten Redner im Plenum des Völkerbundes zu ebenso vielen Unannehmlichkeiten für die Entente werden können. Frankreich ist von dem Gedanken des Eintrittes Deutschlands in den Völkerbund durchaus nicht entzückt, während England ihn herbeiwünscht, um Frankreichs bisher überragendem Einfluß in dem Völkerbund entgegentreten zu können.

Die Frage des Optierens zwischen Osten und Westen erfolgt durch unseren Eintritt in den Völkerbund nicht. Optieren kann man ja übrigens nur, wenn man eine militärische Macht hinter sich hat. Das fehlt uns leider. Wir können weder zum Kontinentaldegen für England werden, wie einige glauben, noch können wir uns auf ein deutsch-russisches Bündnis einlassen. Ich warne vor einer Utopie, mit dem Bolschewismus zu kokettieren. Wenn die Russen in Berlin sind, weht zunächst die rote Fahne vom Schloß, und man wird in Rußland, wo man die Weltrevolution wünscht, sehr zufrieden sein, Europa bis zur Elbe bolschewisiert zu haben, und wird das übrige Deutschland den Franzosen zum Fraß geben. Daß wir im übrigen durchaus bereit sind, mit dem russischen Staat, an dessen evolutionäre Entwicklung ich glaube, uns auf anderer Basis zu verständigen und uns durch unseren Eintritt in den Völkerbund durchaus nicht nach dem Westen verkaufen, ist eine Tatsache, über die ich E.K.H. gern gelegentlich mündlich Näheres sagen würde.

Die große Bewegung, die jetzt durch die Naturvölker geht, die sich gegen die koloniale Beherrschung großer Völker wendet, wird, glaube ich, durch unseren Eintritt in den Völkerbund in keiner Weise zum Schaden dieser Völker beeinflußt. Das wichtigste ist für die unter 1 berührte Frage der deutschen Politik das Freiwerden deutschen Landes von fremder Besatzung. Wir müssen den Würger erst vom Hals haben. Deshalb wird die deutsche Politik, wie Metternich von Österreich wohl nach 1809 sagte, in dieser Beziehung zunächst darin bestehen müssen, zu finassieren und den großen Entscheidungen auszuweichen.

Ich bitte E.K.H., mich auf diese Andeutungen beschränken zu dürfen und darf im übrigen wohl bitten, diesen Brief selbst freundlich unter dem Gesichtspunkt würdigen zu wollen, daß ich mir natürlich in allen meinen Äußerungen eine große Zurückhaltung auferlegen muß. Wollen E.K.H. mir Gelegenheit geben, über diese Fragen, die demnächst ja zur Entscheidung drängen, in einer ruhigen Stunde sprechen zu können, so stehe ich gern zur Verfügung."

169. Der deutsch-russische Vertrag (Berliner Vertrag) vom 24. April 1926

Joh. Hohlfeld, a.a.O., Bd. III, S. 252ff.

Artikel 1: Die Grundlage der Beziehungen zwischen Deutschland und der Union der Sozialistischen Sowjetrepubliken bleibt der Vertrag von Rapallo.

Die deutsche Regierung und die Regierung der UdSSR werden in freundschaftlicher Fühlung miteinander bleiben und über alle ihre beiden Länder gemeinsam berührenden Fragen politischer und wirtschaftlicher Art eine Verständigung herbeiführen.

Artikel 2: Sollte einer der vertragschließenden Teile trotz friedlichen Verhaltens von einer dritten Macht oder von mehreren dritten Mächten angegriffen werden, so wird der andere vertragschließende Teil während der ganzen Dauer des Konflikts Neutralität beobachten.

Artikel 3: Sollte aus Anlaß eines Konfliktes der in Artikel 2 erwähnten Art oder auch zu einer Zeit, in der sich keiner der vertragschließenden Teile in kriegerischen Verwicklungen befindet, zwischen dritten Mächten eine Koalition zu dem Zweck geschlossen werden, gegen einen der vertragschließenden Teile einen wirtschaftlichen oder finanziellen Boykott zu verhängen, so wird sich der andere vertragschließende Teil einer solchen Koalition nicht anschließen.

Artikel 4: Der Vertrag tritt mit dem Austausch der Ratifikationsurkunden in Kraft und gilt für die Dauer von 5 Jahren. Die beiden vertragschließenden Teile werden

 Oben: Aristide Briand – Nuntius Pacelli (Papst Pius XII.) – Unten: Walther Rathenau – Dr. Heinrich Brüning

sich rechtzeitig vor Ablauf dieser Frist über die weitere Gestaltung ihrer politischen Beziehungen verständigen."

(Der Vertrag wurde am 24. Juni 1931 in Moskau auf unbestimmte Zeit verlängert.)

170. Stresemann über den Sinn des Berliner Vertrages

Aus einer Rede in Stuttgart am 18. April 1926. G. Stresemann, Vermächtnis, Bd. II, Berlin 1932, S. 503, 504/505, 510.

„... Wenn dieser Vertrag zustande kommt, so ist er keine Abkehr von der Locarno-Politik, sondern die naturgemäße Ergänzung der in Locarno geschlossenen Verträge. Wer anderer Meinung ist, betrachtet die Locarno-Politik als die westliche Orientierung Deutschlands, wogegen wir uns stets gewehrt haben. Für uns war Locarno der Gedanke der Friedenssicherung in Europa. Es war keine Bündnispolitik gegen irgendeinen anderen Staat. In den Verhandlungen in Locarno ist festgelegt, daß der Völkerbund keine Institution sei für einen Kreuzzug gegen Rußland. Das haben auch Briand, Chamberlain und Vandervelde ausgesprochen. Der russische Bolschewismus neigt dazu, in der Welt Teufel oder Engel zu sehen. Deshalb sah er in dem Abschluß des Locarno-Vertrages die Vorbereitung des Kreuzzuges des Kapitalismus Europas gegen das bolschewistische Rußland. Diese Auffassung ist falsch...

Mit unserer Politik wollen wir uns nur den Frieden sichern, den wir nötig haben für eine ruhige Entwicklung nach innen und außen. Diese Entwicklung sehe ich nicht so blind verheißungsvoll an, wie der ‚Simplizissimus' sie mir unterstellt, indem er mich sagen läßt: ‚Die linden Lüfte sind erwacht.' Ich habe die Empfindung, daß wir noch lange unter Herbstschauern zu leiden haben..."

171. Aus der letzten Rede Stresemanns vor dem Völkerbund (9. September 1929)

Joh. Hohlfeld, a.a.O., Bd. III, S. 252–261.

„... Es ist Ihnen bekannt, daß in Deutschland vor seinem Eintritt in den Völkerbund vielfach verlangt worden ist, diesen Eintritt erst zu vollziehen, nachdem die großen offenen Probleme... ihre Lösung gefunden hätten. Die deutsche Regierung hat in jener Epoche diese Frage mit voller Überzeugung verneint. Sie hat sich ... zur aktiven Mitarbeit an den Aufgaben des Völkerbundes entschlossen. Dabei haben wir die Fortdauer der Besetzung deutschen Landes, vor allem bei unserer Tätigkeit in Genf, auf das schmerzlichste empfunden. Kein Volk, das sich selbst achtet, hätte anders empfinden können.

Ich kann ... auch nicht stillschweigend daran vorübergehen, daß ein anderer Teil des deutschen Landes, nämlich das Saargebiet, noch unter nichtdeutscher Verwaltung steht, ein Gebiet, dessen Wiedervereinigung mit dem Heimatland der einmütige Wunsch seiner Bevölkerung ist...

Ich sollte denken, daß auch der Völkerbund alles Interesse dieses Gedankens (d.h. der Liquidation des Krieges) hat, und hoffen, wenn er schon eine Initiative in dieser Richtung nicht ergriffen hat, daß er die Verhandlungen der unmittelbar beteiligten Staaten darüber mit Sympathie begleitet...

Die deutsche Regierung hat stets den Standpunkt vertreten, daß der Ausgangspunkt aller Bemühungen um die Friedenssicherungen der Ausbau der Methoden für die friedliche Bereinigung jeder Art von Staatskonflikten sein muß. Der Krieg läßt sich nicht dadurch verhüten, daß man den Krieg gegen den Krieg vorbereitet, sondern nur dadurch, daß man seine Ursachen beseitigt.

Oben: Stresemann spricht vor der Völkerbundsversammlung 24. 6. 1929 – Unten: Sitzung der Sektion Dichtung der Preuß. Akademie der Künste (von links nach rechts: Th. Mann, Ricarda Huch, Bernh. Kellermann, Herm. Stehr, Alfred Mombert, Ed. Stucken, W. v. Molo)

Je mehr es uns gelingt, für den Ausgleich bestehender und künftiger Gegensätze zwischen den Staaten einen praktischen Weg zu finden,. . . desto geringer wird das Bedürfnis nach Maßnahmen, die im Falle eines vollzogenen Friedensbruches zu ergreifen wären. Man hat bei der Erörterung der Politik des letzten Jahrzehnts vielfach die Frage offengelassen, oder ich möchte sie wenigstens offenlassen, ob die *Vorwärtsentwicklung* des *Verständigungswillens* der letzten Jahre durch den Völkerbund unmittelbar oder mittelbar beeinflußt wurde. Es ist sehr schwer, hier zu entscheiden, wo Ursache und wo Wirkung lagen. Herr Briand hat einmal davon gesprochen, wie außerordentlich schwierig es sei, für diese Gedanken der Verständigung der Völker und des Friedens die Jugend zu gewinnen, weil der Heroismus des Krieges die Poesie bis in die Gegenwart hinein beherrsche. Unzweifelhaft ist das richtig, und wir wollen uns klar darüber sein und uns dessen freuen, daß der Heroismus, die Hingabe des Lebens für ein großes Ideal, niemals in den Völkern aussterben wird. Aber ich glaube denen, die in den Erinnerungen leben an den Heroismus der Jugend aller Völker, das eine zurufen zu dürfen, daß die technischen Kriege der Zukunft, selbst wenn man von allem anderen absieht, für persönlichen Heroismus wenig Betätigungsmöglichkeiten geben werden. Mich dünkt, daß das weite Gebiet der Siege der Menschheit über die Natur genügend Möglichkeiten gibt zum Heroismus und zur Hingabe des Lebens an große Ideen. . .

Wir in unserem Kreise, wir haben die nüchterne Aufgabe, die Völker einander näher zu bringen, ihre Gegensätze zu überbrücken. Zweifeln wir nicht daran: sie sind einander nicht so nahe, wie es zu wünschen wäre, zweifeln wir nicht daran: es gibt Gegensätze. Es handelt sich um eine harte Arbeit: vorwärtszukommen, diese Gegensätze zu vermindern und uns jenem Zustand zu nähern, den wir alle erhoffen.

Auch diese Arbeit wird nicht nur durch Elan und Hurra allein sich lösen lassen, sondern sie wird zu der Tätigkeit gehören, von der ein deutscher Dichter einmal gesagt hat:

,Daß sie zum Bauen der Ewigkeiten
zwar Sandkorn nur um Sandkorn reicht,
doch von der großen Schuld der Zeiten
Minuten, Tage, Jahre streicht!' "

B. Die innenpolitischen Probleme der Weimarer Republik

1. Parlamentarische, soziale Demokratie oder Räterepublik

Einführung

Nach dem Zusammenbruch des deutschen Kaiserreiches im November 1918 waren die staatstragenden Schichten, weite Kreise des Bürgertums, des Adels und die Hochfinanz, keineswegs ihrer politischen Bedeutung beraubt. Allerdings lähmte der Schock der Niederlage, die sie sich selbst nicht eingestehen wollten, ihre Handlungsfreiheit.

Die Saat des im Kriege geschaffenen „Volksbundes für Freiheit und Kultur" (Liberale, Zentrum und Sozialdemokraten), die zu der Friedensresolution im Jahre 1917 und zur Umgestaltung der halbautoritären Monarchie in eine parlamentarische, unter der Kanzlerschaft des Prinzen Max von Baden, geführt hatte, schien in den turbulenten Novembertagen aufzugehen.

Allerdings war die deutsche Arbeiterschaft ideologisch bereits seit Beginn des Jahrhunderts in drei verschiedene Richtungen innerhalb der Sozialdemokratischen Partei gespalten. Das politische Ziel aller lautete soziale Demokratie.

Erst die russische Revolution von 1917 ließ auch den Rätegedanken in Deutschland entstehen. An ihm zerbrach schließlich die Einheit der Arbeiterbewegung, da ihr linker Flügel zur antiparlamentarischen und internationalen Umsturzpartei wurde, während ihr rechter Flügel sich zur demokratisch-sozialen und nationalen Reformpartei entwickelte.

Die Exponenten der linksradikalen revolutionären Gruppen fanden sich im Spartakusbund zusammen, der sich im letzten Kriegsjahr immer eindeutiger mit der Forderung: Die ganze Gewalt in die Hände der Arbeiterräte! zur russischen Methode bekannte, daß nur mit Hilfe der Arbeiter- und Soldatenräte die Revolution erfolgreich durchgeführt werden könne. Daneben gewannen im Sommer 1918 die „Revolutionären Obleute", die aus der Berliner Metallarbeitergewerkschaft hervorgegangen waren, eine wachsende Bedeutung. Ihr eigentlicher Führer war neben Emil Barth Ernst Däumig. Die Obleute wurden später zu den entschiedensten Verfechtern des russischen Rätegedankens in Deutschland.

Mit dem Ausbruch der Revolution entstanden überall sofort Arbeiter- und Soldatenräte; aber sie waren nicht die Initiatoren, sondern das Ergebnis der Revolution. Sie standen in ihrer überwiegenden Mehrheit hinter der Mehrheit des Reichstages.

Die Arbeiterratsbewegung kann nicht als Herrschaftsinstrument terroristischer Minderheiten bezeichnet werden. Die Arbeiterräte übten eine Kontrolle über die von der Revolution nicht berührte Verwaltung aus. Die Mehrheit der Räte trat für Parlamentarismus und sofortige Wahl der Volksversammlung ein – nur eine radikale Minderheit wollte die Institutionalisierung der Räte.

Bei der Mehrheit der Räte war ein starker demokratischer Impetus, der es vielleicht erlaubt und ermöglicht hätte, sie bei der Demokratisierung in allen entscheidenden Bereichen mit heranzuziehen und im Rahmen einer parlamentarischen Gesamtverfassung angemessene institutionelle Formen für eine demokratische Kontrolle zu schaffen.

Die SPD (Mehrheitssozialisten) hielt eine Räterepublik für völlig abwegig und wollte so schnell wie möglich eine provisorische Reichsspitze schaffen. Auch die USPD erstrebte das gleiche wie die Mehrheitssozialisten, aber sie stand unter dem Druck ihrer revolutionären Genossen, denen man ein Stück entgegenkommen mußte. Daher verlangte sie, daß die von den Parteien vereinbarte Regierung (Ebert, Scheidemann, Landsberg – Haase, Dittmann, Barth) von den Berliner Arbeiter- und Soldatenräten im Zirkus Busch bestätigt werden sollte. Dies geschah am 10. November 1918; die Regierung Ebert-Haase wurde als „Rat der Volksbeauftragten" bestätigt.

Zwei Tage später legte sie ein Regierungsprogramm vor, in dem bereits die Nationalversammlung angekündigt wurde. Die folgenden Wochen waren ausgefüllt von der Auseinandersetzung über die Ziele der Revolution. Hierbei ging es nicht nur um die Dauer der Revolution und den besten Weg zum Sozialismus, sondern um Grundsätze sozialistischer Politik überhaupt. Diese Kämpfe wurden ausgetragen unter den Schlagworten Räte und Nationalversammlung. Der „Rat der Volksbeauftragten" galt hierin als Repräsentant der Nationalversammlung, der Berliner „Vollzugsrat" – Spartakusbund und Revolutionäre Obleute – als Repräsentant des Rätegedankens.

In der Praxis vermochten die linksradikalen revolutionären Gruppen ihre Stellung nicht zu behaupten, da sie keinen Rückhalt durch eine eigene militärische Macht besaßen. Der Gedanke, eine Rote Garde zu schaffen, scheiterte am Widerstand der Soldatenräte.

Der „Rat der Volksbeauftragten" ließ sich in dieser schwierigen Situation zur Zusammenarbeit mit der Obersten Heeresleitung bewegen, ohne schon damals die Konsequenzen erkennen zu können, die sich aus der Zusammenarbeit mit den im Grunde gegenrevolutionären Mächten ergaben. Rückschauend darf man heute sagen, daß der wichtigste Faktor für den Erfolg der Regierung in der Frage der Nationalversammlung das Bündnis zwischen Ebert und Groener (OHL) war.

Die Entscheidung fiel auf dem „Allgemeinen Kongreß der Arbeiter- und Soldatenräte Deutschlands (1. Rätekongreß), der vom 16.–19. Dezember in Berlin tagte. Über der Frage parlamentarische Demokratie oder sozialistische deutsche Republik zerbrach die USPD völlig. Der linke Flügel, der Spartakusbund, gründete zwischen dem 30. Dezember 1918 und 1. Januar 1919 eine selbständige Partei, die Kommunistische Partei Deutschlands (Spartakusbund), deren Leitung zunächst in den Händen von Karl Liebknecht und Rosa Luxemburg lag.

Der rechte Flügel der USPD, der seit den Tagen der Parteigründung (März 1917) stets demokratisch gesinnt war und den allgemeinen Volkswillen nicht dauernd ausschalten wollte, ging immer stärker mit den Mehrheitssozialisten zusammen.

Aus Erbitterung und Enttäuschung darüber, daß die Revolution keinen sozialistischen Staat bringen werde, schürten die Kommunisten in der Folgezeit die gefährlichen Aufstände in Berlin, Braunschweig und Bremen.

Überblickt man die entscheidenden Monate von November 1918 bis Februar 1919 in ihrer Bedeutung für die Struktur und Lebenskraft der Republik von Weimar, so darf man sagen, daß von den beiden Gruppen die der Mehrheitssozialisten zunächst durchaus Aussicht auf Erfolg hatte. Aber die immer schärfere gegenseitige Bekämpfung führte dahin, daß auch die Verfechter einer allmählich auf parlamentarischem Wege sich entfaltenden sozialen Demokratie ihr Ziel nicht erreichten.

Nutznießer der Kämpfe im sozialistischen Lager waren die Vertreter des alten Systems, die ihren Besitz und ihre Macht im Staat und in der Wirtschaft erhalten wollten.

Quellen und Darstellungen

172. Aufruf des provisorischen Arbeiter- und Soldatenrats vom 9. November 1918

Michaelis-Schraepler, a.a.O., Bd. III, S. 5.

Arbeiter! Soldaten! Genossen! Brüder!
Der große sehnsüchtig erwartete Tag ist erschienen. Seit dem 9. November hat das deutsche Volk die Macht in den Händen. Seit dem 9. November ist Deutschland *Republik*, und zwar *sozialistische Republik* der Arbeiter und Soldaten.

Unsere Herzen sind voller Stolz. Aber wir haben keine Zeit uns unserer Freude hinzugeben. Nun gilt es, die organisatorische Grundlage für das neue Gemeinwesen herzustellen. Ungeheure Aufgaben erwarten uns. Vor allem die eine, eine Regierung zu bilden, die unseren Idealen entspricht und den *gewaltigen Problemen gewachsen ist.*

Grundlage dieser Regierung ist, daß die gesamte gesetzgebende, ausführende, verwaltende und richterliche Gewalt ausschließlich in Händen der *Vertreter der Arbeiter und Soldaten* ruht.

Diese Vertreter zu bestellen ist Eure erste praktische Aufgabe.

Deshalb Soldaten, Brüder, tretet am Sonntag, 10. November, spätestens 10 Uhr, in den Kasernen und Lazaretten zusammen und wählt Eure Vertreter. Auf jedes Bataillon fällt ein Delegierter, ebenso auf jede kleinere selbständige Formation und jedes Lazarett.

Arbeiter! Arbeiterinnen! Brüder! Schwestern! Tretet auch Ihr am Sonntag um 10 Uhr in Euren Betrieben zusammen. Auf je 1000 Beschäftigte, Männer oder Frauen, fällt ein Delegierter. Kleinere Betriebe schließen sich zusammen.

Am *Sonntag um 5 Uhr* treten die so Gewählten im *Zirkus Busch* zusammen.

Arbeiter! Soldaten! Sorgt für die Ausführung dieser Anordnungen. Bewahrt Ruhe und Ordnung!

Berlin, 9. November 1918

Der provisorische Arbeiter- und Soldatenrat.

173. Aufruf des Reichskanzlers Friedrich Ebert an die deutsche Bevölkerung am 9. November 1918

H. R. Berndorff, General zwischen Ost und West, Hamburg 1951, S. 34f.

An die deutschen Bürger!

Berlin, 9. November. Der neue Reichskanzler Ebert erläßt folgende Kundgebung an die deutschen Bürger:

Mitbürger!

Der bisherige Reichskanzler Prinz Max von Baden hat mir unter Zustimmung der sämtlichen Staatssekretäre die Wahrnehmung der Geschäfte des Reichskanzlers übertragen. Ich bin im Begriff, die neue Regierung im Einvernehmen mit den Parteien zu bilden und werde daher über das Ergebnis in Kürze berichten. Die neue Regierung wird eine Volksregierung sein. Ihr Bestreben wird sein müssen, dem deutschen Volk den Frieden schnellstens zu bringen und die Freiheit, die es errungen hat, zu befestigen.

Mitbürger! Ich bitte Euch alle um Eure Unterstützung bei der schweren Arbeit, die unser harrt. Ihr wißt, wie schwer der Krieg die Ernährung des Volkes, die erste Voraussetzung des politischen Lebens, bedroht.

Die politische Umwälzung darf die Ernährung der Bevölkerung nicht stören.

Es muß die erste Pflicht aller in Stadt und Land bleiben, die Produktion von Nahrungsmitteln und ihre Zufuhr in die Städte nicht zu hindern, sondern zu fördern. Nahrungsmittelnot bedeutet Plünderungen und Raub, mit Elend für alle! Die Ärmsten würden am schwersten leiden, die Industriearbeiter am bittersten getroffen werden.

Wer sich an Nahrungsmitteln oder sonstigen Bedarfsgegenständen oder an den für ihre Verteilung benötigten Verkehrsmitteln vergreift, versündigt sich aufs schwerste an der Gesamtheit.

Mitbürger! Ich bitte Euch dringend: Verlaßt die Straßen! Sorgt für Ruhe und Ordnung.

Berlin, den 9. November 1918

Der Reichskanzler
gez. Ebert

174. Aus dem Kampfprogramm der Spartakusgruppe vom 10. November 1918

Michaelis-Schraepler a.a.O., S. 7.

Arbeiter und Soldaten von Berlin! Sichert die von euch errungene Macht!

Mißtrauen ist die erste demokratische Tugend! Die rote Fahne weht über Berlin! Würdig habt ihr euch an die Seite der Städte gestellt, in denen schon das Proletariat und die Soldaten die Macht übernommen haben. Wie aber die Welt auf euch geschaut hat, ob ihre eure Aufgabe lösen werdet, so sieht die Welt jetzt auf euch, wie ihr sie lösen werdet. Ihr müßt in der Durchführung eines sozialistisch-revolutionären Programms ganze Arbeit machen. Mit der Abdankung von ein paar Hohenzollern ist es nicht getan. Noch viel weniger ist es getan damit, daß ein paar Regierungssozialisten mehr an die Spitze treten. Sie haben vier Jahre lang die Bourgeoisie unterstützt, sie können nicht anders, als dies weiter tun. Mißtrauet denen, die von Reichskanzler- und Ministerstellen herunter glauben, eure Geschicke lenken zu dürfen. Nicht Neubesetzung der Posten von oben herunter, sondern Neuorganisierung der Gewalt von unten herauf.

Sorget, daß die Macht, die ihr jetzt errungen habt, nicht euren Händen entgleite und daß ihr sie gebraucht für euer Ziel. Denn euer Ziel ist die sofortige Herbeiführung eines proletarisch-sozialistischen Friedens, der sich gegen den Imperialismus aller Länder wendet, und die Umwandlung der Gesellschaft in eine sozialistische...

Arbeiter und Soldaten! Eine jahrtausendealte Knechtschaft geht zu Ende; aus dem unsäglichen Leiden des Krieges steigt eine neue Freiheit empor. Vier Jahre lang haben die Scheidemänner, die Regierungssozialisten, euch durch die Schrecken eines Krieges gejagt, haben euch gesagt, man müsse das „Vaterland" verteidigen, wo es sich nur um die nackten Raubinteressen des Imperialismus handelte: jetzt, da der deutsche Imperialismus zusammenbricht, suchen sie für die Bourgeoisie zu retten, was noch zu retten ist, und suchen die revolutionäre Energie der Massen zu ersticken.

Es darf kein „Scheidemann" mehr in der Regierung sitzen; es darf kein Sozialist in die Regierung eintreten, solange ein Regierungsozialist noch in ihr sitzt. Es gibt keine Gemeinschaft mit denen, die euch vier Jahre lang verraten haben.

Nieder mit dem Kapitalismus und seinen Agenten! Es lebe die Revolution! Es lebe die Internationale!

175. General Groener an Reichskanzler Ebert, 9. November 1918

Michaelis-Schraepler a.a.O., S. 496.

Telegramm – An den Reichskanzler und die neue Regierung.

Feldmarschall von Hindenburg hat sich bereit erklärt, an der Spitze der Obersten Heeresleitung zu verbleiben, bis das Heer in Ordnung und Festigkeit in die Heimat zurückgeführt ist. Er hat Kommandobehörden und Offiziere angehalten, unvermindert ihre Pflicht zu tun. Der Feldmarschall hat außerdem heute folgenden Befehl an das Westheer erlassen:...

Der Feldmarschall erwartet von der neuen Regierung, daß sie die Verpflegung des Heeres mit allen Mitteln sicherstellt und jegliche Störung des Eisenbahnverkehrs zu diesem Zweck verhindert. Es wird darauf hingewiesen, daß die Eisenbahnanlage auf das höchste gefährdet wird, wenn von unkundigen Persönlichkeiten in den Betrieb und bei den Verladungen eingegriffen wird... Der Feldmarschall erwartet von der Regierung Unterstützung in dieser Beziehung. Er legt Wert darauf, Vertreter der neuen Regierung baldigst im Großen Hauptquartier zu empfangen, damit mit diesen das Weitere besprochen werden kann ...

176. Reichskanzler Ebert an die Oberste Heeresleitung, 10. November 1918

Michaelis-Schraepler a.a.O., S. 497.

„Der Obersten Heeresleitung teile ich mit, daß ich das Reichskanzleramt übernommen habe. Ich danke aufrichtig für die mir ausgesprochene Bereitwilligkeit, mit der von mir gebildeten Regierung zum Wohl des Landes zusammen zu wirken, und bitte die Oberste Heeresleitung zu meiner Verfügung zu stehen."

177. Schreiben Hindenburgs an Ebert

Michaelis-Schraepler a.a.O., S. 500ff. (Auszug).

Gr. H. Qu., 8. Dezember 1918

Sehr geehrter Herr Ebert!

... Auf meinen Wunsch hat sich ... das gesamte Offizierkorps, obschon es seines Eides damals (9. November) noch nicht entbunden war, sofort der neuen Regierung zur Verfügung gestellt, um die geordnete Rückführung und Demobilmachung des Feldheeres sowie die Durchführung der rigorosen Waffenstillstandsbedingungen zu ermöglichen und das Vaterland vor einer grenzenlosen Katastrophe zu bewahren. Das Offizierkorps tat das in dem festen Vertrauen darauf, daß diese selbstlose Hingabe und Pflichterfüllung den Dank und die Anerkennung des Vaterlandes und die Unterstützung der neuen Regierung bei seinen schweren Aufgaben finden würde. Stattdessen wird seine Autorität durch Anordnungen und Vorkommnisse bedenklichster Art täglich mehr untergraben. Auf Schritt und Tritt ist der Offizier schutzlos Beschimpfungen und Kränkungen ausgesetzt, er ist geradezu als vogelfrei erklärt; kein Wunder, wenn sich des Offizierkorps eine verzweifelte Stimmung bemächtigt hat...

Meiner Überzeugung nach können nur folgende Maßnahmen uns aus den jetzigen Schwierigkeiten erretten:

1. Einberufung der Nationalversammlung noch im Dezember.

2. Bis dahin bzw. bis zur Durchführung der Beschlüsse der Nationalversammlung alleinige Führung der Geschäfte durch die Regierung und die gesetzlichen Verwaltungsorgane.

3. Damit den berechtigten Wünschen der Arbeiterschaft, für die ich volles Verständnis habe, bis zum Erlaß gesetzlicher Vorschriften durch die Nationalversammlung Rechnung getragen wird, sollten den Verwaltungsbehörden zur Beratung tüchtige Männer aus dem Arbeiterstande beigegeben werden. Diese hätten keinen selbständigen „Rat" zu bilden, sondern in den Behörden mitzuarbeiten. Damit würde jede Notwendigkeit von „Arbeiterräten" entfallen.

4. Der Sicherheitsdienst darf lediglich durch die gesetzlichen Polizeiorgane und die bewaffnete Macht ausgeübt werden...

In Ihre Hände ist das Schicksal des deutschen Volkes gelegt. Von Ihrem Entschluß wird es abhängen, ob das deutsche Volk noch einmal zu neuem Aufschwung gelangen wird. Ich bin bereit und mit mir das ganze Heer, Sie hierbei rückhaltlos zu unterstützen ...

178. Der Gründungsparteitag der Kommunistischen Partei Deutschlands

Michaelis-Schraepler a.a.O., S. 52, 54.

a) Resolution vom 30. Dezember 1918

„Die USP ist zwar aus der allgemeinen Krisis in der deutschen Sozialdemokratie hervorgegangen, in ihrer Zusammensetzung jedoch das Erzeugnis der besonderen Gegensätze in der Kriegspolitik. Sie entstand durch Zusammenschluß verschiedenartiger Elemente, die weder in den Grundsätzen noch in der Taktik übereinstimmen und in den offiziellen Instanzen überwiegend eine verhängnisvolle scheinradikale Impotenz verkörpern. Die Politik der USP war von Anbeginn niemals eine solche der sozialistischen Klarheit, des entschlossenen Klassenkampfes, des konsequenten Internationalismus, sondern nur eine solche der opportunistischen Verworrenheit, der ängstlichen Kompromisselei, der nationalen Rechnungsträgerei und so von Anfang an zur Aktionsunfähigkeit verurteilt...

Die revolutionäre Lage gebietet mehr als je klare Entscheidung, unzweideutige Haltung, Lossagung von allen lauen und opportunistischen Elementen, Zusammenschluß aller ehrlich und entschlossen proletarisch-revolutionären Kämpfer. Ein länger in der USP Verweilen hieße, die Pflichten gegen das Proletariat, den Sozialismus und die Revolution auf das schwerste verletzen.

Wir haben uns niemals irgendwelchen Illusionen über das Wesen der USP hingegeben, dieses Gelegenheitsprodukt des Weltkrieges, das mit dem Abschluß des Weltkrieges dem Zerfall geweiht ist.

Jetzt hat die Stunde geschlagen, in der alle proletarisch-revolutionären Elemente der USP den Rücken kehren müssen, um eine neue selbständige Partei mit klarem Programm, festem Ziel, einheitlicher Taktik, höchster revolutionärer Entschlossenheit und Tatkraft zu schaffen, als ein starkes Instrument zur Durchführung der beginnenden sozialen Revolution.

Indem die Reichskonferenz des Spartakusbundes das kämpfende Proletariat aller Länder brüderlich begrüßt und zur gemeinsamen Tat der Weltrevolution aufruft, beschließt sie:

Unter Lösung seiner organisatorischen Beziehungen zur USP konstituiert sich der Spartakusbund als selbständige politische Partei unter dem Namen: Kommunistische Partei Deutschlands (Spartakusbund).“

b) Diskussionsbeitrag Rosa Luxemburgs

„Wir verstehen alle und schätzen sehr hoch die Motive, aus denen heraus die Ansicht der Zentrale bekämpft wird. Die Freude, die ich soeben ausgesprochen habe, ist jedoch nicht ungemischt. Genossen, Ihr macht Euch Euren Radikalismus etwas sehr bequem. Wir müssen bei allem stürmischen Drängen nicht den erforderlichen Ernst und die ruhige Überlegung vermissen lassen. Das Beispiel Rußlands hier anzuführen gegen die Wahlbeteiligung geht nicht an. Als dort die Nationalversammlung auseinandergetrieben worden war, da hatten die russischen Genossen schon die Regierung Trotzki-Lenin. Wir haben noch Ebert-Scheidemann. Das russische Proletariat hatte hinter sich eine lange Epoche revolutionärer Kämpfe. Wir haben nichts hinter uns als die elende halbe Revolution des 9. November. Da müssen wir uns fragen, welcher Weg der sicherste sei, um die Massen zu erziehen... Was ich bisher sehe, ist die Unreife der Massen, die zum Sturz der Nationalversammlung berufen sind. Wir müssen deshalb die Waffen, die der Gegner gegen uns zu führen gedenkt, in seiner eigenen Hand umdrehen... Ich fürchte mich nicht davor, die Massen dafür zu erziehen, daß sie die Motive unserer Wahlbeteiligung richtig würdigen. Ihre Tatkraft ist zwar die einfachere und bequemere, unsere Taktik rechnet aber einen längeren Weg. Die Hauptaktion ist auf der Straße. Sie soll überall zur Herrschaft und zum Triumph kommen. Wir wollen zur Unterstützung dieses Kampfes auch noch die Tribüne der Nationalversammlung...

Glauben Sie nicht, daß es uns darauf ankommt, irgendwelchen politischen Vorteil aus der Wahlbeteiligung zu ziehen. Und glauben Sie nicht, daß wir es über uns bringen könnten, etwas zu befürworten, was der revolutionären Energie des Proletariats Abbruch tun könnte. Und trotzdem glauben wir, wir können das eine tun und brauchen deshalb das andere nicht zu lassen. War aber unsere parlamentarische Tätigkeit selbst im Reichstag gänzlich wertlos? In der Nationalversammlung könnte eine kleine Schar von uns durch Obstruktion die Arbeit, die dort zum Schaden des Proletariats geleistet wird, wesentlich beeinträchtigen und draußen die Massen aufrütteln helfen...“

179. Walther Rathenau: Die verlogene Revolution

Walther Rathenau, Kritik der dreifachen Revolution, Apologie, Berlin 1919, zitiert in: Michaelis-Schraepler a.a.O., S. 233.

‚Mißtrauen gebührt jedem Zufallsgeschenk und jedem Verzweiflungsprodukt.

Nicht eine Kette wurde gesprengt durch das Schwellen eines Geistes und Willens, sondern ein Schloß ist durchgerostet. Die Kette fiel ab und die Befreiten standen verblüfft, hilflos, verlegen, und mußten sich wider Willen rühren. Am schnellsten rührten sich, die ihren Vorteil erkannten.

Den Generalstreik einer besiegten Armee nennen wir die deutsche Revolution. Die Arbeitsaufnahme einer neuen Versuchsarmee nennen wir deutsche Gegenrevolution.

Die Arbeiterschaft ließ sich in den Sattel setzen und reitet den alten Streiktrab. Das Volk blieb abseits und wählte ein bürgerliches Parlament. Die verbürgerlichte Sozialdemokratie ließ sich im Bürgerhaus bewirten und die Führung aufnötigen, Führung ohne Macht. Die Extremisten laufen neben dem Gaul und peitschen ihn mit der Knute des Bolschewismus.

Kein Wunder, denn nichts war vorbereitet...

Die äußere Revolution ist der inneren vorausgeeilt. Deshalb trägt sie schon heute alle entwürdigenden Zeichen des Interessenkampfes. Interessierte Romantik herrscht auf der Rechten, interessierter Radikalismus auf der Linken, und in der Mitte wird um Besitz und Einkommen gehandelt. Ein spießiges Parlament bürgerlichen Mittelmaßes, verkrampft und erstarrt in unversöhnlichen Gegensätzlichkeiten, entkernt und entgeistet jede seiner Aufgaben und rüstet die Gegenrevolution. Die verbürgte Gefahrlosigkeit radikaler Tiraden ermutigt ungelernte Tribunen, das Pathos ihrer früheren Kriegsberichte auf die Schlagworte Sozialisierung und Rätesystem abzustellen...

Das zerfleischte, blutleere Land aber verkommt von Tag zu Tag. Wille und Arbeitskraft sind gebrochen. Wunderliche Leidenschaften wachsen, Spekulation, Genußsucht, Spiel, Bestechung, Müdigkeit und Geschwätz gedeihen, Arbeitsmittel und Werte, Häuser, Felder, Vieh verderben, die Jugend erwächst roh und unwissend. Dämmernde Gleichgültigkeit und Verzagtheit sinkt herab. Zuversicht und Respekt sind gewesen, der Geist erstickt im endlosen Gerede...

Gelingt es nicht, die Revolution aus den Fesseln der Interessen, des Wahns und der Schlagwörter zu reißen, so erleben wir eine aufgeklärte Demokratie der Verlogenheit, des bösen Gewissens und der Unterdrückung, die alles übertrifft, was der alte Westen an verhülltem und beschönigtem Klassen- und Cliquenwesen geschaffen hat ..."

180. Der Verfall der deutschen Währung

Datum		Dollarkurs	Datum		Dollarkurs
1. Juli	1914	4,20 Mark	8. August	1923	4860000,— Mark
2. Januar	1920	41,98 Mark	7. September	1923	53000000,— Mark
3. Juli	1922	420,— Mark	3. Oktober	1923	440000000,— Mark
21. Oktober	1922	4430,— Mark	11. Oktober	1923	5060000000,— Mark
31. Januar	1923	49000,— Mark	22. Oktober	1923	42000000000,— Mark
26. Juli	1923	760000,— Mark	20. November	1923	4200000000000,– Mark
20. Nov.	1923	4200000000000,— Mark			

Der Brotpreis in Berlin:

Es kostete 1 kg Roggenbrot (mit Zusatz von Weizenmehl)

a) jeweils im Monat Dezember:

1913	– 0,26 Mark	1918	– 0,63 Mark
1914	– 0,32 Mark	1920	– 2,37 Mark
1915	– 0,40 Mark	1921	– 3,90 Mark
1917	– 0,45 Mark	1922	– 163,15 Mark

b) im Jahre 1923

Januar	250 Mark	Juli	3465 Mark
März	463 Mark	August	69000 Mark
Juni	1428 Mark	September	1512000 Mark
		Oktober	1743000000 Mark
		November	201000000000 Mark

2. Die Weimarer Republik

Einführung

Der Vergleich der Verfassungen von 1871, 1919 und 1949 rückt ein zentrales Problem der deutschen Demokratie in den Blickpunkt: das rechte Verhältnis von Exekutive und Legislative. Die konstitutionelle Monarchie von 1871 betont die Exekutive sehr stark, in der Weimarer Verfassung von 1919 (Republik) schlägt das Pendel der Verfassungsentwicklung nach der anderen Seite aus; 1949 versucht man, einen Mittelweg einzuschlagen. Alle drei Verfassungen sind föderalistisch (bundesstaatlich); demokratisch im strengen Sinne des Begriffs sind jedoch nur die Verfassungen von 1919 und 1949, nicht deshalb, weil sie republikanisch sind, sondern wegen ihres inneren Gefüges.

In der innenpolitischen Entwicklung der Weimarer Republik, die aber in dem gesamten Zeitraum wesentlich unter der Optik des „Primats der Außenpolitik" zu begreifen ist, lassen sich summarisch drei Phasen unterscheiden, die mit den Jahresmarken 1923, 1929 und 1933 umschrieben seien.

Der erste Abschnitt steht im Zeichen des radikalen Kampfes konservativer, liberaler und revolutionärer Gruppen gegeneinander und führt hart an den Rand der Anarchie und des Chaos.

Die Jahre 1924 bis 1929 pflegt man als Jahre der inneren Konsolidierung der rechtsstaatlich-demokratischen Lebensordnung zu bezeichnen. Diese Auffassung übersieht aber bei aller zeitbegrenzten innen- und außenpolitischen Dämpfung der dynamischen Offensivkräfte, daß die geistige und politische Krise – als Staats- und Gesellschaftskrise – unvermindert weiterschwelte. Daher konnte auch der inbruch der Weltwirtschaftskrise so katastrophale Folgen haben.

Nach dem Zerbrechen der Großen Koalition Stresemanns blieb zur Überwindung des parlamentarischen Dilemmas und zur Rettung der Republik nur die halbautoritäre Lösung mit Hilfe der Notverordnungspolitik. Dieser von Brüning beschrittene Weg bedeutete bereits eine präsidiale Diktatur. Ohne daß die demokratischen Parteien –von der SPD bis zur DVP (Deutsche Volkspartei) – verantwortlich an der Regierung beteiligt waren, schufen sie durch ihre Tolerierungspolitik der Regierung Brüning eine stabile Grundlage. Somit stützte sich die Regierung Brüning auf „abgelehnte Mißtrauensanträge anstatt auf konstruktive Vertrauensvoten“ (K.D. Bracher).

Die Sammlung der sogenannten „Nationalen Opposition“ in der Harzburger Front führte zur Verschärfung des autoritären Kurses. Die neue Regierung Brüning (Oktober 1931), die mit Billigung des Reichspräsidenten von Hindenburg dem Notverordnungskurs freien Lauf lassen konnte, bedeutete eine immer weitergehende Ausschaltung des noch verbliebenen demokratischen Machtinstruments. Brüning hoffte, durch das innerpolitische Rezept des Durchhaltens die kritische Zeitspanne zu überbrücken, bis eine befreiende Lösung der Reparations- und Gleichberechtigungsfrage erzielt worden sei.

Dieses Durchhaltekonzept war aber gebunden an die innenpolitische Absicherung der Präsidialregierung gegen den ständig wachsenden Radikalismus. Brünings Glaube, daß seinen Gegnern der Wind aus den Segeln genommen sei, wenn die außenpolitische Verständigung erreicht werde, erwies sich als Irrtum. Hindenburg, unter dem Beschuß der deutschnationalen Großagrarier, die in Brünings Siedlungsprojekt im Osten „Agrarbolschewismus“ witterten, entzog Brüning das Vertrauen, und das bedeutete – Sturz.

Der neue Kanzler Franz von Papen versuchte, eine autoritär fundierte Obrigkeit, jenseits von Parlamentarismus und totalitärer Diktatur zu verwirklichen. Diese utopischen Pläne förderten aber nur die nationalsozialistischen Machtaspirationen. Dieses Experiment mißlang, die Ausweglosigkeit wurde völlig offensichtlich, als Papen von Schleicher als Reichswehrminister die Einsetzung der Reichswehr gegen die Existenz des Parlamentes forderte.

Die Betrauung von Schleichers mit der Kanzlerschaft am 1. Dezember 1932 stand von vornherein unter einem unglücklichen Stern, da dem allmächtigen Reichspräsidenten drei Ratgeber (Meißner, von Papen und Oskar von Hindenburg) zur Seite standen, die Schleicher gefährlich werden konnten. Schleichers Hoffnung auf eine Spaltung der Führungsspitze der NSDAP (Strasser) und auf ein Paktieren mit der SPD erwiesen sich als trügerisch, da Papen Gegenminen legte und hinter dem Rücken des amtierenden Kanzlers eine Brücke zwischen Hindenburg und Hitler errichtete.

Als Schleicher das gegen ihn gesponnene Netz zu zerreißen suchte, durch Anforderung von Vollmachten zur Auflösung des Reichstages, zur Erklärung des Staatsnotstandes, zum Verbot der NSDAP und KPD, verweigerte Hindenburg ihm als einzigem Kanzler eines Präsidialkabinetts die Auflösung des Reichstages. Damit war der Weg zur antiparlamentarischen Diktatur des Nationalsozialismus frei.

Quellen und Darstellungen

I. Das Ringen um die Konsolidierung der Republik

181. Der Beginn der Nationalversammlung in Weimar

Aus der Eröffnungsrede des Volksbeauftragten Ebert bei der Eröffnung der Nationalversammlung am 6. Februar 1919.

Joh. Hohlfeld, a.a.O., Bd. III, S. 14ff.

„... Die provisorische Regierung verdankt ihr Mandat der Revolution, sie wird es in die Hände der Nationalversammlung zurücklegen.

In der Revolution erhob sich das deutsche Volk gegen eine alte, zusammenbrechende Gewaltherrschaft. Sobald das Selbstbestimmungsrecht des deutschen Volkes gesichert ist, kehrt es zurück auf den Weg der Gesetzmäßigkeit. Nur auf der breiten Heerstraße der parlamentarischen Beratung und Beschlußfassung lassen sich die unaufschiebbaren Veränderungen... vorwärtsbringen. Deshalb begrüßt die Reichsregierung in dieser Nationalversammlung den höchsten und einzigen Souverän in Deutschland. Mit den alten Königen und Fürsten von Gottes Gnaden ist es für immer vorbei ...

Sorgenvoll blickt uns die Zukunft an. Wir vertrauen aber trotz alledem auf die unverwüstliche Schaffenskraft der deutschen Nation. Die alten Grundlagen der deutschen Machtstellung sind für immer zerbrochen ... Wie der 9. November 1918 angeknüpft hat an den 18. März 1848, so müssen wir hier in Weimar die Wandlung vollziehen vom Imperialismus zum Idealismus, von der Weltmacht zur geistigen Größe. Es charakterisiert durchaus die nur auf den äußeren Glanz gestellte Zeit der Wilhelminischen Ära das Lassallesche Wort, daß die klassischen deutschen Dichter und Denker nur im Kranichzug über sie hinweggezogen seien. Jetzt muß der Geist von Weimar, der Geist der großen Philosophen und Dichter, wieder unser Leben erfüllen ...

So wollen wir an die Arbeit gehen, unser großes Ziel fest vor Augen, das Recht des deutschen Volkes zu wahren, in Deutschland eine starke Demokratie zu verankern und sie mit wahrem, sozialem Geist und sozialistischer Tat zu erfüllen. So wollen wir wahrmachen, was Fichte der deutschen Nation als ihre Bestimmung gegeben hat: ‚Wir wollen errichten ein Reich des Rechts und der Wahrhaftigkeit, gegründet auf Gleichheit alles dessen, was Menschenantlitz trägt.'"

182. Verfassungsprobleme Deutschlands im Licht vergleichender Betrachtung

Die Exekutive

a) Die Stellung des Regierungschefs in der Reichsverfassung von 1871

„Art. 15. Der Vorsitz im Bundesrat und die Leitung der Geschäfte steht dem Reichskanzler zu, welcher vom Kaiser zu ernennen ist.

Art. 17. Dem Kaiser steht die Ausfertigung und Verkündigung der Reichsgesetze und die Überwachung der Ausführung derselben zu. Die Anordnungen und Verfügungen des Kaisers bedürfen zu ihrer Gültigkeit der Gegenzeichnung des Reichskanzlers, welcher dadurch die Verantwortlichkeit übernimmt.

Art. 18. Der Kaiser ernennt die Reichsbeamten und verfügt erforderlichenfalles deren Entlassung."

b) Die Stellung des Reichskanzlers in der Reichsverfassung von 1919 (Weimarer Verfassung)

„Art. 53. Der Reichskanzler und auf seinen Vorschlag die Reichsminister werden vom Reichspräsidenten ernannt und entlassen.

Art. 54. Der Reichskanzler und die Reichsminister bedürfen zu ihrer Amtsführung des Vertrauens des Reichstages. Jeder von ihnen muß zurücktreten, wenn ihm der Reichstag durch ausdrücklichen Beschluß sein Vertrauen entzieht.

Art. 56. Der Reichskanzler bestimmt die Richtlinien der Politik und trägt dafür gegenüber dem Reichstag die Verantwortung. Innerhalb dieser Richtlinien leitet jeder Reichsminister den ihm anvertrauten Geschäftszweig selbständig und unter eigner Verantwortung gegenüber dem Reichstag."

c) Der Bundeskanzler im Grundgesetz 1949

„Art. 63: 1. Der Bundeskanzler wird auf Vorschlag des Bundespräsidenten vom Bundestag ohne Aussprache gewählt.

2. Gewählt ist, wer die Stimmen der Mehrheit der Mitglieder des Bundestages auf sich vereinigt. Der Gewählte ist vom Bundespräsidenten zu ernennen.

3. Wird der Vorgeschlagene nicht gewählt, so kann der Bundestag binnen vierzehn Tagen nach dem Wahlgange mit mehr als der Hälfte seiner Mitglieder einen Bundeskanzler wählen.

4. Kommt eine Wahl innerhalb dieser Frist nicht zustande, so findet unverzüglich ein neuer Wahlgang statt, in dem gewählt ist, wer die meisten Stimmen erhält. Vereinigt der Gewählte die Stimmen der Mehrheit des Bundestages auf sich, so muß der Bundespräsident ihn binnen sieben Tagen nach der Wahl ernennen. Erreicht der Gewählte diese Mehrheit nicht, so hat der Bundespräsident binnen sieben Tagen entweder ihn zu ernennen oder den Bundestag aufzulösen.

Art. 64: 1. Die Bundesminister werden auf Vorschlag des Bundeskanzlers vom Bundespräsidenten ernannt und entlassen.

Art. 65: Der Bundeskanzler bestimmt die Richtlinien der Politik und trägt dafür die Verantwortung. Innerhalb dieser Richtlinien leitet jeder Bundesminister seinen Geschäftsbereich selbständig und unter eigner Verantwortung. Über Meinungsverschiedenheiten zwischen den Bundesministern entscheidet die Bundesregierung. Der Bundeskanzler leitet ihre Geschäfte nach einer von der Bundesregierung beschlossenen und vom Bundespräsidenten genehmigten Geschäftsordnung.

Art. 67: Der Bundestag kann dem Bundeskanzler das Mißtrauen nur dadurch aussprechen, daß er mit der Mehrheit seiner Mitglieder einen Nachfolger wählt und den Bundespräsidenten ersucht, den Bundeskanzler zu entlassen. Der Bundespräsident muß dem Ersuchen entsprechen und den Gewählten ernennen.

Art. 68: Findet ein Antrag des Bundeskanzlers, ihm das Vertrauen auszusprechen, nicht die Zustimmung der Mehrheit der Mitglieder des Bundestages, so kann der Bundespräsident auf Vorschlag des Bundeskanzlers binnen einundzwanzig Tagen den Bundestag auflösen. Das Recht zur Auflösung erlischt, sobald der Bundestag mit der Mehrheit seiner Mitglieder einen anderen Bundeskanzler wählt."

a) 1871

„Art. 5. Die Reichsgesetzgebung wird ausgeübt durch den Bundesrat und den Reichstag. Die Übereinstimmung der Mehrheitsbeschlüsse beider Versammlungen ist zu einem Reichsgesetze erforderlich und ausreichend.

Art. 6. Der Bundesrat besteht aus den Vertretern der Mitglieder des Bundes.

Art. 7. Der Bundesrat beschließt: 1. Über die dem Reichstag zu machenden Vorlagen und die von demselben gefaßten Beschlüsse ..."

b) 1919

„Art. 60. Zur Vertretung der deutschen Länder bei der Gesetzgebung und Verwaltung des Reiches wird ein Reichsrat gebildet.

Art. 61. Im Reichsrat hat jedes Land mindestens eine Stimme. Bei den größeren Ländern entfällt auf 700000 Einwohner eine Stimme ...

Art. 63. ... Die Hälfte der preußischen Stimmen wird von den preußischen Provinzialverwaltungen bestellt ...

Art. 64. Die Reichsregierung muß den Reichsrat auf Verlangen von einem Drittel seiner Mitglieder einberufen.

Art. 67. Der Reichsrat ist von den Reichsministerien über die Führung der Reichsgeschäfte auf dem laufenden zu halten ...

Art. 74. Gegen die vom Reichstag beschlossenen Gesetze steht dem Reichsrat der Einspruch zu. ... Im Falle des Einspruchs wird das Gesetz dem Reichstag zur nochmaligen Beschlußfassung vorgelegt. Kommt hierbei keine Übereinstimmung zwischen Reichstag und Reichsrat zustande, so kann der Reichspräsident binnen drei Monaten über den Gegenstand der Meinungsverschiedenheit einen Volksentscheid anordnen. Macht der Präsident von diesem Rechte keinen Gebrauch, so gilt das Gesetz als nicht zustande gekommen. Hat der Reichstag mit Zweidrittelmehrheit entgegen dem Einspruch des Reichsrates beschlossen, so hat der Präsident das Gesetz binnen drei Monaten in der vom Reichstag beschlossenen Fassung zu verkünden oder einen Volksentscheid anzuordnen."

c) 1949

„Art. 77: 1. Die Bundesgesetze werden vom Bundestag beschlossen. Sie sind nach ihrer Annahme durch den Präsidenten des Bundestages unverzüglich dem Bundesrat zuzuleiten.

2. Der Bundesrat kann binnen zwei Wochen nach Eingang des Gesetzesbeschlusses verlangen, daß ein aus Mitgliedern des Bundestages und des Bundesrates für die gemeinsame Beratung von Vorlagen gebildeter Ausschuß einberufen wird. Die Zusammensetzung und das Verfahren dieses Ausschusses regelt eine Geschäftsordnung, die vom Bundestag beschlossen wird und der Zustimmung des Bundesrates bedarf ...

3. Soweit zu einem Gesetze die Zustimmung des Bundesrates nicht erforderlich ist, kann der Bundesrat, wenn das Verfahren nach Abs. 2 beendigt ist, gegen ein vom Bundestag beschlossenes Gesetz binnen einer Woche Einspruch einlegen ...

4. Wird der Einspruch mit der Mehrheit der Stimmen des Bundesrates beschlossen, so kann er durch Beschluß der Mehrheit der Mitglieder des Bundestages zurückgewiesen werden. Hat der Bundesrat den Einspruch mit einer Mehrheit von mindestens zwei Drittel seiner Stimmen beschlossen, so bedarf die Zurückweisung durch den Bundestag einer Mehrheit von zwei Dritteln, mindestens der Mehrheit der Mitglieder des Bundestages."

d) Reichstagswahlen

	Nationalvers.[1] 19. Jan. 1919		1. Reichstag 6. Juni 1920		2. Reichstag 4. Mai 1924		3. Reichstag 7. Dez. 1924		4. Reichstag 20. Mai 1928		5. Reichstag 14. Sept. 1930		6. Reichstag 31. Juli 1932		7. Reichstag 6. Nov. 1932		8. Reichstag 5. März 1933	
Wahlberechtigte in Mill.	36,8		35,9		38,4		39,0		41,2		43,0		44,2		44,4		44,7	
Wahlbeteiligung in %	82,7		79,1		77,4		78,8		75,6		82,0		84,0		80,6		88,7	
Parteien	Anzahl der Mandate	% der abgegebenen Stimmen	Anzahl der Mandate	% der abgegebenen Stimmen	Anzahl der Mandate	% der abgegebenen Stimmen	Anzahl der Mandate	% der abgegebenen Stimmen	Anzahl der Mandate	% der abgegebenen Stimmen	Anzahl der Mandate	% der abgegebenen Stimmen	Anzahl der Mandate	% der abgegebenen Stimmen	Anzahl der Mandate	% der abgegebenen Stimmen	Anzahl der Mandate	% der abgegebenen Stimmen
Nationalsoz. Dt. Arbeiterpartei	—	—	—	—	32	6,6	14	3,0	12	2,6	107	18,3	230	37,4	196	33,1	288	43,9
Deutschnationale Volkspartei	44	10,3	71	15,1	95	19,5	103	20,5	73	14,2	41	7,0	37	5,9	52	8,8	52	8,0
Konservative Volkspartei	—	—	—	—	—	—	—	—	—	—	4	0,8	—	—	—	—	—	—
Christlich-soz. Volksdienst	—	—	—	—	—	—	—	—	—	—	14	2,5	3	0,9	5	1,2	4	1,0
Landbund	—	—	—	—	10	1,9	8	1,7	3	0,7	3	0,6	2	0,3	2	0,3	1	0,2
Christl.-nat. Bauern- u. Landvolkpartei	—	—	—	—	—	—	—	—	10	1,9	19	3,2	1	0,2	—	0,1	—	—
Deutsche Bauernpartei	—	—	—	—	—	—	—	—	8	1,6	6	1,0	2	0,4	3	0,4	2	0,3
Volksrechtspartei	—	—	—	—	—	—	—	—	2	1,6	—	0,8	1	0,1	—	—	—	—
Deutsche Volkspartei	19	4,4	65	14,0	45	9,2	51	10,1	45	8,7	30	4,5	7	1,2	11	1,9	2	1,1
Wirtschaftspartei (einschl. Bayer. Bauernb.)	4	0,7	4	0,8	10	2,4	17	3,3	23	4,5	23	3,9	2	0,4	1	0,3	—	—
Deutsch-hannov. Partei	1	0,2	5	1,2	5	1,1	4	0,9	3	0,6	3	0,5	—	0,1	1	0,2	—	0,1
Bayerische Volkspartei	—	—	21	4,2	16	3,2	19	3,7	16	3,1	19	3,0	22	3,2	20	3,1	19	2,7
Zentrum	91	19,7	64	13,6	65	13,4	69	13,6	62	12,1	68	11,8	75	12,5	70	11,9	73	11,2
Dt. Demokr. Partei (seit 1930 Dt. Staatspartei)	75	18,6	39	8,4	28	5,7	32	6,3	25	4,9	20	3,8	4	1,0	2	1,0	5	0,9
Sozialdemokr. Partei	163	37,9	102	21,6	100	20,5	131	26,0	153	29,8	143	24,5	133	21,6	121	20,4	120	18,3
Unabhängige soz.-demokr. Partei	22	7,6	84	18,0	—	0,8	—	0,3	—	0,1	—	—	—	—	—	—	—	—
Kommunistische Partei	—	—	4	2,0	62	12,6	45	9,0	54	10,6	77	13,1	89	14,6	100	16,9	81	12,3
Splitterparteien	2	0,4	—	1,1	4	3,1	—	1,6	2	3,0	—	0,7	—	0,2	—	0,1	—	—
Gesamtzahl der Abgeordneten	421[2]		459		472		493		491		577		608		584		647	
Gesamtzahl der gültigen Stimmen in Mill.	30,4		28,2		29,3		30,3		30,8		35,0		36,9		35,5		39,3	

[1] 1919–1933 Verhältniswahlsystem. Bei den Wahlen zur Nationalversammlung: feste Zuteilung von Mandaten für Wahlkreise entsprechend Einwohnerzahl. Diese Mandate proportional zu den abgegebenen Stimmen auf die Parteien verteilt. Seit den Reichstagswahlen 1920: Zahl der Mandate abhängig von Zahl der abgegebenen Stimmen. Auf je 60000 Stimmen ein Abgeordneter. Verteilung der Reststimmen aus den Wahlkreisen über Reichsliste.

[2] Zusätzlich 2 sozialdem. Abgeordnete, die von den Soldaten des Ostheeres gewählt wurden.

183. Aufruf der Sozialdemokratischen Partei zum Generalstreik gegen den Kapp-Putsch vom 13. März 1920

Geschichte in Quellen, Bd. V, Weltkriege und Revolutionen 1914–1945, bearbeitet von G. Schönbrunn, München 1961, S. 170.

„Arbeiter, Parteigenossen!

Der Militärputsch ist da. Die Baltikumlandsknechte, die sich vor der bevorstehenden Auflösung fürchten, haben den Versuch unternommen, die Republik zu beseitigen und eine diktatorische Regierung zu bilden mit Lüttwitz und Kapp an der Spitze. Arbeiter und Genossen, wir haben die Revolution nicht gemacht, um uns heute einem blutigen Landsknechtsregiment zu unterwerfen. Wir paktieren nicht mit Baltikumverbrechern. Die Arbeit eines ganzen Jahres soll in Trümmer geschlagen, Eure schwer erkaufte Freiheit vernichtet werden. Es geht um alles. Darum sind die schwersten Abwehrmittel geboten. Kein Betrieb darf laufen, solange die Militärdiktatur der Ludendorffe herrscht. Deshalb legt die Arbeit nieder. Streikt. Schneidet dieser reaktionären Clique die Luft ab, kämpft mit jedem Mittel gegen die Rückkehr Wilhelms II.: Lahmlegung jedes Wirtschaftslebens. Keine Hand darf sich rühren. Kein Proletarier darf der Militärdiktatur helfen. Generalstreik auf der ganzen Linie. Proletarier vereinigt Euch. Nieder mit der Gegenrevolution.“

Die sozialdemokratischen Mitglieder der Reichsregierung:

Ebert, Bauer, Noske, Schlicke, Schmidt, David, Müller.

Der Parteivorstand der Sozialdemokratischen Partei Deutschlands

Otto Wels.

184. Der Hitlerputsch in München am 8./9. November 1923

a) Kundgebung des bayrischen Generalstaatskommissars von Kahr vom 20. Oktober 1923

Joh. Hohlfeld, a.a.O., Bd. III, S. 132ff.

„Reichswehrminister Dr. Geßler hat als Inhaber der vollziehenden Gewalt für Bayern zwar den militärischen Befehlshaber, aber keinen Zivilkommissar ernannt; daher hat er das bereits vorher bestellte Generalstaatskommissariat für Bayern anerkannt. Gleichwohl hat der Reichswehrminister dem General von Lossow in einer Angelegenheit, die zweifellos zur Zuständigkeit des bayrischen Generalstaatskommissars gehört, einen Befehl erteilt und hierdurch in die Polizeioberhoheit eingegriffen. General von Lossow hat sich in der loyalsten Weise mit der bayrischen Regierung in Verbindung gesetzt, die ihrerseits die weitere Behandlung der Angelegenheit nach der politischen Seite für geboten erachtete und die Reichsregierung nachdrucksam auf die schweren Folgen einer etwaigen Maßregelung des Generals von Lossow hingewiesen hat. Gleichwohl hat der Reichswehrminister die Angelegenheit rein militärisch betrachtet und General von Lossow seines Dienstes enthoben.

Die bayrische Staatsregierung konnte diese Maßnahme unmöglich hinnehmen und hat daher im Interesse der Aufrechterhaltung der öffentlichen Ruhe und Ordnung in Bayern und zur Wahrung der bayrischen Belange bis zur Wiederherstellung des Einvernehmens zwischen Bayern und dem Reich den bayrischen Teil der Reichswehr ihrerseits als Treuhänderin des deutschen Volkes in Pflicht genommen, den General von Lossow als bayrischen Landeskommandanten eingesetzt und mit der Führung der bayrischen Division beauftragt. . .“

b) Erklärung des Generalstaatskommissars von Kahr im Bürgerbräukeller in München (8. November 1923)

In des Vaterlandes höchster Not übernehme ich die Leitung der Staatsgeschäfte als Statthalter der Monarchie, der Monarchie, die heute vor fünf Jahren so schmählich zerschlagen wurde. Ich tue dies schweren Herzens und, wie ich hoffe, zum Segen unserer bayrischen Heimat und unseres lieben deutschen Vaterlandes.

c) Aufruf des Generalstaatskommissars von Kahr am 9. November 1923

Trug und Wortbruch ehrgeiziger Gesellen haben aus einer Kundgebung für Deutschlands nationales Wiedererwachen eine Szene widerwärtiger Vergewaltigung gemacht. Die mir, General von Lossow und dem Obersten Seisser mit vorgehaltener Pistole erpreßten Erklärungen sind null und nichtig. Ein Gelingen des sinn- und ziellosen Umsturzversuches hätte Deutschland mitsamt Bayern in den Abgrund gestoßen. An der Treue und dem Pflichtbewußtsein der Reichswehr und der Landespolizei ist der Verrat gescheitert. Auf diese Getreuen gestützt, ruht die vollziehende Gewalt fest in meiner Hand. Die Schuldigen werden rücksichtslos der verdienten Strafe zugeführt. Die Nationalsozialistische Arbeiterpartei, die Bünde Oberland und Kriegsflagge sind aufgelöst. Unbeirrt durch Unverstand und Tücke werde ich mein Ziel verfolgen: unserem Vaterland die innere Einheit zu erringen.

von Kahr

185. Stimmen politischer Gegner der Weimarer Demokratie

a) Aus einem Aufruf des „Stahlhelm"-Landesverbandes Brandenburg vom 2. September 1928

Karl Dietrich Bracher, Die Auflösung der Weimarer Republik, Stuttgart 1955, S. 135, Anm. 27.

„Wir hassen mit ganzer Seele den augenblicklichen Staatsaufbau, seine Form und seinen Inhalt, sein Werden und sein Wesen. . ., weil er uns die Aussicht versperrt, unser geknechtetes Vaterland zu befreien und das deutsche Volk von der verlogenen Kriegsschuld zu reinigen, den notwendigen Lebensraum im Osten zu gewinnen, das deutsche Volk wieder wehrhaft zu machen. . ."

b) Äußerung des 2. Stahlhelmführers Duesterberg auf dem 10. Frontsoldatentag in München, Bericht der Kölnischen Zeitung vom 4. Juni 1929

Bracher a.a.O., S. 135, Anm. 28.

„Wir lieben diesen Staat mit der gleichen Leidenschaft, die einen Bebel, einen Ebert oder Scheidemann einst für das deutsche Kaiserreich beseelte."

c) Diskreditierung des „Systems" und seiner parlamentarischen Kompromißstruktur

Der Artikel „IdI" von Goebbels in: Der Angriff vom 28. Mai 1928. Bracher a.a.O., S. 375, Anm. 39.

„Ich bin kein Mitglied des Reichstages. Ich bin ein IdI. Ein IdF. Ein Inhaber der Immunität, ein Inhaber der Freifahrkarte. . . Wir sind gegen den Reichstag gewählt worden, und wir werden auch unser Mandat im Sinne unserer Auftraggeber ausüben . . . Ein IdI hat freien Eintritt zum Reichstag, ohne Vergnügungssteuer zahlen zu müssen. Er kann, wenn Herr Stresemann von Genf erzählt, unsachgemäße Zwischenfragen stellen, zum Beispiel, ob es den Tatsachen entspricht, daß besagter Stresemann Freimaurer und mit einer Jüdin verheiratet ist. – Er beschimpft das ‚System' und empfängt dafür ‚den Dank der Republik in Gestalt von siebenhundertfünfzig Mark Monatsgehalt – für treue Dienste' . . ."

d) Aus dem Goebbels-Artikel „Was wollen wir im Reichstag?"

In „Der Angriff" vom 30. April 1928. Bracher a.a.O., S. 375, Anm. 40.

„. . . Wir gehen in den Reichstag hinein, um uns im Waffenarsenal der Demokratie mit deren eigenen Waffen zu versorgen. Wir werden Reichtagsabgeordnete, um die Weimarer Gesinnung mit ihrer eigenen Unterstützung lahmzulegen. Wenn die Demokratie so dumm ist, uns für diesen Bärendienst Freifahrkarten und Diäten zu geben, so ist das ihre eigene Sache . . . Uns ist jedes gesetzliche Mittel recht, den Zustand von heute zu revolutionieren. Wenn es uns gelingt, bei diesen Wahlen (1928) sechzig bis siebzig Agitatoren unserer Partei in die verschiedenen Parlamente hineinzustecken, so wird der Staat selbst in Zukunft unseren Kampfapparat ausstatten und besolden . . . Auch Mussolini ging ins Parlament. Trotzdem marschierte er nicht lange darauf mit seinen Schwarzhemden nach Rom . . . Man soll nicht glauben, der Parlamentarismus sei unser Damaskus . . . Wir kommen als Feinde! Wie der Wolf in die Schafherde einbricht, so kommen wir. Jetzt seid ihr nicht mehr unter euch . . ."

II. Die Jahre der Präsidialkabinette

186. Aus der Regierungserklärung des Reichskanzlers Brüning im Reichstag am 1. April 1930

Joh. Hohlfeld, a.a.O., Bd. III, S. 296ff.

„. . . Das neue Reichskabinett ist . . . an keine Koalition gebunden. Doch konnten selbstverständlich die politischen Kräfte dieses hohen Hauses bei seiner Gestaltung nicht unbeachtet bleiben. Das Kabinett ist gebildet mit dem Zweck, die nach allgemeiner Auffassung für das Reich lebensnotwendigen Aufgaben in kürzester Frist zu lösen. Es wird der letzte Versuch sein, die Lösung mit diesem Reichstag durchzuführen. Einen Aufschub der lebensnotwendigen Aufgaben kann niemand verantworten. Die Stunde fordert schnelles Handeln . . . Die neue Regierung wird Deutschlands Lebensinteressen in organischer Weiterentwicklung der bisherigen Außenpolitik aktiv vertreten. Nationales Selbstbewußtsein, Vertrauen in die innere Kraft des eigenen Volkes sind die Grundlagen ebenso wie die Erkenntnis, daß der Wiederaufstieg Deutschlands nur im friedlichen Zusammenwirken mit allen Völkern erreichbar ist. Loyale Durchführung der internationalen Vereinbarungen, Klärung und weiterer Ausbau unseres Verhältnisses zu allen Staaten, zu denen wir in freundschaftlichen, vertraglichen und wirtschaftlichen Beziehungen stehen, Förderung internationaler Zusammenarbeit, insbesondere auf wirtschaftlichem Gebiet, zur Erleichterung der schwierigen Lage der eigenen mit der Weltwirtschaft eng verknüpften Wirtschaft, das sind die Grundlinien dieser Außenpolitik . . .

Innenpolitisch gibt unsere Lage angesichts der sozialen und wirtschaftlichen Notstände und der mit ihnen verbundenen radikalen Strömungen Anlaß zu besonderer Wachsamkeit. Diesen Strömungen läßt sich nicht nur mit dem Einsatz staatlicher Mittel begegnen, sie müssen in erster Linie durch wirtschaftliche Aufbauarbeit behoben werden. Die Reichsregierung fühlt sich stark genug mit den Mitteln, welche das Grundgesetz unserer staatlichen Ordnung, die Weimarer Verfassung, der deutschen

Republik zur Verfügung stellt, allen gefahrvollen Bedrohungen entgegenzuwirken...

Sanierung der Finanz- und Kassenlage, Unterstützung der Länder und Gemeinden in ihrer schwierigen finanziellen Lage ist das dringendste ... Eingehende Sparvorschläge auf allen Gebieten des öffentlichen Lebens werden in kürzester Frist seitens der Reichsregierung den zuständigen Körperschaften unterbreitet werden ... Die Reichsregierung wird an diesen Vorschlägen und an ihrer schnellsten Durchführung unter allen Umständen festhalten. Sie ist gewillt und in der Lage, alle verfassungsmäßigen Mittel hierfür einzusetzen...“

187. Erklärung des Reichskanzlers Brüning zur außen- und innenpolitischen Lage in der 53. Sitzung des Reichstages vom 13. Oktober 1931

Verhandlungen des Reichstages, V. Wahlperiode, Bd. 445, S. 2069f., 2077 C

„... Mehr als je zuvor zwingt uns unsere heutige Notlage zu einer einheitlichen Zusammenfassung der staatlichen Machtmittel, namentlich auch der von dem Herrn Reichspräsidenten erlassenen besonderen Machtbefugnisse, gegen alle Bestrebungen und Strömungen, die den Staat zu bedrohen suchen. Die Sicherung der Autorität des Reiches ist die Vorbedingung der Festigung des Vertrauens nach innen und außen und für den politischen Wiederaufbau, an dem alle positiven Kräfte mitarbeiten müssen...

Die Reichsregierung erwartet das Heil nicht allein durch internationale Verhandlungen oder Hilfe des Auslandes. Aber Deutschland hat im letzten Jahrzehnt am eigenen Leib mehr als alle Nachbarn gespürt, wie die ungelösten politischen Fragen der Welt die innere Not bis zur Grenze des Erträglichen gesteigert und wachsende Verzweiflung in allen Schichten des Volkes genährt haben.

Deshalb hat Deutschland das Recht, an die Völker der Welt den Appell zu richten, die Bemühungen zu der unerläßlichen solidarischen Zusammenarbeit endlich zur praktischen Tat werden zu lassen. Ich glaube, daß in den vergangenen Monaten ein gewisser Fortschritt in solcher Gesinnung erzielt worden ist. Allen Völkern sollte inzwischen lebendig vor Augen geführt sein, daß das Schicksal jedes Staates ... in der Vergangenheit mit dem Schicksal seiner Nachbarn verflochten ist. Kein Staat kann auf die Dauer einen Vorteil aus der Not der anderen Länder erwarten ...

Deutschland fordert bei aller verständnisvollen Rücksichtnahme auf die Lebensnotwendigkeiten der Nachbarn die Verwirklichung des Grundsatzes der Gerechtigkeit und Gleichberechtigung unter den Völkern.

Ich warne vor Augenblickslösungen unter dem Druck dringender materieller Not. Sie würden, auf die Dauer gesehen, schlimmere Folgen haben als der gegenwärtige Zustand...

Der Weg, den das deutsche Volk zu gehen hat, ist uns klar vorgezeichnet. Er ist hart und schwer...

Das deutsche Volk hat im instinktiven Bewußtsein, daß ein klarer, ehrlicher, wenn auch dorniger Weg zum Erfolg und zur Freiheit führen kann, bislang die schwersten Opfer ertragen ...

Gerade weil das deutsche Volk, wenn es Gerechtigkeit, Zielklarheit und Hoffnung auf einen Enderfolg sieht, zu den schwersten Opfern befähigt ist, ist es die Pflicht der Reichsregierung, dafür zu sorgen, daß alle Versuche der Ausnutzung der Notlage des Staates und der Wirtschaft durch unwahrhafte Agitation verhindert werden.

Die Öffentlichkeit muß die Gewißheit haben, daß Auswüchsen des politischen Kampfes mit aller Entschiedenheit entgegengetreten wird und daß der Staat entschlossen ist, die Grundlagen der Ruhe und Ordnung im Zusammenleben sicherzustellen.

Aus diesem Grunde sind durch mehrere Notverordnungen eine Reihe von scharfen Maßnahmen getroffen, die dem arbeitsamen und ordnungliebenden deutschen Volk die Gewißheit geben sollen, daß die Aufrechterhaltung der öffentlichen Sicherheit auch für die Zukunft gewährleistet ist. Die Reichsregierung ist sich bewußt, daß Notverordnungen und polizeiliche Maßnahmen allein nicht ausreichen, sondern nur den Weg frei machen können... Entscheidend im ganzen ist der richtunggebende ethische Wille zur nationalen Selbstbehauptung, zur Freiheit, aber auch zur Selbstzucht und zum Opfer für das Vaterland. (Lebhafter Beifall in der Mitte)...

... Deshalb, so sehr ich wünschte, daß hier in Deutschland eine Möglichkeit wäre, daß sich einmal nur für wenige Monate, die noch bis zu einer notwendigen internationalen Lösung bleiben, die allein die Beruhigung in der Welt und die Grundlagen für den Wiederaufstieg bringen kann, die Parteien zusammenfinden, kann ich nur sagen, wenn eine solche Zusammenfassung nicht möglich ist, daß die Reichsregierung entschlossen ist, ihre Politik fortzusetzen.

... Sie braucht nicht mehr zu sagen, daß sie bislang keine sichtbaren Erfolge in der Außenpolitik und auf manchen anderen Gebieten habe, sondern heute kann sie sagen, daß der Weg frei ist und daß auch der kommende schwere Winter unter allen Umständen überstanden werden kann...

... Es müßte merkwürdig zugehen, wenn wir nicht ruhig und entschlossen die Dinge bis zu dem Augenblick forttragen würden, wo durch eine internationale Zusammenarbeit das kommt, was kommen muß, wenn nicht die ganze Welt in unendliche Not und Armut versinken will ..."

188. Die Tolerierung des Präsidialkabinetts Brüning durch die SPD

Aus einer Erklärung von Dr. Breitscheid (SPD) in der Reichstagssitzung vom 12. Mai 1932. Verhandlungen des Reichstages, V. Wahlperiode, Bd. 446, S. 2687f.

Meine Damen und Herren!

Wir stehen der Amtstätigkeit einer Reihe von Mitgliedern des Kabinetts Brüning kritisch, zum Teil sehr kritisch gegenüber; aber wir lehnen wie bisher sämtliche Mißtrauensanträge gegen die Regierung im ganzen und gegen einzelne ihrer Mitglieder ab. Wir tun dies aus Gründen ... (Lebhafte Rufe von den Nationalsozialisten: Aus Angst! – Heiterkeit rechts. – Gegenrufe von den Sozialdemokraten – Glocke des Präsidenten.)

Präsident Löbe: Ich bitte um Ruhe!

Dr. Breitscheid: Wir tun dies aus Gründen der allgemeinen Politik! (Erneute Rufe rechts: Aus Angst! – Gegenrufe links.)

Denn, meine Damen und Herren, wir von der sozialdemokratischen Fraktion möchten nicht die Hand dazu bieten ... (Zurufe links. –Abgeordneter Dr. Frick (NSDAP): Wo sitzen die Verbrecher? – Zuruf von den Sozialdemokraten: Bluthund! – Unruhe und Gegenrufe bei den Nationalsozialisten. – Glocke des Präsidenten.)

Präsident Löbe: Wer hat hier ‚Bluthund' gerufen?

(Abgeordneter Gerlach meldet sich.)

Herr Abgeordneter Gerlach, ich rufe Sie zur Ordnung.

Abgeordneter Graßmann: Ich persönlich verbitte mir, daß Frick mich einen Verbrecher nennt!

Abgeordneter Frick: Sie (zu den Sozialdemokraten) haben gesagt, wir seien Verbrecher! – Abgeordneter Graßmann: Ich habe kein Wort gesagt! Ich verbitte mir das! – Fortgesetzte große Unruhe.) – Ich rufe den Herrn Abgeordneten Dr. Frick wegen dieser Äußerung ebenfalls zu Ordnung. Ich bitte um Ruhe!

Dr. Breitscheid: Wir möchten nicht die Hand dazu bieten, daß durch den Sturz des Kabinettes Brüning im gegenwärtigen Moment einer Partei der Weg zur Macht geöffnet wird, die politisch und moralisch nicht die Voraussetzungen dafür hat...

189. Schreiben des Reichspräsidenten v. Hindenburg an Reichskanzler Dr. Brüning vom 31. Mai 1932

Michaelis-Schraepler, a.a.O., Bd. VIII, S. 527.

Sehr geehrter Herr Reichskanzler!

Ihrem Antrag um Entbindung von Ihren Ämtern als Reichskanzler und als Reichsminister des Äußeren habe ich mit dem anliegenden Erlasse entsprochen.

Ich empfinde es schmerzlich, mich von Ihnen trennen zu müssen, nachdem ich während der zwei Jahre unserer Zusammenarbeit so vielfach Gelegenheit hatte, Ihren lauteren Charakter, Ihre umfassenden Kenntnisse und ihre selbstlose Hingabe an die übernommene Pflicht kennen und hochschätzen zu lernen. Für alles, was Sie in diesen, an schweren Erschütterungen und wichtigen Entscheidungen so reichen Jahren im Dienste des Vaterlandes getan haben, spreche ich Ihnen namens des Reiches wie in meinem Namen meinen herzlichsten Dank aus. Die Zusammenarbeit mit Ihnen werde ich nie vergessen und Ihrer Person stets mit großer Hochachtung gedenken.

Mit meinen besten Wünschen für Ihr persönliches Wohlergehen und mit freundlichen Grüßen verbleibe ich stets Ihr ergebener

v. Hindenburg

190. Zu Brünings Rücktritt

Aussage des Grafen Westarp, diktiert Mittwoch, 1. Juni 1932. Werner Conze, Dokumentation zum Sturz Brünings, Vierteljahrshefte für Zeitgeschichte, Heft 3 1953, S. 283f.

„... Am Sonntag, 29. Mai, abends teilt Treviranus mir telefonisch mit, die Unterredung Brünings bei Hindenburg sei kurz und ganz kühl und formell gewesen. Brüning habe sich noch angeboten, die Notverordnung zu unterzeichnen, der Präsident habe abgelehnt, daß das noch durch das jetzige Kabinett geschehen solle, das nicht mehr die Verordnung decken könne. Brüning sei entschlossen gewesen. Man sei stark dabei, auf mich als Nachfolger zurückzugreifen. Nach eingehender Besprechung mit Brüning halte er es für nötig, mich zu warnen. Die Leute – auf meine Frage, wer das sei, sagte er, Kurtchen (von Schleicher), Oskar (der Sohn Hindenburgs) und Meißner – hätten folgenden Plan: Der Nachfolger solle nur ein Übergang sein. Er solle den Nationalsozialisten, damit sie ihn tolerieren, die Auflösung für den Herbst zusagen. Dazu sei ich zu schade...

Der Sturz Brünings gehe von Schleicher, wohl auch von Hammerstein aus. Von von Hammerstein habe er eine Äußerung gehört, wir nehmen dann Westarp, damit er den Übergang für eine Beteiligung der Nazi nach einer Neuwahl herstellt...

Er (Treviranus) erzählte, daß kurz vor der Kabinettssitzung der amerikanische Botschafter Sackett bei Brüning war, mit einem Handschreiben des Präsidenten, das in der Reparationsfrage ein sehr weites und bisher unerwartetes Entgegenkommen enthalten habe (Einzelheiten habe ich nicht erfahren[1]). Auf die Mitteilung Brünings, daß die Demission unmittelbar bevorstehe, sei Sackett tief erschüttert gewesen, habe das Handschreiben zurückbehalten, da er sich erst erkundigen müsse, ob es auch für

[1] Vergleiche dazu die Aussage Brünings in Dokument Nr. 191.

den Nachfolger bestimmt sei, um später mitzuteilen, es sei nur für Brüning persönlich bestimmt gewesen; auch Brünings Aufforderung, es Bülow zu übermitteln, lehnte er ab . . ."

191. Aus einem Brief Heinrich Brünings an Dr. Pechel, Herausgeber der „Deutschen Rundschau"

Deutsche Rundschau, Juli 1947, S. 4, 9, 10.

„. . .Es gab keine Illusionen über Präsident Hindenburg unter den ihm Nahestehenden. Er war kein Staatsmann, noch gab er vor, es zu sein. Er wollte ein Diener des Volkes sein und sein Äußerstes tun, um es aus der Niederlage und der wirtschaftlichen Not wieder zu heben . . . Er (Hindenburg) widersetzte sich beständig einer Gewaltaktion gegen die Nazipartei . . . In seinen Besprechungen mit den Generalen Groener und von Schleicher wie auch mit mir weigerte sich Präsident Hindenburg stets, eine Aktion zur Unterdrückung der Nazipartei zu machen, wenn nicht gleichzeitig gegen die andere revolutionäre Partei, die Kommunisten, vorgegangen werden könnte, es sei denn, daß es sich um einen ausgesprochenen Akt von Rebellion handelte. . .

. . . Solange Reichspräsident Hindenburgs Verstand nicht umwölkt und solange es mir möglich war, bei ihm Zutritt zu haben, war er niemals willens, die Macht den Nazis zu überlassen.

Sein Geist war nicht klar am Morgen des 30. Mai 1932, als er in mich drang, ein Kabinett aus der Rechten zu bilden, was ich natürlich ablehnte . . . Er bestand darauf, daß neue Reichstagswahlen angesetzt würden, und er wiederholte die Botschaft, die er mir vor drei Tagen durch Meißner geschickt hatte, daß Hitler und Hugenberg Mittelsmännern von ihm versprochen hätten, sie würden mich vorbehaltlos als Kanzler stützen."

Brüning berichtet über seine außenpolitischen Erfolge:

„. . . Herr Schlange wußte auch nicht, daß zur Zeit, als das Kabinett seinen Rücktritt beschloß, der US-Sonderbotschafter Mr. Hugh Gibson schon mehrere Tage mit dem französischen Premierminister Herriot über die Abrüstungsformel verhandelt hatte, die von der deutschen Regierung vorgeschlagen und schon von den Vertretern der USA, Großbritanniens und Italiens im April 1932 angenommen worden war. Von Stunde zu Stunde erwartete ich die Nachricht vom amerikanischen Botschafter, daß M. Herriot im Prinzip die Abrüstungsformel angenommen hätte. Sie traf am Morgen des 31. Mai, am Tage nach dem Rücktritt des Kabinetts ein.

Eine Regelung der Reparationen, die eine Restzahlung von weniger als 5 Milliarden vorsah, war bereits im Prinzip erreicht. Ebenso waren im April 1932 Übereinkommen mit der polnischen Regierung für Besprechungen getroffen, die im Juni beginnen sollten, mit der Aussicht auf eine neue Lösung der Korridorfrage. So brachte Herriots Annahme der Formel für die deutsche Abrüstung die letzte noch ausstehende größere Frage der auswärtigen Beziehungen in Ordnung. . ."

192. Die Ernennung von Papens zum Reichskanzler (31. Mai 1932)

Franz von Papen, Der Wahrheit eine Gasse[1], München 1952, S. 189ff.

„. . . Eine Viertelstunde später stand ich vor dem Präsidenten. Wie immer empfing er mich mit väterlicher Güte. ‚Nun, mein lieber Papen, werden Sie mir in dieser schwierigen Lage helfen?' fragte er mit seiner sonoren Stimme.

[1] Der Quellenwert dieser Memoiren ist in der historischen Forschung umstritten.

‚Ich fürchte, ich kann es nicht, Herr Reichspräsident.'

Es folgten Rede und Gegenrede: Meine innerste Überzeugung von der Notwendigkeit eines Kurswechsels – aber vielleicht könne man doch Brüning dafür gewinnen? ‚Nein', meinte er, ‚er will es nicht, er will weiter mit diesen Notverordnungen regieren. Er versteht auch nicht, daß ich die bewaffneten Formationen dieser Nazis nicht allein verbieten kann. Und in welche Lage hat er mich doch gebracht! Nun bin ich von der Linken wiedergewählt, während die Rechte, meine eignen Leute, diesen Gefreiten gegen mich aufgestellt haben.'

Er möchte endlich einmal ein Kabinett von Männern, die er auch persönlich kenne, ein Kabinett, das regiert und nicht bei jeder Kleinigkeit von Parteihändeln abhängig sei. ‚Das alles, Herr Reichspräsident', führte ich etwa aus, ‚ist sehr verständlich. Aber Sie haben mich doch rufen lassen, weil Sie annehmen, daß ich als Mitglied der Zentrumspartei auch die Unterstützung der Mitte mitbringe. Denn sonst könnten Sie ebensogut einen Deutschnationalen zum Kanzler machen. Aber gerade darin muß ich Sie leider enttäuschen. Ich würde nur den Haß und die Gegnerschaft meiner eignen Partei mitbringen. . .'

Schwerfällig erhebt sich der alte Marschall aus seinem Sessel und ergreift meine beiden Hände. ‚Wie können Sie einen alten Mann, der trotz der Bürde seiner Jahre die Verantwortung für das Reich noch einmal übernommen hat, jetzt im Stiche lassen wollen, wo er Sie berufen will, eine für die Zukunft des Reiches entscheidende Frage zu lösen? Ich erwarte von Ihrem vaterländischen Pflichtgefühl, daß Sie sich meinem Rufe nicht versagen.'

Schweratmend und fast stockend, aber wie beschwörend höre ich diese tiefe Stimme, die so viel Wärme ausstrahlt: ‚Mir ist es völlig gleich, ob Sie die Mißbilligung oder gar die Feindschaft Ihrer Partei ernten. Ich will endlich von den Parteien unabhängige Männer um mich sehen, die nach bestem Wissen und Gewissen versuchen, das Land aus der entsetzlichen Krise zu befreien, in der es sich befindet.' Und mit erhobener Stimme: ‚Sie waren Soldat und haben im Kriege Ihre Pflicht getan. In Preußen kennen wir nur Gehorsam, wenn das Vaterland ruft!'

Vor dieser Berufung auf Gehorsam und Loyalität strich ich die Segel. Gab es nicht höhere Interessen als Parteidisziplin? Ich schlug in die mir dargebotene Hand des Marschalls.

Schleicher, der im Nebenzimmer gewartet hatte, kam, um mich zu beglückwünschen. Ich kann nicht behaupten, daß ich das Gefühl hatte, beglückwünscht werden zu müssen – ich wußte, was ich mir aufgebürdet hatte. . ."

193. Der Staatsstreich von Papens in Preußen am 20. Juli 1932

Michaelis-Schraepler, a. a. O., Bd. VIII, S. 570.

Verordnung über die Wiederherstellung der öffentlichen Sicherheit und Ordnung im Gebiet des Landes Preußen

Neudeck und Berlin, den 20. Juli 1932

Auf Grund des Art. 48 Abs. 1 und 2 der Reichsverfassung verordne ich zur Wiederherstellung der öffentlichen Sicherheit und Ordnung im Gebiete des Landes Preußen folgendes:

§ 1. Für die Geltungsdauer dieser Verordnung wird der Reichskanzler zum Reichskommissar für das Land Preußen bestellt. Er ist in dieser Eigenschaft ermächtigt, die Mitglieder des Preußischen Staatsministeriums ihres Amtes zu entheben. Er ist weiter ermächtigt, selbst die Dienstgeschäfte des Preußischen Ministerpräsidenten zu übernehmen und andere Personen als Kommissare des Reichs mit der Führung der Preußischen Ministerien zu betrauen.

Dem Reichskanzler stehen alle Befugnisse des Preußischen Ministerpräsidenten, den von ihm mit der Führung der Preußischen Ministerien betrauten Personen innerhalb ihres Geschäftsbereichs alle Befugnisse der Preußischen Staatsminister zu. Der Reichskanzler und die von ihm mit der Führung der Preußischen Ministerien betrauten Personen üben die Befugnisse des Preußischen Staatsministeriums aus.

§ 2. Die Verordnung tritt mit dem Tage ihrer Verkündung in Kraft.

Der Reichspräsident: von Hindenburg — Der Reichskanzler: von Papen

194. Der Protest der Preußischen Staatsregierung

Michaelis-Schraepler a.a.O., S. 576/577.

Berlin, den 20. Juli 1932

Die Preußische Staatsregierung ist der Überzeugung, daß die heute am 20. Juli in der Reichskanzlei den Ministern Hirtsiefer, Severing und Klepper eröffneten Maßnahmen der Reichsregierung sowohl eine Verletzung der Reichsverfassung wie der Preußischen Verfassung darstellen. Die Preußische Staatsregierung hat daher sofort die Entscheidung des Staatsgerichtshofs angerufen. Sie hat zugleich den Erlaß einer einstweiligen Verfügung beantragt, wonach die getroffenen Maßnahmen außer Kraft gesetzt werden.

Soweit auf Grund des Art. 48 der Reichsverfassung, sei es unmittelbar, sei es mittelbar, durch einen Reichskommissar in Art. 17 der Reichsverfassung eingegriffen wird, z.B. durch Absetzung von Ministern oder Ernennung neuer Minister oder in Art. 63 der Reichsverfassung, wonach die Länder im Reichsrat durch Mitglieder ihrer Regierung vertreten werden, wird die Preußische Staatsregierung einen solchen Eingriff als ungültig und nicht vorhanden ansehen. Denn es ist in der Rechtsprechung und der Rechtslehre allgemein anerkannt, daß der Herr Reichspräsident auf Grund des Art. 48 in diese Artikel nicht eingreifen kann, sondern an sie gebunden ist.

Infolgedessen sieht sich die Preußische Staatsregierung auch nicht in der Lage, der an sie ergangenen Einladung zu einer „Sitzung der Staatsregierung" unter dem Vorsitz des Herrn Reichskanzlers oder Reichskommissars Folge zu leisten; eine Sitzung der Staatsregierung kann nur unter Vorsitz eines preußischen Ministers abgehalten werden.

gez. Hirtsiefer

zugleich für die abwesenden Herren Ministerpräsidenten Braun und Staatsminister Steiger

ferner gez. Severing

195. Stimmzettel zur Reichstagswahl am 31. Juli 1932, Wahlkreis Berlin

1. Sozialdemokratische Partei Deutschlands
2. Nationalsozialistische Deutsche Arbeiterpartei (Hitler-Bewegung)
3. Kommunistische Partei Deutschlands
4. Deutsche Zentrumspartei
5. Deutschnationale Volkspartei

5a. Radikaler Mittelstand

6. Deutsche Volkspartei
7. Reichspartei des deutschen Mittelstandes (Wirtschaftspartei) e.V.

8. Deutsche Staatspartei
9. Bayerische Volkspartei
10. Deutsches Landvolk – Christlich-nationale Bauern- und Landvolkpartei
11. Christlich-sozialer Volksdienst (Evangelische Bewegung)
11a. Volksrecht-Partei
12. Deutsche Bauernpartei
13. Konservative Volkspartei
14. Landbund
15. Deutsch-Hannoverische Partei
16. Volksnationale Reichsvereinigung
17. Sozialistische Arbeiterpartei Deutschlands
18. Höchstgehalt der Beamten 5000 Reichsmark. Für die Arbeitslosen und bis jetzt abgewiesenen Kriegsbeschädigten
19. Deutsche Einheitspartei für wahre Volkswirtschaft. Unterstützungs-Empfänger-Partei Deutschlands
20. Deutsche Sozialistische Kampfbewegung
21. Polenliste (Nationale Minderheiten in Deutschland)
22. Nationale Mitte. Großdeutsche Freiheitsbewegung gegen Faschismus und Unsozialismus
23. Schicksalsgemeinschaft Deutscher Erwerbsloser (Erwerbslosenfront)
24. Kampfgemeinschaft der Arbeiter und Bauern
25. Freiwirtschaftliche Partei Deutschlands (Partei für krisenfreie Volkswirtschaft)
26. Gerechtigkeitsbewegung für Parteiverbot – Gegen Lohn-, Gehalts- und Rentenkürzungen – Für Arbeitsbeschaffung
27. Deutsche Volksgemeinschaft
28. Partei der Erwerbslosen: „Für Arbeit und Brot!"
29. Haus- und Landwirte-Partei
30. Interessengemeinschaft der Kleinrentner und Inflationsgeschädigten
31. Nationalsozialistische Kleinrentner, Inflationsgeschädigte und Vorkriegsgeldbesitzer
32. Kampfgemeinschaft der Lohn- und Gehaltsabgebauten
33. Der ernste evangelisch-lutherische Christ (Gerechtigkeitsbewegung)
34. Nationalsozialistischer enteigneter Mittelstand
35. Nationalsozialistische Kriegsteilnehmer, Kriegsbeschädigte und Kriegshinterbliebene
36. Nationalsozialistischer Volksbund für Wahrheit und Recht
37. Unitaristen-Union Deutschlands (Einheitsbewegung aller Schaffenden)

Die Splittergruppen, die sich nationalsozialistisch nannten (Nr. 31, 34–36), hatten mit der NSDAP Hitlers nichts zu tun.

196. Die Politik des Generals von Schleicher gegenüber der NSDAP 1930-1933

Auszug aus einer Niederschrift des Generalmajors a.D. H. von Holtzendorf vom 22. Juni 1946. Werner Conze, Dokumentation zum Sturz Brünings. Vjh. f. Zeitgeschichte 3/1953, S. 267ff.

2. Das wehrpolitische Ziel

... Deutschland war auch nur zu einem vorübergehenden Widerstand gegen eine Großmacht nicht in der Lage. In den Weisungen des Reichswehrministers wurde das klar ausgesprochen und alle nach Westen gerichteten Maßnahmen, auch vorbereitender Art verboten. Dagegen suchte er aus der Reichswehr ein Abwehrinstrument gegen Übergriffe östlicher Nachbarn zu machen... Da die Reichswehr auch für diese begrenzte Aufgabe zahlenmäßig nicht ausreichte, wurde allmählich ein ortsfester Grenzschutz aus der Bevölkerung an der Ostgrenze geschaffen...

... Anders als sein Nachfolger, General von Blomberg, der sich der Partei kritiklos verschrieb, und klarer als Groener sah Schleicher die Entwicklung der Partei mit den Augen des Realpolitikers an. Er war der Ansicht, daß sie eine an sich gesunde Reaktion des Volkskörpers darstelle und außerdem die einzige Partei, die der radikalen Linken Stimmen abgewinnen könnte und schon abgewonnen hatte... Solange die Partei nur in der bequemen Opposition war, *mußte* sie weiteren Zulauf haben...

Die einzig wirksame Politik gegen diese Entwicklung sah Schleicher in einer möglichst baldigen Herausnahme der NSDAP aus der Opposition in die unpopuläre Verantwortung. In seiner drastischen Art sagte er: Die Wirtschaft weiß genau, warum sie die unbequemsten und lautesten Aktionäre in den Aufsichtsrat wählt. Er traute sich zu, in der Zusammenarbeit erzieherisch zu wirken und sich – wie 1920–1930 gegenüber der Linken – durch Sachlichkeit auch jetzt wieder durchzusetzen ... Ein Schwächemoment enthielt die Politik: Wenn der Reichspräsident von Hindenburg vorzeitig starb, ehe die erhoffte Auswirkung eintrat, konnte die Lage kritisch werden. Da Schleicher keinen anderen Weg sah, drängte er zur Eile und behielt das Ziel unverrückt im Auge ...

197. Die Unterredung Hitler - von Papen in Köln

Michaelis-Schraepler a.a.O., S. 743.

a) Eidesstattliche Erklärung des Bankiers Kurt Freiherr von Schröder über die Unterredung vom 4. Januar 1933

„Am 4. Januar 1933 trafen sich Hitler, von Papen, Heß, Himmler und Keppler in meinem Haus in Köln. Hitler, von Papen und ich gingen in mein Arbeitszimmer, wo wir uns während einer etwa zwei Stunden dauernden Unterredung einschlossen...

Die Aussprache fand nur zwischen Hitler und Papen statt. Ich selbst hatte im Verlaufe der Unterhaltung nichts zu bemerken ... Hitler stellte die erste Frage, ob es wirklich nötig gewesen wäre, gegen die beiden Nationalsozialisten mit Strafe vorzugehen, die den Kommunisten in Schlesien umgebracht hatten. Von Papen erklärte daraufhin Hitler, daß es unvermeidlich gewesen wäre, diese beiden Nationalsozialisten der Strafe zuzuführen...

Er führte Hitler gegenüber weiter aus, daß es durchaus im Bereiche der Möglichkeit liege, vom Präsidenten Hindenburg eine Begnadigung zu erlangen und zog dann ernsthaft in Betracht, daß man damals anläßlich des Treffens Hindenburg-Hitler-v. Papen, Hitler hätte ernennen können. Er hätte es so verstanden, daß Hindenburg durchaus willens war, damals diese Angelegenheit mit Hitler zu besprechen. Er sagte, daß es für ihn eine große Überraschung und ein Ärgernis bedeutete, als Hindenburg es ablehnte, dies zu tun. Er hätte das Gefühl, daß irgendjemand, vermutlich von Schleicher, für den Wandel in Hindenburgs Gesinnung verantwortlich war.

Dann erzählte von Papen Hitler, daß es ihm als Bestes erschiene, die Konservativen und die Deutschnationalen, die ihn unterstützt hätten, mit den Nationalsozialisten zu vereinigen, um eine Regierung zu bilden. Er schlug vor, diese neue Regierung solle, wenn möglich, von Hitler und von Papen auf der Grundlage der Gleichberechtigung geleitet werden.

Darauf hielt Hitler eine lange Rede, in der er erläuterte, wenn er zum Kanzler ernannt würde, sei es für ihn unbedingt notwendig, an der Spitze der Regierung zu stehen, aber die Anhänger Papens könnten in seine (Hitlers) Regierung als Minister eintreten, wenn sie einwilligten, mit ihm eine Politik zu verfolgen, durch die vieles geändert würde. Diese Änderungen, so erläuterte er damals, würden die Ausschaltung der Sozialdemokraten, Kommunisten und Juden aus den führenden Stellen in Deutschland und die Wiederherstellung der Ordnung im öffentlichen Leben einschließen. Von Papen und Hitler erzielten ein grundsätzliches Übereinkommen, sodaß ... sie einen Weg zueinander finden konnten. . ."

b) Staatssekretär Meißner über die Unterhandlungen von Papens mit Hitler und Göring und dessen Unterredungen mit Hindenburg

Hans Rudolf Berndorff, General zwischen Ost und West, Hamburg 1951, S. 256.

„. . .Ich lege Wert darauf, ebenfalls hinzuzufügen, daß ich von Papen von den letzten Unterredungen ferngehalten wurde. Er verhandelte mit dem Reichspräsidenten,unter vier Augen' und hielt mich nur sehr knapp auf dem laufenden über seine Gespräche mit dem Reichspräsidenten und seine Verhandlungen mit Hitler und Göring . . .

In Anbetracht dieser abweichenden Handhabung stammt alles, was ich jetzt über die letzten politischen Manöver, durch die Hitler ins Amt kam, weiß, vom Reichspräsidenten selbst. Ich nahm auch nicht an Papens Unterhandlungen über die Personen, welche die neue Regierung bilden sollten, teil. Erst nachdem diese Frage geregelt worden war, erhielt ich die Liste und den Auftrag, die formellen Bestallungsurkunden auszufertigen und die Vereidigung des neuen Kanzlers und der neuen Reichsminister vorzubereiten .Andererseits gab ich, sobald ich sah, daß Hindenburg sich trotz all seiner Zweifel entschlossen hatte, Papens Vorschläge anzunehmen, meine Opposition auf . . ."

C. Die Stellung der Reichswehr in der Weimarer Republik

Einführung

Die Reichswehrführung hat sich während der gesamten Ära der Weimarer Republik nie zu einer klaren und eindeutigen Haltung durchringen können.

General von Seeckt, der 1919 an die Spitze des Generalstabes trat, empfahl eine weise Zurückhaltung. Schließlich setzte sich in dem Maße, als die Republik sich innerlich festigte, der Gedanke der Zusammenarbeit mit dem bestehenden Regime durch. Die militärische Zusammenarbeit mit der Roten Armee war zwar ein beständiger Faktor der deutsch-russischen Beziehungen, sie hat aber niemals die politischen Entscheidungen der deutschen Staatsmänner wesentlich oder gar entscheidend beeinflussen können.

Die Beziehungen der Reichswehr zum Weimarer Staat führten zu einem Kompromiß, in dem man für das Zugeständnis der formellen Loyalität das Recht der Autonomie im militärpolitischen Bereich unter stärkerer Berücksichtigung der Tradition errang. Die Reichswehr verpflichtete sich zur politischen Neutralität; der Gedanke des „unpolitischen" Soldaten fand in den Wehrgesetzen seinen Niederschlag. Damit war jedoch nur eine Verlegenheitslösung erreicht; denn in das politische Vakuum während der langjährigen Dienstzeit der Berufssoldaten wurde bewußt die Tradition der alten Armee eingeführt.

Die Sozialdemokratie erstrebte die „Republikanisierung der Reichswehr". Allerdings gab es im Führungsgremium der SPD zögernde Unentschlossenheit und Mißtrauen gegenüber der „reaktionären" Reichswehr; damit verbaute man sich trotz besten Einzelwillens einen konstruktiven Einfluß auf den militärischen Machtfaktor im Staate.

Quellen und Darstellungen

198. Reichswehr und Kapp-Putsch. Aufruf des Generals von Seeckt an die Offiziere der Reichswehr vom 18. März 1920

Geschichte in Quellen, Bd. V, München 1961, S. 171.

„Das Offizierskorps der Reichswehr steht in seiner Schicksalsstunde. Seine Haltung wird darüber entscheiden, ob es die Führerschaft im jungen Heer behält oder nicht. Entschieden wird damit zugleich, ob es der Reichswehr gelingt, das Wertvolle aus der Vergangenheit hinüberzuretten in eine tätige Gegenwart zu einer hellen Zukunft. Mit der Reichswehr ist Bestand und Gedeihen des Volkes unlöslich verknüpft. . .

. . . Aus zahlreichen Anzeichen entnehme ich, daß vielen Angehörigen der Reichswehr die Lage noch nicht klargeworden ist, in welche wir durch die Ereignisse des März geraten sind, daß wir die Folgen tragen müssen von dem, was politische Kurzsichtigkeit in Gefolgschaft hochverräterischer Bestrebungen angerichtet hat. Es ist das tragische Schicksal solcher Taten, daß die schuldlose Masse für die Schuld einzelner büßen muß. Wenn auch nicht geleugnet werden kann und soll, daß für die Mehrzahl der Verfehlungen das militärische Gehorsamsgefühl entschuldigend eintritt, so dürfen wir doch nicht verkennen und bestreiten, daß in unseren Reihen Verschuldungen vorgekommen sind, die Sühne heischen. Erkennen wir das nicht, geben wir das nicht selbst zu und schlagen wir nicht selbst den Weg zur Besserung ein, dann dürfen wir nicht klagen, wenn von außen her angestrebt wird, ändernd einzugreifen. Ich bin nicht gesonnen, solche Vorkommnisse zu dulden oder zu vergessen. Für Truppen, welche die Ehre des Soldaten verletzt haben, ist in der Reichswehr kein Platz. . .

. . . Mit allen Kräften soll die politische Betätigung jeder Art aus dem Heere ferngehalten werden. Politische Kämpfe innerhalb der Reichswehr vertragen sich weder mit dem Geist der Kameradschaft noch mit der Disziplin und können die militärische Ausbildung nur schädigen. Wir fragen nicht nach der politischen Färbung des einzelnen, aber von jedem, der jetzt noch in der Reichswehr dient, muß ich annehmen, daß er seinen Eid ernst nimmt und sich freien Willens und als ehrlicher Soldat auf den Boden der Reichsverfassung gestellt hat . . . Es ist nicht zu erwarten, daß ein jeder den Wandel der Zeit in seinem Herzen begrüßt. Durchdrungen muß aber ein jeder von uns von der inneren Überzeugung sein, daß nur, wenn der Soldat treu zu seiner verfassungsmäßigen Pflicht steht, der Weg wieder aufwärts führt. . ."

199. Aus dem Wehrgesetz vom 23. März 1921

Ernst Forsthoff, Deutsche Geschichte seit 1918 in Dokumenten, Leipzig 1935, S. 172.

Die Soldaten dürfen sich politisch nicht betätigen. Innerhalb des Dienstbereiches ist eine solche Betätigung auch den Militärbeamten untersagt.

Den Soldaten ist die Zugehörigkeit zu politischen Vereinen und die Teilnahme an politischen Versammlungen verboten.

Für die Soldaten ruht das Recht zum Wählen oder die Teilnahme an Abstimmungen im Reiche, in den Ländern und Gemeinden ...

Die Angehörigen der Wehrmacht haben das Recht, nach freier Wahl Zeitungen zu halten. Der Reichswehrminister kann bestimmte Zeitungen verbieten, sofern ihr Inhalt die militärische Zucht und Ordnung oder die Aufrechterhaltung der Verfassung gefährdet.

200. Aus den „Berufspflichten des deutschen Soldaten" (1922)

Ernst Forsthoff a.a.O., S. 172f.

Artikel 1: Die Reichswehr ist das Machtmittel der gesetzmäßigen Reichsgewalt. Sie schützt die Grenzen des deutschen Reiches und seinen Bestand nach außen und innen. Das deutsche Reich ist eine Republik. Ihrer Verfassung schwört der Soldat die Treue. Die unverbrüchliche Wahrung der dem Vaterland gelobten Treue ist die vornehmste Pflicht der Soldaten.

Artikel 2: Die Reichswehr dient dem Staat, nicht den Parteien. Politische Betätigung ist dem Soldaten verboten.

Artikel 3: Die Treue gebietet dem Soldaten, in Krieg und Frieden mit allen seinen Kräften bis zu Opferung des Lebens seine Pflicht zu tun und jede Gefahr von seinem Vaterland abzuwenden. Wer es unternimmt, die Verfassung des Reiches oder der Länder gewaltsam zu ändern, begeht Hochverrat. Wer sein Vaterland oder dessen Geheimnisse verrät, begeht Landesverrat.

201. Die militärische Zusammenarbeit mit der Sowjetunion 1919-1930

Gustav Hilger, Wir und der Kreml, Frankfurt 1955, S. 259.

„Schon vor Versailles richteten einflußreiche militärische Kreise ihr Augenmerk auf eine Zusammenarbeit mit Sowjetrußland. Ein erster Versuch General von Seeckts, Kontakt mit den Russen herzustellen, scheint im April 1919 unternommen worden zu sein.

Der erste Beauftragte des Reichswehrministeriums erschien im Sommer 1921 in Moskau, um die Möglichkeiten einer Zusammenarbeit mit den Sowjets auf militärtechnischem Gebiet zu erkunden. Der Sowjetregierung schwebte ein Plan vor, nach dem Deutschland beim Wiederaufbau der wichtigsten Rüstungsbetriebe Petrograds technische und finanzielle Hilfe leisten und dafür einen Anteil an der Produktion erhalten sollte.

Im Jahre 1922/23 kam es zum Abschluß eines Vertrages, in dem die Sowjetregierung Junkers eine Konzession für Flugzeugfabrikation in dem Ort Fili, 12 km westlich von Moskau, erteilte. Etwa zur gleichen Zeit wurde eine gemischte deutschrussische Aktiengesellschaft „Bersol" zur Erzeugung von Giftgasen in Trotzk in der Provinz Samara errichtet. Ferner wurde ein Abkommen geschlossen, in dem sich die deutsche Seite verpflichtete, der Sowjetregierung bei der Herstellung von Munition technische Hilfe zu leisten, wobei das Reichswehrministerium sich einen Teil der Produktion ausbedang.

In der sowjetischen Hauptstadt wurde von der Sondergruppe R des Reichswehrministeriums unter der Bezeichnung „Zentrale Moskau" eine Stelle errichtet, der die Überwachung der Durchführung von Vereinbarungen mit der Roten Armee oblag, durch welche deutsche Flieger und Tanksachverständige die Möglichkeit erhielten, sich in Rußland mit den neuesten Flugzeug- und Kampfwagentypen vertraut zu machen, wobei gleichzeitig sowjetische Flieger von den Kenntnissen und Erfahrungen ihrer deutschen Kollegen profitierten.

Diesem Zweck diente eine von der Roten Armee in der Nähe von Lipezk, Provinz Tambow, errichtete Fliegerschule, die im Laufe der Jahre Hunderten von Deutschen Gelegenheit zur Ausbildung als Flieger geboten hat.

Seeckt hatte sich von Anfang an dafür eingesetzt, daß militärische Stellen direkt mit den Russen verhandeln durften. Rantzau (der deutsche Botschafter in Moskau 1922–1928) wollte aus den militärischen Vereinbarungen auch politische Vorteile ziehen, während Seeckt schon zufrieden war, Waffen, Munition und Gelegenheit zur Ausbildung seiner Leute zu bekommen. Er war der Ansicht, daß politische Vorteile sich aus einer engen deutsch-russischen Zusammenarbeit ganz von selbst ergeben würden."

202. Aus den Richtlinien zur Wehrpolitik der SPD

Beschlossen auf dem Parteitag zu Magdeburg 28. Mai 1929

Joh. Hohlfeld, a.a.O., Bd. III, S. 199.

I

Die Sozialdemokratische Partei Deutschlands verwirft den Krieg als Mittel der Politik. Sie fordert friedliche Lösung aller internationalen Konflikte durch obligatorische Schiedsgerichte, Demokratisierung des Völkerbundes und seine Ausgestaltung zu einem wirksamen Instrument des Friedens.

II

... Die Sozialdemokratische Partei Deutschlands kämpft für vollständige Abrüstung durch internationale Abkommen.

Die Abrüstung wird nur dann dem Frieden dienen, wenn sie nicht eine einseitige Verpflichtung ist, wie sie den Besiegten des Weltkrieges durch die Sieger auferlegt wurde. Nur zwischen gleichberechtigten Nationen ist dauernder Friede zu erreichen.

III

Noch droht aber die Machtpolitik imperialistischer und faschistischer Staaten mit konterrevolutionären Interventionen und neuen Kriegen. Deutschland kann als Aufmarschgebiet mißbraucht und wider Willen zu blutigen Verwicklungen hineingerissen werden. Solange diese Gefahren bestehen, braucht die deutsche Republik eine Wehrmacht zum Schutze ihrer Neutralität. Die Wehrmacht kann ihre Aufgabe nur erfüllen, wenn sie in ihrem Denken und Fühlen mit dem Volke verbunden ist und sich im Gegensatz zu allen militärischen Tendenzen, die auf Beherrschung des Staates durch das Militär hinauslaufen, als dienendes Glied in die demokratische Republik einordnet.

Um die Reichswehr in diesem Sinne umzugestalten, stellt die Sozialdemokratische Partei Deutschlands insbesondere folgende Forderungen:

1. Kontrolle des Reichstages über alle Angelegenheiten der Reichswehr und über alle Abmachungen und Verträge der Heeresverwaltung.
4. Gesetzliche Bestimmungen zur Sicherung einer unparteiischen Rekrutierung.
5. Beseitigung des Bildungsprivilegs für das Offizierskorps und gesetzliche Festlegung eines Mindestkontingentes für den aus dem Mannschaftsstand zu entnehmenden Offiziersersatz.
6. Sicherung der staatsbürgerlichen Rechte der Soldaten.
7. Schutz der Rechte der Soldaten durch eine von ihnen gewählte Personalvertretung.
8. Demokratisierung des Disziplinarrechts und des Militärstrafrechts.
10. Verbot der Verwendung militärischer Kräfte bei Konflikten zwischen Kapital und Arbeit.

IV

Die Sozialdemokratische Partei Deutschlands bekämpft die immer stärker hervortretende Absicht führender Militärs aller Länder, völkerrechtliche Hemmungen der Kriegführung, die in jahrhundertelanger Entwicklung Allgemeingut geworden sind, gänzlich zu beseitigen und den Zukunftskrieg rücksichtslos über die Heeresfronten hinweg gegen die Zivilbevölkerung zu kehren.

Die Sozialdemokratische Partei Deutschlands brandmarkt diese barbarische Absicht und fordert die Neufestsetzung des Völkerrechts im Sinne der Humanität.

203. Hitler über das Verhältnis von Nationalsozialismus und Reichswehr

Aus einer Rede vor Reichswehroffizieren vom 15. März 1929. Geschichte in Quellen, Bd. V, München 1961, S. 232f.

„. . . Das erste ist, daß für uns Nationalsozialisten Reichswehr oder Miliz, Volksheer oder stehende Armee, Marine oder was immer nur Mittel zum Zwecke sind. Unser Prüfungsstandpunkt wird immer lauten: Nützt das unserm Volke? Weil uns dieser Begriff höher steht als der Begriff Staat. Denn es kann sein, daß ein Staat faul und morsch ist, und es kann sein, daß ein Volk eine solche Staatsform beseitigen muß, weil sein Leben es erfordert. Der Staat dient nur dem Schutze der Erhaltung des Volkstums . . .

In neuester Zeit sind die Politiker eine besondere Gilde geworden, die alljährlich oder zumindest alle vier Jahre durch einen besonderen Ausleseprozeß aus dem Volkskörper herausgesucht werden. Die Soldaten und die Feldherren werden erzogen, das heißt, sie erhalten für ihren Beruf, der den Bestand einer Nation ermöglichen soll, eine ganz besondere Ausbildung. Der ‚Politiker' aber wird gewählt, und zwar werden solche Politiker nicht gewählt von solchen, die wieder etwas verstehen auf diesem Gebiete, sondern von denen, die selbst nie gewählt werden könnten, weil sie davon gar nichts verstehen . . .

Wollen Sie die Armee auf das Niveau der ‚Politiker' herunterziehen oder wollen Sie nicht das Niveau der heutigen Politik beseitigen, auf daß es wieder dorthin komme, wo die Armee steht? Wenn nämlich eine solche Organisation in keinem lebendigen inneren sinngemäßen Zusammenhang mit seinem wirklichen Zweck mehr steht, sondern als Organisation Selbstzweck geworden ist, sich als toter Mechanismus jeder Regierung zur Verfügung stellt, mag diese selbst aus einem Volke Riemen schneiden, sofern sie nur den Bestand dieses Mechanismus garantiert, dann haben wir vor uns eine Erscheinung, die wir begrifflich als ‚Militarismus' bezeichnen dürfen . . .

Schon hier hätte das Heer eine politische Mission zu erfüllen, nämlich die, mitzuhelfen, nicht etwa parteipolitisch zu denken, sondern das parteipolitische Getriebe und Ungeziefer selbst zu vernichten.

. . . Politik und Wehrmacht müssen getrennt, vollkommen getrennt werden, d.h. die Politik wird von Gaunern gemacht, und an die Spitze der Wehrmacht müssen unpolitische Köpfe treten, gänzlich unpolitische Köpfe. Dann allein kann das Gaunertum ein Volk mit aller Seelenruhe beherrschen, dann hat das Gaunertum die offiziellen Machtmittel zur Seite, dann kann das Parteitum eine Nation zugrunde richten. Unpolitische Offiziere und geriebene Parlamentarier als Repräsentanten eines Volkes!..

Jeder Offizier muß wissen, daß der Marxismus das alte Reich zerstört hat – und heute glaubt man, mit ihm regieren zu können! Es ist entsetzlich, wenn die Offiziersehre sich nicht mehr deckt mit dem höchsten Ehrbegriff an sich . . . Sowie überhaupt der Offizier hier ins Wanken geraten kann, sowie er überhaupt nur glaubt, sich auf irgendeiner mittleren Linie mit den Zerstörern des Vaterlandes, die er tausendfältig vor sich enthüllt und entlarvt sehen muß, vielleicht doch treffen zu können, sowie er das tut, verläßt er seine Stellung, im selben Augenblick setzt er sich selbst herunter, im selben Augenblick bricht etwas zusammen, was früher fast graniten und unerschütterlich schien, im selben Augenblick verliert er den Nimbus, den er früher hatte, wird er vielleicht reif, an parlamentarischen Diners teilzunehmen, wird er reif, bei einem diplomatischen Zirkel angesprochen zu werden, wird er vielleicht reif, von einem Sowjetbotschafter eingeladen zu werden. Ja, aber je mehr er an solchen Ehren teilnimmt, um so mehr entfernt er sich vom Herzen seines Volkes ...

Man hat nie politisch gedacht, und in der Zeit, in der unser Volk eine organisierte Wehrmacht von 100000 Mann erhielt, ging die politische Entwicklung katastrophal nach unten. Man spreche sich nicht frei von Schuld. Es gibt keine Armee, die Selbstzweck hätte, ihr Zweck ist Dienst an der Nation ... Sie brauchen zunächst ein Volk, das gesund ist. Sie als Offiziere können nicht sagen, uns ist das gleich, wie ein Nation aussieht, ob sie vergiftet oder verpestet ist, ob sie an Gott glaubt oder nicht, ob sie ein Ideal vor sich hat oder nicht, uns ist es gleich, ob junge Menschen geboren werden oder nicht. Das können Sie nicht sagen. Sie brauchen das alles, sonst ist Ihre ganze Tätigkeit nur oberflächlich, nur Scheintat ...

... Siegt heute die linke Seite dank dem unpolitischen Verhalten der Offiziere, dann schreiben sie über die deutsche Reichswehr: Ende der deutschen Reichswehr!

Denn dann, meine sehr verehrten Herren, werden Sie doch politisch werden müssen, dann wird man Ihnen rote Jakobinermützen über den Kopf stülpen, und dann werden Sie sich schleunigst umstellen auf den Boden der neuen Tatsachen, dann werden Sie Kommandeur einer Organisation, die mit dem deutschen Volk nichts mehr zu tun hat, dann wird auch hier eine Truppe entstehen, ähnlich der russischen Henkersarmee, die nur die eine Aufgabe hat: das eigne Volk den Juden fügsam und willig zu machen ...

... Das sind die Aussichten, die Sie haben bei einem Sieg der linken Seite, und bilden Sie sich nicht ein, daß dort dann plötzlich eine andere Gesinnung kommen könnte. Büttel des neuen Regiments können Sie dann sein und politische Kommissare, und wenn Sie nicht funktionieren, werden Weib und Kind hinter geschlossene Riegel gesetzt, und wenn Sie dann immer noch nicht funktionieren, fliegen Sie hinaus und werden vielleicht an die Wand gestellt; denn ein Menschenleben gilt wenig bei denen, die ein Volk vernichten wollen ...

Wir bekennen deshalb, daß für uns die deutsche Reichswehr in der heutigen Form nichts Dauerhaftes sein wird. Für uns wird sie einmal nur die große Kader-Armee sein, das Offiziers- und Sergeantendepot, und im übrigen werden wir ununterbrochen bemüht sein, diese Kader aufzufüllen. Jeden Weg werden wir gehen, der die Waffen stärkt, die Zahl vermehrt und die Kraft unseres Volkes erhöht. Wir bekennen weiter, daß wir jeden zermalmen, der wagt, uns daran zu hindern. Wenn die Herren von links heute hoffen, daß der Landesverratsparagraph verschwindet, so können sie sich gesagt sein lassen, sie mögen sich beeilen, daß sie nicht unter den einzigen Paragraphen fallen, den wir aufsetzen werden: Wer nur an Landesverrat denkt, stirbt...“

204. Der Einsatz der Reichswehr im innenpolitischen Kampf

Eine Erklärung des Reichswehrministers von Schleicher im „Vorwärts“, Parteiorgan der SPD, vom Sommer 1932. H. Foertsch, Schuld und Verhängnis, Stuttgart 1951, S. 24f.

„... Die Erwägung, daß der Einsatz der Wehrmacht im innenpolitischen Kampf unbedingt vermieden werden muß, hat die Haltung der leitenden Persönlichkeiten in

Oben: Arbeitslosigkeit in England – Arbeitswillige vor den Fordwerken in Detroit
Unten: Arbeitslosigkeit in Berlin 1932 – Amtliche Bettelscheine für Erwerbslose in Thüringen 1929

FOR RENT

LAFAYETTE

α = ħ²/ec
ϑ

den letzten Monaten ganz besonders bestimmt ... Ich trete Ihrer Überzeugung bei, daß die Macht der Bajonette allein als Grundlage einer Regierung nicht ausreicht. Einer Regierung, deren Vertrauensgrundlage im Volk dauernd abnimmt, deren parlamentarische Basis mit den tatsächlichen Verhältnissen im Volk nicht übereinstimmt, würde auch die Verfügung über eine Wehrmacht nichts nützen. Eine dauerhafte und produktive Regierung ist vielmehr nur möglich, wenn sie sich nicht gegen die Strömungen wendet, welche die Masse des Volkes erfüllen, sondern wenn sie es versteht, sich aus den lebendigen und zukunftsvollen Kräften des Volkes eine breite Vertrauensgrundlage zu schaffen ..."

D. Weltwirtschaft und Reparationen

Einführung

Die krisenhafte Entwicklung der Weltwirtschaft zwischen 1918 und 1933 hat viele und komplexe Ursachen. Die wirtschaftsgeschichtliche und wirtschaftswissenschaftliche Forschung hat jedoch einige wichtige Zusammenhänge ans Tageslicht gebracht:

1. Die Vereinigten Staaten, nach 1919 die führende Weltwirtschaftsmacht, waren nicht in der Lage, Großbritanniens Rolle aus der Vorkriegsepoche zu übernehmen. England, Mutterland des britischen Imperiums, war vor 1914 Großabnehmer an Rohstoffen, Halbfabrikaten sowie Nahrungs- und Genußmitteln; es importierte zeitweilig mehr, als es durch seine Ausfuhr industrieller Fertigwaren bezahlen konnte, glich jedoch dieses Handelsbilanzdefizit durch Zinseinnahmen aus verliehenen Kapitalien wieder aus. Aus diesem Grunde förderte es einen weltweiten Warenaustausch (Freihandel); seine Währung diente als marktbestimmendes Finanzierungs- und Tauschmittel.

Die USA waren jedoch weitgehend Rohstoffselbstversorger; sie wollten die Fertigwaren ihrer im Weltkrieg über Gebühr ausgebauten Industrieproduktion auch nach Kriegsende weiter verkaufen, gaben deshalb interessierten Käufern in aller Welt Kredite, ohne sich zu fragen, womit, wie früher im Falle England, die Schuldner ihre Schulden verzinsen und amortisieren sollten, wenn ihnen der amerikanische Markt verschlossen blieb.

2. So entstanden „unausgeglichene zwischenstaatliche Handelsbeziehungen" (Roth, Kurze Wirtschaftsgeschichte Mitteleuropas, München 1961, S. 251). Verschärft wurde die Lage durch die unmäßigen Reparationsverpflichtungen Deutschlands, die dieses im 19. Jahrhundert führende Industrieland des Kontinents zum Armenhaus und Allerweltsschuldner machten und es daran hinderten, im organischen Nachkriegsaufbau zur Gesundung der Weltwirtschaft beizutragen.

3. Das kapitalistische Wirtschaftssystem als ganzes war noch unterentwickelt. Es fehlten die Massenkaufkraft und die Vollbeschäftigung der Epoche nach dem zweiten Weltkrieg. Kredit, Werbung und vieles andere mehr waren nicht systematisch entwickelt.

4. So kam es zur großen Weltwirtschaftskrise seit 1929, ausgehend von den USA (schwarzer Freitag der New Yorker Börse im Oktober 1929) in Gestalt eines Zusammenbruchs der Binnenkonjunktur.

Die Krise, die bald weltweite Wirkungen zeitigte und vor allem in Deutschland aus den geschilderten Gründen verheerende Folgen hatte, war „ausgelöst worden durch jene übermäßigen Investitionen und eine entsprechende Überspekulation, die namentlich die Situation in den USA, aber auch in den anderen neu industrialisierten

Oben: Wernher von Braun bei Vorarbeiten zur Herstellung eines Raketentriebwerkes im Arbeitskreis um Prof. Oberth – Unten: Prof. Enrico Fermi dem die Darstellung der ersten Kettenreaktion gelang

Ländern der Welt kennzeichneten. Diese ... Strapazitäten stießen auf die Bemühungen der verarmten europäischen Industrieländer, ihre Exportgüterindustrien auszubauen und auf Einfuhren aus dem Auslande notgedrungen zu verzichten". Dies galt auch für England, das seine Auslandskapitalien aufgezehrt hatte und seinerseits Schuldner der USA geworden war.

Zu dieser Lage kam die oben schon geschilderte Kreditkrise, die 1929 durch plötzlichen Abruf der Auslandskredite seitens der USA zur völligen Zerrüttung des internationalen Kapitalmarkts führte, und die Weltagrarkrise infolge der „Überproduktion landwirtschaftlicher Erzeugnisse, namentlich in den USA" (unsere Zitate nach Friedrich Lütge: Deutsche Sozial- und Wirtschaftsgeschichte, Berlin 1960, S. 479).

5. Für Deutschland besteht hier wiederum ein enger Zusammenhang mit dem Reparationsproblem, weil das Reich die Amortisationsraten der Reparationsforderungen zuletzt nur noch mit Hilfe amerikanischer Kredite hatte aufbringen können.

Quellen und Darstellungen

205. Inflatorische Tendenzen der Weltwirtschaft nach 1918

Nöll von der Nahmer, Weltwirtschaft und Weltwirtschaftskrise, in Propyläen Weltgeschichte Bd. IX, S. 362.

„... War bis dahin die Entwicklung in der Welt ziemlich einheitlich, so erfolgte jetzt eine Spaltung in zwei Gruppen: Die Leitung der amerikanischen Bundesbank erkannte die Inflationsgefahr und entschloß sich daher zu einer rigorosen Deflationspolitik ...

Im Gegensatz zu Frankreich verließ sich England nicht auf die deutschen Reparationen, sondern erreichte durch starke Anspannung seiner Steuerkraft bis 1925 den Ausgleich des Staatshaushaltes; die Notenpresse wurde stillgelegt...

Die zweite Gruppe von Ländern, Deutschland, Frankreich und die übrigen am Kriege beteiligten sowie die neugeschaffenen mittel- und osteuropäischen Staaten, setzte die bisherige, sich ständig steigernde inflationistische Finanzierungspolitik fort.

In Deutschland stiegen die Anforderungen an den Reichshaushalt vor allem auf Grund des Londoner Zahlungsplanes von 1921, der Deutschlands Reparationsverpflichtungen auf den unsinnigen Betrag von 132 Milliarden Goldmark festsetzte..."

206. Der Dawes-Plan

Michaelis-Schraepler, a.a.O., Bd. VI, S. 93.

Aus dem Londoner Schlußprotokoll:

a) Zahlungsverpflichtungen des Reiches

Nach Ansicht der Sachverständigen war nicht zu erwarten, daß Deutschland aus dem Reichshaushalt des Rechnungsjahres 1924/25 irgendeine Zahlung an die Alliierten aufbringen könne. Infolgedessen sieht der Dawes-Plan als einen seiner wesentlichen Bestandteile im ersten Jahr die Ausgabe einer äußeren Anleihe von 800 Millionen Goldmark durch Deutschland vor ...

Während des zweiten Jahres sollte das Reich aus dem ihm zufließenden Anteil am Erlöse von Vorzugsaktien der deutschen Reichsbahngesellschaft oder aus einer inneren Anleihe eine außerordentliche Haushaltszahlung von 250 Millionen Goldmark leisten ...

Während des dritten Jahres sollte Deutschland aus dem Reichshaushalt 110 Millionen Goldmark leisten, während des vierten Jahres 500 Millionen Goldmark...

Im fünften Jahr, dem ersten sog. „Normaljahr" (das ist in dem gegenwärtig noch bis zum 31. August 1929 laufenden Reparationsjahre) sind aus dem deutschen Reichshaushalte ausschließlich Beförderungssteuer, 1250 Millionen Goldmark zu leisten.

b) Zahlungsverpflichtungen der Industrie

Der nach dem Dawes-Plan von der deutschen Industrie als Beitrag zu den Reparationszahlungen insgesamt geforderte Betrag von „mindestens" 5 Milliarden Goldmark soll jährlich mit 5% verzinst und 1% getilgt werden ...

c) Zahlungsverpflichtungen der deutschen Reichsbahngesellschaft

Die von der deutschen Reichsbahngesellschaft ausgestellten Reparationsschuld-Verschreibungen im Nennwerte von 11 Milliarden Goldmark sind vom vierten Jahr ab mit 5% jährlich zu verzinsen und mit jährlich 1% zu tilgen. Für die ersten drei Jahre wurden die Jahresleistungen begrenzt, und zwar für das erste Jahr auf 200 Millionen Goldmark, für das zweite Jahr auf 595 Millionen Goldmark und für das dritte Jahr auf 550 Millionen Goldmark. Die Jahreszahlung hat in zwei gleichen Summen halbjährlich zu erfolgen. Außerdem hat die Reichsbahngesellschaft im zweiten Jahr an den Generalagenten für Reparationszahlungen aus dem Ertrag der Beförderungssteuer 250 Millionen Goldmark zu entrichten und in den folgenden Jahren ... jährlich 250 Millionen Goldmark ...

d) Verpflichtungen zu dinglichen Belastungen zugunsten der Reparationsgläubiger

Zur Sicherung der ... zu leistenden Zahlungen sind die Erträge aus den Zöllen und den Abgaben auf Branntwein, Tabak, Bier und Zucker zu verpfänden ...

Zur Sicherung der von der Industrie aufzubringenden Reparationsleistungen sind die Unternehmer der industriellen und gewerblichen Betriebe ... mit der Verzinsung und Tilgung eines Betrages von insgesamt 5 Milliarden Goldmark belastet ...

Zur Sicherung der Reparationsleistungen der deutschen Reichsbahngesellschaft ist das gesamte Eisenbahnvermögen, welches vom Daweskomitee auf 26 Milliarden Goldmark geschätzt wurde, mit einer Hypothek im Nennwerte von 11 Milliarden Goldmark zugunsten der Gläubiger von Schuldverschreibungen belastet worden, welche von der deutschen Reichsbahngesellschaft ausgegeben werden...

e) Besondere Rechte der Reparationsgläubiger

Alle Zahlungen auf Reparationskonto ... sind zuerst in Form von Depots bei der Reichsbank zugunsten des Generalagenten für Reparationszahlungen zu leisten. Er allein hat das Recht, Abhebungen von diesen Depots vorzunehmen, und zwar unter Leitung eines aus 6 Mitgliedern zusammengesetzten Komitees, des sog. „Übertragungskomitees"... Das Übertragungskomitee hat ferner die Zahlungen ... derart zu regeln, daß Störungen des Wechselkurses verhindert werden ...

207. Aus der Ansprache des englischen Ministerpräsidenten MacDonald auf der Schlußsitzung der Londoner Konferenz, 16. August 1924

Michaelis-Schraepler a.a.O., S. 96.

„... Die Zeit nationaler Isolierung ist vorbei und die des Austausches der Ansichten und der vernünftigen Behandlung mit Erfahrung hat begonnen.

Dies ist ein großer Gewinn nicht nur für Deutschland, sondern für alle von uns ...

Wir müssen einen langen Weg gehen, bevor wir das Ziel des europäischen Friedens und der Sicherheit erreichen. Das allerwichtigste Ding ist heute, daß wir sicher sind, uns auf dem rechten Wege zu befinden.

Ich glaube, daß wir ihn in unseren Beratungen gefunden haben, ... wir haben jeden Grund, stolz zu sein, daß es unser gutes Geschick war, an dieser historischen Konferenz teilzunehmen ..."

208. Die Wertung des Dawes-Planes durch einen deutschen Wirtschaftspolitiker

Nöll von der Nahmer a.a.O., S. 370/71.

„... Die deutsche Reparationsschuld wurde weitgehend kommerzialisiert. Das deutsche Reich erfüllte seine Verbindlichkeiten, während sich private und öffentlichrechtliche Kreditnehmer gegenüber den ausländischen Anleihezeichnern verschuldeten ...

Dieses System mußte in dem Augenblick zusammenbrechen, in dem der Anleihestrom versiegte.

Die interalliierten Schulden sollten in einem Zeitraum von 62 Jahren getilgt werden. Da die interalliierten Vereinbarungen auf den deutschen Reparationen basierten, hielten sich Schuldnerländer für berechtigt, ihren Verpflichtungen ... nicht mehr nachzukommen, als Deutschland im Jahre 1931 seine Zahlungen einstellte ..."

209. Aus dem Bericht der Pariser Sachverständigenkonferenz über den sog. Young-Plan vom 7. Juni 1929

Joh. Hohlfeld, a.a.O., Bd. III, S. 238.

„Anstelle des gegenwärtigen Transferschutzsystems mit seinen halbpolitischen Kontrollen, seiner Beschränkung der deutschen Initiative ... empfehlen wir einen Plan von Annuitäten, die merkbar geringer sind als die Dawes-Verpflichtungen ...

Der Plan bedeutet hinsichtlich der inneren Belastung, die von dem jährlichen Steueraufkommen getragen werden muß, eine wesentliche Erleichterung; er paßt sich eng dem Charakter geschäftlicher und finanzieller Verpflichtungen an; er bringt die erstrebte Freiheit von Einmischung und Überwachung mit sich und ist ausgestattet mit angemessenen Schutzklauseln gegen jede Deutschlands Wirtschaftsleben gefährdende Krisis ...

Ein allgemeiner Plan für eine vollständige und endgültige Regelung der Reparationsfrage hat in erster Linie finanziellen Charakter und schließt daher die Durchführung verschiedener bankmäßiger Aufgaben ein ...

Eine Bank, die bestimmt ist, diese Aufgabe zu erfüllen, rechtfertigt folgerichtig die Liquidierung aller politischen Kontrollen und sieht dafür einen Apparat vor, der im wesentlichen finanziellen und kommerziellen Charakter hat und der alle die Vorteile gewährt ..., die geschäftliche Verpflichtungen mit sich bringen. Der mit dem Dawes-Plan begonnene Prozeß der Überleitung des Reparationsproblems von dem politischen auf das finanzielle Gebiet wird so einen Schritt weitergebracht ...

2. Die Zahlungen nach dem Dawes-Plan sollten noch bis zum Ende des laufenden Annuitätenjahres, d.h. bis zum 31. August fortdauern.

3. Der neue Plan, der für die Zeit bis zum 31. März 1966 Annuitäten im Durchschnittswert von 1988,8 Millionen Reichsmark zuzüglich der Zahlungen für die Dawes-Anleihe vorsieht, sollte am 1. September in Wirksamkeit treten...

Die Annuitäten sollten aus zwei Quellen fließen, nämlich:

1. der deutschen Reichsbahn-Gesellschaft,
2. dem Reichshaushalt.

Nach sorgfältiger Prüfung der von den deutschen Sachverständigen gemachten Vorschlägen gelangte der Ausschuß zu der Ansicht, daß die von ihm empfohlenen Annuitäten nicht in vollem Umfang aus dem deutschen Reichshaushalt entnommen werden sollten, sondern daß eine der durch den Dawes-Plan geschaffenen Zahlungsquellen, nämlich die deutsche Reichsbahngesellschaft ... auch als geeignetes Mittel zur Aufbringung der erforderlichen Einnahmen empfohlen wird ...

Das System der Sachlieferungen unter dem Dawes-Plan spielt im Wirtschaftsleben Deutschlands eine bedeutsame Rolle. Wenn wir auch nicht die unbegrenzte Fortdauer dieses Systems befürworten, ... so bestand doch die Auffassung, daß seine sofortige Einstellung weder im Interesse Deutschlands noch in dem der Gläubigerländer liegen und daß sie dem Ausfuhrhandel Deutschlands noch Schwierigkeiten bereiten würde ... Wir empfehlen daher, daß die Grundsätze des Dawes-Planes in bezug auf die Sachlieferungen für einen begrenzten Zeitraum aufrechterhalten bleiben und daß sich die Gläubigerländer für einen Zeitraum von 10 Jahren damit einverstanden erklären sollten, allmählich im Wege dieses Systems ... einen begrenzten und allmählich geringer werdenden Betrag des aufschiebbaren Teils der Annuität auszuschöpfen. 1. Jahr ... 750 Millionen, 2. Jahr ... 700 Millionen, 10. Jahr ... 300 Millionen.

Um so schnell wie möglich zu einer allgemeinen Liquidierung der durch den Krieg und den darauffolgenden Versailler Vertrag aufgeworfenen finanziellen Fragen zu gelangen, ... empfiehlt der Ausschuß die Bereinigung dieser Fragen im Geist allseitigen Entgegenkommens.

Unsere Auffassung geht dahin, daß durch eine Regelung nach obigen Grundsätzen die Abrechnung zwischen der Reparationskommission und Deutschland über die vor der Zeit des Dawes-Planes liegenden Vorgänge ... gegenstandslos werden. Wir treten mit aller Entschiedenheit dafür ein, daß die Konten möglichst bald abgeschlossen werden ...

In dem einmütigen Wunsche, die aus dem Vertrag erwachsenen, noch offenen finanziellen Fragen im Interesse der Förderung der internationalen Harmonie und Zusammenarbeit sobald wie möglich zu regeln, empfehlen die Sachverständigen den Gläubigerregierungen einstimmig, das Werk des Sachverständigenausschusses dadurch zu vervollständigen, daß sie innerhalb eines Jahres nach Inkrafttreten des neuen Planes für die in der Hand der Reparationskommission gegen die sogenannte Nachfolgestaaten befindlichen Forderungen und Schulden aus dem abgetretenen Staatseigentum und aus der Befreiungsschuld eine endgültige Regelung finden ...

Wir sind uns der Verantwortung ... bewußt und klar darüber, wieviel von der künftigen Haltung der Völker zueinander abhängt, die nach der Ratifizierung durch ihre Regierungen Vertragsparteien der vorliegenden Regelung werden sollen; denn die Lösung des Reparationsproblems ist nicht nur eine Aufgabe Deutschlands, sondern liegt im gemeinschaftlichen Interesse aller beteiligten Länder und verlangt die Zusammenarbeit aller Beteiligten.

Würde ihre Haltung den Charakter von Feindseligkeiten tragen, so wird eine bei gutem Willen wohl durchführbare Regelung früher oder später Schwierigkeiten begegnen, so daß die langwierige, mühsame und geduldige Arbeit des Wiederaufbaus Europas eine dauernde Verzögerung erleiden würde ... Paris, den 7. Juni 1929"

210. Der New Yorker Börsenkrach

Nöll von der Nahmer a.a.O., S. 373/74.

„... Als am Donnerstag, dem 24. Oktober 1929, das amerikanische Volk zur Arbeit fuhr, lagen keine besonderen Anzeichen vor, daß gerade dieser Tag als verhängnisvoll in die Wirtschaftsgeschichte eingehen würde ... Sicherlich waren die Börsenkurse seit langem überhöht: Da sich auf die Dauer im Wirtschaftsleben immer wieder der Rechenstift durchsetzt, mußte irgendwann einmal ein starker Rückgang des überhöhten Kursniveaus erfolgen, wie das bei den europäischen Börsen bereits seit Monaten der Fall war. Aber weshalb gerade an diesem Tag plötzlich und abrupt der Rückbildungsprozeß an der New Yorker Börse einsetzte, läßt sich nur so erklären, daß ein jahrelang gebrauchter Krug schließlich einmal springen kann ...

Die eigentliche Katastrophe brach dann am Dienstag, dem 29. Oktober, über Hunderttausende amerikanischer Familien mit voller Wucht herein. 16,5 Millionen Stück Aktien wechselten an der New Yorker Börse den Eigentümer ...

Trotz dieses starken Kurseinbruchs waren durch die Oktoberkatastrophe im allgemeinen nur die Kursgewinne des letzten Jahres verlorengegangen, ja zahlreiche Notierungen lagen noch immer über denen zu Beginn des verhängnisvollen Jahres. In den Vereinigten Staaten war man sich noch Monate später nicht über die Bedeutung der Kurskatastrophe klargeworden. Der Glaube an die „ewige Prosperity" war zu fest verwurzelt. Erst allmählich wirkten sich die Vermögensverluste auf die Volkswirtschaft aus. Es ist interessant, daß in deutschen Publikationen der damaligen Zeit die bedenkliche Lage der amerikanischen Volkswirtschaft viel klarer und richtiger als in den Vereinigten Staaten selbst erkannt wurde ..."

211. Die Überwindung der Weltwirtschaftskrise

Nöll von der Nahmer a.a.O., S. 384, 388.

„... Der Ausbruch der Weltwirtschaftskrise von 1929 ist durch eine ganze Reihe von Ursachen bedingt und durch fehlerhafte Maßnahmen zu ihrer Überwindung, wie insbesondere die Deflationspolitik, weiter verschärft worden. Nach der heute herrschenden Auffassung muß aber doch wohl als der entscheidende Grund der Zusammenbrüche der Volkswirtschaften das Zurückbleiben der Massenkaufkraft gegenüber den in den Jahren der Hochkonjunktur stark erweiterten Produktionsmöglichkeiten gelten. Die Krise wurde überwunden, als sich die deutsche und die amerikanische Regierung dazu entschlossen, das Defizit an Nachfrage durch die Einleitung großer öffentlicher Arbeitsbeschaffungsmaßnahmen auszugleichen ...

Der Kampf um die Beseitigung der Krisenauswirkungen innerhalb der nationalen Volkswirtschaften zwang im Gegenteil teils zu neuen Währungsabwertungen, teils zu innerer strafferer Devisenbewirtschaftung. Erst nach dem 2. Weltkrieg gelang es unter Führung der Vereinigten Staaten, die Verkrampfung des Welthandels ... allmählich zu lösen, die Kontingente abzubauen, die Zölle zu senken ... und mit dem Übergang zur Währungskonvertabilität der meisten europäischen Staaten Ende 1958 neue Grundlagen für die weltweite Zusammenarbeit der aufeinander angewiesenen Volkswirtschaften zu schaffen.

Wenn wir heute rückschauend die lange Leidenszeit seit dem Ausbruch des ersten Weltkrieges überblicken, so ist die Feststellung deprimierend, daß Weltinflation und Weltwirtschaftskrise bei besserer Einsicht in die volkswirtschaftlichen Zusammenhänge hätten vermieden oder mindestens in ihren Auswirkungen und in ihrer Dauer bei rechtzeitigem Einsatz wirkungsvoller Gegenmaßnahmen hätten eingeschränkt werden können. Seitdem hat die nationalökonomische Wissenschaft neue, entscheidende Erkenntnisse auf den Gebieten der Geld- und Konjunkturtheorie gewonnen. Wir verfügen heute über ein sicher funktionierendes Instrumentarium der Krisenbekämpfung ..."

212. Deutschland und die Weltkrise

Verhandlungen des Vereins für Sozialpolitik in Dresden 1932, aus einem Diskussionsbeitrag von Dr. Alexander Rüstow-Berlin, Leipzig 1932, S. 62–69.

... Über die Einsicht, daß die gegenwärtige deutsche Krise zu einem erheblichen Teil durch Interventionismus und Subventionismus der öffentlichen Hand verursacht ist, herrscht nachgerade unter den Urteilsfähigen Einigkeit ... Aus solcher Einigkeit könnte man vielleicht versucht sein, die tröstliche Hoffnung abzuleiten, daß man durch Schaden klug geworden sei und also vor einer Wiederholung gesichert. Ich glaube aber, diese Überzeugung hat im Ernst niemand von uns ...

Die Wurzeln dieser Dinge (reichen) weit über den Bereich wirtschaftspolitischer Verhältnisse (hinaus) ... es handelt sich letzten Endes nicht um Fragen der Einsicht, sondern um Fragen der Willensbildung, um politische und staatspolitische Fragen. Und ich bin ... in der Tat der Meinung, daß nicht die Wirtschaft unser Schicksal ist, sondern der Staat, und daß der Staat auch das Schicksal der Wirtschaft ist.

Wenn wir uns einmal die Ausgangssituation all jener Interventionen und Subventionen klarmachen, dann ist es gewöhnlich so, daß durch irgendeine meist von außen kommende Strukturveränderung die Konkurrenzbedingungen für irgendeinen Teil der nationalen Wirtschaft verschlechtert sind, und daß nun zur Kompensation dieser Verschlechterung, zum Schutz des betreffenden Wirtschaftszweiges eingegriffen wird.

An sich kann man sich gegenüber solcher Lage verschieden verhalten; das eine mögliche Verhalten ist dies, daß man gar nichts tut, daß man den Dingen ihren Lauf läßt nach der Maxime: laissez faire, laissez passer.

Was geschieht dann?

Auf diese Frage sind wir um Antwort nicht verlegen. Besteht doch im Grunde der ganze angewandte Teil der klassischen Nationalökonomie in nichts anderem als in der Beantwortung dieser Frage...

Wenn es uns heute unerträglich erscheint, solchen Dingen mit verschränkten Armen zuzusehen, wenn wir uns für Volksgenossen mitverantwortlich fühlen, die ohne ihre Schuld in eine wirtschaftliche Notlage kommen, der sie nicht gewachsen sind, so braucht nicht erst besonders betont zu werden, daß diese Einstellung an sich einen sozialen Fortschritt darstellt. Ich will auch nicht von der Übertreibung dieser sozialen Einstellung reden, von jener Wehleidigkeit, mit der heute fast jeder Interessent erwartet, daß auf jedes Wehwehchen ... sofort von öffentlicher Hand ein möglichst großes Pflaster geklebt wird. Gegenüber einer solchen Wehleidigkeit bedeutet der vielgescholtene Manchesterliberalismus jedenfalls eine viel männlichere und mutigere Haltung ...

213. Das Lausanner Abkommen vom 9. Juli 1932 über das Ende der Reparationen (Auszug)

Joh. Hohlfeld, a.a.O., Bd. III, S. 437ff.

Die Mächte, die dieses Abkommen unterzeichnet haben, sind in Lausanne zusammengetreten, um eines der aus dem Kriege hervorgegangenen Probleme in dem aufrichtigsten Wunsch zu behandeln, zur Bildung einer neuen Ordnung beizutragen, die die Schaffung und Entwicklung des Vertrauens zwischen den Völkern in einem gegenseitigen Geist der Versöhnung, der Zusammenarbeit und der Gerechtigkeit ermöglichen soll.

Sie sind nicht der Ansicht, daß das in Lausanne durchgeführte Werk, das die Reparationen völlig beseitigen soll, genügt, um den von allen Völkern ersehnten Frieden zu sichern. Sie hoffen jedoch, daß ein an sich so bedeutsames und mit so vielen Mühen erreichtes Ziel von allen friedliebenden Elementen in Europa und in der Welt verstanden und gewürdigt werden wird, und daß ihm weitere Ergebnisse folgen werden.

Artikel 1

Die Deutsche Regierung übergibt der Bank für Internationalen Zahlungsausgleich fünfprozentige einlösbare Schuldverschreibungen der Deutschen Regierung in einem Betrag von drei Milliarden Reichsmark nach ihrem gegenwärtig gültigen Goldgewicht und Goldfeingehalt, die unter folgenden Bedingungen begeben werden können:

(1) Die Bank für Internationalen Zahlungsausgleich übernimmt die Schuldverschreibungen als Treuhänder.

(2) Die Schuldverschreibungen werden von der Bank für Internationalen Zahlungsausgleich vor Anlauf eines Zeitraumes von drei Jahren nicht begeben. Fünfzehn Jahre nach der Unterzeichnnung werden die Schuldverschreibungen, die von der Bank für Internationalen Zahlungsausgleich nicht untergebracht werden konnten, vernichtet.

(3) Nach Ablauf der vorgenannten Frist von drei Jahren soll die Bank für Internationalen Zahlungsausgleich die Schuldverschreibungen durch Auflegung zur öffentlichen Zeichnung auf den Märkten je nach den vorhandenen Möglichkeiten in Beträgen begeben, die sie für angemessen hält, und zwar mit der Maßgabe, daß keine Begebung zu einem niedrigeren Kurse als 90 v.H. erfolgt.

Die Deutsche Regierung hat jederzeit das Recht, die von der Bank für Internationalen Zahlungsausgleich noch nicht ausgegebenen Schuldverschreibungen ganz oder teilweise zum Nennwert einzulösen . . .

Artikel 2

Das gegenwärtige Abkommen macht mit seinem Inkrafttreten der Reparationsregelung, die im Haager Abkommen mit Deutschland vom 20. Januar 1930 sowie den Vereinbarungen von London vom 10. August 1931 und von Berlin vom 6. Juni vorgesehen war, ein Ende und tritt an deren Stelle; die Verpflichtung aus dem gegenwärtigen Abkommen ersetzen vollständig die früheren, in den Annuitäten des „Neuen Planes" enthaltenen Verpflichtungen.

Artikel 5

Die Schuldbescheinigungen des Deutschen Reiches und die Bescheinigungen der Deutsche Reichsbahn-Gesellschaft . . . werden mit den zugehörigen Zinsabschnitten der Deutschen Regierung und der Deutschen Reichsbahn-Gesellschaft zurückgegeben.

214. Brüning erläutert seinen Mahnruf „Hundert Meter vor dem Ziel“

am 24. Mai 1932 vor dem Auswärtigen Ausschuß des Reichstages. FAZ Beilage vom 22.11.65

Meine Herren! Es geht das Schlagwort von der Autarkie umher. Wir befinden uns in einem gewissen Zustand, diesem Ziele entgegenzueilen, aber doch nicht, weil wir es wollen und weil wir es als ein Ziel hinstellen, das wert wäre, erreicht zu werden, sondern weil wir dazu gezwungen sind. Aber das Ziel der Zukunft kann nie die Autarkie sein, wenn unser Volk wieder zu Wohlstand kommen, wenn die Arbeitslosigkeit behoben werden soll. Man muß sich ganz klar darüber sein, daß alle diese Gedanken letzten Endes nur der Ausdruck der fürchterlichen Not sind, in der sich die meisten Nationen heute schon befinden. Es ist aber meine Pflicht, immer wieder darauf hinzuweisen, daß, wenn sich im letzten Augenblick die Welt nicht nur zur Lösung der Reparations- und Abrüstungsfrage, sondern auch zu konstruktiven Lösungen auf dem Gebiete der Finanz- und Wirtschaftspolitik zusammenfindet, dann tatsächlich eine Situation eintritt, die man vielleicht im alten theoretischen Sinne als eine Zusammenbruchskrise bezeichnen kann. Die ganze Arbeit und die ganzen Verhandlungen der letzten zwei Jahre waren darauf gerichtet, unsere Wirtschafts- und Finanzpolitik systematisch und vorsichtig in eine Situation hineinzubringen, die uns aus der Gefahr der vergangenen zwölf Jahre herausriß, daß Deutschland, wirtschaftlich und finanziell isoliert, bei einer gewaltigen Krise zusammenbrechen könnte. Darauf begründet sich mein Optimismus. Wir stehen heute anders da; von uns hängt das Schicksal vieler Finanzinstitute, ja der ganzen Weltwirtschaft ab. Das ist die Waffe des an sich Schwachen, wenn sie jeweils zeitlich und örtlich richtig angesetzt wird.

215. Die Entwicklung der Arbeitslosigkeit in Deutschland 1931–1933

Ernst Forsthoff, Deutsche Geschichte 1918 bis 1938 in Dokumenten, Stuttgart o.J., S. 251.

Zeitpunkt (In Tausenden)	Beschäftigte	Hauptunterstützungsempfänger: Arbeitslosen-unterstützung	Hauptunterstützungsempfänger: Krisen-unterstützung	Wohlfahrts-erwerbslose	Arbeitslose insgesamt
Ende März 1931	14092	2317	923	1027	4744
Ende Febr. 1932	11928	1852	1674	1994	6128
Ende Febr. 1933	11533	942	1513	2880	6001

(Nach einer Statistik der Frankfurter Zeitung vom 12. November 1935).

216. Der Sekretär des Allgemeinen Deutschen Gewerkschaftsbundes über die Lage (April 1932)

Michaelis-Schraepler, a.a.O., Bd. VIII, S. 10f.

Wie ist es nun unter den Arbeitslosen in Deutschland bestellt? . . . Nach einer Aufstellung vom 15. Februar 1932 waren 3,5 Millionen Unterstützte in der Versicherung und Krisenfürsorge. Von diesen waren 1,4 Millionen bis zu 13 Wochen arbeitslos, 474000 über 13 bis 20 Wochen, 631000 über 20 bis 33 Wochen, ebensoviel, 631000, über 33 bis 46 Wochen und 381000 über 46 bis 59 Wochen. Unterstützte Wohlfahrtserwerblose wurden 1833000 gezählt. Diese sind bis auf geringe Ausnahmen bereits mehr als 59 Wochen arbeitslos.

Ich glaube, man braucht diese unerhörten Zahlen nicht zu erläutern, um zu erkennen, welch grauenhaftes Elend sich hinter ihnen verbirgt. Es häufen sich bei uns im Bundesbüro (des Allgemeinen Deutschen Gewerkschaftsbundes) dauernd die Mitteilungen, daß Wohlfahrtserwerbslose keine Unterstützung mehr von notleidenden Gemeinden bekommen, Gemeinden, die nicht in der Lage sind, ihren erwerbslosen Bürgern auch nur noch einen Pfennig zu geben, und deren Arbeitslose in der Umgegend dieser Gemeinden buchstäblich jeden Tag betteln gehen. Wir haben Mitteilungen zum Beispiel aus dem Westerwald, wonach Erwerbslose in Massen fortgesetzt seit Wochen und Monaten sich ihren notdürftigsten Lebensunterhalt erbetteln müssen. In Baden hat sich eine Notgemeinschaft mit einem Hilferuf an die gesamte badische Bevölkerung gewandt. Der sicherlich nicht übertreibende Ausschuß dieser Notgemeinschaft stellt in einem Aufruf fest, wochenlang seien Familien ohne Brot. Kartoffeln sind infolge der Mißernte ausgegangen. Mit hungerndem Magen kommen Kinder zur Schule . . .

Man sagt nun häufig, die jugendlichen Erwerbslosen leiden nicht so unter der Erwerbslosennot wie die älteren Erwerbslosen. Unsere Erfahrungen beweisen das Gegenteil. Die zerrüttete Wirtschaft ist heute nicht mehr in der Lage, den Arbeitsnachwuchs ordnungsmäßig für seine beruflichen Aufgaben vorzubereiten. Hunderttausende von jungen Menschen werden gleich nach Beendigung der Lehrzeit arbeitslos, bleiben es für lange Zeit und verlieren damit wieder die in der Lehrzeit erworbenen, in der eigentlichen Praxis niemals erprobten Kenntnisse. Die jungen Erwerbslosen sehen nicht nur die trostlose Gegenwart, sondern spüren auch, daß sie in einer kommenden, wirtschaftlich besseren Zeit benachteiligt sein werden. Zehntausende von arbeitslosen Lehrlingen gibt es bereits, die keine Möglichkeit haben, ihre Lehrzeit zu vollenden, weil die Betriebe geschlossen sind . . .

ABSCHNITT VIII

Österreich von St. Germain bis zur Moskauer Erklärung 1943

Einführung

Der Nationalitätenkampf, der seit dem Slawenkongreß in Prag (1848) immer stärkere Formen angenommen hatte, höhlte die Widerstandskraft der Doppelmonarchie aus. Nach dem Tode Kaiser Franz Josefs (21. November 1916) folgte dessen Großneffe, Karl I. Der neue Monarch versuchte auf außenpolitischem Gebiet, durch die Sonderfriedensaktion seines Schwagers Prinz Sixtus von Bourbon-Parma (Januar 1917), zu einem Kriegsende zu gelangen. Der Plan scheiterte. Sodann trat Österreich-Ungarn dem deutschen Waffenstillstandsangebot bei (4. Oktober 1918). Am 27. Oktober bat der k. u. k. Außenminister den US-Staatssekretär Lansing um Waffenstillstand. Das Bündnis mit Deutschland war aufgelöst. Die provisorische deutsch-österreichische Nationalversammlung nahm eine provisorische Verfassung an (30. Oktober), nachdem am 28. die Tschechen, am 29. die Südslawen und am 1. November die Ungarn ihre Selbständigkeit proklamiert hatten. Am 11. November unterzeichnete Karl I. den Verzicht auf jeden Anteil an den Regierungsgeschäften. Die Nationalversammlung beschloß einstimmig, auf Grund des Selbstbestimmungsrechtes der Völker, „Deutsch-Österreich ist ein Bestandteil der Deutschen Republik.“ Doch wurde der Zusammenschluß in den Verträgen von St. Germain (Art. 188) und Versailles (Art. 80) untersagt. Der Name „Deutsch“-Österreich durfte nicht geführt werden. Die Alliierten hatten naturgemäß kein Interesse daran, Deutschland durch Abtretungen zu schwächen und es gleichzeitig durch 6 Millionen deutscher Österreicher zu stärken. In Tirol (24. April 1921) und Salzburg (29. Mai 1921) fanden Volksabstimmungen statt, die 98,8, bzw. 99,3 Stimmen v. H. für den Anschluß an das Reich brachten.

Zu den dringendsten Bedürfnissen des neuen Kleinstaates gehörte die Schaffung einer Verfassung. Die schwierigste Frage war das Verhältnis der Länder zum Staat. Die Christlich-Sozialen dachten föderalistisch, die Sozialdemokraten zentralistisch. Die Bundesverfassung von 1920 ist das Ergebnis eines Kompromisses, bei dem sich die Sozialdemokraten vorwiegend in der Sache, die Christlich-Sozialen in der Form durchsetzen konnten. (Vgl. Benedikt: Geschichte der Republik Österreich, Wien 1954, S. 110/116).

Die um 1930 einsetzende Wirtschaftskrise traf Österreich besonders stark. Seit Herbst 1930 verständigte sich der österreichische Vizekanzler Schober mit Reichsaußenminister Curtius über den Plan einer deutsch-österreichischen Zollunion, „unter voller Aufrechterhaltung der Unabhängigkeit der beiden Staaten“. Der Plan scheiterte jedoch am energischen Widerstand Frankreichs und der Kleinen Entente. Am 20. Mai 1932 wurde Engelbert Dollfuß mit der Regierungsbildung betraut. Er stützte sich auf seine eigene Partei, die Christlich-Soziale, den national-liberalen Landbund und die Heimwehr. Dollfuß erhielt eine Völkerbundanleihe von 300 Mill. Schilling. Als Bedingung wurde im „Lausanner-Protokoll“ (15. Juli 1932) neben wirtschaftlichen Forderungen die Verpflichtung, bis 1952 keine wirtschaftliche oder politische Union mit dem Deutschen Reich einzugehen, verlangt. Darob entbrannte ein heftiger innerpolitischer Kampf. Dollfuß stand gegen die Großdeutschen und gegen die Sozialdemokraten; der Landbund verließ ihn im Herbst 1933. Am

4. März 1933 schaltete sich das Parlament durch den Rücktritt aller drei Präsidenten aus. Dollfuß regierte ohne Parlament weiter und verbot nacheinander den „Republikanischen Schutzbund" (30. März 1933), die KP (26. Mai) und die NSDAP (19. Juni). Wie in zahlreichen anderen Ländern Europas war es somit auch in Österreich zu einem Einparteistaat gekommen. Die Partei, „Vaterländische Front" genannt, wurde am 20. Mai 1933 gegründet. Nach dem gescheiterten Aufstand der Sozialdemokraten (12./15. Februar 1934) wurde der „Austrofaschismus" nach dem Verbot aller Parteien mit Ausnahme der „Vaterländischen Front" inauguriert. Dollfuß' Basis war schwach. Er versuchte, durch eine neue Verfassung seine Position zu kräftigen.

Am 17. März 1934 wurden die „Römischen Protokolle" zwischen Italien, Österreich und Ungarn unterzeichnet. Mussolini wollte keine gemeinsame Grenze mit Deutschland. Durch den Druck der Regierung, die Aktivität der NSDAP und die Hilfe, welche diese vom Reiche her erhielt, wurde die Lage in Österreich von Monat zu Monat gespannter. Wenige Monate nach dem „Februar-Putsch" der Linken kam es zum „Juli-Putsch" der Nationalsozialisten. Dollfuß wurde im Bundeskanzleramt ermordet. Italien zog Truppen an der österreichisch-italienischen Grenze zusammen. Nach der Niederwerfung des Aufstandes wurde der bisherige Unterrichtsminister Schuschnigg Bundeskanzler. Er setzte die sogenannte „Dollfuß-Straße" fort. Mittlerweile änderte sich die außenpolitische Lage. Italien begann den Abessinienkrieg. In Spanien kämpfte Franco mit der militärischen Unterstützung Deutschlands und Italiens. Die Intimität Hitler-Mussolini steigerte sich bis zum Abschluß der „Achse Berlin-Rom" (25. Oktober 1936). Sie schwächte Schuschniggs Position wesentlich. Er mußte nun versuchen, direkt mit dem Reich ins Gespräch zu kommen.

Der deutsche Botschafter in Wien, von Papen, hatte schon früher eine Zusammenkunft der beiden Kanzler angeregt. Im Februar 1938 stimmte Schuschnigg zu. Gleichzeitig verschaffte er der NSDAP in Österreich einige Erleichterungen, um nicht mit leeren Händen zu kommen. In Berchtesgaden versuchte Hitler am 12. Februar 1938, Schuschnigg einzuschüchtern. Nach langwierigen Verhandlungen, in denen es Schuschnigg gelang, Einschränkungen der in ultimativer Form vorgebrachten Wünsche zu erreichen, wurde ein Abkommen unterzeichnet.

Die Veröffentlichung dieses Abkommens stürzte die Anhänger Schuschniggs in Niedergeschlagenheit. Die österreichische NSDAP rüstete sich zum Endkampf. Als Hitler am 9. März von der streng geheimgehaltenen Absicht Schuschniggs erfuhr, am selben Tag eine Volksbefragung für den nächsten Sonntag, 13. März, zu verkünden, verlangte er die Absetzung der Volksbefragung. Schuschnigg gab nach. Göring arbeitete nun auf die Einverleibung Österreichs hin. Er verlangte ultimativ den Rücktritt der Regierung und die Bildung eines Kabinetts Seyß-Inquart. Göring wollte Seyß-Inquart veranlassen, telegrafisch um den Einmarsch deutscher Truppen zu ersuchen. Seyß lehnte ab. Staatssekretär Keppler sandte die verlangte Depesche zuletzt ab. Hitler hatte schon kurz vorher den Befehl zum Einmarsch der deutschen Wehrmacht gegeben. Die „Wiedervereinigung mit dem Deutschen Reich" wurde (13. März) von der neuen Regierung Seyß-Inquart ausgesprochen, am gleichen Tage von der Reichsregierung verkündet und durch eine nachträgliche Volksabstimmung (10. April) formell bestätigt.

Quellen

217. Aus dem Frieden von St. Germain, 10. September 1919

Rönnefarth, Vertrags-Ploetz, II/48/49; Deutscher Originaltext: (Amtliche) Wiener Zeitung, 21. Juli 1920.

Teil III. Art. 36-61: Die 1918 herbeigeführte Trennung Ungarns von Österreich wird aufrechterhalten. Böhmen, Mähren, Österr. Schlesien (ohne Teschen) und der nördliche Teil von Ungarn mit Preßburg, Schmenitz, Kremnitz, Kaschau und Munkacs bis zum Quellgebiet der Theiß werden zu einer neuen Republik der Tschechoslowakei vereinigt.

Südtirol bis zum Brenner mit Bozen und Meran (250.000 Deutsche, 47.000 Italiener) fällt an Italien, das außerdem noch durch das Küstenland mit Triest, Istrien, Teilen von Kärnten und Krain, Dalmatien (Zara) und einigen dalmatinischen Inseln vergrößert wird. Südsteiermark (mit Marburg, Pettau, Cilli, Teile von Kärnten) dazu Krain, Kroatien, Slawonien, Bosnien mit der Herzegowina und den ungarischen Komitaten Bacs-Bodrog und Torontal mit Maria-Theresiopel und Zenta werden mit dem Königreich Serbien (nach 1918 Königreich der Serben, Kroaten und Slowenen, seit 1929 Königreich Jugoslawien) vereinigt. Auch Fiume sollte den Südslawen zufallen (wird aber zum Freistaat erklärt und 1924 Italien einverleibt). Siebenbürgen samt der Bukowina (Buchenland) und dem Banat (mit Temeschburg) nebst Arad wird zu Rumänien geschlagen. Außerdem wird die neue rumänische Grenze auf Kosten Ungarns über Siebenbürgen hinaus auf 230 Kilometer Länge etwa 60 Kilometer nach Westen vorgeschoben, Galizien wird mit Polen vereinigt.

Deutsch-Österreich (Ober- und Nieder-Österreich, Salzburg, Tirol, Vorarlberg, Kärnten, Steiermark und das Burgenland außer Ödenburg) soll nach dem Muster der Schweiz einen Bundesstaat bilden, dem jedoch der Anschluß an das Reich untersagt ist (Art. 188). Auch Österreich und Ungarn unterliegen Rüstungsbeschränkungen.

Die Artikel in den Verträgen von St. Germain und Trianon über Völkerbund (St. Germain Teil I, Art. 1–26), Vertretung der österreichischen Interessen im Ausland (Teil IV, Art. 95–117), Wiedergutmachung (Teil VIII, Art. 177–227), Kriegsverbrecher (Teil VII, Art. 173–176), Abrüstung (Teil V, Art. 118–159) usw. entsprechen dem Vertrag von Versailles.

218. Österreichs Verfassung vom 1. Oktober 1920

Erstes Hauptstück. Art. 1. Österreich ist eine demokratische Republik. Ihr Recht geht vom Volke aus.

Art. 2. 1) Österreich ist ein Bundesstaat. 2) Der Bundesstaat wird gebildet aus den selbständigen Ländern: Burgenland, Kärnten, Niederösterreich Oberösterreich, Salzburg, Steiermark, Tirol, Vorarlberg, Wien.

(Das Burgenland, das sich aus den gemäß Art. 29 des Staatsvertrages von St. Germain aus Ungarn an Österreich angegliederten Gebietsteilen zusammensetzt, sollte als selbständiges und gleichberechtigtes Land in den Bund erst aufgenommen werden, sobald es seinen Willen hiezu zum Ausdruck gebracht hätte. Durch das Bundesverfassungsgesetz v. 25. Jänner 1921 wurde jedoch die sofortige Aufnahme des Burgenlandes verfügt.)

Art. 3. Das Bundesgebiet umfaßt die Gebiete der Bundesländer.

Art. 4. Das Bundesgebiet bildet ein einheitliches Währungs-, Wirtschafts- und Zollgebiet.

Art. 5. Bundeshauptstadt und Sitz der obersten Organe des Bundes ist Wien.

Art. 6. 1) Für jedes Land besteht eine Landesbürgerschaft. Vorraussetzung der Landesbürgerschaft ist das Heimatrecht in einer Gemeinde des Landes. Die Bedingungen für Erwerb und Verlust der Landesbürgerschaft sind in jedem Land gleich. 2) Mit der Landesbürgerschaft wird die Bundesbürgerschaft erworben.

Art. 7. Alle Bundesbürger sind vor dem Gesetze gleich. Vorrechte der Geburt, des Geschlechtes, des Standes, der Klasse und des Bekenntnisses sind ausgeschlossen.

Art. 8. Die deutsche Sprache ist, unbeschadet der den sprachlichen Minderheiten bundesgesetzlich eingeräumten Rechte, die Staatssprache der Republik.

Art. 9. Die allgemein anerkannten Regeln des Völkerrechts gelten als Bestandteile des Bundesrechtes.

Art. 10. Bundessache ist die Gesetzgebung und die Vollziehung in folgenden Angelegenheiten: Wahlen zum Nationalrat, Volksabstimmungen, Verfassungsgerichtsbarkeit. Äußere Angelegenheiten, Vertretung und Abschluß von Staatsverträgen. Ein- u. Austritt aus dem Bundesgebiet, Paßwesen, Ein- u. Auswanderung. Bundesfinanzen. Geld-, Kredit-, Börsen- u. Bankwesen. Zivilrechtswesen, öffentliche Ruhe, Ordnung und Sicherheit, Gewerbe und Industrie, Eisenbahn, Schiff- u. Luftfahrt, Berg- u. Forstrecht, Arbeiterrecht, Gesundheitswesen, Bundestheater, Bundesgendarmerie, Bundespolizei, Dienstrecht der Bundesangestellten.

Art. 11. Bundessache ist die Gesetzgebung, Landessache die Vollziehung in folgenden Angelegenheiten: Staatsbürgerschaft und Heimatrecht, berufliche Vertretungen (außer die, die unter Art. 10 fallen), Volkswohnungswesen.

Art. 12. Bundessache ist die Gesetzgebung über die Grundsätze, Landessache die Erlassung und die Vollziehung.

Art. 13. Die Zuständigkeiten des Bundes und der Länder auf dem Gebiete des Abgabenwesens werden durch ein eigenes Bundesverfassungsgesetz geregelt.

Art. 14. Auf dem Gebiete des Schul-, Erziehungs- und Volksbildungswesens wird der Wirkungsbereich des Bundes und der Länder durch ein besonderes Bundesverfassungsgesetz geregelt.

Art. 15. Soweit eine Angelegenheit nicht ausdrücklich durch die Bundesverfassung der Gesetzgebung oder auch der Vollziehung des Bundes übertragen ist, verbleibt sie im selbständigen Wirkungsbereich der Länder.

219. Der Zollunionsplan vom 31. März 1931

Schulthess' Europäischer Geschichtskalender, hrsg. von Ulrich Thürauf, 47. Jg., der ganzen Reihe 72. Bd., 1931, München 1932, S. 88/90.

„Zwischen der Reichsregierung und der österreichischen Regierung sind in letzter Zeit Besprechungen über die Frage geführt worden, in welcher Weise Deutschland und Österreich zu der Verwirklichung des Gedankens einer europäischen Zusammenarbeit auf wirtschaftlichem Gebiete beitragen könnten. Diese Besprechungen sind bei dem Besuche des Reichsmin. d. Ausw. Dr. Curtius in Wien so weit gefördert worden, daß in den anschließenden Beratungen, die beiderseits in den Kabinetten in Berlin und Wien stattgefunden haben, die Übereinstimmung über das weitere gemeinsame Vorgehen auf diesem Gebiete festgestellt werden konnte. Beide Regierungen sind sich darüber klar geworden, daß mit den bisher üblichen Methoden der Handelspolitik das erstrebte Ziel nicht zu erreichen ist, sondern daß dafür andere Wege gefunden werden müssen. Schon während der Septembertagung in Genf hat der österreichische Vicekanzler Dr. Schober der Überzeugung Ausdruck gegeben, daß die bessere Organisierung der europäischen Wirtschaft mit regionalen Verständigungen beginnen müsse. In Verfolg dieses Gedankens haben die beiden Regierungen sich jetzt entschlossen, in dieser Richtung einen praktischen Anfang zu machen und auf Grund bestimmter, vereinbarter Richtlinien in Verhandlungen über einen Vertrag zur Angleichung der zoll- und handelspolitischen Verhältnisse ihrer Länder einzutreten. Dabei sind sich die beiden Regierungen darüber einig geworden, daß sie auch mit jedem anderen europäischen Staate auf dessen Wunsch in Verhandlungen über eine gleichartige Regelung eintreten wollen."

220. Aus der „Mai-Verfassung" vom 1. Mai 1934

Die neue österreichische Verfassung mit dem Text des Konkordates, eingel. u. erläutert von Bundesminister Dr. O. Ender, Österreichischer Bundesverlag, Wien, Leipzig 1934, „Der neue Staat", Bd. 1, S. 34ff.

Im Namen Gottes des Allmächtigen, von dem alles Recht ausgeht, erhält das österreichische Volk für seinen christlichen, deutschen Bundesstaat auf ständischer Grundlage diese Verfassung: I. Hauptstück, Grundsätzliche Bestimmungen:

Art. 1. Österreich ist ein Bundesstaat.

Art. 2. Der Bundesstaat ist ständisch geordnet und besteht aus der bundesunmittelbaren Stadt Wien und den Ländern: Burgenland, Kärnten, Niederösterreich, Oberösterreich, Salzburg, Steiermark, Tirol, Vorarlberg.

Art. 4 .Das Bundesgebiet umfaßt das Gebiet der Stadt Wien und die Gebiete der Länder.

Art. 5. 1) Das Bundesgebiet bildet ein einheitliches Währungs-, Wirtschafts- und Zollgebiet. 2) Zwischenzollinien dürfen innerhalb des Bundesgebietes nicht errichtet, sonstige Verkehrsbeschränkungen nur durch Bundesgesetz eingeführt werden.

Art. 9. 1) Die gesamte staatliche Verwaltung darf nur auf Grund der Gesetze ausgeübt werden. 2) Jede Verwaltungsbehörde kann innerhalb ihres Wirkungsbereiches zur näheren Durchführung der Gesetze und überdies, soweit sie durch ein Gesetz hiezu ausdrücklich ermächtigt wird, Verordnungen erlassen.

Art. 10, 1) Die obersten Organe der Vollziehung sind: der Bundespräsident, die Bundesregierung und die Bundesminister, der Präsident des Rechnungshofes, die Landesregierungen und deren Mitglieder sowie der Bürgermeister von Wien. 2) Durch Gesetz kann die Zulässigkeit der Betätigung der im Absatz 1) bezeichneten Organe und von sonstigen öffentlichen Funktionären in der Privatwirtschaft beschränkt werden.

Art. 11, 1) Unter der Leitung und Aufsicht der obersten Organe des Bundes und der Länder führen nach den Bestimmungen der Gesetze bestellte Organe (des Bundes, der Länder und der Selbstverwaltungskörper) die Verwaltung. Sie sind, soweit nicht verfassungsgesetzlich anders bestimmt wird, an die Weisungen der ihnen vorgesetzten Organe gebunden und diesen für ihre amtliche Tätigkeit verantwortlich. Das nachgeordnete Organ kann die Befolgung einer Weisung ablehnen, wenn die Weisung entweder von einem offenbar unzuständigen Organ erteilt wurde oder die Befolgung zweifellos gegen strafgesetzliche Vorschriften verstoßen würde. 2) Alle mit Aufgaben der öffentlichen Verwaltung betrauten Organe sind, soweit gesetzlich nicht anders bestimmt ist, zur Verschwiegenheit über alle ihnen ausschließlich aus ihrer amtlichen Tätigkeit bekanntgewordenen Tatsachen verpflichtet (Amtsverschwiegenheit).

221. Deutsch-Österreichisches Abkommen vom 11. Juli 1936

„In der Überzeugung, daß der von beiden Seiten geäußerte Wunsch, die Beziehungen zwischen dem Bundesstaate Österreich und dem Deutschen Reich wieder normal und freundschaftlich zu gestalten, eine Reihe von Vorbedingungen seitens beider Regierungen erfordert, wird nachfolgendes vertrauliches Gentlemen-Agreement von beiden Regierungen gebilligt:

I. Regelung der Behandlung der österreichischen Staatsangehörigen im Reiche und der Reichsdeutschen in Österreich.

II. Gegenseitige Kulturelle Beziehungen.

Sämtliche für die Bildung der öffentlichen Meinung maßgeblichen Faktoren beider Länder sollen der Aufgabe dienen, die gegenseitigen Beziehungen wieder normal und freundschaftlich zu gestalten. Aus dem Gedanken der Zugehörigkeit beider Staaten zum deutschen Kulturkreis verpflichen sich beide Teile, sogleich von jeder agressiven Verwendung im Funk-, Film-, Nachrichten- und Theaterwesen gegen den anderen Teil Abstand zu nehmen.

III. Presse.

Beide Teile werden auf die Presse ihres Landes in dem Sinne Einfluß nehmen, daß sie sich jeder politischen Einwirkung auf die Verhältnisse im anderen Lande enthalten und ihre sachliche Kritik an den Verhältnissen im anderen Lande auf ein Maß beschränken, das auf die Öffentlichkeit des anderen Landes nicht verletzend wirkt. Diese Verpflichtung bezieht sich auch auf die Emigrantenpresse in beiden Ländern. Seitens beider Teile wird der allmähliche Abbau der Verbote hinsichtlich des Imports der Zeitungen und Druckerzeugnisse des anderen Teiles nach Maßgabe der jeweils durch dieses Übereinkommen erzielten Entspannung im gegenseitigen Verhältnis in Aussicht genommen.

IV. Emigrantenfrage.

Beide Teile treffen sich in dem Wunsche, durch wechselseitiges Entgegenkommen zu einer ehemöglichen befriedigenden Lösung des Problems der österreichischen nationalsozialistischen Emigration im Reiche beizutragen. Die österreichische Bundesregierung wird die Prüfung dieser Frage ehemöglichst in Angriff nehmen und das Ergebnis einer aus Vertretern der zuständigen Ministerien zu bildenden gemischten Kommission behufs Durchführung bekannt geben.

V. Hoheitszeichen und Nationalhymne.

Jede der beiden Regierungen erklärt, die Staatsangehörigen des anderen Teiles hinsichtlich des Zeigens der Hoheitsabzeichen ihres Vaterlandes im Rahmen der gesetzlichen Vorschriften den Angehörigen dritter Staaten gleichzustellen. Das Absingen der Nationalhymnen wird – abgesehen von offiziellen Angelegenheiten – den Staatsangehörigen des anderen Teiles in ausschließlich von diesen Staatsangehörigen besuchten geschlossenen Veranstaltungen gestattet.

VI. Wirtschaftliche Beziehungen.

Die deutsche Reichsregierung ist zur Anbahnung normaler wirtschaftlicher Beziehungen zwischen dem Deutschen Reich und Österreich unter Beiseitelassen parteipolitischer Momente bereit, und diese Bereitschaft bezieht sich auch auf die Wiedereinrichtung des Kleinen Grenzverkehrs.

VII. Reiseverkehr.

Die anläßlich der zwischen den beiden Staaten entstandenen Spannungen beiderseits verfügten Beschränkungen im Reiseverkehr werden aufgehoben. Diese Verein-

G e s e t z

zur

Behebung der Not von Volk und Reich.

Vom 24. März 1933.

Der Reichstag hat das folgende Gesetz beschlossen, das mit Zustimmung des Reichsrats hiermit verkündet wird, nachdem festgestellt ist, daß die Erfordernisse verfassungändernder Gesetzgebung erfüllt sind:

Artikel 1

Reichsgesetze können außer in dem in der Reichsverfassung vorgesehenen Verfahren auch durch die Reichsregierung beschlossen werden. Dies gilt auch für die in den Artikeln 85 Abs. 2 und 87 der Reichsverfassung bezeichneten Gesetze.

Artikel 2

Die von der Reichsregierung beschlossenen Reichsgesetze können von der Reichsverfassung abweichen, soweit sie nicht die Einrichtung des Reichstags und des Reichsrats als solche zum Gegenstand haben. Die Rechte des Reichspräsidenten bleiben unberührt.

Artikel 3

Die von der Reichsregierung beschlossenen Reichsgesetze werden vom Reichskanzler ausgefertigt und im Reichsgesetzblatt verkündet. Sie treten, soweit sie nichts anderes bestimmen, mit dem auf die Verkündung folgenden Tage in Kraft. Die Artikel 68 bis 77 der Reichsverfassung finden auf die von der Reichsregierung beschlossenen Gesetze keine Anwendung.

Artikel 4

Verträge des Reichs mit fremden Staaten, die sich auf Gegenstände der Reichsgesetzgebung beziehen, bedürfen nicht der Zustimmung der an der Gesetzgebung beteiligten Körperschaften. Die Reichsregierung erläßt die zur Durchführung dieser Verträge erforderlichen Vorschriften.

Artikel 5

Dieses Gesetz tritt mit dem Tage seiner Verkündung in Kraft. Es tritt mit dem 1. April 1937 außer Kraft; es tritt ferner außer Kraft, wenn die gegenwärtige Reichsregierung durch eine andere abgelöst wird.

Berlin, den 24. März 1933.

Der Reichspräsident

von Hindenburg

Der Reichskanzler

Der Reichsminister des Innern

Frick

Der Reichsminister des Auswärtigen

Der Reichsminister der Finanzen

Jn der Strafsache gegen
den Elektro- Jnstallateur Fritz Karl S t e g l i c h aus Dresden,
am 31. Mai 1884 dort geboren,
zur Zeit in dieser Sache in Polizeihaft,
wegen Wehrkraftzersetzung,
hat der Volksgerichtshof, 1. Senat, auf Grund der Hauptverhandlung
vom 13. November 1943, an welcher teilgenommen haben
als Richter:
Volksgerichtsrat Lämmle, Vorsitzer,
Kammergerichtsrat Rehse,
Generalmajor Stutzer,
Gauhauptstellenleiter Ahmels,
Kreisamtsleiter Diestel,
als Vertreter des Oberreichsanwalts:
Erster Staatsanwalt Dr. Heugel,
für Recht erkannt:

Karl S t e g l i c h, von dem als Parteigenossen und Jnnungsmeister des sächsischen Elektrohandwerks ein besonderes Eintreten für die Stärkung der deutschen Siegeszuversicht zu erwarten wäre, hat im Jahre 1943 zu verschiedenen, ihm nicht näher bekannten Volksgenossen sich schwer defaitistisch geäußert. Er hat damit planmäßig die deutsche Wehrkraft zu zersetzen unternommen. Deshalb ist er für immer ehrlos und wird mit

dem T o d e

bestraft.

barung hat keinen Bezug auf die durch die Devisenschutzgesetzgebung beider Länder bedingten Einschränkungen.

VIII. Außenpolitik.

Die österreichische Bundesregierung erklärt, daß sie bereit ist, die Außenpolitik der österreichischen Bundesregierung unter Bedachtnahme auf die friedlichen Bestrebungen der Außenpolitik der deutschen Reichsregierung zu führen. Es besteht Einverständnis, daß beide Regierungen über die gemeinsamen betreffenden Fragen der Außenpolitik jeweils in einen Meinungsaustausch eintreten werden. Hiedurch werden die Römer Protokolle (17. März 1934) ex 1934 und deren Zusätze (23. März 1936) ex 1936, sowie die Stellung Österreichs zu Italien und Ungarn als den Partnern dieser Protokolle nicht berührt.

IX. Österreichische Erklärung zur inneren Politik im Zusammenhange mit dem abgeschlossenen Modus vivendi.

Der österreichische Bundeskanzler erklärt, daß er bereit ist:

a) eine weitreichende politische Amnestie durchzuführen, von der diejenigen ausgenommen werden sollen, die schwere gemeine Delikte begangen haben. In diese Amnestie sollen auch noch nicht abgeurteilte oder verwaltungsmäßig bestrafte Persönlichkeiten dieser Art eingeschlossen sein.

b) mit dem Zwecke, eine wirkliche Befriedung zu fördern, in dem geeigneten Zeitpunkte, der für nahe in Aussicht genommen ist, Vertreter der bisherigen „nationalen Opposition in Österreich" zur Mitwirkung an der politischen Verantwortung heranzuziehen, wobei es sich um Persönlichkeiten handeln wird, die das persönliche Vertrauen des Bundeskanzlers genießen und deren Auswahl er sich vorbehält.

Hierbei besteht Einverständnis darüber, daß die Vertrauenspersonen des Bundeskanzlers mit der Aufgabe betraut sein werden, nach einem mit dem Bundeskanzler zuvor festgelegten Plan für die innere Befriedung der nationalen Opposition und ihre Beteiligung an der politischen Willensbildung in Österreich zu sorgen.

X. Behandlung von Anständen und Beschwerden."

222. Protokoll über die Besprechung vom 12. Februar 1938 zwischen Reichskanzler Hitler und Bundeskanzler Schuschnigg

Akten zur Deutschen Auswärtigen Politik 1918–1945, Baden-Baden, Dok. 295, S. 423f.

I. Als Ergebnis des heutigen eingehenden Meinungsaustausches zwischen dem Führer und Reichskanzler und dem Bundeskanzler Dr. Schuschnigg wird folgendes, in der Presse beider Länder (Sonntagspresse) auszugebende Communiqué lt. Anlage I vereinbart.

II. Der Bundeskanzler stellt folgende Maßnahmen in Aussicht, hinsichtlich deren er einen endgültig verbindlichen Bescheid bis zum Dienstag den 15. Februar 1938 übermitteln wird.

1. Die österreichische Bundesregierung wird über außenpolitische Fragen, die die beiden Länder gemeinsam angehen, jeweils mit der Reichsregierung in einen diplomatischen Gedankenaustausch treten. Österreich wird den Wünschen und Aktionen des Deutschen Reiches auf Ersuchen nach Maßgabe der bestehenden Möglichkeiten moralische, diplomatische und pressepolitische Unterstützung angedeihen lassen. Die Reichsregierung übernimmt die gleiche Verpflichtung gegenüber der Bundesregierung.

Oben: Adolf Hitler mit Himmler, Frick, Ritter von Epp, Göring, Schaub und Dr. Goebbels (22. 6. 1930) – Unten: Aus einem Urteil des Volksgerichtshofes aus dem Jahre 1943

2. Der Bundeskanzler Schuschnigg erklärt sich bereit, Herrn Staatsrat Dr. Seyß-Inquart in die Regierung zu berufen und ihm das Sicherheitswesen zu übertragen.

3. Der Bundeskanzler erklärt, daß der österreichische Nationalsozialist grundsätzlich die Möglichkeit legaler Betätigung im Rahmen der Vaterländischen Front und aller übrigen österreichischen Einrichtungen haben soll. Diese Betätigung soll auf dem Boden der Verfassung in Gleichstellung mit allen anderen Gruppen erfolgen. Dem Staatsrat Dr. Seyß-Inquart steht das Recht und die Verpflichtung zu, dafür zu sorgen und die Maßnahmen zu treffen, daß die Tätigkeit der Nationalsozialisten sich im obigem Sinne auswirken kann.

4. Die österreichische Bundesregierung erläßt eine sofortige allgemeine Amnestie für alle wegen nationalsozialistischer Betätigung gerichtlich oder polizeilich bestraften Personen in Österreich. Solche Personen, deren weiteres Verbleiben in Österreich für die Beziehungen der beiden Staaten abträglich erscheint, werden nach Prüfung des Einzelfalles im Einverständnis beider Regierungen veranlaßt, ihren Wohnsitz ins Reichsgebiet zu verlegen.

5. Maßregelungen, die wegen nationalsozialistischer Betätigung auf dem Gebiete des Pensions-, Renten- und Unterstützungswesens, insbesondere durch Entziehung oder Kürzung dieser Bezüge, sowie auf dem Gebiete des Schulwesens verhängt worden sind, werden aufgehoben und ihre Wiedergutmachung zugesagt.

6. Alle wirtschaftlichen Diskriminierungen gegen Nationalsozialisten werden beseitigt.

7. Die ungehinderte Durchführung des zwischen den Regierungen vereinbarten Pressefriedens soll durch den Einbau des Dr. Wolf an maßgebender Stelle des Bundespressedienstes gesichert werden.

8. Die militärischen Beziehungen zwischen der deutschen und der österreichischen Wehrmacht werden durch folgende Maßnahmen gesichert:
a) die Ersetzung des Generals Jansa durch den General Böhme,
b) durch planmäßigen Offiziersaustausch (bis zu einer Zahl von 100 Offizieren),
c) durch regelmäßige Besprechungen der Generalstäbe,
d) durch planmäßige Belebung kameradschaftlicher und wehrwissenschaftlicher Verbindungen.

9. Alle Diskriminierungen gegen Nationalsozialisten, insbesondere bei der Aufnahme und Ableistung des Heeresdienstes, werden aufgehoben und rückgängig gemacht.

10. Die Intensivierung des Wirtschaftsverkehrs zwischen der österreichischen und der deutschen Wirtschaft wird vorbereitet. Zu diesem Zwecke wird Dr. Fischböck in maßgebender Position eingebaut.

Der Bundeskanzler erklärt sich bereit, die II, 2, 4, 5, 7 vereinbarten Maßnahmen bis zum 18. Februar 1938 durchzuführen, unter Vorbehalt des unter II vereinbarten endgültigen Bescheides.

III. Die Reichsregierung erkennt an, daß der künftige Innen-Minister Seyß-Inquart die allein zuständige Persönlichkeit für die Durchführung der Ziffer II, 2 (handschriftlich verbessert 3) dieses Protokolls ist. Die Reichsregierung wird Maßnahmen treffen, die eine Einmischung reichsdeutscher Parteistellen in inner-österreichische Verhältnisse ausschließt. Bei Meinungsverschiedenheiten über die Auslegung der Ziffer II, (handschriftlich verbessert 3) des vorstehenden Abkommens sollen die Verhandlungen ausschließlich über den Minister Seyß-Inquart geführt werden.

223. Aufruf zur Volksbefragung, 10. März 1938

(Amtliche) Wiener Zeitung, 235. Jg., Donnerstag 10. März 1938, Nr. 68, S. 4.

Volk von Österreich! Zum ersten Male in der Geschichte unseres Vaterlandes verlangt die Führung des Staates ein offenes Bekenntnis zur Heimat. Sonntag, der 13. März 1938, ist der Tag der Volksbefragung. Ihr alle, welchen Berufsstand, welchen Volksschichten ihr angehört, Männer und Frauen im freien Österreich, ihr seid aufgerufen, euch vor der ganzen Welt zu bekennen, ihr sollt sagen, ob ihr den Weg, den wir gehen, der sich die soziale Eintracht und Gleichberechtigung, die endgültige Überwindung der Parteienzerklüftung, den deutschen Frieden nach innen und außen, die Politik der Arbeit zum Ziele setzt – ob ihr diesen Weg mitzugehen gewillt seid. Die Parole lautet: Für ein freies und deutsches, unabhängiges und soziales, für ein christliches und einiges Österreich! Für Frieden und Freiheit und die Gleichberechtigung aller, die sich zu Volk und Vaterland bekennen. Das ist das Ziel meiner Politik. Dieses Ziel zu erreichen, ist die Aufgabe, die uns gestellt ist und das geschichtliche Gebot der Stunde. Kein Wort der Parole, die euch als Frage gestellt ist, darf fehlen. Wer sie bejaht, dient dem Interesse aller und vor allem dem Frieden. Darum, Volksgenossen, zeigt, daß es euch ernst ist mit dem Willen, eine neue Zeit der Eintracht im Interesse der Heimat zu beginnen; die Welt soll unseren Lebenswillen sehen; darum, Volk von Österreich, stehe auf wie ein Mann und stimme mit Ja!

Front-Heil Österreich!

gez. Bundeskanzler Dr. Kurt von Schuschnigg

224. Ein Ausspruch Dr. Karl Renners, Staatskanzlers der 1. und Bundespräsidenten der 2. österreichischen Republik

Heinz Paller in „Neue Zeit“ (Sozialistisches Organ), Nr. 297, Graz, Samstag 24. Dezember 1955, 11. Jg. (Weihnachtsbeilage), S. 18.

Es entspricht durchaus den Tatsachen, daß 1938, wie Karl Renner feststellte, gut zwei Drittel der Bevölkerung Österreichs Hitler den Vorzug vor Schuschnigg gaben.

225. „Anschluß“ und Loslösung

a) Das Gesetz über die Wiedervereinigung Österreichs mit dem Deutschen Reich vom 13. März 1938

(Amtliche) Wiener Zeitung a.a.O., Montag 14. März, Nr. 72, S. 1.

Die Reichsregierung hat das folgende Gesetz beschlossen, das hiermit verkündet wird:

Art. 1. Das von der österreichischen Bundesregierung beschlossene Bundesverfassungsgesetz über die Wiedervereinigung Österreichs mit dem Deutschen Reich vom 13. März 1938 wird hiemit deutsches Reichsrecht.

Art. 2. Das derzeit in Österreich geltende Recht bleibt bis auf weiteres in Kraft. Die Einführung des Reichsgesetzes in Österreich erfolgt durch den Führer und Reichskanzler oder den von ihm hiezu ermächtigten Reichsminister.

Art. 3. Der Reichsminister des Innern wird ermächtigt, im Einvernehmen mit den beteiligten Reichsministern, die zur Durchführung und Ergänzung dieses Gesetzes erforderlichen Rechts- und Verwaltungsvorschriften zu erlassen.

Art. 4. Das Gesetz tritt am Tage seiner Verkündung in Kraft.

b) Die „Moskauer Erklärung“ über Österreich vom 1. November 1943

Ludwig Adamovich, Die Bundesverfassungsgesetze, Wien 1948, S. 2/3.

Die Regierungen des Vereinigten Königreiches, der Sowjetunion und der Vereinigten Staaten von Amerika sind darin einer Meinung, daß Österreich, das erste freie Land, das der typischen Angriffspolitik Hitlers zum Opfer fallen sollte, von deutscher Herrschaft befreit werden soll. Sie betrachten die Besetzung Österreichs durch Deutschland am 15. März 1938 (richtig am 13. März) als null und nichtig. Sie betrachten sich durch keinerlei Änderungen, die in Österreich seit diesem Zeitpunkt durchgeführt wurden, als irgendwie gebunden. Sie erklären, daß sie wünschen, ein freies, unabhängiges Österreich wiedererrichtet zu sehen und dadurch ebensosehr den Österreichern selbst wie den Nachbarstaaten, die sich ähnlichen Problemen gegenübergestellt sehen werden, die Bahn zu ebnen, auf der sie die politische und wirtschaftliche Sicherheit finden können, die die einzige Grundlage für einen dauerhaften Frieden ist.

Österreich wird aber auch daran erinnert, daß es für die Teilnahme am Kriege an der Seite Hitler-Deutschlands eine Verantwortung trägt, der es nicht entrinnen kann, und daß anläßlich der endgültigen Abrechnung Bedachtnahme darauf, wieviel es selbst zu seiner Befreiung beigetragen haben wird, unvermeidlich sein wird.

ABSCHNITT IX

Faschismus und Nationalsozialismus

Einführung

Um die wirkenden Kräfte der Tendenzen zu totalitären Herrschaftssystemen und die totalitären Herrschaftsformen selbst zu verstehen, ist es wesentlich, daß die Bedeutung und der Stellenwert der *Ideologie* richtig erfaßt wird. Da Ideologien in der Geschichte besonders der Neuzeit unermeßliches Leid und tiefste Entwürdigung des Menschen verursachten, gewinnt die Herausarbeitung ihrer Entstehungssituationen, ihrer Wirkung und der Rolle, die sie im gesellschaftlichen Zusammenleben der Menschen spielen, eine überragende Bedeutung.

Als allumfassendes Wissenssystem spiegeln die Ideologien (nach Jaspers) dem Menschen Ganzheit, d.h. die Möglichkeit einer prinzipiell und durch eigene Aktivität zu erzwingenden heilen Welt vor. Dieser Ganzheitsanspruch der Ideologien wird von vielen Menschen in einer bestimmten allgemein-menschlichen und gesellschaftlichen Situation geradezu als Erlösung empfunden.

Innerhalb dieses Wissenssystems gibt es auf alle nur möglichen Fragen rezepthafte Antworten und konkrete Anweisungen zum Handeln, die dem Menschen das Wagnis der Freiheit versperren. Durch die Hereinnahme rationaler Affekte und Wünsche in dieses Wissenssystem übernimmt eine Ideologie dann jene Steuerungsfunktion im gesellschaftlichen Zusammenleben der Menschen, die sonst von einem sozialen Weltkonsensus geleitet wird.

In vereinfachter Form darf man sagen, daß der Bolschewismus den ökonomisch-gesellschaftlichen Wert absolut setzt. Im Hegel'schen System wird die „Idee", die eine der Natur immanente Größe ist, von Marx durch die „Materie" ersetzt. Von dort her folgert er die Abhängigkeit des Geistes von der Materie und des Bewußtseins vom Sein. Das Endziel der bolschewistischen Ideologie ist die klassenlose Gesellschaft der kollektivistisch organisierten Wirtschaftsform.

Im romanischen Faschismus erscheint die Nation als der scheinbare systemeigene Zentralwert. In Wahrheit ist der Staat der höchste Wert, in dem die Nation als eingebundener Teil ihren Ort finden soll. Dieser Staat, der für Mussolini neben dem sozialen Gefüge steht, ist eine erste Schöpfung des technischen Geistes. Trotz aller hochtrabenden nationalen Töne hat der Faschismus immer den dienenden und vermittelnden Charakter des Nationalen betont. Der Staat ist das Absolute, und zwar nach der Dottrina del Fascismo das einzige Absolute. „Wir gehen von der Nation aus, aber kommen zum Staat" – „Alles im Staat, nichts außerhalb des Staates".

Die große Diskrepanz zwischen „Nation" und „Staat" kann nur auf dem Wege der Umschaltung, der Gleichschaltung eines Poles überbrückt werden. Im Faschismus wird aber nicht der Staat mit seiner Apparatur allgemeinen Menschheitsideen dienstbar gemacht, sondern die Gesellschaft und vor allem das Individuum dem Staat. Der Mensch wird im Kern seiner Freiheit angetastet und nur noch rein soziologisch, d.h. durch seinen Stellenwert in der Staatsapparatur definiert.

Im romanischen Faschismus sind nationalstaatliche und imperiale Gesichtspunkte auf das engste miteinander verknüpft. Er proklamiert das römische Imperium als verpflichtendes Kulturerbe sowie die universale Mission Roms. Beide Kräfte müssen dazu herhalten, rein machtpolitisches Streben ethisch zu fundieren. Der faschistische Staat wird begründet und gerechtfertigt als reine Machtorganisation. Er wird zum machtmäßigen Garanten des Rechts auf das sogenannte „nationale Kulturerbe“ der „Romanitá“, „Latinitá“, „Italianitá“.

Der Nationalsozialismus stellt die rassenbiologische Aufzäumung des Kollektivismus dar. Der in ihm verabsolutierte Teilwert, der zum Zentralwert des Systems vorrückt, ist das Biologische, das sich im Begriff der „Rasse“ verdichtet. Das Geistige erscheint weithin als eine Hilfskonstruktion des Biologischen. Ideologisches Endziel ist die Schaffung eines rassischen Kollektivs: das rassisch überlegene und daher zur Weltherrschaft berufene Volk.

Hitlers politische Lehre baute auf wenigen einfachen Grundansichten auf. Er selbst führte sie zurück auf die Zeit seines Wiener Aufenthaltes um 1910. Die Beurteilung der Parlamentsdemokratie ging auf das Bild zurück, das sich ihm im damaligen österreichischen Reichsrat bot – auf ein wenig erbauliches Schauspiel von Nationalitäten- und Parteienkämpfen, die nicht geeignet waren, einen nationalen und freiheitlichen Gesamtgedanken herauszubilden. Die Anschauung gesunden Volkslebens in demokratischer Form fehlte Hitler. Danach entwickelten sich seine Rassentheorie und sein Antisemitismus.

Friedrich Meinecke weist in seinem erschütternden Rechenschaftsbericht „Die deutsche Katastrophe“ (1946) darauf hin, daß ... „die große in der Luft liegende Idee, die Verschmelzung der nationalen und sozialistischen Bewegung ... an ihm (Hitler) ohne Frage den brünstigsten Verkünder und den entschlossensten Exekutor (fand)...“; aber seine Gemeinschaftsidee wurde bewußt eingegrenzt auf den rassischbiologisch verstandenen Volksbegriff. Hitler verkündete das nirgends nachweisbare Mysterium des reinen Blutes mit einer Leidenschaftlichkeit, die alle verstandes- und vernunftgebundenen Überlegungen beiseite schob. Ein Volk könne nicht national, es könne nur nationalistisch sein, „mit der ganzen Vehemenz, die dem Extrem innewohnt.“

Aus den Niederungen deutscher Schwäche führe nur ein Weg zur Freiheit: es sei der Weg der Macht. Der Machtgedanke hob sich zunächst ab von den Schwächungen und Entwürdigungen des Versailler Friedensvertrages. Er hieß Wiederaufstieg, Gleichberechtigung; er hieß in seiner Weiterführung und Steigerung dann Öffnung eines Lebensraumes, Übergewicht, Neuordnung Europas durch das Volk seiner Mitte, seine überlegene Rasse. Mit der Betonung des Nützlichkeitsgedankens im politischen Spiel setzte sich der nackte Herrschafts- und Vorherrschaftsanspruch in Europa durch.

Quellen und Darstellungen

A. Der Faschismus

226. Benito Mussolini: Was ist Faschismus?

Aus einem Aufsatz in der Zeitung „Popolo d'Italia" vom 23. März 1921, zitiert bei Walter Schätzel, Der Staat, Wiesbaden 1952, S. 411/412.

„. . . Der Faschismus ist eine große Mobilisation materieller und moralischer Kräfte. Sein Programm ist es, die materielle und moralische Größe des italienischen Volkes zu sichern. Es stört uns nicht, daß unser Programm, was die technische, verwaltungsmäßige und politische Neuordnung unseres Landes anlagt, dem der Sozialisten nicht entgegengesetzt ist, sondern ihm weitgehend entspricht. Für uns handelt es sich jedoch um moralische und traditionelle Werte, die der Sozialismus vernachlässigt oder verachtet. Wir glauben an keine programmatischen Programme mit starren Kadern, welche die ständig wechselnde Komplexität der Wirklichkeit einschnüren oder verstümmeln wollen. Wir trauen es uns zu, Gegensätze zu überbrücken und in Einklang zu bringen, bei denen sich andere vergeblich abmühen und nur entweder Zustimmung oder Verneinung kennen. Wir leisten uns den Luxus, gleichzeitig Aristokratie und Demokratie, konservativ und fortschrittlich, reaktionär und revolutionär, gesetzlich und ungesetzlich zu sein, je nach den Umständen der Zeit und des Ortes . . .

Der Faschismus ist keine Kapelle, er ist eher eine Palaestra (Sportkampffeld). Er ist keine Partei, er ist eine Bewegung. Er stellt kein Programm auf, das im Jahre 2000 zu verwirklichen wäre, aus dem einfachen Grunde, weil er Tag für Tag das Gebäude seines Willens und seines Glaubens aufbaut . . .

Uns wird es gegeben sein, die einzig mögliche Revolution in Italien durchzuführen, nämlich die Agrarrevolution. Die ländlichen Massen haben eine Scheu gegen das, was man Sozialisierung des Grundeigentums nennt. Sie fühlen es, daß dies eine mörderische Verbürokratisierung des Bodens wäre . . .

Selbstverständlich stellt unsere Bewegung nicht in Abrede, daß sie Fehler hat. Aber Schritt für Schritt werden diese Fehler des Faschismus verschwinden . . ."

227. Benito Mussolini: Über das Programm des Aktivismus

Aus einer Rede in Udine am 20. September 1922. Max H. Meyer, Benito Mussolini, Reden, Leipzig 1925, S. 101–104.

„. . . Wir kommen zu einer anderen Frage, der der Disziplin. Ich bin für straffeste Disziplin, und zwar müssen wir in erster Linie uns selbst in aller Strenge disziplinieren, sonst haben wir kein Recht, die Nation in Zucht und Ordnung zu halten. Nur Manneszucht in der Nation verschafft Italien Gehör bei den Regierungen anderer Länder . . .

Das Recht zu befehlen kann einzig und allein durch Gehorsam erworben werden, durch den demütigen und geheiligten Stolz auf den eigenen Gehorsam. . . .

Ich komme nun zur Frage der Anwendung von Gewalt. Gewalt ist nicht unmoralisch, sie ist im Gegenteil manchmal moralisch. Unsere Gegner haben gar kein Recht, sich über unsere Gewaltmaßnahmen zu beklagen, denn verglichen mit den Terrorakten in den Unglücksjahren 1919 und 1920 und mit denen der Bolschewisten in Rußland – wo zwei Millionen Menschen hingerichtet worden sind und weitere zwei Millionen noch im Gefängnis schmachten – sind unsere Maßnahmen ein Kinderspiel.

Andererseits führt Gewalt zum Ziele; denn Ende Juli und im August haben wir nach systematischer Anwendung von Gewalt binnen 48 Stunden erreicht, was wir mit Predigten und Unterweisungen nicht in achtundvierzig Jahren erreicht hätten. Wenn daher Gewalt einen Seuchenherd beseitigt, dann ist sie moralisch, unantastbar und notwendig ...

Gewalt darf nur proportional zur Notwendigkeit des Augenblicks angewendet werden und nicht in eine Schule (eine Lehre, einen Sport) ausarten ...

Eine andere Größe, worauf unsere Gegner ihre Hoffnung stützen, bilden die Massen. Ihr wißt, ich bin kein Verehrer dieser neuen Gottheit der Masse. Sie ist eine Schöpfung der Demokraten und der Sozialisten. Nur weil sie zahlreich sind, sollten sie recht haben. Das ist falsch; oft genug ist das Gegenteil bewiesen worden, daß nämlich die Massen gegen das Recht sind. Jedenfalls haben wir geschichtliche Beweise dafür, daß tief eindringende Veränderungen in der menschlichen Gesellschaft stets zuerst von den Minderheiten, einer Handvoll Menschen, herbeigeführt worden sind.

Wir verehren die Massen nicht, selbst wenn sie zerarbeitete Hände und Hirne haben. Wir werden vielmehr bei der Prüfung des sozialen Lebens von Ideen und Gesichtspunkten ausgehen, die allen italienischen Kreisen neu sein dürften. Wir konnten uns der Massen nicht erwehren, sie sind zu uns gekommen. Hätten wir sie lieber mit Fußtritten empfangen sollen? Meinen sie es ehrlich? Kommen sie zu uns aus Überzeugung, oder aus Furcht, oder in der Hoffnung, von uns das zu erhalten, was sie bei den Sozialisten nicht erreicht haben?

Solche Fragen sind eigentlich überflüssig, da bisher niemand den Weg entdeckt hat, der in das Innerste ihrer Seele führt. ...“

228. Die korporative Verfassung in Italien

G. Bortolotti, Faschismus und Nation, Hamburg 1932, S. 65.

„... Die korporative Ordnung in Italien baut sich auf drei grundsätzlichen Organen auf: die Berufsorganisation, die Korporation, das Arbeitsgericht. Die Grundprinzipien der italienischen Organisation sind folgende:

1. Die Berufsorganisationen sind in das Staatsleben einbezogen und bilden mit ihren partikulären Rechtsordnungen einen Teil der allgemeinen Rechtsordnung; sie sind vom Staat rechtlich anerkannt; ihre Aufgabe ist es, die Organisierten zu vertreten und ihre Berufsinteressen in Einklang mit dem Allgemeininteresse der Nation zu wahren. ...

2. Das Arbeitsgericht ist das Organ, mittels dessen der Staat zur Regelung der Arbeitsstreitigkeiten eingreift, ob diese sich nun auf die Einhaltung der Verträge und der übrigen bestehenden Normen beziehen oder auf die Feststellung neuer Arbeitsbedingungen ...

3. Die Korporationen, die Berufsorganisationen der Arbeitgeber und Arbeitnehmer, sind untereinander durch ein korporatives Organ verbunden; ... die Korporation ist die Grundinstitution der nationalen Wirtschaft und des faschistischen Staates, weil sie, durch die Sicherung des Friedens und des Einvernehmens in der nationalen Wirtschaft auch eine wichtige Funktion auf juristischem und politischem Gebiet erfüllt ...

Der Korporativismus in Italien wie der ständische Aufbau in Deutschland sind beide eine disziplinierte und der Staatskontrolle unterstellte Wirtschaft ...“

B. Der Nationalsozialismus

229. Das Wesen des Nationalsozialismus

Gerhard Ritter, Carl Goerdeler und die deutsche Widerstandsbewegung, Stuttgart 1954, S. 87-94.

„... Die Kernfrage ist, ob man (den Nationalsozialismus) aus spezifisch deutscher Wurzel abzuleiten hat ... oder wesentlich aus allgemein europäischen Lebenserscheinungen, die in Deutschland ihre besondere Gestalt empfingen. Die zweite Deutungsart wird übertrieben, wenn man das Hitlertum als eine Art Überfremdung deutschen Wesens ansieht, als bloßen Gegensatz zu unseren nationalen Traditionen ...

Man soll sich hüten, auf solche Fragen mit jenen Gemeinplätzen sagenumwobener Völkerpsychologie zu antworten, die historisch gar nichts erklären, weil sie sich anmaßen, das komplexeste aller historischen Gebilde, die moderne Nation, auf einen einzigen Nenner zu bringen, ihre Wesensart mit einem bloßen Schlagwort zu charakterisieren ...

Etwas ganz anderes ist das Aufsuchen bestimmter politischer Traditionen und konkreter geschichtlicher Situationen, die Hitler seinen Aufstieg zur Macht und die Anwendung seiner Herrschaftsmethoden erleichtert haben. Gewiß war es für seinen Erfolg nicht gleichgültig, daß das politische Nationalbewußtsein der Deutschen von seinem Ursprung in den Freiheitskriegen 1813–15 her einen betont kämpferischen Charakter trug und daß die militärischen Züge durch die Erlebnisse der Einigungskriege 1864–71, ja selbst des ersten Weltkrieges noch verschärft wurden.

Noch unmittelbarer bedeutsam war die Tatsache, daß der katastrophale Ausgang des ersten Weltkrieges zwar den rapiden wirtschaftlichen und politischen Aufstieg Deutschlands ... jäh unterbrach, aber die enorme Vitalität der deutschen Nation, ihre wirtschaftliche Kraft und ihr politisches Selbstvertrauen nicht wirklich zerbrechen konnte. Daraus entstanden Spannungen, die einen Demagogen geradezu einluden, sich ihrer zu bemächtigen und das Gefühl der Unzufriedenheit mit einer europäischen Machtverteilung ... zu Kampfparolen für die Masse auszumünzen. Nichts ist leichter im Zeitalter der modernen Massendemokratie, als in Notzeiten Mißtrauen gegen die Regierenden, Haß gegen die Fremden zu predigen, Geduld und vernünftige Taktik als Schwäche, ja Landesverrat zu brandmarken ...

Man kann sagen, daß die besondere Tradition des preußisch-deutschen Militärstaates den großen Machterfolg Hitlers in entscheidender Weise erleichtert habe ...

In der Masse des deutschen Bürgertums lebte ... ein starkes ... Vertrauen zur Obrigkeit, das sich zwar seit Wilhelm II. verminderte und dann durch die Revolution von 1918 tief erschüttert wurde, aber 1933 sofort wieder auflebte: in einem blinden Vertrauen weitester Kreise des deutschen Bürgertums auf die guten Absichten Hitlers, dessen erstes Regierungsprogramm ja von schönen, friedlich klingenden Versprechungen geradezu triefte.

Trotzdem wäre es grundfalsch ..., wenn man den Nationalsozialismus aus den hier genannten Voraussetzungen deutscher Geschichte ableiten wollte, die seinen Machterfolg erleichterten. Gerade da, wo die Überlieferung des altpreußischen Militärstaates am lebendigsten war, in der Armee, wurde er von Anfang an als fremdartig empfunden ...

Im Kern seines Wesens ist der Nationalsozialismus gar kein orginaldeutsches Gewächs, sondern die deutsche Form einer europäischen Erscheinung: des Einparteien- und Führerstaates. Dieser läßt sich nur aus einer spezifisch modernen Krisis, aus der Krisis der liberalen Gesellschaft und Staatsform erklären.

Das Entscheidende ist doch wohl die Tatsache, daß die moderne Industriegesellschaft mit ihrem uniformen Massenmenschentum für das liberale Ideal nur noch sehr wenig Raum bietet, um so mehr aber für die demokratischen Ideen der Gleichheit der Lebensansprüche und der Volkssouveränität. Das Volk, d.h. die Masse schlechthin als Souverän, läßt sich mit Hilfe der modernen technischen Hilfsmittel ganz anders als früher mobilisieren ... die Masse verlangt nicht nach Diskussion, sondern nach eindrucksvollen Taten; sie folgt nicht vernünftigen Erwägungen, sondern ihren Gefühlen; sie hört nicht auf den Rat kluger Sachkenner, sondern auf den leidenschaftlichen Appell der Demagogen; sie will Führung, nicht Freiheit des Entscheidens.

In einer solchen Gesellschaft bieten sich ungeheure Möglichkeiten für einen Demagogen, der es versteht, sich selbst als Repräsentanten und Träger des Volkswillens glaubhaft zu machen ... Adolf Hitler war Meister in der Kunst der Massenbeherrschung wie nur ganz wenige ... Aber die Verhetzung der Masse war nur die eine Seite seiner Volkspredigt ... Nicht nur die wirtschaftliche Unzufriedenheit der Masse, sondern ganz allgemein die Ungeduld der deutschen Nation, die Kehrseite ihrer starken Vitalität, wußte Hitler auszunutzen.

Vor allem verhieß er, eine neue, vertiefte Volksgemeinschaft zu gründen – nicht nur durch Überwindung des Parteienhaders, sondern mehr noch: der Klassengegensätze und des unheilvollen Zwiespaltes von rechts und links.

Weil nun Hitler die Aussicht eröffnete, Nationalismus und Sozialismus miteinander zu versöhnen in seiner national-sozialistischen Partei, erschien er unzähligen patriotisch empfindenden Menschen wie ein Erlöser aus altem unseligem Zwist.

Sicher war das neue Programm eines „nationalen Sozialismus" verschwommen, nebelhaft, romantisch. Aber es wurde mit großem Schwung vorgetragen und wirkte ebenso auf das patriotische Gefühl wie auf das soziale Geltungsbedürfnis der breiten Massen. Auch andere Nationen sind unversehens in den Einparteienstaat hineingeraten. Richtiger ist es daher, nach der geistigen Situation der Zeit zu fragen, die das Phänomen der widerstandslosen Hinnahme diktatorischer Staatsformen erklären hilft.

Überall drängte die Entwicklung zu einseitiger Wertschätzung des starken Willens, der natürlichen Vitalität an Stelle rein geistiger Werte – ja zu Abenteuer an Stelle der bürgerlichen Sekurität ... Weitesten Kreisen der modernen Bildung hat die robuste Willensenergie, die rasche Entschlußfreudigkeit des faschistischen Systems im Gegensatz zu den endlosen Debatten der Parlamente gewaltig imponiert. Jedenfalls fand sich zunächst niemand – und das war zuletzt entscheidend –, der bereit gewesen wäre, für die Erhaltung der parlamentarischen Freiheiten sein Leben einzusetzen. ..."

230. Die nationalsozialistische Weltanschauung

Georg Lukács, Die Zerstörung der Vernunft, Bd. 9 der Werke G. Lukács', Neuwied 1962, S. 623ff.

Vorbemerkung: Die folgenden Quellenstellen sind dem Werk eines führenden Vertreters der kommunistischen Literaturwissenschaft und -kritik, der seit 1945 Professor in Budapest ist, entnommen. Georg Lukács hat sich vor allem um die Erneuerung der Gedanken des jungen Marx bemüht und darf daher als einer jener Vertreter der marxistischen Wissenschaft bezeichnet werden, mit dem eine fruchtbare Begegnung und Auseinandersetzung möglich ist.

„... Der Nationalsozialismus ist ein großer Appell an die schlechtesten Instinkte des deutschen Volkes; vor allem an jene schlechten Eigenschaften, die sich im Laufe der Jahrhunderte infolge der gescheiterten Revolutionen, des Mangels einer demokratischen deutschen Entwicklung und Ideologie herausgebildet haben. (Engels spricht von der infolge der „Erniedrigung des dreißigjährigen Krieges in das nationale Bewußtsein gedrungenen „Bedientenhaftigkeit“). Die moderne Form dieser Bedientenhaftigkeit ist das vollständige Verkennen der Tatsache, daß trotz des Wachstums des deutschen Kapitalismus, trotz der äußeren militärischen Macht des verpreußten deutschen Reiches im Innern die „deutsche Misere“ sich noch fast unverändert erhalten hat ...

Die Tat Hitlers und seiner Helfershelfer war die Erfüllung dieser Existenzbedürfnisse (Bedürfnis nach einer sozialen Demagogie – der aggressive deutsche Imperialismus wird getarnt als „nationale und soziale Revolution“) der reaktionärsten Kreise des deutschen Junkertums und Großkapitalismus. Sie haben diese Bedürfnisse befriedigt, indem sie die zeitgemäß extrem-reaktionäre Idee aus den Salons und Kaffeehäusern auf die Straße trugen.

Die Ideologie Hitlers ist nichts weiter als ein äußerst geschicktes, zynisch-raffiniertes Ausnützen dieser Konstellation.

... Es (handelt) sich bei Hitler und seinen Leuten nicht etwa bloß um eine falsche und gefährliche Theorie ..., die mit intellektuellen Argumenten widerlegt werden müßte, sondern um ein mit gewissenloser Demagogie zusammengebrautes Gemisch aus den verschiedensten reaktionären Lehren, dessen Wert nur daran gemessen wird, ob mit seiner Hilfe Hitler imstande ist, die Massen zu betören.

Diese Art von Propaganda geht bei Hitler von einer souveränen Verachtung des Volkes aus. Er sagt: „Das deutsche Volk ist in seiner überwiegenden Mehrheit so feminin veranlagt und eingestellt, daß weniger nüchterne Überlegung als vielmehr gefühlsmäßige Empfindung sein Denken und Handeln bestimmt.“

Hitler übersetzt hier ... die Ergebnisse der „aristokratischen Erkenntnistheorie“ ... und der Sozialphilosophie der „Vermassung“ in die Sprache der praktischen Demagogie ...

Es soll die Suggestion an die Stelle der Überzeugung treten, es soll eine schwüle Atmosphäre des blinden Glaubens, der Glaubenshysterie verzweifelter Menschen mit allen Mitteln erzeugt werden. Auch bildet der Kampf der Lebensphilosophie gegen die Vernunft – einerlei, wieviel Hitler daraus gekannt hat – die weltanschauliche Grundlage einer reinen Technik der Demagogie ...

Diese Propagandatechnik Hitlers hängt mit einem der wenigen aufrichtigen Punkte seiner „Weltanschauung“ zusammen: er ist ein leidenschaftlicher Gegner der objektiven Wahrheit und bekämpft auch im Leben überall die Objektivität ...

Hitler und Rosenberg übernehmen von Chamberlain drei Hauptgesichtspunkte: erstens den Begriff des Völkerchaos und des Kampfes dagegen, zweitens die Fähigkeit der Rassen, sich zu regenerieren, drittens die Rassentheorie als zeitgemäßen Religionsersatz ...

Die Konzeption des Chamberlainschen Völkerchaos dient aber zugleich als Begründung der imperialistischen Aggression ... Die Staaten, gegen die der deutsche Imperialismus vor allem Eroberungsgelüste hat, werden als „Rassenchaos“ dargestellt. So vor allem Rußland; es ist „heute kaum noch als ein europäischer Staat zu betrachten, vielmehr als ein Ausläufer Afrikas, geführt von Juden.“ Auch Hitler nennt Frankreich „einen afrikanischen Staat auf europäischem Boden“. Man sieht, Hitler und Rosenberg „begründen“ die aggressiven Ziele des deutschen Imperialismus „prinzipiell“ aus den Grundsätzen der Rassentheorie.

... Wenn man in großen Massenversammlungen die Rassentheorie propagiert, ist es nützlich, mit „exakten“, sinnlich sichtbaren, leicht verständlichen Rassenkennzeichen zu operieren ...

So wird die Handhabe der Regeneration und Erhaltung der Rassenreinheit zu einem Instrument, das ganze deutsche Volk in einem Zustand des sklavischen Gehorsams zu halten, also jene Gesinnungslosigkeit, Bedientenhaftigkeit, jenen Mangel an Zivilcourage hochzuzüchten, die vor der Hitlerschen Rassenpolitik nie eine solche Höhe erreicht haben wie unter dem Faschismus. Damit ist jedoch die Bedeutung dieses Komplexes für den Hitlerismus noch nicht erschöpft. Er wird einerseits dazu ausgenützt, um in Deutschland selbst die unbeschränkte Herrschaft einer Minderheit herzustellen und zu fixieren.

Rosenberg sagt, frei nach Chamberlain, daß kein Volk, auch das deutsche nicht, rassisch einheitlich sei. Daraus folgt, daß die Herrschaft der wertvolleren, der reineren Rasse (der nordischen) mit allen Mitteln gesichert werden muß. Rosenberg stellt fest, daß es in Deutschland mindestens fünf Rassen gibt, jedoch „echte Kulturfrucht tragend" sei nur „die nordische Rasse." Er fährt fort: „Dieses Hervorheben der nordischen Rasse bedeutet kein Säen des „Rassenhasses" in Deutschland, sondern im Gegenteil das bewußte Anerkennen eines blutvollen *Bindemittels* innerhalb unseres Volkstums." . . .

Im Angriff auf das bestehende Staatssystem und auf ihre ideologischen Verteidiger gebärdet er (Hitler) sich radikal, ja „revolutionär" . . . Er sagt: „Staatsautorität als Selbstzweck darf es nicht geben, da in diesem Falle jede Tyrannei auf dieser Welt unangreifbar und geheiligt wäre . . . Im allgemeinen soll aber nie vergessen werden, daß nicht die Erhaltung eines Staates oder die einer Regierung höchster Zweck des Daseins der Menschen ist, sondern die Bewahrung ihrer Art. Ist aber einmal diese selbst in Gefahr, unterdrückt oder gar beseitigt zu werden, dann spielt die Frage der Legalität nurmehr eine untergeordnete Rolle . . . Menschenrecht bricht Staatsrecht . . ."

Aus diesen Prämissen folgt nun bei Hitler, „daß der Staat kein Zweck, sondern nur ein Mittel darstellt. Er ist wohl die Voraussetzung einer höheren menschlichen Kultur, allein nicht die Ursache derselben. Diese liegt vielmehr ausschließlich im Vorhandensein der zur Kultur befähigten Rasse."

In dieser sich revolutionär schminkenden Demagogie Hitlers kommt zugleich sein extremer Antidemokratismus zum Ausdruck . . .

Die „germanische Demokratie" ist selbstverständlich eine schroffe Verneinung der Gleichheit der Menschen . . . Hitler hat schon vor der Machtergreifung programmatisch gegen die Rechtsgleichheit in staatlicher Hinsicht Stellung genommen, indem er für den kommenden Staat die rassenreinen Staatsbürger von den völlig rechtlosen Staatsangehörigen unterschied. Dieses Prinzip wurde im faschistischen Staat auf der Grundlage der „innerlichen" Rassentheorie durchgeführt. . . .

. . . „Das neue Reich . . . ist nicht mehr ein Rechtsstaat . . ., sondern es ist der auf deutscher Sittlichkeit beruhende Weltanschauungsstaat. . . . Der formale Verfassungsbegriff . . . hat für das deutsche Reich seine Bedeutung verloren . . ."

Dieser Zustand einer vollkommenen Rechtlosigkeit der Bevölkerung, ihrer bedingungslosen Auslieferung an die Willkür der Hitlerschen Führerclique wird damit begründet, daß der nationalsozialistische Staat mit der alten „bürgerlichen" Neutralität und Objektivität des früheren Staates bricht . . .

Damit ist nach der faschistischen Propaganda die „germanische Demokratie" institutionell verwirklicht. Daß diese in Wirklichkeit die vollständige Vernichtung eines jeden Volkseinflusses auf die staatlichen Entscheidungen beinhaltet, geht aus unseren bisherigen Darlegungen hervor. Die Nazipropaganda will aber den Zustand der Versklavung der Institution gewordenen Bedientenhaftigkeit als eine allgemeine Politisierung des Volkes darstellen . . .

All dies ist unter der Maske der „germanischen Demokratie“ nichts weiter als die schrankenlose Diktatur des „Führers“ ...

Diese Führerdiktatur kann nur Lakaien und Nutznießer des allerreaktionärsten und aggressivsten Teils der deutschen imperialistischen Reaktion herausbilden. Ihre „germanische Demokratie“ erzieht den widerwärtigen Typus eines Menschenschlages, der grenzenlos servil nach oben, ebenso grenzenlos und grausam tyrannisch nach unten ist ...

Der Barbarismus der Hitleristen ist ein Prinzip. Hitler äußert sich darüber zu Rauschning in der Zeit seiner Konflikte mit Hugenbergschen Deutschnationalen:

„Diese betrachten mich als einen unerzogenen Barbaren ... Ja, wir sind Barbaren. Wir wollen Barbaren sein. Das ist eine ehrenvolle Bezeichnung. Wir werden die Welt verjüngen!“

231. Das Ende des Diktators – sein „Letzter Wille“

Hans Bernd Gisevius, Adolf Hitler, München 1963, S. 535ff.

„... Das Karikaturhafte von Hitlers Ende verdeutlicht ... alle seine menschliche und politische Mängelerscheinung in erbarmungslosen Strichen. Es entlarvt ihn als einen Menschen bar aller Substanz, daß er sich nicht einmal in der Todesstunde eines bleibenden Wortes der Erhabenheit oder des Großmuts fähig erweist, von treuer Verbundenheit zu den von ihm ins Chaos Geführten gar nicht zu reden. Zu böserletzt degradiert es ihn sogar zu einem ordnungliebenden Spießbürger ... Jedoch logisch oder typisch ist der letzte Auftritt nicht ... Dieser Mann, der sich zwölf Jahre lang ununterbrochen zelebriert hat, vergißt bei den Schlußakkorden seiner Götterdämmerung den Einsatz und stiehlt sich zwischen ein paar Komparsen aus den Kulissen hinweg ...

Jedenfalls ist „Hitlers Tod“ kein mitreißendes Heldenepos, kein ergreifendes Drama, nicht einmal eine Tragikomödie ...

Letzter Wille. An diesem politischen Testament wird sich bestimmt kein Hitlermythos entzünden.

Immer wieder liest man das lange Schriftstück durch, in dem Hitler von der Nation Abschied nimmt, um etwas dem Anlaß Angemessenes zu finden. Vergeblich.

Nur der erste Satz enthält eine sehr bezeichnende Wahrheit. Hitler datiert den Beginn seiner politischen Laufbahn mit der Meldung als Freiwilliger beim Kriegsausbruch 1914. In der Tat, an jenem 2. August begann es! ...

Schon beim zweiten Satz schrickt man zurück. Er kann es nicht lassen, sich nur in Superlativen zu sehen. Stolz rühmt er sich seiner „Kraft, schwere Entschlüsse zu fassen, wie sie bisher noch keinem Sterblichen gestellt worden sind.“ Noch keinem Sterblichen! und schon holt er aus zu seiner letzten großen Halbwahrheitslüge:

„Es ist unwahr, daß ich oder irgend jemand anderer in Deutschland den Krieg im Jahre 1939 gewollt habe.“ Der Ton liegt auf 1939, und das ist, von ihm aus gesehen, wahr. Natürlich hat er in jenem Herbst gehofft, die Engländer würden ihn dieses eine Mal noch durchgehen lassen. Immerhin fühlt er, daß es dieser Krieg ist, an dem er gescheitert ist. Aber noch in der Sterbestunde leugnet er alle Schuld. Wütend fällt er über den eigentlichen Kriegshetzer her: „Das Judentum.“ Diesem „Weltvergifter aller Völker“ gelten der erste Absatz und die letzte Zeile seines Testaments.

Und doch ist es nicht mehr des Bessessenen Dynamik ... Man fühlt, etwas anderes beschäftigt ihn weitaus mehr. Die Juden hat er umgebracht, die können seinen Krieg nicht verloren haben.

Verräter an die Front! Göring und Himmler werden vorweg gebrandmarkt. Sie sind die Frevler gegen die Nibelungentreue. Doch das Offizierskorps soll nicht minder wissen, was er von ihm denkt:

„Möge dereinst zum Ehrbegriff des deutschen Offiziers gehören – so wie das in unserer Marine schon der Fall ist –, daß die Übergabe einer Landschaft oder einer Stadt unmöglich ist, und daß vor allem die Führer hier mit leuchtendem Beispiel voranzugehen haben in treuester Pflichterfüllung bis in den Tod."

Dann gibt er dem deutschen Volk „eine aus ehrenhaften Männern zusammengesetzte Regierung" ... Bleibt noch eine Begründung für seinen Selbstmord:

„Da die Kräfte zu gering sind, um dem feindlichen Ansturm gerade an dieser Stelle standzuhalten, der eigene Widerstand aber durch ebenso verblendete wie charakterlose Subjekte allmählich entwertet wird, möchte ich mein Schicksal mit jenem teilen, das Millionen andere auf sich genommen haben, indem ich in dieser Stadt bleibe ..."

C. Die Vernichtung des Rechtsstaates

232. Stationen der Gleichschaltung

H. Krausnick, Der Weg in die Diktatur 1918–1933, München 1963, S. 178–180, 196/97.

„... Darin bestand ja gerade die besondere Eigenart der nationalsozialistischen Revolution, daß sich die Partei und ihr Führer in Wahrheit nicht von der Verwirklichung einer durchdachten und exakt bestimmbaren Ideologie leiten ließen, sondern einfach vom Ziel der Erringung und Befestigung der Macht ... Staat, Gesellschaft und Individuum sollten nicht eigentlich planvoll umgestaltet, erneuert oder reformiert, sondern einfach unterworfen und dem Willen des Führers beliebig verfügbar gemacht werden. Ein solches Ziel erfordert gewiß ebenso revolutionäre Methoden und endet ebenso im totalitären Staat wie die konsequente Realisierung einer Ideologie im vollen Sinne des Wortes, etwa der Marxismus oder Leninismus. Ein Unterschied liegt indes darin, daß der auf wechselnde Zwecke ausgerichtete Staat des Nationalsozialismus den politischen, gesellschaftlichen und personalen Bereich nur unter Partei- und Führerbefehl beugt, aber nicht, wie ein dogmatisch basiertes Herrschaftssystem, auch unter eine übergreifende Doktrin ...

Der Prozeß nationalsozialistischer Indoktrinierung bestand letzten Endes doch nur in einem Abbauprozeß, einem Versuch, alle den Führerwillen hemmenden oder gar aufhebenden ideologischen, geistigen und religiösen Einflüsse auszuschalten ...

Die nationalsozialistische Revolution war eine geistig sterile Revolution, der allein die äußeren Formen einer allgemeinen Mobilmachung eigen waren, die ja ebenfalls schmerzhaft und machtfordernd in alle Lebensbereiche eingreift, den Blick aber lediglich auf Leistungseffekte richtet und nicht auf die schöpferische Neuordnung von Staat und Gesellschaft ...

Hitler war weder daran interessiert noch in der Lage, sämtliche Institutionen und Organisationen, die er in Staat und Gesellschaft vorfand, zu beseitigen und durch neue, geistig originale Schöpfungen zu ersetzen; auch konnten die Nationalsozialisten darauf verzichten, nach dem Muster der russischen Revolution ganze Klassen zu liquidieren oder die wirtschaftlichen Besitzverhältnisse zu ändern; da ein eigener Entwurf zum Aufbau nicht vorhanden war, hätten sie mit irgendwelchen Konstruktionsmöglichkeiten hier auch gar nichts anzufangen gewußt. Die nationalisozialistische Bewegung durfte und mußte sich sozusagen darauf beschränken, allen Bereichen des öffentlichen Lebens eine nationalsozialistische oder mindestens gefügige Führung zu geben und gleichzeitig ihnen das in der Partei entwickelte Führerprinzip aufzupressen, jenes Prinzip, nach dem in der NSDAP die politische Willensbildung nur den Weg von oben nach unten gehen durfte von der „souverän entscheidenden Führung zur blind vertrauenden Masse der einfachen Parteimitglieder“ ...

Die Nationalsozialisten nannten das Verfahren, das die für eine gesunde politische Willensbildung charakteristische Wechselbeziehung zwischen oben und unten verhindern und nur mehr den Fluß des Führerwillens von oben nach unten zulassen sollte, mit einem für ihr mechanistisches Denken kennzeichnenden technischen Beiklang: *Gleichschaltung* ...“

Das Grundprinzip des stufenweisen Vorgehens lautete: soviel Revolution wie nötig, soviel Legalität wie möglich. Hitler sah sich sieben Hauptbastionen und -trägern rechtsstaatlicher Ordnung gegenüber, die seiner Machtausübung im Wege standen: a) der Verfassung, b) dem bundesstaatlichen Charakter des Reiches, c) dem Parlament, d) dem Reichspräsidenten, e) dem Staatsapparat, f) der Justiz, g) der Armee.

„... Im ganzen wird man abschließend sagen können, daß, wie weit auch immer die organisatorische, beziehungsweise die politische „Gleichschaltung" reichte, die geistige „Gleichschaltung" keineswegs in dem erstrebten Grad gelungen ist. Denn nur eine Minderheit ergab sich dem spezifisch nationalsozialistischen Gedankengut oder dem Führerbefehl bis zur Unterwerfung des Gewissens, sowenig diese Feststellung gedankenloses Mitlaufen entschuldigen kann. Ja, eine Elite aus allen Berufen und Ständen reagierte gerade gegen den Totalitätsanspruch des Nationalsozialismus mit dem Aufstand des Gewissens."

233. Verordnung des Reichspräsidenten zum Schutze von Volk und Staat vom 28. Februar 1933

Joh. Hohlfeld, a.a.O., Bd. IV, S. 327ff.

Auf Grund des Art. 48 Abs. 2 der Reichsverfassung wird zur Abwehr kommunistischer Gewaltakte folgendes verordnet:

§ 1. Die Artikel 114, 115, 117, 118, 123, 124 und 153 der Verfassung des Deutschen Reiches werden bis auf weiteres außer Kraft gesetzt. Es sind daher Beschränkungen der persönlichen Freiheit, des Rechts der Meinungsäußerung einschließlich der Pressefreiheit, des Vereins- und Versammlungsrechts, Eingriffe in das Brief-, Post-, Telegraphen- und Fernsprechgeheimnis, Anordnungen von Haussuchungen und von Beschlagnahmen sowie Beschränkungen des Eigentums auch außerhalb der sonst hierfür bestimmten gesetzlichen Grenzen zulässig.

§ 2. Werden in einem Lande die zur Herstellung der öffentlichen Sicherheit und Ordnung nötigen Maßnahmen nicht getroffen, so kann die Reichsregierung insoweit die Befugnisse der obersten Landesbehörde vorübergehend wahrnehmen.

§ 3. Die Behörden der Länder und Gemeinden (Gemeindeverbände) haben den auf Grund des § 2 erlassenen Anordnungen der Reichsregierung im Rahmen ihrer Zuständigkeit Folge zu leisten.

§ 4. Wer den von den obersten Landesbehörden oder den ihnen nachgeordneten Behörden zur Durchführung dieser Verordnung erlassenen Anordnungen ... zuwiderhandelt, oder wer zu solcher Zuwiderhandlung auffordert oder anreizt, wird, soweit nicht die Tat nach anderen Vorschriften mit einer schwereren Strafe bedroht ist, mit Gefängnis nicht unter einem Monat oder mit Geldstrafe von 150 bis zu 15000 Reichsmark bestraft.

Wer durch Zuwiderhandlung nach Abs. I eine gemeine Gefahr für Menschenleben herbeiführt, wird mit Zuchthaus, bei mildernden Umständen mit Gefängnis nicht unter sechs Monaten und, wenn die Zuwiderhandlung den Tod eines Menschen herbeiführt, mit dem Tode, bei mildernden Umständen mit Zuchthaus nicht unter zwei Jahren bestraft. Daneben kann auf Vermögenseinziehung erkannt werden. Wer zu einer gemeingefährlichen Zuwiderhandlung (Abs. 2) auffordert oder anreizt, wird mit Zuchthaus, bei mildernden Umständen mit Gefängnis nicht unter drei Monaten bestraft.

§ 5. Mit dem Tode sind die Verbrechen zu bestrafen, die das Strafgesetzbuch in den §§ 81 (Hochverrat), 229 (Giftbeibringung), 307 (Brandstiftung), 311 (Explosion), 312 (Überschwemmung), 315 Abs. 2 (Beschädigung von Eisenbahnanlagen), 324 (gemeingefährliche Vergiftung) mit lebenslangem Zuchthaus bedroht.

Mit dem Tode oder, soweit nicht bisher eine schwerere Strafe angedroht ist, mit lebenslangem Zuchthaus oder mit Zuchthaus bis zu 15 Jahren wird bestraft:

1. Wer es unternimmt, den Reichspräsidenten oder ein Mitglied oder einen Kommissar der Reichsregierung oder einer Landesregierung zu töten oder wer zu einer solchen Tötung auffordert, sich erbietet, ein solches Erbieten annimmt oder eine solche Tötung mit einem anderen verabredet.

2. Wer in den Fällen des § 115 Abs. 2 des Strafgesetzbuches (schwerer Landfriedensbruch) die Tat mit Waffen oder in bewußtem und gewolltem Zusammenwirken mit einem Bewaffneten begeht.

3. Wer eine Freiheitsberaubung (§ 239 des Strafgesetzbuches) in der Absicht begeht, sich des der Freiheit Beraubten als Geisel im politischen Kampf zu bedienen.

§ 6. Diese Verordnung tritt mit dem Tage der Verkündung in Kraft.

234. Der Artikel 48 der Weimarer Verfassung

Art. 48. Wenn ein Land die ihm nach der Reichsverfassung oder den Reichsgesetzen obliegenden Pflichten nicht erfüllt, kann der Reichspräsident es dazu mit Hilfe der bewaffneten Macht anhalten.

Der Reichspräsident kann, wenn im Deutschen Reich die öffentliche Sicherheit und Ordnung erheblich gestört oder gefährdet wird, die zur Wiederherstellung der öffentlichen Sicherheit und Ordnung nötigen Maßnahmen treffen, erforderlichenfalls mit Hilfe der bewaffneten Macht einschreiten. Zu diesem Zwecke darf er vorübergehend die in den Artikeln 114, 115, 117, 118, 123, 124 und 153 festgesetzten Grundrechte ganz oder zum Teil außer Kraft setzen.

Von allen gemäß Abs. 1 oder Abs. 2 dieses Artikels getroffenen Maßnahmen hat der Reichspräsident unverzüglich dem Reichstag Kenntnis zu geben. Die Maßnahmen sind auf Verlangen des Reichstages außer Kraft zu setzen.

Bei Gefahr im Verzuge kann die Landesregierung für ihr Gebiet einstweilige Maßnahmen der in Abs. 2 bezeichneten Art treffen. Die Maßnahmen sind auf Verlangen des Reichspräsidenten oder des Reichstages außer Kraft zu setzen.

Das Nähere bestimmt ein Reichsgesetz.

235. Begründung des Ermächtigungsgesetzes durch Reichskanzler Hitler

Verhandlungen des Reichstages, VIII. Wahlperiode 1933, Bd. 459, S. 25ff.

„... Erfüllt von der Überzeugung, daß unser Zusammenbruch seine Ursache in inneren Schäden unseres Volkskörpers besitzt, ist es das Ziel der Regierung der nationalen Revolution, diejenigen Gebrechen aus unserem völkischen Leben zu beseitigen, die auch für die Zukunft jeden tatsächlichen Wiederaufstieg verhindern würden. Der durch die marxistische Irrlehre systematisch herbeigeführte Zerfall der Nation in weltanschaulich unvereinbare Gegensätze bedeutet die Vernichtung der Basis eines möglichen Gemeinschaftslebens ... Nur die Herstellung einer wirklichen Volksgemeinschaft ... vermag allein auf die Dauer dieser Verirrung des menschlichen Geistes den Nährboden zu entziehen ...

Der innere Zerfall unserer Volksgemeinschaft führte zu einer immer bedenklicher werdenden Schwächung der Autorität der obersten Staatsführung. Das Sinken des Ansehens der Reichsregierung ... regte bei verschiedenen Parteien in einzelnen Ländern Vorstellungen an, die mit der Einheit des Reiches unverträglich sind. Alle Rücksichtnahme auf die Traditionswerte der Länder kann die bittere Erkenntnis nicht beseitigen, daß das Übermaß des zersplitterten eigenstaatlichen Lebens in der

Vergangenheit der Welt- und Lebenshaltung unseres Volkes nicht nur nicht nützlich, sondern oft wahrhaft verderblich war. . . .

Die Reichsregierung beabsichtigt nicht, durch dieses Ermächtigungsgesetz die Länder aufzuheben. Wohl aber wird sie diejenigen Maßnahmen treffen, die von nun ab und für immer die Gleichmäßigkeit der politischen Intentionen im Reich und in den Ländern gewährleisten . . . Die Reichsregierung wird den Weg finden, der aus einer einmal gegebenen Willensäußerung der Nation für das Reich und für die Länder zu einheitlichen Konsequenzen führt . . . Ihr Ziel muß die Konstruktion einer Verfassung sein, die den Willen des Volkes mit der Autorität einer wirklichen Führung verbindet . . . Die theoretische Gleichheit vor dem Gesetz kann nicht dazu führen, grundsätzlich Verächter der Gesetze und der Gleichheit zu tolerieren, ja ihnen am Ende aus irgendeiner demokratischen Doktrin die Freiheit der Nation auszuliefern . . . Die Regierung wird sich in dem Entschluß, diese Frage zu lösen, von niemand beirren lassen . . .

Gleichlaufend mit dieser politischen Entgiftung unseres öffentlichen Lebens wird die nationale Regierung eine durchgreifende moralische Säuberung an unserem Volkskörper vornehmen. Unser gesamtes Erziehungswesen – das Theater, der Film, Literatur, Presse, Rundfunk – sie werden als Mittel zu diesem Zweck angesehen und demgemäß gewürdigt. Sie haben alle der Erhaltung der im Wesen unseres Volkstums liegenden Ewigkeitswerte zu dienen. Die Welt bürgerlicher Beschaulichkeit ist im raschen Schwinden begriffen. Der Heroismus erhebt sich leidenschaftlich als kommender Gestalter und Führer der Völkerschicksale . . .

Indem die Regierung entschlossen ist, die politische und moralische Entgiftung unseres öffentlichen Lebens durchzuführen, schafft und sichert sie die Voraussetzungen für eine wirklich tiefe, innere Religiosität . . . Die nationale Regierung sieht in den beiden christlichen Konfessionen wichtigste Faktoren der Erhaltung unseres Volkstums. Sie wird die zwischen ihnen und den Ländern abgeschlossenen Verträge respektieren; ihre Rechte sollen nicht angetastet werden. Sie erwartet aber und hofft, daß die Arbeit an der nationalen und sittlichen Erhebung unseres Volkes, die sich die Regierung zur Aufgabe gestellt hat, umgekehrt die gleiche Würdigung erfährt. Sie wird allen anderen Konfessionen in objektiver Gerechtigkeit gegenübertreten. Sie kann aber niemals dulden, daß die Zugehörigkeit zu einer bestimmten Konfession oder einer bestimmten Rasse eine Entbindung von allgemeingesetzlichen Verpflichtungen sein könnte oder gar ein Freibrief für straflose Begehung oder Tolerierung von Verbrechen . . .

Der Kampf gegen eine materialistische Weltauffassung und für die Herstellung einer wirklichen Volksgemeinschaft dient ebensosehr den Interessen der deutschen Nation wie denen unseres christlichen Glaubens.

Unser Rechtswesen muß in erster Linie der Erhaltung dieser Volksgemeinschaft dienen. Der Unabsetzbarkeit der Richter auf der einen Seite muß die Elastizität der Urteilsfindung zum Zweck der Erhaltung der Gesellschaft entsprechen. Nicht das Individuum kann der Mittelpunkt der gesetzlichen Sorge sein, sondern das Volk . . .

Ein Teil der beabsichtigten Maßnahmen erfordert die verfassungsändernde Mehrheit . . . Es würde dem Sinn der nationalen Erhebung widersprechen . . ., wollte die Regierung sich für ihre Maßnahmen von Fall zu Fall die Genehmigung des Reichstages erhandeln und erbitten. Die Regierung wird dabei nicht von der Absicht getrieben, den Reichstag als solchen aufzuheben; im Gegenteil, sie behält sich auch für die Zukunft vor, ihn von Zeit zu Zeit über ihre Maßnahmen zu unterrichten, oder aus bestimmten Gründen, wenn zweckmäßig, auch seine Zustimmung einzuholen ... Es ist mein Wille und meine feste Absicht, für diese ruhige Entwicklung auch in der Zukunft zu sorgen. Allein um so nötiger ist es, daß der nationalen Regierung jene souveräne Stellung gegeben wird, die in einer solchen Zeit allein geeignet ist, eine andere Entwicklung zu verhindern.

Die Regierung beabsichtigt dabei, von diesem Gesetz nur insoweit Gebrauch zu machen, als es zur Durchführung der lebensnotwendigen Maßnahmen erforderlich ist.

Weder die Existenz des Reichstags noch des Reichsrats soll dadurch bedroht sein. Die Stellung und die Rechte des Herrn Reichspräsidenten bleiben unberührt; die innere Übereinstimmung mit seinem Willen herbeizuführen, wird stets die oberste Aufgabe der Regierung sein.

Der Bestand der Länder wird nicht beseitigt. Die Rechte der Kirchen werden nicht geschmälert, ihre Stellung zum Staat nicht geändert.

Da die Regierung an sich über eine klare Mehrheit verfügt, ist die Zahl der Fälle, in denen eine innere Notwendigkeit vorliegt, zu einem solchen Gesetz die Zuflucht zu nehmen, an sich eine begrenzte.

Um so mehr aber besteht die Regierung der nationalen Erhebung auf der Verabschiedung dieses Gesetzes. Sie zieht in jedem Fall eine klare Entscheidung vor.

Sie bietet den Parteien des Reichstages die Hand zu einer ruhigen deutschen Entwicklung und einer sich daraus in der Zukunft anbahnenden Verständigung; sie ist aber ebenso entschlossen und bereit, die Bekundung der Ablehnung und damit die Ansage des Widerstandes entgegenzunehmen. Mögen Sie, meine Herren, nunmehr selbst die Entscheidung treffen über Frieden oder Krieg."

236. Aus der Stellungnahme des Abgeordneten Wels (SPD)

„... Der außenpolitischen Forderung deutscher Gleichberechtigung, die der Herr Reichskanzler erhoben hat, stimmen wir Sozialdemokraten um so nachdrücklicher zu, als wir sie bereits von jeher grundsätzlich verfochten haben ... Nie hat uns irgendein Grundsatz unserer Partei daran hindern können oder gehindert, die gerechte Forderung der deutschen Nation gegenüber den anderen Völkern der Welt zu vertreten.

Der Herr Reichskanzler hat auch vorgestern in Potsdam einen Satz gesprochen, den wir unterschreiben. Er lautet: ‚Aus dem Aberwitz der Theorie von ewigen Siegern und Besiegten kam der Wahnwitz der Reparationen und in der Folge die Katastrophe der Weltwirtschaft.' Dieser Satz gilt für die Außenpolitik; für die Innenpolitik gilt er nicht minder. Auch hier ist die Theorie von ewigen Siegern und Besiegten, wie der Herr Reichskanzler sagte, ein Aberwitz ...

Aus einem Gewaltfrieden kommt kein Segen, im Innern erst recht nicht. Eine wirkliche Volksgemeinschaft läßt sich auf ihn nicht gründen. Ihre erste Voraussetzung ist gleiches Recht. Mag sich die Regierung gegen rohe Ausschreitungen der Polemik schützen, mag sie Aufforderungen zu Gewalttaten und Gewalttaten selbst verhindern. Das mag geschehen, wenn es nach allen Seiten gleichmäßig und unparteiisch geschieht, und wenn man es unterläßt, besiegte Gegner zu behandeln, als seien sie vogelfrei. Freiheit und Leben kann man uns nehmen, die Ehre nicht. Nach den Verfolgungen, die die Sozialdemokratische Partei in der letzten Zeit erfahren hat, wird billigerweise niemand von ihr verlangen oder erwarten können, daß sie für das hier eingebrachte

Ermächtigungsgesetz stimmt ... Kritik ist heilsam und notwendig. Noch niemals, seit es einen deutschen Reichstag gibt, ist die Kontrolle der öffentlichen Angelegenheiten durch die gewählten Vertreter des Volkes in solchem Maße ausgeschaltet worden, wie es jetzt geschieht und wie es durch das neue Ermächtigungsgesetz noch mehr geschehen soll. Eine solche Allmacht der Regierung muß sich um so schwerer auswirken, als auch die Presse jeder Bewegungsfreiheit entbehrt ... Die Zustände, die heute in Deutschland herrschen, werden vielfach in krassen Farben geschildert ... Solchen Übertreibungen entgegenzutreten wäre leichter, wenn im Inland eine Berichterstattung möglich wäre, die Wahres vom Falschen scheidet. Noch besser wäre es, wenn wir mit gutem Gewissen bezeugen könnten, daß die volle Rechtssicherheit für alle wiederhergestellt sei. Das, meine Herren, liegt bei Ihnen.

Die Herren von der Nationalsozialistischen Partei nennen die von ihnen entfesselte Bewegung eine nationale Revolution, nicht eine nationalsozialistische. Das Verhältnis ihrer Revolution zum Sozialismus beschränkt sich bisher auf den Versuch, die sozialdemokratische Bewegung zu vernichten ... Wollten die Herren von der Nationalsozialistischen Partei sozialistische Taten verrichten, sie brauchten kein Ermächtigungsgesetz. Eine erdrückende Mehrheit wäre Ihnen in diesem Hause gewiß ...

Aber dennoch wollen Sie vorerst den Reichstag ausschalten, um Ihre Revolution fortzusetzen. Zerstörung von Bestehendem ist aber noch keine Revolution, das Volk erwartet positive Leistungen ...

Vergeblich wird der Versuch bleiben, das Rad der Geschichte zurückzudrehen. Wir Sozialdemokraten wissen, daß man machtpolitische Tatsachen durch bloße Rechtsverwahrungen nicht beseitigen kann. Wir sehen die machtpolitische Tatsache Ihrer augenblicklichen Herrschaft.

Aber auch das Rechtsbewußtsein des Volkes ist eine politische Macht, und wir werden nicht aufhören, an dieses Rechtsbewußtsein zu appellieren ...

Wir deutschen Sozialdemokraten bekennen uns in dieser geschichtlichen Stunde feierlich zu den Grundsätzen der Menschlichkeit und der Gerechtigkeit, der Freiheit und des Sozialismus. Kein Ermächtigungsgesetz gibt Ihnen die Macht, Ideen, die ewig und unzerstörbar sind, zu vernichten.

Sie selbst haben sich ja zum Sozialismus bekannt. Das Sozialistengesetz hat die Sozialdemokratie nicht vernichtet. Auch aus neuen Verfolgungen kann die deutsche Sozialdemokratie neue Kraft schöpfen.

Wir grüßen die Verfolgten und Bedrängten. Wir grüßen unsere Freunde im Reich. Ihre Standhaftigkeit und Treue verdienen Bewunderung. Ihr Bekennermut, ihre ungebrochene Zuversicht verbürgen eine hellere Zukunft."

237. Die Entgegnung Hitlers auf die Rede von Wels (Auszug)

Die schönen Theorien, die Sie, Herr Abgeordneter, soeben hier verkündeten, sind der Weltgeschichte etwas zu spät mitgeteilt worden. Vielleicht hätten diese Erkenntnisse, praktisch angewendet vor Jahren, die heutige Klage von Ihnen erspart ... Sie hatten einst die Möglichkeit, dem deutschen Volk das Gesetz des inneren Handelns vorzuschreiben. Sie haben es auch auf anderen Gebieten gekonnt. Es wäre genauso möglich gewesen, der deutschen Revolution, die von Ihnen mit ausgegangen, denselben Schwung und dieselbe Richtung zu geben, die einst Frankreich seiner Erhebung im Jahre 1870 gegeben hat.

Es wäre in Ihrem Ermessen gewesen, die deutsche Erhebung zu einer wirklich nationalen zu gestalten, und Sie hätten dann das Recht gehabt, wenn die Fahnen der neuen Republik nicht siegreich zurückgekommen wären, immerhin zu erklären: Wir haben das Äußerste getan, um diese Katastrophe durch den letzten Appell an die Kraft des Volkes abzuwenden ... Es lag an Ihnen, dafür zu sorgen, daß, wenn schon die äußere Welt uns unterdrückt, die Art, in der das deutsche Volk diese Unterdrückung entgegennimmt, dann aber wenigstens eine würdige ist ...

Sie sagen: Gleiches Recht! So wie Sie es nach außen hin wünschen, so wünschen wir es auch nach innen. Für dieses ‚gleiche Recht', Herr Abgeordneter Wels, haben wir 14 Jahre gekämpft. Dieses gleiche Recht des nationalen Deutschland haben Sie nicht gekannt! Also reden Sie heute nicht von gleichem Recht. Sie sagen, man soll einen Besiegten nicht für vogelfrei erklären. Nun, Herr Abgeordneter, vogelfrei sind wir gewesen, solange *Sie* die Macht hatten. Sie reden von Verfolgungen. Ich glaube, es sind wenige unter uns hier, die nicht die Verfolgungen von Ihrer Seite im Gefängnis büßen mußten ...

Bleiben Sie jetzt nur im Bereich der Wirklichkeit! Sie sagen weiter, daß die Kritik heilsam sei. Gewiß, wer Deutschland liebt, der mag uns kritisieren, wer aber eine Internationale anbetet, der kann uns nicht kritisieren! ...

Sie sprechen von mangelnder Rechtssicherheit. Meine Herren der Sozialdemokratischen Partei! ... Ich muß schon wirklich sagen, wenn wir nicht ein Gefühl für das Recht hätten, dann wären wir nicht hier. Sie haben im Jahre 1918 sich gegen die gewendet, die Ihnen nichts getan haben. Wir beherrschen uns, gegen die uns zu wenden, die uns 14 Jahre lang gequält und gepeinigt haben. Sie sagen, die nationalsozialistische Revolution habe nichts mit Sozialismus zu tun, sondern der Sozialismus bestehe nur darin, daß man die einzige Trägerin des Sozialismus in Deutschland, die SPD, verfolge.

Sie sind wehleidig, meine Herren, und nicht für die heutige Zeit bestimmt, wenn Sie jetzt schon von Verfolgungen sprechen ... Wer hat Sie denn bisher verfolgt?

Sie sagen, Sie seien die einzigen Träger des Sozialismus. Sie sind der Träger jenes, geheimnisvollen Sozialismus gewesen, den das deutsche Volk in der Wirklichkeit niemals zu sehen erhielt. Sie sprechen weiter davon, daß nicht die Macht entscheidend sei, sondern das Rechtsbewußtsein. Dieses Rechtsbewußtsein haben wir 14 Jahre lang in unserem Volk zu erwecken versucht; allerdings, ich glaube, ... daß das Recht allein leider noch nicht genügt – man muß auch die Macht besitzen!

Und verwechseln Sie uns nicht mit einer bürgerlichen Welt ... Was im Völkerleben morsch, alt und zerbrechlich wird, das vergeht und kommt nicht wieder. Auch Ihre Stunde hat geschlagen, und nur weil wir Deutschland sehen und seine Not und die Notwendigkeit des nationalen Lebens, appellieren wir in dieser Stunde an den deutschen Reichstag, uns zu genehmigen, was wir auch ohnedem hätten nehmen können ...

Ich glaube, daß Sie (zu den Sozialdemokraten) für dieses Gesetz nicht stimmen, weil Ihnen Ihrer Mentalität nach die Absicht unbegreiflich ist, die uns dabei beseelt ...; und ich kann Ihnen nur sagen: ich will auch gar nicht, daß Sie dafür stimmen! Deutschland soll frei werden, aber nicht durch Sie!

238. Prälat Kaas für die Zentrumspartei

... Im Angesicht der brennenden Not, in der Volk und Staat gegenwärtig stehen, im Angesicht der riesenhaften Aufgabe, die der deutsche Wiederaufbau an uns stellt ..., reichen wir von der deutschen Zentrumspartei in dieser Stunde allen, auch früheren Gegnern die Hand, um die Fortführung des nationalen Aufstiegswerkes zu sichern...

... Die gegenwärtige Stunde kann für uns nicht im Zeichen der Worte stehen. Ihr Gesetz, ihr einziges, ihr beherrschendes Gesetz ist das der raschen, bewahrenden, aufbauenden und rettenden Tat. Die Tat kann nur geboren werden in der Sammlung.

Die deutsche Zentrumspartei, die den großen Sammlungsgedanken schon lange vertreten hat, setzt sich in dieser Stunde ... bewußt und aus nationalem Verantwortungsgefühl über alle parteipolitischen und sachlichen Bedenken hinweg. Sie läßt selbst solche Bedenken in den Hintergrund treten, die in normalen Zeiten pflichtmäßig und kaum überwindbar wären.

Die Regierungserklärung ... enthält manches Wort, das wir unterschreiben können, und manches andere ..., auf das einzugehen, wir uns im Interesse der Sammlung, die das Gesetz dieser Stunde sein muß, bewußt versagen.

Gegenüber manchem tagespolitisch bedingten Urteil der Gegenwart erwarten wir für die Arbeit der von uns unterstützten bisherigen Regierungen mit Zuversicht das ausgeglichenere Urteil der Geschichte.

Manche der von Ihnen, Herr Reichskanzler, abgegebenen sachlichen Erklärungen geben, wie ich mit Befriedigung in aller Öffentlichkeit hier feststelle, bezüglich einzelner wesentlicher Punkte des deutschen Staats-, Rechts- und Kulturlebens ... die Möglichkeit, eine Reihe wesentlicher Bedenken, welche die zeitliche und sachliche Ausdehnung des Ermächtigungsbegehrens bei uns ausgelöst hatten und auslösen mußten, anders zu beurteilen.

In der Voraussetzung, daß diese von Ihnen abgegebenen Erklärungen die grundsätzlichen und praktischen Richtlinien für die Durchführung der zu erwartenden Gesetzgebungsarbeit sein werden, gibt die deutsche Zentrumspartei dem Ermächtigungsgesetz ihre Zustimmung.

239. Erklärung des Abgeordneten Ritter von Lex für die Bayerische Volkspartei

... Es ist selbstverständlich, daß ... (meine) Partei auch in der geschichtlichen Wende dieser Tage zur tatkräftigen Mitarbeit am nationalen Aufbauwerk entschieden bereit ist. Für dieses Aufbauwerk hat die Reichsregierung der Vertretung des deutschen Volkes ein Ermächtigungsgesetz vorgelegt.

Dauer und Inhalt dieses Gesetzes haben in der deutschen Geschichte kein Vorbild. Nach unserer Anschauung muß auch die weitestgehende Ermächtigung dort ihre Grenze finden, wo die ewigen Fundamente einer christlichen und nationalen Volksgemeinschaft in Frage stehen. Wir hätten es daher für erforderlich erachtet, daß schon im Wortlaut eines Ermächtigungsgesetzes die Grundrechte eines christlichen und nationalen Staates ausdrücklich gewährleistet worden wären. Wir rechnen hierher insbesondere die Freiheit und Selbständigkeit der christlichen Religionsgemeinschaften, den Bestand der Länder als seit Jahrhunderten bewährter Grundpfeiler der deutschen Nation, die Gewährleistung der Rechtssicherheit, die freie Betätigung der auf der christlich-nationalen Anschauung fußenden politischen, ständischen und kulturellen Verbände und Einrichtungen und endlich die ausdrückliche Sicherung von Leben und Eigentum. Die Ausführungen, die Sie, Herr Reichskanzler, in der Regierungserklärung heute gemacht haben, haben unsere Bedenken gemildert. Wir geben jedoch dabei der Hoffnung Ausdruck, daß die Durchführung und die Handhabung des Ermächtigungsgesetzes sich in den Schranken des christlichen Sittengesetzes hält.

240. Erklärung des Abgeordneten Dr. Reinhold Maier (Württemberg) von der Staatspartei

... Wir fühlen uns in den großen nationalen Zielen durchaus mit der Auffassung verbunden, wie sie heute vom Reichskanzler vorgetragen wurde ... Wir verstehen, daß die gegenwärtige Regierung weitgehende Vollmachten verlangt, um ungestört arbeiten zu können.

Wir vermissen in dem vorliegenden Gesetzentwurf, daß den verfassungsmäßigen Grundrechten und den Grundlagen der bürgerlichen Rechtsordnung keine ausdrückliche Sicherung vor Eingriffen gegeben wurde. Unantastbar müssen vor allem bleiben die Unabhängigkeit der Gerichte, des Berufsbeamtentums und seiner Rechte ..., die staatsbürgerliche Gleichberechtigung. Diese Werte sind Grundelemente jedes Gemeinschaftslebens im geordneten Rechtsstaat. Gerade sie wurden durch die Verfassung von Weimar aus der alten deutschen und preußischen Staatstradition gerettet und dürfen heute ebensowenig wie vor 14 Jahren gefährdet werden.

Im Interesse von Volk und Vaterland und in der Erwartung einer gesetzmäßigen Entwicklung stellen wir heute unsere ernsten Bedenken zurück und stimmen dem Gesetz zu.

241. Der Richter im nationalsozialistischen Staat

Aus den Leitsätzen des „Reichsrechtsführers" Frank vom 14. Januar 1936. Joh. Hohlfeld, a.a.O., Bd. IV, S. 266.

1. Der Richter ist nicht als Hoheitsträger des Staates über den Staatsbürger gesetzt, sondern er steht als Glied in der lebendigen Gemeinschaft des deutschen Volkes. Es ist nicht seine Aufgabe, einer über der Volksgemeinschaft stehenden Rechtsordnung zur Anwendung zu verhelfen oder allgemeine Wertvorstellungen durchzusetzen.

2. Grundlage der Auslegung aller Rechtsquellen ist die nationalsozialistische Weltanschauung, wie sie insbesondere in dem Parteiprogramm und den Äußerungen unseres Führers ihren Ausdruck findet.

3. Gegenüber Führerentscheidungen, die in die Form eines Gesetzes oder einer Verordnung gekleidet sind, steht dem Richter kein Prüfungsrecht zu.

4. Gesetzliche Bestimmungen, die vor der nationalsozialistischen Revolution erlassen worden sind, dürfen nicht angewendet werden, wenn ihre Anwendung dem heutigen gesunden Volksempfinden ins Gesicht schlagen würde.

6. Zur Erfüllung seiner Aufgaben in der Volksgemeinschaft muß der Richter unabhängig sein. Er ist nicht an Weisungen gebunden.

242. Hitler: Erklärung der Reichsregierung in der Reichstagssitzung vom 26. April 1942

Verhandlungen des Reichstages III. und IV. Periode 1936–1942, Bd. 459, S. 109ff.

„... Ich erwarte ..., daß mir die Nation das Recht gibt, überall dort, wo nicht bedingungslos im Dienst der größeren Aufgabe, bei der es um Sein oder Nichtsein geht, gehorcht und gehandelt wird, sofort einzugreifen und dementsprechend selbst handeln zu dürfen ... Es kann in dieser Zeit keiner auf seine wohlerworbenen Rechte pochen, sondern jeder muß wissen, daß es heute nur Pflichten gibt. Ich bitte deshalb den Deutschen Reichstag um die ausdrückliche Bestätigung, daß ich das gesetzliche Recht besitze, jeden zur Erfüllung seiner Pflichten anzuhalten bzw. denjenigen, der seine Pflichten nach meiner gewissenhaften Einsicht nicht erfüllt, entweder zur gemeinen Kassation zu verurteilen oder ihn aus Amt und Stellung zu entfernen ohne Rücksicht, wer er auch sei oder welche erworbenen Rechte er besitze . . .

Ebenso erwarte ich, daß die deutsche Justiz versteht, daß nicht die Nation ihretwegen, sondern daß sie der Nation wegen da ist, d.h., daß nicht die Welt zugrunde gehen darf, in der auch Deutschland eingeschlossen ist, damit ein formales Recht lebt, sondern daß Deutschland leben muß, ganz gleich, wie immer auch formale Auffassungen der Justiz dem widersprechen mögen.

Ich habe – um nur ein Beispiel zu erwähnen – kein Verständnis dafür, daß ein Verbrecher, der im Jahre 1937 heiratet und dann seine Frau so lange mißhandelt, bis sie endlich geistesgestört stirbt, zu 5 Jahren Zuchthaus verurteilt wird in einem Augenblick, in dem Zehntausende braver deutscher Männer sterben müssen, um der Heimat die Vernichtung durch den Bolschewismus zu ersparen . . .

Ich werde von jetzt ab in diesen Fällen eingreifen und Richter, die ersichtlich das Gebot der Stunde nicht erkennen, ihres Amtes entheben . . ."

Der Reichstag bestätigt im Anschluß daran die von Reichstagspräsident Göring verlesene Feststellung:

„. . . Es kann keinem Zweifel unterliegen, daß der Führer in der gegenwärtigen Zeit des Krieges, in der das deutsche Volk in einem Kampf um Sein oder Nichtsein steht, das von ihm in Anspruch genommene Recht besitzen muß, alles zu tun, was zur Erringung des Sieges dient oder dazu beiträgt.

Der Führer muß daher – ohne an bestehende Rechtsvorschriften gebunden zu sein – in seiner Eigenschaft als Führer der Nation, als Oberster Befehlshaber der Wehrmacht, als Regierungschef und oberster Inhaber der vollziehenden Gewalt, als Oberster Gerichtsherr und als Führer der Partei jederzeit in der Lage sein, nötigenfalls jeden Deutschen . . . mit allen ihm geeignet erscheinenden Mitteln zur Erfüllung seiner Pflichten anzuhalten und bei Verletzung dieser Pflichten nach gewissenhafter Prüfung ohne Rücksicht auf sogenannte wohlerworbene Rechte, ihn im besonderen ohne Einleitung vorgeschriebener Verfahren aus seinem Amt, aus seinem Rang und seiner Stellung zu entfernen."

D. Der Antisemitismus

Einführung

Zum Verständnis der Rolle des Antisemitismus in Ideologie und Praxis des Nationalsozialismus ist es erforderlich, den Werdegang der antisemitischen Tendenzen in der europäischen Geschichte in einigen Strichen zu verdeutlichen. Über dieses Thema liegt eine Reihe von Untersuchungen von unterschiedlicher Bedeutung vor. Am stärksten beeindruckt die um wissenschaftliche Objektivität bemühte Studie von Frau Dr. Reichmann, die, obwohl selbst Opfer der Verfolgung, sich jeder Anklage enthält. Das Buch erschien in England und Amerika unter dem Titel „Hostages of Civilization", deutsche Übersetzung: Flucht in den Haß, Ursachen der Judenkatastrophe (Europ. Verlagsanstalt Frankfurt/Main, 1956).

Die Lage der Juden war in der europäischen Geschichte immer umstritten. Sie hatten ihre mittelalterliche Verfassung bewahrt und lebten auch in der Neuzeit in religiöser, kultureller, rechtlicher, sozialer und örtlicher Abgeschlossenheit. Im Gefolge der Ideen der Französischen Revolution (Emanzipation) entstand für sie das Problem der Assimilation; dabei mußte die jüdische Gemeinschaft sich zwangsläufig auflösen.

Der Antisemitismus des frühen 19. Jahrhunderts stellte ein ernstes *gesellschaftliches Problem* dar. Mehrheit neigt immer zur Selbstbestätigung und sieht an der Minderheit nur Mängel.

„Der Jude ist Staatsbürger, Stadtbürger, er erhebt die ihm daraus zustehenden Ansprüche, entwickelt nach und nach seine eigene Abart des landesüblichen Patriotismus. Er ist aufgestiegen und hat manche sichtbaren Machtpositionen inne. Er ist überall, aber er ist nirgends zu Hause... Die Juden werden als zweitrangig angesehen; man läßt sie zu intimen Freundeskreisen nicht zu: aber sie selbst halten sich für das von Gott auserwählte Volk. Sie streben gegen Widerstände nach gesellschaftlicher Anerkennung durch die Nichtjuden; aber sie halten sich gleichzeitig zurück und beharren in selbstgewählter Abgeschlossenheit. Die Juden sind reich und hängen am Gelde, aber sie stellen sozialistische Führer, deren Programm es ist, den Kapitalismus zu stürzen. Die Juden sind radikal, sie sind prominent in allen fortschrittlichen Bewegungen, aber sie selbst halten im jüdischen Bereich an vielen offensichtlich überholten Tabus fest und bewahren merkwürdige jahrtausendealte Sitten." (Eva Reichmann a.a.O. S. 57)

Die antisemitische Bewegung ist aber nicht nur durch gesellschaftliche Probleme ausgelöst worden. Es bedurfte *wirtschaftlicher Gründe* und einer zielbewußten subjektiven Lenkung. Im Laufe des 19. Jahrhunderts verminderten sich ständig die gesellschaftlichen Spannungen, welche antisemitische Motive liefern konnten. Zur gleichen Zeit nehmen kollektive Unlustgefühle, die aus anderen Quellen herrühren, ständig zu.

Der erbitterte Konkurrenzkampf in der Freihandelswirtschaft ließ bei den Opfern dieses Ringens, vornehmlich bei Handwerkern und Lohnarbeitern, Unlustgefühle entstehen, die sich gegen die in Handel und Wirtschaft aufsteigenden Juden richteten; denn diese brachten eine besondere „Wirtschaftsgesinnung" für die freie Konkurrenzwirtschaft mit und wirkten überall als kapitalistische Pioniere.

Als Folge der industriellen Revolution sind auch auf dem Kontinent die religiösen Werte weitgehend erschüttert worden. Die *Säkularisierung* vieler Lebensbereiche führte den Durchschnittsmenschen zu Ungläubigkeit und Zweifel und damit zu vermehrter Ratlosigkeit. Er wurde hin und her gerissen zwischen vielen Möglichkeiten. Er suchte nach einem Halt; er fand ihn im Jahrhundert der Wissenschaftsgläubigkeit in der Bildung. Aber diese blieb bei vielen eine Halbbildung, die sie anfällig werden ließ für die Propaganda. Der Mensch wurde in seiner Selbsteinschätzung allzu leicht ein Opfer pseudowissenschaftlicher Irrlehren. Der Abbau der Werte führte schließlich folgerichtig zu einem Wiederaufbrechen der Gewalt. Sie wurde nach Ortega y Gasset von einer „ultima ratio" zu einer „prima ratio". Damit gewann auch der Antisemitismus eine besondere Bedeutung.

Das Jahrhundert der Emanzipation war aber nicht nur das Jahrhundert der Lebensbeschwerung und der Wertezersetzung, sondern auch ein Jahrhundert eines enormen Bevölkerungszuwachses, vorwiegend der proletarischen Unterschicht. Es begann die Entstehung der pluralistischen Gesellschaft, und die sich anbahnende demokratische Lebensform in Deutschland nahm schließlich im 20. Jahrhundert immer mehr den Charakter einer „Massendemokratie" an. So sehr berechtigt das Streben der Lohnarbeiter und des Kleinbürgertums nach Hebung ihres materiellen und geistigen Lebensstandards war, so sehr wurden sie in ihrem Streben nach etwas „Höherem" zu typischen Vertretern der Halbbildung, die sich anmaßten, den Lauf der Welt zu verstehen. Die Politik mußte immer stärker mit diesen Massen als entscheidenden Faktoren im Kräftespiel des Volkes rechnen. Der Politiker wurde je nach dem Grade seiner Verantwortungsbereitschaft dazu geführt, in einer Demokratie nicht mehr mit Vernunftargumenten auf die Wählerschaft einzuwirken. Die moderne Halbbildung und die irrationalen Motive der Wählerschaft können einem entschlossenen Politiker einen durchschlagenden und höchst gefährlichen Erfolg bescheren, wenn er diese beiden Wesenszüge zu bestimmten Zwecken systematisch ausnutzt.

Je primitiver eine Ideologie ist, desto größer sind die Aussichten dafür, daß sie von der Masse aufgenommen wird. Ein ideologisches Element wird um so „leichter“ empfunden, je geringere Anforderungen an Verstand oder Moral es stellt und je unmittelbarer es „Triebbefreiung“ verheißt.

Quellen und Darstellungen

243. Die rechtliche Situation der Juden um 1830

E.L. Ehrlich, Geschichte der Juden in Deutschland Bd. I (1887) S. 373.
Aus einem Briefe Gabriel Riessers an I. Jacobson vom 16. 3. 1828.

In Deutschland muß man vor allem die Länder unterscheiden, wo die Juden ein modifiziertes Bürgerrecht haben, vermöge dessen ihnen nur politische Rechte, Ansprüche auf Staatsämter, hie und da auch einige Zweige des Erwerbs vorenthalten sind; und die, wo ihnen überhaupt das Bürgerrecht, und dem gemäß, da, wo Zunftzwang hinzukommt, die Freiheit bürgerliche Gewerbe zu treiben, fehlt. Zu den letzten gehören (von Lübeck und Bremen abgesehen, wo gar keine Juden in der Stadt wohnen dürfen) Hamburg, Sachsen, Hannover ... In die Kategorie der Staaten der anderen Art gehört zuerst Preußen, das durch das Gesetz vom Jahre 1812 den Juden das Bürgerrecht ohne Beschränkung einer Privattätigkeit erteilt hat ... Durch den unseligen Geist der Bekehrerei aber, der sich seit einer Reihe von Jahren der Preußischen Regierung bemächtigt, ist die freie Entwicklung, die dieses Gesetz herbeiführen sollte, gehemmt worden. Zu städtischen Ämtern wurden die Juden nicht selten gewählt; aber zur Zulassung zu einem Staatsamt hat die Regierung immer die Taufe als eine Präliminar-Maßregel verlangt, und leider hat ein großer Teil derer, die darauf Anspruch machten, ihren Willen getan. Ja, der König hat sich soweit vergessen, durch eine Kabinetts-Ordre von 1823 geradezu zu erklären, daß dem ausdrücklichen Ausspruch des Gesetzes zuwider, auch zu Schul- und Universitätsämtern keine Juden zugelassen würden! ... Liberaler in einer Beziehung ist das Württembergische Gesetz von 1828, indem es die Juden zu allen Ämtern, sowie zur Volksvertretung zuläßt ... In Baden sind die Juden vom Staatsdienst ausgeschlossen; zu städtischen Ämtern werden sie zugelassen ... Mangelhafter ist der Zustand noch in Bayern. Die härtesten Beschränkungen sind die, daß eine Zahl für die Familien in jeder Stadt festgesetzt ist, und daß in den Städten, in denen bis jetzt keine Juden wohnen, ihnen die Niederlassung versagt ist ...

244. Antisemitismus 1848

E. Sterling, Aus der Frühgeschichte des Antisemitismus, München 1956, S. 180.

Von Ausschreitungen gegen die jüdische Bevölkerung müssen besonders erwähnt werden: die Hep-Hep-Stürme im Sommer und Herbst 1819, die sich über viele Städte und Dörfer ganz Deutschlands ausbreiten. Den Anlaß geben der Wiener Kongreß, die Hungersnot und die unerträglich gewordene Verarmung der Handwerker: eine Folge der Konkurrenz, die die englische Massenproduktion entstehen läßt. – 1830 gibt es Exzesse in den süddeutschen Städten, in Hessen und Hamburg, verbunden mit Verbrennungen von Schlössern, Stürmen auf die Mauth- und Licensebureaus. – Die Ausschreitungen 1834 im Rheinland sind die Folge von Blutbeschuldigungen und einer landwirtschaftlichen Krise. – Die Tumulte 1844 in Breslau stehen im Zusammenhang mit den Weberaufständen im Riesengebirge. – Der unmittelbare Anlaß der Exzesse im März 1848, besonders im Odenwald und den süddeutschen Kleinstädten, sind Hungersnot, die unerträgliche Lage der Bauern und der Bankrott einiger Banken und Fabriken.

Diejenigen, die aktiv an den Exzessen sich beteiligten, sind hauptäschlich Angehörige der untersten Klassen des Volkes, die meistgepeinigten Opfer der Gesellschaft: verschuldete Bürger, Handlungsdiener und Gesellen, pensionierte Soldaten, Dienstboten, Tagelöhner, Heimat- und Berufslose, Trunkenbolde, Habenichtse und Gassenjungen. – „Knechte und Tagelöhner" werden „im Wirtshaus zum Branntweintrinken ermuntert", danach – oft vor der Kirche – „militärisch aufgestellt", Trommelschläger der Schar voran, die dann, oft unter Glockengeläut von Dorf zu Dorf zieht, um auf die Juden loszugehen. Nicht selten schließen Frauen und Kinder sich an. Scharenweise ziehen die Aufständischen manchmal mit weißer Fahne, auf der ein blutig rotes Kreuz zu sehen ist, oder gelegentlich mit einer großen Puppe auf den Schultern, die den gehenkten Judas vorstellt, johlend vor die Synagoge oder vor die Häuser der Juden, schreien aus vollem Halse: „Schlagt die Juden tot!" „Hep, Hep, Jud, verreck!" oder „Es lebe die Freiheit, ein Glaube, ein Gott", werfen die Fenster ein, brechen die Türen auf, zerschlagen die Möbel mit Beilen und Brecheisen und plündern die Geschäfte; Wagen, angefüllt mit Steinen fahren vor und versorgen die Tumultanten mit Wurfgeschossen. – Ähnlich und noch schlimmer geht es in den Städten zu. –

Mitten in diesem Lärm und wütenden Spektakel, nach Ermordung des Juden *in effigie* [im Bild], nach Vernichtung seines Eigentums und Schändung seiner heiligen Stätten, macht der tobende Haufe aber plötzlich halt: die lebenden Menschen werden von keinem angetastet. – Damals kommen die Juden noch mit dem Leben davon.

Die Teilnahme der Bürger und Landbesitzer an den Ausschreitungen aber beschränkt sich auf das Aufwiegeln und Aufstacheln der Tumultanten: sie selber sind zu „bieder" und halten sich für zu vornehm, um mit Prügeln und Beilen bewaffnet in jüdische Häuser einzubrechen und Steine durch die Fenster zu werfen.

245. Aufruf badischer Liberaler an das deutsche Volk, 1848

Aus E. Sterling, Er ist wie Du, München 1956, S. 183.

Mit tiefem Schmerze, welchen alle wahren Freunde der Volksfreiheit und des Vaterlandes teilen, vernehmen wir die Nachricht, daß die Tage, welche die Herzen aller wackeren Bürger mit hoher Begeisterung erfüllen, die Tage, welche unser ganzes Volk erlösen sollten von dem Drucke der Knechtschaft von Jahrzehnten, ja von Jahrhunderten, entweiht werden sollten durch die blinde Zerstörungswut und Gefährdung der Personen und des Eigentums unserer Mitbürger mosaischen Glaubens, daß das leuchtende Panier der Freiheit besudelt werden will durch schmähliche Exzesse.

Die Feinde der bürgerlichen Freiheit, die Gegner der freien Entwicklung, die Volksfeinde, welche den alten Zustand der Unterdrückung gerne zurückgeführt sähen, sie werden sich schadenfroh die Hände reiben und frohlocken, sie werden solche Exzesse anregen, schüren, heraufbeschwören, um dann ausrufen zu können: Seht, das Volk ist nicht würdig der Freiheit; *denn ein Volk, das wahrhaft frei ist, mißbraucht die Freiheit nicht, um des anderen Friede und Glück zu verletzen.* Mitbürger, wir wissen, daß wir in eurer aller Sinn sprechen, wenn wir Euch zurufen:

Es ist eine heilige Pflicht eines jeden Ehrenmannes, der nicht mit dem Namen der Freiheit schnödes Spiel treibt, der nicht ihren Namen zur Befriedigung anderer Leidenschaften mißbrauchen will, es ist eine heilige Pflicht aller wahren Volks- und Freiheitsfreunde, mit aller Energie solch frevelhaftem Beginnen entgegenzutreten. Nur Diener der Reaktion oder von ihnen Irregeleitete vermögen zu Judenverfolgungen die Hand zu bieten, wie sie nie ein freies Land, wohl aber der Despotismus konnte.

Wir unterzeichneten Abgeordneten fordern in unserem und aller unserer Kollegen Namen, im Namen aller, die es treu und redlich mit dem Volke und seiner Freiheit meinen, auf, durch Belehrung, Wort und Tat, mit aller Kraft und Energie dahin zu wirken, daß solche Entweihungen der Tage der Freiheit unterbleiben und nicht des Volkes Ehre und Namen geschändet werden durch Frevel und Unthaten.

Mannheim, den 8. März 1848

gez. Hecker, Helmreich
v. Itzstein, v. Soirron,
Weller, M. Sachs, Karl Mathy,
Fr. Bassermann

246. Rassischer Antisemitismus

A. Bein, Der moderne Antisemitismus und seine Bedeutung für die Judenfrage (1958), in Vierteljahreshefte für Zeitgeschichte, Jg. 6.

Ernest Renan, Histoire générale et système comparé des langues sémitiques (1855)

Es hieße den Pantheismus in der Geschichte übertreiben, wollte man alle Rassen als gleichwertig betrachten . . . Ich bin daher der erste, anzuerkennen, daß die semitische Rasse im Vergleich mit der indoeuropäischen Rasse wahrhaftig eine minderwertige Mischung der menschlichen Natur darstellt.

Anonym, Die Juden und der deutsche Staat (1861)

Mehrtausendjährige Abschließung und Inzucht haben die durchgreifende Herrschaft des Rassentypus befestigt und die Denkweise zu einem Teile desselben gemacht. Jüdisches Blut und jüdischer Sinn sind untrennbar geworden, und wir müssen das Judentum nicht allein als Religion und Kirche, sondern auch als den Ausdruck einer Rasseneigentümlichkeit auffassen.

Eugen Dühring, Die Judenfrage als Rassen-, Sitten- und Kulturfrage (1881)

Der Judengott ist unduldsam wie sein Volk. Er muß durchaus ein Monopol haben; neben ihm dürfen andere Götter nicht existieren. Die Juden sind das ausgewählte Volk, und er ist der alleinige Gott. Die Juden sind seine Knechte, aber dafür sollen sie die Herren der Welt sein . . . Der Judengott ist die Verkörperung des Judentrachtens. Die Judenreligion ist eine Racenreligion, wie die Judenmoral eine Racenmoral.

Die Juden sind, . . . ein inneres Carthago, dessen Macht die modernen Völker brechen müssen, um nicht selbst von ihm eine Zerstörung ihrer sittlichen und materiellen Grundlagen zu erleiden.

Die Judenhaftigkeit läßt sich . . . nicht anders als mit den Juden selbst beseitigen.

Edouard Drumont, La France Juive (1886)

Den Ariern allein sind alle größeren und selbst die unbedeutenderen Entdeckungen zuzuschreiben . . ., der Semit versteht nur die Kunst, die Erfindungsgabe und die Arbeit der Christen auszubeuten.

Drumont sieht die ganze Geschichte unter dem Aspekt des Antisemitismus. Er rechtfertigt u.a. auch die Inquisition als eine Notwehr Spaniens gegen die Fremden, die es durch Brunnenvergiftung, Verrat und Wühlerei zu zerstören versuchten ... Die Emanzipation von 1791 war ein Fehler; die Juden sind nicht Franzosen, wie sie behaupten; sie sind vielmehr ein Gastvolk, welches das Entgegenkommen des Wirtsvolkes nur dazu ausnutzt, es zu beherrschen, die jüdische Weltherrschaft auszubreiten, deren zentrales Organ die „Alliance Israélite Universelle" ist. Als Vertreter eines anonymen Kapitalismus zerstören die Juden, deren Handelsgeist rassenmäßig verankert ist, durch ihre Großbetriebe den christlichen Mittelstand und bringen den ganzen Besitz der Völker an sich (siehe Rothschild). Sie depravieren mit ihrem minderwertigen Rassencharakter das Franzosentum, sie sind schuld an der Dekadenz Frankreichs. Ihre Assimilation ist unmöglich, ihre radikale Aufsaugung durch Mischehen wegen ihres unheilvollen Rasseneinflusses unerwünscht. Ihre Emanzipation ist zurückzunehmen, ihr Besitz zu beschlagnahmen und zur Anschaffung von Produktionsmitteln für die ausgebeuteten Arbeiter zu verwenden.

Drumonts Buch hatte einen ungeheuren buchhändlerischen Erfolg; 1886 allein wurden über 100000 Exemplare verkauft.

Paul de Lagarde, Juden und Indogermanen (1887)

Es gehört ein Herz von der Härte der Krokodilhaut dazu, um mit den armen ausgesogenen Deutschen nicht Mitleid zu empfinden und – was dasselbe ist – um die Juden nicht zu hassen, um diejenigen nicht zu hassen und zu verachten, die – aus Humanität! – diesen Juden das Wort reden oder die zu feige sind, dies Ungeziefer zu zertreten. Mit Trichinen und Bazillen wird nicht verhandelt, Trichinen und Bazillen werden auch nicht erzogen, sie werden so rasch und so gründlich wie möglich vernichtet.

247. Bevölkerungsanteil und Berufsgliederung der Juden in Deutschland

Nach Monumenta Judaica, hrsg. von K. Schölling, 1963, S. 366ff.

a) Die jüdische Bevölkerung im Reich 1871 bis 1925

Jahr	Gesamtbevölkerung	davon Juden	in Prozent	davon ausländ. Juden	in Prozent
1871	41062444	512153	1,25	nicht ermittelt	nicht ermittelt
1880	45234061	561612	1,24	15000	3,9
1890	56367178	586833	1,04	41113	7,0
1910	64926000	615021	0,95	78746	12,8
1925	63225000	564000	0,93	107747	19,1

b) Berufsgliederung der jüdischen Erwerbstätigen in Preußen 1882 bis 1907

Die jüdische Gewerbestruktur in Preußen entspricht im ganzen der des Reiches

Berufe	Zahl der Erwerbstätigen in Prozent 1882	1895	1907
Landwirtschaft	1708 (1,28%)	1650 (1,05%)	2355 (1,23%)
Industrie und Handwerk	28546 (21,39%)	33246 (21,21%)	46021 (24,05%)
Handel, Verkehr, Gastwirtschaft, Versicherung.	78196 (58,60%)	86573 (55,25%)	92869 (48,55)%
Freie Berufe	6351 (4,76%)	9804 (6,25%)	13083 (6,84%)
Häuslicher Dienst	692 (0,51%)	672 (0,42%)	998 (0,52%)
Berufslose Selbständige	17946 (13,46%)	24732 (15,82)%	35940 (18,18%)

c) Zahl der Juden in Heer und Kriegsmarine im Vergleich mit der Gesamtbevölkerung 1895 und 1907

Heer und Kriegsmarine einschließlich Verwaltung	1895 Gesamtzahl	1895 Juden	1907 Gesamtzahl	1907 Juden	Anteil der Juden 1895	Anteil der Juden 1907
Offiziere und Beamte	27966	38	33067	16	0,13%	0,05%
Unteroffiziere u. Mannschaften einschl. Verwaltungspersonal	603012	2840	618127	2009	0,47%	0,32%

Jüdische aktive Offiziere gab es nicht. Nach dem Gesetz war eine Zurückstellung von der Aufnahme ins Offizierskorps unmöglich, der Praxis der Verwaltung und des Personalamtes nach jedoch konnte kein Jude Offizier werden, in Preußen nicht einmal Reserveoffizier, obgleich man jüdischen Soldaten nach ihrer Dienstzeit die Befähigung zum Offizier zusprach – aber nur für den Kriegsfall!

248. Theodor Herzls Konzeption des Judenstaates

Theodor Herzl, Der Judenstaat (1896), 1920, S. 9f., 21ff., 14.

Die Judenfrage besteht. Es wäre töricht, sie zu leugnen. ...

Ich glaube den Antisemitismus, der eine vielfach komplizierte Bewegung ist, zu verstehen. Ich betrachte diese Bewegung als Jude, aber ohne Haß und Furcht. ... Ich halte die Judenfrage weder für eine soziale, noch für eine religiöse, wenn sie sich auch noch so oder anders färbt. Sie ist eine nationale Frage, und um sie zu lösen, müssen wir vor allem sie zu einer politischen Weltfrage machen, die im Rate der Kulturvölker zu regeln sein wird.

Wir sind ein Volk, *ein* Volk.

Wir haben überall ehrlich versucht, in der uns umgebenden Volksgemeinschaft unterzugehen und nur den Glauben unserer Väter zu bewahren. Man läßt es nicht zu. Vergebens sind wir treue und an manchen Orten sogar überschwengliche Patrioten, vergebens bringen wir dieselben Opfer an Gut und Blut wie unsere Mitbürger, vergebens bemühen wir uns, den Ruhm unserer Vaterländer in Künsten und Wissenschaften, ihren Reichtum durch Handel und Verkehr zu erhöhen. In unseren Vaterländern, in denen wir ja auch schon seit Jahrhunderten wohnen, werden wir als Fremdlinge angeschrien; oft von solchen, deren Geschlechter noch nicht im Lande waren, als unsere Väter da schon seufzten ...

Wir sind ein Volk – der Feind macht uns ohne unseren Willen dazu, wie das immer in der Geschichte so war. In der Bedrängnis stehen wir zusammen, und da entdecken wir plötzlich unsere Kraft. Ja, wir haben die Kraft, einen Staat, und zwar einen Musterstaat zu bilden. Wir haben alle menschlichen und sachlichen Mittel, die dazu nötig sind ...

Man gebe uns die Souveränität eines für unsere gerechten Volksbedürfnisse genügenden Stückes der Erdoberfläche, alles andere werden wir selbst besorgen ...

Zwei Gebiete kommen in Betracht: Palästina und Argentinien ...

Palästina ist unsere unvergeßliche historische Heimat. Dieser Name allein wäre ein gewaltig ergreifender Sammelruf für unser Volk. Wenn seine Majestät der Sultan uns Palästina gäbe, könnten wir uns dafür anheischig machen, die Finanzen der Türkei gänzlich zu regeln. Für Europa würden wir dort ein Stück des Walles gegen Asien bilden, wir würden den Vorpostendienst der Kultur gegen die Barbarei besorgen. Wir würden als neutraler Staat im Zusammenhang bleiben mit ganz Europa, das unsere

Existenz garantieren müßte. Für die heiligen Stätten der Christenheit ließe sich eine völkerrechtliche Form der Exterritorialisierung finden. Wir würden die Ehrenwache um die heiligen Stätten bilden und mit unserer Existenz für die Erfüllung dieser Pflicht haften. Diese Ehrenwache wäre das große Symbol für die Lösung der Judenfrage nach achtzehn für uns qualvollen Jahrhunderten ...

Niemand ist stark oder reich genug, um ein Volk von einem Wohnort nach einem anderen zu versetzen. Das vermag nur eine Idee. Die Staatsidee hat wohl eine solche Gewalt. Die Juden haben die ganze Nacht ihrer Geschichte hindurch nicht aufgehört, diesen königlichen Traum zu träumen: „Übers Jahr in Jerusalem!" ist unser altes Wort. Nun handelt es sich darum, zu zeigen, daß aus dem Traum ein taghheller Gedanke werden kann ...

249. Das Baseler Programm der zionistischen Bewegung, 1897

A. Ullmann, Israels Weg zum Staat, 1964, S. 127.
Aus dem Stenographischen Protokoll der Verhandlungen des I. Zionistenkongresses.

Der Zionismus erstrebt für das jüdische Volk die Schaffung einer öffentlich-rechtlich gesicherten Heimstätte in Palästina. Zur Erreichung dieses Zieles nimmt der Kongreß folgende Mittel in Aussicht:

1. Die zweckdienliche Förderung der Besiedlung Palästinas mit jüdischen Ackerbauern, Handwerkern und Gewerbetreibenden.
2. Die Gliederung und Zusammenfassung der gesamten Judenschaft durch geeignete örtliche und allgemeine Veranstaltungen nach den Landesgesetzen.
3. Die Stärkung des jüdischen Volksgefühls und Volksbewußtseins.
4. Vorbereitende Schritte zur Erlangung der Regierungszustimmungen, die nötig sind, um das Ziel des Zionismus zu erreichen.

250. Programm des Zentralvereins deutscher Staatsbürger jüdischen Glaubens vom 27. 9. 1893

Monumenta Judaica a.a.O., S. 324.

1. Wir deutschen Staatsbürger jüdischen Glaubens stehen fest auf dem Boden der deutschen Nationalität. Unsere Gemeinschaft mit den Juden anderer Länder ist keine andere als die Gemeinschaft der Katholiken und Protestanten Deutschlands mit den Katholiken und Protestanten anderer Länder. Wir erfüllen als Staatsbürger freudig unsere Pflicht und halten fest an unseren verfassungsmäßigen Rechten.
2. Wir gehören als Juden zu keiner politischen Partei. Die politische Meinung ist, wie die religiöse, Sache des einzelnen.
3. Wir haben keine andere Moral als unsere andersgläubigen Mitbürger. Wir verdammen die unsittliche Haltung des einzelnen, wes Glaubens er sei.
4. Wir verwahren uns gegen die leichtfertige und böswillige Verallgemeinerung, mit der Vergehen einzelner Juden der jüdischen Gesamtheit zur Last gelegt werden.

251. Hitler über die Juden

Hitler, Mein Kampf, S. 59, 60, 61/62, 64, 70, 356ff.

„... Wenn ... auch meine Ansichten in bezug auf den Antisemitismus dem Wechsel der Zeit unterlagen, dann war dies wohl meine schwerste Wandlung überhaupt. Sie hat mir die meisten inneren seelischen Kämpfe gekostet, und erst nach monatelangem

Ringen zwischen Verstand und Gefühl begann der Sieg sich auf die Seite des Verstandes zu schlagen. Zwei Jahre später war das Gefühl dem Verstande gefolgt, um von nun an dessen treuester Wächter und Warner zu sein . . .

Freilich daran, daß es sich hier (bei den Juden) nicht um Deutsche einer besonderen Konfession handelte, sondern um ein Volk für sich, konnte auch ich nicht mehr gut zweifeln; denn seit ich mich mit der Frage zu beschäftigen begonnen hatte, auf den Juden erst einmal aufmerksam wurde, erschien mir Wien in einem anderen Licht als vorher . . .

Nichts hatte mich in kurzer Zeit so nachdenklich gestimmt als die langsam aufsteigende Einsicht in die Art der Betätigung der Juden auf gewissen Gebieten.

Gab es denn da einen Unrat, eine Schamlosigkeit in irgendeiner Form, vor allem des kulturellen Lebens, an der nicht wenigstens ein Jude beteiligt gewesen wäre? . . .

Es war eine schwere Belastung, die das Judentum in meinen Augen erhielt, als ich seine Tätigkeit in der Presse, in Kunst, Literatur und Theater kennenlernte. Da konnten nun alle salbungsvollen Beteuerungen wenig oder nichts mehr nützen. Es genügte schon, eine der Anschlagsäulen zu betrachten, die Namen der Erzeuger dieser gräßlichen Machwerke für Kino und Theater, die da angepriesen wurden, zu studieren, um auf längere Zeit hart zu werden. Das war Pestilenz, geistige Pestilenz, schlimmer als der Schwarze Tod von einst . . .

Nun wich ich der Erörterung der Judenfrage nicht mehr aus, nein, nun wollte ich sie

Wie ich aber so in allen Richtungen des kulturellen und künstlerischen Lebens und seinen verschiedenen Äußerungen nach dem Juden suchen lernte, stieß ich plötzlich an einer Stelle auf ihn, an der ich ihn am wenigsten vermutet hätte . . .

Indem ich den Juden als Führer der Sozialdemokratie erkannte, begann es mir wie Schuppen von den Augen zu fallen .

Siegt der Jude mit Hilfe seines marxistischen Glaubensbekenntnisses über die Völker dieser Welt, dann wird seine Krone der Totentanz der Menschheit sein, dann wird dieser Planet wieder wie einst vor Jahrmillionen menschenleer durch den Äther ziehen. Die ewige Natur rächt unerbittlich die Übertretung ihrer Gebote.

So glaube ich heute im Sinne des allmächtigen Schöpfers zu handeln: *Indem ich mich des Juden erwehre, kämpfe ich für das Werk des Herrn . . .*"

„Die Unkenntnis der breiten Masse über das innere Wesen des Juden, die instinktlose Borniertheit unserer oberen Schichten lassen das Volk leicht zum Opfer dieses jüdischen Lügenfeldzuges werden.

(Anmerkung: die Macht der von den Juden kontrollierten Presse.)

Langsam legt sich die Furcht vor der marxistischen Waffe des Judentums wie ein Alpdruck auf Hirn und Seele der anständigen Menschen. Man beginnt vor dem furchtbaren Feind zu zittern und ist damit sein endgültiges Opfer geworden.

Die Herrschaft des Juden im Staat erscheint schon so gesichert, daß er . . . seine völkischen und politischen letzten Gedankengänge rücksichtslos zugibt. Ein Teil seiner Rasse bekennt sich schon ganz offen als fremdes Volk, nicht ohne dabei auch wieder zu lügen. Denn indem der Zionismus der anderen Welt weiszumachen versucht, daß die völkische Selbstbesinnung der Juden in der Schaffung eines palästinensischen Staates seine Befriedigung fände, betölpeln die Juden abermals die dummen Gojim auf das gerissenste. Sie denken gar nicht daran, in Palästina einen jüdischen Staat aufzubauen, um ihn etwa zu bewohnen, sondern sie wünschen nur eine mit eigenen Hoheitsrechten ausgestattete, dem Zugriff anderer Staaten entzogene

Organisationszentrale ihrer internationalen Weltgaunerei: einen Zufluchtsort überführter Lumpen und eine Hochschule werdender Gauner . . .

Wie sehr sie den nahenden Sieg schon vor Augen sehen, geht aus der furchtbaren Art hervor, die ihr Verkehr mit den Angehörigen der anderen Völker annimmt . . . Mit allen Mitteln versucht er (der Jude) die rassischen Grundlagen des zu unterjochenden Volkes zu verderben. So wie er selber planmäßig Frauen und Mädchen verdirbt, so schreckt er auch nicht davor zurück, selbst im größeren Umfang die Blutschranken für andere einzureißen.

Juden waren und sind es, die den Neger an den Rhein bringen, immer mit dem gleichen Hintergedanken und klaren Ziel, durch die dadurch eintretende zwangsläufige Bastardierung die ihnen verhaßte weiße Rasse zu zerstören, von ihrer kulturellen und politischen Höhe zu stürzen und selber zu ihren Herren aufzusteigen.

Denn ein rassereines Volk, das sich seines Blutes bewußt ist, wird vom Juden niemals unterjocht werden können. Er wird auf dieser Welt ewig nur der Herr von Bastarden sein . . .

Politisch aber beginnt er, den Gedanken der Demokratie abzulösen durch den der Diktatur des Proletariats.

In der organisierten Masse des Marxismus hat er die Waffe gefunden, die ihn die Demokratie entbehren läßt und ihm an Stelle dessen gestattet, die Völker diktatorisch mit brutaler Faust zu unterjochen und zu regieren . . .

Nun beginnt die große, letzte Revolution. Indem der Jude die politische Macht erringt, wirft er die wenigen Hüllen, die er noch trägt, von sich. Aus dem demokratischen Volksjuden wird der Blutjude und Völkertyrann. In wenigen Jahren versucht er, die nationalen Träger der Intelligenz auszurotten und macht die Völker, indem er sie ihrer natürlichen geistigen Führer beraubt, reif zum Sklavenlos einer dauernden Unterjochung.

Das furchtbarste Beispiel dieser Art bietet Rußland, wo er an die dreißig Millionen Menschen in wahrhaft satanischer Wildheit, teilweise unter unmenschlichen Qualen tötete oder verhungern ließ, um einem Haufen jüdischer Literaten und Börsenbanditen die Herrschaft über ein großes Volk zu sichern.

Das Ende ist aber nicht nur das Ende der Freiheit der vom Juden unterdrückten Völker, sondern auch das Ende dieses Völkerparasiten selber. Nach dem Tod des Opfers stirbt auch früher oder später der Vampir . . ."

252. Aus dem „Gesetz zum Schutz des deutschen Blutes und der deutschen Ehre" vom 15. September 1935

Joh. Hohlfeld, a.a.O., S. 255.

„Durchdrungen von der Erkenntnis, daß die Rcinheit des deutschen Blutes die Voraussetzung für den Fortbestand des deutschen Volkes ist, und beseelt von dem unbeugsamen Willen, die deutsche Nation für alle Zukunft zu sichern, hat der Reichstag einstimmig das folgende Gesetz beschlossen, das hiermit verkündet wird.

§ 1

1. Eheschließungen zwischen Juden und Staatsangehörigen deutschen oder artverwandten Blutes sind verboten. Trotzdem geschlossene Ehen sind nichtig, auch wenn sie zur Umgehung dieses Gesetzes im Ausland geschlossen sind . . .

§ 2

Außerehelicher Verkehr zwischen Juden und Staatsangehörigen deutschen oder artverwandten Blutes ist verboten.

§ 3

Juden dürfen weibliche Staatsangehörige deutschen oder artverwandten Blutes unter 45 Jahren nicht in ihrem Haushalt beschäftigen.

§ 4

1. Juden ist das Hissen der Reichs- und Nationalflagge und das Zeigen der Reichsfarben verboten.

2. Dagegen ist ihnen das Zeigen der jüdischen Farben gestattet ..."

253. Aus dem Besprechungsprotokoll über die „Endlösung der Judenfrage"

(Stempel: Geheime Reichssache)

L. Poliakov–J. Wulf, Das Dritte Reich und die Juden, Berlin 1955, S. 35f.

Die Besprechung fand am 20. Januar 1942 in Berlin unter Vorsitz von SS-Obergruppenführer Heydrich als dem Beauftragten für die Vorbereitung der Endlösung der europäischen Judenfrage statt.

„... An Stelle der Auswanderung ist als weitere Lösungsmöglichkeit die Evakuierung der Juden nach dem Osten getreten. Im Zuge der Endlösung der europäischen Judenfrage kommen rund 11 Millionen Juden in Betracht. Unter entsprechender Leitung sollen im Zuge der Endlösung die Juden in geeigneter Weise im Osten zum Arbeitseinsatz kommen. In großen Kolonnen werden die arbeitsfähigen Juden straßenbauend in diese Gebiete geführt, wobei zweifellos ein Großteil durch natürliche Verminderung ausfallen wird.

Der allfällig endlich verbleibende Restbestand wird, da es sich bei diesen zweifellos um den widerstandsfähigsten Teil handelt, entsprechend behandelt werden müssen, da diese, eine natürliche Auslese darstellend, bei Freilassung als Keimzelle eines neuen jüdischen Aufbaus anzusprechen ist (siehe Erfahrung der Geschichte). Die evakuierten Juden werden zunächst Zug um Zug in sogenannte Durchganggettos verbracht, um von dort weiter nach dem Osten transportiert zu werden.

Im Zuge der Endlösung sollen die Nürnberger Gesetze gewissermaßen die Grundlage bilden, wobei Voraussetzung für die restlose Bereinigung des Problems auch die Lösung der Mischehen und Mischlingsfragen ist.

Bezüglich der Frage der Auswirkung der Judenevakuierung auf das Wirtschaftsleben erklärte der Staatssekretär im Wirtschaftsministerium, daß die in kriegswichtigen Betrieben im Arbeitseinsatz stehenden Juden derzeit, solange noch kein Ersatz zur Verfügung steht, nicht evakuiert werden können ..."

254. Die „Endlösung der Judenfrage" im Konzentrationslager Auschwitz

Rudolf Höß, Kommandant in Auschwitz, Stuttgart 1958, S. 153, 166f.

Im Sommer 1941 wurde Höß zu Himmler befohlen; dieser eröffnete ihm ohne Anwesenheit eines Adjutanten dem Sinn nach folgendes:

„... Der Führer hat die Endlösung der Judenfrage befohlen, wir – die SS – haben diesen Befehl auszuführen. Die bestehenden Vernichtungsanstalten im Osten sind nicht in der Lage, die beabsichtigten großen Aktionen durchzuführen. Ich habe daher Auschwitz dafür bestimmt, einmal wegen der günstigen verkehrstechnischen Lage, und zweitens läßt sich das dafür dort zu bestimmende Gebiet leicht absperren und tarnen. Ich hatte erst einen höheren SS-Führer für diese Aufgabe ausgesucht; um aber Kompetenzschwierigkeiten von vornherein zu begegnen, unterbleibt das, und Sie haben nun die Aufgabe durchzuführen. Es ist eine harte und schwere Arbeit, die den Einsatz der ganzen Person erfordert, ohne Rücksicht auf etwa entstehende Schwierigkeiten. Nähere Einzelheiten erfahren Sie durch Sturmbannführer Eichmann vom RSHA[1], der in nächster Zeit zu Ihnen kommt. Die beteiligten Dienststellen werden von mir zu gegebener Zeit benachrichtigt. Sie haben über diesen Befehl strengstes Stillschweigen, selbst Ihren Vorgesetzten gegenüber, zu bewahren. Nach der Unterredung mit Eichmann schicken Sie mir sofort die Pläne für die beabsichtigte Anlage zu. – Die Juden sind die ewigen Feinde des deutschen Volkes und müssen ausgerottet werden. Alle für uns erreichbaren Juden sind jetzt während des Krieges ohne Ausnahme zu vernichten. Gelingt es uns jetzt nicht, die biologischen Grundlagen des Judentums zu zerstören, so werden einst die Juden das deutsche Volk vernichten ...“

Der Vernichtungsvorgang in Auschwitz

„... Die zur Vernichtung bestimmten Juden wurden möglichst ruhig – Männer und Frauen getrennt – zu den Krematorien geführt. Im Auskleideraum wurde ihnen durch die dort beschäftigten Häftlinge des Sonderkommandos in ihrer Sprache gesagt, daß sie hier nun zum Baden und zur Entlausung kämen, daß sie ihre Kleider ordentlich zusammenlegen sollten und vor allem den Platz zu merken hätten, damit sie nach der Entlausung ihre Sachen schnell wiederfinden könnten.

Die Häftlinge des Sonderkommandos hatten selbst das größte Interesse daran, daß der Vorgang sich schnell, ruhig und reibungslos abwickelte. Nach der Entkleidung gingen die Juden in die Gaskammer, die mit Brausen und Wasserleitungsröhren versehen, völlig den Eindruck eines Baderaumes machte. Zuerst kamen die Frauen mit den Kindern hinein, hernach die Männer, die ja immer nur die (an Zahl) wenigeren waren. Dies ging fast immer ganz ruhig, da die Ängstlichen und das Verhängnis vielleicht Ahnenden von den Häftlingen des Sonderkommandos beruhigt wurden. Auch blieben diese Häftlinge und ein SS-Mann bis zum letzten Moment in der Kammer.

Die Tür wurde nun schnell zugeschraubt und das Gas sofort durch die bereitstehenden Desinfektoren in die Einwurfluken durch die Decke der Gaskammer in einen Luftschacht bis zum Boden geworfen. Durch das Beobachtungsloch in der Tür konnte man sehen, daß die dem Einwurfschacht am nächsten Stehenden sofort tot umfielen. Man kann sagen, daß ungefähr ein Drittel sofort tot war. Die anderen fingen an zu taumeln, zu schreien und nach Luft zu ringen. Das Schreien ging aber bald in ein Röcheln über, und in wenigen Minuten lagen alle. Nach spätestens 20 Minuten regte sich keiner mehr. Je nach Witterung, feucht oder trocken, kalt oder warm, weiter je nach der Beschaffenheit des Gases, das nicht immer gleich war, nach Zusammensetzung des Transportes, viele Gesunde, Alte oder Kranke, Kinder, dauerte die Wirkung des Gases fünf bis zehn Minuten. Die Bewußtlosigkeit trat schon nach wenigen Minuten ein, je nach der Entfernung von dem Einwurfschacht. Schreiende, Ältere, Kranke, Schwächliche und Kinder fielen schneller als die Gesunden und Jüngeren.

Eine halbe Stunde nach dem Einwurf des Gases wurde die Tür geöffnet und die Entlüftungsanlage eingeschaltet. Eine körperliche Veränderung konnte man nicht feststellen, weder Verkrampfung noch Verfärbung, erst nach längerem Liegen, also nach mehreren Stunden, zeigten sich an den Liegestellen die üblichen Totenflecken.

[1] Reichssicherheits-Hauptamt

Verletzungen irgendwelcher Art wurden nicht festgestellt. Die Gesichter zeigten keinerlei Verzerrungen.

Den Leichen wurden nun durch das Sonderkommando die Goldzähne entfernt und den Frauen die Haare abgeschnitten.

Hiernach (wurden sie) durch den Aufzug nach oben gebracht vor die inzwischen angeheizten Öfen. Je nach Körperbeschaffenheit wurden bis zu drei Leichen in eine Ofenkammer gebracht. Auch die Dauer der Verbrennung war durch die Körperbeschaffenheit bedingt. Es dauerte im Durchschnitt 20 Minuten. Wie schon an früherer Stelle gesagt, konnten die Krematorien I und II innerhalb 24 Stunden etwa 2000 Leichen verbrennen, mehr war, ohne Schäden zu verursachen nicht möglich ...

Die Asche fiel während des ohne Unterbrechung fortgesetzten Verbrennens durch die Roste und wurde laufend entfernt und zerstampft. Das Aschenmehl wurde mittels Lastwagen nach der Weichsel gefahren und dort schaufelweise in die Strömung geworfen, wo es sofort abtrieb und sich auflöste ..."

255. Solidaritätsbekundungen für die Juden

L. Poliakov – J. Wulf, a.a.O., S. 432–437, S. 364–366.

Prälat Lichtenberg, Dompropst von St. Hedwig in Berlin, wurde im August 1941 wegen Kanzelmißbrauches und Vergehen gegen das Heimtückegesetz verhaftet. Die Anklage warf ihm vor, auf der Kanzel in einer Abendpredigt für die christlichen Nichtarier, für die Juden sowie für die Häftlinge in Gefängnissen und Konzentrationslagern, insbesondere für seine Amtsbrüder, gebetet zu haben. Auf die Frage des Vorsitzenden, wie er zu dem Gebet für die Juden gekommen sei, antwortete er:

„... Es war im November 1938, als die Schaufenster in den Geschäften zerstört wurden und die Synagogen brannten; da ging ich an einem Morgen vor meiner Messe durch die Straßen meiner Pfarrei. Als ich die Zerstörungen erlebte, bei der die Polizei untätig zusah, war ich empört über den Vandalismus, und ich fragte mich, wer da noch helfen könne, wo so etwas möglich sei in einem geordneten Staat ... Und ich sagte mir, da kann nur noch eines helfen, das Gebet. Und an diesem Abend betete ich zum erstenmal:

‚Lasset uns beten für die verfolgten nichtarischen Christen und für die Juden.'"

Der zweite Punkt der Anklage hält Dompropst Lichtenberg vor, er habe in einer gehässigen, hetzerischen und aufreizenden Art und Weise leitende Persönlichkeiten der Partei und des Staates angegriffen. Folgender Tatbestand lag dieser Anklage zugrunde:

Mitte Juli 1941 hatte Dompropst Lichtenberg ein Flugblatt vorgefunden, das ihm von der Partei zugestellt worden war. Es handelte sich um eine üble, mörderische Hetze gegen die Juden, wobei u.a. behauptet wurde, der amerikanische Jude Theodor Nathan Kaufmann habe als Sprecher des Weltjudentums offen die Forderung auf Ausrottung von „80 Millionen kulturell hochstehender, fleißiger und anständiger deutscher Frauen, Männer und Kinder" erhoben. Lichtenberg entwarf nach der Lektüre des Flugblattes eine Vermeldung, die am kommenden Sonntag in allen heiligen Messen auf der Kanzel der Kathedrale verlesen werden sollte:

„... In Berliner Häusern wird ein anonymes Hetzblatt gegen die Juden verbreitet. Darin wird behauptet, daß jeder Deutsche, der aus angeblich falscher Sentimentalität die Juden irgendwie unterstützt, und sei es nur durch ein freundliches Entgegenkommen, Verrat an seinem Volke übt. Laßt euch durch diese unchristliche Gesinnung nicht beirren, sondern handelt nach dem strengen Gebot Jesu Christi: ‚Du sollst deinen Nächsten lieben wie dich selbst.'"

Der Prälat wurde zu zwei Jahren Gefängnis verurteilt, dann trat er nach Verbüßung seiner Strafe wegen „Gefährdung der Öffentlichkeit" seinen Todesgang nach Dachau an. Er starb am 5. November 1943 auf dem Transport in Hof.

Zeugnis des Berliner Rabbiners Dr. Leo Baeck

„... Aus der Berliner Bevölkerung zeichneten sich hauptsächlich zwei Gruppen durch ihren Widerstand gegen die Judenverfolgungen der Nazis aus. Einerseits viele Angehörige des Uradels und der Beamtenschaft, andererseits die sozialistische Arbeiterschaft Berlins. Ohne die moralische Unterstützung, die so ein Verhalten bedeutete, wäre das Leben weit schwieriger zu ertragen gewesen. Den Juden zu helfen war manchmal die einzige Art, auf die ein Deutscher den Nazis gegenüber seine Opposition auszudrücken vermochte ..."

E. Die christlichen Kirchen im nationalsozialistischen Staat

Einführung

1. Die Deutsche Evangelische Kirche

Aus dem in der Reformationszeit geschlossenen Bund zwischen landesherrlichem Regiment und lutherischem Christentum waren im Laufe der Geschichte 28 evangelische Landeskirchen entstanden, die sich im Jahre 1922 zum evangelischen Kirchenbund zusammenschlossen. Innerhalb dieser Gemeinschaft behielten die einzelnen Glieder ihre volle Unabhängigkeit in Bekenntnis, Verfassung und Verwaltung.

Mit dem Erstarken der nationalsozialistischen Bewegung bildete sich im Jahre 1932 die „Glaubensbewegung Deutscher Christen", die sich zu einem „bejahenden artgemäßen Christusglauben" bekannte. Diese Bewegung übernahm die Organisationsformen der NSDAP. Ihr „Reichsleiter" wurde von der politischen Partei ernannt.

Die erste Reichstagung der „Deutschen Christen" fordert die Gleichschaltung von Staat und Kirche und verlangt entsprechend dem zentralistischen politischen Aufbau des Reiches eine evangelische deutsche Reichskirche mit einem Reichsbischof an ihrer Spitze. Die Wahl des Pastors Friedrich von Bodelschwingh zum Reichsbischof durch den Kirchenausschuß und die Bevollmächtigten der Landeskirchen in Eisenach (Mai 1933) wurde von den „Deutschen Christen" unter Zuhilfenahme des ganzen Organisationsapparates der Partei angefochten. Die Partei griff ein und setzte den Landgerichtsrat Jäger als Staatskommissar der evangelischen Landeskirche in Preußen ein mit der Weisung, den Kirchenstreit zu beenden. Die kirchlichen Vertretungen (Synoden) wurden aufgelöst, Kirchenwahlen ausgeschrieben. Die evangelischen Landeskirchen, denen dieser Wahlakt aufgezwungen wurde, konnten kaum Wahlvorbereitungen treffen, so daß praktisch dem evangelischen Kirchenvolk nur eine „Einheitsliste" vorgelegt wurde, zumal sich die Partei sehr nachdrücklich der „Deutschen Christen" annahm. Das Ergebnis war eine überwältigende Mehrheit für die „Deutschen Christen".

Inzwischen war das Verfassungswerk der evangelischen Kirche beendet, angenommen und als Reichsgesetz veröffentlicht worden. Nach dem Ergebnis der „Wahlen" wurden diese Körperschaften fast ausschließlich mit „Deutschen Christen" besetzt.

Die kirchliche Opposition gegen Rechtseingriffe, anfechtbare und bekenntniswidrige Gesetze des Reichsbischofs und des preußischen Kirchenkommissars sammelte sich um Pastor Martin Niemöller, Dahlem, der einen Pfarrer-Notbund gründete.

Eine völlig klare Scheidung brachte erst die Kundgebung der „Deutschen Christen" im Sportpalast (November 1933), auf der man die Entfernung aller Judenchristen aus der Kirche und die Ausschaltung des Alten Testamentes forderte.

Überall im Reich bildeten sich Bekenntnisgemeinschaften. Die beiden Landesbischöfe D. Wurm (Württemberg) und D. Meiser (Bayern) erklärten unerschrocken in Verhandlungen mit Hitler, daß bei Nichtabberufung des Reichsbischofs die Kirche die „allergetreueste Opposition" werden müsse.

Die Antwort Hitlers war die Ernennung des preußischen Kirchenkommissars Jäger zum „Rechtswalter der Evangelischen Kirche". Er erzwang die Eingliederung Bayerns und Württembergs in die deutsche evangelische Reichskirche unter Absetzung der Landesbischöfe Wurm und Meiser, denen man Hausarrest auferlegte.

Der Bruderrat der Bekennenden Kirche, der auf der zweiten Synode in Berlin-Dahlem eingesetzt wurde, verkündete das kirchliche Notrecht. Die christlichen Gemeinden, Pfarrer und Ältesten wurden aufgefordert, keine Weisungen der Reichskirche mehr zu befolgen.

Unter dem Druck dieses einstimmig bekundeten Widerstandes des evangelischen Kirchenvolkes mußte im Oktober 1934 der Rechtswahrer Jäger aus allen Ämtern ausscheiden – deutsche Gerichte hatten fast alle von ihm vollzogenen Rechtsakte für ungültig befunden –, auch der Reichsbischof Müller wurde weitgehend ausgeschaltet.

Unter dem Vorwand der absoluten religiösen Neutralität und Toleranz schuf nun die NSDAP ein Reichskirchenministerium, dessen Leitung der Reichsminister Kerrl übernahm. Dieser berief einen Reichskirchenausschuß, in dem Männer der Bekennenden Kirche, der neutralen Mitte und Deutsche Christen mit positiver Stellung zum Bekenntnis saßen.

Jedoch zeigte sich bald, daß die Reichsregierung darum bemüht war, die personelle und finanzielle Kontrolle des gesamten kirchlichen Lebens in die Hand zu bekommen: man schuf vom Staat beaufsichtigte Finanzabteilungen bei allen evangelischen Landeskirchen und errichtete eine „Beschlußstelle" in Rechtsangelegenheiten der evangelischen Kirche, die den Organen der Kirche den Weg zu den ordentlichen Gerichten versperrte.

Innerhalb der Bekennenden Kirche kam es zu sehr unterschiedlicher Stellungnahme gegenüber dem Wirken der Kirchenausschüsse; man schwankte zwischen schroffer Ablehnung und bedingter Mitarbeit. Die ganze Not dieser Trennung kam auf der stürmisch verlaufenen 4. Bekenntnissynode in Bad Oeynhausen (Oktober 1936) an den Tag. Seitdem trennten sich die Wege des Bruderrates der Evangelischen Kirche und des Lutherrates. Die (neue) vorläufige Kirchenleitung legte Hitler eine Denkschrift gegen den Totalitätsanspruch des Staates vor.

Inzwischen war die Abkehr des nationalsozialistischen Reiches von den christlichen Lebenswerten immer deutlicher geworden. Es wurde immer klarer, daß der Glaube an den Führer, an das Volk, an die Rassenwerte der Religionsersatz werden sollte. Die Kirchen insgesamt galten als Feinde des nationalsozialistischen Staates. Sie wurden immer schärfer überwacht und verfolgt. Ihre führenden Mitglieder saßen in Haft, hatten Redeverbot und wurden aus den kirchlichen Ämtern verdrängt.

Während des Krieges lag die Arbeit der Bekennenden Kirche weithin brach. Erst nach Kriegsende wurde das kirchliche Einigungswerk durch die Initiative des Landesbischofs Wurm wieder aufgenommen. Im August 1945 entstand ein „Rat der Evangelischen Kirche in Deutschland", der die einzelnen Landeskirchen zusammenfaßte.

2. Die Katholische Kirche

Die katholischen Bischöfe Deutschlands sahen gleichfalls mit banger Sorge das Aufkommen und Erstarken des Nationalsozialismus. Als einer der ersten erhob der Erzbischof von Freiburg, Dr. Gröber, seine warnende Stimme. In der tosenden Brandung der sogenannten „nationalen Revolution" richtete er im Februar 1933 seinen beschwörenden Aufruf gegen Selbstentehrung und Zerfleischung.

> „Den Bürger verhetzt man gegen den Bürger, die Klasse gegen die Klasse, die Gemeinde gegen ihre Priester, die Katholiken gegen ihre Bischöfe... Selbst der politische offene oder heimtückische Mord fordert Tag für Tag entsetzliche Opfer in wachsender Zahl. Ich erhebe deshalb als Deutscher, als Christ und als Bischof meine Stimme, um mich von der schweren Verantwortung zu befreien, die ich mir durch mein Schweigen aufbürden würde. Ich beklage die Selbstentehrung, die unser Volk den anderen Völkern gegenüber durch die Duldung solcher Zustände verschuldet.
>
> Ich fordere als Bischof alle überzeugungstreuen Katholiken auf ... nach Kräften dafür zu sorgen, daß die Lüge und die Verleumdung, die Verhetzung und der Haß, die Gewaltakte und der Mord nicht weiter den deutschen Namen beflecken und unser Gewissen vor dem Volk und der Menschheit und dem ewigen Richter belasten."

Die Regierungserklärung vom 23. März beschwichtigte manches Mißtrauen. Viele Gläubige gaben sich der Illusion hin, daß durch diese öffentlichen Äußerungen Hitlers die bisherigen Sorgen der katholischen Kirche gegenüber dem neuen Staat gegenstandslos geworden seien. In dem gemeinsamen Hirtenschreiben des deutschen Episkopats Pfingsten 1933 wurde die ans Ruder gelangte Staatsführung bejaht und – wenn auch mit Vorbehalten – ein Teil der Programmpunkte der Partei. Der Abschluß des Reichskonkordats (Juli 1933) wurde von der Masse der Katholiken begrüßt und trug Hitler neue Sympathien ein. Er führte zu einer zeitweilig nachsichtigeren Haltung der Kirchenführer gegenüber dem Staat und dem ihn tragenden Nationalsozialismus. Jedoch sehr schnell sollte die bitterste Enttäuschung folgen. Trotz scheinbaren Entgegenkommens hatte sich die feindselige Haltung der NSDAP nicht verändert.

Die Erwartungen, die ein Großteil des Klerus an die künftige Politik Hitlers geknüpft hatte, verflogen rasch. Jedoch gab es in den Reihen der Geistlichen eine Gruppe, die sich anzupassen vermochte.

Es entstand innerhalb des Kirchenvolkes eine immer stärkere, betont kritische Haltung gegenüber jenen, die der allgemeinen Verletzung der Menschenrechte durch den Nationalsozialismus und dem herrschenden Terror nicht genügende Aufmerksamkeit geschenkt hatten.

In dem nun folgenden Kampf hat der deutsche Episkopat gegen die Ungerechtigkeiten des Hitlerismus durch Hirtenbriefe und Denkschriften, auch in Predigten mit wahrem Bekennermut die christlichen Positionen verteidigt. Er sprach nicht nur im Namen des katholischen Volksteils, sondern kämpfte für das gesamte Christentum, für das Menschenrecht und die Gewissensfreiheit jedes Deutschen.

Privatpersonen oder gewöhnliche Geistliche hätten dafür mit der Absetzung, dem Konzentrationslager oder dem Tode büßen müssen. Aber an die Bischöfe wagte sich die Staatspolizei nicht in der gleichen Weise heran. Es war nicht Achtung vor ihrer Würde oder Weihe, sondern die Sorge, in einen Kirchenstreit zu geraten, der den Kriegseinsatz des katholischen Volksteils gefährden könnte. Man verhehlte sich in kirchlichen Kreisen nicht, daß nach siegreicher Beendigung des Krieges über die Kirche ein Strafgericht hereinbrechen würde.

Quellen

256. Denkschrift der Vorläufigen Kirchenleitung gegen den „Totalitätsanspruch" des Staates (Mai 1936), Auszug

H. Hermelink, Kirche im Kampf, Tübingen und Stuttgart 1950, S. 344ff.

„Die Deutsche Evangelische Kirche entbietet dem Führer und Reichskanzler ehrerbietigen Gruß. Sie übergibt dieses Schreiben im Gehorsam gegen ihren göttlichen Auftrag, vor jedermann – auch vor den Herren und Gebietern der Völker – ungescheut Sein Wort zu sagen und Sein Gebot zu bezeugen.

Wir wissen uns bei unseren Darlegungen nur von der einen Pflicht getrieben, den leidenden, verwirrten und gefährdeten Gliedern der Evangelischen Kirche durch Wort und Fürsprache zu helfen. Es liegt uns alles daran, daß die Reichsregierung diese aus der Sorge um die der Kirche anvertrauten Seelen sprechende Stimme klar und deutlich vernehme.

1. Gefahr der Entchristlichung

Die Vorläufige Leitung weiß es zu würdigen, was es im Jahre 1933 und späterhin bedeutet hat, daß die Träger der nationalsozialistischen Revolution nachdrücklich erklären konnten: ‚Wir haben mit unserem Sieg über den Bolschewismus zugleich den Feind überwunden, der auch das Christentum und die christlichen Kirchen bekämpfte und zu zerstören drohte.'

Wir erleben aber, daß der Kampf gegen die christliche Kirche wie nie seit 1918 im deutschen Volk wirksam und lebendig ist. Durch die Not und Verwirrung des heutigen Glaubenskampfes werden viele getaufte Christen mit zeitlichem und ewigem Unheil bedroht. Wenn sogar hohe Stellen in Partei und Staat den Christenglauben öffentlich angreifen, dann werden der Kirche und ihrer Botschaft an sich schon entfremdete Kirchenglieder dadurch immer mehr in ihrem Unglauben verstrickt, Wankende und Unsichere vollends unsicher gemacht und zum Abfall getrieben. Dieser Gefährdung der Glieder der Kirche muß eine verantwortungsbewußte Kirchenleitung wehren. Zu solcher Abwehr gehört die klare Frage an den Führer und Reichskanzler, ob der Versuch, das deutsche Volk zu entchristlichen, durch weiteres Mitwirken verantwortlicher Staatsmänner oder auch nur durch Zusehen und Gewährenlassen zum offiziellen Kurs der Regierung werden soll.

2. ‚Positives Christentum'

Wir vertrauen, daß die Reichsregierung, um die Zuspitzung des Glaubenskampfes in Deutschland zu vermeiden, das Wort der Evangelischen Kirche hören wird. Als die Nationalsozialistische Deutsche Arbeiterpartei in ihrem Programm erklärte, daß sie auf dem Boden eines ‚positiven Christentums' stehe, hat die gesamte kirchliche Bevölkerung das dahin verstehen müssen und auch verstehen sollen, daß im Dritten Reich der christliche Glaube gemäß den Bekenntnissen und der Predigt der Kirche Freiheit und Schutz, ja Hilfe und Förderung erfahren sollte.

Später ist es aber dahin gekommen, daß maßgebende Persönlichkeiten des Staates und der Partei das Wort, ‚Positives Christentum' willkürlich ausgelegt haben.

Bald gab der Herr Reichsminister für Propaganda und Volksaufklärung Dr. Goebbels als positives Christentum aus, was lediglich humanitäre Leistung ist.

Bald verkündete der Reichsschulungsleiter Rosenberg seine Mystik des Blutes als positives Christentum, und Parteistellen diffamierten nach seinem Vorbild das bekenntnismäßige und offenbarungsgläubige Christentum als negativ.

Im Munde wieder anderer Vertreter der Reichsregierung wurden unter dem Deckmantel des positiven Christentums entscheidende Begriffe des christlichen Glaubens (Glaube, Liebe, Ewigkeit, Gebet, Auferstehung) ihres offenbarungsmäßigen Gehaltes entkleidet und rein innerweltlich, psychologisch umgedeutet.

Der Schaden solcher Äußerungen ist um so größer, als der Kirche niemals die Möglichkeit gegeben wurde, die von hohen Stellen her erfolgten Mißdeutungen des christlichen Glaubens unter gleicher Reichweite zu widerlegen.

3. Nationalsozialistische Weltanschauung

Von den evangelischen Angehörigen der nationalsozialistischen Organisationen wird gefordert, sich uneingeschränkt auf die nationalsozialistische Weltanschauung zu verpflichten. Diese Weltanschauung wird vielfach als ein positiver Ersatz des zu überwindenden Christentums dargestellt und ausgegeben.

Wenn hier Blut, Rasse, Volkstum und Ehre den Rang von Ewigkeitswerten erhalten, so wird der evangelische Christ durch das erste Gebot gezwungen, diese Bewertung abzulehnen. Wenn der arische Mensch verherrlicht wird, so bezeugt Gottes Wort die Sündhaftigkeit aller Menschen. Wenn dem Christen im Rahmen der nationalsozialistischen Weltanschauung ein Antisemitismus aufgedrängt wird, der zum Judenhaß verpflichtet, so steht für ihn dagegen das christliche Gebot der Nächstenliebe.

4. Der Anspruch Gottes

Unser Volk droht die ihm von Gott gesetzten Schranken zu durchbrechen, es will sich selbst zum Maß aller Dinge machen. Das ist menschliche Überheblichkeit, die sich gegen Gott empört.

In diesem Zusammenhang müssen wir dem Führer und Reichskanzler unsere Sorge kundtun, daß ihm vielfach Verehrung in einer Form dargeboten wird, die allein Gott zukommt.

Noch vor wenigen Jahren hat der Führer es selbst mißbilligt, daß man sein Bild auf evangelische Altäre stellte. Heute wird immer ungehemmter seine Erkenntnis zur Norm nicht nur der politischen Entscheidungen, sondern auch der Sittlichkeit und des Rechtes in unserem Volk gemacht und er selber mit der religiösen Würde des Volkspriesters, ja des Mittlers zwischen Gott und Volk umkleidet.

Wir bitten aber um die Freiheit für unser Volk, seinen Weg in die Zukunft unter dem Zeichen des Kreuzes Christi gehen zu dürfen, daß nicht einst die Enkel den Vätern fluchen, weil sie ihnen zwar einen Staat auf der Erde bauten und hinterließen, das Reich Gottes aber ihnen verschlossen.

Was wir in diesem Schreiben gesagt haben, mußten wir sagen in der Verantwortung unseres Amtes. Die Kirche steht in der Hand des Herrn."

257. Konkordat zwischen dem Heiligen Stuhl und dem Deutschen Reich vom 20. Juli 1933

Joh. Hohlfeld, a.a.O., Bd. IV, S. 86 f.

Art. 1: Das deutsche Reich gewährleistet die Freiheit des Bekenntnisses und der öffentlichen Ausübung der katholischen Religion.

Es anerkennt das Recht der katholischen Kirche, innerhalb der Grenzen des für alle geltenden Gesetzes, ihre Angelegenheiten selbständig zu ordnen und zu verwalten und im Rahmen ihrer Zuständigkeit für ihre Mitglieder bindende Gesetze und Anordnungen zu erlassen.

Art. 4: Der Heilige Stuhl genießt in seinem Verkehr und seiner Korrespondenz mit den Bischöfen, dem Klerus und den übrigen Angehörigen der katholischen Kirche in Deutschland volle Freiheit ...

Art. 5: Zur Ausübung ihrer geistlichen Tätigkeit genießen die Geistlichen in gleicher Weise wie die Staatsbeamten den Schutz des Staates. Letzterer wird gegen Beleidigung ihrer Person oder ihrer Eigenschaft als Geistlicher sowie gegen Störungen ihrer Amtshandlungen nach Maßgabe der allgemeinen staatlichen Gesetzgebung vorgehen und bedarfsfalls behördlichen Schutz gewähren.

Art. 6: Kleriker und Ordensleute sind frei von der Verpflichtung zur Übernahme öffentlicher Ämter und solcher Obliegenheiten, die nach den Vorschriften des kanonischen Rechtes mit dem geistlichen Stand bzw. dem Ordensstand nicht vereinbar sind ...

Art. 9: Geistliche können vor Gerichtsbehörden und anderen Behörden nicht um Auskünfte über Tatsachen angehalten werden, die ihnen bei Ausübung der Seelsorge anvertraut worden sind und deshalb unter die Pflicht der seelsorgerischen Verschwiegenheit fallen.

Art. 15: Orden und religiöse Genossenschaften unterliegen in Bezug auf ihre Gründung, Niederlassung, die Zahl und ... die Eigenschaften ihrer Mitglieder, ihre Tätigkeit in der Seelsorge, im Unterricht ... staatlicherseits keiner besonderen Beschränkung.

Art. 32: Auf Grund der in Deutschland bestehenden besonderen Verhältnisse wie im Hinblick auf die durch die Bestimmungen des vorstehenden Konkordats geschaffenen Sicherungen einer die Rechte und Freiheiten der katholischen Kirche im Reich und seinen Ländern wahrenden Gesetzgebung erläßt der Heilige Stuhl Bestimmungen, die für die Geistlichen und Ordensleute die Mitgliedschaft in politischen Parteien und die Tätigkeit für solche Parteien ausschließt.

Art. 33: Sollte sich in Zukunft wegen der Auslegung oder Anwendung einer Bestimmung dieses Konkordates irgendeine Meinungsverschiedenheit ergeben, so werden der Heilige Stuhl und das Deutsche Reich im gemeinsamen Einvernehmen eine freundschaftliche Lösung herbeiführen. ...

Schlußprotokoll: ...

Zu Art. 32: Es herrscht Einverständnis darüber, daß vom Reich bezüglich der nichtkatholischen Konfessionen gleiche Regelungen betreffend parteipolitischer Betätigung veranlaßt werden.

Das den Geistlichen und Ordensleuten Deutschlands in Ausübung des Artikels 32 zur Pflicht gemachte Verhalten bedeutet keinerlei Einengung der pflichtmäßigen Verkündung und Erläuterung der dogmatischen und sittlichen Lehren und Grundsätze der Kirche.

Franz von Papen

In der Vatikanstadt, am 20. Juli 1933 — Eugenio Cardinale Pacelli

258. Aus der Regierungserklärung Hitlers in der Kroll-Oper zu Berlin am 23. März 1933

Michaelis-Schraepler, a.a.O., Bd. IX, S. 141.

...

„Indem die Regierung entschlossen ist, die politische und moralische Entgiftung unseres Lebens durchzuführen, schafft und sichert sie die Voraussetzungen für eine wirklich tiefe, innere Religiosität.

Die Vorteile personalpolitischer Art, die sich aus Kompromissen mit atheistischen Organisationen ergeben mögen, wiegen nicht annähernd die Folgen auf, die in der Zerstörung der allgemeinen religiös-sittlichen Grundwerte sichtbar werden.

Die nationale Regierung sieht in den beiden christlichen Konfessionen wichtige Faktoren der Erhaltung unseres Volkstums. Sie wird die zwischen ihnen und den Ländern abgeschlossenen Verträge respektieren, ihre Rechte sollen nicht angetastet werden. Sie erwartet aber und hofft, daß die Arbeit an der nationalen und sittlichen Erhebung unseres Volkes ... umgekehrt die gleiche Würdigung erfährt. Sie wird allen anderen Konfessionen in objektiver Gerechtigkeit gegenübertreten ...

Die nationale Regierung wird in Schule und Erziehung den christlichen Konfessionen den ihnen zukommenden Einfluß einräumen und sicherstellen. Ihre Sorge gilt dem aufrichtigen Zusammenleben zwischen Kirche und Staat.

Der Kampf gegen eine materialistische Weltauffassung und für die Erhaltung einer wirklichen Volksgemeinschaft dient ebensosehr den Interessen der deutschen Nation wie denen unseres christlichen Glaubens ...“

259. Aus der Kundgebung der Fuldaer Bischofskonferenz vom 28. März 1933

Michaelis-Schraepler a.a.O., S. 538.

„Die Oberhirten der Diözesen Deutschlands haben aus triftigen Gründen ... in den letzten Jahren gegenüber der nationalsozialistischen Bewegung eine ablehnende Haltung durch Verbote und Warnungen eingenommen, die solange und insoweit in Geltung bleiben sollten, wie diese Gründe fortbestehen.

Es ist nunmehr anzuerkennen, daß von dem höchsten Vertreter der Reichsregierung, der zugleich autoritärer Führer jener Bewegung ist, öffentlich und feierlich Erklärungen gegeben worden sind, durch die der Unverletzlichkeit der katholischen Glaubenslehre und den unveränderlichen Aufgaben und Rechten der Kirche Rechnung getragen, sowie die vollinhaltliche Geltung der von den einzelnen deutschen Ländern mit der Kirche abgeschlossenen Staatsverträge durch die Reichsregierung ausdrücklich zugesichert wird.

Ohne die in unseren früheren Maßnahmen liegende Verurteilung bestimmter religiös-sittlicher Irrtümer aufzuheben, glaubt daher der Episkopat, das Vertrauen hegen zu können, daß die vorbezeichneten allgemeinen Verbote und Warnungen nicht mehr als notwendig betrachtet zu werden brauchen.

Für die katholischen Christen, denen die Stimme ihrer Kirche heilig ist, bedarf es auch im gegenwärtigen Zeitpunkt keiner besonderen Mahnung zur Treue gegenüber der rechtmäßigen Obrigkeit und zur gewissenhaften Erfüllung der staatsbürgerlichen Pflichten unter grundsätzlicher Ablehnung allen rechtswidrigen oder umstürzlerischen Verhaltens ...“

260. Über die Lage der katholischen Kirche in Deutschland

Kernsätze aus dem Rundschreiben von Papst Pius XI. vom 14. März 1937.
J. Neuhäusler, Kreuz und Hakenkreuz, 2. Aufl., München 1946, S. 35f.

„... Mit brennender Sorge und steigendem Befremden beobachten Wir seit geraumer Zeit den Leidensweg der Kirche, die wachsende Bedrängnis der ihr in Gesinnung und Tat treubleibenden Bekenner und Bekennerinnen inmitten des Landes und Volkes, dem Sankt Bonifatius einst die Licht- und Frohbotschaft von Christus und dem Reich Gottes gebracht hat.

Als Wir im Sommer 1933 die Uns von der Reichsregierung angetragenen Konkordatsverhandlungen abschließen ließen, leitete Uns die pflichtgemäße Sorge um die Freiheit der kirchlichen Heilsmission in Deutschland, zugleich aber auch der aufrichtige Wunsch, der friedlichen Weiterentwicklung des deutschen Volkes einen wesentlichen Dienst zu erweisen ...

Trotz mancher schwerer Bedenken haben Wir daher Uns damals den Entschluß abgerungen, Unsere Zustimmung nicht zu versagen. Der Anschauungsunterricht der vergangenen Jahre (aber) ... enthüllt Machenschaften, die von Anfang an kein anderes Ziel kannten als den Vernichtungskampf.

Habt acht, Ehrwürdige Brüder, daß vor allem der Gottesglaube ... in deutschen Landen rein und unverfälscht erhalten bleibe. Gottgläubig ist nicht, wer das Wort rednerisch gebraucht, sondern nur, wer mit diesem hohen Wort den wahren und würdigen Gottesbegriff verbindet. Wer nach angeblich altgermanisch-vorchristlicher Auffassung das düstere unpersönliche Schicksal an die Stelle des persönlichen Gottes rückt, leugnet Gottes Weisheit und Vorsehung. Wer die Rasse oder das Volk oder den Staat oder die Staatsform, die Träger der Staatsgewalt oder andere Grundwerte menschlicher Gemeinschaftsgestaltung – die innerhalb der irdischen Ordnung einen wesentlichen und ehrengebietenden Platz behaupten – aus dieser ihrer irdischen Wertskala herauslöst, sie zur höchsten Norm aller, auch der religiösen Werte macht und sie mit Götzenkult vergöttert, der verkehrt und verfälscht die gottgeschaffene und gottbefohlene Ordnung der Dinge.

Nur oberflächliche Geister können der Irrlehre verfallen, von einem nationalen Gott, von einer nationalen Religion zu sprechen, können den Wahnversuch unternehmen, Gott in die Grenze eines einzelnen Volkes, in die blutsmäßige Enge einer einzelnen Rasse einkerkern zu wollen.

Auf dem wahren und rein bewahrten Gottesglauben ruht die Sittlichkeit der Menschheit. Alle Versuche, die Sittenlehre auf dem wehenden Flugsand menschlicher Normen aufzubauen, führen früher oder später einzelne und Gemeinschaften in moralischen Niedergang. Keine Zwangsgewalt des Staates, keine rein irdischen, wenn auch in sich edlen und hohen Ideale werden auf die Dauer imstande sein, die aus dem Gottesglauben kommenden letzten und entscheidenden Antriebe zu ersetzen. Nimmt man den zu höchsten Opfern Aufgerufenen den sittlichen Rückhalt aus dem Ewigen, dann wird für Ungezählte das Endergebnis nicht sein die Bejahung der Pflicht, sondern die Flucht vor ihr. Die Auslieferung der Sittenlehre an subjektive, mit den Zeitströmungen wechselnde Menschenmeinung öffnet zersetzenden Kräften Tür und Tor ...

Im verhängnisvollen Zug der Zeit liegt es, wie die Sittenlehre, so auch die Grundlegung des Rechtslebens und der Rechtspflege vom wahren Gottesglauben mehr abzulösen. Wir denken hier besonders an das sogenannte Naturrecht. An den Geboten dieses Naturrechts kann jedes positive Recht, von welchem Gesetzgeber es auch kommen mag, auf seinen sittlichen Gehalt, damit auf seine sittliche Befehlsmacht und Geistesverpflichtung nachgeprüft werden.

Menschliche Gesetze, die mit dem Naturrecht in unlösbarem Widerspruch stehen, kranken an einem Geburtsfehler, den kein Zwangsmittel, keine äußere Machtentfaltung sanieren kann.

Mit diesem Maßstab muß auch der Grundsatz: „Recht ist, was dem Volke nützt" gemessen werden. Zwar kann dem Satz ein rechter Nutzen gegeben werden, wenn man unterstellt, daß sittlich Unerlaubtes nie dem wahren Wohl des Volkes zu dienen vermag. Indes schon hat das alte Heidentum erkannt, daß der Satz, um völlig richtig zu sein, eigentlich umgekehrt werden und lauten muß:

„Nie ist etwas nützlich, wenn es nicht gleichzeitig sittlich gut ist. Und nicht weil nützlich, ist es auch sittlich gut, sondern weil sittlich gut, ist es auch nützlich . . ."

261. Erklärung der österreichischen Bischöfe zur Volksabstimmung

Joh. Hohlfeld, a.a.O., Bd. IV, S. 426.

Aus innerster Überzeugung und mit freiem Willen erklären wir unterzeichneten Bischöfe der österreichischen Kirchenprovinz anläßlich der großen geschichtlichen Geschehnisse in Deutschösterreich:

Wir erkennen freudig an, daß die nationalsozialistische Bewegung auf dem Gebiet des völkischen und wirtschaftlichen Aufbaues sowie der Sozial-Politik für das Deutsche Reich und Volk namentlich für die ärmsten Schichten des Volkes Hervorragendes geleistet hat und leistet. Wir sind auch der Überzeugung, daß durch das Wirken der nationalsozialistischen Bewegung die Gefahr des alles zerstörenden gottlosen Bolschewismus abgewehrt wurde.

Die Bischöfe begleiten dieses Wirken für die Zukunft mit ihren besten Segenswünschen und werden auch die Gläubigen in diesem Sinne ermahnen.

Am Tage der Volksabstimmung ist es für uns Bischöfe selbstverständliche nationale Pflicht, uns als Deutsche zum Deutschen Reich zu bekennen, und wir erwarten auch von allen gläubigen Christen, daß sie wissen, was sie ihrem Volk schuldig sind.

† Adam Hefter, Fb.	† Th. Kard. Innitzer, Fb.
† Ferd. Pawlikowski, Fb.	S. Waitz, F. Eb.
† Michael Memelauer	Johannes Maria Gföllner

262. Von den Grenzen menschlicher Gehorsamspflicht

Aus „Bischof Graf von Galen spricht". Das Christliche Deutschland 1933–1945, Freiburg 1946, Katholische Reihe, Heft 3.

„Gottes Dienerin ist die Obrigkeit. Darin liegt ihre Würde und ihr Recht, zu gebieten und Gehorsam zu fordern. Darin liegt aber auch ihre Grenze und der Schutz der menschlichen Freiheit gegenüber dem Mißbrauch obrigkeitlicher Stellung. Denn Gehorsam leisten heißt den Willen beugen vor dem Willen eines andern; heißt die Freiheit zum Opfer bringen, das höchste natürliche Gut, das Gott dem Menschen als seinem Ebenbilde auf den Lebensweg mitgegeben hat . . . Darum gibt es für den Menschen nichts Höheres und Beglückenderes, als den Willen Gottes erkennen und dasselbe, was Gott will, sich zum Ziel nehmen und mit ganzer Willenskraft anstreben. Darum ist es erste und heiligste Gehorsamspflicht, höchste Würde des Menschen, die Gebote Gottes zu erfüllen. Wer sündigt, mißbraucht seine Willensfreiheit, verunstaltet, verzerrt, schändet das Gottesbild seiner Seele.

Gottes Dienerin ist die von Gott gewollte, Gehorsam heischende Obrigkeit. Wer obrigkeitliche Gewalt hat, andern zu befehlen, hat selbst die heilige Pflicht, gerade im Befehlen sich nach Gottes heiligem Willen zu richten. Nur als Gottes Dienerin, also im Einklang, in Unterordnung unter den Willen Gottes, hat menschliche Obrigkeit Befehlsgewalt. Wie sollte sonst der Mensch, der obrigkeitliche Gewalt innehat, es fordern können, daß ein anderer, von Natur gleich ihm mit Freiheit ausgestatteter Mensch seinen Willen ihm beuge? Nur weil er mehr Macht hat? Nur weil er ‚das Schwert trägt' und die rohe Übermacht, ihn zu peinigen, zu strafen, wenn er widersteht? Das hieße: die Gerechtigkeit vernichten, die Menschenwürde verhöhnen und die menschliche Gesellschaft auf die Stufe einer Räuberbande herabdrücken. Wenn in einem Lande so unter Verachtung des göttlichen Willens, unter Beiseitesetzung der von Gott gewollten Gerechtigkeit, von der Obrigkeit Gehorsam verlangt und durch Gewalt und Furcht erzwungen würde, dann würde von ihm das Wort des heiligen Augustinus gelten: Nimm die Gerechtigkeit hinweg, was sind dann die Reiche anderes als große Räuberbanden? Denn sind diese nicht auch kleine Reiche? Wächst eine solche Rotte übler Gesellen so ins Große, daß sie Land besetzt, feste Sitze gründet, Städte unterwirft, Länder erobert, so nimmt sie vor aller Welt den Namen ‚Reich' an, nicht als hätte die Raubsucht aufgehört, sondern weil sie straflos schalten kann."

263. Nationalsozialismus und Christentum

Geheimerlaß des Reichsleiters Bormann an die Gauleiter der NSDAP vom 7. 6. 1941, Auszug. Hohlfeld, a.a.O., Bd. V, S. 308.

„Nationalsozialistische und christliche Auffassungen sind unvereinbar. Die christlichen Kirchen bauen auf der Unwissenheit der Menschen auf und sind bemüht, die Unwissenheit möglichst weiter Teile der Bevölkerung zu erhalten, denn nur so können die christlichen Kirchen ihre Macht bewahren. Demgegenüber beruht der Nationalsozialismus auf wissenschaftlichen Fundamenten. Das Christentum hat unveränderliche Grundsätze, die vor fast 2000 Jahren gesetzt und immer mehr zu wirklichkeitsfremden Dogmen erstarrt sind . . .

Die christliche Kirche hat sich daher bemüht, durch eine Scheinwissenschaft, wie es die Theologie ist, die wissenschaftliche Forschung durch ihr Dogma zu unterdrücken oder gar zu verfälschen. Unser nationalsozialistisches Weltbild steht weit höher als die Auffassung des Christentums . . . Aus diesem Grunde bedürfen wir des Christentums nicht. Wenn wir Nationalsozialisten von einer Gottgläubigkeit sprechen, dann verstehen wir unter Gott nicht wie die naiven Christen und ihre geistlichen Nutznießer ein menschenähnliches Wesen, das irgendwo in der Sphäre herumsitzt. Wir müssen vielmehr dem Menschen die Augen öffnen, daß es neben unserer kleinen . . . Erde noch eine unvorstellbar große Zahl weiterer Körper im Weltall gibt. Die naturgesetzliche Kraft, mit der sich alle diese unzähligen Planeten im Weltall bewegen, nennen wir die Allmacht oder Gott. Die Behauptung, diese Weltkraft könne sich um das Schicksal jedes einzelnen Wesens, jeder kleinsten Erdenbazille kümmern, könne durch sogenannte Gebete oder andere erstaunliche Dinge beeinflußt werden, beruht auf einer gehörigen Dosis Naivität oder aber auf einer geschäftlichen Unverschämtheit. Demgegenüber stellen wir Nationalsozialisten uns die Forderung, möglichst natürlich, d.h. lebensgesetzlich zu leben. Je genauer wir die Gesetze der Natur und des Lebens erkennen und beachten, je mehr wir uns an sie halten, desto mehr entsprechen wir dem Willen der Allmacht. Je mehr wir den Willen der Allmacht einsehen, desto größer werden unsere Erfolge sein. Aus der Unvereinbarkeit nationalsozialistischer und christlicher Auffassungen folgt, daß eine Stärkung bestehender und jede Förderung entstehender christlicher Konfessionen von uns abzulehnen ist. Aus diesem Grunde ist daher auch der Gedanke einer Errichtung einer evangelischen Reichskirche unter Zusammenschluß der verschiedenen evangelischen Kirchen endgültig aufgegeben worden, weil die evangelische Kirche uns genauso feindlich gegenübersteht wie die katholische Kirche. Jede Stärkung der evangelischen Kirche würde sich gegen uns auswirken ...

Immer mehr muß das Volk den Kirchen und ihren Organen, den Pfarrern, entwunden werden ... Ebenso wie die schädlichen Einflüsse der Astrologen, Wahrsager und sonstiger Schwindler ausgeschaltet und durch den Staat unterdrückt werden müssen, muß auch die Einflußmöglichkeit der Kirche restlos beseitigt werden. Erst wenn dies geschehen ist, hat die Staatsführung den vollen Einfluß auf die einzelnen Volksgenossen. Erst dann sind Volk und Reich für alle Zukunft in ihrem Bestand gesichert."

F. Nationalsozialistische Außenpolitik

Einführung

Der Nationalsozialismus bekannte sich zum Primat der Außenpolitik. Alle innenpolitischen Maßnahmen der ersten Regierungsjahre Hitlers lassen verdeckt diese Zielsetzung erkennen.

Hitler operierte zunächst in seinen außenpolitischen Planungen mit der Beseitigung des untragbaren Unrechts, das in den Bestimmungen des Versailler Friedensdiktats lag. Im Namen der verletzten nationalen Ehre forderte er folgerichtig die Gleichberechtigung im Kreise der Nationen. Von Rauschning wird uns berichtet, daß Hitler in zynischer Offenheit erklärt hatte: „Der Kampf gegen Versailles ist das Mittel, aber nicht Ziel meiner Politik."

Der Reaktion im Namen des nationalen Prinzips folgte auch schon bald die Motivierung seiner Schritte im Namen der geschichtlichen Tradition und schließlich im Namen eines allgemeinen Anspruchs auf Lebens- und Entwicklungsraum, den Hitler entsprechend seinen Bekenntnissen in seinem Buch „Mein Kampf" im Osten suchte.

„Die Ostfragen schreckten die europäischen Westmächte auf. Nicht nur, weil Beziehungen und Verpflichtungen zwischen ihnen und den östlichen Neustaaten bestanden; darum vielmehr, weil eine Zertrümmerung der Oststaatenwelt die Europaresultate des Weltkrieges überhaupt aufhob, weil der Sieger im Osten zu europäischer Übermacht, stärker auch nach Westen hin, gelangen mußte. England und Frankreich sahen die stärkere, gefährlichere Offensivenergie bei Deutschland; sie traten ihm im Osten in den Weg. Nicht von Anfang an schroff und kriegerisch; sie haben vier aufeinanderfolgende Ereignisse geschehen lassen, obwohl jedes von ihnen ein Stück des (Versailler) Vertragswerkes einriß und sich im ganzen bereits eine gewaltige Machtveränderung ergab: den Anschluß Österreichs, die Einverleibung der böhmischen Randgebiete, die Auflösung der Tschechoslowakei, die Rückgewinnung des Memellandes. Erst Danzig und von da aus das polnische Problem insgesamt wurde zum kritischen Punkt, der sich nicht mehr vergleichen, sondern den Krieg ausbrechen ließ, zur Hauptsache deshalb, weil das Vertrauen geschwunden war, daß sich das Dritte Reich nach neuen Konzessionen – etwa Danzig und den Korridor betreffend – vertraglich werde bremsen lassen." (Näf, Epochen der Neueren Geschichte Bd. II, S. 485/86.)

Quellen und Darstellungen

264. Hitlers Vorstellungen von einer deutschen Außenpolitik

Adolf Hitler, Mein Kampf, S. 710f.

„. . . Heute werde ich nur von der nüchternen Erkenntnis geleitet, daß man verlorene Gebiete nicht durch die Zungenfertigkeit geschliffener Mäuler zurückerobert, sondern nur durch ein geschliffenes Schwert zu erobern hat, also durch einen blutigen Kampf . . . Wenn die deutsche Nation den Zustand ihrer drohenden Ausrottung in Europa beenden will, dann hat sie nicht in den Fehler der Vorkriegszeit zu verfallen und sich Gott und die Welt zum Feind zu machen, sondern dann wird sie den gefährlichsten Gegner erkennen müssen, um mit der gesamten konzentrierten Kraft auf ihn einzuschlagen. Und wenn dieser Sieg erfochten wird durch Opfer an anderer Stelle (i. e. Südtirol), dann werden die kommenden Geschlechter unseres Volkes uns dennoch nicht verurteilen. Sie werden die schwere Not und die tiefen Sorgen und den dadurch geborenen bitteren Entschluß um so mehr zu würdigen wissen, je strahlender der daraus entsprossene Erfolg sein wird . . ."

Mein Kampf, S. 714f.

„. . . Als im Jahre 1919 der Friedensvertrag dem deutschen Volke aufgebürdet wurde, da wäre man berechtigt gewesen, zu hoffen, daß gerade durch dieses Instrument maßloser Unterdrückung der Schrei nach deutscher Freiheit mächtig gefördert würde . . .

Was konnte man aus diesem Friedensvertrag von Versailles machen! Wie konnte dieses Instrument einer maßlosen Erpressung und schmachvollsten Erniedrigung in den Händen einer wollenden Regierung zum Mittel werden, die nationalen Leidenschaften bis zur Siedehitze aufzupeitschen! Wie konnte bei einer genialen propagandistischen Verwertung dieser sadistischen Grausamkeiten die Gleichgültigkeit eines Volkes zur Empörung, die Empörung zur hellsten Wut gesteigert werden! Wie konnte man jeden einzelnen dieser Punkte dem Gehirn und der Empfindung dieses Volkes so lange einbrennen, bis endlich in sechzig Millionen Köpfen, bei Männern und Weibern, die gemeinsam empfundene Scham und der gemeinsame Haß zu jenem einzigen feurigen Flammenmeer geworden wäre, aus dessen Gluten dann stahlhart ein Wille emporsteigt und ein Schrei sich herauspreßt: Wir wollen wieder Waffen!"

Mein Kampf, S. 739ff.

„. . .Die Grenzen des Jahres 1914 bedeuten für die Zukunft der deutschen Nation gar nichts . . .

Demgegenüber müssen wir Nationalsozialisten unverrückbar an unseren außenpolitischen Zielen festhalten, nämlich dem deutschen Volk den ihm gebührenden Grund und Boden auf dieser Erde zu sichern . . . Ich muß mich dabei schärfstens gegen jene völkischen Schreiberseelen wenden, die in einem solchen Bodenerwerb eine ‚Verletzung heiliger Menschenrechte' zu erblicken vorgeben und demgemäß ihr Geschreibsel dagegen ansetzen . . . Denn kein Volk besitzt auf dieser Erde auch nur einen Quadratmeter Grund und Boden auf höherem Wunsch und laut höherem Recht. So wie Deutschlands Grenzen Grenzen des Zufalls sind und Augenblicksgrenzen im jeweiligen politischen Ringen der Zeit, so auch die Grenzen der Lebensräume anderer Völker . . . Staatsgrenzen werden durch Menschen geschaffen und durch Menschen verändert.

Die Tatsache des Gelingens eines unmäßigen Bodenerwerbs durch ein Volk ist keine höhere Verpflichtung zur ewigen Anerkennung desselben. Sie beweist höchstens die Kraft der Eroberer und die Schwäche der Dulder. Und nur in dieser Kraft allein liegt dann das Recht . . .

So wie unsere Vorfahren den Boden, auf dem wir heute leben, nicht vom Himmel geschenkt erhielten, sondern durch Lebenseinsatz erkämpfen mußten, so wird auch uns in Zukunft den Boden und damit das Leben für unser Volk keine göttliche Gnade zuweisen, sondern nur die Gewalt eines siegreichen Schwertes . . .

Das Recht auf Grund und Boden kann zur Pflicht werden, wenn ohne Bodenerweiterung ein großes Volk dem Untergang geweiht erscheint . . . Deutschland wird entweder Weltmacht oder überhaupt nicht sein . . . Darum ziehen wir Nationalsozialisten bewußt einen Strich unter die außenpolitische Richtung unserer Vorkriegszeit. Wir setzen dort an, wo man vor sechshundert Jahren endete. Wir stoppen den ewigen Germanenzug nach dem Süden und weisen den Blick nach dem Land im Osten. Wir schließen endlich ab die Kolonial- und Handelspolitik der Vorkriegszeit und gehen über zur Bodenpolitik der Zukunft . . ."

Mein Kampf, S. 757.

„. . . Nicht West- und nicht Ostorientierung darf das künftige Ziel unserer Außenpolitik sein, sondern Ostpolitik im Sinne der Erwerbung der notwendigen Scholle für unser Volk . . ."

265. Hitlers politische Ziele

Erste Ansprache Hitlers vor den Generälen

Aufzeichnungen des Generalleutnants Liebmann; zitiert bei Walter Hofer, Der Nationalsozialismus, Fischer-Bücherei 1957, S. 180/181.

1933 Februar 3, Berlin. Ausführungen des Reichskanzlers vor den Befehlshabern des Heeres und der Marine anläßlich eines Besuches bei Gen. d. Inf. Frhr. von Hammerstein-Equord in dessen Wohnung.

Ziel der Gesamtpolitik allein: Wiedergewinnung der pol. Macht. Hierauf muß gesamte Staatsführung eingestellt werden (alle Ressorts!).

1. Im Innern. Völlige Umkehrung der gegenwärt. Zustände in D. Keine Duldung der Betätigung irgendeiner Gesinnung, die dem Ziel entgegensteht (Pazifismus!). Wer sich nicht bekehren läßt, muß gebeugt werden. Ausrottung des Marxismus mit Stumpf und Stiel. Einstellung der Jugend u. des gesamten Volkes auf den Gedanken, daß nur d. Kampf uns retten kann u. diesem Gedanken gegenüber alles zurückzutreten hat. (Verwirklicht in d. Millionen d. Nazi-Beweg. Sie wird wachsen.) Ertüchtigung der Jugend u. Stärkung des Wehrwillens mit allen Mitteln. Todesstrafe für Landes- und Volksverrat. Straffste autoritäre Staatsführung. Beseitigung des Krebsschadens der Demokratie!

2. Nach außen. Kampf gegen Versailles. Gleichberechtigung in Genf; aber zwecklos, wenn Volk nicht auf Wehrwillen eingestellt. Sorge für Bundesgenossen.

3. Wirtschaft! Der Bauer muß gerettet werden! Siedlungspolitik! Künstl. Steigerung d. Ausfuhr zwecklos. Aufnahmefähigkeit d. Welt ist begrenzt, u. Produktion ist überall übersteigert. Im Siedeln liegt einzige Mögl., Arbeitslosenheer z. T. wieder einzuspannen. Aber braucht Zeit, u. radikale Änderung nicht zu erwarten, da Lebensraum für (deutsches) Volk zu klein.

4. Aufbau der Wehrmacht wichtigste Voraussetzung für Erreichung des Ziels: Wiedererringung der pol. Macht. Allg. Wehrpflicht muß wieder kommen. Zuvor aber muß Staatsführung dafür sorgen, daß die Wehrpflichtigen vor Eintritt nicht schon

17 7377

durch Pazif., Marxismus, Bolschewismus vergiftet werden oder nach Dienstzeit diesem Gift verfallen.

Wie soll pol. Macht, wenn sie gewonnen ist, gebraucht werden? Jetzt noch nicht zu sagen.

Vielleicht Erkämpfung neuer Export-Mögl., vielleicht – auch wohl besser – Eroberung neuen Lebensraumes im Osten und dessen rücksichtlose Germanisierung. Sicher, daß erst mit pol. Macht u. Kampf jetzige wirtsch. Zustände geändert werden können. Alles, was jetzt geschehen kann – Siedlung. Aushilfsmittel.

Wehrmacht ist wichtigste und sozialistischste Einrichtung d. Staates. Sie soll unpol. u. überparteilich bleiben. Der Kampf im Innern nicht ihre Sache, sondern der Nazi-Organisationen. Anders wie in Italien keine Verquickung v. Heer u. SA beabsichtigt.

Gefährlichste Zeit ist die des Aufbaus der Wehrmacht. Da wird sich zeigen, ob Fr(ankreich) Staatsmänner hat; wenn ja, wird es uns Zeit nicht lassen, sondern über uns herfallen (vermutlich mit Ost-Trabanten).

266. Aus der „Hoßbach-Niederschrift"

Hans-Adolf Jacobsen, Der zweite Weltkrieg in Chronik und Dokumenten, Darmstadt 1961, S. 97–104.

Am 5. November 1937 fand in der Reichskanzlei eine Besprechung Hitlers mit dem Reichskriegsminister, den Oberbefehlshabern der Wehrmachtteile und dem Reichsaußenminister statt. Darüber fertigte Hitlers Wehrmachtsadjutant Oberst Hoßbach fünf Tage später aus dem Gedächtnis eine Aufzeichnung an. Sie gilt als eins der wichtigsten Glieder in der Beweisführung, daß Hitler einen Angriffskrieg plante.

„Der Führer stellte einleitend fest, daß der Gegenstand der heutigen Besprechung von derartiger Bedeutung sei, daß dessen Erörterung in anderen Staaten wohl vor das Forum des Regierungskabinetts gehörte, er – der Führer – sähe aber gerade im Hinblick auf die Bedeutung der Materie davon ab, diese in dem großen Kreise des Reichskabinetts zum Gegenstand der Besprechung zu machen. Seine nachfolgenden Ausführungen seien das Ergebnis eingehender Überlegungen und Erfahrungen seiner viereinhalbjährigen Regierungszeit; er wolle den anwesenden Herren seine grundlegenden Gedanken über die Entwicklungsmöglichkeiten und -notwendigkeiten unserer außenpolitischen Lage auseinandersetzen, wobei er im Interesse einer auf weite Sicht eingestellten deutschen Politik seine Ausführung als seine testamentarische Hinterlassenschaft für den Fall seines Ablebens anzusehen bitte.

Das Ziel der deutschen Politik sei die Sicherung und Erhaltung der Volksmasse und deren Vermehrung. Somit handle es sich um das Problem des Raumes.

Die deutsche Volksmasse verfüge über 85 Millionen Menschen, die nach der Anzahl der Menschen und der Geschlossenheit des Siedlungsraumes in Europa einen in sich so fest geschlossenen Rassekern darstelle, wie er in keinem anderen Lande wieder anzutreffen sei und wie er andererseits das Anrecht auf größeren Lebensraum mehr als bei anderen Völkern in sich schlösse . . .

Bevor er sich der Frage der Behebung der Raumnot zuwende, sei die Überlegung anzustellen, ob im Wege der Autarkie oder einer gesteigerten Beteiligung an der Weltwirtschaft eine zukunftsreiche Lösung der deutschen Frage zu erreichen sei . . .
Autarkie:

. . . . .

A. Auf dem Gebiet der Rohstoffe eine bedingte, aber nicht totale Autarkie . . .

B. Auf dem Gebiet der Lebensmittel sei die Frage der Autarkie mit einem glatten ‚Nein' zu beantworten . . .

Beteiligung an der Weltwirtschaft:

Ihr seien Grenzen gezogen, die wir nicht zu beheben vermöchten ... Die einzige, uns vielleicht traumhaft erscheinende Abhilfe läge in der Gewinnung eines größeren Lebensraumes, ein Streben, das zu allen Zeiten die Ursache der Staatenbildung und Völkerbewegungen gewesen sei. Daß dieses Streben in Genf und bei den gesättigten Nationen keinem Interesse begegne, sei erklärlich.

Wenn die Sicherheit unserer Ernährungslage im Vordergrund stände, so könne der hierfür notwendige Raum nur in Europa gesucht werden, nicht aber ausgehend von liberalistisch-kapitalistischen Auffassungen in der Ausbeutung von Kolonien. Es handle sich nicht um die Gewinnung von Menschen, sondern von landwirtschaftlich nutzbarem Raum. Auch die Rohstoffgebiete seien zweckmäßiger im unmittelbaren Anschluß an das Reich in Europa und nicht in Übersee zu suchen, wobei die Lösung sich für ein bis zwei Generationen auswirken müsse ...

Daß jede Raumerweiterung nur durch Brechen von Widerstand und unter Risiko vor sich gehen könne, habe die Geschichte aller Zeiten – Römisches Weltreich, Englisches Empire – bewiesen. Auch Rückschläge seien unvermeidbar. Weder früher noch heute habe es herrenlosen Raum gegeben, der Angreifer stoße stets auf den Besitzer.

Für Deutschland laute die Frage, wo größter Gewinn unter geringstem Einsatz zu erreichen sei.

Die deutsche Politik habe mit den beiden Haßgegnern England und Frankreich zu rechnen, denen ein starker deutscher Koloß inmitten Europas ein Dorn im Auge sei, wobei beide Staaten eine weitere deutsche Erstarkung sowohl in Europa als auch in Übersee ablehnten und sich in dieser Ablehnung auf die Zustimmung aller Parteien stützen könnten ...

Zur Lösung der deutschen Frage könne es nur den Weg der Gewalt geben, dieser niemals risikolos sein ...

Stelle man an die Spitze der nachfolgenden Ausführungen den Entschluß zur Anwendung von Gewalt unter Risiko, dann bleibe noch die Beantwortung der Fragen ‚wann' und ‚wie'. Hierbei seien drei Fälle zu entscheiden:

Fall 1: Zeitpunkt 1943–1945

Nach dieser Zeit sei nur noch eine Veränderung zu unseren Ungunsten zu erwarten ... Wenn wir bis 1943/45 nicht handelten, könne infolge des Fehlens von Reserven jedes Jahr die Ernährungskrise bringen, zu deren Behebung ausreichende Devisen nicht verfügbar seien. Hierin sei ein ‚Schwächungsmoment' des Regimes zu erblicken. Zudem erwarte die Welt unseren Schlag und treffe ihre Gegenmaßnahmen von Jahr zu Jahr mehr ...

Sollte der Führer noch am Leben sein, so sei es sein unabänderlicher Entschluß, spätestens 1943/45 die deutsche Raumfrage zu lösen. Die Notwendigkeit zum Handeln vor 1943/45 käme in Fall 2 und 3 in Betracht.

Fall 2:

Wenn die sozialen Spannungen in Frankreich sich zu einer derartigen innenpolitischen Krise auswachsen sollten, daß durch letztere die französische Armee absorbiert und für eine Kriegsverwendung gegen Deutschland ausgeschaltet würde, sei der Zeitpunkt zum Handeln gegen die Tschechei gekommen.

Fall 3:

Wenn Frankreich durch einen Krieg mit einem anderen Staat so gefesselt ist, daß es gegen Deutschland nicht ‚vorgehen' kann. Zur Verbesserung unserer militärpolitischen Lage müsse in jedem Fall einer kriegerischen Verwicklung unser ersters Ziel sein, die Tschechei und gleichzeitig Österreich niederzuwerfen, um die Flankenbedrohung eines etwaigen Vorgehens nach Westen auszuschalten. Bei einem Konflikt mit Frankreich sei wohl nicht damit zu rechnen, daß die Tschechei am gleichen Tage wie Frankreich uns den Krieg erklären würde. In dem Maße unserer Schwächung würde jedoch der Wille zur Beteiligung am Kriege in der Tschechei zunehmen, wobei ihr Eingreifen sich durch einen Angriff nach Schlesien, nach Norden oder nach Westen bemerkbar machen könnte ...

An sich glaube der Führer, daß mit hoher Wahrscheinlichkeit England, voraussichtlich aber auch Frankreich die Tschechei bereits im stillen abgeschrieben haben und sich damit abgefunden hätten, daß diese Frage eines Tages durch Deutschland bereinigt würde.

Die Schwierigkeiten des Empire und die Aussicht, in einen lange währenden europäischen Krieg erneut verwickelt zu werden, seien bestimmend für eine Nichtbeteiligung Englands an einem Krieg gegen Deutschland. Die englische Haltung werde gewiß nicht ohne Einfluß auf Frankreich sein. Ein Vorgehen Frankreichs ohne die englische Unterstützung und in der Voraussicht, daß seine Offensive an unseren Westbefestigungen sich festlaufe, sei wenig wahrscheinlich ...

Trete der Fall 2 – Lahmlegung Frankreichs durch einen Bürgerkrieg – ein, so sei infolge Ausfalles des gefährlichsten Gegners die Lage *jederzeit* zum Schlag gegen die Tschechei auszunutzen.

In gewisse Nähe sähe der Führer den Fall 3 gerückt, der sich aus den derzeitigen Spannungen im Mittelmeer entwickeln könne und den er eintretendenfalls zu jedem Zeitpunkt, auch bereits im Jahre 1938, auszunutzen entschlossen sei ...

Die militärische Kriegführung seitens Italien stelle der Führer sich derart vor, daß es an seiner Westgrenze gegen Frankreich defensiv bleibe und den Kampf gegen Frankreich aus Libyen heraus gegen die nordafrikanischen Kolonialbesitzungen führe ... Der Zeitpunkt unseres Angriffes auf die Tschechei und Österreich müsse abhängig von dem Verlauf des italienisch-englich-französischen Krieges gemacht werden und läge nicht etwa gleichzeitig mit der Eröffnung der kriegerischen Handlungen dieser drei Staaten. Der Führer denke auch nicht an militärische Abmachungen mit Italien, sondern wolle in eigener Selbständigkeit und unter Ausnutzung dieser sich nun einmal bietenden günstigen Gelegenheit den Feldzug gegen die Tschechei beginnen und durchführen, wobei der Überfall auf die Tschechei ‚blitzartig schnell' erfolgen müsse ..."

267. Aus den Vorbereitungen für die Errichtung des Reichsprotektorrats Böhmen und Mähren

Akten zur Deutschen Auswärtigen Politik 1918–1945.

Aus dem Archiv des Deutschen Auswärtigen Amtes (Band IV), Imprimerie Nationale, Baden-Baden 1951.

189.

Die Gesandtschaft in Prag an das Auswärtige Amt

Telegramm

Nr. 96 vom 11. 3. Prag, den 12. März 1939 2 Uhr 33
Ankunft: 12. März 5 Uhr 30

Für Auswärtiges Amt und Oberkommando der Wehrmacht Attachégruppe.

Hiesige Regierung täuscht Sicherheit der innerpolitischen Lage in Presse, Rundfunk und Sprachregelung gegenüber auswärtigen Vertretern vor.

Vertreter Deutscher Volksgruppe bedauert die überall durchaus legale, ja entgegenkommende Haltung der Tschechen.

Bevölkerung Erregung kaum feststellbar.

In Böhmen und Mähren scheint militärische Bereitschaft in den Kasernen angeordnet.

Kleinere militärische Transporte in Richtung Slowakei. Polizeitransporte dauern an.

Öffentlicher Omnibusverkehr nach Brünn eingestellt.

Gegenüber Mährisch-Ostrau werden polnische militärische und polizeiliche Verstärkungen gemeldet.

Verstärkung an ungarischer Grenze gleichzeitig gemeldet.

Vertreter des S.D. Hauptamts in Prag sprechen vom deutschen Einmarsch am Mittwoch in Prag.

Toussaint
Hencke

197.

Der Geschäftsträger in Prag an das Auswärtige Amt

Telegramm

Cito! Prag, den 13. März 1939 12 Uhr 40
Nr. 104 vom 13. 3. Ankunft: 13. März 13 Uhr 45

Mit Bezug auf Telegramm 65 vom 12. März[1]

Meckel von Reise nach Brünn, Olmütz, Iglau zurück. Bittet Volksdeutscher Mittelstelle folgendes mitzuteilen:

„Sehr große Schwierigkeiten, Tschechen in Stimmung zu bringen. Am ehesten wohl noch in Brünn und Olmütz möglich. Trotzdem größere Gewaltaktionen erforderlich, um ernstere Zwischenfälle herbeizuführen. Tschechen neigen dazu, stimmungsmäßig mit uns zu gehen. Selbstverständlich mehr aus Opposition gegen Regierung als aus Deutschfreundlichkeit.

Vorbereitungen für Ersatzteile[2] getroffen. Schluß Mitteilungen Meckel."

Hencke

268. Der deutsch-sowjetische Nichtangriffspakt vom 23. August 1939

H. Rönnefarth, Vertrags-Ploetz, Konferenzen und Verträge, Bd. II (1953), S. 369.

a) Der Vertrag vom 23. August 1939 (Auszug)

Die deutsche Reichsregierung und die Regierung der Union der Sozialistischen Sowjetrepubliken, geleitet von dem Wunsch, die Sache des Friedens zwischen Deutschland und der UdSSR zu festigen, und ausgehend von den grundlegenden Bestimmungen des Neutralitätsvertrages, der im April 1926 zwischen Deutschland und der UdSSR geschlossen wurde, sind zu nachstehender Vereinbarung gelangt:

Artikel I. Die beiden Vertragschließenden Teile verpflichten sich, sich jedes Gewaltaktes, jeder aggressiven Handlung und jedes Angriffs gegeneinander, und zwar sowohl einzeln als auch gemeinsam mit anderen Mächten, zu enthalten.

Artikel II. Falls einer der Vertragschließenden Teile Gegenstand kriegerischer Handlungen seitens einer dritten Macht werden sollte, wird der andere Vertragschließende Teil in keiner Form diese dritte Macht unterstützen.

---

[1] Nicht gedruckt

[2] Anscheinend ein Deckwort.

Artikel IV. Keiner der beiden Vertragschließenden Teile wird sich an einer Mächtegruppierung beteiligen, die sich mittelbar oder unmittelbar gegen den anderen Teil richtet.

Artikel V. Falls Streitigkeiten oder Konflikte zwischen den Vertragschließenden Teilen über Fragen dieser oder jener Art entstehen sollten, werden beide Teile diese Streitigkeiten oder Konflikte ausschließlich auf dem Wege freundschaftlichen Meinungsaustausches oder nötigenfalls durch Einsetzung von Schlichtungskommissionen bereinigen.

Artikel VI enthält Bestimmungen über 10jährige Dauer des Vertrages. Falls nicht einer der Vertragschließenden ein Jahr vor Ablauf kündigt, automatische Verlängerung um weitere 5 Jahre. Der Vertrag tritt sofort in Kraft.

b) Geheimes Zusatzprotokoll

Aus Anlaß der Unterzeichnung des Nichtangriffsvertrages zwischen dem Deutschen Reich und der Union der Sozialistischen Sowjetrepubliken haben die unterzeichneten Bevollmächtigten der beiden Teile in streng vertraulicher Aussprache die Frage der Abgrenzung der beiderseitigen Interessensphären in Osteuropa erörtert. Diese Aussprache hat zu folgendem Ergebnis geführt:

1. Für den Fall einer territorial-politischen Umgestaltung in den zu den baltischen Staaten (Finnland, Estland, Lettland, Litauen) gehörenden Gebieten bildet die nördliche Grenze Litauens zugleich die Grenze der Interessensphären Deutschlands und der UdSSR. Hierbei wird das Interesse Litauens am Wilnaer Gebiet beiderseits anerkannt.

2. Für den Fall einer territorial-politischen Umgestaltung der zum polnischen Staat gehörenden Gebiete werden die Interessensphären Deutschlands und der UdSSR ungefähr durch die Linie der Flüsse Narew, Weichsel und San abgegrenzt ...

Die Frage, ob die beiderseitigen Interessen die Erhaltung eines unabhängigen polnischen Staates erwünscht erscheinen lassen und wie dieser Staat abzugrenzen wäre, kann endgültig erst im Laufe der weiteren politischen Entwicklung geklärt werden. In jedem Fall werden beide Regierungen diese Frage im Wege einer freundschaftlichen Verständigung lösen.

3. Hinsichtlich des Südostens Europas wird von sowjetischer Seite das Interesse an Bessarabien betont. Von deutscher Seite wird das völlige politische Desinteressement an diesen Gebieten erklärt.

4. Dieses Protokoll wird von beiden Seiten streng geheim behandelt werden.

269. Hitler-Stalin-Pakt

Gustav Hilger, Wir und der Kreml, Frankfurt 1955, S. 276–289.

„... Die ersten konkreteren Anzeichen für ein Streben nach Entspannung der Beziehungen machten sich im Herbst 1938 bemerkbar, als die durch gegenseitige Verunglimpfung entstandene Atmosphäre unerträglich geworden war und beide Seiten sich bewußt wurden, daß ein Ausweg unbedingt gefunden werden müsse, da sonst ein kriegerischer Zusammenstoß unvermeidlich erschien.

Die Erklärung Stalins auf dem XVIII. Parteikongreß am 10. März 1939, daß die englische, französische und amerikanische Politik den Zweck verfolge, die Sowjetunion gegen Deutschland aufzuhetzen und einen Konflikt zu provozieren, hat wesentlich zur Vorbereitung des Bodens für eine deutsch-sowjetische Verständigung beigetragen. Trotzdem verfolgte Litwinow seinen Plan der kollektiven Sicherheit konsequent weiter und wurde nicht müde, auf eine Verständigung mit den Westmächten zu drängen. Dies brachte Stalin zu der Erkenntnis, daß er Litwinow ausschalten müsse, um zu einer Verständigung mit Deutschland zu gelangen. Aus diesem Grunde wurde Litwinow am 3. Mai 1939 von seinem Posten als Volkskommissar für die auswärtigen Angelegenheiten der UdSSR enthoben. Der Vorsitzende des Rates der Volkskommissare, Wjatscheslaw Molotow, übernahm den Posten des Außenkommissars.

Als Stalin in der entscheidenden Phase der Entwicklung deutsch-russischer Beziehungen diesen Mann mit der Durchführung seiner Befehle auf dem Gebiet der Außenpolitik betraute, konnte er sicher sein, daß kein anderer mehr Pflichttreue und blinden Gehorsam an den Tag legen würde als Molotow.

Versucht man nun, sich die Gründe zu vergegenwärtigen, die Stalin veranlaßt haben mögen, sich im August 1939 mit Hitler zu verständigen, so gelangt man zu folgenden Überlegungen:

Stalin war stets überzeugt gewesen, daß über kurz oder lang ein Krieg zwischen den kapitalistischen Mächten ausbrechen würde. Für die Sowjetunion versprach er sich davon nur Vorteile, da er sich sagte, daß ein Krieg die kapitalistischen Mächte schwächen und das Kräfteverhältnis zugunsten der Sowjetunion verschieben würde; letzteres allerdings nur unter der Voraussetzung, daß es ihm gelänge, die Sowjetunion aus einem bewaffneten Konflikt herauszuhalten. So stellt sich für Stalin die Lage so dar, daß der Abschluß eines Nichtangriffspaktes mit Deutschland den von ihm gewünschten Zustand herbeiführen würde, und zwar aus folgenden Gründen:

1. Der Abschluß des Paktes würde die unmittelbare Gefahr eines deutschen Angriffs gegen die Sowjetunion beseitigen.

2. Die Erklärungen, die er von Ribbentrop bzw. Hitler erhalten hatte, überzeugten ihn, daß Hitler Polen angreifen würde, sobald er die sowjetische Rückendeckung erlangt haben würde.

3. Stalin zweifelte im Gegensatz zu Hitler nicht daran, daß England und Frankreich ihren Verpflichtungen gegenüber Polen nachkommen würden. Er betrachtete daher den Ausbruch eines Krieges zwischen den Großmächten und Deutschland als gesichert.

4. Auf diese Weise hoffte Stalin, eine wertvolle Atempause zu gewinnen, die ihn in den Stand setzen würde, die Aufrüstung der Sowjetunion beschleunigt weiterzutreiben. Im übrigen wollte er die Entwicklung abwarten, um zu gegebener Zeit, wenn die kriegführenden Mächte genügend geschwächt seien, in der Lage zu sein, die ganze Macht der Sowjetunion in die Waagschale zu werfen.

5. Die im geheimen Zusatzprotokoll zum Nichtangriffspakt vorgesehene Abgrenzung der Interessensphären in Osteuropa würde die Sowjetunion in den Besitz wichtigster strategischer Positionen im Baltikum setzen. Um diese Positionen hatte vor 250 Jahren Zar Peter der Große, den sich Stalin zum Vorbild genommen hatte, einen einundzwanzigjährigen blutigen Krieg geführt. Stalin fielen sie jetzt durch den Vertragsabschluß mit Hitler kampflos in den Schoß ..."

270. Die Wirkung des Hitler-Stalin-Paktes auf Jungkommunisten in der UdSSR

Wolfgang Leonhardt, Die Revolution entläßt ihre Kinder, Köln 1955, S. 56/57

„... Wir haben einen Nichtangriffspakt mit Deutschland abgeschlossen!

Wir starrten ihn (den Politleiter) mit offenem Munde an. Alles hatten wir erwartet, aber nicht das. Natürlich hatten wir genau die Presse verfolgt, hatten aber mit Sicherheit angenommen, daß es trotz aller Schwierigkeiten bei den Verhandlungen bald zu einem Bündnisvertrag mit England und Frankreich gegen die faschistischen Aggressoren kommen würde ...

Wir waren wie vom Donner gerührt. Fassungslos und schweigend saßen wir da. Das war ja nicht nur ein Nichtangriffspakt, das war eine völlige Änderung der gesamten sowjetischen Außenpolitik. Gegenseitige Information über ‚gemeinsame Interessen' mit der Hitlerregierung? Keine Teilnahme an irgendeiner Mächtegruppierung, die sich gegen Hitler richtet? Das konnte ja nur eine endgültige Absage an alle Formen des Kampfes gegen die faschistische Aggression bedeuten! Eine Diskussion wollte nicht recht in Gang kommen, denn niemand, eingeschlossen unser Politleiter, konnte für den Pakt eine Erklärung abgeben."

271. Hitlers Auffassung von Vertragstreue gegenüber Sowjetrußland

Adolf Hitler, Mein Kampf, 10. Auflage 1942, S. 749ff.

„... Man wende nicht ein, bei einem Bund mit Rußland müsse nicht gleich an einen Krieg gedacht werden, oder wenn, könne man sich auf einen solchen gründlich vorbereiten. Ein Bündnis, dessen Ziel nicht die Absicht zu einem Krieg umfaßt, ist sinn- und wertlos. Bündnisse schließt man nur zum Kampf ...

So liegt schon in der Tatsache des Abschlusses eines Bündnisses mit Rußland die Anweisung für den nächsten Krieg ...

Die heutigen Machthaber in Rußland denken gar nicht daran, in ehrlicher Weise einen Bund einzugehen oder ihn gar zu halten...

Man schließt aber keinen Vertrag mit einem Partner, dessen einziges Interesse die Vernichtung des anderen ist.

Deutschland ist heute das nächste große Kampfziel des Bolschewismus ... Verfolgt man aber das Ziel einer entschlossenen europäischen Politik kontinentalen Bodenerwerbs, so ist es Wahnsinn, sich mit einer Macht zu verbünden, die den Todfeind unserer eigenen Zukunft zum Herrn hat ..."

272. Bewertung vertraglicher Bindungen der nationalsozialistischen Regierung durch die westliche Welt

Joh. Hohlfeld, a.a.O., Bd. IV, S. 295/296, Bd. V, S. 92.

Erklärung des englischen Ministerpräsidenten Chamberlain im Unterhaus am 24. August 1939 (Auszug)

„... Ich wünsche dem Haus nicht zu verheimlichen, daß diese Verkündigung (des deutsch-russischen Paktabschlusses) für die Regierung als eine Überraschung kam, als eine Überraschung von sehr unerfreulichem Charakter ... Es war zum mindesten höchst beunruhigend zu erfahren, daß, während diese Besprechungen (der englischen und französischen Militärmission in Moskau) auf dieser Basis (gegenseitigen Vertrauens) vor sich gingen, die Sowjetunion gleichzeitig heimlich mit Deutschland einen Pakt verhandelte, der allem Anschein nach mit den Zielen der Außenpolitik, wie wir sie verstanden hatten, unvereinbar war. In Berlin wurde die Erklärung mit äußerstem Zynismus als ein großer diplomatischer Sieg willkommen geheißen, der jede Kriegsgefahr beseitigt habe, da Großbritannien und Frankreich nunmehr wahrscheinlich nicht länger mehr ihre Verpflichtungen Polen gegenüber erfüllen würden. Wir haben es daher für unsere erste Pflicht gehalten, derartige gefährliche Illusionen zu beseitigen ...

Daher bestand unsere erste Aktion darin, daß wir eine Erklärung ausgaben ,wonach unsere Verpflichtungen gegenüber Polen und anderen Ländern unberührt bleiben ...'

Diese Verträge werden nach ihrem Abschluß unsere Verpflichtung formal festlegen, aber weder ändern sie noch vermehren oder vermindern sie unsere Verpflichtung gegenseitiger Hilfeleistung, die wir bereits eingegangen sind ..."

273. Molotow zu den Zielen der englisch-französischen Kriegführung

Erklärung vom 31. Oktober 1939 in einer Sitzung des Obersten Rates der UdSSR. Arthur Koestler, Der Jogi und der Kommissar, Esslingen 1950, S. 262/263.

„... Die englische Regierung hat angekündigt, daß ihr Ziel in diesem Kriege mit Deutschland nicht mehr und nicht weniger ist als die ‚Zerstörung des Hitlerismus'. Dies bedeutet, daß die Engländer und Franzosen so etwas wie einen ‚ideologischen Krieg', der an die religiösen Kriege früherer Zeiten erinnert, an Deutschland erklärt haben ...

Ein derartiger Krieg ist in keiner Weise gerechtfertigt. Man mag die Ideologie des Hitlerismus annehmen oder ablehnen wie jedes andere ideologische System, das ist eine Sache der politischen Anschauung. Aber jedermann sollte begreifen, daß eine Ideologie nicht mit Gewalt zerstört werden kann, daß sie nicht durch einen Krieg ausgemerzt werden kann.

Es ist deshalb nicht nur sinnlos, sondern verbrecherisch, einen solchen Krieg unter der Tarnung eines Kampfes für die ‚Demokratie' um der Zerstörung des Hitlerismus willen zu führen ..."

274. Das Urteil Churchills über die Politik der Jahre 1933-1939

Winston Churchill, Memoiren, Bd. I, 1. Buch, S. 421ff.

„... Daß wir alle in diese Lage kamen, wirft auf die Verantwortlichen, wie ehrenhaft ihre Motive auch sein mochten, vor dem Urteil der Geschichte einen schweren Schatten. Ein kurzer Rückblick zeigt, was wir nach und nach hingenommen oder verschleudert hatten. Ein durch feierlichen Vertrag entwaffnetes Deutschland; ein durch den Bruch des feierlichen Vertrages wieder aufgerüstetes Deutschland; die Preisgabe der Überlegenheit und sogar der Parität in der Luft; das Rheinland gewaltsam besetzt und die Siegfriedlinie erbaut oder im Bau; die Bildung der Achse Berlin-Rom; Österreich vom Deutschen Reich verschlungen und verdaut; die Tschechoslowakei im Stich gelassen und durch den Münchener Pakt ruiniert; ihre Festungslinie in deutschen Händen ...

Als das deutsche Heer kaum ein halbes Dutzend ausgebildeter Divisionen an die Westfront stellen konnte, als die Franzosen mit fast sechzig oder siebzig Divisionen über den Rhein oder in die Ruhr hätten vorstoßen können, da hatte es einen Sinn, für die Tschechoslowakei zu kämpfen. Aber das galt damals als unvernünftig, kopflos ... Jetzt endlich erklärten sich die beiden Demokratien bereit, ihr Leben für die territoriale Integrität Polens aufs Spiel zu setzen. Die Geschichte, von der man sagt, sie sei vor allem ein Bericht über die Verbrechen, Torheiten und Nöte der Menschheit, durchsucht man vergeblich nach einer Parallele zu diesem plötzlichen und vollständigen Richtungswechsel einer Politik, die seit fünf oder sechs Jahren eine bequeme, versöhnliche Befriedung anstrebte und dann fast über Nacht die Bereitschaft entwickelte, einen offensichtlich nahe bevorstehenden Krieg von größtem Ausmaß und unter den allerschlimmsten Umständen auf sich zu nehmen ...

... Nun war es endlich mit der britischen und französischen Nachgiebigkeit vorbei. Endlich war es zu einer Entscheidung gekommen, im ungünstigsten Augenblick und unter den unbefriedigendsten Verhältnissen, zu einer Entscheidung, die mit Gewißheit zum Niedermetzeln von Millionen Menschen führen mußte. Mit Bewußtsein und mit dem raffinierten Geschick, immer das Falsche zu tun, waren alle Trümpfe unbedacht verscherzt worden; jetzt mußte man die Sache des Rechts in einem tödlichen Kampf aufs Spiel setzen. Wenn man für das Recht nicht kämpfen will, solange man ohne Blutvergießen mühelos siegen kann, ... dann kann der Augenblick eintreten, daß man kämpfen muß, wenn alle Bedingungen ungünstig sind und nur geringe Aussicht besteht, mit dem Leben davonzukommen. Es mag sogar ein noch schlimmerer Fall eintreten. Man kann kämpfen müssen, wenn es keine Hoffnung auf Sieg mehr gibt, weil es besser ist, unterzugehen, als in Knechtschaft zu leben ..."

275. Zur Taktik der nationalsozialistischen Außenpolitik

Geheime Erklärung des Reichsministers Dr. Goebbels am 5. April 1940 vor geladenen Vertretern der deutschen Presse.

H.A. Jacobsen, Der Zweite Weltkrieg, Grundzüge der Politik und Strategie in Dokumenten, Fischer Bücherei Nr. 645/46, 1965, S. 180/181.

„Als der Nationalsozialismus 1933 an die Macht kam, hatte er seine Organisation, seine Erfahrungen, seine geistigen und seelischen Grundsätze nur noch auf den Staat zu übertragen. Er ist ein Staat im Staate gewesen, bevor er zur Macht kam. Er hatte alles vorbereitet und bedacht. Nur darum ist die nationalsozialistische Revolution gelungen.

Mit dieser Übertragung gingen die Erfahrungsgrundsätze und die Methoden auf den Staat über und wurden legal. Vom 30. Januar 1933 an eroberte der Nationalsozialismus die Gedanken aller Menschen in diesem Volk. Das kam dann dem Reich im Krieg zugute ...

Es handelt sich heute Zug um Zug um die Wiederholung eines Vorganges, den wir schon einmal erlebt haben. Wir führen heute in Europa die gleiche Revolution durch, die wir im kleineren Maßstab in Deutschland durchgeführt haben. Sie hat sich nur in den Dimensionen geändert. Die Grundsätze und Methoden von damals sind auch heute nocht geltend. Sie haben auch zwischen Völkern Gültigkeit ...

Der Nationalsozialismus hat niemals eine Lehre gehabt in dem Sinne, daß er Einzelheiten der Probleme erörterte. Er wollte an die Macht. Danach erst war ein Programm zu erfüllen oder auch aufzubauen. Wenn uns einer fragte, wie wir uns denn die Lösung dieser oder jener Frage dächten, so haben wir geantwortet, das wüßten wir noch nicht ... Wenn heute einer fragt, wie denkt ihr euch das neue Europa, so müssen wir sagen, wir wissen es noch nicht ... Haben wir erst die Macht, so wird man schon sehen, und auch wir werden schon sehen, was wir daraus machen können ...

Es kommt immer darauf an, welche Macht man tatsächlich besitzt und wie stabil die Macht ist, um die genau zu berechnenden Krisen zu überwinden. Man muß begreifen, um was es geht, man darf nicht Utopien nachjagen, sondern muß notfalls das Ziel in Etappen zu erreichen versuchen .... Heute sagen wir „Lebensraum". Jeder kann sich vorstellen, was er will. Was wir wollen, werden wir zur rechten Zeit schon wissen ...

Wir glauben blind an den deutschen Sieg. Günstigere Chancen haben wir niemals gehabt und werden sie nie wieder bekommen. Wenn man meint, wir sind noch nicht ganz fertig gewesen, so muß man beachten, daß Fertigsein ein gradueller Begriff ist. Fertig ist die Nation, die sich am stärksten vom Fertigsein des Gegners unterscheidet. In diesem Sinne waren wir fertig. Eine stärkere Differenzierung wird es nicht mehr geben. Bis jetzt ist es uns gelungen, den Gegner über die eigentlichen Ziele Deutschlands im unklaren zu lassen, genauso wie unsere innenpolitische Gegner bis 1932 gar nicht gemerkt haben, wohin wir steuerten, daß der Schwur auf die Legalität nur ein Kunstgriff war. Wir wollten legal an die Macht kommen, aber wir wollten sie doch nicht legal gebrauchen ...

Genauso war das in der Außenpolitik ..."

276. Hitler vor den Oberbefehlshabern der Heeresgruppen und der Armeen des Ostheeres im Frühsommer 1941

Adolf Heusinger, Befehl im Widerstreit, Tübingen 1950, S. 120f.

„... Sie wissen, ich habe seit 1933 alles getan, um der Welt den Frieden zu erhalten. Ich brauche Ihnen gegenüber diese Versuche im einzelnen nicht aufzuzählen. Ich ging in ihnen bis an die Grenze der Selbstbescheidung und verlangte für Deutschland nur sein Lebensrecht ...

Wenn aber Herr Churchill in wahnsinniger Verblendung Deutschlands führende Rolle in Europa nicht anerkennen will, dann wird er die Folgen tragen müssen. Auf ihn allein fällt die Verantwortung für die Fortsetzung dieses Krieges, für die Opfer, die täglich und stündlich gebracht werden, für all das Leid, das über die Menschen gekommen ist ...

Seit Monaten nun beobachte ich mit großer Sorge, wie Rußland sich anschickt, in die Reihen unserer Gegner zu treten. Die Zusammenballung von 140 bis 160 Divisionen gegenüber unserer Ostgrenze läßt keinen Zweifel mehr offen über die wahren Absichten Stalins. England hat damit wieder einen kontinentalen Bundesgenossen gefunden und schöpft neue Hoffnung. Diesem wahnsinnigen Spiel des Herrn Churchill, sich mit dem Bolschewismus zu verbünden, werde ich jedoch zuvorkommen, ehe wir erneut in einen Zweifrontenkrieg verwickelt werden. Ich werde Rußland hinwegfegen und damit dem Bolschewismus den Todesstoß versetzen. England soll sich ja nicht einbilden, in die Ordnung der europäischen Verhältnisse führend eingreifen zu können.

Ich kämpfe diesen Kampf nicht für Deutschland allein, nein für ganz Europa, für die Zukunft der zivilisierten Welt, für die Erhaltung der europäischen Kultur! Das Schicksal hat uns zu dieser Aufgabe berufen. Und ich als verantwortlicher Führer des deutschen Volkes kann und werde dieser Entscheidung nicht ausweichen. Es gibt keine andere Möglichkeit!

Von manchen Seiten bin ich gewarnt worden vor der Stärke und der Rüstung des Gegners. Aber wenn diese Herren glauben, mich dadurch schrecken zu können, so irren sie sich. Im Gegenteil, je größer die Gefahr einer schnell steigenden russischen militärischen und wirtschaftlichen Macht ist, um so rascher muß man sie beseitigen. Um die Auseinandersetzung mit dem Osten kommen wir doch nicht herum. Im übrigen glaube ich nicht an die Märchen der russischen Rüstung. Dasselbe wurde mir auch vor Beginn des französischen Feldzuges gesagt.

Mit dem gleichen unbezähmbaren Siegeswillen wie in Polen, Frankreich und auf dem Balkan werden Sie mit Ihren Armeen den russischen Koloß zerschmettern. Wenn aber die roten Armeen geschlagen sind, dann wird dieser Staat zusammenbrechen und die Welt endgültig von der bolschewistischen Idee geheilt werden! Sie müssen mit der ganzen Grausamkeit und Verschlagenheit der Asiaten rechnen und ihr mit eiskalter Entschlossenheit und Härte begegnen. In diesem Kampf wird nur *ein* Volk am Leben bleiben, und das wird das deutsche sein! Dafür bürgen Sie mir, meine Herren, und Ihre tapfere Truppe. Hämmern Sie ihr ein, um was es geht! Machen Sie sie hart und bekämpfen Sie alle humanen und weichlichen Ideen in ihr ..."

277. „Totaler Krieg"

Aus der Sportpalastrede Goebbels' vom 18. Februar 1943.
H.A. Jacobsen, 1939–1945, 5. Aufl. Darmstadt 1960, S. 380f.

.....

„Ihr also, meine Zuhörer, repräsentiert in diesem Augenblick die Nation. Und an euch möchte ich zehn Fragen richten, die ihr mir und dem deutschen Volk vor der ganzen Welt, insbesondere aber vor unseren Feinden, die uns auch an ihrem Rundfunk zuhören, beantworten sollt:

Erstens: Die Engländer behaupten, das deutsche Volk habe den Glauben an den Sieg verloren. Ich frage euch: Glaubt ihr mit dem Führer und mit uns an den endgültigen totalen Sieg des deutschen Volkes? Ich frage euch: Seid ihr entschlossen, dem Führer in der Erkämpfung des Sieges durch dick und dünn und unter Aufnahme auch der schwersten persönlichen Belastung zu folgen?

Zweitens: Die Engländer behaupten, das deutsche Volk ist des Kampfes müde. Ich frage euch: Seid ihr bereit, dem Führer als Phalanx der Heimat hinter der kämpfenden Front stehend, diesen Kampf mit wilder Entschlossenheit und unbeirrt durch alle Schicksalsfügungen fortzusetzen, bis der Sieg in unseren Händen ist?

Drittens: Die Engländer behaupten, das deutsche Volk hat keine Lust mehr, sich der überhandnehmenden Kriegsarbeit, die die Regierung von ihm fordert, zu unterziehen. Ich frage euch: Seid ihr und ist das deutsche Volk entschlossen, wenn der Führer es befiehlt, zehn zwölf und wenn nötig vierzehn Stunden täglich zu arbeiten und das Letzte herzugeben für den Sieg?

Viertens: Die Engländer behaupten, das deutsche Volk wehrt sich gegen die totalen Kriegsmaßnahmen der Regierung. Es will nicht den totalen Krieg, sondern die Kapitulation. Ich frage euch: Wollt ihr den totalen Krieg? Wollt ihr ihn, wenn nötig, totaler, radikaler, als wir ihn uns heute überhaupt noch vorstellen können?

Fünftens: Die Engländer behaupten, das deutsche Volk hat sein Vertrauen zum Führer verloren. Ich frage euch: Ist euer Vertrauen zum Führer heute größer, gläubiger und unerschütterlicher denn je? Ist eure Bereitschaft, ihm auf allen seine Wegen zu folgen und alles zu tun, um den Krieg zum siegreichen Ende zu führen, eine absolute und uneingeschränkte?

Ich frage euch also sechstens: Seid ihr bereit, von nun ab eure ganze Kraft einzusetzen und der Ostfront die Menschen und Waffen zur Verfügung zu stellen, die sie braucht, um dem Bolschewismus den tödlichen Schlag zu versetzen?

Ich frage euch siebentens: Gelobt ihr mit heiligem Eid der Front, daß die Heimat mit starker Moral hinter ihr steht und ihr alles geben wird, was sie nötig hat, um den Sieg zu erkämpfen?

Ich frage euch achtens: Wollt ihr, insbesondere ihr Frauen selbst, daß die Regierung dafür sorgt, daß auch die deutsche Frau ihre ganze Kraft der Kriegführung zur Verfügung stellt und überall da, wo es nur möglich ist, einspringt, um Männer für die Front frei zu machen und damit ihren Männern an der Front zu helfen?

Ich frage euch neuntens: Billigt ihr, wenn nötig, die radikalsten Maßnahmen gegen einen kleinen Kreis von Drückebergern und Schiebern, die mitten im Krieg Frieden spielen und die Not des Volkes zu eigensüchtigen Zwecken ausnützen wollen? Seid ihr damit einverstanden, daß, wer sich am Kriege vergeht, den Kopf verliert?

Ich frage euch zehntens und zuletzt: Wollt ihr, daß, wie das nationalsozialistische Parteiprogramm gebietet, gerade im Krieg gleiche Rechte und gleiche Pflichten vorherrschen, daß die Heimat die schweren Belastungen des Krieges solidarisch auf ihre Schultern nimmt und daß sie für hoch und niedrig und arm und reich in gleicher Weise verteilt werden?

(Schon nach der ersten Frage scholl Goebbels aus dem Munde der Tausenden ein einstimmiges Ja entgegen, das nach jeder weiteren Frage von neuem den Sportpalast erdröhnen ließ.)

Ich habe euch gefragt, ihr habt mir eure Antwort gegeben: Ihr seid ein Stück Volk, durch euren Mund hat sich damit die Stellungnahme der Deutschen manifestiert, ihr habt unseren Feinden das zugerufen, was sie wissen müssen, damit sie sich keinen Illusionen und falschen Vorstellungen hingeben. Somit sind wir, wie von der ersten Stunde unserer Macht an und durch alle die zehn Jahre hindurch fest und brüderlich mit dem deutschen Volke vereint. Der mächtigste Bundesgenosse, den es auf dieser Welt gibt, das Volk selbst, steht hinter uns und ist entschlossen, mit dem Führer, koste was es wolle, unter Aufnahme auch der schwersten Opfer, den Sieg kämpfend zu erstreiten ...

Wir alle, Kinder unseres Volkes, zusammengeschweißt mit dem Volk in der größten Schicksalsstunde unserer nationalen Geschichte, wir geloben euch, wir geloben der Front, wir geloben dem Führer, daß wir die Heimat zu einem Willensblock zusammenschweißen wollen, auf den sich der Führer und seine kämpfenden Soldaten unbedingt verlassen können. Wir verpflichten uns, in unserem Leben und Arbeiten alles zu tun, was zum Siege nötig ist. Unsere Herzen wollen wir erfüllen mit jener politischen Leidenschaft, die uns immer in den großen Kampfzeiten der Partei und des Staates wie ein ewig brennendes Feuer verzehrte. Nie wollen wir in diesem Krieg jener falschen und scheinheiligen Objektivitätsduselei verfallen, der die deutsche Nation in ihrer Geschichte schon so viel Unglück zu verdanken hat.

Als dieser Krieg begann, haben wir unsere Augen einzig und allein auf die Nation gerichtet. Was ihr und ihrem Lebenskampf dient, das ist gut und muß erhalten und gefördert werden. Mit heißem Herzen und kühlem Kopf wollen wir an die Bewältigung der großen Probleme dieses Zeitabschnittes des Krieges herantreten.

Wir beschreiten damit den Weg zum endgültigen Sieg. Er liegt begründet in dem Glauben an den Führer. So stelle ich denn an diesem Abend der ganzen Nation noch einmal ihre große Pflicht vor Augen. Der Führer erwartet von uns eine Leistung, die alles bisher Dagewesene in den Schatten stellt. Wir wollen uns seiner Forderung nicht versagen. Wie wir stolz auf ihn sind, so soll er stolz auf uns sein können. In den großen Krisen und Erschütterungen des nationalen Lebens erst bewähren sich die wahren Männer, aber auch die wahren Frauen. Da hat man nicht mehr das Recht, von dem schwachen Geschlecht zu sprechen, da beweisen beide Geschlechter die gleiche Kampfentschlossenheit und Seelenstärke. Die Nation ist zu allem bereit. Der Führer hat befohlen, wir werden ihm folgen. Wenn wir je treu und unverbrüchlich an den Sieg geglaubt haben, dann ist es in dieser Stunde der nationalen Besinnung und der inneren Aufrichtung. Wir sehen ihn greifbar nahe vor uns liegen; wir müssen nur zufassen. Wir müssen nur die Entschlußkraft aufbringen, alles andere seinem Dienst unterzuordnen. Das ist das Gebot der Stunde. Und darum lautet die Parole:

Nun, Volk, steh auf, und Sturm brich los!"

278. Die strategische Lage Deutschlands am Anfang des 5. Kriegsjahres

Vortrag von Generaloberst Jodl vor den Reichs- und Gauleitern in München am 7. November 1943, Schlußgedanken.
H.A. Jacobsen, a.a.O., S. 453f.

„. . . Die Wehrkraft Deutschlands und seiner Verbündeten war mit dem Ausklang der Winterkämpfe 1942/43 . . . außerordentlich angespannt . . . Verlorengegangen war die große Beweglichkeit des Heeres . . . auch die Überlegenheit in der Luft. Die überlegene wirtschaftliche Stärke unserer Gegner und ihr größeres Menschenreservoir, schwerpunktmäßig gegen Europa zusammengefaßt, machte sich bemerkbar . . . Die Situation wurde immer schwieriger . . .

Wir kämpfen auf der inneren Linie, d.h., wir sind in der Lage, in viel kürzerer Zeit starke Kräfte von einem Kriegsschauplatz auf den anderen zu werfen als unsere auf der äußeren Linie kämpfenden Gegner . . . Heute tritt (aber) dieser operative Vorteil der inneren Linie nicht in solchem Maße in Erscheinung; denn der Gegner ist augenblicklich an allen Fronten so stark, daß wir trotz der kürzeren Verbindungslinien kaum in der Lage sind, mehr als eine örtliche Überlegenheit zustande zu bringen . . .

Die Gründe, die uns dazu zwangen, sie (die vorgeschobenen Positionen in Finnland Norwegen, Dänemark, im Westen, in Italien und im Südosten) zu erobern, zwingen auch dazu, sie gerade jetzt, wo die überlegene Reichweite der feindlichen Luftwaffe dem Zentrum des Reiches schweren Schaden zufügt, zu behaupten . . . Zugegeben, daß es an der Ostfront brennt; aber kein Erfolg des Feindes ist dort unmittelbar tödlich . . . Aber die Führung kann nicht die Augen verschließen, daß das Feuer bereitgehalten ist, um zu irgendeiner Zeit einen Brand im Westen anzufachen, den man, wenn er nicht sofort gelöscht wird, nicht mehr unter Kontrolle bringen kann . . .

Hier zerren die Fronten unaufhörlich an den Nerven und Entschließungen des Führers. Stegmann hat das einmal mit den Worten ausgedrückt: Der Krieg mit seinen Unberechenbarkeiten, seiner unfaßbaren Dynamik und seinem Wechselspiel von Glück und Zufall läßt sich nicht von vornherein festlegen. Wer auf einen Schlag alles ausgibt, steht später, je nach den Umständen, mit leeren Händen da, und wer die angesammelte Kraft sparsam verwendet, kommt nie dazu, die Überlegenheit zu erringen. Nur wer mit diesem Problem fertig wird, beherrscht den Krieg . . .

Was aber zur Zeit am schwersten auf der Heimat und in seiner Rückwirkung damit auch auf der Front lastet, das sind die feindlichen Terrorangriffe aus der Luft gegen unsere Wohnstätten und damit gegen unsere Frauen und Kinder. Hier hat der Krieg, allein durch die Schuld Englands, Formen angenommen, wie man sie seit den Rassen- und Religionskriegen nicht mehr für möglich hielt. Diese Terrorangriffe sind in ihrer psychologischen, moralischen und materiellen Wirkung doch so, daß sie abgeschwächt, wenn nicht ganz zum Erliegen gebracht werden müssen. Gewiß haben sie wie jedes schwere Leid auch die eine oder andere gute Wirkung: Vor den Trümmern des eignen Besitzes verblassen alle sozialen Probleme, jeder Neid und alle kleinlichen Regungen der menschlichen Seele . . . Die Anstrengungen des Führers und des Reichsmarschalls werden auch diese Krise überwinden. Die ersten Ansätze und Auswirkungen sind da . . . Unsere Gegner haben diese Gefahr erkannt und versuchen, ihr durch Zerstörung der Produktionsstätten zu begegnen. Es genügt, wenn die feindlichen Geschwader bei allen Tages- und Nachtangriffen mit absoluter Sicherheit 10–12% der eingesetzten Flugzeuge verlieren. Das können sie vielleicht materiell ersetzen, aber personell nicht; und vor allem hält die Moral der in der Masse ideenlos und bei den Amerikanern vorwiegend materiell eingestellten Besatzungen dieser Belastung nicht stand ...

Wenn ich zum Schluß meiner Ausführungen unsere Gesamtlage nun nochmals zusammenfassend charakterisieren soll, so muß ich sie in aller Offenheit als schwierig bezeichnen und möchte auch keineswegs verschweigen, daß ich durchaus mit der Möglichkeit weiterer schwerer Krisen rechne.

Meine grundsätzliche Haltung diesen Aussichten gegenüber darf ich mit den Worten Fontanes kennzeichnen:

‚Große Zeit ist immer nur, wenn's beinahe schiefgeht, wenn man jeden Augenblick fürchten muß: Jetzt ist alles vorbei. Da zeigt sich's. Courage ist gut, aber Ausdauer ist besser. Ausdauer, das ist die Hauptsache ...'

Im besonderen aber baut sich unsere Zukunft auch auf einer Reihe sachlich darzulegender Gesichtspunkte auf. An der Spitze steht die ethische und moralische Grundlage unseres Kampfes, die der Gesamteinstellung des deutschen Volkes das Gepräge gibt und unsere Wehrmacht zu einem unbedingt zuverlässigen Instrument in der Hand ihrer Führung macht. Die Kraft der revolutionären Idee hat nicht nur eine Reihe unvergleichlicher Erfolge ermöglicht, sondern läßt unsere tapferen Truppen auch in der Abwehr wie im planmäßigen Rückzug Leistungen vollbringen, wie sie höchstens noch der Russe, aber sonst kein anderes Volk zuwege brächte und die jede Hoffnung unserer Gegner auf einen militärischen Zusammenbruch in das Gebiet der Utopie verweisen ...

Meine tiefste Zuversicht gründet sich aber darauf, daß an der Spitze Deutschlands ein Mann steht, der nach seiner ganzen Entwicklung, seinem Wollen und Streben vom Schicksal nur dazu ausersehen sein kann, unser Volk in eine hellere Zukunft zu führen. Allen gegenteiligen Meinungen zum Trotz muß ich hier zum Ausdruck bringen, daß er die Seele nicht nur der politischen, sondern auch der militärischen Kriegführung ist und daß die Kraft seines Willens wie der schöpferische Reichtum seiner Gedanken in strategischer, organisatorischer und rüstungstechnischer Beziehung die ganze deutsche Wehrmacht durchpulst und zusammenhält. Ebenso ist die so wichtige Einheit von politischer und militärischer Führung bei ihm in einer Weise verkörpert, wie es seit Friedrich dem Großen nicht mehr der Fall gewesen ist ...

An uns allen ist es nun, jeden Kleinmut in uns niederzuringen und damit in uns selbst die Grundlage des Vertrauens zu schaffen, aus der allein der Sieg erwachsen kann. Der andere fürchtet sich immer noch ein Stückchen mehr, und ein Krieg ist nur dann verloren, wenn man ihn selbst verloren gibt.

Wie dieser Krieg einmal enden wird, das kann kein Mensch vorhersagen. Was sich in ihm noch alles ereignet an Unwägbarem, wie viele Hoffnungen enttäuscht und wie viele Sorgen sich ins Gegenteil verkehren werden, liegt im Dunkel der Zukunft verborgen. Sicher ist nur, daß wir nie aufhören werden zu kämpfen, denn durch die Weltgeschichte zieht wie ein ehernes Gesetz der Fortschritt und der Aufstieg. In ihm hat Europa geführt und an seiner Spitze Deutschland. Ein Europa unter der Knute amerikanischer Juden oder bolschewistischer Kommissare ist undenkbar.

Ich möchte in dieser Stunde nicht mit dem Munde, sondern aus tiefstem Herzen bekennen, daß unser Vertrauen und unser Glaube an den Führer ein grenzenloser ist, daß es für uns kein höheres Gesetz gibt und keine heiligere Pflicht, als bis zum letzten Atemzug für die Freiheit unseres Volkes zu kämpfen,
daß wir alles Weiche und Pflichtvergessene abstoßen wollen,
daß uns alle Drohungen unserer Gegner nur noch härter und entschlossener machen werden,

daß wir uns keiner feigen Hoffnung hingeben, als könnten uns andere vor dem Bolschewismus retten, der alles hinwegfegen wird, wenn Deutschland fällt,
daß wir selbst die Trümmer unserer Heimat bis zur letzten Patrone verteidigen würden, weil es in ihnen tausendmal besser zu leben ist als in der Knechtschaft,
daß wir siegen werden, weil wir siegen müssen, denn sonst hätte die Weltgeschichte ihren Sinn verloren."

G. Die deutsche Widerstandsbewegung gegen den Nationalsozialismus

Einführung

Es kann hier nicht versucht werden, das vielschichtige Gebilde der Widerstandsbewegung in seinen Verflechtungen und Verzahnungen anzuleuchten; auch soll nicht das historische Problem betrachtet werden, ob durch einen realen Erfolg der Männer des 20. Juli das deutsche Schicksal hätte gewendet und die Katastrophe von 1945 in ihrem Ausmaß hätte gemildert werden können. Begnügen wir uns mit der Feststellung, daß der 20. Juli als politisches Unternehmen gescheitert und daß er in seinen Folgen ohne Einfluß auf den Kriegsausgang geblieben ist.

Man wird im Blick auf das Vergangene auseinanderhalten müssen den einfachen passiven Widerstand, den offenen ideologischen Widerstand, die Mitwisserschaft von Umsturzvorbereitungen, das aktive Vorbereiten eines „Danach" und die aktive politische Konspiration.

Der Widerstand, um den es sich handelt, war im strengen Sinne eine Konspiration. Konspiration kann aber nur unter bestimmten Voraussetzungen verantwortet werden. Sie ist nicht jederzeit am Platz, sie ist auch nicht Sache von jedermann. Sie bedarf besonders qualifizierter Träger.

Die Männer des 20. Juli hatten mehr zu verantworten als eine vage Initialzündung, nämlich die bewußte Erschütterung und den Wiederaufbau eines im Kriege befindlichen Volkskörpers, mehr zu bedenken als eine Verzweiflungstat, nämlich die Übernahme und Abtragung der Mitschuld am Schicksal solcher Verzweifelten.

Sie waren nicht die Berufsrevolutionäre, die im Namen einer völligen Gesellschaftsumschichtung alles Recht auf ihrer Seite wähnen und die damit unvorstellbar hart und skrupellos sein können, sondern Menschen, die Mitverantwortung und Mitschuld am Alten übernahmen. Sie band nicht der Glaube an eine einzige für siegreich gehaltene Ideologie zusammen, sondern die gemeinsame Verantwortung für Deutschland.

Die Vorstellungen vieler Mitverschworenen wurden gespeist aus christlichem, humanistischem und sozialistischem Nährboden; aber diese Elemente waren sehr verschieden und unausgewogen.

Voraussetzung des Gelingens der Staatsumwälzung war die Beseitigung Hitlers. Sie konnte nur Aufgabe der militärischen Widerstandsgruppe sein, die vor allem durch den Krieg stärker in den Vordergrund trat, ohne freilich die Führung der Bewegung zu gewinnen, die von Anfang an bei zivilen Kräften lag.

Was uns heute mit diesen Ereignissen verbindet, ist das menschlich-sittliche Problem, das im 20. Juli 1944 als dem Kulminationspunkt der Widerstandsbewegung beschlossen liegt. Wie weit geht die Gehorsamspflicht des Menschen? Wo beginnt das Widerstandsrecht? Kann es im einzelmenschlichen Dasein eine Widerstandspflicht geben?

Die Männer des 20. Juli haben durch ihre Tat und die Motive ihres Handelns mit unüberhörbarer Eindringlichkeit uns Deutsche und die gesamte Welt darauf hingewiesen, daß es nichts Höheres geben darf als das menschliche Gewissen. Sie sind die Verkörperung dafür geworden, daß jeder Versuch, den Menschen zu dressieren, einzuebnen, ihn zu einem willfährigen Werkzeug dämonischer Machtgelüste einzelner zu machen, scheitern muß an dem Menschen, der sich ein sicheres Bewußtsein seines Daseinssinnes bewahrt hat. Sie sind zugleich ein lebendiges Zeugnis dafür geworden, daß jede staatliche Autorität ihre Grenze findet an den Geboten menschlich-sittlicher Verpflichtung.

„Es gibt keine nationale Ehre und Würde, die losgelöst von der Unterscheidung zwischen Gut und Böse existieren könnte. Die nationale Ehre ist nur dort, wo ein Volk sich durch sittliche Leistungen bewährt" (Generaloberst Beck).

Die Widerstandsbewegung umfaßte verschiedenartige Gruppen von Menschen, die repräsentativ die ganze Breite der Schichtung unseres Volkes darstellten. In ihnen fanden sich gewiß manche Beschränkungen der Ansichten und politische Irrtümer. Aber in ihrer Hingabe an ein hocherkanntes Ziel gemeinsamen Lebens war dieser Zusammenschluß von Menschen unangreifbar.

Quellen und Darstellungen

279. Aus dem Flugblatt der Geschwister Scholl vom 18. Februar 1943

Inge Scholl, Die Weiße Rose, 3. Aufl., Frankfurt 1956, S. 108.

„Kommilitonen! Kommilitoninnen! Erschüttert steht unser Volk vor dem Untergang der Männer von Stalingrad . . . Wollen wir weiter einem Dilettanten das Schicksal unserer Armeen anvertrauen? Der Tag der Abrechnung ist gekommen, der Abrechnung der deutschen Jugend mit der verabscheuungswürdigsten Tyrannis, die unser Volk je erduldet hat. Im Namen der deutschen Jugend fordern wir vom Staat Adolf Hitlers die persönliche Freiheit, das kostbarste Gut der Deutschen zurück, um das er uns in der erbärmlichsten Weise betrogen hat. In einem Staat rücksichtsloser Knebelung jeder freien Meinungsäußerung sind wir aufgewachsen.

HJ, SA, SS haben uns in den fruchtbarsten Bildungsjahren unseres Lebens zu uniformieren, zu revolutionieren, zu narkotisieren versucht. ‚Weltanschauliche Schulung' hieß die verächtliche Methode, das aufkeimende Selbstdenken in einem Nebel leerer Phrasen zu ersticken. Eine Führerauslese, wie sie teuflischer und bornierter zugleich nicht gedacht werden kann, zieht ihre Parteibonzen auf Ordensburgen zu gottlosen, schamlosen und gewissenlosen Ausbeutern und Mordbuben heran, zur blinden, stupiden Führergefolgschaft. Wir ‚Arbeiter des Geistes' wären gerade recht, dieser neuen Herrenschicht den Knüppel zu machen. Frontkämpfer werden von Studentenführern und Gauleiteraspiranten wie Schuljungen gemaßregelt. Gauleiter greifen mit geilen Späßen den Studentinnen an die Ehre. Deutsche Studentinnen haben an der Münchner Hochschule auf die Besudlung ihrer Ehre eine würdige Antwort gegeben. Deutsche Studenten haben sich für ihre Kameradinnen eingesetzt und standgehalten . . .

Das ist ein Anfang zur Erkämpfung unserer freien Selbstbestimmung, ohne die geistige Werte nicht geschaffen werden können . . .

Es gibt für uns nur eine Parole: Kampf gegen die Partei! Heraus aus den Parteigliederungen, in denen man uns weiter politisch mundtot halten will! Heraus aus den Hörsälen der SS-Unter- und Oberführer und Parteikriecher!

Es geht uns um wahre Wissenschaft und Geistesfreiheit! Kein Drohmittel kann uns schrecken, auch nicht die Schließung unserer Hochschulen. Es gilt den Kampf jedes einzelnen von uns um unsere Zukunft, unsere Freiheit und Ehre in einem seiner sittlichen Verantwortung bewußten Staatswesen.

Freiheit und Ehre! Zehn Jahre haben Hitler und seine Genossen die beiden herrlichen Worte bis zum Ekel ausgequetscht. Was ihnen Ehre und Freiheit gilt, haben sie in zehn Jahren der Zerstörung aller materiellen und geistigen Freiheit, aller sittlichen Substanzen im deutschen Volk genugsam gezeigt ... Der deutsche Name bleibt für immer geschändet, wenn nicht die deutsche Jugend endlich aufsteht, rächt und sühnt zugleich, ihre Peiniger zerschmettert und ein neues geistiges Europa aufrichtet.

Studentinnen! Studenten!

Auf uns sieht das deutsche Volk! Von uns erwartet es, wie 1813 die Brechung des napoleonischen, so 1943 die Brechung des nationalsozialistischen Terrors aus der Macht des Geistes.

Beresina und Stalingrad flammen im Osten auf, die Toten von Stalingrad beschwören uns!

‚Frisch auf mein Volk, die Flammenzeichen rauchen!' Unser Volk steht im Aufbruch gegen die Verknechtung Europas durch den Nationalsozialismus, im gläubigen Durchbruch von Freiheit und Ehre!"

280. Die sittliche Verantwortung des deutschen Staatsbürgers und Hochschullehrers in der Gemeinschaft

Clara Huber, Kurt Huber zum Gedächtnis, Regensburg 1947, S. 25ff.

Kurt Huber, Professor für Psychologie und psychologische Volksliedkunde an der Universität München, ist der Verfasser des voranstehenden Flugblattes, das am 8. und 9. Februar 1943 von den Geschwistern Scholl und dem Studenten Christoph Propst in den Lichthof der Universität abgeworfen wurde.

Die drei Studierenden wurden am 22. Februar vom Volksgerichtshof zum Tode verurteilt und am nächsten Tage hingerichtet.

Professor Huber wurde am 27. Februar 1943 verhaftet. Die Verhandlung gegen ihn und einige weitere Mitverschworene fand am 19. April 1943 vor dem Volksgerichtshof unter Vorsitz seines Präsidenten Freisler statt.

Nach Beantragung der Todesstrafe gegen Huber und zwei weitere Verschworene (Schmorell und Graf) erhielt Huber ein Schlußwort. In seinen Notizen fanden sich die folgenden Sätze:

„Als deutscher Staatsbürger, als deutscher Hochschullehrer und als politischer Mensch erachte ich es als Recht nicht nur, sondern als sittliche Pflicht, an der Gestaltung der deutschen Geschicke mitzuarbeiten, offenkundige Schäden aufzudecken und zu bekämpfen ...

Was ich bezweckte, war die Weckung der studentischen Kreise nicht durch eine Organisation, sondern durch das schlichte Wort, nicht zu irgendeinem Akt der Gewalt, sondern zur sittlichen Einsicht in bestehende schwere Schäden des politischen Lebens. Rückkehr zu klaren sittlichen Grundsätzen, zum Rechtsstaat, zu gegenseitigem Vertrauen von Mensch zu Mensch, das ist nicht *illegal*, sondern umgekehrt die *Wiederherstellung der Legalität*. Ich habe mich im Sinne von Kants kategorischem Imperativ gefragt, was geschähe, wenn die subjektive Maxime meines Handelns ein allgemeines Gesetz würde. Darauf kann es nur *eine* Antwort geben. Dann würden Ordnung, Sicherheit, Vertrauen in unser Staatswesen, in unser politisches Leben zurückkehren. Jeder sittlich Verantwortliche würde mit uns seine Stimme erheben gegen die drohende Herrschaft der bloßen Macht über das Recht, der bloßen Willkür über den Willen des sittlich Guten. Die Forderung der freien Selbstbestimmung auch des kleinsten Volksteils ist in ganz Europa vergewaltigt, nicht minder die Forderung der Wahrung der rassischen und völkischen Eigenart.

Die grundlegende Forderung wahrer Volksgemeinschaft ist durch die systematische Untergrabung des Vertrauens von Mensch zu Mensch zunichte gemacht. Es gibt kein furchtbareres Urteil über eine Volksgemeinschaft als das Eingeständnis, das wir uns alle machen müssen, daß keiner sich vor seinem Nachbarn, der Vater nicht mehr vor seinem Sohn sicher fühlt.

Das war es, was ich wollte, mußte.

Es gibt für alle äußere Legalität eine letzte Grenze, wo sie unwahrhaftig und unsittlich wird. Dann nämlich, wenn sie zum Deckmantel einer Feigheit wird, die sich nicht getraut, gegen offenkundige Rechtsverletzung aufzutreten. Ein Staat, der jede freie Meinungsäußerung unterbindet und jede, aber auch jede sittlich berechtigte Kritik, jeden Verbesserungsvorschlag als ‚Vorbereitung zum Hochverrat' unter die furchtbarsten Strafen stellt, bricht ein ungeschriebenes Recht, das im gesunden Volksempfinden noch immer lebendig war und lebendig bleiben muß . . .

Ich bitte und beschwöre Sie in dieser Stunde, diesen jungen Angeklagten gegenüber im wahren Wortsinn schöpferisch Recht zu sprechen, nicht ein Diktat der Macht, sondern die klare Stimme des Gewissens sprechen zu lassen, die auf die *Gesinnung* schaut, aus der die Tat hervorging. Und diese Gesinnung war wohl die uneigennützigste, idealste, die man sich denken kann! Das Streben nach absoluter Rechtlichkeit, Sauberkeit, Wahrhaftigkeit im Leben des Staates. Für mich selbst aber nehme ich in Anspruch, daß meine Mahnung zur *Besinnung* auf die allein dauerhaften Fundamente eines Rechtsstaates das oberste Gebot der Stunde ist, dessen Überhören nur den Untergang des deutschen Geistes und zuletzt des deutschen Volkes nach sich zieht . . . Ich setze für diese Mahnung, für diese beschwörende Bitte zur *Rückkehr* mein Leben ein. Ich fordere die Freiheit für unser deutsches Volk zurück. Wir wollen nicht in Sklavenketten unser kurzes Leben fristen, und wären es goldene Ketten des Überflusses . . .

Ich hoffe zu Gott, daß die geistigen Kräfte, die es rechtfertigen, rechtzeitig aus meinem Leben sich entbinden mögen. Ich habe gehandelt, wie ich aus einer inneren Stimme heraus handeln mußte. Ich nehme die Folgen auf mich nach dem schönen Wort Johann Gottlieb Fichtes:

Und handeln sollst du so, als hinge
Von dir und deinem Tun allein
Das Schicksal ab der deutschen Dinge,
Und die Verantwortung wär dein."

281. Deutsche Offiziere gegen Hitler

Fabian von Schlabrendorff, Offiziere gegen Hitler, Zürich, 3. Auflage 1949, S. 25, 30f., 63f., 33, 44, 89ff., 157, und Rudolf Pechel, Deutscher Widerstand, Zürich 1947.

„. . . War die deutsche Opposition gegen Hitler früher ein loses Mosaikbild der vor 1933 politisch führenden Kräfte gewesen, so war jetzt (1938) zwar keine feste Organisation, aber ein Zusammenspiel entstanden, in dem diese Kräfte sich entfalteten. Es war eine Vielfalt von Kreisen entstanden, die sich gegenseitig überschnitten, wobei bald der eine im Mittelpunkt stand, bald der andere . . .

Der spätere General Oster ... war gewissermaßen der ‚Geschäftsführer' und die ‚Clearingstelle' der Widerstandsbewegung. Oster sah seine Aufgabe darin, eine Brücke zwischen den zivilen Kreisen der Opposition und dem Militär zu schlagen ... Den zivilen Kräften waren ohne militärischen Rückhalt die Hände gebunden. Unsere Arbeit konnte nur Erfolg haben, wenn es gelang, militärische Kräfte für unsere Absichten zu gewinnen ...

Das Schicksal Österreichs wurde zum Sturmsignal. Immer mehr festigte sich bei dem unerschütterlichen Nazigegner Generaloberst Ludwig Beck die Überzeugung, daß Hitlers Politik zum Weltkrieg führen müsse. Die Verantwortung hierfür vor der Geschichte und dem deutschen Volk auf sich zu nehmen, war er nicht gewillt. Er nahm daher, als im Spätsommer 1938 die ersten Anzeichen der Tschechenkrise am Propagandahimmel erschienen, die Gelegenheit wahr, Hitler in einer mündlichen Aussprache zur Rede zu stellen. Dieser leugnete nicht, daß es zu einer bewaffneten Auseinandersetzung kommen könne, bestritt aber, daß er auf einen Krieg lossteuere.

Beck gab nicht nach, sondern forderte Garantien. Wie mir Beck selbst erzählte, antwortete Hitler:

> ‚Die Wehrmacht ist ein Instrument der Politik. Ich werde der Armee ihre Aufgabe zuweisen, wenn der Augenblick gekommen ist ... Die Armee hat diese Aufgabe zu lösen und nicht zu diskutieren, ob die Aufgabe richtig oder falsch gestellt ist.'

Doch Beck ließ nicht locker. Er erwiderte:

> ‚Dieser Standpunkt ist für mich als Chef des Generalstabes unannehmbar. Die Verantwortung für Befehle, deren Inhalt ich nicht billigen kann, übernehme ich nicht.'

Beck ging nach dieser Unterhaltung nach Hause und demissionierte. Hitler versuchte, ihn zu halten, indem er auf das Demissionsgesuch nicht antwortete. Aber Beck beharrte auf seiner Entlassung und betrat seine Diensträume im Reichskriegsministerium nicht mehr. So erzwang er seine Verabschiedung gegen Hitlers Willen ...

In (Beck und Goerdeler) ... lernte ich die eigentlichen Leiter der deutschen Widerstandsbewegung kennen ... Beck ... war nicht als Offizier und Generalstäbler zu erkennen. Er machte den Eindruck eines Weisen ... Seine ganze Persönlichkeit strahlte edle Lauterkeit aus. So verschieden die Hintergründe und die einzelnen Kreise der deutschen Widerstandsbewegung waren, in der Anerkennung seiner Person als dem Kopf der Widerstandsbewegung ist niemals ein Zweifel laut geworden. Wenn eine Streitfrage auftauchte – und deren gab es viele – ... Beck entschied die Frage, und zwar so, daß auch der Unterlegene seinen Entscheid ohne Widerstreben anerkannte. Er war eine Persönlichkeit, die Güte und Autorität in sich vereinigte ...

Im Sommer 1939 (lernte ich) ... Henning von Tresckow kennen. Er war einer der befähigsten deutschen Generalstabsoffiziere und hatte sich ein unabhängiges politisches Urteil bewahrt. Wir hatten ein langes und eingehendes Gespräch. Es endete mit der gemeinsamen Feststellung, daß Pflicht und Ehre von uns forderten, alles zu tun, um Hitler und den Nationalsozialismus bei der ersten sich bietenden Möglichkeit zu Fall zu bringen und damit Deutschland und Europa von der Gefahr der Barbarei zu retten ...

Was ihn zum Gegner Hitlers und des Nazismus gemacht hatte, war nicht eine verstandesmäßige Überlegung, sondern sein Widerwille gegen alles, was der Wurzel der Gemeinheit entsprang. Er hat seine ganze Persönlichkeit für den politischen Kampf eingesetzt und gehört zu den Ersten in der Geschichte der deutschen Widerstandsbewegung ...

Nach dem Fehlschlagen des Attentats vom 20. Juli 1944 faßte Tresckow den Entschluß, sich am nächsten Tag an der Front das Leben zu nehmen. Er sagte zu von Schlabrendorff:

> ‚Jetzt wird die ganze Welt über uns herfallen und uns beschimpfen. Aber ich bin nach wie vor der felsenfesten Überzeugung, daß wir recht gehandelt haben ... Wenn ich in wenigen Stunden vor den Richterstuhl Gottes treten werde, um Rechenschaft abzulegen über mein Tun und Unterlassen, so glaube ich mit gutem Gewissen das vertreten zu können, was ich im Kampf gegen Hitler getan habe.
>
> Wenn einst Gott Abraham verheißen hat, er werde Sodom nicht verderben, wenn auch nur zehn Gerechte darin seien, so hoffe ich, daß Gott auch Deutschland um unsertwillen nicht vernichten wird.
>
> Niemand von uns kann über seinen Tod Klage führen. Wer in unseren Kreis getreten ist, hat damit das Nessushemd angezogen. Der sittliche Wert eines Menschen beginnt erst dort, wo er bereit ist, für seine Überzeugung sein Leben hinzugeben ...‘

Nach der Kaltstellung General Osters im Sommer 1943 übernahm dessen militärische Aufgabe Oberst Graf Claus Schenk von Stauffenberg ... Die Stauffenbergs sind eine alte, im Katholizismus wurzelnde, süddeutsche Familie ...

Stauffenberg war bald in den Generalstab gekommen, wo er besonders in allen Fragen der Organisation als hervorragend qualifiziert galt. In Nordafrika war Stauffenberg schwer verwundet worden, hatte ein Auge, die rechte Hand und zwei Finger der linken Hand verloren, so daß er nur noch über drei Finger verfügte. Dieser Verwundung verdankte er seine Rückversetzung in den Generalstab. Er wurde in das Allgemeine Heeresamt versetzt, eine Stellung, von der aus er einen ungewöhnlich genauen Einblick in das militärische und politische Getriebe der deutschen Wehrmacht hatte. Außerdem war er in der Lage, einen nicht unerheblichen Einfluß auf die Gestaltung des Ersatzheeres auszuüben ...

Stauffenberg besaß eine ... Eigenschaft, durch die er sich von der Mehrzahl seiner Berufsgenossen auszeichnete. Das militärische Leben hatte ihn niemals voll ausgefüllt. Seine geistigen Bedürfnisse hatten ihn in den Kreis des Dichters Stefan George geführt ... Die Gedanken- und Geisteswelt Stefan Georges beherrschten ihn. Vom Geistigen her stammte auch Stauffenbergs Einstellung gegen Hitler.

Nicht der Gedanke einer drohenden militärischen Niederlage oder sonst irgendeine materielle Erwägung bestimmten ihn in seiner Haltung. Im Gegenteil: Stauffenbergs Kampf gegen Hitler war im Christentum verankert. Aus sittlicher Überzeugung war er zum Kämpfer gegen Hitler geworden ...

Das Attentat war zunächst die Hauptaufgabe für die Handelnden, aber im gesamten Zusammenhang bildete es nur die Voraussetzung für das eigentliche Tun. Es erscheint daher notwendig, etwas über den geistigen Hintergrund und die innere Haltung aller jener Männer der verschiedenen Widerstandsgruppen zu sagen.

Die unerbittliche Forderung jener Männer war: die geistige Wandlung des Menschen, d.h. die Absage an den Materialismus und die Überwindung des Nihilismus als Lebensform.

Der Mensch sollte wieder hineingestellt werden in eine Welt christlicher Ordnung, die im Metaphysischen ihre Wurzeln hat ... Er sollte befreit werden von der Enge einer Welt, die sich selbst verabsolutiert, weil Blut und Rasse und Kausalitätsgesetz ihre letzten Weisheiten waren ...

Europäisches Denken und christliches Sein, das waren die beiden wesentlichen Grundzüge und Voraussetzungen, auf denen sich alles aufbaute.

Wichtig ... (war vor allem) eins: den Menschen, der zur Larve geworden war, zum Werkzeug der Technik, zum Geschöpf abstrakter politischer Ideen, zu einer Funktion der Wissenschaft, zum Diener wirtschaftlicher Gesetze ... diesen Menschen frei zu machen von allen Vorurteilen, das wahre Bild des Menschen in seiner Würde und seinem Stolz aufzurichten.

Erst dann, wenn der Mensch wieder den ihm gebührenden Standort eingenommen hat, ist die Voraussetzung für die Harmonie im Einzelnen und damit auch im Staat gegeben. Das ist aber erst dann möglich, wenn der Mensch sich wieder auf seinen Ursprung besinnt, und darauf, daß er zum Bilde Gottes geschaffen ist und mit aller Verantwortlichkeit, die daraus folgert."

282. Aus dem Programm der Widerstandsgruppen des 20. Juli 1944

Entwurf der vorgesehenen Regierungserklärung.
Joh. Hohlfeld, a.a.O., Bd. V, S. 483–492.

„1. Erste Aufgabe ist die Wiederherstellung der vollkommenen Majestät des Rechts ... Wir waren einst stolz auf die Rechtlichkeit und Redlichkeit unseres Volkes, auf die Sicherheit und Güte der deutschen Rechtspflege. Um so größer muß unser aller Schmerz sein, sie fast vernichtet zu sehen.

Keine menschliche Gesellschaft kann ohne Recht bestehen ... Gott hat uns in seiner Ordnung des Weltalls, in seiner Schöpfung und in seinen Geboten die Notwendigkeit des Rechts gegeben. Er hat uns Einsicht und Kraft verliehen, die irdischen Einrichtungen zu ihrer Sicherung im Recht zu gründen ... Es war ein Verbrechen gegen das Volk und gegen die Richter ... eine angebliche Weltanschauung als Richtschnur zu geben ...

2. Wir wollen die Grundlagen der Sittlichkeit wiederherstellen ... Die Familie als die Urzelle völkischer Gemeinschaft wieder zu gestalten, ist eine unserer vornehmsten Aufgaben. Dazu brauchen wir den Einfluß des Elternhauses, die Kraft der Religion, die Mitarbeit aller Kirchen. Nur auf einer ernsten und verantwortungsbewußten Vorstellung von der Lebensgemeinschaft der Ehe kann sich ein sauberes und gesundes Familienleben aufbauen ...

Wir wollen keine Spaltung unseres Volkes. Wir wissen, daß viele aus Idealismus, in Verbitterung über das Diktat von Versailles und seine Auswirkungen und über manche nationale Unwürde in die Reihen der Partei eingetreten sind... Das Volk darf sich nicht hiernach scheiden. Alle Deutschen, die deutsch fühlen und handeln, gehören zusammen. Die einzige Scheidung, die zu vollziehen ist, liegt zwischen Verbrechen und Gewissenlosigkeit auf der einen und Anstand und Sauberkeit auf der anderen Seite ...

Aber noch ist Krieg. In ihm gebührt unser aller Arbeit, Opfer und Liebe den Männern, die das Vaterland an der Front verteidigen ... Wir haben vor diesem Krieg gewarnt, der so viel Leid über die ganze Menschheit gebracht hat, und können daher in Freimut sprechen ...

Wir sind tief davon durchdrungen, daß die Welt vor einer der ernstesten Entscheidungen steht, vor die die Völker und ihre Führer je bewußt sich gestellt sahen. Gott selbst gibt uns die Frage auf, ob wir der von ihm gesetzten Ordnung der Gerechtigkeit entsprechen und seinen Geboten, Freiheit und Menschenwürde zu achten sowie einander zu helfen, folgen wollen oder nicht ... Folgen wir ernsthaft und in allem den in unser Gewissen geschriebenen Geboten Gottes auch dann, wenn sie uns hart ankommen, tun wir alles, um verwundete Seelen zu heilen und Leid zu mildern. Dann allein können wir die Grundlage für eine gesicherte Zukunft auch unseres Volkes in einer wiederum von Vertrauen, von gesunder Arbeit und friedlichen Gefühlen erfüllten Völkerfamilie schaffen. Dies mit aller Kraft und heiligem Ernst zu tun, sind wir unseren Gefallenen schuldig, deren Vaterlandsliebe und Opfermut freventlich mißbraucht worden sind. Wie vielen von ihnen, die dies erkannt hatten, wurde die Pflichterfüllung zur bittersten Gewissensnot. Wieviel schönes menschliches Glück ist überall in der Welt zerstört.

So gebe Gott uns Einsicht und Kraft, dieser furchtbaren Opfer Sinn zum Segen von Generationen zu gestalten!"

283. Aus den Notizen des Jesuitenpaters Delp nach seiner Verurteilung

Eberhard Zeller, Geist der Freiheit, 3. Aufl. 1956, S. 88/89.

„. . . Es ist nicht die Zeit der Aussaat, nicht der Ernte. Gott sät; einmal wird er auch wieder ernten. Um das eine will ich mich mühen: wenigstens als fruchtbares und gesundes Samenkorn in die Erde zu fallen. Es sollen einmal andere besser und glücklicher leben dürfen. Ich bitte die Freunde, nicht zu trauern, sondern für mich zu beten. Und sich nachher darauf zu verlassen, daß ich geopfert wurde, nicht erschlagen.

Ich hatte nicht daran gedacht, daß dies mein Weg sein könnte. Ich würde gern noch weiterleben und gern und jetzt erst recht weiterschaffen und viele neue Worte und Werte verkünden, die ich jetzt erst entdeckt habe.

Es ist anders gekommen . . .

Und so will ich zum Schluß tun, was ich so oft tat mit meinen gefesselten Händen, und was ich tun werde, solange ich noch atmen darf: segnen. Segnen Land und Volk, segnen dieses liebe, deutsche Reich in seiner Not und inneren Qual; segnen die Kirche, daß die Quellen in ihr wieder reiner und heller fließen; segnen den Orden, daß er echt und geprägt und frei sich selbst treu bleibt durch die selbstlose Treue an alles Echte und an alle Sendung; segnen die Menschen, die mir geglaubt und vertraut haben; segnen die Menschen, denen ich Unrecht tat; segnen alle, die mir gut waren, oft zu gut.

Ich will aber hier ehrlich warten auf des Herrgotts Fügung und Führung. Ich werde auf Ihn vertrauen, bis ich abgeholt werde. Und ich werde mich bemühen, daß mich auch diese Lösung und Losung nicht klein und verzagt findet."

284. Aus den Abschiedsbriefen von Peter Graf Yorck von Wartenburg

Geboren am 13. November 1904 in Klein-Oels/Schlesien, hingerichtet am 8. August 1944 in Berlin-Plötzensee.

Gollwitzer-Kuhn-Schneider, Du hast mich heimgesucht bei Nacht, München 1955, S. 225f.

a) Aus dem Brief an die Mutter

„. . . Am Ende eines an Liebe und Freundschaft überreich gesegneten Lebens habe ich nur Dank gegen Gott und Demut unter Seinem Willen. Daß ich Dir diesen Kummer bereite, ist mir ein sehr großer Schmerz nach alledem, was Du an Traurigem erleben mußtest. Ich bitte Dich, mir das von ganzem Herzen zu vergeben. Ich habe über zwei Wochen Zeit gehabt, mich und mein Handeln vor Gott zu stellen, und bin überzeugt, in Ihm einen gnädigen Richter zu finden. Das Ausmaß an innerer Not, das Menschen wie ich in den letzten Jahren zu durchleben hatten, ist gewiß nicht von denen zu verstehen, die ganz von ihrem Glauben beseelt sind, den ich nun einmal nicht teile. Dich darf ich versichern, daß kein ehrgeiziger Gedanke, keine Lust nach

Macht mein Handeln bestimmte. Es waren lediglich meine vaterländischen Gefühle, die Sorge um mein Deutschland, wie es in den letzten zwei Jahrtausenden gewachsen ist, das Bemühen um seine innere und äußere Entwicklung, die mein Handeln bestimmten. Deshalb stehe ich auch aufrecht vor meinen Vorfahren, dem Vater und den Brüdern. Vielleicht kommt doch einmal die Zeit, wo man eine andere Würdigung für unsere Haltung findet, wo man nicht als Lump, sondern als Mahnender und Patriot gewertet wird. Daß die wunderbare Berufung ein Anlaß sein möge, Gott die Ehre zu geben, ist mein heißes Gebet . . ."

b) An seine Frau

„. . . Wir stehen wohl am Ende unseres schönen, reichen, gemeinsamen Lebens. Denn morgen will der Volksgerichtshof über mich und die anderen zu Gericht sitzen. Ich höre, das Heer hat uns ausgestoßen; das Kleid kann man uns nehmen, aber nicht den Geist, in dem wir handelten. Und in ihm fühle ich mich den Vätern und Brüdern und auch den Kameraden verbunden. Daß Gott es so geführt hat, wie es gekommen ist, gehört zu der Unerforschlichkeit Seiner Ratschlüsse, die ich demutsvoll annehme. Ich glaubte mich durch das Gefühl der alle niederbeugenden Schuld getrieben und reinen Herzens. Ich hoffe deshalb auch zuversichtlich, in Gott einen gnädigen Richter zu finden . . . Als wir vom letzten Abendmahl hinweggingen, da fühlte ich eine fast unheimliche Erhabenheit, ich möchte es eigentlich Christusnähe nennen. Rückblikkend scheint sie mir als ein Ruf.

. . . Mein Tod, er wird hoffentlich angenommen als Sühne aller meiner Sünden und als Sühnopfer für das, was wir alle gemeinschaftlich tragen. Die Gottesferne unserer Zeit möge auch zu einem Quentchen durch ihn verringert werden. Auch für meinen Teil sterbe ich den Tod fürs Vaterland. Wenn der Anschein auch sehr ruhmlos, ja schmachvoll ist – ich gehe aufrecht und ungebeugt diesen letzten Gang, und ich hoffe nur, daß Du darin nicht Hochmut und Verblendung siehst. – Des Lebens Fackel wollen wir entzünden, ein Flammenmeer umgibt uns, welch ein Feuer . . ."

285. Schuld oder Verhängnis?

Adolf Heusinger, a.a.O., S. 385 ff.

April 1945. Kleiner Ort im Harz. Ein verabschiedeter General im Gespräch mit dem bejahrten Führer einer Volkssturmkompanie. . .

„Der Kompanieführer: Auf ein Wort noch, Herr General. Sie sagten, der Krieg sei aus und verloren. Seit wann wissen Sie das? Haben Sie es nicht schon früher kommen sehen?

Der General: Warum fragen Sie mich?

Der Kompanieführer: Weil Sie mir empfehlen, keinen Widerstand mehr zu leisten. Warum unternahmen die hohen militärischen Führer nichts, um den Kampf schon früher einzustellen, bevor es zum Äußersten gekommen war?

Der General: Auf diese Frage habe ich mich seit Monaten gefaßt gemacht. Sie ist der Vorwurf, den man morgen und in Zukunft gegen uns erheben wird. Lassen Sie mich etwas ausholen. Die Zahl der Generale, die die Zusammenhänge im großen übersahen, war beschränkt. Es gab für sie zwei Wege. Sie konnten getreu ihrem Eid durch sachverständige Beratung das Unheil abzuwenden versuchen. Dann hing alles davon ab, inwieweit der oberste Führer auf sie hörte. Oder sie mußten ohne Rücksicht auf die Gesetze des militärischen Gehorsams Gewalt gegen ihren Kriegsherrn anwenden. Den ersten Weg haben viele Offiziere in leitender Stellung eingeschlagen.

Sie haben Hitler unzählige Male gewarnt und seiner maßlosen und sprunghaften Intuition Sachkenntnis und Erfahrung entgegengesetzt. Sie haben sich bemüht, ihn von Fehlentschlüssen abzubringen, haben mit ihm gerungen und Gegenvorschläge über Gegenvorschläge gemacht. Manche zerbrachen daran. Er mißbrauchte in einer noch nie dagewesenen Weise ihre aus dem soldatischen Ethos erwachsene Gebundenheit.

Der Kompanieführer: Sind nicht auch viele aus Geltungstrieb mitgegangen? Haben die Verantwortlichen alles getan, um Hitler von seinem Wahn abzubringen?

Der General: Ihre Frage ist berechtigt. Gewiß waren manche Hitler verfallen, oder sie machten aus persönlichem Ehrgeiz mit. Andere beschränkten sich bewußt auf die engere Verantwortung ihres Befehlsbereiches. Viele fühlten sich verpflichtet, auf ihrem Posten auszuharren um ihrer Truppe willen, und um nicht willfährigeren Naturen Platz zu machen. Aber es gab auch Offiziere, die den Widerspruch so weit trieben, daß Hitler sie kurzerhand entließ. Und schließlich baten einzelne von sich aus um ihren Abschied. In den letzten Jahren hat Hitler diese Gesuche als Fahnenflucht abgelehnt.

Der Kompanieführer: Dann blieb also nur der Weg der Gewalt?

Der General: Wer weiß, ob Gewalt überhaupt noch möglich war, nachdem man bei Schleichers Ermordung 1934 nichts unternommen hatte und die Generalobersten Beck und Fritsch im Jahre 1938 resigniert hatten, als sie entlassen wurden. Damals war vielleicht die Macht Hitlers und der Glaube des Volkes an ihn noch nicht so gefestigt, daß ein Staatsstreich von vornherein aussichtslos gewesen wäre. Nachdem der Krieg mit den überwältigenden Erfolgen Hitlers begonnen hatte, hätte Gewalt unfehlbar den Bürgerkrieg bedeutet. Sie wissen, trotzdem gingen einige Männer diesen Weg; er führte zum 20. Juli.

Der Kompanieführer: Die Zahl der entschlossenen Leute war eben zu klein. Darum scheiterte das Unternehmen.

Der General: Immer sind es in der Geschichte nur wenige Persönlichkeiten gewesen, die in ähnlichen Lagen zur Tat schritten. Sie dürfen nicht übersehen, was dieser Entschluß gerade für den Soldaten bedeutete: Der Offizier erhebt die Waffe gegen seinen obersten Befehlshaber mitten im Kriege, im Ringen seines Volkes auf Leben und Tod. Er handelt trotz der Erkenntnis, daß auch seine Tat die bedingungslose Kapitulation vor dem Feind nicht verhindern kann. Er tut es, um seinem Volk größere Leiden zu ersparen. Aber er weiß, die Masse dieses Volkes verurteilt seine Handlungsweise und glaubt noch immer an den ‚Führer', blind und betäubt durch die Propaganda. Nicht nur das. Auch die meisten Frontsoldaten lehnen diesen Schritt ab. Sie sehen die Rettung nur im festen Zusammenstehen gegen den äußeren Feind. Sie erblicken in Hitler das Symbol des Kampfes bis zum letzten und das Unterpfand des Sieges. So mußte der zum Handeln bereite Offizier die Lage sehen. So war sie ...

Damit nicht genug! Der Offizier handelte gegen den Gehorsam. Wie kann er ihn von seinen Untergebenen verlangen? Er bricht die Treue. Wer soll sie ihm halten? In den Augen vieler verletzt er die Ehre. Wie kann er auf die Ehrenhaftigkeit der Truppe hoffen? Er hat einen Eid geschworen. Gewiß, der Mann, dem er ihn geschworen hatte, mißbrauchte ihn. Wird der Offizier dadurch frei? Hundertmal hat er seine Soldaten auf die Heiligkeit der Verpflichtung hingewiesen. Zwei Millionen gingen dafür in den Tod. Nun soll er selbst eidbrüchig werden? Der Eid ist mehr als eine Formsache. Er wurde vor Gott geschworen!

Der Kompanieführer: Kann Gott das Halten eines solchen Eides verlangen? Gebot nicht die entsetzliche Lage unseres Volkes den Bruch der mißbrauchten Treue?

Der General: Hier lag der Gewissenskonflikt. Jeder mußte ihn in der eigenen Brust ausfechten. Es gab keine grundsätzliche Entscheidung für alle, nur tragische, unlösbare Widersprüche der Pflichten. Sollte die eine erfüllt, mußte die andere verletzt werden. Was dabei Schuld ist, können Menschen nicht entscheiden. – Auch Sie sind mit Ihrer Verantwortung allein. Es ist kein Unterschied, ob man Armeen oder dreißig Mann zu befehligen hat. Dem militärischen Führer ist das Leben seiner Untergebenen in die Hand gegeben. Jedes Leben ist eine ganze Welt, die er auf seinen Schultern trägt. –

Ich wollte Ihnen nur zeigen, wie unendlich schwer der Entschluß gerade für den Offizier war. Über die hohen militärischen Führer dieses Krieges werden viele den Stab brechen. Man wird ihnen vorwerfen, sie hätten versagt und die Verantwortung gescheut. Freiheit und Fügung sind aber eng ineinander verwoben, Schicksal und Schuld."

286. Hitler über die Pflicht zur Rebellion

Adolf Hitler, a.a.O., S. 104.

„Wenn durch die Hilfsmittel der Regierungsgewalt ein Volkstum dem Untergang entgegengeführt wird, dann ist die Rebellion eines jeden Angehörigen eines solchen Volkes nicht nur Recht, sondern Pflicht ... Menschenrecht bricht Staatsrecht ... Eine Diplomatie hat dafür zu sorgen, daß ein Volk nicht heroisch zugrunde geht, sondern praktisch erhalten wird. Jeder Weg, der hierzu führt, ist dann zweckmäßig, und sein Nichtbegehen muß als pflichtvergessenes Verbrechen bezeichnet werden. . ."

287. Hochverrat in der Sicht des Staatsgerichtshofs (Freisler)

Helmuth James Graf von Moltke, Letzte Briefe aus dem Gefängnis Tegel, Berlin, 7. Aufl. 1957, S. 30/31, 37.

Als Rechtsgrundsätze wurden verkündet:

„Der Volksgerichtshof steht auf dem Standpunkt, daß eine Verratstat schon der begeht, der es unterläßt, solche defaitistischen Äußerungen wie die von Moltke, wenn sie von einem Mann seines Ansehens und seiner Stellung geäußert werden, anzuzeigen." – „Vorbereitung zum Hochverrat begeht schon der, der hochpolitische Fragen mit Leuten erörtert, die in keiner Weise dafür kompetent sind, insbesondere nicht mindestens irgendwie tätig der Partei angehören." – „Vorbereitung zum Hochverrat begeht jeder, der sich irgendein Urteil über eine Angelegenheit anmaßt, die der Führer zu entscheiden hat." – „Vorbereitung zum Hochverrat begeht, der zwar selbst jede Gewalthandlung ablehnt, aber Vorbereitungen für den Fall trifft, daß ein anderer, nämlich der Feind, die Regierung mit Gewalt beseitigt; dann rechnet er eben mit der Gewalt des Feindes." Und so ging es immer weiter. Daraus gibt es nur einen Schluß: Hochverrat begeht, wer dem Herrn Freisler nicht paßt ...

Ergebnis dieser Vernehmung „gegen mich" – denn zu sagen „meiner Vernehmung" wäre Quatsch –: ganz Kreisau und jede dazugehörige Teilunterhaltung ist Vorbereitung zum Hochverrat.

ABSCHNITT X

Die Ausweitung des kommunistischen Machtbereichs in Europa und Asien seit 1939

A. Europa

Einführung

Die relative außenpolitische und militärische Zurückhaltung hatte dem sowjet-russischen Regime die Möglichkeit gegeben, sich im Innern zu festigen und in Gestalt der kommunistischen Bewegungen in der Welt sich die äußeren Hilfstruppen für eine Ausdehnung des russischen Einflußbereichs zu verschaffen.

Von besonderer Bedeutung ist der Umstand, daß dieses machtpolitische Ausgreifen der Sowjets nicht im Angriff (wie bei Mussolini und Hitler), sondern aus der Verteidigung heraus im Zweiten Weltkrieg erfolgt. Auch das Zwischenspiel der russisch-deutschen Zusammenarbeit im polnisch-osteuropäischen Raum ist erst durch den Vorgang der deutschen Aggression ausgelöst worden und hat eine West-Ost-Zusammenarbeit später nicht unmöglich gemacht. Die Gründe für die Ausbreitung der russischen Macht sind in Osteuropa und im Fernen Osten die gleichen. Der russische Sieg im Zweiten Weltkrieg brachte in Osteuropa das Gebiet bis zur Oder unter die militärische Kontrolle Rußlands. Die Westmächte räumten darüber hinaus das heutige Mitteldeutschland den Russen als Besatzungszone ein, die allmählich ebenfalls in den politischen Einflußbereich einbezogen wurde. Im Inneren besaßen die osteuropäischen Gebiete vor der kommunistischen Revolution eine Sozialstruktur, die in ihren Grundzügen noch auf die Feudalverhältnisse des Mittelalters zurückging. Grund und Boden, aber auch die noch unbedeutende Industrie waren im Besitz einer dünnen Oberschicht.

Auch in der russischen Besatzungszone betrieben die Kommunisten im Schatten der sowjetischen Militärmacht eine Politik mit dem Endziel der Herstellung marxistisch-leninistischer Verhältnisse und Ordnungen.

In einzelnen Phasen wurde dieses Ziel angesteuert. Die offizielle Terminologie bezeichnete die Zeit von 1945 bis 1950 als Epoche der „Antifaschistisch-demokratischen Ordnung“, die Zeit von 1951 bis 1957 als die Epoche der Grundlegung des Sozialismus, diejenige von 1958 bis 1962 als eine Periode des Ausbaus der ökonomischen Basis und der Festigung der sozialistischen Produktionsverhältnisse und die Spanne seit 1963 als Epoche des vollständigen und umfassenden Aufbaus des Sozialismus. Zur Zeit gilt die Bezeichnung „entwickeltes gesellschaftliches System des Sozialismus“.

Die führende politische Kraft in dieser Entwicklung war von Anfang an Walter Ulbricht. Er erkämpfte sich von der Besatzungsmacht eine gewisse Selbständigkeit, als klar wurde, daß die Zone mit Hilfe der SED sicher auf den Weg des Kommunismus zu bringen sei und damit in ihrer geistig-ideologischen wie machtmäßigen Existenz zum Dauersatelliten oder wenigstens sichersten Partner Moskaus zu gestalten war.

Der entscheidende Hebel lag in der Politik des Aufbaus einer sozialistischen Wirtschaftsordnung mit den Methoden der fortschreitenden Kollektivierung, der Propaganda, des Normensystems, der Umwandlung der Gewerkschaften in ein Hilfsinstrument der Staatsgewalt. Auf diese Politik reagierte die mitteldeutsche Bevölkerung bis 1953 mit einer Art passivem Widerstand, welcher von der Partei- und Staatsführung als Überrest kapitalistischer und bourgeoiser Haltung angesehen wurde. Die Vorgänge des 16. Juni 1953 zeigten jedoch die Arbeiterklasse als schärfsten Gegner dieser Politik, und vermutlich hätte Ulbricht unter dem Druck der Massen Männern der Politbüro-Fronde um Wilhelm Zaiser und Rudolf Herrnstadt weichen müssen, wäre am 17. Juni nicht eine allgemeine Freiheitsbewegung wider Staats- und Parteiallmacht aus den ursprünglichen Arbeiterforderungen hervorgegangen. Dies erst rief die sowjetische Schutzmacht der Kommunisten auf den Plan, führte zur blutigen Niederwerfung des Aufstandes und zur Festigung der Machtstellung Ulbrichts. Von jetzt ab konnte das alte Ziel des Ausbaus der kommunistischen Ordnung wieder und nunmehr endgültig aufgenommen werden. Es wurde erreicht durch den zentralistischen Ausbau der Staatsmacht, mit Hilfe auch von Justiz- und Verwaltungsreform, auf dem Weg der Aushöhlung der ursprünglich bürgerlich-demokratischen Verfassung, mit Hilfe des Staatsratsgesetzes 1960, des neuen Strafgesetzes von 1967 und der endgültig die Gewaltenteilung beseitigenden Verfassung von 1968. Die darin aufgezählten „Grundrechte und Grundpflichten der Bürger" begründen keine staatsfreie Rechtssphäre für das Individuum. Dieser Umstand sowie die Stellung der richterlichen Gewalt in der DDR verhindern den „Rechtsstaat" im Sinne westlich-demokratischer Verfassung.

Quellen und Darstellungen

288. Moskauer Konvention vom 12. Juli 1941 Bündnisvertrag zwischen England und Rußland vom 26. Mai 1942

Helmut Rönnefarth, Vertrags-Ploetz, Teil II, 1493–1952, Bielefeld 1953, S. 384 und 387.

12. Juli 1941: Artikel 1 enthält Verpflichtung wechselseitiger Hilfe im Kriege gegen Hitler-Deutschland. Artikel 2 bestimmt, daß während des Krieges kein Vertrag oder Waffenstillstandsabkommen von einem Partner allein verhandelt oder abgeschlossen werden soll.

26. Mai 1942: Der Bündnisvertrag bringt nähere Ausführungen zur Moskauer Konvention und verpflichtet die Partner zur Zusammenarbeit nach den „Prinzipien der Atlantik-Charta".

Für die Zusammenarbeit nach dem Kriege wurde vereinbart, daß die Vertragspartner „hierbei die Interessen der Vereinten Nationen berücksichtigen und in Übereinstimmung mit den beiden Grundsätzen handeln, weder nach territorialen Erweiterungen für sich selbst zu streben noch sich in die inneren Angelegenheiten anderer Staaten einzumischen".

289. Aus dem interalliierten Abkommen über Berlin vom 12. September 1944

1. Deutschland, innerhalb der Grenzen, wie sie am 31. Dezember 1937 bestanden, wird zum Zwecke der Besetzung in drei Zonen eingeteilt, deren je eine einer der drei

Mächte zugewiesen wird, und ein besonderes Berliner Gebiet, das gemeinsam von den drei Mächten besetzt wird.

2. Die Grenzen der drei Zonen und des Berliner Gebietes und die Verteilung der drei Zonen unter den USA, dem UK und der UdSSR wird wie folgt sein:

...

(Berliner Gebiet)

Das Berliner Gebiet (unter welchem Ausdruck das Territorium Groß-Berlins, wie im Gesetz vom 27. April 1920 definiert, zu verstehen ist) wird gemeinsam von den bewaffneten Streitkräften der USA, des UK und der UdSSR, die durch die entsprechenden Oberkommandierenden dazu bestimmt werden, besetzt. Zu diesem Zweck wird das Gebiet von Groß-Berlin in die folgenden drei Teile eingeteilt:

...

3. Die Besatzungsstreitkräfte jeder der drei Zonen, in die Deutschland eingeteilt wird, unterstehen einem Oberkommandierenden, der von der Regierung desjenigen Landes, dessen Streitkräfte die betreffende Zone besetzen, bestimmt wird.

4. Jede der drei Mächte kann nach ihrem Ermessen in die für Besatzungspflichten zugewiesenen Streitkräfte unter dem Kommando ihres Oberkommandierenden Hilfskontingente von Streitkräften anderer alliierter Mächte, die an militärischen Operationen gegen Deutschland teilgenommen haben, einbeziehen.

5. Eine interalliierte Regierungsbehörde (Komendatura), bestehend aus drei Kommandanten, die jeweils von ihren entsprechenden Oberkommandierenden ernannt worden sind, wird gegründet, um eine gemeinsame Verwaltung des Groß-Berliner Gebietes zu errichten.

...

290. Potsdamer Abkommen zwischen Rußland, USA und England 2. August 1945

Helmut Rönnefarth, Vertrags-Ploetz, a.a.O., S. 411 ff.

(1.) Aus der Präambel zum Abschnitt III „Deutschland": „Es ist nicht die Absicht der Alliierten, das deutsche Volk zu vernichten oder zu versklaven. Die Alliierten wollen dem deutschen Volk die Möglichkeit geben, sich darauf vorzubereiten, sein Leben auf einer demokratischen und friedlichen Grundlage von neuem wieder aufzubauen. Wenn die eigenen Anstrengungen des deutschen Volkes unablässig auf die Erreichung dieses Zieles gerichtet sein werden, wird es ihm möglich sein, zu gegebener Zeit seinen Platz unter den freien und friedlichen Völkern der Welt einzunehmen."

(2.) Einzelbestimmungen: Politische Grundsätze sind: Kontrollsystem, gleiche Behandlung deutscher Bevölkerung in ganz Deutschland, Entmilitarisierung, Auflösung der NSDAP und ihrer Gliederungen, Vorbeugungsmaßnahmen gegen ihr Wiederaufleben, Vorbereitung einer demokratischen Neuordnung und einer friedlichen Mitarbeit Deutschlands am internationalen Leben, Entnazifizierung durch Verhaftung, Internierung und Amtsenthebung in Verwaltung und Wirtschaft. Neugestaltung des Rechts- und Gerichtswesens und der Erziehung, Dezentralisation der politischen Struktur und Verwaltung, dazu Zulassung aller demokratischen politischen Parteien mit Versammlungs- und Diskussionsrecht. Freiheit der Rede, Presse und Religion, „unter Berücksichtigung der Notwendigkeit zur Erhaltung der militärischen Sicherheit". Duldung freier Gewerkschaften.

Wirtschaftliche Grundsätze: Auflösung der Rüstungsindustrien, Dezentralisierung, Dekartellisierung, Entwicklung der Landwirtschaft. Industrie nur „für den

Demarkationslinie zwischen den sowjetischen und angloamerikanischen Truppen

inneren Bedarf". Deutschland als wirtschaftliche Einheit während der Besatzungszeit, Reparationen; deren Bezahlung „soll dem deutschen Volke genügend Mittel belassen, um ohne Hilfe von außen zu existieren".

(3.) Bestimmungen VI und IX

VI: Das Gebiet von Königsberg und das anliegende Gebiet wird an die UdSSR übergeben.

IX: „In Übereinstimmung mit dem bei der Krimkonferenz (Jalta) erzielten Abkommen haben die Häupter der drei Regierungen die Meinung der Polnischen Provisorischen Regierung der Nationalen Einheit hinsichtlich des Territoriums im Norden und Westen geprüft, das Polen erhalten soll ..."

... Sie „bekräftigen ihre Auffassung, daß bis zur endgültigen Festlegung der Westgrenze Polens die früher deutschen Gebiete östlich der Linie, die von der Ostsee unmittelbar westlich von Swinemünde und von dort die Oder entlang bis zur Einmündung der westlichen Neiße und die westliche Neiße entlang bis zur tschechoslowakischen Grenze verläuft, einschließlich des Teiles Ostpreußens, der nicht unter die Verwaltung der UdSSR ... gestellt wird, und einschließlich des Gebietes der früheren Freien Stadt Danzig unter die Verwaltung des polnischen Staates kommen und in dieser Hinsicht nicht als Teil der sowjetischen Besatzungszone in Deutschland betrachtet werden sollen."

291. Aus dem Gründungsaufruf der KPD in der sowjetisch besetzten Zone Deutschlands (11. Juni 1945)

Wolfgang Leonhard, Die Revolution entläßt ihre Kinder, Köln 1955, S. 393.

„. . .Mit der Vernichtung des Hitlerismus gilt es gleichzeitig, die Sache der Demokratisierung Deutschlands, die Sache der bürgerlich-demokratischen Umbildung, die 1848 begonnen wurde, zu Ende zu führen, die feudalen Überreste völlig zu beseitigen und den reaktionären altpreußischen Militarismus mit allen seinen ökonomischen und politischen Ablegern zu vernichten.

Wir sind der Auffassung, daß der Weg, Deutschland das Sowjetsystem aufzuzwingen, falsch wäre; denn dieser Weg entspricht nicht den gegenwärtigen Entwicklungsbedingungen in Deutschland.

Wir sind vielmehr der Auffassung, daß die entscheidenden Interessen des deutschen Volkes in der gegenwärtigen Lage für Deutschland einen anderen Weg vorschreiben, und zwar den Weg der Aufrichtung eines antifaschistischen, demokratischen Regimes, einer parlamentarisch-demokratischen Republik mit allen demokratischen Rechten und Freiheiten für das Volk."

292. Die Verfassung der Deutschen Demokratischen Republik vom 6. Oktober 1949

Siegfried Mampel, Die volksdemokratische Ordnung in Mitteldeutschland, Texte zur verfassungsrechtlichen Situation, Frankfurt 1963, S. 59ff.

Präambel: Von dem Willen erfüllt, die Freiheit und die Rechte des Menschen zu verbürgen, das Gemeinschafts- und Wirtschaftsleben in sozialer Gerechtigkeit zu gestalten, dem gesellschaftlichen Fortschritt zu dienen, die Freundschaft mit allen Völkern zu fördern, hat sich das deutsche Volk diese Verfassung gegeben.

A. Grundlagen der Staatsgewalt

Art. 1: Deutschland ist eine unteilbare demokratische Republik; sie baut sich auf den deutschen Ländern auf . . . Es gibt nur eine deutsche Staatsangehörigkeit.

Art. 3: Alle Staatsgewalt geht vom Volke aus. Jeder Bürger hat das Recht und die Pflicht zur Mitgestaltung in seiner Gemeinde, seinem Kreise, seinem Lande und in der Deutschen Demokratischen Republik . . . Die Staatsgewalt muß dem Wohl des Volkes, der Freiheit, dem Frieden und dem demokratischen Fortschritt dienen. Die im öffentlichen Dienst Tätigen sind Diener der Gesamtheit und nicht einer Partei[1].

B. Inhalt und Grenzen der Staatsgewalt

I. Rechte des Bürgers

Art. 6: Alle Bürger sind vor dem Gesetz gleichberechtigt . . .

Art. 7: Mann und Frau sind gleichberechtigt . . .

Art. 8: Persönliche Freiheit, Unverletzlichkeit der Wohnung, Postgeheimnis und das Recht, sich an einem beliebigen Ort niederzulassen, sind gewährleistet. Die Staatsgewalt kann diese Freiheiten nur auf Grund der für alle Bürger geltenden Gesetze einschränken oder entziehen.

---

[1] In Wirklichkeit wurden alle Schlüsselstellungen von der SED besetzt.

Art. 9: Alle Bürger haben das Recht, innerhalb der Schranken der für alle geltenden Gesetze ihre Meinung frei und öffentlich zu äußern und sich zu diesem Zweck friedlich und unbewaffnet zu versammeln. Diese Freiheit wird durch kein Dienst- oder Arbeitsverhältnis beschränkt; niemand darf benachteiligt werden, wenn er von diesen Rechten Gebrauch macht[1].

Eine Pressezensur findet nicht statt.

Art. 12: Alle Bürger haben das Recht, zu Zwecken, die den Strafgesetzen nicht zuwiderlaufen, Vereine oder Gesellschaften zu bilden.

Art. 15: Die Arbeitskraft wird vom Staat geschützt. Das Recht auf Arbeit wird verbürgt. Der Staat sichert durch Wirtschaftslenkung jedem Bürger Arbeit und Lebensunterhalt.

Art. 16: Jeder Arbeitende hat ein Recht auf Erholung, auf jährlichen Urlaub gegen Entgelt, auf Versorgung bei Krankheit und im Alter ...

II. Wirtschaftsordnung

Art. 19: Die Ordnung des Wirtschaftslebens muß den Grundsätzen sozialer Gerechtigkeit entsprechen, sie muß ein menschenwürdiges Dasein sichern.

Art. 21: Zur Sicherung der Lebensgrundlagen und zur Steigerung des Wohlstandes seiner Bürger stellt der Staat durch die gesetzgebenden Organe, unter unmittelbarer Mitwirkung seiner Bürger einen öffentlichen Wirtschaftsplan auf.

Art. 22: Das Eigentum wird von der Verfassung gewährleistet. Sein Inhalt und seine Schranken ergeben sich aus den Gesetzen und den sozialen Pflichten gegenüber der Gemeinschaft.

Art. 23: Beschränkungen des Eigentums und Enteignungen können nur zum Wohle der Allgemeinheit und auf gesetzlicher Grundlage vorgenommen werden. Sie erfolgen gegen angemessene Entschädigung, soweit das Gesetz nicht anders bestimmt ....

Art. 24: Eigentum verpflichtet. Sein Gebrauch darf dem Gemeinwohl nicht zuwiderlaufen. Der Mißbrauch des Eigentums durch Begründung wirtschaftlicher Machtstellung zum Schaden des Gemeinwohls hat die entschädigungslose Enteignung und Überführung in das Eigentum des Volkes zur Folge ... Der private Großgrundbesitz, der mehr als 100 ha umfaßt, ist aufgelöst und wird ohne Entschädigung aufgeteilt. Nach Durchführung dieser Bodenreform wird den Bauern das Privateigentum an ihrem Boden gewährleistet[2].

Art. 27: Private wirtschaftliche Unternehmungen, die für die Vergesellschaftung geeignet sind, können durch Gesetz und nach den für die Enteignung geltenden Bestimmungen in Gemeineigentum überführt werden.

C. Aufbau der Staatsgewalt

Art. 50: Höchstes Organ der Republik ist die Volkskammer.

Art. 51: Die Volkskammer besteht aus den Abgeordneten des deutschen Volkes. Die Abgeordneten werden in allgemeiner, gleicher, unmittelbarer und geheimer Wahl nach den Grundsätzen des Verhältniswahlrechtes auf die Dauer von vier Jahren gewählt.

---

[1] Die Wirklichkeit: Polit. Meinungsbildung gibt es nur in den Spitzengremien, Politbüro, Sekretariat des Z.K. und Zentralkomitee.

[2] Dieser Artikel ist durch die Entwicklung völlig überholt.

Die Abgeordneten sind Vertreter des ganzen Volkes. Sie sind nur ihrem Gewissen unterworfen und an Aufträge nicht gebunden[1].

Art. 52: Wahlberechtigt sind alle Bürger, die das 18. Lebensjahr vollendet haben. Wählbar ist jeder Bürger, der das 21. Lebensjahr vollendet hat. Die Volkskammer besteht aus 400 Abgeordneten.

IV. Regierung der Republik

Art. 91: Die Regierung der Republik besteht aus dem Ministerpräsidenten und den Ministern.

Art. 92: Die stärkste Fraktion der Volkskammer benennt den Ministerpräsidenten; er bildet die Regierung ... Schließt sich eine Fraktion aus, so findet die Regierungsbildung ohne sie statt.

Art. 95: Die Tätigkeit der Regierung in ihrer Gesamtheit endet mit der Annahme eines Mißtrauensantrages durch die Volkskammer.

Der Mißtrauensantrag kommt nur zur Abstimmung, wenn gleichzeitig mit ihm der neue Ministerpräsident und die von ihm zu befolgenden Grundsätze der Politik vorgeschlagen werden.

Art. 98: Der Ministerpräsident bestimmt die Richtlinien der Regierungspolitik nach Maßgabe der von der Volkskammer aufgestellten Grundsätze. Er ist dafür der Volkskammer verantwortlich ...

V. Der Staatsrat der Republik[2]

Art. 101: Der Staatsrat der Republik wird von der Volkskammer auf die Dauer von vier Jahren gewählt.

Nach Ablauf der Wahlperiode setzt der Staatsrat seine Tätigkeit bis zur Wahl des neuen Staatsrates durch die Volkskammer fort.

Art. 102: Der Staatsrat der Republik besteht aus dem Vorsitzenden, sechs Stellvertretern des Vorsitzenden, 16 Mitgliedern und dem Sekretär. Der Vorsitzende leitet die Arbeit des Staatsrates.

Art. 104: Der Staatsrat der Republik ist der Volkskammer rechenschaftspflichtig. Der Staatsrat der Republik verkündet die Gesetze der Republik.

Art. 105: Der Vorsitzende des Staatsrates verpflichtet die Regierungsmitglieder bei ihrem Amtsantritt.

Art. 106: Der Staatsrat der Republik schreibt die Wahlen zur Volkskammer aus und beruft die erste Tagung der Volkskammer nach der Neuwahl ein;

kann eine allgemeine Volksbefragung vornehmen;

ratifiziert und kündigt internationale Verträge der Deutschen Demokratischen Republik;

---

[1] In Wirklichkeit läßt die „Einheitsliste“ bei Wahlen keine Wahl zu und garantiert die Herrschaft der SED.

[2] Nach dem Tod des Präsidenten Pieck revidierte die SED die Verfassung. An die Stelle des Präsidenten der Republik trat der Staatsrat mit erweiterten Befugnissen (Art. 101–108).

ernennt die bevollmächtigten Vertreter der Deutschen Demokratischen Republik in anderen Staaten und beruft sie ab;

nimmt Beglaubigungs- und Abberufungsschreiben der bei ihm akkreditierten diplomatischen Vertreter anderer Staaten entgegen;

gibt allgemein verbindliche Auslegungen der Gesetze;

erläßt Beschlüsse mit Gesetzeskraft;

faßt grundsätzliche Beschlüsse zu Fragen der Verteidigung und Sicherheit des Landes;

bestätigt grundsätzliche Anordnungen des Nationalen Verteidigungsrates der Deutschen Demokratischen Republik;

beruft die Mitglieder des Nationalen Verteidigungsrates der Deutschen Demokratischen Republik;

legt die militärischen Dienstgrade, diplomatischen Ränge und andere spezielle Titel fest;

verleiht Orden und andere hohe Auszeichnungen und Ehrentitel;

übt das Begnadigungsrecht aus.

Art. 107: Der Staatsrat der Republik wird nach außen von seinem Vorsitzenden oder dessen Stellvertreter vertreten.

Der Vorsitzende des Staatsrates vertritt die Republik völkerrechtlich.

Artikel 108: Der Vorsitzende, die Stellvertreter des Vorsitzenden, die Mitglieder und der Sekretär des Staatsrates der Republik können durch Beschluß der Volkskammer abberufen werden. Der Beschluß bedarf einer Mehrheit von zwei Dritteln der gesetzlichen Zahl der Abgeordneten.

(Gesetzblatt der DDR. 1960, I, S. 505 f.)

X. Übergangs- und Schlußbestimmungen

Art. 144: Alle Bestimmungen dieser Verfassung sind unmittelbar geltendes Recht . . . Die verfassungsmäßigen Freiheiten und Rechte können nicht den Bestimmungen entgegengehalten werden, die ergangen sind oder noch ergehen werden, um den Nationalsozialismus und Militarismus zu überwinden und das von ihnen verschuldete Unrecht wiedergutzumachen.

293. Der Sozialisierungsgrad wichtiger Wirtschaftszweige in v. H. (31. 12. 1963/67)

(s. Statist. Jahrb. der DDR)

Wirtschaftszweig	Bezugsgröße	sozialistisch: volkseigen u. genossenschaftl.		halbstaatlich: halbstaatl. Betr., Kommissionshandel		privat	
Industrie	Bruttoproduktion	88,6	87,7	8,9	10,3	2,5	2,0
Landwirtschaft	landw. Nutzfläche	93,6	94,1	—		6,4	5,9
Außenhandel	Umsatz	100		—		—	
Einzelhandel	Umsatz	77,3	78,8	8,5	9,1	14,2	12,1
Handwerk	Umsatz	36,1	44,8	—		63,9	55,2
Banken u. Versicherungen	Institute	100		—		—	

294. Die Industrieproduktion nach Eigentumsformen in der DDR

Anteile an der Bruttoproduktion in v.H.

	1955	1958	1960	1963	1967
„Volkseigene“ Industrie	83,1	84,8	84,9	86,5	85,6
Genossenschaftliche Industrie	4,5	4,2	4,0	2,1	2,1
Halbstaatliche Industrie	—	3,2	7,4	8,9	10,3
Private Industrie	12,4	7,8	3,8	2,5	2,0
	100	100	100	100	100

295. Die Jahre 1945-1949 in der Selbstdarstellung der SED

Auszug aus dem Artikel „Zum Charakter der ersten Etappe der volksdemokratischen Revolution in der DDR“, in: Einheit, Zeitschrift für Theorie und Praxis des wissenschaftlichen Sozialismus, hrsg. vom ZK der SED, Heft 12, 1959, S. 1745f.

Das Hinüberwachsen der antifaschistisch-demokratischen Umwälzung in die sozialistische Revolution ergab sich folgerichtig aus der inneren Gesetzmäßigkeit der 1945 begonnenen volksdemokratischen Revolution. Als die Partei nach der Zerschmetterung des Hitlerfaschismus die Aufgabe stellte, zunächst die bürgerlich-demokratische Revolution zu vollenden und eine antifaschistisch-demokratische Ordnung aufzubauen, war sie sich dessen bewußt, daß dies unter den konkreten Entwicklungsbedingungen in Deutschland der einzig mögliche und beste Weg war, den deutschen Imperialismus mit der Wurzel zu beseitigen und die Arbeiterklasse und ihre Verbündeten an die sozialistische Revolution heranzuführen. Mit der Vernichtung der Grundlagen des Imperialismus, der Schaffung des volkseigenen Sektors der Wirtschaft und dem Aufbau der neuen Staatsmacht von unten nach oben wurden die wichtigsten Voraussetzungen für den Übergang zur sozialistischen Revolution geschaffen... Deshalb ist es richtig, davon zu sprechen, daß mit der Entmachtung der Monopolbourgeoisie und der Junker das Rückgrat des gesamten kapitalistischen Systems gebrochen und die Übergangsperiode eingeleitet wurde. Zur vollen Entfaltung gelangt die Übergangsperiode, wenn sich die Hegemonie der Arbeiterklasse so weit gefestigt hat, daß die staatlichen Organe die Funktion der Diktatur des Proletariats ausüben. Bei uns war dies der Fall nach der Gründung der DDR.

296. Die historische Mission der DDR

Aus dem „Nationalen Dokument“: Die geschichtliche Aufgabe der DDR und die Zukunft Deutschlands. Zeitschrift für Geschichtswissenschaft, 10. Jg. (1962), S. 758f.

Geschichte und Gegenwart des deutschen Volkes haben bewiesen, daß die Herrschaft der Imperialisten und Militaristen in unversöhnlichem Gegensatz zu den Lebensinteressen des deutschen Volkes steht. Die Lebensinteressen des deutschen Volkes fordern die Beseitigung der Herrschaft der Konzerne, Großbanken und ihrer Hitlergenerale. Geschichte und Gegenwart des deutschen Volkes haben es auch andererseits hundertfach bewiesen, daß Sozialismus und Lebensinteressen des deutschen Volkes, daß Sozialismus und nationale Interessen völlig übereinstimmen.

Der Sieg des Sozialismus in der Deutschen Demokratischen Republik liegt also im nationalen Interesse des ganzen deutschen Volkes und ist entscheidende Voraussetzung für die Lösung unserer nationalen Frage. Der Sieg des Sozialismus in der Deutschen Demokratischen Republik und später auch in der westdeutschen Bundesrepublik befreit unser Volk von dem unheilvollen Kreislauf Konjunktur, Krise, Krieg, befreit es für immer von kapitalistischer Ausbeutung, sichert die Einheit des Vaterlandes und ein glückliches Leben in Frieden und Sozialismus.

Die Deutsche Demokratische Republik, die sich im Einklang weiß mit den Entwicklungsgesetzen der menschlichen Gesellschaft, kann mit der Vollendung des Aufbaus des Sozialismus, mit der Erfüllung dieser ihrer historischen Mission nicht warten, bis die friedliebenden Kräfte in Westdeutschland unter Führung der Arbeiterklasse den Sieg errungen haben. Sie kann und wird ihre Entwicklung nicht abhängig machen von dem Zurückbleiben der Gesellschaftsordnung in Westdeutschland, der wir in der Deutschen Demokratischen Republik bereits um eine ganze geschichtliche Epoche voraus sind.

Die Deutsche Demokratische Republik würde sich am deutschen Volk und seiner Zukunft versündigen, wenn sie sich bei der Erfüllung ihrer historischen Mission von der Entwicklung der Klassenkämpfe und dem Tempo des Verfalls der kapitalistisch-imperialistischen Herrschaft in Westdeutschland abhängig machen wollte.

297. § 10 des Gerichtsverfassungsgesetzes der DDR

SBZ von A–Z, [11]1969, S. 237 f.

„Entsprechend der ständig steigenden Kraft der sozialistischen Gesellschaft werden Strafsachen, zivil- und arbeitsrechtliche Streitigkeiten, deren Behandlung durch gesellschaftliche Organe geeignet ist, die Bürger zur Einhaltung der sozialistischen Gesetzlichkeit und zur Wahrung der Grundsätze des sozialistischen Gemeinschaftslebens zu erziehen, nach Maßgabe der gesetzlichen Bestimmungen von den Konflikt- und Schiedkommissionen beraten und entschieden."

298. Aus der Verfassung der Deutschen Demokratischen Republik vom 6. April 1968

„Ulbrichts Grundgesetz". Die sozialistische Verfassung der DDR, Köln 1968, S. 69ff.

Artikel 1

Die Deutsche Demokratische Republik ist ein sozialistischer Staat deutscher Nation. Sie ist die politische Organisation der Werktätigen in Stadt und Land, die gemeinsam unter Führung der Arbeiterklasse und ihrer marxistisch leninistischen Partei den Sozialismus verwirklichen.

Die Hauptstadt der Deutschen Demokratischen Republik ist Berlin...

Artikel 2

(1) Alle politische Macht in der Deutschen Demokratischen Republik wird von den Werktätigen ausgeübt. Der Mensch steht im Mittelpunkt aller Bemühungen der sozialistischen Gesellschaft und ihres Staates. Das gesellschaftliche System des Sozialismus wird ständig vervollkommnet.

(2) Das feste Bündnis der Arbeiterklasse mit der Klasse der Genossenschaftsbauern, den Angehörigen der Intelligenz und den anderen Schichten des Volkes, das sozialistische Eigentum an Produktionsmitteln, die Planung und Leitung der gesellschaftlichen Entwicklung nach den fortgeschrittensten Erkenntnissen der Wissenschaft bilden unantastbare Grundlagen der sozialistischen Gesellschaftsordnung.

(3) Die Ausbeutung des Menschen durch den Menschen ist für immer beseitigt. Was des Volkes Hände schaffen, ist des Volkes eigen. Das sozialistische Prinzip „Jeder nach seinen Fähigkeiten, jedem nach seiner Leistung“ wird verwirklicht.

(4) Die Übereinstimmung der politischen, materiellen und kulturellen Interessen der Werktätigen und ihrer Kollektive mit den gesellschaftlichen Erfordernissen ist die wichtigste Triebkraft der sozialistischen Gesellschaft.

Artikel 3

(1) Das Bündnis aller Kräfte des Volks findet in der Nationalen Front des demokratischen Deutschland seinen organisierten Ausdruck.

(2) In der Nationalen Front des demokratischen Deutschland vereinigen die Parteien und Massenorganisationen alle Kräfte des Volkes zum gemeinsamen Handeln für die Entwicklung der sozialistischen Gesellschaft. Dadurch verwirklichen sie das Zusammenleben aller Bürger in der sozialistischen Gemeinschaft nach dem Grundsatz, daß jeder Verantwortung für das Ganze trägt

...

Artikel 6

(1) Die Deutsche Demokratische Republik hat getreu den Interessen des deutschen Volkes und der internationalen Verpflichtung aller Deutschen auf ihrem Gebiet den deutschen Militarismus und Nazismus ausgerottet und betreibt eine dem Frieden und dem Sozialismus, der Völkerverständigung und der Sicherheit dienende Außenpolitik.

(2) Die Deutsche Demokratische Republik pflegt und entwickelt entsprechend den Prinzipien des sozialistischen Internationalismus die allseitige Zusammenarbeit und Freundschaft mit der Union der Sozialistischen Sowjetrepubliken und den anderen sozialistischen Staaten.

(3) Die Deutsche Demokratische Republik unterstützt die Bestrebungen der Völker nach Freiheit und Unabhängigkeit und pflegt auf der Grundlage der Gleichberechtigung und gegenseitigen Achtung die Zusammenarbeit mit allen Staaten.

(4) Die Deutsche Demokratische Republik erstrebt ein System der kollektiven Sicherheit in Europa und eine stabile Friedensordnung in der Welt. Sie setzt sich für die allgemeine Abrüstung ein.

(5) Militaristische und revanchistische Propaganda in jeder Form, Kriegshetze und Bekundung von Glaubens-, Rassen- und Völkerhaß werden als Verbrechen geahndet.“

...

Artikel 9

(1) Die Volkswirtschaft der Deutschen Demokratischen Republik beruht auf dem sozialistischen Eigentum an den Produktionsmitteln. Sie entwickelt sich gemäß den ökonomischen Gesetzen des Sozialismus auf der Grundlage der sozialistischen Produktionsverhältnisse. Die sozialistischen Produktionsverhältnisse entstanden als Ergebnis des Kampfes gegen das monopolkapitalistische Wirtschaftssystem, dessen aggressive und abenteuerliche Politik der deutschen Nation bisher nur Unglück gebracht hat. Durch die Entmachtung der Monopole und Großgrundbesitzer, durch die Abschaffung der kapitalistischen Profitwirtschaft wurde die Quelle der Kriegspolitik und der Ausbeutung des Menschen durch den Menschen beseitigt.

Das sozialistische Eigentum hat sich bewährt.

(2) Die Volkswirtschaft der Deutschen Demokratischen Republik dient der Stärkung der sozialistischen Ordnung, der ständig besseren Befriedigung der materiellen und kulturellen Bedürfnisse der Bürger, der Entfaltung ihrer Persönlichkeit und ihrer sozialistischen gesellschaftlichen Beziehungen.

(3) In der Deutschen Demokratischen Republik gilt der Grundsatz der Planung und Leitung der Volkswirtschaft sowie aller anderen gesellschaftlichen Bereiche. Die Volkswirtschaft der Deutschen Demokratischen Republik ist sozialistische Planwirtschaft. Das ökonomische System des Sozialismus verbindet die zentrale staatliche Planung und Leitung der Grundfragen der gesellschaftlichen Entwicklung mit der Eigenverantwortung der sozialistischen Warenproduzenten und der örtlichen Staatsorgane.

(4) Die Festlegung des Währungs- und Finanzsystems ist Sache des sozialistischen Staates. Abgaben und Steuern werden auf der Grundlage von Gesetzen erhoben.

(5) Die Außenwirtschaft einschließlich des Außenhandels und der Valutawirtschaft ist staatliches Monopol.

Artikel 10

(1) Das sozialistische Eigentum besteht als gesamtgesellschaftliches Volkseigentum,
als genossenschaftliches Gemeineigentum werktätiger Kollektive sowie
als Eigentum gesellschaftlicher Organisationen der Bürger.

(2) Das sozialistische Eigentum zu schützen und zu mehren ist Pflicht des sozialistischen Staates und seiner Bürger.

Artikel 11

(1) Das persönliche Eigentum der Bürger und das Erbrecht sind gewährleistet.
Das persönliche Eigentum dient der Befriedigung der materiellen und kulturellen Bedürfnisse der Bürger.

(2) Die Rechte von Urhebern und Erfindern genießen den Schutz des sozialistischen Staates.

(3) Der Gebrauch des Eigentums sowie von Urheber- und Erfinderrechten darf den Interessen der Gesellschaft nicht zuwiderlaufen.

299. Die Deklaration von Warschau vom 6. Juni 1950 (DDR und Polen)

„Das Ostpaktsystem", Dokumentensammlung d. Univers. Hamburg, 1951, S. 131; vgl. auch Joh. Hohlfeld, a.a.O., Bd. 4, Nr. 716.

„Die Delegation der Provisorischen Regierung der Deutschen Demokratischen Republik und die Regierung der Republik Polen haben, von dem Wunsche erfüllt, den Frieden zu festigen und das unter Führung der Sowjetunion stehende Friedenslager im Kampfe gegen die Umtriebe der imperialistischen Kräfte zu stärken, sowie in Anbetracht der Errungenschaften der Deutschen Demokratischen Republik bei der Festigung der neuen demokratischen Ordnung und der Entwicklung der Kräfte, die sich um die Nationale Front des demokratischen Deutschland scharen, vereinbart, daß es im Interesse der Weiterentwicklung und Vertiefung der gutnachbarlichen Beziehungen, des Friedens und der Freundschaft zwischen dem deutschen und polnischen Volke liegt, die festgelegte, zwischen den beiden Staaten bestehende unantastbare Friedens- und Freundschaftsgrenze an der Oder und Lausitzer Neiße zu markieren . . ."

300. Aus dem Abkommen des Präsidenten der Deutschen Demokratischen Republik und des Präsidenten der Republik Polen vom 6. Juli 1950 in Görlitz

Art. 1. Die Hohen Vertragschließenden Parteien stellen übereinstimmend fest, daß die festgelegte und bestehende Grenze, die von der Ostsee entlang die Linie westlich von der Ortschaft Swinoujscie (Swinemünde) und von dort entlang den Fluß Oder bis zur Einmündung der Lausitzer Neiße und die Lausitzer Neiße entlang bis zur tschechoslowakischen Grenze verläuft, die Staatsgrenze zwischen Deutschland und Polen bildet.

301. Die Deutsche Demokratische Republik

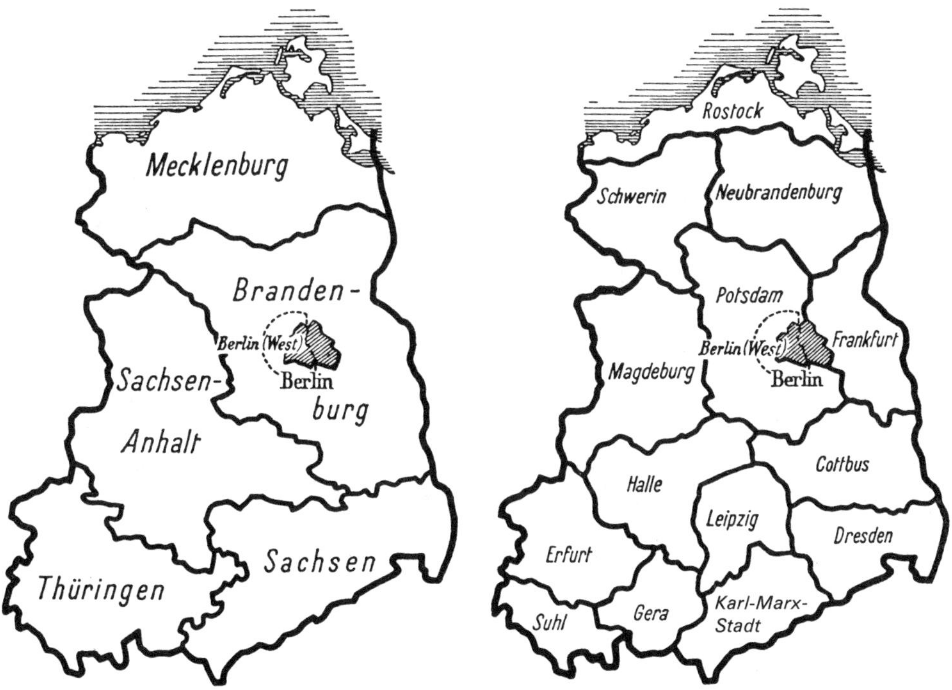

Die DDR vor und nach der Verwaltungsneugliederung vom 23. 7. 1952 zur Beseitigung der Ländereinteilung

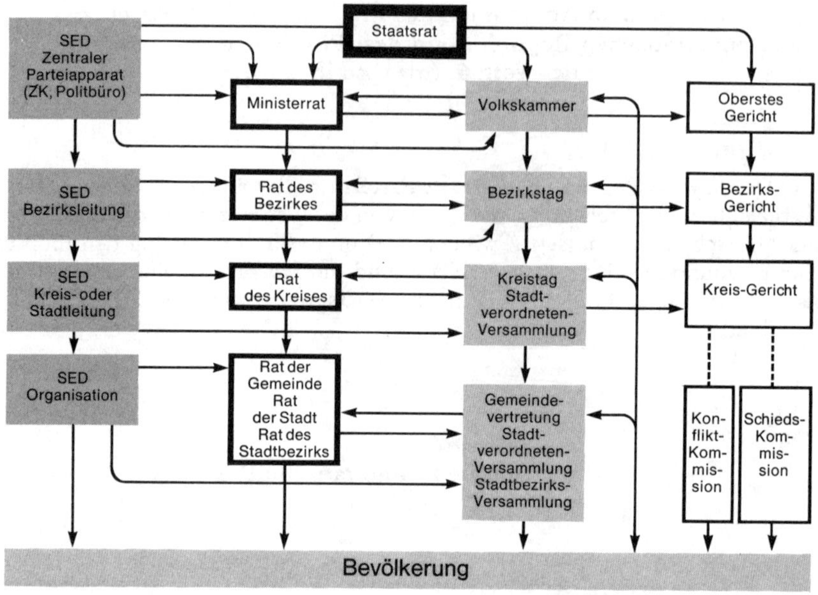

Partei- und Staatsorgane der DDR

	insgesamt (Mio. M)	je Kopf der Bevölkerung (M)	je Berufstätiger in den produzierenden Bereichen (M)
1950	27177	1478	4186
1960	71045	4121	10469
1970	108720	6374	16224
1973	126670	7460	18861
		1960 = 100	
1950	38	36	40
1960	100	100	100
1970	153	155	155
1973	178	181	180

Produziertes Nationaleinkommen[1] der DDR

Nach: Statistisches Taschenbuch der Deutschen Demokratischen Republik. Staatsverlag der DDR, Berlin (Ost) 1974, S. 23

[1] Summe des innerhalb eines gegebenen Zeitraums in der materiellen Produktion durch die produktive Arbeit neugeschaffenen Wertes

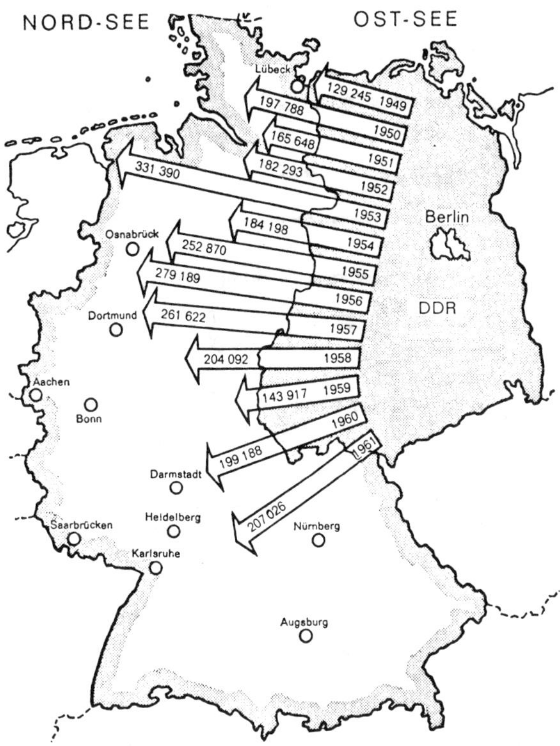

Die Flucht aus der DDR

Nach dem Bau der Mauer

1962	21356
1963	42632
1964	41876
1965	29552
1966	24131
1967	19573

Hektarerträge in der Bundesrepublik Deutschland und in der DDR in dz

	Getreide		Zuckerrüben		Kartoffeln	
	B'Rep.	DDR	B'Rep.	DDR	B'Rep.	DDR
1964	33,1	27,1	393,1	261,3	246,2	175,0
1965	28,2	29,2	366,1	263,1	234,6	179,6
1966	30,0	26,1	424,5	313,5	261,0	186,4
1967	36,3	31,8	465,4	332,6	305,9	206,7

Milchleistung je Kuh in kg

	B'Rep.	DDR
1964	3572	2735
1965	3642	2967
1966	3649	3082
1967	3707	...

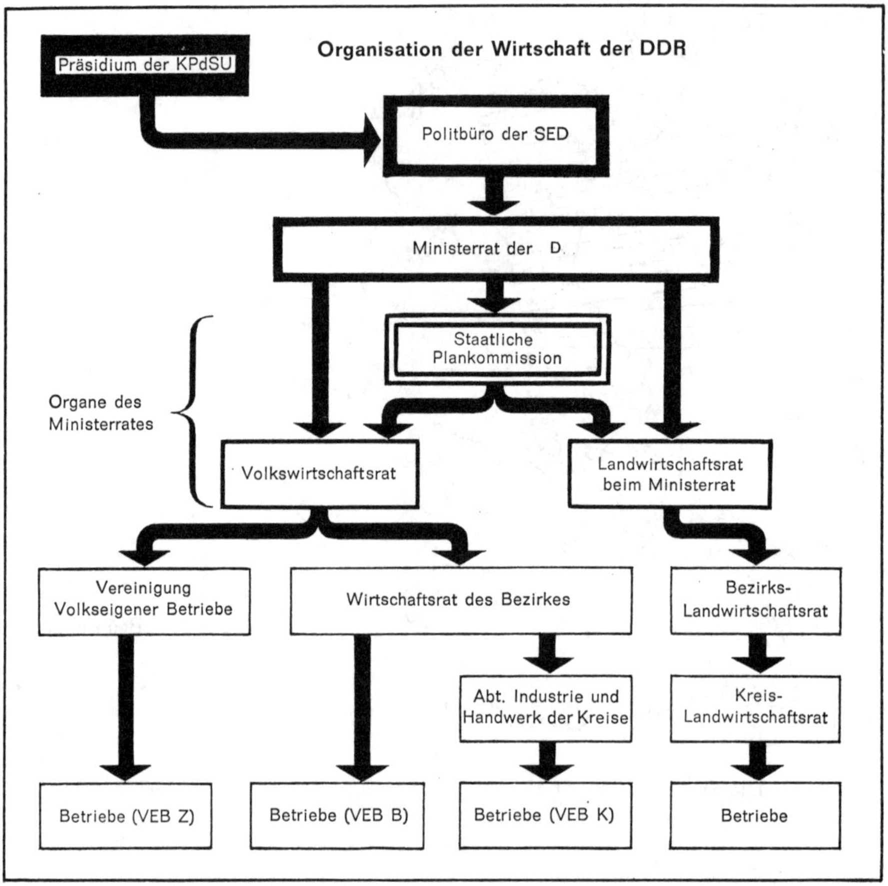

302. Protest der Regierung der Bundesrepublik Deutschland gegen das Abkommen vom 6. Juli 1950

„Die Regierung der sogenannten Deutschen Demokratischen Republik ist nicht berechtigt, vertragliche Bindungen einzugehen, die dem Friedensvertrag vorgreifen und die auch beim Abschluß des Friedensvertrages nur von einer auf freie demokratische Wahlen sich stützenden und den Mehrheitswillen des deutschen Volkes verkörpernden Regierung eingegangen werden können. Diese Voraussetzung wird von der provisorischen Regierung der „Deutschen Demokratischen Republik" in keiner Weise erfüllt. Die Bundesregierung betrachtet daher das Görlitzer Abkommen als rechtswidrig und ungültig."

303. Aus der Charta der deutschen Heimatvertriebenen (5. August 1950)

Kesing's Archiv der Gegenwart, 1950, S. 2521 C.

„1. Wir Heimatvertriebenen verzichten auf Rache und Vergeltung. Dieser Entschluß ist uns ernst und heilig im Gedanken an das unendliche Leid, das im besonderen das letzte Jahrzehnt über die Menschheit gebracht hat.

2. Wir werden jedes Beginnen mit allen Kräften unterstützen, das auf die Schaffung eines geeinten Europa gerichtet ist, in dem die Völker ohne Furcht und Zwang leben können.

3. Wir werden durch harte, unermüdliche Arbeit am Wiederaufbau Deutschlands und Europas teilnehmen.

Wir haben unsere Heimat verloren, Heimatlose sind Fremdlinge auf dieser Erde. Gott hat die Menschen in ihre Heimat hineingestellt. Den Menschen mit Zwang von seiner Heimat trennen, bedeutet, ihn im Geiste töten.

Wir haben dieses Schicksal erlitten und erlebt. Daher fühlen wir uns berufen zu verlangen, daß das Recht auf die Heimat als eines der von Gott geschenkten Grundrechte der Menschheit anerkannt und verwirklicht wird.

Folgende Forderungen werden für die Heimatvertriebenen aufgestellt:

a) Gleiches Recht als Staatsbürger nicht nur vor dem Gesetz, sondern auch in der Wirklichkeit des Alltags;
b) gerechte und sinnvolle Verteilung der Lasten des letzten Krieges auf das gesamte deutsche Volk;
d) tätige Einschaltung der Heimatvertriebenen in den Wiederaufbau Europas.

Die Völker der Welt sollen ihre Mitverantwortung am Schicksal der Heimatvertriebenen als der vom Leid dieser Zeit am schwersten Betroffenen empfinden.

Die Völker müssen erkennen, daß das Schicksal der deutschen Heimatvertriebenen wie aller Flüchtlinge ein Weltproblem ist, dessen Lösung höchste sittliche Verantwortung und Verpflichtung zu gewaltiger Leistung fordert . . ."

304. Zusatzerklärung zur Charta der Heimatvertriebenen, 1960

Wiesbadener Tagblatt vom 26. August 1960

Vorbemerkung: Vor zehn Jahren, als noch niemand voraussehen konnte, was aus Deutschland und aus uns deutschen Heimatvertriebenen würde, haben wir in unserer Charta – von unseren erwählten Vertretern unterzeichnet und verkündet – vor Gott und der Welt erklärt, was wir erlebten, was wir dachten und was wir erstrebten. . .

Die Not unserer Tage wird besonders klar an der noch immer nicht überwundenen Zerreißung Deutschlands, an der Unfreiheit unserer Schwestern und Brüder jenseits des Eisernen Vorhanges und an der Tatsache, daß noch immer mehr als hundert Millionen Menschen anderen Volkstums ostwärts von Deutschlands Grenzen wehrlos einem Terrorregime ausgeliefert sind.

In der Charta erklärten wir ein geeintes Europa, in dem die Völker ohne Furcht und Zwang leben können, als eines unserer grundlegenden Ziele. Heute wissen wir, daß dieses Ziel nur erreicht werden kann, wenn das in den Satzungen der Vereinten Nationen proklamierte Selbstbestimmungsrecht ohne Einschränkung allen Völkern zugestanden wird.

Wir bekennen uns daher heute erneut und feierlich zu den vor zehn Jahren in der Charta der deutschen Heimatvertriebenen aufgestellten Grundsätzen. – Um ihrer Verwirklichung willen müssen wir heute fordern:

1. Das durch das internationale Recht und die Satzung der Vereinten Nationen verbürgte Selbstbestimmungsrecht hat für alle Völker zu gelten, also auch für das deutsche Volk. Seine Verwirklichung darf nicht Interessen anderer Staaten geopfert werden. Jedes Volk in der Welt muß das Recht haben, in voller Freiheit seine eignen Werte zu bewahren, zu entwickeln und dadurch seinen Beitrag zur Kultur der Menschheit zu leisten.

2. Wir erinnern ferner daran, daß die Besatzungsmächte am 5. Juni 1945 verbindlich erklärt haben, daß die Aufteilung Deutschlands in Besatzungsgebiete nicht die Wirkung einer Annexion hat. Damit haben die Mächte klargestellt, daß Deutschland nicht geteilt oder deutsches Staatsgebiet abgetrennt werden kann.

3. Die Wiederherstellung der Einheit Deutschlands ist daher nicht nur ein durch das Selbstbestimmungsrecht gesicherter Anspruch des deutschen Volkes, sondern ergibt sich auch als Folge der erwähnten Verpflichtung der Besatzungsmächte vom 5. Juni 1945.

305. Erklärung der Sowjetregierung über die Herstellung der Souveränität der Deutschen Demokratischen Republik vom 25. März 1954 (Auszug)

Kesing's Archiv der Gegenwart 1954, S. 4443.

„Die Regierung der Sowjetunion läßt sich unbeirrt von dem Bestreben leiten, zur Festigung des Friedens und der Sicherung der nationalen Wiedervereinigung Deutschlands auf demokratischer Grundlage beizutragen.

Diesen Zielen sollen praktische Maßnahmen zur Annäherung Ost- und Westdeutschlands, die Durchführung freier gesamtdeutscher Wahlen und der Abschluß eines Friedensvertrages mit Deutschland dienen.

Ungeachtet der Bemühungen der Sowjetunion wurden auf der vor kurzem durchgeführten Berliner Konferenz der Außenminister der vier Mächte keine Schritte zur Wiederherstellung der nationalen Einheit Deutschlands und eines Friedensvertrages unternommen.

Angesichts dieser Lage hält es die Regierung der UdSSR für notwendig, schon jetzt, vor der Vereinigung Deutschlands und dem Abschluß eines Friedensvertrages, weitere Schritte zu unternehmen, die den Interessen des deutschen Volkes entgegenkommen, und zwar:

Die Sowjetunion nimmt mit der Deutschen Demokratischen Republik die gleichen Beziehungen auf wie mit anderen souveränen Staaten. Die Deutsche Demokratische Republik wird die Freiheit besitzen, nach eignem Ermessen über ihre inneren und äußeren Angelegenheiten einschließlich der Frage der Beziehungen zu Westdeutschland zu entscheiden.

Die Sowjetunion behält in der Deutschen Demokratischen Republik die Funktionen, die mit der Gewährleistung der Sicherheit im Zusammenhang stehen und sich aus den Verpflichtungen ergeben, die der UdSSR aus den Viermächteabkommen erwachsen."

306. Aus der Deklaration der Moskauer Sicherheitskonferenz der Ostblockstaaten vom 2. Dezember 1954

Joh. Hohlfeld, a.a.O., Bd. 8, Nr. 78d.

„Am 23. Oktober wurden Westdeutschland betreffende Abkommen auf einer Konferenz in Paris unterzeichnet, der in London eine Konferenz von 9 Ländern vorangegangen war.

Diese Abkommen sehen die Remilitarisierung Westdeutschlands und dessen Einbeziehung in militärische Gruppierungen vor: in den Nordatlantikblock und die neue sogenannte ‚Westeuropäische Union', die jetzt gezimmert wird.

Die Durchführung der Pariser Abkommen dürfte zu einer ernstlichen Verschlechterung der internationalen Lage in Europa führen. Remilitarisierung Westdeutschlands bedeutet, daß die Rolle und der Einfluß der militaristischen und revanchistischen

Kreise dort immer mehr wachsen werden. Die unvermeidliche Folge einer solchen Lage wäre die weitere Einschränkung der demokratischen Freiheiten in Westdeutschland und dessen Verwandlung in einen militaristischen Staat . . .

Man kann die Pariser Abkommen nicht anders betrachten denn als faktische Lossagung von der Regelung des deutschen Problems als eine für lange Zeit gültige Lossagung von der Wiederherstellung der Einheit Deutschlands auf friedlicher und demokratischer Grundlage . . .

Die Teilnehmerstaaten der gegenwärtigen Konferenz (UdSSR, Polen, Tschechoslowakei, DDR, Ungarn, Rumänien, Bulgarien, Albanien) geben ihren Entschluß bekannt, im Falle der Ratifizierung der Pariser Abkommen gemeinsame Maßnahmen im Bereich der Organisierung der Streitkräfte und ihres Kommandos zu ergreifen, wie auch andere Maßnahmen, deren es zur Festigung ihrer Wehrfähigkeit bedarf, um die friedliche Arbeit ihrer Völker zu verteidigen, die Unantastbarkeit ihrer Grenzen und Territorien zu garantieren und den Schutz vor einer etwaigen Aggression zu sichern . . ."

307. Aus dem sowjetischen Entwurf für einen Friedensvertrag mit Deutschland vom 10. Januar 1959

Europaarchiv, 14. 1. 1959, S. D. 23ff.

Artikel 2: Bis zur Wiederherstellung Deutschlands in dieser oder jener Form werden unter dem Begriff Deutschland die beiden bestehenden deutschen Staaten – die Deutsche Demokratische Republik und die Deutsche Bundesrepublik – verstanden, und alle Rechte und Pflichten Deutschlands, die durch den Vertrag vorgesehen sind, beziehen sich sowohl auf die Deutsche Demokratische Republik als auch auf die Deutsche Bundesrepublik.

Artikel 3: Die verbündeten und vereinten Mächte erkennen die volle Souveränität des deutschen Volkes über Deutschland einschließlich seiner Territorialgewässer und des Luftraums an.

Artikel 5 (1): Deutschland verpflichtet sich, keinerlei Militärbündnisse einzugehen, die gegen irgendeinen Staat, der Teilnehmer des vorliegenden Vertrags ist, gerichtet sind, sowie nicht an Militärbündnissen teilzunehmen, deren Teilnehmer nicht alle vier wichtigsten verbündeten Mächte der Anti-Hitler-Koalition – die UdSSR, die USA, das Vereinigte Königreich und Frankreich – sind.

(4): Mit dem Inkrafttreten des vorliegenden Vertrages wird Deutschland – die Deutsche Demokratische Republik und die Bundesrepublik – frei von den Verpflichtungen, die mit der Mitgliedschaft in den Organisationen des Warschauer Vertrags bzw. des Nordatlantikpakts und der Westeuropäischen Union im Zusammenhang stehen.

Artikel 8: Die Grenzen Deutschlands werden so sein, wie sie am 1. 1. 1959 waren.

Artikel 9 und 10 fordern den Verzicht Deutschlands auf die deutschen Ostgebiete östlich der Oder-Neiße-Linie und auf das Sudetenland.

Artikel 11 fordert den Verzicht auf Elsaß-Lothringen.

Artikel 13 fordert den Verzicht auf eine politische oder wirtschaftliche Union mit Österreich.

Auf die Artikel 14–16, die der Garantie demokratischer Rechte und Freiheiten dienen sollen, folgt der

Artikel 17: Deutschland verpflichtet sich, das Wiedererstehen, die Existenz und Tätigkeit der NSDAP und ihrer Gliederungen . . . auf dem Territorium Deutschlands einschließlich der politischen, militärischen und halbmilitärischen Organisationen, wie auch die Entstehung und Tätigkeit anderer ähnlicher Parteien und Organisationen und insbesondere revanchistischer Parteien und Organisationen, die eine Überprüfung der Grenzen Deutschlands fordern oder territoriale Ansprüche an andere Staaten zum Ausdruck bringen, unter der Androhung strafrechtlicher Verfolgung nicht zuzulassen.

Artikel 22: Die verbündeten und vereinten Mächte erkennen das Recht des deutschen Volkes auf Wiederherstellung der Einheit Deutschlands an und bringen ihre Bereitschaft zum Ausdruck, den beiden deutschen Staaten jegliche Unterstützung zur Erreichung dieses Zieles auf der Grundlage der Annäherung und Verständigung zwischen der Deutschen Demokratischen Republik und der Deutschen Bundesrepublik zu gewähren. Beide deutsche Staaten wie auch die verbündeten und vereinten Mächte betrachten den vorliegenden Vertrag als einen wichtigen Beitrag zur Vereinigung Deutschlands ...

308. Statut der Sozialistischen Einheitspartei Deutschlands auf dem VI. Parteitag vom 15.-21. Januar 1963

Siegfried Mampel, Die volksdemokratische Ordnung in Mitteldeutschland, Texte zur verfassungsrechtlichen Situation, Frankfurt 1963, S. 82f.

„Die Sozialistische Einheitspartei Deutschlands ist der bewußte und organisierte Vortrupp der deutschen Arbeiterklasse und des werktätigen Volkes. Sie vereinigt in ihren Reihen die fortschrittlichsten Angehörigen der Arbeiterklasse, der Genossenschaftsbauern und der Intelligenz.

Die Sozialistische Einheitspartei verkörpert in sich die besten revolutionären Traditionen der mehr als hundertjährigen Geschichte der deutschen Arbeiterbewegung. Sie ist die stärkste, wahrhaft demokratische, fortschrittliche und führende Kraft von allen Parteien Deutschlands.

Die Sozialistische Einheitspartei Deutschlands ist in Deutschland die höchste Form der gesellschaftlich-politischen Organisationen. Sie ist die Partei des Sozialismus, die Partei der Arbeiterklasse und des ganzen werktätigen Volkes; die Partei des Friedens, der nationalen Würde und nationalen Einheit ...

Im Bündnis mit allen friedliebenden und fortschrittlichen Kräften wurde mit den in der Nationalen Front des demokratischen Deutschland zusammengeschlossenen Parteien und Organisationen die antifaschistisch-demokratische Umwälzung durchgeführt. Damit war die Voraussetzung geschaffen für den friedlichen Übergang zur sozialistischen Revolution, zur Arbeiter- und Bauernmacht und zum Aufbau des Sozialismus ...

Im Kampf um die Sicherung des Friedens und gegen den Imperialismus wie beim Aufbau und der Weiterentwicklung der sozialistischen Gesellschaft und der Vorbereitung des folgenden Übergangs zum Kommunismus läßt sich die Sozialistische Einheitspartei von den Erfahrungen der KPdSU und von den Ideen ihres Programms leiten, dessen Grundsätze internationale Gültigkeit haben ...

Während in Westdeutschland die fortschrittlichen und demokratischen Kräfte von den Besatzungsmächten und den reaktionären deutschen Kräften niedergehalten werden, erfolgte im östlichen Teil Deutschlands unter dem Schutze der Sowjetunion die größte Revolution der deutschen Geschichte. Die hauptsächlichen Produktionsmittel wurden in das Eigentum des Volkes, das heißt seines Arbeiter-und-Bauern-

Staates, überführt. Die Ausbeutung des Menschen durch den Menschen wurde beseitigt. Der sozialistische Grundsatz: Jeder nach seinen Fähigkeiten, jedem nach seiner Leistung wird verwirklicht. Die neue Staatsmacht entwickelte sich zur Diktatur des Proletariats, der breitesten Demokratie für das Volk ...

Das Wirken unserer Partei ist durchdrungen von der Liebe zu unserem Volke und von dem tiefen Glauben an seine schöpferischen Fähigkeiten. In ihrer gesamten Tätigkeit läßt sich die Partei vom Marxismus-Leninismus und dem auf seiner Grundlage ausgearbeitetem Programm leiten, das die Hauptaufgaben der Partei in der Periode des umfassenden Aufbaus der sozialistischen Gesellschaft festlegt ...

Der umfassende Aufbau des Sozialismus in der Deutschen Demokratischen Republik ist die Grundlage für die weitere Entwicklung der Gesellschaftsordnung für den späteren Aufbau des Kommunismus. Das ist zugleich der wichtigste Beitrag für die Sicherung des Friedens und für ein friedliches Zusammenleben der beiden deutschen Staaten und für eine glückliche Zukunft in einem Deutschland des Friedens, der Demokratie und des Sozialismus ...

Die Sozialistische Einheitspartei Deutschlands ist ein fester Bestandteil der internationalen kommunistischen und Arbeiterbewegung. Im Geiste des proletarischen Internationalismus festigt sich die brüderliche Verbundenheit mit der KPdSU, der Vorhut der kommunistischen Weltbewegung, und mit allen anderen kommunistischen und Arbeiterparteien. Sie wirkt aktiv für die Festigung der Einheit der Staaten des sozialistischen Weltsystems sowie für die Einheit und Geschlossenheit der internationalen kommunistischen und Arbeiterbewegung, für die Erhaltung und Sicherung des Friedens und die Beseitigung der imperialistischen und kolonialen Ausbeutung und Unterdrückung auf allen Kontinenten."

309. Beschluß des Ministerrates der DDR vom 12. August 1961 über Maßnahmen zur Sperrung der Sektorengrenze von Berlin

„Auf Grund der Erklärung der Teilnehmerstaaten des Warschauer Paktes und des Beschlusses der Volkskammer beschließt der Ministerrat der Deutschen Demokratischen Republik:

...

Zur Unterbindung der feindlichen Tätigkeit der revanchistischen und militaristischen Kräfte Westdeutschlands und West-Berlins wird eine solche Kontrolle an den Grenzen der Deutschen Demokratischen Republik einschließlich der Grenze zu den Westsektoren von Groß-Berlin eingeführt, wie sie an den Grenzen jedes souveränen Staates üblich ist. Es ist an den West-Berliner Grenzen eine verläßliche Bewachung und eine wirksame Kontrolle zu gewährleisten, um der Wühltätigkeit den Weg zu verlegen. Diese Grenzen dürfen von Bürgern der Deutschen Demokratischen Republik nur noch mit besonderer Genehmigung passiert werden. Solange West-Berlin nicht in eine entmilitarisierte neutrale Freie Stadt verwandelt ist, bedürfen Bürger der Hauptstadt der Deutschen Demokratischen Republik für das Überschreiten der Grenzen nach West-Berlin einer besonderen Bescheinigung.

Der Besuch von friedlichen Bürgern West-Berlins in der Hauptstadt der Deutschen Demokratischen Republik (das demokratische Berlin) ist unter Vorlage des West-Berliner Personalausweises möglich. Revanchepolitikern und Agenten des westdeutschen Militarismus ist das Betreten der Hauptstadt der DDR (demokratisches Berlin) nicht erlaubt. Für den Besuch von Bürgern der westdeutschen Bundesrepublik im demokratischen Berlin bleiben die bisherigen Kontrollbestimmungen in

Kraft. Die Einreise von Bürgern anderer Staaten in die Hauptstadt der Deutschen Demokratischen Republik wird von diesen Bestimmungen nicht berührt.

Für Reisen von Bürgern West-Berlins über die Verbindungswege der Deutschen Demokratischen Republik gelten die bisherigen Bestimmungen.

Für den Transitverkehr zwischen West-Berlin und Westdeutschland durch die Deutsche Demokratische Republik wird an den bisherigen Bestimmungen durch diesen Beschluß nichts geändert.

Der Minister des Innern, der Minister für Verkehrswesen und der Oberbürgermeister von Groß-Berlin werden beauftragt, die notwendigen Ausführungsbestimmungen zu erlassen.

Dieser Beschluß über Maßnahmen zur Sicherung des Friedens, zum Schutze der Deutschen Demokratischen Republik, insbesondere ihrer Hauptstadt Berlin, und zur Gewährleistung der Sicherheit anderer sozialistischer Staaten bleibt bis zum Abschluß eines deutschen Friedensvertrages in Kraft."

B. China

Einführung

Die chinesische Geschichte ist im 19. und verstärkt seit der Wende zum 20. Jahrhundert gekennzeichnet durch die Auseinandersetzung mit dem Eindringen westlicheuropäischen Kulturguts und den imperialistischen Interventionen der Großmächte des Westens und Japans.

Die konsequenteste Antwort schien die KPCH unter Mao Tse-tungs Führung auf die Probleme dieser Auseinandersetzung zu finden. Seine Zusammenarbeit mit der Kuomintang endete nach der Kapitulation Japans. 1946 begann der chinesische Bürgerkrieg, den Mao infolge der höheren Kampfmoral seiner Truppen und durch die von ihm entwickelte revolutionäre Kriegstaktik 1949 gewann. Die Volksrepublick China wurde im gleichen Jahre gegründet und bald von Indien, England und den Ostblockstaaten anerkannt. 1950 folgte der Bündnispakt mit Moskau. Die chinesischen Kommunisten waren mit Hilfe der Bauern an die Macht gekommen, die sich von ihnen die Beseitigung des ländlichen Feudalsystems und die Besitzeinweisung in ihre Pachtländer erhofften. Wie einst die russischen, so hatten auch die chinesischen Bauern keine Ahnung vom wahren Inhalt der marxistisch-leninistischen Lehre und der kommunistischen Gesellschaftspraxis. Das Experiment der Volkskommunen, das alle wirtschaftlichen Aufbauprobleme durch Kollektivorganisation (Arbeitsarmeen von je 50000 Menschen mit gemeinsamer Verpflegung und exakter Tageslaufplanung) lösen sollte, war für die chinesischen Bauern die erste schwere Enttäuschung über den Kommunismus. Dieses System war im Begriff, die geheiligte chinesische Familientradition dadurch zu zerstören, daß man der Familie den Herd als Zentrum, die Kindererziehung, die Altenpflege und die Möglichkeit privater Freizeitgestaltung aus der Hand nahm. Der bäuerliche Widerstand wurde so stark, daß Mao das System der Kommunen erheblich lockern mußte. Als die Einflüsse der Entstalinisierung auch in China spürbar wurden, eröffnete Mao, gestützt auf die radikalisierten Teile der Jugend, in den Roten Garden zusammengefaßt, die Kulturrevolution, um die seiner Meinung nach verbürgerlichte Parteiorganisation wieder auf den Kurs der permanenten Revolution zu bringen. Das Ergebnis dieses inneren Machtkampfes, der mit der ideologischen Auseinandersetzung mit der angeblich „revisionistischen Renegatenclique“ von Moskau parallel lief, endete jedoch vorerst mit einer Führung der Armee innerhalb der Partei und mit der Bildung regionaler, von Militärs beherrschten sogenannten „Revolutionskomitees“, welche die Roten Garden in ihre Schranken verwiesen und den radikalen Kurs der permanenten inneren Revolution offensichtlich beendeten.

Quellen und Darstellungen

310. Die chinesische Intelligenz und der Einbruch Europas

Gekürzt aus Werner Eichhorn, Kulturgeschichte Chinas, Stuttgart 1964, S. 264ff.

„Alles, was wir überhaupt über das alte China wissen, wissen wir ausschließlich unter der literarischen Darstellung der bildungstragenden Klasse, die fast durch den ganzen Verlauf der Geschichte hin die hohen Ämter besetzte, das Grundeigentum an sich brachte und durch ein verzweigtes und verwobenes Sippensystem die eigentliche Macht im Reich innehatte. . . .

Diese Oberschicht hatte vor allem eben hinsichtlich der Bildung eine Monopolstellung, die erst mit dem Auftreten der abendländischen Missionare entscheidend erschüttert wurde, während sie den ersten großen Angriff, nämlich den Einbruch des Buddhismus, . . . relativ rasch und gut überwand.

Jetzt sah sie sich bedroht durch die Vertreter einer geographisch weit abgelegenen Hochkultur, die jedoch mittels überlegener Kriegstechnik ihrem Einbruch viel mehr Nachdruck geben konnte als der Buddhismus, der ausschließlich mit geistigen Waffen kämpfte. Der Opiumkrieg 1840–43, der die militärische Schwäche Chinas erstmalig offenbarte, ist darum eines der wichtigsten Ereignisse in diesem Zusammenstoß der Kulturen.

Infolge der Bedrohung dieses Bildungsmonopols ist es leicht verständlich, daß blinde Fanatiker wie Yang Kuang-hsien (1597–1669) und später der mongolische Bannermann Wo-jên (1804–1871) sich zunächst allem, was von außen nach China hereinkam, widersetzten, auch wenn dessen Überlegenheit wie zum Beispiel im Kalenderwesen und der Technik klar erwiesen war. Wo-jên macht in einer Eingabe geltend, daß Mathematik und Astronomie nicht imstande seien, eine Nation vom Verfall zu retten und neu zu stärken. „Die Entscheidung liegt in der Gesinnung des Volkes, nicht in technischen Tricks“. In seinen Augen war die westliche Kultur nur eine Ansammlung technischer Fertigkeiten und verächtlicher, moralisch schädlicher Häresien.

Dieser Antagonismus setzte sich nach unten in die Landverhältnisse fort. Dort lebte mancher arme Scholar davon, daß er den Kindern wohlhabender Grundbesitzer an Hand der Klassiker Lesen, Schreiben und die Anfänge der Bildung beibrachte. Jetzt aber traten ihnen gegenüber Missionare auf, die Dinge lehrten, mit denen sich unter den sich verändernden Umständen viel mehr anfangen ließ und deren Unterricht zudem kostenlos war. Die Folge war natürlich, daß von ihnen mit allen Mitteln der Fremdenhaß in den von ihnen seit Jahrhunderten bevormundeten unteren Volksschichten bis zum Fanatismus geschürt wurde.

... Wir haben ... in der Entwicklung vom siebzehnten bis zum zwanzigsten Jahrhundert den grandiosen Zusammenstoß und die Auseinandersetzung zweier Weltkulturen vor uns, ein Ereignis, das in der Geschichte meines Wissens wohl einmalig ist. Dazu liegen alle Vorgänge bis ins einzelne hinein durch Dokumente von beiden Seiten belegbar vor uns. ...

Leider mußten auch die Chinesen erfahren, daß technische Überlegenheit über ideologische den Sieg davonträgt und daß die chinesische Kultur, oder was heute darunter zu verstehen ist, ihre Existenz hauptsächlich dem Umstand verdankt, daß die Westmächte untereinander zu uneinig waren, um eine endgültige Teilung und Kolonisierung Chinas durchzuführen ... Der Buddhismus stellt sicherlich eine ebenso einschneidende Kulturinvasion dar wie das Europäertum. Es ist auch bereits angedeutet worden, daß in beiden Fällen gewisse Kreise der Bevölkerung das hereinkommende Neue als ‚Befreiung' begrüßten. Hinsichtlich der Invasion des Buddhismus empfand man diesen, wie wir gesehen haben, als Befreiung von den alten, erstarrten Formen der Riten. Die Befreiung, die durch das Europäertum ausgelöst wurde, betraf in der Hauptsache wohl die unteren, arbeitenden Klassen und fast ebensosehr, so scheint mir wenigstens, die Frauen.

...

Die Auseinandersetzung mit dem eindringenden fremden Kulturgut reflektiert sich verständlicherweise vornehmlich in der Haltung der Intelligenz. Und die Geschichte der europäischen Kulturinvasion ist weitgehend die Geschichte der chinesischen Intelligenz, von der das Neue absorbiert und verarbeitet wird ...

[Nach dem unglücklichen Krieg gegen Japan im Jahre 1894] begann nun die Epoche der Entsendung von Studenten nach Japan, Europa und Amerika sowie der Errichtung moderner Hochschulen, deren Lehrstühle oft mit überbezahlten fremden Dozenten besetzt wurden. Es kam, kurz gesagt, zu einem Bildungseinkauf großen Stiles.

Die zurückgekehrten Studenten bildeten bald ein schwerverdauliches Element, da sie beladen waren mit Ideen, zu deren Durchführung auch die primitivsten Voraussetzungen fehlten. Außerdem hatten sie meistens gar nicht die nötige Macht hinter sich, um sich gegen die konservativen Cliquen in den Ämtern und der Verwaltung durchzusetzen. Viele von ihnen, die sich mit der alten Lebensweise nicht mehr abfinden konnten, ließen sich in aller Art von literarischen Berufen in den Küstenstädten nieder. Erst in den zwanziger Jahren unseres Jahrhunderts machte sich ihr Einfluß, ausgehend von den Universitäten, mehr und mehr geltend.

Zu diesen Auslandsstudenten gehörte auch Sun Yat-sen (1866–1925), eine der Hauptfiguren in der Revolution von 1922, durch die die Mandschu-Dynastie zu Fall kam. Er besuchte eine Missionsschule in Hawaii und studierte später Medizin. Die Revolution wurde von ihm zum größten Teil mit von den Auslandschinesen aufgebrachten Geldern und unter Benutzung der Geheimbünde durchgeführt. Nach manchen Fehlschlägen verbündete er sich schließlich 1923 mit den Kommunisten. Das führte jedoch bald zu einem mehr oder weniger offenen Rivalentum innerhalb der von ihm gegründeten Kuomintang, die die Sowjets als ihr Instrument gegen die von den anderen interessierten Mächten unterstützten Generale im Kampf um die Vormacht in China einsetzen wollten. Das Ringen wurde 1927 von Tschiang Kai-schek entschieden, indem er in Shanghai mit Hilfe der Geheimgesellschaften die kommunistisch orientierten Arbeiterverbände restlos niederschlagen ließ. Die Kuomintang näherte sich damit wieder der alten chinesischen Reaktion und dem Konfuzianismus.

Tschiangs Machtstellung gründete sich schließlich auf ein Sippensystem im traditionellen Stile.

...

Auch die Kommunisten in China waren anfänglich nichts anderes als eine kleine Gruppe typischer Hochschulintelligenzler, die so weit vom eigentlichen Volke und der Arbeiterschaft entfernt waren, wie das für die Vertreter der Bildungsschicht herkömmlich war. Dies änderte sich erst durch Erfahrungen, die man mit dem chinesischen Arbeitskorps in Frankreich während des Ersten Weltkriegs sammelte, und im Anschluß an die Bewegung vom 4. Mai 1919.

Diese bezeichnet den Protest der Pekinger Studenten gegen die Friedenskonferenz in Versailles, auf der Tsingtao [bis dahin Flottenstützpunkt des Deutschen Reiches] den Japanern zugesprochen wurde. Die Bewegung fand einen starken Widerhall in den Kreisen der Arbeiter, die somit zum erstenmal mit den Studenten durch gemeinsame Aktion in nähere Fühlung traten. ...

So entstand schließlich eine Intelligenz, die sich völlig auf die Stufe der physisch arbeitenden Klasse begab, sich wie Arbeiter betrug und bewegte und auch die Sprache der Arbeiter sprach. Ihre Vertreter machten sich somit die Lebens- und Denkweise der Arbeiter zu eigen und wurden aus dieser Einstellung heraus zu Führern der Massen und Vorkämpfer der kommunistischen Ideen. Einer von ihnen war Mao Tsetung.

Schon bevor im Jahre 1927 die etwa um 1919/20 aufkommende Arbeiterbewegung von Tschiang Kai-schek in Shanghai (siehe oben) niedergeschlagen worden war, widmete sich Mao Tse-tung der Revolutionierung des chinesischen Bauerntums und hatte um diese Zeit bereits eine Gefolgschaft von etwa zwei Millionen.

Diese Bauernbewegung aber war es, die sich schließlich nach schweren Kämpfen und vielen Rückschlägen durchsetzte und die Kuomintangregierung zur Übersiedlung nach Formosa zwang.

Heute stehen sich die beiden Teile Chinas gegenüber: Formosa als Repräsentant des zeitgemäß veränderten, traditionellen Chinesentums und Festlandchina unter der Herrschaft des nach chinesischem Stil modifizierten Marxismus. Es ist bereits deutlich merkbar, wie sich beide Teile nicht nur in kultureller, sondern sogar auch in rein sprachlicher Hinsicht mehr und mehr voneinander entfernen."

311. Aufrufe der Boxer zum Fremdenhaß

Gottfried Guggenbühl, a.a.O., Bd. IV 1954, S. 299.

„*Umgebung von Paotingfu, April 1900:* Fremde Teufel sind gekommen und haben durch ihre Lehre viele zu ihrem römischen oder protestantischen Glauben verleitet. Ihre Kirchen stehen außerhalb menschlicher Beziehungen; sie haben sich indessen mit viel Bosheit Ehrgeizige und Begierige zugeführt. Sie haben ohne Grenze ihre Kraft mißbraucht, bis alle guten Beamten verdorben und ihre Diener geworden waren aus Begierde nach fremdem Reichtum. Der Telegraph und die Eisenbahnen sind eingerichtet worden, man hat Gewehr- und Geschützfabriken angelegt, und diese Anstalten verursachen den fremden Teufeln eine Freude der Bosheit voll; ebenso ist es mit den Lokomotiven, den Ballons und den elektrischen Lampen, Erfindungen, die diese fremden Teufel für vorzüglich halten. Obwohl ihr Rang ihnen dies Recht nicht gibt, lassen sie sich in Sänften tragen; China aber betrachtet sie doch als Barbaren, die Gott verdammen wolle. Geister und Genien steigen vom Himmel herab, um sie zu vernichten; die ersten dieser Himmelsmächte, die auf die Erde gekommen sind, das „Licht der roten Lampe“ und die „Gesellschaft der Freiwilligen der geschlossenen Faust“, werden die fremden Teufel bekämpfen. Die Freiwilligen werden die Häuser der Fremden verbrennen und die Tempel wiederherstellen.

Peking, April 1900: ... Der Wille des Himmels ist, daß zuerst die Telegraphendrähte zerschnitten, dann die Eisenbahnschienen aufgerissen und dann die Teufel enthauptet werden ... Die Zeit des Regens ist noch fern, und alles wegen der fremden Teufel.“

312. Aus Sun Yat-sens Entwurf einer Unabhängigkeitserklärung (um 1890):

M. A. Nourse, 400 Millionen. Die Geschichte der Chinesen, 1936, S. 289.

„Nicht länger mehr werden wir den Thron verehren.
Der Sohn des Himmels [d.i. der Kaiser] ist unfähig,
Seine Beamten sind verderbt,,
Seine Herrschaft ist ein Greuel,
Er soll der Herrschaft des Volkes weichen.
Nicht länger mehr werden wir den Thron verehren.“

313. Programm des „Chinesischen Revolutionsbundes“

Wolfg. Franke, Das Jahrhundert der chinesischen Revolution, 1958, S. 99f.

Das Programm des Revolutionsbundes (*T'ung-meng hui*), den Sun Yat-sen leitete, enthielt die folgenden vier Punkte:

1. Vertreibung der Manchus: Die Manchus sind ein fremdes Barbarenvolk, das vor 260 Jahren in China eingefallen ist, die Chinesen unterdrückt und versklavt hat. Es gilt, China von diesem Joch zu befreien. Wer sich bei der Revolution ergibt, soll geschont werden; wer Widerstand leistet, soll rücksichtslos aus dem Wege geräumt werden. Das bezieht sich nicht nur auf die Manchus, sondern auch auf ihre chinesischen Helfershelfer.

2. Restauration der Herrschaft der Chinesen: Nach Beseitigung der Manchu-Herrschaft sollen die Chinesen wieder selbst China regieren.

3. Errichtung der Republik: Alle Einwohner Chinas sollen einander gleichgestellt sein und die gleichen politischen Rechte genießen. Präsident und Parlament sollen vom ganzen Volke gewählt werden.

4. Ausgleich der Grundbesitzrechte.

„Das Glück der Zivilisation soll von allen Staatsbürgern gleichmäßig genossen werden. Zur Verbesserung der sozialwirtschaftlichen Organisation muß der Wert des Boden im Reiche festgesetzt werden. Der jetzige Wert des Bodens gehört nach wie vor dem Eigentümer. Der Wertzuwachs durch Verbesserungen und Fortschritte der sozialen Verhältnisse nach der Revolution gehört dem Staate; alle Staatsbürger sollen in den Genuß davon kommen und so mit der Begründung eines sozialen Staates begonnen werden. Es soll erreicht werden, daß jede Familie und jeder einzelne genug haben und innerhalb der vier Meere jeder das bekommt, was ihm zusteht. Wer es auf Grund einer volkswirtschaftlichen Sonderstellung wagt, den Lebensunterhalt der Nation zu kontrollieren, wird vom Volke ausgestoßen.“

314. Aus dem national-revolutionären Programm Sun Yat-sens

E. Rouselle in Ostasiatische Rundschau Jg. 12 (1931), S. 198f.

„Durch die Gnade des Himmels sind wir zu einem Vierhundertmillionenvolk geworden. Der Himmel will nicht, daß wir untergehen, sondern er hat uns zu Trägern einer hohen Kultur bestimmt. Wenn wir unsere gegenwärtige traurige Lage nicht ertragen, wenn wir an der Zukunft unseres Volkes verzweifeln, handeln wir gegen den Willen des Himmels und machen uns eines Verbrechens schuldig. Sollten wir aber in Zukunft, trotzdem wir nach den Weisungen des Himmels leben, doch zugrunde gehen, liegt die Schuld nur bei den fremden Mächten, denn diese sind ein Hindernis für den Fortschritt der Kultur . . .

Diese Unterdrücker befolgen nicht die Weisungen des Himmels. Wir aber müssen gemäß den Befehlen des Himmels gegen die Unterdrücker kämpfen. Um aber den Kampf führen zu können . . . müssen wir selbst erst einig sein, d.h. wir müssen erst unser verlorenes Volkstumsbewußtsein wiedergewinnen.

Wollen wir Chinesen unser verlorengegangenes Volkstumsbewußtsein wiedergewinnen, müssen wir mit der Kraft von 400 Millionen für die Gleichheit der Menschen kämpfen. Das ist die Aufgabe, die der Himmel unserem Vierhundertmillionenvolk stellt!

Was wird China tun, wenn es wieder ein geschlossenes, starkes Reich sein wird? Es wird nach dem Worte handeln: „Hilf den Schwachen und unterstütze die Gefallenen." Unser Vaterland hat die Pflicht, nicht den Weg des Imperialismus zu gehen, den die anderen Mächte gegangen sind. Wenn China den Imperialismus der Mächte annimmt, wird es wie diese daran zugrunde gehen. Wir müssen zusammen mit den schwachen und unterdrückten Völkern gegen die imperialistischen Mächte der Erde kämpfen. Das ist die heilige Pflicht, die uns der Himmel auferlegt hat!

Erst wenn wir dem Imperialismus den Todesstoß versetzt haben, ist der Staat geregelt und die Welt in Eintracht und Frieden!"

315. Sun Yat-sen: Die drei Prinzipien der Kuomintang

Aus dem Parteitags-Manifest von 1924, nach Sun Yat-sen, Aufzeichnung eines chinesischen Revolutionärs, Wien (1926).

„*Das erste Prinzip:* Das Prinzip des Nationalismus des Kuomintang hat eine doppelte Bedeutung. Zunächst fordert es die Selbstbestimmung der chinesischen Nation, dann fordert es die Gleichberechtigung der Rassen, die sich innerhalb der chinesischen Republik zusammengefaßt finden.

Das zweite Prinzip handelt von den Rechten des Volkes, von der Demokratie. Die Kuomintang fordert nicht allein die indirekten Rechte der Volksvertretung, sondern auch die direkten politischen Rechte des Volkes. Das bedeutet, daß das Volk nicht allein das Recht der Wahl haben wird, sondern auch das Recht der Initiative, des Referendums und der Abberufung der gewählten Vertreter . . . Die Erfahrung hat gelehrt, daß die sogenannten demokratischen Regierungen der westlichen Länder oft in Wahrheit gar nicht den Willen des Volkes zum Ausdruck bringen, sondern daß sie nur Werkzeuge geworden sind, durch die die Kapitalisten die arbeitenden Klassen, das gewöhnliche Volk, ausbeuten. Die Volksrechte der Kuomintang dagegen gelten für das ganze Volk.

Das dritte Prinzip von der Wohlfahrt des Volkes (vom Sozialismus) . . . enthält zwei wichtige Punkte: erstens die gleichmäßige Verteilung des Bodenbesitzes, zweitens die Beschränkung des Kapitalismus.

... Der Staat wird denjenigen Banden, die ihres Landes beraubt sind, ... Land zur Bearbeitung übergeben...

Die Kuomintang ist der Meinung, daß der Staat besondere Vorkehrungen zum Schutze der Arbeitslosen zu treffen hat. Besonders wichtig wird es sein, Arbeitsgesetze zu erlassen, um die Lebensverhältnisse der Arbeiter zu verbessern."

316. Mao Tse-tung über Agrarrevolution

Aus Maos „Bericht über die Untersuchung der Bauernbewegung in Hunan" (März 1927). Wolfg. Franke, Das Jahrhundert der chinesischen Revolution, 1958, S. 208.

„In kürzester Zeit werden sich Hunderte von Millionen Bauern in allen Provinzen Mittel-, Süd- und Nordchinas erheben; ihre Gewalt wird sein wie wilder Sturm und plötzliche Regenschauer, von ungewöhnlicher Heftigkeit. Keine noch so große Macht wird sie unterdrücken können. Sie werden alle die bindenden Fesseln sprengen und auf den Weg zur Freiheit eilen. Der Imperialismus, die Militärmachthaber, die korrupten Beamten, die schlechte Gentry der Dorftyrannen werden alle [von den Bauern] ins Grab gebracht werden. Alle revolutionären Parteien und alle revolutionären Kameraden werden von ihnen auf die Probe gestellt werden, und es wird von ihnen entschieden, ob sie zu verwerfen oder anzunehmen sind. Sollen wir uns vor sie stellen und sie anführen? Oder sollen wir uns hinter sie stellen und sie mit Hand- und Fußbodenbewegungen kritisieren? Oder sollen wir uns in Opposition gegen sie stellen? Jeder Chinese hat die Freiheit, eines unter diesen drei zu wählen. Aber die augenblickliche Lage drängt, schnellstens eure Wahl zu treffen."

Nach diesen einleitenden Worten über die bevorstehende Erhebung der Bauern ganz Chinas schildert Mao seine Erfahrungen in Hunan, die ihm den Anlaß zu dieser Prognose geben:

„... Das Hauptangriffsziel der Bauern waren die schlechte Gentry der Dorftyrannen sowie gesetzlose Grundeigentümer; daneben alle Arten patriarchalischer Ideen und Systeme, korrupte Beamte in den Städten und schlechte Sitten auf dem Lande. Dieser Angriff war gerade wie reißender Strom und Gewittergüsse. Wer sich beugte, blieb bestehen; wer Widerstand leistete, ging zugrunde. Der Erfolg war, daß die jahrtausendealten Privilegien der feudalen Grundeigentümer wie herabgefallene Blüten im Strome weggeschwemmt wurden. Ansehen und Würde der Grundeigentümer wurden vollkommen hinweggefegt. Nach dem Sturz der Macht der Grundeigentümer wurden die Bauernbünde die einzigen Machtorgane und [die Parole] ‚Alle Macht den Bauernbünden' wurde wirklich erfüllt ..."

„... Es ist die Erhebung der großen Masse der Bauern zur Erfüllung ihrer historischen Aufgabe; es ist die Erhebung der demokratischen Kräfte des Dorfes zum Sturz der feudalen Kräfte des Dorfes. Die patriarchalisch-feudale schlechte Gentry der Dorftyrannen, die Klasse der gesetzlosen Grundeigentümer sind die Grundlage der absolutistischen Regierung von Jahrtausenden und der Unterbau des Imperialismus, der Militärmachthaber und der korrupten Beamten. Der Sturz dieser feudalen Mächte ist das wahre Ziel der nationalen Revolution. Sun Yat-sen widmete vierzig Jahre der nationalen Revolution; was er erstrebte und nicht erreichte, haben jetzt die Bauern in wenigen Monaten erreicht. Das ist eine in vierzig Jahren und selbst in Jahrtausenden nicht erreichte außergewöhnliche Leistung ... Um dort Anerkennung zu zollen, wo sie gebührt – wenn wir der Durchführung der demokratischen Revolution zehn Punkte zuerteilen, dann betragen die Leistungen der Stadtbewohner und des Militärs nur drei Punkte, während die übrigen sieben Punkte den Bauern bei der Revolution auf dem Lande zukommen ... Alle revolutionären Kameraden müssen wissen: Die nationale Revolution erfordert eine große Umwälzung auf dem Lande. Die Revolution von 1911 hat diese Umwälzung nicht mit sich gebracht und ist daher gescheitert. Jetzt gibt es eine solche Umwälzung, und sie ist ein wesentliches Element für die Vollendung der Revolution. Alle revolutionären Kameraden sollen diese Umwälzung unterstützen; sonst stellen sie sich auf den Standpunkt der Gegner der Revolution ..."

„... Die Revolution ist keine Einladung zum Essen, kein literarischer Aufsatz, keine Malerei oder Stickerei ... Revolution ist Aufruhr, sie ist ein gewalttätiger Akt der Überwältigung einer Klasse durch eine andere. Die Agrarrevolution ist die Revolution der Bauernklasse zur Überwältigung der Macht der feudalen Grundeigentümer-Klasse. Wenn die Bauern nicht ihre äußerste Kraft anwenden, können sie keinesfalls die seit mehreren Jahrtausenden fest verankerte Macht der Grundeigentümer überwältigen. Auf dem Lande muß eine große revolutionäre Flut sein, um die Massen von Tausenden und Zehntausenden in Bewegung zu bringen und eine gewaltige Kraft zu bilden ... Die Macht der Gentry muß ganz und gar überwältigt werden, die Gentry muß zu Boden geschlagen und sogar noch zertrampelt werden ... In jedem Dorf muß für kurze Zeit ein Terrorzustand geschaffen werden; andernfalls kann die Aktivität der antirevolutionären Partei auf dem Lande bestimmt nicht unterdrückt und die Macht der Gentry nicht überwältigt werden. Um ein Übel zu korrigieren, muß man ins andere Extrem gehen; sonst kann das Übel nicht korrigiert werden ..."

317. Aus Tschiang Kai-scheks Rede vom 14. Juni 1935 über „Sechs Grundsätze für den Aufbau der Provinz Szetschwan"

Wolfg. Franke a.a.O., S. 233f.

„... Notwendig ist, daß wir so schnell wie möglich unsere Aufgabe erfüllen, die in der Niederhaltung der restlichen kommunistischen Elemente und in der Verbesserung der provinzialen Regierungsverwaltung besteht, damit Friede, Ordnung, Wohlergehen und Glück wieder zu dem Szetschwan-Volk zurückkehren. Zur Erreichung dieses Zieles ist die einmütige Anstrengung und aufrichtige Mitwirkung aller Volksgenossen dieser Provinz gemeinsam mit der Nationalen Zentralregierung erforderlich. Die Anwesenheit eines großen Heeres sowie reiche Waffen- und Munitionslieferungen würden wenig Wert haben, wenn die vollständige Unterstützung von seiten des Volkes fehlen würde; denn die heutigen deutlich ungesunden Verhältnisse in Szetschwan gründen sich nicht auf einen Mangel an militärischer Kraft, sondern sind durch den herrschenden verderbten Geist und die fehlende Moral unter dem Volk hervorgerufen worden. Diese bilden die Wurzel des Szetschwan-Problems. Wenn die Hebung der Moral nicht schnell durchgeführt wird, werden alle anderen Bemühungen um den Fortschritt der Provinz fruchtlos sein. Gewinnt die Vaterlandsliebe neue Kraft und streben alle Bewohner der Provinz nach Wiedererlangung der guten Moral, dann wird eine gewaltige soziale Kraft erzeugt werden, die alle vor uns liegenden politischen, militärischen und sozialen Probleme von Szetschwan ohne große Schwierigkeiten und mit verhältnismäßiger Geschwindigkeit lösen würde.

Um den Kommunismus zu zerschlagen und Szetschwan wieder aufzubauen, müssen wir Anstand und Geist des Volkes zu neuem Leben zu erwecken suchen ... Aus meiner eigenen Erfahrung möchte ich, um die jetzigen Verhältnisse in Szetschwan zu verbessern, sechs einfache Grundsätze vorschlagen, welche ich selbst seit Jahren befolge."

Die von Tschiang Kai-schek dargelegten Grundsätze, „Einfachheit", „Aufrichtigkeit", „Gerechtigkeit und Selbstlosigkeit", „Fleiß", „Sparsamkeit" und „Disziplin", waren der traditionellen konfuzianischen Ideologie entlehnt. „Im wesentlichen waren sie ein Mittel zur Wahrung der bestehenden sozialen Struktur und zur Disziplinierung des Volkes, gerade in dem Sinne, wie die 4.-Mai-Bewegung die konfuzianische Doktrin aufs schärfste angegriffen hatte.".

Im zweiten Teil seiner Rede wandte sich Tschiang Kai-schek der *rural reconstruction* mehr konkret zu. Sein Programm faßte er in folgende Punkte zusammen:

„Vornahme einer Volkszählung, Wiedereinrichtung des ‚pao-chia'-Systems der gegenseitigen Beschützung, Errichtung von Blockhäusern, Aufspeicherung von Nahrungsmitteln, Zusammenarbeit der einzelnen Dörfer und Landstädte und Anlage von Verkehrswegen."

Von grundlegenden Reformen, von einer Änderung der sozialen Struktur war nicht die Rede. „Davor schreckte die Regierung zurück; denn sie stand weitgehend unter dem Einfluß konservativer Kreise, die nicht nur eine Änderung der ländlichen Besitzverhältnisse, sondern selbst eine Schmälerung der Einkünfte aus ihrem ländlichen Besitz mit Nachdruck zurückwiesen ... So wurden die Versuche des „ländlichen Wiederaufbaues" nach und nach wieder eingestellt, und im wesentlichen blieb alles beim alten. Die führenden Kreise der KMT sahen nicht, daß die damit auf die Dauer unhaltbaren Verhältnisse bestehen blieben, die, von der Führung der Kommunisten geschickt ausgenutzt, diesen die Möglichkeit zum Aufstieg gaben und gleichzeitig den Keim für den Untergang der KMT-Herrschaft in sich trugen."

318. Die Politik des Mao Tse-tung

Robert Payne, Mao Tse-tung, Hamburg 1951.

1. „Über einen verlängerten Krieg" (1938)

a) Zur chinesischen Taktik im Krieg gegen Japan:

„Der Guerillakrieg ist für uns lebensnotwendig, doch der Bewegungskrieg darf darüber nicht vernachlässigt werden ... Denkt man sich das Kriegsgebiet als eine Einheit, so ist der Bewegungskrieg das Primäre und die Guerillatätigkeit das Sekundäre; denkt man sich das Kriegsgebiet jedoch in seine einzelnen Teile zerlegt, so ist die Guerillatätigkeit das Primäre und der Bewegungskrieg das Sekundäre."

b) Politisch-militärische Zusammenhänge:

„Der innere politische Fortschritt der Nation ist von einer wirksamen Kriegführung nicht zu trennen. Je größer unser politischer Fortschritt, desto größer unsere Fähigkeit zu entschlossenem Widerstand, und je größer unser entschlossener Widerstand, desto größer auch unsere Fähigkeit zu einem politischen Fortschritt."

2. „Das neue Stadium"

Bericht über den 6. Kongreß der Kommunistischen Partei Chinas (12. Oktober 1938)

a) Die Einheitsfront mit der Kuomintang:

„Es gibt keine ernsthafte Differenz zwischen uns, denn auch wir wollen nichts anderes, als die ‚Drei Grundregeln für das Volk' in die Tat umsetzen ... Wir leugnen nicht das Vorhandensein des Klassenkampfes, aber dieser Kampf kann zum Wohl unserer nationalen Einheit gegenüber dem Feind eingestellt werden. Es läßt sich eine angemessene Politik für die Beziehungen der Klassen untereinander finden, die für alle annehmbar ist."

b) Die chinesische Revolution, eine Bauernrevolution:

„Es wäre zum Beispiel unmöglich, sich in den modernen Staaten England, Frankreich, Amerika, Deutschland, Italien oder Japan eine lang andauernde Bauernrevolution vorzustellen, auch wäre sie nicht möglich in einer kleinen Halbkolonie. China aber ist eine riesige Halbkolonie mit noch unerschlossenen eigenen Hilfsquellen, und nur darum kann die Bauernrevolution zustande kommen."

c) Das Problem der Verwestlichung Chinas:

„Die Idee der bedingungslosen Verwestlichung Chinas ist falsch. China hat durch die blinde Übernahme fremder Anschauungen Schaden erlitten. Die chinesischen Kommunisten sollten daran immer denken, auch wenn es sich um den Marxismus handelt. Wir müssen die Hauptwahrheiten des Marxismus und ihre konkrete Anwendung in der chinesischen Revolution auf einen angemessenen Nenner bringen, d.h., wir müssen unsere eigene nationale Form finden, ehe wir den Marxismus zu unserem Nutzen anwenden, und wir sollten ihn niemals subjektiv oder mechanisch übernehmen."

3. „Die Neue Demokratie" (1939/40)

a) Über die stufenweise Verwirklichung der kommunistisch-revolutionären Ziele:

„Wenn wir aber behaupten wollten, daß die demokratische Revolution (der Kuomintang) nicht ihre eigenen bestimmten Aufgaben oder ihre eigene bestimmte Zeit habe, sondern zusammen mit anderen Aufgaben, beispielsweise denen des Sozialismus angepackt werden könnte ... – wenn wir dies alles mit den demokratischen Aufgaben zusammenwerfen und gleichzeitig ausführen wollen, so bedeutet das wirklich, alles auf einmal tun wollen. Ein solcher Versuch wäre eine reine Utopie und muß von allen wahren Revolutionären zurückgewiesen werden."

b) Die Weltlage:

„China kann, da alle imperialistischen Länder seine Feinde sind, seine Unabhängigkeit nur mit Hilfe des einen sozialistischen Landes (Rußland) und des internationalen Proletariats erlangen. Die Welt lebt heute in einer Ära von Revolution und Krieg, in einer neuen Ära, worin der Kapitalismus endgültig stirbt und der Sozialismus aufblüht. Unter den internationalen Bedingungen der Mitte des 20. Jahrhunderts stehen allen anständigen Leuten in den Kolonien und Halbkolonien nur zwei Wege offen: Sie müssen entweder auf die Seite der imperialistischen Front treten und sich an der Welt-Gegenrevolution beteiligen, oder sie müssen auf die Seite der anti-imperialistischen Front treten und sich an der Weltrevolution beteiligen."

4. „Die chinesische Revolution und die Kommunistische Partei Chinas" (1940)

„Die neue Form ... der demokratischen Revolution ... setzt sich aus mehreren revolutionären Klassen zusammen, die sich zu einer revolutionären demokratischen Diktatur über die Imperialisten, Verräter und Reaktionäre zusammenschließen ... Auf wirtschaftlichem Gebiet strebt sie danach, die großen Kapitalsanlagen zu verstaatlichen, ebenso die großen Unternehmen der Imperialisten, Verräter und Reaktionäre. Die großen Güter sind aufzuteilen und unter die Bauernschaft zu verteilen; gleichzeitig wollen wir den mittleren und kleineren Privatindustrien helfen, auch sollen die reichen Bauern nicht in ihrer Wirtschaft behindert werden. Folglich bereitet diese neue Art von demokratischer Revolution dem Kapitalismus den Weg und schafft doch auf andere Weise eine Vorstufe für den Sozialismus."

5. Mao über die volksdemokratische Diktatur

Die kommunistische Machtübernahme vollzog sich genau nach dem Rezept des euroäisch-russischen Marxismus. Die chinesischen Kommunisten begründeten die Errichtung der Volksdemokratie mit den gleichen Argumenten. Sie beinhalten jene typische Mischung aus Utopie und realistischem Machtwillen. Am 1. Juli 1949 erklärte Mao Tse-tung anläßlich des 28. Jahrestages der KPCh folgendes „über die Diktatur der Volksdemokratie":

Brandt – Schwartz – Fairbank, Der Kommunismus in China, München 1955, S. 331f.

„Die KPCh ist längst kein Kind mehr, noch ist sie ein unreifer Jüngling. Sie ist voll erwachsen. Wenn ein Mensch alt wird, stirbt er. Einer (politischen) Partei geht es nicht anders. Wenn die Klassen beseitigt sind, verlieren alle Werkzeuge des Klassenkampfes, die politischen Parteien und der Regierungsapparat, ihre Funktionen, werden unnötig und verschwinden allmählich. Nachdem sie ihre historische Aufgabe erfüllt haben, wird die Menschheit zu einer höheren gesellschaftlichen Ebene aufsteigen. Wir sind das ganze Gegenteil der politischen Parteien der Bourgeoisie. Diese fürchten sich, vom Aufhören der Klassen, der Staatsgewalt und der Parteien zu reden; wir dagegen erklären offen, daß wir erbittert kämpfen, um die besonderen Voraussetzungen zur Beseitigung aller dieser Institutionen zu schaffen. Die KP und die Staatsautorität der Volksdiktatur stellen solche Voraussetzungen dar. Wer diese Wahrheit nicht erkennt, ist kein Kommunist. Junge Genossen, die gerade in die Partei eingetreten sind und den Marxismus-Leninismus noch nicht studiert haben, werden diese Wahrheit noch nicht verstehen. Sie müssen sie aber begreifen lernen, ehe sie eine richtige Weltanschauung haben können. Sie müssen verstehen, daß die ganze Menschheit durch diesen Prozeß des Abbaues der Klassen, der Staatsgewalt und der Parteien hindurchgehen muß; es ist nur eine Frage von Zeit und Umständen. Die Kommunisten der ganzen Welt sind in dieser Beziehung klüger als die Bourgeoisie. Sie verstehen die Gesetze, die das Leben und die Entwicklung der Dinge beherrschen. Sie verstehen die Dialektik und können daher weiter vorausschauen. Der Bourgeoisie ist diese Wahrheit unwillkommen, sie will nicht vom Volk gestürzt werden. Denn für die unterliegende Klasse ist es schmerzhaft und unbegreiflich, daß sie das Schicksal der KMT-Reaktionäre, die jetzt von uns gestürzt werden, teilen sollen, oder das der japanischen Imperialisten, die wir zusammen mit den Völkern anderer Länder in der Vergangenheit gestürzt haben. Aber für die Arbeiterklasse, das werktätige Volk und die Kommunisten handelt es sich nicht darum, gestürzt zu werden, sondern energisch zu arbeiten, um die Voraussetzungen für ein natürliches Verschwinden der Klassen, der Staatsgewalt und der politischen Parteien zu schaffen, damit die Menschheit in die Ära der allgemeinen Verbrüderung eintreten kann."

6. Grundgesetz der Zentralen Volksregierung der Volksrepublik China vom 27. September 1949

Brandt a.a.O., S. 353ff.

„Kapitel I. Allgemeine Grundsätze

Artikel 1. Die Volksrepublik China ist als Staat eine volksdemokratische Diktatur. Sie wird von der Arbeiterklasse geführt, beruht auf dem Bündnis der Arbeiter und Bauern und sammelt um sich alle demokratischen Elemente und die verschiedenen Nationalitäten des Landes.

Artikel 2. Die Regierung der Volksrepublik China ist eine Regierung durch Volkskongresse, fußend auf dem Prinzip des demokratischen Zentralismus.

Artikel 3. Bis zur Einberufung des gesamt-chinesischen Volkskongresses durch allgemeine Wahlen sollen alle staatlichen Funktionen und Vollmachten von der Vollversammlung des chinesischen Volkes ausgeübt werden. Diese Vollversammlung soll auch das Grundgesetz der Zentralen Volksregierung der Volksrepublik China erlassen, den Rat der Zentralen Volksregierung der Volksrepublik China wählen und diesem Rat die Vollmacht übertragen, die Staatsgewalt auszuüben.

Artikel 4. Der Rat der Zentralen Volksregierung vertritt die Volksrepublik China nach außen und übernimmt die Ausübung der Staatsgewalt im Innern.

Artikel 5. Der Rat der Zentralen Volksregierung soll einen Staatsverwaltungsrat als höchstes ausübendes Organ der Staatsverwaltung und einen Revolutionären Militärischen Volksrat als höchstes militärisches Befehlsorgan einsetzen. Er soll ferner einen Obersten Volksgerichtshof und das Amt eines Generalvolksanwaltes als oberste Rechts- und Aufsichtsbehörden errichten.

[Kapitel II. bis V. (Artikel 6–30) betreffen:

den Rat der Zentralen Volksregierung; den Staatsverwaltungsrat; den Revolutionären Militärischen Volksrat; den Obersten Volksgerichtshof und das Amt des Generalvolksanwaltes.]

Kapitel VI. Das Recht zur Abänderung und Auslegung dieses Grundgesetzes.

Artikel 30. Das Recht zur Abänderung des Grundgesetzes der Zentralen Volksregierung steht der Vollversammlung der Beratenden Politischen Versammlung des chinesischen Volkes zu; außerhalb der Sitzungsperiode der Beratenden Politischen Versammlung wird es vom Rat der Zentralen Volksregierung ausgeübt. Dieser hat außerdem das Recht zur Auslegung des Grundgesetzes."

7. Die Volkskommunen

In einem Musterstatut für eine Volkskommune, welches 26 Artikel umfaßt, wird Wesen und Aufgabe der VR näher bestimmt. Europa-Archiv 1959, II, D. 1ff.

Artikel 1

„Die Volkskommune ist die Grundeinheit der Gesellschaft, in der sich die Werktätigen auf Grund freier Willensentscheidung und unter Führung der Kommunistischen Partei und der Volksregierung zusammenschließen. Ihre Aufgabe besteht in der Leitung der gesamten industriellen und landwirtschaftlichen Produktion, des Handels, des Kultur- und Erziehungswesens und der Politik.

Artikel 2

Auf politischem Gebiet hat die Volkskommune die Aufgabe, das sozialistische System zu konsolidieren und energisch die Voraussetzungen für den allmählichen Übergang zum Kommunismus zu schaffen. Um dieses Ziel zu erreichen, müssen wir beharrlich alle unsere Energie darauf richten, die landwirtschaftliche und industrielle Produktion zu steigern, das Niveau des Kultur- und Erziehungswesens zu heben und dabei umfassendere, bessere und wirtschaftlichere Methoden anzuwenden. Wir müssen beharrlich danach streben, die technische und kulturelle Revolution durchzuführen und die Unterschiede zwischen Stadt und Land, zwischen körperlicher und geistiger Arbeit schrittweise abzubauen. Wenn die Gesellschaft einen Überfluß an Produktion zu schaffen vermag und die Menschen von einem hohen politischen

Bewußtsein getragen sind, wird man auch von dem Prinzip „Von jedem nach seinen Fähigkeiten, jedem nach seiner Leistung" schrittweise zum Prinzip „Von jedem nach seinen Fähigkeiten, jedem nach seinen Bedürfnissen" übergehen können.

Artikel 3

Alle Bürger über 16 Jahre können Vollmitglieder der Kommune werden. Ehemalige Grundherren, reiche Bauern, Konterrevolutionäre und andere Personen, denen die politischen Rechte abgesprochen wurden, können als inoffizielle Mitglieder aufgenommen werden. Wenn sie nach dem Gesetz wieder in den Besitz ihrer politischen Rechte gelangt sind, können sie Vollmitglieder werden. Alle Mitglieder haben die Pflicht, die Beschlüsse der Kommune durchzuführen, die Arbeitsdisziplin einzuhalten und mit dem Kommuneneigentum sorgsam umzugehen. Mit Ausnahme von Mitgliedern, die nicht im Vollbesitz ihrer geistigen Kräfte sind, haben alle Vollmitglieder das Recht, zu wählen, gewählt zu werden, abzustimmen und über die Angelegenheiten der Kommune zu wachen. Die „inoffiziellen" Mitglieder sollten nicht das Recht besitzen, zu wählen, gewählt zu werden oder in der Kommune abzustimmen; in wirtschaftlicher Hinsicht jedoch sollten sie die gleichen Rechte wie Vollmitglieder besitzen."

8. Programm der Pekinger „Roten Garde" vom 13. August 1966

Hsinhua, 23. August 1966, Europa-Archiv 1966 / II, S. D 504/505.

Betrifft: Kampf gegen alte Kultur und alte Sitten und Gebräuche.

1. Jeder Bürger soll manuelle Arbeit verrichten.

2. In allen Kinos, Theatern, Buchhandlungen, Omnibussen usw. müssen Bilder Mao Tse-tungs aufgehängt werden.

Überall müssen Zitate Mao Tse-tungs an Stelle der bisherigen Neonreklamen angebracht werden.

4. Die alten Gewohnheiten müssen verschwinden.

5. Die Handelsunternehmungen müssen reorganisiert werden, um den Arbeitern, Bauern und Soldaten zu dienen.

6. Eine eventuelle Opposition muß rücksichtslos beseitigt werden,

7. Luxusrestaurants und Taxis haben zu verschwinden.

8. Die privaten finanziellen Gewinne sowie die Mieten müssen dem Staat abgegeben werden.

9. Die Politik hat vor allem den Vorrang.

10. Slogans müssen einen kommunistischen Charakter aufweisen.

11. Die revisionistischen Titel haben zu verschwinden.

12. In allen Straßen sollen Lautsprecher aufgestellt werden, um der Bevölkerung Verhaltensmaßregeln zu vermitteln.

13. Die Lehre Mao Tse-tungs muß schon im Kindergarten verbreitet werden.

14. Die Intellektuellen sollen in Dörfern arbeiten.

15. Die Bankzinsen müssen abgeschafft werden.

16. Die Mahlzeiten sollen gemeinsam eingenommen werden, und es soll zu den Sitten der ersten Volkskommunen im Jahr 1958 zurückgekehrt werden.

17. Auf Parfüms, Schmuckstücke, Kosmetik und nichtproletarische Kleidungsstücke und Schuhe muß verzichtet werden.

18. Die erste Klasse bei den Eisenbahnen und luxuriöse Autos müssen verschwinden.

19. Die Verbreitung von Fotografien von sogenannten hübschen Mädchen soll eingestellt werden.

20. Die Namen von Straßen und Monumenten müssen geändert werden.

21. Die alte Malerei, die nicht politische Themen zum Gegenstand hat, muß verschwinden.

22. Es kann nicht toleriert werden, daß Bilder verbreitet werden, die nicht dem Denken Mao Tse-tungs entsprechen.

23. Bücher, die nicht das Denken Mao Tse-tungs wiedergeben, müssen verbrannt werden.

9. Das Ende der Kulturrevolution

a) Aus dem Abschlußkommuniqué des IX. Parteitags der KPCH v. 24. 4. 1969:

„. . . man muß verstehen, zwischen den beiden ihrem Wesen nach unterschiedlichen Arten von Widersprüchen, den Widersprüchen zwischen uns und dem Feind und den Widersprüchen im Volk, zu unterscheiden und mit verschiedenen Methoden die ihrem Wesen nach verschiedenen Widersprüche zu behandeln . . . Die leitenden Genossen aller Ebenen müssen über die Gesamtsituation im Bilde sein, das Typische richtig aufgreifen, Erfahrungen zusammenfassen, sich über die Entwicklungstendenzen im klaren sein, die Arbeit tiefgehend und sorgfältig bewältigen und eine schablonenhafte Arbeitsweise überwinden. Angesichts des Sieges müssen die Genossen unbedingt den Stil des harten Kampfes, den durch Bescheidenheit und Umsicht gekennzeichneten, von Überheblichkeit und Unbesonnenheit freien Stil bewahren, vor den ‚in Zucker gehüllten Geschossen‘ der Bourgeoisie auf der Hut sein und davor, daß die Bourgeoisie unsere Partei und die revolutionären Reihen zersetzt und spaltet“ (nach ‚Europa-Archiv‘, 24/14, 1969, S. D 351).

b) Das Ergebnis der Kulturrevolution:

„. . . Vertreter der maoistischen Verbände (z. B. der ‚Roten Garden‘) konnten zwar besonders in den Provinzen in die Führungsgremien gelangen. Die Säuberung des Parteiapparats hat jedoch vor allem zu einer Verstärkung des Anteils der Militärs auf Kosten ziviler Parteifunktionäre geführt. So bietet die Zusammensetzung des neuen ZK und Politbüros weitere Belege für die Feststellung, daß die ‚Kulturrevolution‘ nicht die im maoistischen Programm geforderte proletarische Massenherrschaft herbeiführte, sondern Tendenzen hervorbrachte, die das Herrschaftssystem in China mindestens in die Nähe einer Militärdiktatur bringen.

Angesichts der Konflikte in der zentralen Führung von Partei und Staat ist der Einfluß regionaler Kräfte erheblich gewachsen . . .

So kann die Möglichkeit nicht mehr ausgeschlossen werden, daß China von neuem einer Periode der regionalen Militärherrschaft entgegengeht . . .“ (Jürgen Domes, Chinas spätmaoistische Führungsgruppe, in ‚Politische Vierteljahresschrift‘ 10/2–3/ 1969, S. 191 ff.).

c) das Ende der Umerziehungskampagne:

„. . . als Fazit einer inneren Umerziehungskampagne, die über Jahre auf alle Bereiche der Gesellschaft ausgedehnt war, hat der Parteitag keinen Sieg zu verzeichnen. Die Anfälligkeit für das ‚revisionistische Gift‘ ist unvermindert. Die allenthalben beklagte Revolutionsmüdigkeit und der an der Zusammensetzung der höchsten Führungsgremien ablesbare konservative Ausgang der Kulturrevolution verheißen auch für die Zukunft hier keinen Fortschritt ..." (Joachim Glaubitz, Der Neunte Parteitag der KPCh, in ‚Europa-Archiv', 24/15/1969, S. 552).

319. Robert Payne über Mao Tse-tung

Robert Payne, Mao Tse-tung, Hamburg 1951, S. 350/351.

„In China, wo die persönlichen Beziehungen viel entscheidender sind, als man im Westen annimmt, war das Duell zwischen Mao und Tschiang durchaus persönlicher Natur, gleichzeitig aber war es ein Kampf zwischen zwei entgegengesetzten Richtungen des chinesischen Geistes. Tschiang behauptete, Konfuzianer und Methodist zu sein, wenn er sich auch nie darüber äußerte, wie diese beiden unterschiedlichen Glaubenshaltungen sich vereinigen ließen. In Wirklichkeit war er ein Anarchist und Opportunist ohne Grundsätze, getrieben von dem unbändigen Ehrgeiz, sich, wie er sagte, einen Namen in der Geschichte zu machen. Der Glaube an seine eigenen unbezwinglichen Kräfte und seine gottähnlichen Ahnen war die eigentliche Triebfeder seines Aufstiegs. Mao, ein sehr viel feinerer Geist, ein reiner Gelehrter und ausgezeichneter Dichter, schöpfte aus den Quellen des Konfuzianismus und aus einer Revolutionstheorie, die zum Teil auf den konfuzianischen Klassikern und zum Teil auf dem marxistischen Glauben an die Unvermeidbarkeit des Klassenkampfes und an den Endsieg des Proletariats beruhte. Im Gegensatz zum Kommunistischen Manifest ersetzte er das Proletariat jedoch durch die Bauern. Tschiang hatte keinerlei Verständnis für die Bauern, hatte niemals zu ihnen gehört und sich auch nie um sie bemüht. Mao jedoch begriff sie, weil er aus dem Bauernstand hervorgegangen war und sich über seine Abstammung niemals Illusionen gemacht hatte ... Er hatte sich den konfuzianischen Helden zum Vorbild genommen, der zu gleicher Zeit ein Gelehrter und ein Tatmensch ist, und schon in seiner Jugend hatte er sehr einfach, doch im Bewußtsein der ganzen Tragweite seines Anspruchs, geäußert: Ich werde die Dynastie stürzen."

320. Aus dem Pakt Moskau – Peking vom 14. Februar 1950

„Das Ostpaktsystem", Dokumentensammlung der Universität Hamburg, II. „Asien", 1951, S. 49ff.

Die Präambel begründet das Bündnis mit der gemeinsamen Abwehr eines „Wiederauflebens des japanischen Imperialismus und ... der Aggression seitens Japans oder eines anderen Staates".

Artikel 1 begründet die Hilfspflicht im Falle eines japanischen Angriffs (oder eines mit Japan verbündeten Staates) auf einen der beiden Vertragspartner.

Artikel 2: Gemeinsames Hinwirken auf einen Friedensvertrag für Japan.

Artikel 3: Verbot eines Bündnisses oder Abkommens, das sich gegen einen Vertragspartner richtet.

Artikel 4: Konsultationsversprechen „in allen wichtigen internationalen Fragen, die die gemeinsamen Interessen der Sowjetunion und Chinas berühren".

Artikel 5: Versprechen der gegenseitigen Nichteinmischung in die „inneren Angelegenheiten der anderen Partei“ und der „gegenseitigen Achtung der staatlichen Souveränität und territorialen Integrität“.

Artikel 6 bestimmt Zeitpunkt des Inkrafttretens (Tag der Ratifizierung) und der Dauer (30 Jahre).

Unterschriften: A. Wyschinskij für UdSSR, Tschou En-lai für China (beide die damaligen amtierenden Außenminister der Vertragsstaaten).

C. Fragen der Koexistenz

321. Die Beziehungen Peking – Moskau

Brandt – Schwartz – Fairbank, a.a.O., S. 369f.

„Auch in der nächsten Zukunft ist die marxistisch-leninistische Ideologie als wichtigste geistige Komponente des chinesischen Kommunismus das stärkste Bindeglied zwischen China und der Sowjetunion. Es fehlt zwar bisher noch ein einwandfreier Beweis, daß Mao Tse-tung schon vor 1949 Moskau besucht hat, aber was seine treue Ergebenheit der russischen Auffassung der Weltgeschichte gegenüber betrifft, so kann sie tausendfach belegt werden. Außerdem ist ein hoher Prozentsatz seiner wichtigsten Mitarbeiter in Moskau geschult worden. Chinesische und russische Kommunisten sind durch ein kompliziertes Gewerbe von Glaubenshypothesen und Glaubenssätzen miteinander verbunden, die alle aus dem gleichen Quell gespeist und alle auf die gleichen umfassenden Ziele hin gerichtet sind.

Was aber das chinesische Volk – zum Unterschied von seinen neuen Führern – anlangt, so bewirkt seine unveränderliche nationale Eigenprägung, daß es sich durch diese der geographischen Entfernung und der Verschiedenheit von Sprache und Kultur zwischen Rußland und China noch deutlicher bewußt wird. Das nun bietet die Gewähr für das Weiterbestehen des chinesischen Nationalbewußtseins, das auch in der Zukunft eine Schranke gegen eine administrative Einverleibung des chinesischen Staates in die Sowjetunion bleiben wird. Die chinesisch-russischen Beziehungen müssen daher auf den Bereich der Politik beschränkt bleiben und können nicht als bloßes Verwaltungsproblem aufgefaßt werden. Dabei ähneln natürlich die Beziehungen zwischen Moskau und Peking einer „Achse“ oder einer Partnerschaft zwischen einem Senior- und einem Juniorpartner.

Man wird infolgedessen an beiden Enden der Achse die Doktrinen und auch die Anliegen der Partner den fortschreitenden geschichtlichen Gegebenheiten in den russisch-chinesischen Beziehungen anpassen müssen. Man sollte demnach die laut verkündete Zugehörigkeit Chinas zum Sowjetblock nicht als schlüssigen Beweis dafür hinnehmen, daß die Möglichkeit eines Konfliktes ausgeschlossen sei. Daß innerhalb der sowjetischen Gesinnungswelt alle Machtstreitigkeiten und alle politischen Gegensätze durch eine Art von prästabilierter Harmonie einfach vermieden werden, ist eine kommunistische Fiktion, die durch das Aufkommen des Titoismus gründlich erschüttert worden ist. Mag also auch der chinesische Kommunismus dem melodramatischen Geschichtsbild einer in ein „imperialistisches“ und ein „sozialistisches“ Lager geteilten Welt verhaftet sein, es gibt immer noch Fragen, die trotzdem unbeantwortet bleiben. Haben die Sowjetunion und das kommunistische China die gleiche Auffassung von der Stellung, die den Mitgliedstaaten des „sowjetischen Lagers“

innerhalb desselben letzten Endes zugedacht ist? Haben die Sowjetunion und das kommunistische China die gleiche Vorstellung von der endgültigen Rolle Chinas in Asien? Hier liegen die Möglichkeiten zukünftiger Konflikte, wie rückhaltlos auch immer Mao Tse-tung gefühlsmäßig der Politik des „Nach-einer-Seite-Neigens" verpflichtet sein mag."

322. Der Aufbau der kommunistischen Gesellschaft

Aus dem neuen Programm der KPdSU vom Oktober 1961.

A. Gerigk, Deutschland und das Weltgeschehen 1961, Konstanz 1962, S. 108.

„Was ist Kommunismus? Kommunismus ist eine klassenlose Gesellschaftsordnung, in der das große Prinzip herrschen wird: Jeder nach seinen Fähigkeiten; jedem nach seinen Bedürfnissen. Der Kommunismus ist eine hochorganisierte Gesellschaft, in der die Arbeit zum Wohle der Gesellschaft zum ersten Lebensbedürfnis für alle, zur bewußt gewordenen Notwendigkeit werden und jeder seine Fähigkeiten mit dem größten Nutzen für das Volk anwenden wird. Hohes kommunistisches Bewußtsein, Arbeitsfreude, Disziplin und Ergebenheit den Interessen der Gesellschaft gegenüber sind unveräußerliche Eigenschaften des Menschen der kommunistischen Gesellschaft ... Die auf der hochorganisierten Produktion und der hochentwickelten Technik beruhende kommunistische Gesellschaft verändert den Charakter der Arbeit, enthebt jedoch die Mitglieder der Gesellschaft keineswegs der Notwendigkeit zu arbeiten. Das wird durchaus keine Gesellschaft der Anarchie, des Müßigganges und der Faulheit sein. Im nächsten Jahrzehnt (1961–1970) wird die Sowjetunion beim Aufbau der materiell-technischen Basis des Kommunismus die USA, das mächtigste und reichste Land des Kapitalismus, in der Produktion pro Kopf der Bevölkerung überflügeln. Im zweiten Jahrzehnt (1971–1980) wird die materiell-technische Basis des Kommunismus errichtet und für die gesamte Bevölkerung ein Überfluß an materiellen und kulturellen Gütern geschaffen; die Sowjetgesellschaft wird unmittelbar darangehen, das Prinzip der Verteilung nach den Bedürfnissen zu verwirklichen."

323. Wirtschaftliche und politische Probleme der UdSSR

Walter Meder, Staat, Recht und Gesellschaft in der Sowjetunion. In: H. Ludat, Sowjetunion (1962), S. 136.

„Für die gegenwärtige Struktur der Gesellschaft in der Sowjetunion ist die Tatsache charakteristisch, daß sich drei verschiedene Bevölkerungsgruppen gegenüberstehen, die durch sehr erhebliche wirtschaftliche und soziale Unterschiede voneinander getrennt sind, nämlich die Kollektivbauernschaft, die Industriearbeiterschaft und die Intelligenz. Ein weiteres für die Struktur der Gesellschaft in der Sowjetunion wesentliches Merkmal besteht darin, daß auch innerhalb der Kollektivbauernschaft, innerhalb der Industriearbeiterschaft und innerhalb der Intelligenz sehr erhebliche wirtschaftliche und soziale Unterschiede bestehen. Die Anwendung des Leistungsprinzips hat bewirkt, daß es innerhalb der Arbeiterschaft und innerhalb der Bauernschaft Arbeiter und Bauern mit einem sehr unterschiedlichen Einkommen gibt, während innerhalb der Intelligenz zu der sehr weitreichenden Differenzierung nach Dienstgrad, Rang und Einkommen noch die Unterschiede und Gegensätzlichkeiten treten, die zwischen dem Staatsapparat, dem Parteiapparat, der Wehrmacht, dem Polizeiapparat und dem Wirtschaftsapparat bestehen. Zusammenfassend kann man feststellen, daß die Sowjetunion von einer Überwindung der wirtschaftlichen und sozialen

Unterschiede innerhalb der Gesellschaft heute weiter entfernt ist als ein beträchtlicher Teil der sog. kapitalistischen Welt. Hierdurch erscheint die kommunistische These, daß die Sowjetunion die Länder der kapitalistischen Welt in einem sog. friedlichen Wettbewerb überflügeln könne, wenig glaubhaft. In diesem Zusammenhang drängt sich die Frage auf, welche außenpolitischen Konsequenzen sich hieraus ergeben können. Das kommunistische Parteiprogramm bezeichnet nicht nur die Hebung des Lebensstandards der breiten Massen, sondern auch die allmähliche Überwindung der wirtschaftlichen und sozialen Unterschiede zwischen den verschiedenen Gruppen der Bevölkerung als eine wesentliche Aufgabe des kommunistischen Staates. Bisher hat die Sowjetunion auf dem Gebiet der Verwirklichung dieser Forderungen nur bescheidene Erfolge zu verzeichnen gehabt. Der Inhalt des neuen Programms der KPdSU von 1961 kann mit Recht als utopisch bezeichnet werden. Falls die Annahme zutreffend sein sollte, daß sich auch die Führungsgremien der KPdSU schon jetzt der Aussichtslosigkeit einer Realisierung des neuen Programms in den angekündigten Fristen bewußt sind, wäre die Befürchtung naheliegend, daß Chruschtschow in den kommenden Jahren eventuell ein Interesse daran haben könnte, die außenpolitische Lage zu verschärfen, um mit dieser Verschärfung einen Rechtfertigungsgrund für die Nichterfüllung der utopischen Ziele seines Parteiprogramms zu gewinnen."

324. Koexistenz in russischer Sicht

Aus dem neuen Programm der KPdSU vom Oktober 1961.
A. Gerigk, Deutschland und das Weltgeschehen 1961, Konstanz 1962, S. 108.

„Die Hauptfrage der Gegenwart ist die von Krieg und Frieden. Die einzige Quelle der Kriegsgefahr ist der Imperialismus. Verbreitete der Kapitalismus seine Herrschaft mit Feuer und Schwert, so braucht der Sozialismus keine Kriege, um seine Ideale zu verbreiten. Seine Waffe ist die Überlegenheit über die alte Ordnung in der Organisation der Gesellschaft, in der Staatsordnung, in der Wirtschaft, in der Hebung des Lebensniveaus und der geistigen Kultur. Der Sozialismus weist der Menschheit das einzig vernünftige Prinzip der zwischenstaatlichen Beziehungen zu einer Zeit, da die Welt in zwei Systeme geteilt ist: das von W. I. Lenin entwickelte Prinzip der friedlichen Koexistenz von Staaten mit unterschiedlicher sozialer Ordnung. Bei friedlicher Koexistenz hat die Arbeiterklasse der kapitalistischen Länder günstigere Kampfmöglichkeiten, fällt es den Völkern der kolonialen und abhängigen Länder leichter, für ihre Befreiung zu kämpfen. Alle Organisationen und Parteien, die nach Abwendung des Krieges streben, alle neutralistischen und pazifistischen Bewegungen und die bürgerlichen Kreise, die für Frieden und normale Beziehungen zwischen den Ländern eintreten, werden bei der Sowjetunion Verständnis und Unterstützung finden. Die KPdSU und das ganze Sowjetvolk werden auch künftig gegen alle und jegliche Annexionskriege Stellung nehmen, darunter gegen Kriege unter den kapitalistischen Staaten und gegen lokale Kriege, die darauf abzielen, Volksbewegungen abzuwürgen."

325. Die revolutionäre Weltbewegung der Arbeiterklasse

Aus dem neuen Programm der KPdSU vom Oktober 1961.
A. Gerigk a.a.O., S. 107.

„Zusammen mit den anderen marxistisch-leninistischen Parteien hält es die Kommunistische Partei der Sowjetunion für ihre internationale Pflicht, eine Einmischung der Imperialisten in die Angelegenheiten des Volkes eines beliebigen Landes, das sich zur

Revolution entschlossen hat, abzuwenden und dadurch den imperialistischen Export der Konterrevolution zu verhindern. Die Kommunisten waren nie und sind auch heute nicht der Auffassung, daß der Weg zur Revolution über Kriege zwischen den Staaten führt. Die sozialistische Revolution hängt nicht unbedingt mit einem Krieg zusammen. Die großen Ziele der Arbeiterklasse können ohne einen Weltkrieg erreicht werden. Die Arbeiterklasse und ihre Vorhut, die marxistisch-leninistischen Parteien, streben die Verwirklichung der sozialistischen Revolution auf friedlichem Wege an. Unter den heutigen Bedingungen hat in einer Reihe kapitalistischer Länder die Arbeiterklasse mit ihrer Vorhut an der Spitze die Möglichkeit, auf der Basis der Arbeiter- und Volksfront und anderer möglicher Formen des Einverständnisses und der politischen Zusammenarbeit verschiedener Parteien und gesellschaftlicher Organisationen die Mehrheit des Volkes zusammenzuschließen, die staatliche Macht ohne Bürgerkrieg zu erobern, den Übergang der wichtigsten Produktionsmittel in die Hände des Volkes zu gewährleisten. Wenn sich die Arbeiterklasse auf die Mehrheit des Volkes stützt, kann sie eine stabile Mehrheit im Parlament erringen und die notwendigen Voraussetzungen für eine friedliche Verwirklichung der sozialistischen Revolution schaffen. Unter den Bedingungen, unter denen die Ausbeuterklassen zur Gewaltherrschaft über die Völker greifen, muß man auch die Möglichkeit des nichtfriedlichen Übergangs zum Sozialismus im Auge haben. Der Erfolg des Kampfes der Arbeiterklasse für den Sieg der Revolution wird davon abhängen, inwiefern sie und ihre Partei es erlernen, sich aller Formen des Kampfes zu bedienen, der friedlichen wie der außerparlamentarischen, und ob sie zur schnellsten und überraschendsten Ersetzung einer Kampfform durch eine andere bereit sind. Aber welche Formen der Übergang vom Kapitalismus zum Sozialismus auch immer annehmen mag – möglich ist er nur auf dem Wege der Revolution."

326. Stalin und Chruschtschow

Boris Lewytzki, Zehn Jahre ohne Stalin, Beilage zur Wochenzeitung „Das Parlament" vom 27. 3. 1963, S. 19f.

Stalins Vermächtnis ‚Ökonomische Probleme des Sozialismus in der Sowjetunion' enthielt zwei prinzipielle Thesen der kommunistischen Strategie gegenüber dem Westen, die heute ihre Gültigkeit verloren haben. Eine davon lautete, daß infolge des Verlustes von Absatzmärkten für die kapitalistischen Länder und der Verringerung der Rohstoffbezugsquellen der Fäulnisprozeß des Kapitalismus beschleunigt werde. Stalin schlug vor, die These Lenins von 1916, wonach trotz Fäulnis ‚im großen und ganzen der Kapitalismus bedeutend schneller wächst als früher', außer Kraft zu setzen. Die zweite These lautete, daß Kriege zwischen den kapitalistischen Ländern eine unvermeidliche Erscheinung seien. Die Schlußfolgerung daraus hieß: ‚Um die Unvermeidbarkeit der Kriege zu beseitigen, muß der Imperialismus vernichtet werden.' Gemäß den Beschlüssen des XXII. Parteitages wurden beide Thesen als mit dem Leninismus unvereinbar erklärt. Was die erste These anbelangt, so betrachten die heutigen kommunistischen Theoretiker sie als ‚untragbar und durch die Praxis nicht erwiesen.' Im neuen Parteiprogramm wurde die These verankert, daß ‚der Fäulnisprozeß des Kapitalismus das Wachstum der Produktivkräfte in einzelnen Etappen und einigen Ländern nicht ausschließt.' Zweifellos spielten die jüngsten Ereignisse dabei eine große Rolle, vor allem die Erfolge der westeuropäischen Wirtschaftsintegration, die die sowjetischen Führer zwangen, Bedeutung und Größe der EWG anzuerkennen.

Auch die Stalinschen Auffassungen über die Auslösung von Kriegen sind heute ad acta gelegt. Bei den sowjetischen Kommunisten erfolgte eine beachtliche Evolution in dieser Frage. Ausschlaggebend war natürlich die Tatsache, daß die Sowjetunion selbst die gefährlichsten Vernichtungswaffen besitzt und daher, gleich den USA, besser als jeder andere Staat in der Welt die historische Revolution der Waffentechnik und Militärwissenschaft erkennt. In dieser Frage erfolgte in jüngster Zeit, und zwar seit der Kubakrise vom Oktober 1962, eine einschneidende Wendung. Seitdem die Kommunistenführer erkannt haben, daß es nicht nur im ‚imperialistischen Lager', sondern auch im internationalen Kommunismus Kräfte gibt, die auf einen Krieg hintreiben, klingen die sowjetischen Thesen, daß die Hauptaufgabe der Politik die Ausschaltung von Kriegen sein muß und daß Moskau auf den Krieg als Mittel zur Verbreitung des Kommunismus verzichten wolle, viel plausibler. Als Stalin 1953 starb, hieß es in der ganzen kommunistischen Welt, seine Idee und sein Werk würden ewig bestehen. Nur zehn Jahre sind seitdem vergangen, und schon beurteilen die Kommunisten den Stalinismus auf ganz verschiedene Weise. ... Neben den entschieden antistalinistischen Kräften, die ganze kommunistische Parteien beherrschen, wie z.B. in Polen, Ungarn und Jugoslawien, kennen wir auch Erscheinungen wie Ulbricht, Stalinist bis ins innere Mark, der von der historischen Entwicklung gezwungen ist, sich wenigstens nominell der Kritik Chruschtschows an Stalin anzuschließen. Mit der Abkehr vom Stalinismus in der Sowjetunion, selbst in der unvollkommenen Form, in der sie sich vollzieht, entsteht ein neuer Zyklus in der Geschichte dieses totalitären Systems. Bei der Beurteilung dieser Veränderung entstehen große Fehler, wenn Liberalisierung und Demokratisierung miteinander verwechselt werden. Eines der typischen Charakteristika der jüngsten Entwicklung in der Sowjetunion war eine gewisse Auflockerung, eine Liberalisierung. Das Regime war in der Lage oder manchmal auch gezwungen, auf ganzen Abschnitten des sowjetischen Lebens Terror, primitive Administrierung und nackte Gewaltmethoden durch subtilere Herrschaftsformen abzulösen und damit auch für ganze Gesellschaftschichten die freiheitliche Zone innerhalb gewisser Grenzen zu erweitern. Die Demokratisierung eines Systems beginnt mit der Anerkennung des Rechts der anderen, ihre Gedanken in der Gesellschaft zu vertreten und sich um deren Verwirklichung zu bemühen. Das macht nicht allein das Wesen einer ‚bürgerlichen Demokratie' aus, wie das die Kommunisten immer darstellen möchten. Ohne Anerkennung dieses Prinzips ist keine Demokratie denkbar. In der Sowjetunion deuten nicht einmal elementarste Anzeichen auf eine solche Entwicklung hin. Das ist für uns noch aus einem anderen Grunde wichtig: Am besten können das jene Kreise im Westen verstehen, die sich selbst rückhaltlos zur Demokratie bekennen und deshalb keine Angst vor der Anerkennung gewisser Liberalisierungstendenzen in der UdSSR zu haben brauchen.

ABSCHNITT XI

Die Politik der westlichen Demokratien seit 1930

A. Politik der angelsächsischen Mächte zwischen 1930 und 1960

Einführung

Die innere und äußere Entwicklung der beiden führenden Westmächte war ebenso wie die Entwicklung Rußlands nach dem Ersten Weltkrieg geeignet, die großen weltpolitischen Zusammenhänge zu verdunkeln, so daß deren Existenz und Strahlungskraft erst durch das Geschehen des Zweiten Weltkrieges und der ihm folgenden Konfliktepoche wieder aufgedeckt und in den Vordergrund geschoben wurde. Der Fesselung der englischen Politik an die inneren, vorwiegend sozialen und wirtschaftlichen Folgeprobleme des Ersten Weltkrieges und an die europäischen außenpolitischen Fragen entspricht die „Isolation" der Nachkriegs-USA, die sowohl innen- wie außenpolitisch das Gesicht der amerikanischen Politik bestimmte.

Die allmähliche Überwindung der Isolation in der Ära Roosevelt ist vorwiegend weltanschaulich, als Abwehr der Auswirkungen der europäischen Diktaturen zu begreifen. Englands Abgehen von der Friedens- und Beschwichtungspolitik gegenüber diesen europäischen Kräften aber gründet in einer engen Verbindung von weltanschaulicher (Verteidigung der Demokratie) und machtpolitischer Tradition (Balance of Power).

Beide angelsächsischen Staaten zeigen daher in ihrer Weltpolitik einen Grundzug des irrealen Romantizismus, der weder die Tragfähigkeit herkömmlicher außenpolitischer Traditionen (Balance of Power) noch die realpolitischen Auswirkungen einer Außenpolitik aus der Weltanschauung wirklich überschaut. Demgegenüber herrschte in der russischen Außenpolitik die völlige Übereinstimmung von machtpolitischen und ideologischen Zielsetzungen, was zum Triumph der UdSSR über die weltpolitischen Konzeptionen seiner Kriegsverbündeten geführt hat.

Die in Europa und Ostasien durch die Waffenerfolge der Westmächte geschaffenen machtleeren Räume (Ausfall Deutschlands in Ost- und Mitteleuropa, Japans in der Mandschurei, China und Indochina) werden zum Einflußgebiet sowohl politischer wie weltanschaulicher Expansion Rußlands, während ein echtes machtpolitisches Interesse der Westmächte an diesen Räumen ebensowenig vorlag wie die Möglichkeit, die Rolle der von ihnen zerschlagenen Führungsmächte in diesen Räumen zu spielen.

Die Zusammenfassung der politischen und militärischen Kräfte des Westens hinkte weit hinter derjenigen des Ostens einher, sie ist also – wider Willen der Partner – von der Entwicklung im Osten ausgelöst worden. Der Übergang von der ersten Periode der Zusammenarbeit der Westmächte mit Rußland zur Distanzierung und Eigengruppierung erfolgt nicht jäh und geht, lediglich von den USA angetrieben, nur langsam vor sich.

Quellen und Darstellungen

327. Das Statut von Westminster vom 11. Dezember 1931

G. Guggenbühl, a.a.O., S. 394f.

„Da es passend und schicklich ist, mittels einer Einleitung zu dieser Akte auseinanderzusetzen, daß, insofern die Krone das Symbol der freien Vereinigung der Glieder der Britischen Völkergemeinschaft ist und sie durch gemeinsame Untertanenpflicht gegenüber der Krone vereint sind, es in Übereinstimmung mit der festgelegten verfassungsmäßigen Stellung aller Glieder der Völkergemeinschaft zueinander wäre, daß jede Änderung am Gesetz über die Thronfolge oder die königlichen Titulaturen fortan die Zustimmung sowohl der Parlamente aller Dominien als des Parlaments des Vereinigten Königreiches benötigt ... So sei daher jetzt durch des Königs Ausgezeichnetste Majestät unter Beirat und Zustimmung der im gegenwärtigen Parlament versammelten geistlichen und weltlichen Lords und Gemeinen und kraft Autorität derselben wie nachstehend verordnet:

1. Es werden genannt als Dominien: „Kanada, Commonwealth Australien, Neuseeland, Union von Südafrika, der Irische Freistaat und Neufundland."
2. Gültigkeit des Koloniengesetzes von 1865 wird aufgehoben für die genannten Dominien.
3. Selbständigkeit der Gesetzgebung der Dominien wird proklamiert.
4. Es wird dabei erklärt und gesetzlich festgelegt, daß das Parlament eines Dominions volle Gewalt hat, Gesetze mit über das Staatsgebiet hinausreichender Wirkung zu erlassen."

328. Die Politik Englands vor dem Zweiten Weltkrieg

Eberhard von Vietsch, Die Tradition der Großen Mächte, Stuttgart 1950, S. 90f.

„Es hatte den Anschein, als ob mit dem Sieg der antidemokratischen Kräfte und der Machtübernahme durch den Nationalsozialismus in Deutschland die Tradition sich ihres außenpolitischen Fehlers bewußt geworden und ihn nun durch Herstellung eines wirklich deutsch-französischen Gleichgewichts gutzumachen bestrebt war. Deshalb ließ sie (die Tradition der englischen Politik) die deutsche Besetzung der entmilitarisierten Zone des Rheinlands 1936 zu, wobei ... die Besetzung Abessiniens durch Italien und die dadurch bewirkte Bedrohung des Seeweges nach Indien in den Hintergrund traten ... Selbst der Anschluß Österreichs durfte von der englischen Gleichgewichtskonzeption noch hingenommen werden, so anfechtbar die völkerrechtlichen Methoden Hitlers waren ...

Aber wie in Frankreich, so schaffte auch in England die politische Maßlosigkeit Hitlers selbst jede Unklarheit ab. Mit der völligen Einverleibung der Tschechoslowakei im Frühjahr 1939 waren die Grenzen des Erträglichen überschritten, und der Präventivgedanke erhielt seine volle Kraft zurück ... eine einseitige Beherrschung des Kontinents war für die Tradition undenkbar ...

Bis zur letzten Möglichkeit aber wollte die Tradition das Ihre tun, um auch den Neuaufbau eines total zertrümmerten Europa gemäß ihrem historischen Weltbild zu leiten. Alle Staaten sollten in ihren alten Gleichgewichtsgrenzen wiedererstehen, selbst Deutschland. Die englische Politik war ursprünglich sogar bereit, zur Erhaltung der staatlichen Kontinuität Deutschlands und Mitteleuropas und zur organischen Überleitung in neue alte Formen mit der nationalsozialistischen Nachfolgeregierung Dönitz zusammenzuarbeiten, ein Plan, der namentlich am Einspruch Rußlands scheiterte."

329. Roosevelts Politik vor dem Zweiten Weltkrieg

Eberhard von Vietsch a.a.O., S. 122ff.

„Während die Westmächte noch alle Anstrengungen machten, mit Deutschland zu einem Übereinkommen zu gelangen, distanzierte sich Roosevelt bereits im Oktober 1937 in seiner berühmten Quarantänerede vor aller Welt in schärfster Form von den ‚Angreiferstaaten'. Es war dies, mitten im Frieden, diplomatisch ein ungewöhnlicher Akt und auch nach amerikanischer Auffassung eine offene Einmischung. Aber es geschah aus der innersten Wucht einer beleidigten Staatsidee, die die „ewigen Grundsätze" des gesellschaftlichen Zusammenlebens der Menschen und die Rechte der Mehrheit der Völker durch eine Minderheit gefährdet fühlte und einen ‚unbridgeable gulf between Nazi tyranny and democratic system of policy' erblickte. Eindeutig wurde sichtbar, daß hier ein umfassender Präventivgedanke am Werk war, der seine Kraft nicht aus wirtschaftlichen oder realpolitischen Erwägungen schöpfte, sondern aus der Dynamik einer allgemeinen politischen Weltanschauung . . .

Schon nach den ersten deutschen Siegen erklärte Roosevelt, daß angesichts dieser Bedrohung der Zivilisation die Vereinigten Staaten zwar formell, aber nicht dem Geiste nach neutral sein könnten. Das amerikanische Leih- und Pachtgesetz . . . setzte die Neutralität sehr bald auch praktisch außer Kraft. Wenn der Senator Conally zu dieser Maßnahme erklärte, sie sei zur Sicherung der western world als ‚sanctuary of freedom' notwendig, so stand die Macht der katholischen Tradition in diesen Worten ebenso hinter ihm wie hinter dem Präsidenten, als dieser wenig später, nach der Zerschmetterung Frankreichs durch Hitler, im Verein mit dem britischen Premierminister Churchill die demokratischen Grundrechte und Freiheiten in der Atlantik-Charta erneut der Welt verkündete.

Daß die langsame Hineinziehung des ursprünglich ganz kriegsunwilligen amerikanischen Volkes in den großen europäischen Konflikt eine ‚subjektive' Leistung des Führungswillens Präsident Roosevelts darstellte, dürfte nicht bestreitbar sein. Aber niemals wäre das gelungen, wenn nicht Roosevelt alle innersten Gedanken der (‚objektiven') Tradition in Bewegung gesetzt und mit der Parole ‚humanity contra force', jene tiefsten universalen Ideen im amerikanischen Volk angerührt hätte, die alle isolationistischen Tendenzen letztlich in den Hintergrund drängten. Zum zweiten Male traten damit die Vereinigten Staaten in einen ‚gerechten Krieg' zur Aufrechterhaltung einer allgemeinen Weltordnung und des politischen Gleichgewichts in Europa mit ihrer gesamten Macht ein, um zugleich die absoluten Wahrheiten ihrer Staatsideale zu verteidigen."

330. Aus der Rede Roosevelts vor der Panamerikanischen Konferenz in Buenos Aires vom 1. Dezember 1936

G. Guggenbühl a.a.O., S. 403.

„Drei Jahrhunderte Geschichte haben die Saat gesät, die in unseren Völkern aufgegangen ist. Das vierte Jahrhundert hat dann diesen Völkern die Freiheit und Gleichheit und das konstitutionelle Regime beschert. Unser Jahrhundert, das fünfte, ruft uns zur Sammlung in gegenseitigem Verstehen und gegenseitiger Hilfe auf. Jetzt endlich hat unser Kontinent seine Kinderkrankheiten überwunden, und zum Beweis dessen sind wir hier zusammengekommen und stellen unseren Erdteil der ganzen Welt als ein einheitliches Ganzes vor. Was wir von unseren Ahnen gleichsam als Traum überkommen haben, machen wir jetzt zu einer großen und überzeugenden Wirklichkeit.

Unseren Glauben an unseren Erdteil aber wollen wir zum Schluß in diesem Gelöbnis zusammenfassen:

daß wir die demokratische Form der konstitutionellen Regierung behaupten und verteidigen wollen, daß wir mit Hilfe einer solchen Regierungsweise aufs beste für eine Ausbreitung der Kultur, der Bildung, des Denkens und des freien Wortes Sorge tragen wollen,

daß wir dadurch unseren Bürgern größere Sicherheit für ihr Leben und gleichmäßigen Anteil an allen Möglichkeiten, vorwärtszukommen, zu verschaffen suchen, daß wir damit den Handel und Austausch auch von Kunst und Wissenschaft unter den Völkern fördern werden, daß wir also dem Wettrüsten absagen, den Haß auslöschen und dem Geist des guten Willens und wahrer Gerechtigkeit zum Sieg verhelfen werden,

und daß wir auf diese Weise der ganzen Welt die Hoffnung auf ein ‚freieres Leben und den Frieden bringen'."

331. Die Atlantik-Charta vom 14. August 1941

Nach der Kongreßbotschaft Roosevelts vom 21. August 1941.

Gemeinsame Erklärung des Präsidenten der Vereinigten Staaten von Amerika und des Premierministers Churchill als des Vertreters der Regierung Seiner Majestät im Vereinigten Königreich, die zusammengekommen sind und es für richtig halten, gewisse gemeinsame Grundsätze in der Politik ihrer beiden Länder, auf die sie ihre Hoffnungen auf eine bessere Zukunft der Welt gründen, bekanntzugeben.

Erstens: Ihre Länder streben keinerlei Gebietserweiterungen und auch keine sonstigen Gewinne an.

Zweitens: Sie wünschen keine territorialen Veränderungen, die nicht mit den frei geäußerten Wünschen der betroffenen Völker übereinstimmen.

Drittens: Sie respektieren das Recht sämtlicher Völker, die Regierungsform, unter der sie leben wollen, selber zu wählen, und sie wünschen, daß alle die Völker, die mit Gewalt ihrer Souveränitäts- und Selbstbestimmungsrechte beraubt worden sind, diese Rechte zurückerhalten.

Viertens: Sie werden sich bemühen, mit gebührender Rücksicht auf ihre bestehenden Verpflichtungen dafür einzutreten, daß alle Staaten, ob groß oder klein, ob Sieger oder Besiegte, unter gleichen Bedingungen Zutritt erhalten zu den Märkten und Rohstoffen der Welt, die für ihren wirtschaftlichen Wohlstand nötig sind.

Fünftens: Sie wollen eine uneingeschränkte Zusammenarbeit zwischen sämtlichen Nationen auf wirtschaftlichem Gebiete zuwege bringen, mit dem Ziel, allen Beteiligten bessere Arbeitsverhältnisse, wirtschaftlichen Fortschritt und soziale Sicherheit zu garantieren.

Sechstens: Nach der endgültigen Niederlage der Nazityrannei hoffen sie einen Frieden errichtet zu sehen, der allen Völkern gestatten wird, gesichert in ihren Grenzen zu leben, und der Garantien dafür geben wird, daß alle Menschen in allen Ländern ihr Leben frei von Furcht und Not zu Ende leben können.

Siebentens: Ein solcher Friede soll allen Bewohnern der Erde erlauben, ungehindert die Meere und Ozeane zu befahren.

Achtens: Sie sind der Meinung, daß sämtliche Völker der Welt, aus realistischen wie aus geistigen Gründen, dahin kommen müssen, auf die Anwendung von Gewalt zu verzichten. Da kein künftiger Friede aufrechterhalten werden kann, wenn gewisse Länder, die mit einem Angriff über ihre Grenzen hinaus drohen oder drohen könnten, auch weiterhin über Rüstung zu Lande, zur See oder in der Luft verfügen, sind sie der Meinung, daß, solange nicht ein umfassenderes und dauerhafteres allgemeines Sicherheitssystem geschaffen worden ist, solche Länder entwaffnet werden müssen. Sie werden außerdem alle praktisch durchführbaren Maßnahmen unterstützen und fördern, die für die friedliebenden Völker die erdrückende Last der Rüstung erleichtern.

Franklin D. Roosevelt Winston S. Churchill

332. Aus der Erklärung von Jalta (Februar 1945)

Helmut Rönnefarth, Vertrags-Ploetz, a.a.O., S. 401 f.

Wir haben die militärischen Pläne der drei alliierten Mächte für die endgültige Niederwerfung des gemeinsamen Feindes erwogen und festgesetzt ...

Das nationalsozialistische Deutschland ist dem Untergang geweiht. Dem deutschen Volk wird seine Niederlage nur noch teurer zu stehen kommen, wenn es versucht, einen hoffnungslosen Widerstand fortzusetzen.

Wir sind über die gemeinsame Politik und Planlegung zur Durchführung der Bestimmungen der bedingungslosen Kapitulation übereingekommen, die wir gemeinsam dem nationalsozialistischen Deutschland auferlegen werden, nachdem der bewaffnete deutsche Widerstand endgültig gebrochen worden ist ...

Gemäß dem in gegenseitigem Einvernehmen festgelegten Plan werden die Streitkräfte der drei Mächte je eine besondere Zone Deutschlands besetzen. Der Plan sieht eine koordinierte Verwaltung und Kontrolle durch eine Zentralkommission mit Sitz in Berlin vor, die aus den Oberbefehlshabern der drei Mächte besteht ... Es ist unser unbeugsamer Wille, den deutschen Militarismus und Nationalsozialismus zu zerstören und dafür Sorge zu tragen, daß Deutschland nie wieder imstande ist, den Weltfrieden zu stören. Wir sind entschlossen, alle deutschen Streitkräfte zu entwaffnen und aufzulösen, ... alle Kriegsverbrecher vor Gericht zu bringen und einer schnellen Bestrafung zuzuführen sowie eine in gleichem Umfang erfolgende Wiedergutmachung der von den Deutschen verursachten Zerstörungen zu bewirken.

Es ist nicht unsere Absicht, das deutsche Volk zu vernichten; aber nur dann, wenn der Nationalsozialismus und Militarismus ausgerottet sind, wird für die Deutschen Hoffnung auf ein würdiges Leben und einen Platz in der Völkergemeinschaft bestehen ...

Unsere Zusammenkunft hier in der Krim hat unseren gemeinsamen Entschluß von neuem bestätigt, die Einheitlichkeit der Zielsetzung und des Vorgehens, welche den Vereinten Nationen den Sieg in diesem Kriege ermöglicht und gesichert hat, im kommenden Frieden aufrechtzuerhalten und zu stärken. Wir glauben, daß dies eine heilige Pflicht ist, deren Erfüllung unsere Regierungen ihren eignen Völkern sowie den Völkern der Welt schulden.

Nur durch fortlaufende und wachsende Zusammenarbeit und Verständigung unter unseren drei Ländern und unter allen friedliebenden Nationen können die höchsten Bestrebungen der Menschheit verwirklicht werden, nämlich ein sicherer und dauerhafter Friede, der, in den Worten der Atlantik-Charta, „Gewähr dafür bietet, daß alle Menschen in allen Ländern ihr Leben frei von Furcht und Not verbringen können".

Wir sind der Ansicht, daß der Sieg in diesem Kriege und die Gründung der vorgeschlagenen internationalen Organisation die größte Gelegenheit in der Geschichte bieten werden, in den kommenden Jahren die für einen solchen Frieden wesentlichen Voraussetzungen zu schaffen.

Gez.: Winston S. Churchill, Franklin D. Roosevelt, J.W. Stalin

333. Die Truman-Doktrin

Auszug aus einer Rede des Präsidenten Harry S. Truman vor beiden Häusern des Kongresses am 12. März 1947.

Kesing's Archiv der Gegenwart, 16./17. Jahrgang, 1946/47, S. 1038 F.

„Der Ernst der Lage, der sich die Welt heute gegenübergestellt sieht, erfordert mein Erscheinen vor einer gemeinsamen Session des Kongresses, da die Außenpolitik und nationale Sicherheit unseres Landes auf dem Spiele steht.

Die Vereinigten Staaten haben von der Regierung Griechenlands einen dringenden Appell um finanzielle und wirtschaftliche Unterstützung erhalten ... Eine Hilfe ... (ist) dringend erforderlich, wenn Griechenland als freie Nation bestehen bleiben soll ...

Es ist von größter Bedeutung, daß wir die Verwendung aller Mittel überwachen, ... und zwar so, daß jeder Dollar, der hineingesteckt wird, dazu dient, Griechenland selbstgenügsam zu machen und zum Aufbau einer Wirtschaft beiträgt, in der sich eine gesunde Demokratie entwickeln kann ...

Die griechische Regierung hat bisher ihre Funktionen in einer Atmosphäre von Chaos und extremen Strömungen ausgeübt ...

Griechenlands Nachbar, die Türkei, verdient unsere Aufmerksamkeit. Die Zukunft der Türkei als unabhängiger und wirtschaftlich gesunder Staat ist nicht von geringerer Bedeutung für die friedliebenden Völker der Welt als die Zukunft Griechenlands ...

Wir sind das einzige Land, das diese Hilfe geben kann. Ich bin mir vollkommen im klaren über die weitgehenden Folgerungen, die sich im Falle einer Unterstützung der USA für Griechenland und die Türkei ergeben ...

Eines der vornehmsten Ziele der Außenpolitik der USA ist die Schaffung von Verhältnissen, unter denen wir und andere Nationen in der Lage sind, ein Leben frei von Zwang zu führen ...

Im gegenwärtigen Augenblick der Weltgeschichte muß fast jede Nation zwischen zwei verschiedenen Lebensarten wählen. Zu oft ist die Wahl keine freie. Die eine Art zu leben gründet sich auf den Willen der Mehrheit und zeichnet sich durch freie Institutionen, repräsentative Regierungen, freie Wahlen, Garantien der persönlichen Freiheit ... und Freiheit von politischer Unterdrückung aus.

Die zweite Lebensart hat als Grundlage den Willen einer Minderheit, der mit Gewalt der Mehrheit gegenüber geltend gemacht wird. Sie stützt sich auf Terror und Unterdrückung, kontrollierte Presse und Rundfunk, von vornherein bestimmte Wahlen und auf die Unterdrückung der persönlichen Freiheit.

Ich bin der Ansicht, daß wir den freien Völkern beistehen müssen, ihr eigenes Geschick auf ihre Weise zu bestimmen. Ich glaube, daß unser Beistand in erster Linie in Form von finanzieller und wirtschaftlicher Hilfe gewährt werden sollte, eine Hilfe, die wesentlich ist für die wirtschaftliche Stabilität und ordnungsgemäße politische Entwicklung.

Die Welt ist nicht statisch und der Status quo ist nicht heilig; aber wir können keine Veränderungen des Status quo unter Verletzung der Charta der Vereinten Nationen durch Methoden des Zwanges oder auf dem Umweg der politischen

Durchdringung zulassen. Bei der Hilfe für freie und unabhängige Nationen zur Erhaltung ihrer Freiheit werden sich die Vereinigten Staaten an die Prinzipien der Charta der Vereinten Nationen halten ...

Der Verfall freier Institutionen und der Verlust der Unabhängigkeit wäre ein Unglück nicht nur für sie selbst, sondern für die ganze Welt. Wenn wir nicht Griechenland und der Türkei in dieser schicksalschweren Stunde helfen, so wird die Auswirkung auf den Westen wie auf den Osten von großer Tragweite sein ... Der Samen des totalitären Regimes wird von Not und Elend genährt. Sie breiten sich aus ... sie erreichen ihre volle Größe, wenn die Hoffnung des Volkes auf ein besseres Leben erloschen ist. Wir müssen diese Hoffnung am Leben erhalten. Die freien Völker der Welt sehen auf uns, daß wir sie bei der Erhaltung ihrer Freiheit unterstützen. Wenn wir jetzt in unserer führenden Stellung schwankend werden, dann werden wir den Frieden der Welt gefährden, und wir werden mit Sicherheit das Wohlergehen unserer eigenen Nation in Gefahr bringen. Durch den raschen Gang der Ereignisse ist uns eine schwere Verantwortung auferlegt worden. Ich vertraue darauf, daß der Kongreß dieser Verantwortung geradewegs ins Gesicht sieht."

334. Die sog. Eisenhower-Doktrin (1957)

Europa-Archiv, 1957, S. 9785.

„Abschnitt 1: Der Präsident wird aufgefordert und hierdurch ermächtigt, mit jeder Nation oder Gruppe von Nationen im allgemeinen Bereich des Mittleren Ostens zusammenzuarbeiten oder sie zu unterstützen bei der Entfaltung wirtschaftlicher Stärke zum Zwecke der Erhaltung ihrer nationalen Unabhängigkeit, soweit solche Hilfe erwünscht ist.

Abschnitt 2: Der Präsident wird hierdurch ermächtigt, im allgemeinen Bereich des Mittleren Ostens Programme für militärische Hilfe für jede Nation oder Gruppe von Nationen in diesem Gebiet durchzuführen, die solche Hilfe wünschen.

Darüber hinaus erachten die Vereinigten Staaten die Bewahrung der Unabhängigkeit und Integrität der Nationen des Mittleren Ostens als lebensnotwendig für ihre eigenen nationalen Interessen und für den Weltfrieden. Die Vereinigten Staaten sind bereit – sofern der Präsident entscheidet, daß es notwendig sei –, Streitkräfte einzusetzen zur Unterstützung jeder dieser Nationen oder Gruppe von Nationen – sofern sie um solche Hilfe ersuchen – gegen eine bewaffnete Aggression seitens irgendeines vom internationalen Kommunismus kontrollierten Landes. – Es versteht sich, daß ein solcher Einsatz der Streitkräfte in Übereinstimmung mit den vertraglichen Verpflichtungen der Vereinigten Staaten und mit der Verfassung der Vereinigten Staaten erfolgt."

B. Mitteleuropa im Spannungsfeld zwischen West und Ost

Einführung

Der Bruch zwischen West und Ost mußte sich in jenem Augenblick offenbaren, als ein neuer Abschnitt der positiven Neugestaltung in Deutschland und Japan begann. In den negativen Zielen der Entmilitarisierung, der Vernichtung des NS-Regimes, der industriellen und wirtschaftlichen Vormachtstellung der beiden Feindländer einig, entzweiten sich die Westalliierten mit Rußland bei allen Maßnahmen, die einen politischen und wirtschaftlichen Neuaufbau der ehemaligen Feindstaaten vorsahen und durchführten. Der Westen setzte die Form der parlamentarischen, der Osten die der Volksdemokratie als Ziel des politischen Neubaus fest. In Japan bestimmte die alleinige Besatzungsmacht, die USA, den Gang der Dinge gegen den Widerspruch Rußlands. In Österreich duldete Rußland die Entwicklung einer westlich orientierten Demokratie. In Deutschland aber, dem Brennpunkt der Interessen, trat die Zweiteilung ein.

Die Westmächte förderten in ihren Besatzungszonen die Entwicklung der neugebildeten Länder und ihren Zusammenschluß in einem Föderativstaat, der Bundesrepublik Deutschland (1949). Am 23. Mai 1949 wurde das Grundgesetz von den Landtagen angenommen.

In der sowjetischen Besatzungszone wurde das kommunistische System verankert durch die Gründung der Deutschen Demokratischen Republik (DDR, 1949). Die Entwicklung führte hier zur Konzentration der Macht in der Hand des Parteiführers und Chefs des Zentralkomitees Walter Ulbricht (vgl. S. 283).

Der Westen befand sich infolge seiner in der ersten Periode der Zusammenarbeit mit Rußland getroffenen Vereinbarungen im Nachteil, sowohl diplomatisch wie propagandistisch. Es rächte sich vor allem die Unterlassungssünde des Westens, den Begriff der demokratischen Neuordnung nicht sorgfältig definiert und in den Abkommen festgelegt zu haben. Rußland kann daher, seine eigne Definition einsetzend, den Westen – in formaler Hinsicht mit einem gewissen Recht – des Vertragsbruchs oder der Abweichung von den Vereinbarungen bezichtigen. So ist z. B. seine immer wiederkehrende Berufung auf das Potsdamer Abkommen zu verstehen.

Der tiefere Grund dieser nachteiligen Lage des Westens liegt in dem schon früher erwähnten Mangel der Übereinstimmung seiner allgemein weltanschaulich-staatsideologischen und seiner realpolitischen Zielsetzungen bei der Behandlung der Neuordnungsprobleme im europäischen und im asiatischen Raum.

Quellen und Darstellungen

335. Die Berliner (Potsdamer) Konferenz der „Großen Drei“

Boris Meissner, Rußland, die Westmächte und Deutschland. Die sowjetische Deutschlandpolitik 1943–1953, 2. Aufl. Hamburg 1954, S. 60ff.

„In Potsdam war der Kreml bemüht, die Westmächte auf die von ihm bereits auf der Krimkonferenz gegenüber Deutschland verfolgten Ziele festzulegen und sie zu veranlassen, die Anfänge einer „volksdemokratischen“ Ordnung in Mittel- und Osteuropa anzuerkennen.

Da mitten in der Konferenz infolge des Wahlsieges der britischen Labour Party Churchill und Eden durch Attlee und Bevin ersetzt wurden, blieben schließlich die Sowjets als einzige Interpreten der Beschlüsse von Teheran und Jalta übrig. Ein Umstand, der den Kompromiß verständlich macht, auf den man sich schließlich nach heftigen Auseinandersetzungen einigte und der für den Kreml weitaus günstiger war als das Ergebnis von Jalta.

Die Ostgrenze Deutschlands

In der Frage der deutschen Ostgrenze sahen sich die Westmächte in Potsdam vollendeten Tatsachen gegenüber. Stalin rechtfertigte die sowjetische Handlungsweise damit, daß er behauptete, die Deutschen seien vor den russischen Truppen geflohen; da das Gebiet verwaltet werden mußte, hätte er den Polen gestattet, die Verwaltung zu übernehmen. Stalin gab zu, daß keiner der Mächte das Recht zustand, eine neue Zone zu errichten, meinte aber, daß die Sowjetregierung für geordnete Verhältnisse im Rücken der Roten Armee sorgen müsse ...

Stalin bemerkte, daß „auf der Krimkonferenz keine Gebietsregelungen getroffen worden sind, abgesehen von dem Plan, Polen einen Gebietszuwachs zuzubilligen. Die Frage der Westgrenze ist offen, und die Sowjetunion ist nicht gebunden."

Byrnes betont ausdrücklich, daß von amerikanischer Seite eine Verpflichtung, sich auf der künftigen Friedenskonferenz für die Oder-Neiße-Linie als künftige polnische Westgrenze einzusetzen, nicht übernommen worden ist.

„... Daß wir es bewußt vermieden haben, in der Frage der polnischen Westgrenze eine Zusage zu geben, geht auch daraus hervor, daß wir im Protokoll über die Abtretung der Stadt Königsberg an die Sowjetunion ausdrücklich eine solche Zusage machten: der Präsident der Vereinigten Staaten und der britische Premierminister haben erklärt, daß sie den Vorschlag dieser Konferenz bei den bevorstehenden Friedensverhandlungen unterstützen wollen.

Um Polen und der Sowjetunion jeden Vorwand für die Behauptung zu nehmen, daß eine Linie festgelegt oder ein Versprechen zur Unterstützung einer bestimmten Linie gegeben worden sei, sagte das Berliner Protokoll: Die drei Regierungschefs bestätigen ihre Ansicht, daß die endgültige Festlegung der polnischen Westgrenze der Friedenskonferenz vorbehalten bleiben soll.

Angesichts dieser geschichtlichen Tatsache kann man kaum einem Menschen guten Glauben zubilligen, der behauptet, die polnische Westgrenze sei auf dieser Konferenz festgelegt oder eine Zusage sei gegeben worden, sie in einer bestimmten Weise festzulegen ..."

In Verbindung mit der Frage der künftigen deutschen Ostgrenze (bzw. polnischen Westgrenze) wurde auch die Frage der Aussiedlung der deutschen Bevölkerung aus den polnisch besetzten Gebieten behandelt. Im Potsdamer Abkommen ist nur eine Umsiedlung der Deutschen aus Ungarn, der Tschechoslowakei und Polen (in den Vorkriegsgrenzen) vorgesehen worden. Praktisch wurden durch diese Regelung aber auch alle Deutschen in den Gebieten ostwärts der Oder und Neiße betroffen. Ihre Zwangsumsiedlung sollte später das stärkste Argument für die sowjetische Behauptung bilden, in Potsdam sei man sich über die *Oder-Neiße-Linie* als endgültige polnisch-deutsche Grenze grundsätzlich einig gewesen, und nur die formelle Bestätigung und technische Festlegung sei der künftigen Friedenskonferenz vorbehalten worden.

Demgegenüber wird von den Westmächten betont, daß sie von polnischer und sowjetischer Seite absichtlich getäuscht worden seien und so das Opfer eines schweren Zahlenirrtums geworden sind.

Selbst die weit über den sowjetischen und polnischen Angaben liegende amerikanische Schätzung von 2 Millionen hatte sich als falsch erwiesen, da die Zahl der Deutschen in den polnisch verwalteten Gebieten zur Zeit der Berliner Konferenz faktisch über 5 Millionen betragen hat ...

Zusammenfassend läßt sich sagen, daß es dem Kreml auch in Potsdam nicht gelungen ist, von den westlichen Staatsmännern eine förmliche Anerkennung der Oder-Neiße-Linie zu erreichen. Allerdings waren diese bereit, um das Risiko eines Krieges zu vermeiden, sich mit dem sowjetischen fait accompli bis zur Friedenskonferenz abzufinden. Sie waren allem Anschein nach ähnlich wie in Jalta gegebenenfalls bereit, auf der Friedenskonferenz auch für eine westliche Ausdehnung Polens bis zur Oder einzutreten. Eine polnische Ausdehnung über die Oder hinaus und die westliche Neiße als Grenze wurden auch in Potsdam von den Westmächten strikt abgelehnt.

Besatzungspolitik

Die politischen Grundsätze des Dreimächteabkommens über Deutschland waren so allgemein gehalten, daß sie den Sowjets genügend Spielraum boten, ihre besonderen Besatzungsziele verwirklichen zu können. So wurde unter dem Begriff der Demokratisierung von den Sowjets von vornherein etwas völlig anderes verstanden als von den Westmächten. „Demokratisierung" bedeutete erstens „formale" Demokratisierung im Sinne einer Sowjetisierung, das heißt die Schaffung einer verwaltungsstaatlichen Ordnung auf der Grundlage des Einheitsblocksystems unter Wahrung gewisser äußerer demokratischer Formen. Es ist sicher kein Zufall, daß die in der Sowjetzone zugelassenen vier Parteien genau einen Tag vor Beginn der Konferenz sich weisungsgemäß zum Blockprinzip bekannten. Es war die Absicht der Besatzungsmacht, eine grundlegende soziale Umschichtung zu bewirken und damit die fehlende soziale Basis für ein stabiles sowjetfreundliches Regime zu schaffen. Diesen Zwecken hatten von vornherein die Bestimmungen über die Entnazifizierung, Entmilitarisierung und über die Bestrafung von „Kriegsverbrechern" zu dienen. Mit diesen Bestimmungen wurden später so einschneidende Maßnahmen wie die „Bodenreform" und die Überführung der Industrie in Volks- und Sowjeteigentum begründet die eine revolutionäre Umgestaltung der bestehenden Wirtschafts- und Gesellschaftsordnung bedeuten sollten.

Politische Einheit, Zentralregierung, Zentralverwaltung.

Die Teilung Deutschlands durch die Oder-Neiße-Linie konnte von den Westmächten in Potsdam nicht rückgängig gemacht werden. Andererseits konnten sich auch nicht die amerikanischen Pläne einer Zerstückelung Deutschlands durchsetzen. Man kam infolgedessen faktisch überein, eine politische Einheit Deutschlands beizubehalten. Churchill setzte sich für eine einheitliche Regierung unter Aufsicht des Kontrollrates ein, die auch von Stalin befürwortet wurde. Es kam aber zu keiner Einigung. Man kam nur darin überein, über Deutschland einige wichtige deutsche Zentralverwaltungsstellen unter Leitung von Staatssekretären zu errichten. Diese Zentralverwaltungsstellen sollten unter der Leitung des Kontrollrates tätig sein. Der alliierte Kontrollrat verkörpert so als einzige Institution die politische Einheit Rumpfdeutschlands. Die höchst problematische Einheit im politisch-staatlichen Bereich mußte zwangsläufig in dem Moment zusammenbrechen, wo der Kontrollrat infolge von Unstimmigkeiten zwischen den Alliierten für eine längere Zeit aktionsunfähig wurde . . ."

„In Potsdam schienen die Sowjets an einer baldigen *Friedensregelung* mit Deutschland noch durchaus interessiert gewesen zu sein, doch bereits im Frühjahr 1946 waren sie bemüht, die Ausarbeitung eines Friedensvertrages mit Deutschland so lange hinauszuzögern, bis die Westmächte sich bereit erklärten, auf jene Forderungen einzugehen, die in Potsdam eine Erfüllung im sowjetischen Sinne nicht gefunden hatten."

336. Neugründung der deutschen Länder in der Westzone

Aus der Proklamation Nr. 4 der Militärregierung für die amerikanische Zone (1. März 1947)

An die deutsche Bevölkerung im amerikanischen Kontrollgebiet:

Nachdem die drei Staaten Groß-Hessen (genannt Hessen), Württemberg-Baden und Bayern demokratische Verfassungen angenommen haben und ein gleichartiges

Vorgehen des Landes Bremen zu erwarten ist, erscheint es nunmehr angebracht, die Anwendbarkeit der Proklamation Nr. 2 der Militärregierung zu klären, und zwar durch eine Neufassung und wesentliche Begrenzung der weitgehenden Befugnisse, die für die Militärregierung und den von ihr ermächtigten Ministerpräsidenten in dieser Proklamation vorbehalten sind.

Ich, General Joseph T. Mc Narney, Kommandierender General der amerikanischen Streitkräfte in Europa und Militärgouverneur (US) für Deutschland, erlasse daher die folgende Proklamation:

Artikel I: Gemäß ihren Verfassungen haben die Länder Hessen, Württemberg-Baden und Bayern volle gesetzgebende, vollziehende und richterliche Gewalt, die lediglich durch die folgenden, von dem stellvertretenden Militärgouverneur in den die Verfassungen bestätigenden Schreiben gemachten Vorbehalte eingeschränkt ist:
a) Internationale Vereinbarungen, an denen die Vereinigten Staaten beteiligt sind;
b) Vier-Mächte-Gesetzgebung;
c) Befugnisse, die der Militärregierung zur Verwirklichung grundlegender Ziele der Besatzungspolitik vorbehalten sind.

Artikel II: Auf den nach Artikel I dieser Proklamation der Militärregierung vorbehaltenen Gebieten, und nur auf diesen, bleibt die Machtbefugnis der Militärregierung und der von ihr ermächtigten Ministerpräsidenten wie in Proklamation Nr. 2 der Militärregierung vorgesehen, bestehen.

Artikel III: Gesetzgebung auf den der Militärregierung vorbehaltenen Gebieten, die von den Ministerpräsidenten auf Grund des Artikels II dieser Proklamation genehmigt und verkündet wird, bedarf vor ihrer in Artikel III der Proklamation Nr. 2 der Militärregierung vorgesehenen Verkündung der Genehmigung der Militärregierung.

Artikel IV: Diese Proklamation tritt für das Land Bremen mit der Annahme einer Verfassung unter den etwaigen, von der Militärregierung bei der Genehmigung einer solchen Verfassung gemachten Vorbehalten in Kraft.

Joseph T. Mc Narney
General, Armee der Vereinigten Staaten
Kommandierender General der amerikanischen Streitkräfte in
Europa und Militärgouverneur (US) für Deutschland
1. März 1947

337. Aus der Rede von General Lucius D. Clay beim ersten Zusammentreffen der Ministerpräsidenten der Länder in Stuttgart, 17. Oktober 1945

Sie wurden gebeten, die Verantwortung zu übernehmen, weil Ihre Gegnerschaft zum Nationalsozialismus und Ihre liberalen Anschauungen bekannt sind. . .

Ich denke, daß bei unserer ersten Zusammenkunft eine kurze Darlegung der Politik der Vereinigten Staaten in Deutschland angebracht ist, denn Sie müssen unter dieser Politik wirken.

Die Politik der Vereinigten Staaten in Deutschland ist eine feste. Sie mag hart erscheinen, aber sie wurde so gemacht, um das Kriegspotential Deutschlands zu zerschlagen. Sie bezweckt nicht die Vernichtung des deutschen Volkes.

Sie schließt als Hauptteil die vollständige Entnazifizierung ein, was nicht nur die Entfernung der Nazis von wichtigen Stellungen auf allen Lebensgebieten in Deutschland erfordert, sondern auch die Ausschließung der Nazis von Wohlstand, der durch die Tätigkeit der Partei entstanden ist, vorsieht. Wir haben viele Verhaftungen befohlen. Aus Sicherheitsgründen wurde den Verhafteten keine Verbindung mit ihren Familien gestattet. Das ist nicht amerikanische Art; es wird den Verhafteten in Kürze gestattet werden, ihre Familien über ihren Aufenthalt zu benachrichtigen. Wir sind uns auch darüber klar, daß bei Verhaftungen auf Befehl Fehler vorkommen können; wir werden es so einrichten, daß die Listen der Verhafteten von Ihren Gerichten geprüft werden, so daß Sie uns die Fälle angeben können, die Ihnen ungerecht erscheinen.

Unsere Politik schließt auch eine vollständige Entmilitarisierung ein. Das bedeutet nicht nur die Zerstörung der militärischen Kräfte, sondern auch eine Entindustrialisierung, die sich hauptsächlich gegen die Schwerindustrie richtet.

Alle Waffen, Munitionsvorräte, Kriegsgeräte und besonderen Einrichtungen für deren Herstellung müssen zerstört werden. Metalle, Maschinen und Chemikalien wird es nur in dem Maße geben, wie sie für den innerdeutschen Nachkriegsbedarf nötig sind.

Dieser Nachkriegsbedarf soll einem Lebensstandard entsprechen, der den Durchschnitt der umliegenden Länder mit Ausnahme Großbritanniens und Rußlands nicht übersteigt. Es wird Ihnen gestattet werden, ein Import- und Export-Programm auszuarbeiten, mit dem ein solcher Lebensstandard gehalten werden kann. Sein Erfolg wird davon abhängen, wie weit Sie die landwirtschaftliche Produktion steigern und die Kleinindustrie entwickeln können.

Die Konzentration der industriellen Kräfte wird zerschlagen werden, und sie wird nicht wieder in Erscheinung treten dürfen.

Wir wissen, daß es durch die dringenden Transport- und Kohleprobleme viele Monate dauern wird, ehe selbst dieser Lebensstandard erreicht werden kann. Die Transportlage wird langsam besser. Die Besserung der Kohlenlage wird noch langsamer vor sich gehen, und es wird viele Monate dauern, bevor Deutschland Kohle zur Verfügung gestellt werden kann, um einen größeren wirtschaftlichen Wiederaufbau zu ermöglichen.

Als positive Seite des Planes beabsichtigen wir, Ihnen so schnell wie möglich die Verantwortung für eine Selbstverwaltung zurückzugeben.

Unsere Politik zielt auf eine Dezentralisierung der Regierungsgewalt in den Ländereinheiten hin. Wir sind dabei, innerhalb der nächsten zweieinhalb Monate unser Personal aus den unteren Regierungsstellen zurückzuziehen außer, falls nötig, für Überwachung und Sicherheit. Wir beabsichtigen, mit diesen Stellen über die Länderregierungen zu arbeiten.

Wir beabsichtigen auch, im Januar nächsten Jahres Wahlen für Volksvertretungen auf Gemeindebasis in Gang zu bringen. Wir nehmen an, daß viele von Ihnen glauben werden, das sei noch zu früh. Wir wissen indessen keinen anderen Weg, wie das Arbeiten nach demokratischen Grundsätzen in Deutschland in Gang gebracht werden kann.

Wir beabsichtigen, Ihnen zu einem möglichst nahen Zeitpunkt eine freie Presse und einen freien Rundfunk zurückzugeben. Sie haben jetzt völlige Freiheit der Religionsausübung. Wir beabsichtigen auch, alle Hindernisse fortzuräumen, die wir der Möglichkeit einer fortschrittlichen Erziehung in den Weg gelegt haben könnten.

Wenn wir auch die Regierungsgewalt auf Länderbasis stärken, so glauben wir doch noch an ein Wirken Deutschlands als Wirtschaftseinheit. Wir unterstützen die Bildung von zentralen Verwaltungseinrichtungen für Finanzen, Industrie, Nachrichtenwesen, Verkehr und Außenhandel. Wir glauben auch, daß solche Verwaltungseinrichtungen für Ernährung, Landwirtschaft und Arbeitswesen wünschenswert wären.

Indessen besteht zur Zeit ein derartiges Verwaltungssystem nicht. In unserer Zone sind Ländereinheiten geschaffen worden. Es ist wichtig, daß eine vollständige Koordinierung der Regierungsangelegenheiten zwischen diesen Ländereinheiten herbeigeführt wird. Dies ist besonders wichtig bei Sonderdiensten der Verwaltung, wie Postwesen, Transportwesen usw., die allen Ländern nutzbar gemacht werden müssen.

Die Sicherstellung dieser Koordination ist Ihre Aufgabe, nicht unsere.

Wir wünschen keine Zonenhauptstadt in der US-Zone einzurichten, da wir glauben, daß ein zentrales Verwaltungssystem wichtig für die Handlungen Deutschlands als Wirtschaftseinheit ist.

Darum beabsichtigen wir, als Zwischenlösung hier in Stuttgart einen Rat der Ministerpräsidenten für unsere Zone einzurichten. Sie werden periodisch zusammentreten, um über gemeinsame Probleme zu beraten.

Sie sollten ein kleines Sekretariat und einen Stab schaffen, zu dem Sie Delegierte aus Ihren Behörden, wie Sie es für wünschenswert halten, entsenden können.

Ein kleiner amerikanischer Stab wird nach Stuttgart abgestellt werden, um die Arbeit des Rates zu überwachen und darauf zu achten, daß sie sich innerhalb der anerkannten US-Politik hält.

Wenn Sie tatsächlich die Maßnahmen für eine vollständige Koordinierung zwischen Ihren Ländern treffen wollen, müssen Sie es übernehmen, daß jeder von Ihnen einzeln das durchführt, was gemeinsam beschlossen wurde.

Heute bitten wir Sie, eine Geschäftsordnung auszuarbeiten und uns zur Genehmigung vorzulegen und den Tag für eine möglichst baldige weitere Zusammenkunft festzulegen, in der Sie sich ein Sekretariat wählen, die Art der Finanzierung Ihrer Organisation beschließen und die Geschäftsstelle Ihres Sekretariates einrichten.

Indem ich der Versammlung nunmehr die Zeit zur Ausarbeitung der Geschäftsordnung gebe, möchte ich noch betonen, daß innerhalb der dargelegten US-Politik ‚die Verantwortung bei Ihnen liegt'. Wir werden nicht diktieren, sofern Sie nicht die dargelegte Politik durchbrechen. Wir erwarten, daß Sie Ihre Verantwortung innerhalb dieser Politik übernehmen und ausüben.

338. Aus dem Abkommen über die Zusammenlegung der britischen und der amerikanischen Besatzungszone vom 2. Dezember 1946

Vertreter der beiden Regierungen sind in Washington zusammengekommen, um die Fragen zu besprechen, die sich aus der wirtschaftlichen Vereinigung ihrer Besatzungszonen in Deutschland ergeben. Ihren Beratungen haben sie die Tatsache zugrunde gelegt, daß beide Regierungen sich die wirtschaftliche Einheit ganz Deutschlands in Übereinstimmung mit dem Potsdamer Abkommen vom 2. August 1945 zum Ziel setzen. Die im folgenden für die Zonen der Vereinigten Staaten und Großbritanniens getroffenen Vereinbarungen sollten als der erste Schritt in der Richtung auf die wirtschaftliche Vereinigung ganz Deutschlands entsprechend jenem Abkommen betrachtet werden. Die beiden Regierungen sind jederzeit bereit, mit jeder der anderen Besatzungsmächte in Verhandlungen einzutreten, die auf eine Ausdehnung dieser Vereinbarungen auf ihre Besatzungszonen hinzielen.

Auf dieser Grundlage wurde eine Übereinstimmung über die folgenden Paragraphen erzielt:

1. Das Datum der Inkraftsetzung
2. Zusammenfassung der wirtschaftlichen Hilfsquellen
3. Deutsche Verwaltungsbehörden

Oben: Churchill, Roosevelt und Stalin in Jalta, Februar 1945 – Unten: Attlee, Truman und Stalin in Potsdam, Juli 1945

auf einem Wege begriffen, dessen Ende noch nicht erreicht ist.

[Ich bin etwas in Sorge, ob nicht das, was in Herrenchiemsee vorgeschlagen wurde, dieses Gebilde aus diesen politisch-psychologischen Gründen nur „Bund deutscher Länder" zu nennen, etwas sehr Zufälliges hat. Wir sollen keine Angst haben vor der Magie des Wortes. Ich würde bitten, in die Diskussion hereinzunehmen, daß wir uns heute einfach "Bundesrepublik Deutschland" nennen, weil damit schon eine starke moralische Attraktion für die jungen Menschen mit drinsteckt, die in diesem Bund Deutscher Länder ja nun die Ausweitung vor sich sehen, und es wird auch im deutschen Osten so verstanden werden.

Es ist uns der Auftrag gegeben, eine, wie es heißt, Verfassung des „föderativen Typs" zu machen. Nun ist ja von dem Problem des Föderalismus und Zentralismus allerhand gesagt worden. Ich will auch etwas dazu sagen. Zunächst rein als Geschichtsvorgang: diese Katastrophen der Welt, die ein Volk erschüttern, haben zunächst die seltsame Wirkung der Dezentralisation der seelischen Empfindung. Nach 1918, nach 1945 wurde auf einmal die Nähe das Wesentliche, was die Menschen suchten, und zwar nicht bloß deshalb, weil Telefonleitungen zerstört haben und keine Bahnen gingen, sondern es entsteht die Flucht dorthin, wo die große weltpolitische Erschütterung in ihrer Gewalt nicht gespürt wird.

(Sehr gut!)

Aber die zweite Wirkung ist dann die, daß hinter diesen Ereignissen die große zentralistische Bewegung mit hereindrängt. 1789, überhaupt große Revolutionen wirken absolut zentralisierend, um eine Machtsituation auszudehnen. Wir hatten im Jahre 1918/19 keine Revolution in diesem Sinne. Wir hatten sie 1933 und hatten dort das Zentralisierungselement. Wir hatten aber im Jahre 1920

4. Außenhandelsamt
5. Grundlagen der wirtschaftlichen Planung

Das Ziel der beiden Regierungen ist es, die wirtschaftliche Selbständigkeit des Gebietes bis Ende 1949 zu erreichen.

12. Die Geltungsdauer

Es ist die Absicht der beiden Regierungen, durch dieses Abkommen die gegenseitigen Vereinbarungen zur wirtschaftlichen Verwaltung der Zonen zu regeln, bis ein Abkommen über die Behandlung ganz Deutschlands als wirtschaftliche Einheit abgeschlossen wird oder bis es mit Zustimmung beider Parteien abgeändert wird. In jährlichen Zwischenräumen soll das Abkommen überprüft werden.

New York, 2. Dezember 1946 Ernest Bevin James F. Byrnes

339. Genehmigungsschreiben zum Grundgesetz an den Präsidenten des Parlamentarischen Rates vom 12. Mai 1949

Sehr geehrter Herr Dr. Adenauer!

1. Das Grundgesetz, welches am 8. Mai durch den Parlamentarischen Rat verabschiedet wurde, hat unsere sorgfältige und eingehende Aufmerksamkeit gefunden. Nach unserer Ansicht vereinigt es deutsche demokratische Tradition in glücklicher Weise mit den Begriffen einer repräsentativen Regierung und einer Rechtsordnung, welche die Welt nunmehr als für das Leben eines freien Volkes unerläßlich betrachtet.

2. Indes wir dazu zustimmen, daß diese Verfassung dem deutschen Volk zur Ratifizierung gemäß den Bestimmungen des Artikels 144 (1) unterbreitet wird, sind wir überzeugt, daß Sie verstehen werden, daß wir verschiedene Vorbehalte machen müssen.

In erster Linie sind die dem Bunde durch das Grundgesetz übertragenen Vollmachten ebenso wie die durch die Länder und örtlichen Verwaltungskörper ausgeübten Vollmachten den Bestimmungen des Besatzungsstatuts unterworfen, welches wir Ihnen bereits übermittelt haben und welches mit diesem Tage verkündet wird.

3. Zweitens ist klarzustellen, daß die in Artikel 91 (2) enthaltene Polizeigewalt nicht ausgeübt werden kann, bis sie durch die Besatzungsbehörden ausdrücklich genehmigt ist. In gleicher Weise werden die sonstigen Polizeifunktionen des Bundes sich nach unserem am 14. April 1949 in dieser Angelegenheit an Sie gerichteten Schreiben zu richten haben.

4. Ein dritter Vorbehalt betrifft die Teilnahme Groß-Berlins am Bund. Wir interpretieren die Auswirkungen der Artikel 23 und 144 (2) des Grundgesetzes dahingehend, daß sie eine Annahme unseres früheren Wunsches bedeuten, dahingehend, daß Berlin zwar nicht Stimmberechtigung im Bundestag oder Bundesrat eingeräumt werden, noch von der Bundesregierung regiert werden kann, daß es jedoch nichtsdestoweniger eine kleine Anzahl von Vertretern zur Teilnahme an den Sitzungen jener gesetzgeberischen Körperschaften bestimmen mag.

5. Ein vierter Vorbehalt bezieht sich auf die Artikel 29 und 118 und die allgemeine Frage der Neuregelung der Ländergrenzen. Ausgenommen im Falle von Württemberg-Baden und Hohenzollern haben sich unsere Auffassungen in dieser Frage nicht geändert, seitdem wir diese Angelegenheit mit Ihnen am 2. März besprochen haben. Falls nicht die Hohen Kommissare einstimmig dahingehend übereinkommen, diese Auffassung zu ändern, werden die in diesen Artikeln vorgesehenen Vollmachten

nicht ausgeübt werden können und die Grenzen aller Länder, ausgenommen Württemberg-Baden und Hohenzollern, werden so, wie sie jetzt festgelegt sind, bis zum Friedensschluß bleiben.

6. Fünftens sind wir der Auffassung, daß Artikel 84 (5) und Artikel 87 (3) dem Bund sehr weitgehende Vollmachten auf dem Gebiet der Verwaltung einräumen. Die Hohen Kommissare werden der Ausübung dieser Befugnisse sorgfältige Aufmerksamkeit zuwenden müssen, um sicherzustellen, daß sie nicht zu einer übertriebenen Machtkonzentration führen.

7. Bei unserem Zusammentreffen mit Ihnen am 25. April haben wir Ihnen eine Formel vorgelegt, mit welcher wir in englischer Sprache die Bedeutung des Artikels 72 (2), (3) interpretieren. Diese Formel, welche Sie angenommen haben als Wiedergabe Ihrer Auffassung, lautet wie folgt:

„. . . weil die Aufrechterhaltung gesetzlicher oder wirtschaftlicher Einheit dies verlangt, um die wirtschaftlichen Interessen des Bundes zu fördern, oder um eine vernünftige Einheitlichkeit der wirtschaftlichen Lebensmöglichkeiten für alle Menschen sicherzustellen."

Wir möchten Ihnen zur Kenntnis bringen, daß die Hohen Kommissare diese Artikel entsprechend auslegen werden.

8. Um die Möglichkeit künftiger juristischer Kontroversen auszuschalten, möchten wir klarstellen, daß wir, als wir die Verfassungen der Länder billigten, bestimmt haben, daß nichts in diesen Verfassungen als eine Einschränkung der Bestimmungen der Bundesverfassung ausgelegt werden dürfte; Konflikte zwischen den Länderverfassungen und der vorläufigen Bundesverfassung müssen deshalb zugunsten der letzteren entschieden werden.

9. Wir möchten, daß klar verstanden wird, daß nach der Einberufung der in dem Grundgesetz vorgesehenen gesetzgebenden Körperschaften und nach der Wahl des Präsidenten und der Wahl und Ernennung des Kanzlers und der Bundesminister in der dafür im Grundgesetz vorgesehenen Form die Regierung der Bundesrepublik Deutschland errichtet und das Besatzungsstatut in Kraft treten wird.

10. Nach der Fertigstellung seiner Schlußaufgaben so, wie sie im Artikel 145 (1) festgelegt sind, wird der Parlamentarische Rat aufgelöst.

Wir möchten diese Gelegenheit wahrnehmen, um den Mitgliedern des Parlamentarischen Rates unsere Glückwünsche zu der erfolgreichen Fertigstellung ihrer schwierigen Aufgabe zum Ausdruck zu bringen, welche unter so schwierigen Umständen vollbracht wurde. Wir beglückwünschen sie zu der offensichtlichen Sorgfalt und Gründlichkeit, mit welcher sie ihre Arbeit vollendet haben, und zu ihrer Hingabe zu den demokratischen Idealen, deren Verwirklichung wir alle anstreben.

gez.

Lucius D. Clay	B. H. Robertson	Pierre Koenig
General US-Army	General	General der Armee
Militärgouverneur	Militärgouverneur	Militärgouverneur
amerikanische Zone	britische Zone	französische Zone

340. Aus dem Deutschland-Kommuniqué der New Yorker Außenministerkonferenz, 19. September 1950

Helmut Rönnefarth, Vertrags-Ploetz, a.a.O., S. 429.

Bis zur Vereinigung Deutschlands betrachten die drei Regierungen die Regierung der Bundesrepublik als die einzige freie und gesetzlich konstituierte deutsche Regierung, die infolgedessen das Recht hat, in internationalen Angelegenheiten als Vertreter des deutschen Volkes für Deutschland zu sprechen ... Die alliierten Regierungen sind der Ansicht, daß ihre Streitkräfte in Deutschland außer ihren Besatzungsaufgaben noch die wichtige Rolle zu übernehmen haben, als Sicherheitstruppen zum Schutz und zur Verteidigung der freien Welt, einschließlich der Deutschen Bundesrepublik und der Westsektoren Berlins zu dienen ... Sie werden jeglichen Angriff auf die Bundesrepublik oder Berlin, von welcher Seite er auch kommen mag, als einen Angriff auf sich selbst betrachten ... Die Minister haben jedoch in letzter Zeit die in Deutschland und außerhalb geäußerten Ansichten zur Kenntnis genommen, die für eine deutsche Beteiligung an einer internationalen Streitmacht zur Verteidigung der Freiheit Europas plädierten ...

Die Außenminister sind ebenfalls übereingekommen, ... das Abkommen über verbotene und eingeschränkte Industrien zu überprüfen.

341. Aus dem Deutschlandvertrag (Generalvertrag) vom 26. Mai 1952

Helmut Rönnefarth, Vertrags-Ploetz, a.a.O., S. 437ff.

Partner: Bundesrepublik Deutschland, USA, Frankreich, England.
Ziel: Förderung und Verteidigung der gemeinsamen Freiheit. Integration der Bundesrepublik Deutschland in die europäische Gemeinschaft auf der Grundlage der Gleichberechtigung. Wiederherstellung eines völlig freien und vereinigten Deutschlands auf friedlichem Wege. Aufrechterhaltung der im Grundsatz verankerten freiheitlich demokratischen und bundesstaatlichen Verfassung.

Artikel 1: bezieht sich auf Wiederherstellung der vollen Macht der Bundesrepublik Deutschland „über ihre inneren und äußeren Angelegenheiten, vorbehaltlich der Bestimmungen dieses Vertrages."

Artikel 2: sichert den Westmächten das Recht zu, Schutzstreitkräfte in der Bundesrepublik Deutschland weiterhin zu stationieren.

Artikel 4: 1. Die Aufgabe der von den drei Mächten im Bundesgebiet stationierten Streitkräfte wird die Verteidigung der freien Welt sein, zu der die Bundesrepublik und Berlin gehören.

4. Die Bundesrepublik Deutschland wird sich an der EVG (Europäischen Verteidigungsgemeinschaft) beteiligen, um zur gemeinsamen Verteidigung der freien Welt beizutragen.

Aus Artikel 7: Im Falle der Wiedervereinigung Deutschlands werden die drei Mächte die Rechte ... der Bundesrepublik auf Grund dieses Vertrages und der Zusatzverträge auf ein wiedervereinigtes Deutschland erstrecken.

Soweit nicht alle Unterzeichnerstaaten ihre Zustimmung erteilen, wird die Bundesrepublik Deutschland kein Abkommen abschließen noch einer Abmachung beitreten, welche die Rechte der drei Mächte auf Grund der genannten Verträge beeinträchtigen oder die Verpflichtungen der Bundesrepublik Deutschland auf Grund dieser Verträge mindern würden.

342. Aus dem österreichischen Staatsvertrag, 1955

Präambel

Die Union der Sozialistischen Sowjetrepubliken, das Vereinigte Königreich von Großbritannien und Nordirland, die Vereinigten Staaten von Nordamerika und Frankreich, in der Folge die Alliierten und Assoziierten Mächte genannt, einerseits, und Österreich andererseits;

Im Hinblick darauf, daß Hitler-Deutschland am 13. März 1938 Österreich mit Gewalt annektierte und sein Gebiet dem Deutschen Reich einverleibte;

im Hinblick darauf, daß in der Moskauer Erklärung, verlautbart am 1. November 1943, die Regierung der Union der Sozialistischen Sowjetrepubliken, des Vereinigten Königreiches und der Vereinigten Staaten von Amerika erklärten, daß sie die Annexion Österreichs durch Deutschland am 13. März 1938 als null und nichtig betrachten, und ihrem Wunsche Ausdruck gaben, Österreich als einen freien und unabhängigen Staat wiederhergestellt zu sehen, und daß das Französische Komitee der Nationalen Befreiung am 16. November 1943 eine ähnliche Erklärung abgab;

im Hinblick darauf, daß als ein Ergebnis des alliierten Sieges Österreich von der Gewaltherrschaft Hitler-Deutschlands befreit wurde;

im Hinblick darauf, daß die Alliierten und Assoziierten Mächte und Österreich unter der Berücksichtigung der Bedeutung der Anstrengungen, die das österreichische Volk zur Wiederherstellung und zum demokratischen Wiederaufbau seines Landes selbst machte und weiter zu machen haben wird, den Wunsch hegen, einen Vertrag abzuschließen, der Österreich als einen freien unabhängigen und demokratischen Staat wiederherstellt, wodurch sie zur Wiederaufrichtung des Friedens in Europa beitragen;

im Hinblick darauf, daß die Alliierten und Assoziierten Mächte den Wunsch haben, durch den vorliegenden Vertrag in Übereinstimmung mit den Grundsätzen der Gerechtigkeit alle Fragen zu regeln, die im Zusammenhange mit den obenerwähnten Ereignissen einschließlich der Annexion Österreichs durch Hitler-Deutschland und seiner Teilnahme am Kriege als integrierender Teil Deutschlands noch offenstehen; und

im Hinblick darauf, daß die Alliierten und Assoziierten Mächte und Österreich zu diesem Zwecke den Wunsch hegen, den vorliegenden Vertrag abzuschließen, um als Grundlage freundschaftlicher Beziehungen zwischen ihnen zu dienen und um damit die Alliierten und Assoziierten Mächte in die Lage zu versetzen, die Bewerbung Österreichs um Zulassung zur Organisation der Vereinten Nationen zu unterstützen;

haben daher die unterfertigten Bevollmächtigten ernannt, welche nach Vorweisung ihrer Vollmachten, die in guter und gehöriger Form befunden wurden, über die nachstehenden Bestimmungen überein gekommen sind:

Teil I

Politische und territoriale Bestimmungen

Artikel 1 Wiederherstellung Österreichs als freier und unabhängiger Staat. Die Alliierten und Assoziierten Mächte anerkennen, daß Österreich als ein souveräner, unabhängiger und demokratischer Staat wiederhergestellt ist.

Art. 2 Wahrung der Unabhängigkeit Österreichs.
Die Alliierten und Assoziierten Mächte erklären, daß sie die Unabhängigkeit und territoriale Unversehrtheit Österreichs, wie sie gemäß dem vorliegenden Vertrag festgelegt sind, achten werden.

Art. 3 Anerkennung der Unabhängigkeit Österreichs durch Deutschland.
Die Alliierten und Assoziierten Mächte werden in den deutschen Friedensvertrag Bestimmungen aufnehmen, welche die Anerkennung der Souveränität und Unabhängigkeit Österreichs durch Deutschland und den Verzicht Deutschlands auf alle territorialen und politischen Ansprüche in bezug auf Österreich und österreichisches Staatsgebiet sichern.

Art. 4 Verbot des Anschlusses

Art. 5 Grenzen Österreichs
Die Grenzen Österreichs sind jene, die am 1. Jänner 1938 bestanden haben.

Art. 6 Menschenrechte

Art. 7 Rechte der slowenischen und kroatischen Minderheiten

Art. 8 Demokratische Einrichtungen

Art. 9 Auflösung nazistischer Organisationen

Art. 10 Besondere Bestimmungen über die Gesetzgebung

Art. 11 Anerkennung der Friedensverträge

Teil II

Militärische und Luftfahrtbestimmungen

Art. 12 Verbot der Dienstleistung in den österreichischen Streitkräften für ehemalige Mitglieder nazistischer Organisationen und Angehörige bestimmter anderer Personenkreise.

1. Personen, die nicht die österreichische Staatsangehörigkeit besitzen.
2. Österreichische Staatsangehörige, die zu irgendeiner Zeit vor dem 13. März 1938 deutsche Staatsangehörige waren.
3. Österreichische Staatsangehörige, die in der Zeit vom 13. März 1938 bis zum 8. Mai 1945 in der deutschen Wehrmacht im Range eines Obersten oder in einem höheren Range gedient haben.

Art. 13 Verbot von Spezialwaffen

Art. 14 Verfügung über Kriegsmaterial alliierten und deutschen Ursprungs

Art. 15 Verhinderung der deutschen Wiederaufrüstung

Art. 16 Verbot betreffend Zivilflugzeuge deutscher und japanischer Bauart

Teil IV

Aus dem Kriege herrührende Ansprüche

Art. 21 Reparationen
Von Österreich werden keine Reparationen verlangt, die sich aus dem Bestehen eines Kriegszustandes in Europa nach dem 1. September 1939 ergeben.

Art. 22 Deutsche Vermögenswerte in Österreich
Die Sowjetunion, das Vereinigte Königreich, die Vereinigten Staaten von Amerika und Frankreich haben das Recht, über alle deutschen Vermögenswerte in Österreich gemäß dem Protokoll der Berliner Konferenz vom 2. August 1945 zu verfügen.

343. Verfassungsgesetz über die Neutralität Österreichs, 5. November 1955

Siegler a. a. O., S. 44/45.

Art. I. (1) Zum Zwecke der dauernden Unabhängigkeit nach außen und zum Zwecke der Unverletzlichkeit seines Gebietes erklärt Österreich aus freien Stücken seine immerwährende Neutralität. Österreich wird dies mit allen ihm zu Gebote stehenden Mitteln aufrechterhalten und verteidigen.

(2) Österreich wird zur Sicherung dieser Zwecke in aller Zukunft keinen militärischen Bündnissen beitreten und die Errichtung militärischer Stützpunkte fremder Staaten auf seinem Gebiet nicht zulassen.

Art. II. Mit der Vollziehung des Bundesverfassungsgesetzes ist die Bundesregierung betraut.

C. Probleme der europäischen Integration

Einführung

Nachdem die Pariser Außenministerkonferenz (23. Mai – 20. Juni 1949) die wirtschaftliche und politische Einheit Deutschlands nicht wiederherzustellen vermochte, bemühten sich die Vereinigten Staaten und England, die Bundesrepublik stärker in das westliche System einzubeziehen.

Frankreich beobachtete diese Tendenz mit Mißtrauen. Es glaubte bis zum Jahre 1950, eine „West-Union" als dritte Kraft zwischen den Vereinigten Staaten und Sowjetrußland aufbauen zu können. Etappen dieser eigenständigen europäischen Politik waren die Bildung des Europäischen Wirtschaftsrates (OEEC), des Europa-Rates in Straßburg (1949) und der Europäischen Gemeinschaft für Kohle und Stahl (1950).

In den Jahren 1951/52 erwiesen sich die Bemühungen Frankreichs, eine führende Rolle in einer regional begrenzten europäischen Gemeinschaft zu spielen, als illusorisch.

Die Bundesregierung setzte ihre Politik der europäischen Einigung trotz der Krise des Europagedankens und der wachsenden innenpolitischen Opposition, die den Vorrang der Wiedervereinigung durch unmittelbare Kontaktaufnahme mit Moskau und innenpolitisch durch „soziale Sicherung der Demokratie" forderte, fort. Sie sah in der festen Bindung in einem europäischen Verteidigungssystem die Voraussetzung für eine Wiedervereinigung in Frieden und Freiheit.

Im Juni 1958 gab de Gaulle Frankreich eine neue Verfassung mit weitreichenden präsidialen Befugnissen und übernahm selbst das Präsidentenamt. Seine Idee vom „Europa der Vaterländer" hemmte die europäischen Einigungsbestrebungen.

Quellen und Darstellungen

344. Aus der französischen Verfassung vom Jahre 1958

Der Präsident der Republik Frankreichs:

ist Garant der Verfassung, der nationalen Unabhängigkeit und Unverletzlichkeit des Staatsgebiets und der Übereinkünfte und Verträge der Communauté;

wird auf 7 Jahre gewählt von den Parlamentsmitgliedern, den Vertretern der Überseegebiete und der Gemeinden;

er ernennt den Premierminister, entläßt ihn, und ernennt und entläßt auf dessen Vorschlag die Regierungsmitglieder;

er führt den Vorsitz im Ministerrat;

er hat das Recht, eine Neuberatung eines Gesetzes oder einiger seiner Artikel vom Parlament zu verlangen; er hat auch das Recht, die Nationalversammlung aufzulösen;

er zeichnet die Regierungsverordnungen gegen;

er führt den Vorsitz im Verteidigungsrat;

er ernennt und entläßt die auswärtigen Gesandten;
er verfügt im Falle der nationalen Gefahr innerer oder äußerer Herkunft über außergewöhnliche Vollmachten, die ihm praktisch die gesamte Macht im Staat überantworten.

Die Communauté:

Die Mitglieder sind autonom in ihrer inneren Regierung. Aufgaben der Gemeinschaft sind Außenpolitik, Verteidigung, Währung, allgemeine Wirtschafts- und Finanzpolitik. Der Staatspräsident repräsentiert die Gemeinschaft und steht ihren Organen vor (Exekutivrat, Senat, Schiedsgerichtshof).

345. England und die europäische Integration

Aus einer Rede des britischen Außenministers Selwyn Lloyd vor dem Europarat am 21. 1. 1960. Europa-Archiv 1960, D 198f.

„Wir betrachten uns als Teil Europas aus Gründen des Gefühls, der Geschichte und der Geographie. Der Umstand, daß Alpen und Pyrenäen im Kriege leichter überschritten wurden als der Kanal, nimmt dem Vereinigten Königreich nicht den Charakter eines europäischen Staates. Zwar haben wir auch noch eine andere Bindung, doch ist diese mit unserer europäischen Stellung nicht unvereinbar. Unsere Königin ist Oberhaupt des Commonwealth, und diese Tatsache des Bestehens eines Commonwealth mit seinen so sehr verschiedenen Völkern hat gewisse verfassungsmäßige und wirtschaftliche Folgen, die zu berücksichtigen sind. Doch nimmt uns dies nicht den Charakter eines europäischen Staates. Wir sind auch Mitglieder der Atlantischen Gemeinschaft, aber wiederum ist dies mit der Eigenschaft eines europäischen Staates nicht unvereinbar, da wir diese Stellung mit zahlreichen anderen europäischen Staaten teilen. Eine größere atlantische Gemeinschaft schließt einen europäischen Zusammenschluß nicht aus. Man wird mir sagen:Es ist schon gut und recht, daß Sie sagen, Sie seien ein Teil von Europa, aber Sie haben nichts getan, um die europäische Einheit seit dem Kriege zu fördern. Sie traten der Gemeinschaft für Kohle und Stahl nicht bei. Sie stehen der Gemeinschaft der sechs Staaten ablehnend gegenüber. Sie ziehen ein Europa vor, das gespalten ist und in dem Sie eine Gruppe gegen die andere ausspielen können. Und noch mehr, wenn Sie am freundlichsten auftreten, muß man den größten Verdacht gegen Sie hegen. Meine Antwort auf diese Art von Erklärungen würde etwa folgende sein: Zu Punkt 1: Wir machten meines Erachtens einen Fehler, als wir den Verhandlungen, die zur Bildung der Gemeinschaft für Kohle und Stahl führten, fernblieben. Ich weiß, daß wir schließlich einen Assoziierungsvertrag mit der Gemeinschaft abschlossen, doch weiß ich voll und ganz zu beurteilen, daß dies nicht dasselbe wie ein Beitritt ist. Ferner bin ich nicht sicher, ob die Vereinbarungen über die Assoziierung sich in der Praxis so gut auswirken, wie man einmal hoffen konnte. Was die Europäische Verteidigungsgemeinschaft betrifft, sage ich ganz offen, daß ich stets zweifelte, ob dieser Vorschlag praktisch zu verwirklichen sei. Ich glaube, die letzten Ereignisse haben die Berechtigung dieses Zweifels erwiesen. Aber die Frage, mit der Sie sich in Ihrer Debatte befassen, die aktuelle Frage, ist die Unterstellung, daß wir in Großbritannien gegen die Gemeinschaft der sechs Staaten seien. Dies verneine ich kategorisch. Wir begrüßten seinerzeit die Verträge von Rom. Zwar wurde uns von allen Beteiligten versichert, diese Verträge würden zu einer Freihandelszone führen, doch begrüßten wir die Verträge von Rom schon an sich, da eine starke politische Einheit der sechs Staaten für Westeuropa und für Großbritannien gut ist. Wir begrüßen sie und werden sie unterstützen. Es gibt nur einen Vorbehalt, über den ich keine Meinungsverschiedenheiten festgestellt habe, einen Vorbehalt, der allgemein angenommen wird. Ich konnte in den gestrigen Reden keine abweichenden Meinungen darüber entdecken. Er lautet: Diese neue Einheit sollte sich nicht zu einer nach innen gerichteten politischen und wirtschaftlichen Gruppe entwickeln. Sie sollte nicht im Gegensatz zu einem großen Europa stehen.“

346. Großbritannien und Europa

Lord Herbert Gladwyn, Europa deutet sich selbst (Beilage zur Wochenzeitung „Das Parlament“ vom 7. 11. 1962, S. 1.

„Am 31. Juli 1961 gab der britische Premierminister bekannt, daß die Regierung Ihrer Majestät beschlossen habe, die Aufnahme Großbritanniens in die Europäische Wirtschaftsgemeinschaft zu beantragen. England ist bereits Mitglied einer Reihe regionaler Allianzen ökonomischer und politisch-strategischer Art, sowohl innerhalb als auch außerhalb Europas und natürlich auch der Vereinten Nationen. Doch keine dieser Allianzen, nicht einmal die Nato und die WEU, bedeutet irgendeine weitgehende oder revolutionäre Änderung der traditionellen britischen Politik, wie die Zugehörigkeit zur EWG sie erfordern wird. Tatsächlich hat sich das Vereinigte Königreich damit zum erstenmal prinzipiell bereit erklärt, einer internationalen Organisation beizutreten, in welcher eine Reihe offizieller Entscheidungen durch Mehrheitsbeschluß zustande kommen werden. Zum erstenmal hat Großbritannien den Wunsch geäußert, integrierender Bestandteil einer europäischen Gemeinschaft zu werden. Dies ist das Ende einer Ära. In gewisser Weise war dieser Entschluß bedeutsamer als die Kriegserklärung des Jahres 1939, die kein Abgehen von der traditionellen Politik bedeutete; sie war eine zwangsläufige strategische Maßnahme der Verteidigung. Der Entschluß dagegen, die Aufnahme in die Europäische Wirtschaftsgemeinschaft zu beantragen – wenn auch leider einige Leute in England darin vorwiegend eine defensive Maßnahme erblicken – kann in mehr als einer Weise als die konstruktivste und positivste Entscheidung angesehen werden, die eine britische Regierung auf außenpolitischem Gebiet seit mehreren Jahrhunderten angebahnt hat. Dieser Entschluß ist an sich natürlich gleichbedeutend mit den 1952 und 1957 von den Regierungen der gegenwärtigen Mitgliedstaaten der EWG gefaßten Entschlüssen, die zur Entstehung der drei europäischen Gemeinschaften führten; tatsächlich aber ist er noch entscheidender als jene Entschlüsse. Denn wenn der britische Antrag angenommen wird, so wird dadurch endgültig der Weg frei zur Entstehung eines völlig neuen Europas, das nach modernen, den Tendenzen des 20. Jahrhunderts entsprechenden Prinzipien aufgebaut ist und einen bedeutenden Beitrag zur Entwicklung der Welt zu leisten vermag, in unserer Zeit und in kommenden Jahrhunderten.“

D. Innen- und außenpolitische Entwicklung der Bundesrepublik Deutschland

Einführung

Das Unbehagen der jungen Generation an den politischen, wirtschaftlich-gesellschaftlichen und kulturellen Verhältnissen trat zuerst in den USA in Erscheinung. Es gab schon zur Regierungszeit Kennedys erste Anzeichen, es artikulierte sich mit den Mitteln gewaltsamen Protestes jedoch erstmalig seit dem 2. Dezember 1964 in

Die Integration Europas

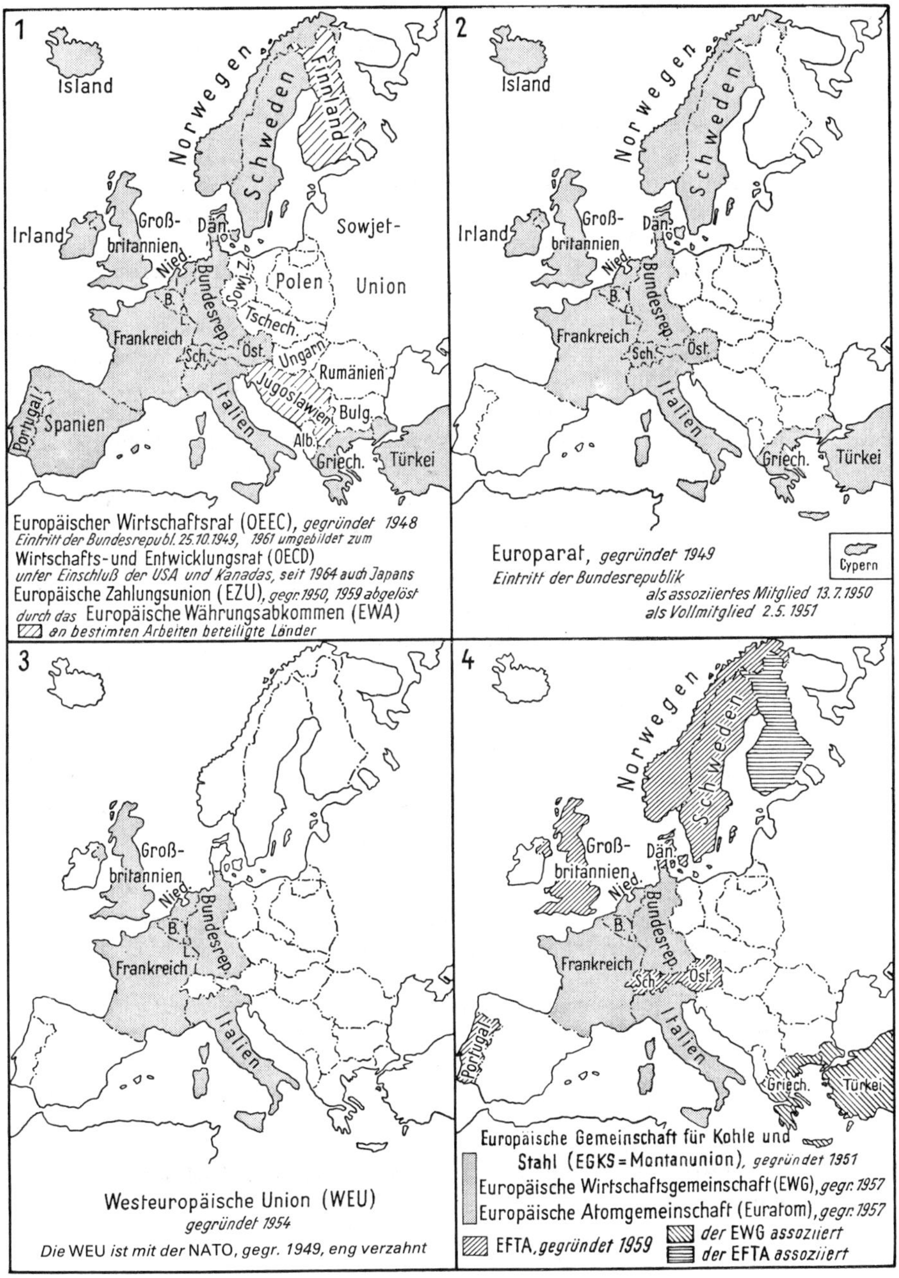

1971: Aufnahme Großbritanniens in die EWG

der Schlacht um die Sproul Hall der University of California. Der Protest richtete sich gegen die Struktur der modernen liberalen Industriegesellschaft, ihre Leistungsforderungen, ihre Verherrlichung der Produktion für eine „Gesellschaft im Überfluß". Konkret galt die Aktion der Universität von Kalifornien, die den Studenten als repräsentatives Produkt dieser Gesellschaft erschien. Von dort aus wurde diese Art moderner Maschinenstürmerei zu einer intellektuellen Weltbewegung, vornehmlich in der westlichen Welt.

Die deutsche Rezession von 1966/67 war die natürliche Folge des Endes einer stürmischen Expansionsphase, des sogenannten „deutschen Wirtschaftswunders". Sie hätte bei rechtzeitigem Einsatz konjunkturfördernder Mittel, z.B. durch massive Steuersenkungen, durch Abbau unproduktiver Subventionen (Wahlgeschenke), vermieden werden können. Das laissez-faire-Denken Erhards hat ihre termingerechte Anwendung verhindert.

Noch vor dem Tode Konrad Adenauers ging damit in der Bundesrepublik eine Ära der relativ problemlosen Aufwärtsentwicklung zu Ende, zugleich sein Regierungsstil der straffen politischen Führung. Eine Große Koalition CDU/CSU/SPD sah sich sowohl aktuellen wie grundlegenden, strukturellen Fragen in allen Bereichen gegenüber, etwa einer Neuordnung der Verkehrspolitik, der Energiepolitik, der Sozialstrukturen. In letzterem Bereich stellten sich Fragen der erweiterten Mitbestimmung der Arbeitnehmer, der Modernisierung des Staatsbedienstetenrechts, des Strafrechts und der Sozialversicherung in allen ihren Sparten.

Im Oktober 1969 wurde die Große Koalition von einer Kleinen Koalition (SPD/FDP) unter der Kanzlerschaft Willy Brandts abgelöst. Das neue Kabinett bezeichnete sich als „Regierung der inneren Reformen". Ihr Wirken stand jedoch im Zeichen der Außenpolitik. Bereits der langjährige Außenminister der Regierung Adenauer und Erhard, Schröder, hatte Verhandlungen mit einzelnen Ostblock-Staaten begonnen. Die Regierung der „Großen Koalition" hatte 1967 die diplomatischen Beziehungen zu Rumänien aufgenommen. Ostberlin blockierte jedoch zusammen mit Moskau weitere Entwicklungen, und die CDU/CSU wollte an den Grundsätzen der Adenauer-Politik gegenüber der DDR und in der Grenzfrage festhalten. Die neue Bundesregierung schloß am 12. August 1970 mit der UdSSR und am 7. Dezember 1970 mit Polen Verträge ab, die Gewaltverzicht und Anerkennung der bestehenden Grenzen beinhalten.

Am 3. September 1971 erreichten die Botschafter der vier Großmächte ein Viermächte-Abkommen über Berlin und ermöglichten dadurch einen positiven Abschluß der Verhandlungen zwischen Bundesregierung, Berliner Senat und DDR über den Verkehr zwischen Westdeutschland und Westberlin sowie über den Besuch von Westberlinern in Ostberlin und der DDR. (Transitabkommen vom 7. Dezember 1971). Den Verkehr zwischen der Bundesrepublik Deutschland und der DDR regelte der Verkehrsvertrag vom 26. Mai 1972. Am 21. Dezember 1972 wurde schließlich der Grundvertrag zwischen Bundesrepublik und DDR paraphiert, der das Verhältnis der beiden deutschen Staaten regeln soll (gegenseitige Anerkennung der Souveränität, Reiseerleichterungen, Vertretung der Interessen von Westberlin usw.), ohne daß dadurch auf Selbstbestimmungsrecht und Wiedervereinigung der Deutschen verzichtet wird. Im September 1973 erfolgte die Aufnahme der beiden deutschen Staaten in die UNO.

Quellen und Darstellungen

347. Kai Hermann: Die Revolte der Studenten

Hamburg, 3. Aufl. 1968, S. 58ff.

H. Marcuse „predigte dem Elitetrupp der studentischen Avantgarde realistische Revolution. Er begann mit einem provozierenden Angriff auf die Dogmen des Marxismus, die ‚einer überholten Entwicklungsstufe der Produktivkräfte' angehörten. Er bekannte sich zu einer Utopie, die nicht utopisch, nicht außergeschichtlich ist. Subjektive oder objektive Faktoren einer gesellschaftlichen Situation, die der Umwandlung entgegenstehen, sind für ihn nur ‚provisorisch unrealisierbar'. Er bekannte sich zur Negation als Revolution. Zur Negation der Herrschaftssysteme dieser Welt, der von ihnen manipulierten Bedürfnisse und Werte. Zur Negation des Existenzkampfes und Leistungsprinzips; von Konkurrenz und Konformität; von einer ‚verschwendenden und zerstörenden Produktivität' und einer ‚verlogenen Triebunterdrückung'. Marcuse forderte seine Verbündeten auf, die Möglichkeiten einer Freiheit, die noch nirgends besteht, bewußt zu machen – durch ‚eine sehr realistische, sehr pragmatische Opposition, frei von allen Illusionen, aber auch frei von allem Defätismus, der schon durch seine bloße Existenz die Möglichkeiten der Freiheit an das Bestehende verrät'.

...

Anfang der sechziger Jahre begann ihn Amerikas beat generation zu entdecken. Als er 1964 zu einem Kongreß nach Heidelberg kam, galt er bereits als Geheimtip in der jungen Linken. Am Ende seines Vortrags hatte er die Skeptischsten der skeptischen Generation in intellektuelle Ekstase versetzt. Sie feierten den, der sie aus der Resignation herauszuführen versprach, neun Minuten lang mit Beifall.

...

Plötzlich war jemand da, der ihr Unbehagen artikulierte, der ihre theoretischen Ansätze längst weitergedacht hatte. Vom konservativen Marxismus war die neue Linke gründlich enttäuscht. Der kurze Versuch zu Beginn der sechziger Jahre, sich Ulbrichts Sozialismus zu nähern, in ihm Chancen für eine freiheitlich-sozialistische Ordnung zu sehen, der Dialog mit den Ostberliner Kommunisten, war desillusionierend gescheitert. Der ‚marxistisch verbrämte Kulturpessimismus' der ‚Adorniten' schien ihnen immer suspekter. Marcuse wies ihnen einen neuen Weg.

Da war jemand, der die Irrationalität der als rational propagierten Ordnung, in der ihnen so unwohl war, bloßlegte. Der sich wie sie fragte, warum ein Prospekt, der einen Atombunker ‚als kombiniertes Zimmer für die Familie in Friedenszeiten und als Familienbunker gegen Atomniederschläge' anpries, in dieser Gesellschaft als rational verstanden wird. Und daraus schloß: ‚Vor dem Hintergrund der phantastischen Rationalität wird der Bereich des Irrationalen zur Stätte des wirklich Rationalen.'

Er sieht in den hochindustrialisierten Ländern die ‚reine Form der Herrschaft' heranwachsen – die ‚Verwaltung'. Das einzig wahrhaft revolutionäre Erfordernis ist damit für ihn die Negation der Herrschaft. Er ruft auf zur ‚absoluten Weigerung' gegenüber dem bestehenden System.

Für diese totale Opposition empfiehlt Marcuse neue Methoden. Denn: ‚Die totalitären Tendenzen der eindimensionalen Gesellschaft machen die traditionellen Mittel und Wege des Protests unwirksam – vielleicht sogar gefährlich, weil sie an der Illusion der Volkssouveränität festhalten.'

In seinem Essay ‚Repressive Toleranz', das zum Leitfaden der studentischen Linken wurde, hat Marcuse begründet, warum die Opposition die Spielregeln der liberalen Demokratie nicht mehr akzeptieren dürfe. Die Toleranz dieses Systems und gegenüber dieser Ordnung stärke allein die ,Tyrannei der Mehrheit'. Toleranz sei zum Mittel geworden, Alternativen zu unterdrücken. Der Opposition werde Rede- und Versammlungsfreiheit gewährt, solange sie das System nicht gefährdet – die Grundrechte würden damit zu einem Instrument, die Knechtschaft freizusprechen. ,So drohen in einer repressiven Gesellschaft selbst fortschrittliche Bewegungen in dem Maße in ihr Gegenteil umzuschlagen, wie sie die Spielregeln hinnehmen.'

Marcuse glaubt nicht mehr an die revolutionäre Klasse, das Proletariat. In einem Aufsatz stellte er 1965 fest, es sei dem Kapitalismus gelungen, seine Widersprüche in eine ,manipulierbare Form' zu bringen und das revolutionäre Potential zu absorbieren. Doch er hofft auf die Gruppen, die außerhalb des Systems leben müssen – ,das Substrat der Geächteten und Außenseiter: die Ausgebeuteten und Verfolgten anderer Rassen und anderer Farbe, die Arbeitslosen und Arbeitsunfähigen'.

Marcuse meint nicht, daß diese Außenseiter die gesellschaftliche Umwälzung allein vollbringen könnten. Doch sie haben einen Bündnispartner. Die Unterdrückten und Ausgebeuteten der dritten Welt. Sie rebellieren als erste gegen die Unterdrückung der Industriestaaten. ,Hier fällt der revolutionäre Begriff der Freiheit mit der Notwendigkeit, die nackte Existenz zu verteidigen, zusammen: in Vietnam genauso wie in dem Slums und Gettos der reichen Länder.'

Der Aufstand der dritten Welt soll auch den Menschen in den ,Metropolen' den Charakter ihrer Gesellschaft entlarven. Vietnam ist für Marcuse ein bedeutender Wendepunkt. Dieser Krieg war es, der die Jugendlichen in New York, London und Berlin auf die Straße brachte und ihnen den Zweifel an die moralische Integrität ihrer Demokratien lehrte. Mit ,nackten Körpern' – so Marcuse in Berlin – beweisen die Vietnamesen, daß Widerstand gegen die Vernichtungsmaschinerie der Metropolen möglich ist. ,Vietnam enthüllt das Wesen des Systems, das imperialistisch ist.'

Marcuse sieht innerhalb des Systems zur Zeit nur eine Gruppe, die zur ,bestimmten Negation' entschlossen ist: die Jugend, vor allem an den Universitäten. Er glaubt, ihre sexuelle, moralische, intellektuelle und politische Rebellion sei ,gegen das System als Ganzes gerichtet: Sie ist der Ekel vor der ›Gesellschaft im Überfluß‹, das vitale Bedürfnis, die Spielregeln eines betrügerischen und blutigen Spiels zu verletzen – nicht mehr mitzumachen.'"

348. Das Wirtschaftsförderungsgesetz der Großen Koalition

Europa-Archiv a.a.O., Z 118, 119

10. Mai 1967: Der Deutsche Bundestag beschließt ohne Gegenstimmen eine Änderung des Artikels 109 des Grundgesetzes. Die Neufassung bestimmt, daß Bund und Länder in ihrer Haushaltswirtschaft den Erfordernissen des gesamtwirtschaftlichen Gleichgewichts Rechnung zu tragen haben. Am gleichen Tage beschließt der Bundestag das Gesetz über die Förderung der Stabilität und des Wachstums, das u.a. die Ermächtigung an die Bundesregierung enthält, die Einkommen- und Körperschaftsteuer für die Dauer eines Jahres bis zu 10 vH zu erhöhen bzw. zu senken und Abschreibungssätze für Investitionsgüter bis zu 7,5 vH jährlich zu gewähren.

349. Die Bundesrepublik und die internationale Währungskrise

Europa-Archiv 1968/24/Z 251

Am 21. November 1968 bringt die Bundesregierung ein Gesetz im Bundestag ein, das bis zum 31. März 1970 eine steuerliche Belastung des Exports in Höhe von 4 vH und eine entsprechende Begünstigung der Einfuhr vorsieht. Dieses Gesetz wird am 28. November in zweiter und dritter Lesung vom Bundestag verabschiedet und am folgenden Tag auch vom Bundesrat gebilligt. Parallel zu diesen Maßnahmen werden Anordnungen getroffen, die als Schutz vor den im Zusammenhang mit der internationalen Währungskrise aufgetretenen Spekulationen und deren negativen Auswirkungen auf die deutsche Wirtschaft dienen sollen. Am 21. November erhöht der Zentralbankrat die Mindestreservepflicht der Geldinstitute für nach dem 15. November entstandene Verbindlichkeiten gegenüber Ausländern auf 100 vH. Am 25. November tritt eine von der Bundesregierung erlassene Verordnung in Kraft, nach der die Bildung von Ausländerguthaben bei deutschen Kreditinstituten und die Aufnahme von Krediten deutscher Geldinstitute im Ausland genehmigungspflichtig werden.

350. Aus der Regierungserklärung von Bundeskanzler Brandt am 28. Oktober 1969

Europa-Archiv D 499ff., Nr. 21/1969.

„Wir sind entschlossen, die Sicherheit der Bundesrepublik Deutschland und den Zusammenhalt der deutschen Nation zu wahren, den Frieden zu erhalten und an einer europäischen Friedensordnung mitzuarbeiten, die Freiheitsrechte und den Wohlstand unseres Volkes zu erweitern und unser Land so zu entwickeln, daß sein Rang in der Welt von morgen anerkannt und gesichert wird ...

Unser Volk braucht, wie jedes andere, seine innere Ordnung. In den siebziger Jahren werden wir aber in diesem Lande nur so viel Ordnung haben, wie wir an Mitverantwortung ermutigen. Solche demokratische Ordnung braucht außerordentliche Geduld im Zuhören und außerordentliche Anstrengung, sich gegenseitig zu verstehen ... Wir wollen mehr Demokratie wagen. ...

Aufgabe der praktischen Politik in den jetzt vor uns liegenden Jahren ist es, die Einheit der Nation dadurch zu wahren, daß das Verhältnis der beiden Teile Deutschlands aus der gegenwärtigen Verkrampfung gelöst wird ...

Zwanzig Jahre nach der Gründung der Bundesrepublik Deutschland und der DDR müssen wir ein weiteres Auseinanderleben der deutschen Nation verhindern, also versuchen, über ein geregeltes Nebeneinander zu einem Miteinander zu kommen ...

Anknüpfend an die Politik ihrer Vorgängerin, erklärt die Bundesregierung, daß die Bereitschaft zu verbindlichen Abkommen über den gegenseitigen Verzicht auf Anwendung oder Androhung von Gewalt auch gegenüber der DDR gilt ...

Unser Ziel lautet: Stabilisierung ohne Stagnation. Diesem Ziel dient unser wirtschafts- und finanzpolitisches Sofortprogramm. Es enthält:

1. eine Finanzpolitik, die eine graduelle Umorientierung des Güterangebots auf den Binnenmarkt hin fördert,
2. weitere Konsultationen mit der Bundesbank ... über eine angemessene Linie der Geld- und Kreditpolitik,
3. die Fortsetzung und Intensivierung der bewährten Zusammenarbeit mit den Gewerkschaften und den Unternehmensverbänden im Rahmen der Konzertierten

Aktion, an der in Zukunft auch Vertreter der Landwirtschaft teilnehmen werden,
4. die Intensivierung der Zusammenarbeit zwischen Bund, Ländern und Gemeinden im Konjunkturrat der öffentlichen Hand,
5. die aktive Mitarbeit der Bundesregierung an einer stärkeren Koordinierung der Wirtschafts- und Finanzpolitik in den Mitgliedstaaten der EWG und an der notwendigen Weiterentwicklung des Weltwährungssystems."

351. Aus dem Vertrag zwischen der Bundesrepublik Deutschland und der Union der Sozialistischen Sowjetrepubliken vom 12. August 1970

Nach dem Bulletin, Presse- und Informationsamt der Bundesregierung, Nr. 109 vom 17. August 1970.

1. Artikel 1

Die Bundesrepublik Deutschland und die Union der Sozialistischen Sowjetrepubliken betrachten es als wichtiges Ziel ihrer Politik, den internationalen Frieden aufrechtzuerhalten und die Entspannung zu erreichen.

Sie bekunden ihr Bestreben, die Normalisierung der Lage in Europa und die Entwicklung friedlicher Beziehungen zwischen allen europäischen Staaten zu fördern und gehen dabei von der in diesem Raum bestehenden wirklichen Lage aus.

Artikel 2

Die Bundesrepublik Deutschland und die Union der Sozialistischen Sowjetrepubliken werden sich in ihren Beziehungen sowie in Fragen der Gewährleistung der europäischen und der internationalen Sicherheit von den Zielen und Grundsätzen, die in der Charta der Vereinten Nationen niedergelegt sind, leiten lassen. Demgemäß werden sie ihre Streitfragen ausschließlich mit friedlichen Mitteln lösen und übernehmen die Verpflichtung, sich in Fragen, die die Sicherheit in Europa und die internationale Sicherheit berühren, sowie in ihren gegenseitigen Beziehungen gemäß Artikel 2 der Charta der Vereinten Nationen der Drohung mit Gewalt oder der Anwendung von Gewalt zu enthalten.

Artikel 3

In Übereinstimmung mit den vorstehenden Zielen und Prinzipien stimmen die Bundesrepublik Deutschland und die Union der Sozialistischen Sowjetrepubliken in der Erkenntnis überein, daß der Friede in Europa nur erhalten werden kann, wenn niemand die gegenwärtigen Grenzen antastet.

- Sie verpflichten sich, die territoriale Integrität aller Staaten in Europa in ihren heutigen Grenzen uneingeschränkt zu achten;
- sie erklären, daß sie keine Gebietsansprüche gegen irgend jemand haben und solche in Zukunft auch nicht erheben werden;
- sie betrachten heute und künftig die Grenzen aller Staaten in Europa als unverletzlich, wie sie am Tage der Unterzeichnung dieses Vertrags verlaufen, einschließlich der Oder-Neiße-Linie, die die Westgrenze der Volksrepublik Polen bildet, und der Grenze zwischen der Bundesrepublik Deutschland und der Deutschen Demokratischen Republik.

Artikel 4

Dieser Vertrag zwischen der Bundesrepublik Deutschland und der Union der

Sozialistischen Sowjetrepubliken berührt nicht die von ihnen früher abgeschlossenen zweiseitigen und mehrseitigen Verträge und Vereinbarungen.

Artikel 5

Dieser Vertrag bedarf der Ratifikation und tritt am Tage des Austausches der Ratifikationsurkunden in Kraft, der in Bonn stattfinden soll.

Geschehen zu Moskau

am 12. August 1970 in zwei Urschriften, jede in deutscher und russischer Sprache, wobei jeder Wortlaut gleichermaßen verbindlich ist.

Für die	Für die
Bundesrepublik	Union der Sozialistischen
Deutschland	Sowjetrepubliken
Willy Brandt	A. Kossygin
Walter Scheel	A. Gromyko

352. Aus dem Vertrag zwischen der Bundesrepublik Deutschland und der Volksrepublik Polen über die Grundlagen der Normalisierung ihrer gegenseitigen Beziehungen vom 7. Dezember 1970

Nach dem Bulletin des Presse- und Informationsamtes der Bundesregierung, 8. Dezember 1970

Die Bundesrepublik Deutschland und die Volksrepublik Polen in der Erwägung, daß mehr als 25 Jahre seit Ende des zweiten Weltkrieges vergangen sind, dessen erstes Opfer Polen wurde und der über die Völker Europas schweres Leid gebracht hat, eingedenk dessen, daß in beiden Ländern inzwischen eine neue Generation herangewachsen ist, der eine friedliche Zukunft gesichert werden soll, in dem Wunsche, dauerhafte Grundlagen für ein friedliches Zusammenleben und die Entwicklung normaler und guter Beziehungen zwischen ihnen zu schaffen, in dem Bestreben, den Frieden und die Sicherheit in Europa zu festigen, in dem Bewußtsein, daß die Unverletzlichkeit der Grenzen und die Achtung der territorialen Integrität und der Souveränität aller Staaten in Europa in ihren gegenwärtigen Grenzen eine grundlegende Bedingung für den Frieden sind, sind wie folgt übereingekommen:

Artikel I

1. Die Bundesrepublik Deutschland und die Volksrepublik Polen stellen übereinstimmend fest, daß die bestehende Grenzlinie, deren Verlauf im Kapitel IX der Beschlüsse der Potsdamer Konferenz vom 2. August 1945 von der Ostsee unmittelbar westlich von Swinemünde und von dort die Oder entlang bis zur Einmündung der Lausitzer Neiße und die Lausitzer Neiße entlang bis zur Grenze mit der Tschechoslowakei festgelegt worden ist, die westliche Staatsgrenze der Volksrepublik Polen bildet.

2. Sie bekräftigen die Unverletzlichkeit ihrer bestehenden Grenzen jetzt und in der Zukunft und verpflichten sich gegenseitig zur uneingeschränkten Achtung ihrer territorialen Integrität.

3. Sie erklären, daß sie gegeneinander keinerlei Gebietsansprüche haben und solche auch in Zukunft nicht erheben werden.

Artikel II

1. Die Bundesrepublik Deutschland und die Volksrepublik Polen werden sich in

ihren gegenseitigen Beziehungen sowie in Fragen der Gewährleistung der Sicherheit in Europa und in der Welt von den Zielen und Grundsätzen, die in der Charta der Vereinten Nationen niedergelegt sind, leiten lassen.

2. Demgemäß werden sie entsprechend den Artikeln 1 und 2 der Charta der Vereinten Nationen alle ihre Streitfragen ausschließlich mit friedlichen Mitteln lösen und sich in Fragen, die die europäische und internationale Sicherheit berühren, sowie in ihren gegenseitigen Beziehungen der Drohung mit Gewalt oder der Anwendung von Gewalt enthalten.

Artikel III

1. Die Bundesrepublik Deutschland und die Volksrepublik Polen werden weitere Schritte zur vollen Normalisierung und umfassenden Entwicklung ihrer gegenseitigen Beziehungen unternehmen, deren feste Grundlage dieser Vertrag bildet.

2. Sie stimmen darin überein, daß eine Erweiterung ihrer Zusammenarbeit im Bereich der wirtschaftlichen, wissenschaftlich-technischen, kulturellen und sonstigen Beziehungen in ihrem beiderseitigen Interesse liegt.

Artikel IV

Dieser Vertrag berührt nicht die von den Parteien geschlossenen oder sie betreffenden zweiseitigen oder mehrseitigen internationalen Vereinbarungen.

353. Aus der Entschließung des Deutschen Bundestags anläßlich der Abstimmung über die Verträge von Moskau und Warschau vom 17. Mai 1972

Nach dem Bulletin des Presse- und Informationsamtes der Bundesregierung, 18. Mai 1972

Im Zusammenhang mit der Abstimmung über den Vertrag zwischen der Bundesrepublik Deutschland und der Union der Sowjetrepubliken vom 12. August 1970 und den Vertrag zwischen der Bundesrepublik Deutschland und der Volksrepublik Polen über die Grundlagen der Normalisierung ihrer gegenseitigen Beziehungen vom 9. Dezember 1970 erklärt der Deutsche Bundestag:

1. Zu den maßgebenden Zielen unserer Außenpolitik gehört die Erhaltung des Friedens in Europa und die Sicherheit der Bundesrepublik Deutschland. Die Verträge von Moskau und Warschau, in denen die Vertragspartner feierlich und umfassend auf die Anwendung und Androhung von Gewalt verzichten, sollen diesen Zielen dienen. Sie sind wichtige Elemente des Modus vivendi, den die Bundesrepublik Deutschland mit ihren östlichen Nachbarn herstellen will.

2. Die Verpflichtungen, die die Bundesrepublik Deutschland in den Verträgen eingegangen ist, hat sie im eigenen Namen auf sich genommen. Dabei gehen die Verträge von den heute tatsächlich bestehenden Grenzen aus, deren einseitige Änderung sie ausschließen. Die Verträge nehmen eine friedensvertragliche Regelung für Deutschland nicht vorweg und schaffen keine Rechtsgrundlage für die heute bestehenden Grenzen.

3. Das unveräußerliche Recht auf Selbstbestimmung wird durch die Verträge nicht berührt. Die Politik der Bundesrepublik Deutschland, die eine friedliche Wiederherstellung der nationalen Einheit im europäischen Rahmen anstrebt, steht nicht im Widerspruch zu den Verträgen, die die Lösung der deutschen Frage nicht präjudizieren. Mit der Forderung auf Verwirklichung des Selbstbestimmungsrechts erhebt die Bundesrepublik keinen Gebiets- oder Grenzänderungsanspruch . . .

Oben: Nach Abschluß des Deutschlandvertrages 1952 (Eden, Schumann, Acheson Adenauer) – Unten: Unterzeichnung des Österreichischen Staatsvertrages 1955

SECRETARY GENERAL
PRESIDENT
UNITED KINGDOM
UNITED STATES
YUG

5. Die Rechte und Verantwortlichkeiten der vier Mächte in bezug auf Deutschland als Ganzes und auf Berlin werden durch die Verträge nicht berührt. Der Deutsche Bundestag hält angesichts der Tatsache, daß die endgültige Regelung der deutschen Frage im ganzen noch aussteht, den Fortbestand dieser Rechte und Verantwortlichkeiten für wesentlich . . .

9. Die Bundesrepublik Deutschland bekräftigt ihren festen Willen, die Bindungen zwischen Berlin (West) und der Bundesrepublik Deutschland gemäß dem Viermächte-Abkommen und den deutschen Zusatzvereinbarungen aufrechtzuerhalten und fortzuentwickeln.

10. Die Bundesrepublik Deutschland tritt für die Normalisierung des Verhältnisses zwischen der Bundesrepublik Deutschland und der DDR ein. Sie geht davon aus, daß die Prinzipien der Entspannung und der guten Nachbarschaft in vollem Maße auf das Verhältnis zwischen den Menschen und Institutionen der beiden Teile Deutschlands Anwendung finden werden.

354. Aus dem Vertrag über die Grundlagen der Beziehungen zwischen der Bundesrepublik Deutschland und der Deutschen Demokratischen Republik vom 21. Dezember 1972

Art. 1. Die Bundesrepublik Deutschland und die Deutsche Demokratische Republik entwickeln normale gutnachbarliche Beziehungen zueinander auf der Grundlage der Gleichberechtigung.

Art. 2. Die Bundesrepublik Deutschland und die Deutsche Demokratische Republik werden sich von den Zielen und Prinzipien leiten lassen, die in der Charta der Vereinten Nationen niedergelegt sind, insbesondere der souveränen Gleichheit aller Staaten, der Achtung der Unabhängigkeit, Selbständigkeit und territorialen Integrität, dem Selbstbestimmungsrecht, der Wahrung der Menschenrechte und der Nichtdiskriminierung.

Art. 3. Entsprechend der Charta der Vereinten Nationen werden die Bundesrepublik Deutschland und die Deutsche Demokratische Republik ihre Streitfragen ausschließlich mit friedlichen Mitteln lösen und sich der Drohung mit Gewalt oder der Anwendung der Gewalt enthalten. Sie bekräftigen die Unverletzlichkeit der zwischen ihnen bestehenden Grenze jetzt und in der Zukunft und verpflichten sich zur uneingeschränkten Achtung ihrer territorialen Integrität . . .

Art. 6. Die Bundesrepublik Deutschland und die Deutsche Demokratische Republik gehen von dem Grundsatz aus, daß die Hoheitsgewalt jedes der beiden Staaten sich auf sein Staatsgebiet beschränkt.

Art. 7. Die Bundesrepublik Deutschland und die Deutsche Demokratische Republik erklären ihre Bereitschaft, im Zuge der Normalisierung ihrer Beziehungen praktische und humanitäre Fragen zu regeln. Sie werden Abkommen schließen, um auf der Grundlage dieses Vertrages und zum beiderseitigen Vorteil die Zusammenarbeit auf dem Gebiet der Wirtschaft, der Wissenschaft und Technik, des Verkehrs, des Rechtsverkehrs, des Post- und Fernmeldewesens, des Gesundheitswesens, der Kultur, des Sports, des Umweltschutzes und auf anderen Gebieten zu entwickeln und zu fördern.

Art. 8. Die Bundesrepublik Deutschland und die Deutsche Demokratische Republik werden ständige Vertretungen austauschen. Sie werden am Sitz der jeweiligen Regierung errichtet.

Oben: Veto des russischen Vertreters im Sicherheitsrat während der Korea-Krise 1950
Unten: Sitzung der Warschauer-Pakt-Staaten 11. 5. 1955

ABSCHNITT XII

Entkolonialisierung und Entwicklungshilfe

A. Das Ende des Kolonialzeitalters

Einführung

Der Ausgang des Ersten Weltkrieges hat nicht nur Bedeutung und Gewicht der Großmächte in Europa, zu denen sich jetzt endgültig die USA und Japan gesellten, grundlegend verändert, sondern auch die koloniale Politik Englands und Frankreichs entscheidend beeinflußt. Die wirtschaftliche Erschöpfung der Mutterländer als Folge der jahrelangen militärischen Anstrengungen zwang dazu, die bisher nur lose zusammengehaltenen Kolonialreiche in allen ihren Teilen zu einheitlichen Lebens-, Herrschafts- und Wirtschaftsräumen zusammenzufassen. Dieser neue kolonialpolitische Stil konnte sich freilich nicht nur auf eine intensivere Bewirtschaftung und Nutzung der Überseegebiete beschränken, die in erster Linie dem Mutterland diente, sondern mußte im gleichen Zuge eine Wandlung ihrer staatsrechtlichen Struktur und Stellung innerhalb des Ganzen ins Auge fassen. Aus Abhängigkeit und Bevormundung werden Einschmelzung, Angleichung und Mitbestimmung.

Besonders die englische Politik löste diese Aufgabe der wirtschaftlichen und politischen Integration mit Geschick, ohne allerdings das Aufkommen nationalistischer Unabhängigkeitsbestrebungen und sozialrevolutionärer Tendenzen verhindern zu können, die vor allem nach dem Zweiten Weltkrieg, durch die antikoloniale Einstellung der USA und die fragwürdige russische sozialistische Kritik des Kolonialismus begünstigt, unaufhaltsam durchbrachen. Freilich darf nicht verkannt werden, wie sehr gerade der Weg zu wirtschaftlicher und politischer Verselbständigung in der außereuropäischen Welt undenkbar ist ohne die pädagogische und zivilisatorische Leistung der alten Kolonialmächte. Die historische Entwicklung selbst hat die umstrittene Frage über Wert oder Unwert, Segen oder Fluch der europäischen Kolonisation für die farbigen Völker in eindeutig positivem Sinne entschieden. Das Kolonialproblem als solches erscheint heute gelöst und überwunden. Aufgabe der Industrienationen wird es jedoch bleiben, den freigewordenen kolonialen Völkern Beistand zu leisten im Bemühen, neue Wirtschafts- und Gesellschaftsformen zu entwickeln. Was das heißt, kann ein Blick auf die jungen Staaten in Afrika lehren, die keine Nationalstaaten im europäischen Sinne darstellen, sondern meist mehrere Stämme, Sprachen und Religionen, oft in feindlicher Spannung zueinander stehend (Beispiel Biafra/Nigeria), auf ihrem Staatsgebiet zusammenfassen. Friedrich Wilhelm Reuß schrieb 1963 über Schwarzafrika:

„Es leben im schwarzen Afrika zwei Jahrtausende unvermittelt nebeneinander. Da gibt es einige große Städte mit Hochhäusern, modernste Hotels mit Klimaanlage, Verkehrsampeln, hochmoderne Universitäten und Krankenhäuser – und daneben das alte Afrika mit dem Medizinmann. Die Leute laufen außerhalb der großen Städte zu einem sehr, sehr großen Teil noch nackt oder annähernd nackt herum, leben in äußerster Bedürfnislosigkeit, haben natürlich keine Wasserleitung, die Frauen müssen – in extremen Fällen 20 bis 30 km täglich – gehen, um aus einer Wasserstelle Wasser zu holen. Neben dem Medizinmann steht aber, beispielsweise in Kumasi, ein hochmodernes Hospital, eingerichtet . . .

Und beide wohnen nebeneinander, und beide sind vollbeschäftigt." ...

Die Afrikaner „haben einen natürlichen Hang zu Kollektivitäten. Sie sind von eh und je durch die Jahrhunderte und sicher wohl schon Jahrtausende, durch die Umwelt gezwungen, in Kollektivitäten zusammenzuleben, in der Großfamilie und im Stamm, einmal zum Schutz gegenüber den Mächten von außen, insbesondere den wilden Tieren, und zum anderen zur Versorgung aller ihrer Stammesangehörigen. Das ist ein Urtrieb des Afrikaners, sich in solchen Verbänden zusammenzufinden: Familie, Stamm." ...

Für sie ist es wichtig, „dieses Streben nach Kollektivität bei wirtschaftlicher Betätigung nutzbar zu machen durch eine Propagierung der genossenschaftlichen Formen."

Quellen und Darstellungen

355. Versailler Vertrag und Kolonialpolitik

Eduard Sieber, Kolonialgeschichte der Neuzeit (1949), S. 237f.

„Der Versailler Vertrag dürfte einen Wendepunkt für die gesamte Kolonialpolitik bedeuten. Man mag der Auffassung huldigen, das Mandatsystem sei nur eine Ausflucht der Westmächte gewesen, um die Italien gemachten Versprechungen nicht halten zu müssen; aber die Tatsache bleibt doch bestehen, daß ein ganz neuer Begriff des kolonialen Verhältnisses feierlich anerkannt wurde: der Begriff der Verantwortlichkeit. Herrschaft konnte nun nicht mehr nur als nackte Gewaltausübung verstanden werden, sondern als verantwortungsvolle Vormundschaft, als Treuhänderschaft. Das Recht der Eingeborenen auf Entwicklung zur Selbständigkeit war prinzipiell anerkannt. Mochte dies für die Kolonialvölker praktisch zunächst noch wenig bedeuten, so war doch ein Anfang gemacht und eine Entwicklung eingeleitet, die letztlich zur Aufhebung jedes kolonialen Verhältnisses im alten Sinne führen mußte. Ein lockendes Ziel war gesteckt.

Die Bedeutung solcher Zielsetzung vermag die Entwicklung der englischen Herrschaft in Indien beinahe symbolisch zu zeigen. Der durch den Ersten Weltkrieg ausgelösten Strömung nachgebend, kam England der indischen Nationalbewegung, die seit 1885 festere Formen angenommen hatte, einen großen Schritt entgegen. Doch die Verfechter der indischen Freiheit betrachteten dieses Entgegenkommen als ungenügend und lösten eine nationale Bewegung aus, die England vor die schwersten Probleme stellte und die Entwicklung Indiens zur Selbständigkeit in ungeahnter Weise beschleunigte. Es entbehrt nicht einer gewissen Tragik, daß in dem Augenblick, da die englische Herrschaft über Indien jeder Bedrohung enthoben schien, die Erschütterung im Innern des Landes England die kostbarste seiner Kolonien zu rauben drohte."

356. Indien und sein Wandel im Ersten Weltkrieg

Reginald Coupland, India – A Restatement (1945), S. 110f.

Die öffentliche Meinung in Großbritannien wandelte sich fast ebenso schnell wie in Indien. Vor dem Krieg nahm man allgemein an, daß eine geraume Zeit vergehen müsse, ehe ein Fortschritt über die Reformen von 1909 hinaus gerechtfertigt sei. Im Jahre 1912 leugnete der liberale Staatssekretär für Indien, Lord Crewe, öffentlich, daß man den Dominion-Status für Indien anstrebe. Doch im Jahre 1917 verpflichtete sich die britische Regierung, Maßnahmen zu ergreifen, die nicht nur weiteren Fortschritt bedeuteten, sondern logisch auf den Dominion-Status hinausliefen. Dieser rasche Wandel, dieser „neue Gesichtspunkt", wie man sagte, beruhte nicht in erster Linie auf einem Anwachsen des indischen Nationalismus. Der Wandel entsprang, wie das Anwachsen des Nationalismus selbst, dem Kriege. Indien hatte von Anfang an einen großen Beitrag zum Krieg geleistet. Eine Million indischer Soldaten kämpfte auf den Schlachtfeldern. Die zentrale Legislatur Indiens bewilligte große Summen, um die Kriegsausgaben zu bestreiten, und die Fürsten und andere wohlhabende Inder gaben der Regierung großzügige Spenden. Nachdem die Vereinigten Staaten in den Krieg eingetreten waren und das zaristische Rußland ausgefallen war, kämpften die Alliierten unter dem Motto „nationale Selbstbestimmung" und „Sicherung der Welt für die Demokratie", und diese Prinzipien, die zwar in erster Linie für Europa gedacht waren, konnten schließlich auch auf Asien angewendet werden. Das Gesetz über die Regierung von Indien vom Jahre 1919 war bei weitem die wichtigste Maßnahme auf dem Gebiet der Indienpolitik, die das englische Parlament seit Beginn der Entwicklung konstitutioneller Institutionen in Indien im Jahre 1916 getroffen hatte. Es ging jetzt nicht mehr nur um die legislativen, sondern auch um die exekutiven Vollmachten. Die vorausgegangenen Maßnahmen hatten den Indern gestattet, mehr und mehr Einfluß auf die gesetzgebenden Körperschaften zu nehmen, doch sie hatten keinen Einfluß auf die Regierung – zwar waren einige Inder Mitglieder dieser Regierung, doch sie waren nominiert worden und waren daher wie ihre britischen Kollegen nur dem Staatssekretär und dem englischen Parlament verantwortlich. Nun sollten die Inder sozusagen selbst regieren. Sie sollten wichtige Abteilungen der Provinzialregierungen nicht als nominierte Minister, sondern als Führer gewählter Mehrheiten in den Provinziallandtagen übernehmen und ihnen verantwortlich sein. Dies geschah zwar in gewissen Grenzen, war aber nichtsdestoweniger eine echte Übertragung der Macht, und die Amtsübernahme dieser Minister war das erste deutliche Anzeichen dafür, daß die Abdankung der britischen Herrscher begonnen hatte.

357. Gandhi und der indische Freiheitskampf

Rede Gandhis als Kongreßpräsident 1924 (Auszug)

Dietmar Rothermund, Der Freiheitskampf Indiens (1960), S. 45f.

„Seit September 1920 ist der Kongreß zu einer Institution geworden, die ihre Stärke von innen her entwickelt. Er hörte auf, der Regierung Bittschriften zu überreichen. Er tat dies, weil er nicht mehr an den wohltätigen Charakter des bestehenden Regierungssystems glaubte. Auf der Sondersitzung des Kongresses im Jahre 1920 in Kalkutta wurde der Boykott von den von der Regierung verliehenen Ehrentiteln, Gerichtshöfen, Bildungsstätten, Legislaturen und importierten Stoffen beschlossen. Alle diese Boykotte wurden von den Betreffenden mehr oder weniger durchgeführt. Die, die nicht mittun konnten, traten aus dem Kongreß aus. Obwohl keiner dieser Boykotte vollständig durchgeführt werden konnte, trug doch jeder Boykott dazu bei, das Ansehen der betreffenden boykottierten Institution zu mindern. Der bedeutendste Boykott war jedoch der Boykott der Gewalt. Obwohl er manchmal fast völligen Erfolg zu versprechen schien, stellte sich doch bald heraus, daß die Gewaltlosigkeit nicht sehr tief unter die Haut ging. Es war die passive Gewaltlosigkeit der Hilflosigkeit, nicht die aufgeklärte Gewaltlosigkeit der zuversichtlichen Selbsthilfe. Infolgedessen kam es zur Unduldsamkeit gegenüber jenen, die sich nicht der Nicht-Zusammenarbeit anschlossen. Das war eine subtilere Form der Gewaltanwendung. Doch trotz dieser schwerwiegenden Unzulänglichkeiten kann ich wohl sagen, daß die Propaganda der Gewaltlosigkeit den Ausbruch der Gewalttätigkeit verhindert hat, der sicherlich gedroht hätte, wenn die gewaltlose Nicht-Zusammenarbeit nicht begonnen worden wäre. Ich bin davon überzeugt, daß die gewaltlose Nicht-Zusammenarbeit dem Volk das Bewußtsein seiner Stärke gegeben hat. Sie hat im Volk die verborgenen Kräfte des Widerstandes durch Leiden zum Vorschein gebracht. Sie hat ein Erwachen der Massen verursacht, wie es vielleicht keine andere Methode vermocht hätte. Obwohl uns die gewaltlose Nicht-Zusammenarbeit noch nicht die Freiheit gebracht hat, obwohl sie gewisse bedauerliche Ereignisse mit sich brachte und obwohl die Institutionen, denen der Boykott galt, weiterhin gedeihen, bin ich doch der Meinung, daß die gewaltlose Nicht-Zusammenarbeit als Mittel zur Erlangung der politischen Freiheit von dauerndem Wert ist und daß selbst ihr teilweiser Erfolg uns der Freiheit und Selbstregierung näher gebracht hat. Es kann keinen Zweifel darüber geben, daß die Fähigkeit, um einer Sache willen zu leiden, dem Fortschritt dieser Sache dienen muß."

358. Gandhis Kampagne gegen die Salzgesetze

Brief Gandhis an den Vizekönig von Indien (1930)

Dietmar Rothermund, a.a.O., S. 46f.

„Ehe ich den zivilen Widerstand eröffne und jenes Wagnis unternehme, vor dem ich mich in all diesen Jahren gescheut habe, möchte ich mich an Sie wenden, um einen Ausweg zu finden. Zwar halte ich die britische Herrschaft über Indien für einen Fluch, doch möchte ich keinem einzigen Engländer Schaden zufügen. Meine Landsleute und ich hatten uns an die Hoffnung geklammert, daß die vorgeschlagene Round-Table-Konferenz uns einer Lösung näherbringen würde. Doch als Sie uns klar zu verstehen gaben, daß weder Sie noch das britische Kabinett sich dazu verpflichten könnten, das Verlangen nach dem vollständigen Dominion-Status zu unterstützen, war es klar, daß die Konferenz nicht zu einer Lösung führen konnte, die das wache Indien bewußt und die stummen Millionen unbewußt erwarteten.

Es ist allgemein bekannt, daß die Anhänger der Gewalttätigkeit, so unorganisiert und unbeträchtlich sie sein mögen, an Boden gewinnen. Ich bin jedoch davon überzeugt, daß diese die stummen Millionen nicht erlösen können. Da ich einen unerschütterlichen Glauben an die Wirksamkeit der Gewaltlosigkeit, wie ich sie verstehe, habe, wäre es eine Sünde, wenn ich noch länger warten sollte. Ich werde mit meinen Mitarbeitern das Salzgesetz brechen. Ich halte die Salzsteuer vom Standpunkt des armen Mannes aus für die ungerechteste aller Steuern. Da der Freiheitskampf im wesentlichen für die Armen dieses Landes ausgefochten wird, ist es richtig, zunächst gegen dieses Übel anzugehen. Es ist ein Wunder, daß wir uns diesem grausamen Monopol bisher unterworfen haben; ich weiß, daß Sie meine Pläne vereiteln können, indem Sie mich verhaften lassen. Ich hoffe, daß Zehntausende bereitstehen, nach mir in disziplinierter Art und Weise die Arbeit fortzuführen, und durch das Übertreten des Salzgesetzes die Strafe eines Gesetzes auf sich nehmen, das nie die Seiten des Gesetzbuches hätte verunstalten sollen."

359. Das Ende des kolonialen Zeitalters

Matthias Schmitt „Die befreite Welt" (1962), S. 383ff.

„Wir sind heute dabei, unsere Welt von Grund auf umzubauen. Was in Asien und Afrika, zum Teil auch in Südamerika, vor sich geht, steht der Veränderung zu Beginn der Neuzeit nicht nach. Die Welt wird sozusagen zum zweiten Male „entdeckt" – und, wenn man so will, neu verteilt. Die bisherigen Grenzziehungen, z. T. willkürlich vorgenommen oder das Ergebnis der kolonialen Machtkämpfe europäischer Kabinettpolitik, können sinnvollerweise nicht mehr aufrechterhalten werden, wenn eine eigenständige organische Entwicklung zum Zuge kommen soll. Fast hat es den Anschein, als ob die Auflösung der europäischen Kolonialreiche noch schwieriger und gefährlicher sei als ihre Errichtung. In dem breiten Gürtel der Entwicklungsländer, der von Marokko bis Korea reicht, ist eine ungeheure Umwälzung im Gange. Über eine Milliarde Menschen, die um ein freies und menschenwürdiges Dasein ringen, treten erst jetzt in die Geschichte ein. Ihre tragenden politischen Kräfte sehen sich vor einen neuen Anfang gestellt. Sie suchen nach neuen Wegen, die gewiß anders sind, als die der Vergangenheit und die wohl auch anders sein werden, als die einstigen Herren oder die jetzigen Führer es wahrhaben möchten. Welten stürzen zusammen und erstehen neu. Jeder hört den Lärm, jeder sieht die Spuren, wir alle erleben und erleiden den Kampf alter und neuer Kräfte in seiner Grausamkeit. Wer die Zeichen der Zeit wie alles Werdende versteht, der wird begreifen und wissen, daß alle Turbulenz unserer Tage, aller Glanz der Siege, der rasch verblaßt, wenn der erste Rausch der Freiheit verflogen, aller Jammer unserer Zeit, Not und Tod und alle Begierden der aufsteigenden Massen, die noch in Armut und Elend leben, nur den einen unausweichlichen Sinn haben, Geschichte zu werden.

Heute handelt es sich nicht mehr wie zu Beginn des 19. Jahrhunderts um den Wandel eines Systems und seiner Methoden, sondern wir stehen am Ende des kolonialen Zeitalters selbst. Die Kategorien der Macht, der Eroberung und Ausbeutung haben keine Geltung mehr. Die Ausschließlichkeit, mit der die weißen Völker seit Jahrhunderten so selbstbewußt und selbstverständlich das Schicksal der Welt beeinflußten und bestimmten, ist endgültig vorbei. Europa war einst die Mitte – die wirtschaftliche, politische und geistige Mitte – der Welt. Es war der entscheidende Akteur der Weltgeschichte. Diese Rolle ist ausgespielt, und wir müssen uns damit abfinden. Unausweichlich bereitet sich ein Neues vor, um das Vakuum, das der Zusammenbruch der europäischen Weltordnung hinterließ, aufzufüllen. Die koloniale Welt ist heute im Begriff, sich aus der jahrhundertelangen Bevormundung zu befreien. Dazu gehört auch die Suche nach einer eigenständigen Lebensform, die aber doch den Erfordernissen unserer modernen Welt entspricht. Hieraus ergeben sich gewisse Spannungen sowohl im Verhältnis der befreiten Welt zur freien Welt, als auch in den Beziehungen der jungen Staaten untereinander und schließlich sogar innerhalb dieser Staaten selbst, die sich in einer permanenten Auseinandersetzung zwischen Tradition und Neuerungswillen befinden. Wir müssen bereit sein, wenn es notwendig und erwünscht ist, das Unsere dazu beizutragen, daß diese Entwicklung evolutionär verläuft, obwohl sie die größte politische, soziale, kulturelle und wirtschaftliche Umwälzung unserer Tage darstellt. An dieser Neugestaltung der Welt maßgeblich mitzuwirken, bleibt eine Aufgabe Europas und eine für seine Zukunft. Deswegen ist es ein grundlegendes Interesse Europas, am Ende der Expansion durch die Hinwendung zur Intensität in der Einheit des Kontinents seine Kraft und sein Eigengewicht zu stärken, gleichzeitig aber sich die Welt offen zu halten und auch sich selbst der

Welt gegenüber aufgeschlossen zu erweisen, indem es von der Epoche der Kolonisation das Wesentliche bewahrt, was nicht auf Macht beruht: die Partnerschaft der ganzen Welt!"

360. Die weltgeschichtliche Leistung des Kolonialismus

a) Wahrhold Drascher, Schuld der Weißen? Tübingen ²1961, S. 318.

„Es ist geradezu ein Wettstreit darüber im Gange, welche Rasse am meisten zum Fortschritt der Menschheit beigetragen hat. Wir Abendländer dürfen für uns in Anspruch nehmen, daß wir als erste die Universalität aller Völker hergestellt und damit alle Bewohner unseres Planeten zum Bewußtsein einer engen Zusammengehörigkeit erzogen haben. Dieses Verdienst darf uns nicht geschmälert werden, denn es rechtfertigt unseren Anspruch, bei der Gestaltung der Neuordnung der Welt maßgebend beteiligt zu bleiben. Wir müssen uns damit abfinden, daß unser Einfluß in Zukunft mehr in die Breite als in die Tiefe reichen wird, und wir uns damit begnügen lernen, mehr Anreger als Gestalter zu sein. Aber unsere weltgeschichtliche Leistung, die Universalität der Menschheit herbeigeführt zu haben, ist mit wechselnden Methoden erreicht worden, und die Weiterarbeit an diesem Ziel wird mit neuen Mitteln angestrebt werden müssen. Der Kolonialismus ist nur ein Weg gewesen, der dahin führen sollte. Weil er aber trotz vieler Irrtümer und auch Gewalttaten dem Streben des Menschengeschlechts nach Vervollkommnung gedient und zweifellos darin sehr Wesentliches erreicht hat, so müssen wir ihn als historische Leistung anerkennen, nicht zuletzt darum, weil unsere Vorfahren ihm mit ehrlichem Wollen und unter sehr großen Opfern gedient haben. Die Erkenntnis, daß der Kolonialismus eine Vorstufe war für eine bessere Neuordnung unserer Welt, die allen Völkern ein würdiges Dasein gewährleisten soll, mag es auch seinen Gegnern erleichtern, ihn objektiv zu beurteilen, wie er es verdient."

b) Theodor Schieder, Imperialismus in Ost und West, in: „Offene Welt" Nr. 69/70 (1960), S. 465 ff.

„Von der Bewegung des Antikolonialismus her wird das politische System des Imperialismus, vor allem seine Herrschafts- und Okkupationsformen ausschließlich negativ gesehen. Niemand wird die dunklen Seiten der europäischen Kolonialpolitik, so das ganze Kapitel der Sklaverei, unterschlagen wollen, aber ihnen stehen doch auch ganz andere Züge gegenüber: es sei hier gar nicht von den materiellen Aufwendungen und Einflüssen gesprochen, die in die Kolonialländer geflossen sind. Wir denken vielmehr an das geistige und immaterielle Kapital, angefangen bei der christlichen Mission bis zu den politischen Ideen, die heute im Antikolonialismus sich auswirken. Auch die politischen Emanzipations- und Befreiungsprozesse der ehemaligen Kolonialvölker von heute sind ohne die Ära der Kolonialherrschaft in vielen Fällen kaum denkbar. Meist bestimmt auch heute noch bei den emanzipierten Kolonialstaaten der koloniale Status die politischen Grenzen. Überall, wo ältere staatliche Traditionen fehlen, sind die heutigen souveränen und halbsouveränen Länder einfach freigesetzte Kolonien. Man kann auch sagen, daß der politische Einheitsgedanke von Gebieten wie Indonesien, aber auch von Indien, fast ausschließlich kolonialistischer Herkunft ist.

Es wird oft zu leicht vergessen, was weltgeschichtlich die Freigabe der nicht-weißen Dominions durch Großbritannien und die Verselbständigung der Philippinen durch die USA bedeutet haben und bedeuten. Aus dem Kolonialismus selbst sind die Ideen der verantwortlichen Selbstregierung (responsible government), der Treuhänderschaft und der Föderation hervorgegangen, die am Ende zur Gewährung der Unabhängigkeit an eine Reihe von Kolonialländern führten. Dieser Weg ist dann, wenn auch nicht überall, weitergegangen worden, eine Reihe afrikanischer Staaten hat inzwischen Unabhängigkeit erlangt. Beispiele anderer Art, bei denen es wie in Indonesien zu gewaltsamen Auseinandersetzungen gekommen ist, zeigen an, daß durch freie Vereinbarung die Grundlagen geschaffen werden können, um die Frage der Befreiung vom Kolonialismus zum Wohle der selbständig werdenden Völker zu lösen.“

361. Die Bildung neuer Nationen in Afrika

Aus Margery Perham, Bilanz des Kolonialismus, Stuttgart, 1963, S. 24ff.

„Die Grenzen, innerhalb welcher die Afrikaner heute darangehen, neue Nationen zu bilden, wurden zum größten Teil vor 60 bis 70 Jahren gezogen. In diesen Territorien lebten damals Hunderte, ja Tausende von Volksgruppen der verschiedensten Arten und Größen. (Aus Bequemlichkeit nennen wir alle diese Volksgruppen ‘Stämme’, obgleich die Anthropologen eine ganze Anzahl verschiedener Typen gesellschaftlicher Organisation – oder auch deren Nichtvorhandensein – in der afrikanischen Gesellschaft unterscheiden.) Nehmen wir z.B. Nigeria. Obgleich die britische Regierung daran interessiert war, es mit möglichst großen Bevölkerungseinheiten zu tun zu haben, sah sie sich hier gezwungen, mehr als hundert verschiedene Eingeborenenverwaltungen anzuerkennen, wie wir die primitiven Herrschaftssysteme, welche auf der Stammesordnung beruhten, einmal nennen wollen. In sprachlicher Hinsicht war die Lage nicht viel anders; auch hier finden wir die gleiche Vielfalt. In einem einzigen afrikanischen Land mittlerer Größe gab es nicht selten ein Dutzend oder mehr Sprachen. In Nigeria gibt es nicht weniger als 248. Auch die Sitten sind meist von Stamm zu Stamm äußerst verschieden. Die Religion splittert sich schon deshalb in eine Vielzahl verschiedenster Formen auf, weil die animistischen Kulte Afrikas in der Regel aufs engste an die Vorfahren eines jeden Stammes oder Klans geknüpft sind. Das Eindringen des Islams und des Christentums hat die Trennungslinien zwischen den verschiedenen Religionen Afrikas noch weiter vertieft. Schließlich kommen noch die großen ethnischen Verschiedenheiten zwischen den einzelnen Stämmen hinzu. Dies gilt insbesondere für Ostafrika, wo sich die Bantus von den hamitischen und den nilotischen Stämmen scharf unterscheiden. Ferner bestehen extreme Gegensätze in den Lebensgewohnheiten der einzelnen Stämme. Unter Umständen umfaßt ein einziges Territorium halbnomadische Hirtenstämme, die in den niedriggelegenen trockenen Ebenen leben, und seßhafte, Ackerbau treibende Stämme, welche die Berghänge besiedeln. Wir haben es hier mit Gegensätzen von weit größerem Ausmaß zu tun, als wir sie unter europäischen Nationen kennen, es sei denn in Rußland; aber Rußland ist ein Weltreich! Noch vor wenigen Jahren war es in Afrika möglich, mit dem Auto in einer Tagesreise das Gebiet von bis zu einem halben Dutzend Stämme zu durchqueren; und von diesen waren manche immer noch durch Schutzstreifen unbesiedelten oder kaum besiedelten Landes voneinander getrennt. Jeder dieser Stämme hatte unter Umständen eine andere Sprache, andere Kleidung, andere Formen der Hüttenkonstruktion, des Haarstils und selbst der landwirtschaftlichen Methoden. Heute arbeiten die europäischen Einflüsse auf ein größeres Maß von Uniformität hin, zumindest an der Oberfläche. An sich vermöchte ein Schatz gemeinsamer Erfahrungen, der seinen Niederschlag in einer gemeinsamen Geschichte findet, wohl zu existieren, aber in der Regel hat sich die Vergangenheit Afrikas nur in Legenden niedergeschlagen, die über die heroischen Taten der Vorväter und ihrer oft wechselnden Nachkommen berichten, aber keineswegs das gemeinsame geschichtliche Erbe der Bevölkerung einer bestimmten Region darstellen.

Man kann demgegenüber freilich einwenden, daß auch die Asiaten bei der Schaffung moderner Nationalstaaten solche Schwierigkeiten zu überwinden gehabt haben. Aber hier handelt es sich um sehr große Gruppen, die einander durch eine gemeinsame kulturelle und sprachliche Abkunft verbunden sind, auch wenn sie, wie A. J. Toynbee betont, in gefährlicher Weise gleich einem Potpourri durcheinandergemischt sind. In Afrika finden wir dagegen eine flickwerkartige Verteilung der ethnischen Gruppen, die an sich weniger Probleme aufwirft, als die Gemengelage im asiatischen Raum. Doch haben die meisten asiatischen Völker im Unterschied zu den afrikanischen einen Nationalstolz und ein Selbstbewußtsein, wie sie nur eine lange eigene Geschichte verleihen kann; sie kennen eine hochentwickelte Architektur und Kunst, sie besitzen eine klassische Literatur und schließlich mehrere große Hochreligionen. Alle Nationen sind ursprünglich lose Vereinigungen einer Vielzahl von Stämmen gewesen, die erst im Laufe von Jahrhunderten stärker zusammenwuchsen."

362. Verfall und Wiedergeburt des Arabertums

Francesco Gabriele, Geschichte der Araber, Stuttgart 1963, S. 176ff.

„Die Türkenherrschaft, die für die Araber des Ostens vom 16. bis zum 20. Jahrhundert dauerte, bei den Arabern des Westens aber durch das europäische Kolonialregime abgelöst wurde, bedeutet für das Arabertum die Zeit des größten Verfalls. . . .

Der Beginn des 20. Jahrhunderts sah die Vollendung der europäischen kolonialen Durchdringung des arabischen Westens (italienische Besetzung Libyens 1911–1912, französisches Protektorat über Marokko 1912). Die Türkei und England, Italien und Frankreich teilten so die Reste des arabischen Reiches am Vorabend der großen Auseinandersetzung unter sich auf.

. . .

Zwischen dem Ende des 19. und dem Beginn des 20. Jahrhunderts lernten die Araber in der Schule Europas die Vaterlandsliebe, deren Keim in der modernen Auffassung von der Nationalität beschlossen lag, und damit auch ihre Überspitzung im Nationalismus. . . . Die ersten Apostel des arabischen Nationalismus, wie Mustafa Kamil in Ägypten und die Schar der syro-libanesischen Publizisten, die in Ägypten ihre Zuflucht und ihr Tätigkeitsfeld fanden, entwickelten ihre Ideale in Formen, die denen des 19. Jahrhunderts entsprachen und in denen Freiheit, Unabhängigkeit und Demokratie unauflöslich ineinander verflochten waren. . . . Die Unabhängigkeitsbestrebungen, die lange unterdrückt worden waren und Enttäuschungen gebracht hatten, die großen Anstrengungen im Kampfe um ihre Durchsetzung und neue Faktoren, die auftraten und die ethnisch-politische Struktur des Nahen Ostens störten (. . .), haben allmählich den arabischen Nationalimus zu jener unnachgiebigen und aggressiven Haltung gebracht, die für die neueste Phase desselben charakteristisch ist. . . . Der Kampf der Araber richtete sich natürlich in den einzelnen Ländern gegen die verschiedenen Schutzmächte und -herren: in Syrien gegen die Türken, in Ägypten gegen die Engländer. Nachdem die Hoffnungen der syrischen Patrioten auf eine Autonomie im Rahmen des ottomanischen Staates beim Auftreten der Jungtürken enttäuscht worden waren, bekamen ihre Anstrengungen immer deutlicher ein separatistisches und nationales Gepräge. Die Türkei antwortete darauf mit blutigen Unterdrückungsmaßnahmen. In Ägypten war der Kampf um die Unabhängigkeit weniger grausam, aber nicht weniger ernst. . . . Während das sterbende ottomanische

Reich mit der Proklamation des heiligen Krieges die Fahne des Panislamismus schwenkte (ein Gedanke, der in Wirklichkeit den nationalen Bestrebungen der einzelnen muselmanischen Völker zuwider lief), spannte die Entente den arabischen Nationalismus ein und brachte ihn bis zum inneren Aufruhr gegen die Türken und Deutschen ...

In den 20 Jahren zwischen den beiden Weltkriegen kämpften alle diese jungen arabischen Staaten um ihre Befreiung von der Vormundschaft der Mandatsregierung ... Doch die wesentlichen Früchte reiften erst am Ende des Zweiten Weltkrieges heran. Als im Jahre 1939 der Zweite Weltkrieg ausbrach, waren die Mandate gefallen oder sie standen vor ihrem Fall, jedoch keiner der arabischen Staaten konnte eine unabhängige Außenpolitik führen. Das schließt nicht aus, daß die zwanzig Jahre unerwünschter Vormundschaft für sie nicht auch wirkliche Vorteile gebracht hätten, so eine Lehrzeit auf dem Gebiet der Verwaltung, Unterstützung im technischen und kulturellen Bereich und einen tatsächlichen Fortschritt im zivilen Sektor. Aber je größer dieser Fortschritt in Wirklichkeit war, um so unerträglicher war die fremde Vorherrschaft. ... Besonders prekär und peinlich gestaltete sich die Lage in Palästina, wo man nicht einmal formell eine lokale Selbstregierung einrichten konnte oder wollte und wo die jüdische Einwanderung, bald ermutigt, bald eingeschränkt, die völkische und wirtschaftliche Struktur zum Nachteil der Araber weitgehend veränderte. ...

Zwischen 1944 und 1945 stellte sich die gesamte arabische Welt aus Überzeugung und zu ihrem Vorteil auf die Seite der Sieger, denn sie fühlte, daß dort die Entscheidung über ihr zukünftiges Schicksal heranreifen würde. Mit dem tatkräftigen Eingreifen Amerikas in die Politik der Alten Welt war der europäische Kolonialismus auch unter der zweideutigen Maske der Mandate im Nahen Osten in der Liquidation, und ihre letzten Überreste schwanden gerade am Ende des Krieges, als der Libanon und Syrien Frankreich volle Unabhängigkeit ohne die Gegenleistung militärischer Bündnisse abverlangten. England hatte seit 1932 im Irak und im Jahre 1946 in dem zum Königreich erhobenen Emirat von Transjordanien das Mandat abgeschafft. Ägypten gewann 1946 die volle Kontrolle über sein nationales Territorium mit Ausnahme der Kanalzone, während die beiden wichtigen Staaten Arabiens (Saudiarabien und Jemen) von jeher ihre Souveränität bewahrt hatten. Seit März 1945 verbanden sich alle diese arabischen Staaten, die entweder unabhängig oder auf dem Weg dazu waren und innerhalb kurzer Zeit Mitglieder der UNO werden sollten, in einem feierlichen Akt zu einer *Liga*, die im Augenblick ihrer Entstehung viel versprach, dann aber sehr viel weniger zu halten schien, jedoch große Möglichkeiten für die Zukunft in sich birgt.

...

Der letzte Akt des anglo-ägyptischen Duells wurde in der Nachkriegszeit um die Räumung des Kanals ausgetragen, jenes letzten Zipfels ägyptischer Erde, an den sich die Engländer klammerten (die Räumung wurde von Ägypten erst im Jahre 1954 erreicht und im Jahre 1956 beendet), und um die Sudanfrage, wo sich der plötzlich wiedererstandene ägyptische Imperialismus an die Stelle des niedergehenden britischen Condominiums zu setzen versuchte. ...

Eine große Enttäuschung aber und Prüfstein für die Wirksamkeit dieses Zusammenschlusses der jungen arabischen Staaten auf diplomatischem und auf politisch-militärischem Gebiet war die brennend gewordene palästinensische Frage. ... Großbritannien, das sich zunächst mit der Balfour-Erklärung zum Schutzherrn der Bewegung (der „jüdischen Immigration") gemacht hatte, hätte vielleicht zu irgendeinem Zeitpunkt die von ihm herbeigerufenen Geister gerne angehalten, aber die

Kraft der Tatsachen und die moralische und materielle Unterstützung, die Amerika dem Zionismus lieh, machten es unmöglich, das Rad der Geschichte zurückzudrehen. Ein neues Element, voll Kraft und Unternehmungsgeist und mit modernem Kriegsmaterial ausgerüstet, hatte nunmehr in seinem allerältesten Ursprungsland Fuß gefaßt und die primitive und träge einheimische Bevölkerung wirtschaftlich und sozial auf den zweiten Platz verwiesen. Die Zweiteilung des Landes, die von der UNO sanktioniert wurde, und der Rückzug der britischen Streitkräfte zeitigten als unmittelbare Folgen die Proklamation des unabhängigen Staates Israel und den Versuch der arabischen Staaten, diesen in einer gemeinsamen militärischen Aktion (Mai 1948) ins Meer zu werfen. ... Der Fehlschlag des antijüdischen Unternehmens im Jahre 1948 löste in der arabischen Welt, die sich gerade zu einer eigenständigen Politik zusammengeschlossen hatte, eine Bewegung tiefer Enttäuschung und richtige Minderwertigkeitskomplexe aus. Dies wirkte sich in einer nicht gerade vorteilhaften Weise auf die weitere Entwicklung auf innenpolitischem wie auf internationalem Gebiete aus. Am schwersten wurde davon Ägypten betroffen, wo die militärische Niederlage als brennende Schande empfunden wurde. Es war dies einer der Hauptgründe für den Staatsstreich vom Juli 1952, der mit dem in Mißkredit gekommenen Faruk die Monarchie Muhammed Alis verjagte. ..."

B. Probleme der Entwicklungshilfe

Einführung

Das Ende des Kolonialzeitalters brachte zwar vielen Völkern des afrikanischen und asiatischen Kontinents politische Unabhängigkeit und staatliche Souveränität, aber die alten Kolonialmächte fühlten sich dennoch nicht aus der Verantwortung für diese in technischer, wirtschaftlicher und organisatorischer Hinsicht rückständigen und unterentwickelten Gebiete entlassen. Die Verpflichtung zur Hilfe hat zu wirtschaftlichen Aufbau- und Sanierungsaktionen großen Stils geführt, die besonders von den USA ausgingen und die Beseitigung von Unterproduktion, Unwissenheit, Hunger und Krankheit erstreben. Aber trotz aller beachtlichen Anstrengungen ist es nicht gelungen, das für alle Entwicklungsländer bezeichnende Mißverhältnis zwischen Wachstum der Bevölkerung und Steigerung der Gütererzeugung, der Einkommen und der produktiven Beschäftigungsmöglichkeiten befriedigend zu lösen.

Zwar haben die Erfahrungen der letzten Jahre gelehrt, daß nur eine koordinierte Entwicklungshilfe, daß nur multilaterale statt der bisher bilateralen Maßnahmen imstande sind, entscheidende ökonomische Fortschritte zu machen und das Gespenst der Überbevölkerung in den Entwicklungsgebieten zu bannen, doch steckt die Erarbeitung zielsicherer Methoden durchaus noch in den Anfängen. Die Meisterung dieser Aufgabe wird allgemein als Schicksalsfrage unserer Zeit empfunden. Doch hat die außerordentliche Verschiedenheit der natürlichen und sozialen Bedingungen zwischen den einzelnen Ländern, die keine schablonenhaften Regeln und klassischen Lösungen zuläßt, eine durchschlagende Wirksamkeit vieler anerkennenswerter Bemühungen verhindert, das oft kritisierte Mißverhältnis zwischen Aufwand und Effekt verursacht und den Ruf nach einer Abkehr von Pragmatismus und Improvisation laut werden lassen. Besonders in den USA, wo man immer angesichts des Ost-West-Gegensatzes den politischen Charakter der Entwicklungshilfe herausstellte, hat sich die Erkenntnis Bahn gebrochen, daß man die Entwicklungshilfe nicht allein als Frage von Maschinen, Technik und Kapital begreifen, nicht primär und ausschließlich unter militärischen Gesichtspunkten betrachten dürfe, sondern daß sie eine vielschichtige, langfristige und systematische Planung erfordere, die auf einem klaren, aus Wissen und Erfahrung, Erfolgen und Fehlschlägen geborenen Leitbild basiert. Unter diesem Aspekt muß Entwicklungshilfe umschlagen in ein gemeinsames, partnerschaftliches Bemühen, das von den Empfängerländern verlangt, die gebotene Entwicklungschance verantwortungsbewußt zu nutzen und nicht leichtfertig zu verspielen. Die Entwicklungshilfe ist so vor allem als Startbegünstigung, als Förderung der Selbsthilfe durch Erziehung, Ausbildung und Beratung zu verstehen, so daß eine angemessene Eigenleistung möglich wird.

Selbst in Europa gibt es noch Länder, die in manchen wirtschaftlichen Bereichen zu den Entwicklungsländern zu zählen sind. Das gilt sogar für die Weltmacht UdSSR. Hinsichtlich der Schwerindustrie und der Rüstungsindustrie, die modernen Zweige der Raumfahrttechnik eingeschlossen, aber auch angesichts des technischen Bildungswesens ist die Sowjetunion ein voll entwickeltes Gebiet. Was jedoch Rohstoffschöpfung, Energiebereitstellung, Konsumgüterindustrie, Landwirtschaft und was den gesamten Bereich der Dienstleistungsgewerbe angeht, kann von unterentwickelter, bzw. noch in Entwicklung begriffener Volkswirtschaft gesprochen werden. Unbefriedigende Verhältnisse herrschen in weiten Gebieten noch im Wohnungs- und Straßenbau, in Städteplanung und Städtebau usw. Auf diesen Gebieten sind nur die privilegierten Schichten des Systems ausreichend versorgt.

Die industrielle Grundstruktur der Ostblockstaaten ist noch im Aufbau begriffen. Aus diesem Grunde ist auch noch kein befriedigender wirtschaftlicher Kontakt etwa zur EG möglich, während das niedrigere Entwicklungsniveau innerhalb des Comecon jedem Mitglied eine Chance bietet, zumal die Zeit der stalinistischen Wirtschaftsdiktatur Moskaus innerhalb des Ostblocks zu Ende ist. Der Kreml kann heute nicht mehr befehlen und ausbeuten, er muß bei größten eigenen Schwierigkeiten Entwicklungskredite geben, er muß im Falle Polen sogar die Annahme westlicher Entwicklungshilfe dulden. Er muß Energie liefern in Form von Öl und Erdgas (-Pipelines) sowie Elektrizität. Die Sowjetunion muß Rohstoffe bereitstellen und ihren so billig wie möglichen Transport durch Ausbau eines Ost-West-Kanalnetzes in Gang bringen. Im Wirtschaftlichen gründet ein Motiv der, freilich begrenzten, politischen Toleranz Moskaus gegenüber dem „eigenen Weg zum Sozialismus" einzelner Ostblockländer.

Eine besondere Rolle spielt dabei die hochindustrialisierte DDR, bei der lediglich die im System liegenden Hemmnisse verhindern, daß sie den westdeutschen und westlichen Stand erreicht. Ihre Existenz ist für den Ostblock so lebenswichtig, daß schon allein darum einer Wiedervereinigung von Moskau und vom gesamten Comecon Widerstand entgegengesetzt wird. Gerade dessen Mitglieder drängten auf Stacheldraht und Mauer, um die ständige Flucht qualifizierter Facharbeiter und wissenschaftlich-technischer Spezialisten nach dem Westen zu verhindern.

Die südost- und südeuropäischen Entwicklungsländer bieten in ihrer wirtschaftlichen Situation ein sehr differenziertes Bild.

Griechenland ist immer noch vorwiegend Agrarland – dennoch kann seine Landwirtschaft den eigenen Bedarf nicht decken. Bei guter Ausstattung mit Bodenschätzen ist die Industrie angesichts erheblichen Kapital- und Energiemangels noch in den Anfängen der Entwicklung.

Die Türkei ist im Entwicklungsstand noch weit hinter Griechenland zurück, weil große Flächen des Landes Grassteppe sind, welche noch nicht für die Landwirtschaft erschlossen ist. Daher gibt es in diesem Lande noch 15% Nomaden, während 70%

der Bevölkerung in der Landwirtschaft arbeiten. Bei gleichfalls wertvollen Rohstoffvorkommen befindet sich die Industrie noch im ersten Anfangsstadium, ebenso das Verkehrsnetz.

Süditalien hat den Entwicklungsstand Mittel- und Norditaliens, welche als in voller Entfaltung begriffene teilindustrialisierte Agrargebiete mit hochentwickelter, spezialisierter Landwirtschaft bezeichnet werden können, noch nicht erreicht. Die Folgen sind Unterproduktion, Armut und Landflucht und Kriminalität.

Die iberischen Staaten, Spanien und Portugal, befinden sich etwa auf dem Entwicklungsniveau Norditaliens. In Spanien sind 1966 immerhin 25% der Erwerbstätigen Industriearbeiter. Die Landwirtschaft einschließlich des Obst- und Weinbaus ist hochspezialisiert, man kann überwiegend Gartenbau feststellen, Fischfang ist ebenfalls bedeutend und die darauf beruhende Verwertungsindustrie. Die reichen Bodenschätze Spaniens werden jedoch noch in einem technisch veralteten System des Bergbaus gewonnen. Die Industrie ist trotz allem überall im Frühstadium der technischen Entwicklung, die Produktivität relativ niedrig.

In Lateinamerika wirkt sich die vielfältige Gliederung der Bevölkerung nach Rassen und Sprachen hemmend auf die wirtschaftliche Entwicklung aus. Im Durchschnitt sind etwa $1/3$ Weiße, $1/5$ Indiander, $1/5$ Neger und der Rest sind Mischlinge. Die in Entwicklung begriffene Wirtschaft muß sich jedoch der europäischen Einwanderersprachen, also vorwiegend des Spanischen und Portugiesischen bedienen, die einheimischen Wissenschaftler und Techniker bedürfen zusätzlich guter Kenntnisse der englisch/amerikanischen und der deutschen Sprache.

Diese Sprachen erreichen jedoch nur eine gebildete Oberschicht und eine sehr dünne städtische Mittelschicht, denen eine Masse von Analphabeten mit einer Unzahl von Dialekten gegenübersteht. In Paraguay z.B. spricht die Masse der Bevölkerung „Guarani", eine indianische Volkssprache (85%). Das völlig unterentwickelte Schulwesen trägt das seine dazu bei, diesen Zustand zu zementieren. Die unterentwickelten Verkehrsverhältnisse belassen in den mittel- und südamerikanischen Großräumen hochmoderne städtische Ballungszentren (z.B. Rio, Sao Paulo, Buenos Aires, Lima, Mexiko-City) in fast völliger Isolation gegenüber dem provinziellen Hinterland, das nur mit Flugzeugen und wenigen Autobahnen bis zum nächsten Zentrum überwunden wird. Raum- und Bevölkerungs-(Sozial-)Struktur ergänzen sich und sind entwicklungsfeindlich, insbesondere infolge Fehlens der handwerklich-agrarischen Mittelschicht.

Entsprechend diesem Hintergrund ist die lateinamerikanische Wirtschaft überwiegend unterentwickelt. Nur ein kleiner Teil umfaßt eine relativ moderne Industrie, deren Produktion mangels an Kaufkraft im Innern ins Leere stößt, hochentwickelte Exportgüter, die den Monokulturen des Großgrundbesitzes entstammen (Kaffee, Kakao, Pflanzenöle, Getreide, Fleisch, Faserstoffe, Baumwolle, Leder und – Venezuela – Mineralöl), deren Verarbeitung, Lagerung und Vertrieb in der Hand in- und ausländischer Kapitalgesellschaften liegt, die ihrerseits gute Angriffspunkte für sozialkritische Ideologien wie den Fidelismus (Fidel Castro) bieten.

Die kollektivistische, zentralverwaltete Wirtschaft Chinas bevorzugt die Schwer- und Rüstungsindustrie zu Lasten der Konsumgüterproduktion und der Landwirtschaft, die niedrigen Löhne, der Einsatz der Armee, die Zwangsablieferungspflicht der Bauern ermöglicht bei niedrigem Lebensstandard die notwendige Kapitalbildung des Unternehmers Staat. Auf diese Weise ist eine „Selbstentwicklung" möglich geworden, die bei Eisen, Stahl, Kohle, Elektrizität und im Maschinenbau beachtliche Erfolge aufweist, die jedoch neuerdings infolge der bürgerkriegsähnlichen Vorgänge der Kulturrevolution wieder ins Stocken geraten ist. Auch das dem chinesischen Naturell widersprechende Kommune-System hat die ursprünglichen Anreize gedämpft.

Indien bemüht sich mit westlicher Hilfe auf der Grundlage vorwiegend planwirtschaftlich-sozialistischer Methoden, ohne diese jedoch zum Dogma zu erheben, um seine wirtschaftliche Entwicklung. Rassen- und Sprachenvielfalt, aber auch starke religiöse Spannungen zwischen verschiedenen Bevölkerungsgruppen und dieser zur Hindu-Mehrheit hindern – ähnlich wie in Lateinamerika – erfolgreiche Planung und Aufbau. Angestrebt wird Selbstversorgung mit Stahl, Treibstoffen, Chemikalien, Energie und Erzeugnissen des Maschinenbaus sowie in der Landwirtschaft mit Getreide. Da jedoch 70% der Bevölkerung noch in der Landwirtschaft mit veralteten Anbaumethoden arbeiten, ist mühevolle Aufklärungs- und Schulungsarbeit in dem riesigen Subkontinent nötig, um dieses Ziel zu erreichen.

Gleiche Schwierigkeiten bieten Bevölkerungs- und Raumstruktur in Indonesien, das auch durch die Schaukelpolitik Sukarnos zwischen konservativer Führung der Streitkräfte und radikalen Kommunisten vor seiner Entmachtung zu einem Faß ohne Boden für die westliche Entwicklungshilfe wurde. Lediglich Java kann als fortgeschrittenes Entwicklungsgebiet bezeichnet werden.

Die arabischen Staaten haben Entwicklungsschwierigkeiten, weil die Masse der Bevölkerung religiöse Tradition und Wertvorstellungen so untrennbar verknüpft, daß Streben und Wollen, wie sie für eine industrielle Gesellschaft nötig sind, sich oftmals nur schwer entfalten können. Hinzu kommt die Problematik der Spaltung der arabischen Staaten in feudale Monarchien und progressistische Republiken. Vielfach unterbleibt eine großzügige Entwicklung der Landwirtschaft selbst in Ländern wie Ägypten und dem Irak, wo Bewässerungsmöglichkeiten, richtig genutzt, mit moderner Anbautechnik verbunden, revolutionäre Wendung zum Besseren bringen könnte. Der ungeheuere Reichtum der Ölvorkommen hat in den vergangenen Jahren eine bedeutende Veränderung verursacht. Riesige Kapitalmengen flossen in die ölfördernden Staaten. Gleichzeitig wurde eine neue Kluft zwischen den rohstoffreichen (ölexportierenden) und den rohstoffarmen Entwicklungsländern sichtbar.

Die Entwicklungsländer Schwarzafrikas sind wiederum durch eine ganz eigenartige Problematik gekennzeichnet: wie schon erwähnt, sind die dort nach dem Abzug der Europäer entstandenen Staaten nicht geschichtlich geworden, sondern beruhen auf kolonialen Zufallsgebilden. Ihre politisch-wirtschaftliche Intelligenz ist europäisch gebildet und tendiert entweder zur Vorstellungswelt des Westens oder zum Kommunismus. Sie selbst ist auf eine dünne städtische Schicht angewiesen, mit dem „Busch" hat sie keinerlei innere Verbindung mehr. Sie kann nicht nach kommunistischen Rezepten vorgehen, da es weder eine Feudalschicht, noch eine Großbourgeoisie zu entmachten, aber ebensowenig Kleinbauern oder Landarbeitern und erst recht keinem Industrieproletariat zu helfen gilt. Westliche Entwicklungsmodelle, welche demokratische Staats- und Wirtschaftsweisen anbieten oder eine unternehmerische Mittelschicht heranziehen wollen, sind jedoch ebenfalls nicht anwendbar – sie stoßen ins Leere. Alle europäischen Begriffe wie Stadt, Dorf, Stamm usw. versagen beim Verstehen des afrikanischen Busches. Dieser Busch aber müßte geistig-seelisch verwandelt werden, ohne ihn zu entwurzeln, so wie es allen jungen Afrikanern geschieht, die ihn verlassen. Die Entwurzelten und die Stadtbewohner müßten zunächst durch eine breite Bildungs- und Schulpolitik erfaßt werden, um mit ihnen den Anfang zur Bildung einer volkswirtschaftlich ausgleichenden, der buschmüden Jugend soziale Eingliederungs- und Aufstiegschancen bietenden Mittelschicht zu machen.

Quellen und Darstellungen

363. Das amerikanische „Punkt-Vier-Programm"

Trumans Botschaft an den Kongreß vom 20. 1. 1949.

Harry Truman, Memoiren (1956), Bd. 2, S. 254ff.

„Wir müssen ein neues, kühnes Programm aufstellen, um die Segnungen unserer Wissenschaft und Technik für die Erschließung der unterentwickelten Weltgegenden zu verwenden. Über die Hälfte der Weltbevölkerung lebt unter ärmlichen, ja elenden Umständen. Ihre Ernährung ist unzureichend. Krankheiten und Epidemien grassieren. Die Wirtschaftsformen sind primitiv und veraltet. Ihre Armut bildet nicht nur für sie selber, sondern auch für die begünstigteren Weltgegenden eine Gefahr. Zum erstenmal in der Geschichte besitzt heute die Menschheit das Wissen und Können, die Leiden dieser Millionen zu lindern. An wissenschaftlichem und produktionstechnischem Rüstzeug stehen die Vereinigten Staaten an der Spitze aller Nationen. Trotzdem bleibt die Menge der Güter, die wir anderen Völkern überlassen können, begrenzt. Hingegen befinden sich unsere technischen Kenntnisse in beständigem Wachstum und sind bei weitem nicht ausgeschöpft. Diesen Schatz technischen Wissens sollten wir, wie ich glaube, allen friedliebenden Völkern zugänglich machen, denn nichts vermag ihre Anstrengungen zur Besserung ihres Loses kräftiger zu fördern. Ebenso sollte gemeinschaftlich mit anderen Ländern der Kapitalexport nach solchen Gegenden gelenkt werden, die Mittel zu ihrer Erschließung benötigen. Wir müssen es als unsere Aufgabe betrachten, die Bemühungen aller freien Völker zu unterstützen, ihre Lebensmittel-, Textil- und Baumwollproduktion zu steigern und neue Kraftwerke zu bauen; wir laden alle Staaten ein, unsere und ihre technische Erfahrung für dieses große Unternehmen zusammenzulegen. Jeden Beitrag werden wir aufs wärmste begrüßen. Was mir vorschwebt, ist ein Gemeinschaftsunternehmen, an dem alle fortgeschrittenen Länder mit Hilfe der Vereinten Nationen und ihrer Unterorganisationen mitwirken werden. Es handelt sich um eine weltweite Anstrengung, den zurückgebliebenen Ländern zu Wohlstand, Frieden und Freiheit zu verhelfen.

Die Mitwirkung des Privatkapitals, der Geschäftswelt, der Landwirtschaft und unserer Arbeiterschaft kann dieses Programm, die Hebung der Industrieproduktion in den zurückgebliebenen Ländern, mächtig fördern und deren Lebensstandard wesentlich verbessern. Doch müssen diese neuen Betriebe dem Wohl der Völker dienen, auf deren Grund und Boden sie sich befinden. Den Garantien für die Kapitalgeber haben die Garantien zur Wahrung der Interessen der Völker gegenüberzustehen, deren natürliche Reichtümer und deren Arbeit dazu herangezogen werden.

Der alte Imperialismus – d. h. die Ausbeutung zugunsten ausländischer Geldgeber – hat mit diesem Konzept eines fairen Handelns auf demokratischer Basis nichts zu tun. Ein konstruktives Programm zur besseren Verwertung der natürlichen Schätze und der Arbeitskraft der Welt wird allen Ländern, auch unserem eigenen, Segen bringen. Die Erfahrung hat gezeigt, daß unser Warenaustausch mit Ländern zunimmt, die sich wirtschaftlich entfalten. Eine größere Erzeugung bildet den Schlüssel zur Wohlfahrt und zum Frieden. Und den Schlüssel zu einer größeren Erzeugung bildet der weltweite intensive Einsatz moderner wissenschaftlicher und technischer Kenntnisse. Die große Familie der Völker kann nur dann ein menschenwürdiges Dasein für alle ihre Glieder sichern, wenn sie den unglücklichsten unter ihnen hilft, sich selber zu helfen. Einzig die Demokratie vermag es, den Völkern den Elan und Aufschwung zu vermitteln, nicht nur über Unterdrücker und Ausbeuter, sondern auch über die uralten Feinde Hunger, Not und Verzweiflung zu triumphieren. Millionen von Menschen in aller Welt hungern und dürsten nach Gerechtigkeit – diese Millionen sind unsere Verbündeten. Mit der Zeit, je unbezweifelbarer sich die Stabilität unserer Lebensform offenbart, je mehr Nationen die Segnungen der Demokratie kennenlernen und sich wachsenden Wohlstands erfreuen, werden auch jene Völker, die heute noch in Opposition zu uns stehen, von ihren Irrtümern abgehen, sich mit den freien Nationen zusammenschließen und eine menschenwürdige Lösung für ihre inneren Schwierigkeiten suchen.

Das Weltgeschehen hat der amerikanischen Demokratie verstärkten Einfluß gebracht, ihr aber auch neue Verpflichtungen auferlegt. Unser Mut, unser Pflichtbewußtsein und unser Freiheitsideal werden sich jetzt bewähren müssen. Getragen von unserem Glauben an den Allmächtigen wollen wir einer Zukunft entgegenschreiten, in der die Freiheiten und Rechte des Individuums ungefährdet blühen werden. Diesem Ziel weihen wir unsere Kraft, unseren Reichtum und unseren entschlossenen Willen. Mit Gottes Hilfe wird die Menschheit in einer Welt der Einigkeit, der Gerechtigkeit und des Friedens leben."

364. Die veränderte Weltkonstellation

Ulrich von Pufendorf, Voraussetzungen einer weltweiten Partnerschaft. In: Offene Welt, Nr. 69/70 (1960), S. 366f.

„Im Zuge der Veränderungen der wirtschaftlichen und sozialen Lebensbedingungen durch die technisch-wissenschaftlichen Fortschritte zeigt sich deutlich, daß Armut vor allem überall dort herrscht, wo kein oder nicht genug Geistkapital, d.h. Bildung, vorhanden ist. Die Welt lebt in der Gefahr, daß sich die traditionellen Klassengegensätze des 19. Jahrhunderts zwischen den besitzenden und den nichtbesitzenden Schichten im Ringen um den fairen Anteil an den Lebensgütern von der nationalen auf die planetarische Ebene übertragen, weil die industrialisierten Gebiete immer reicher, die wirtschaftlich unerschlossenen Länder immer ärmer werden.

Die weltpolitische Bedeutung der Emanzipationsbewegung der Völker in den ehemaligen Kolonialgebieten, die als dritte Kraft im weltpolitischen Kräftespiel den Ost-West-Gegensatz zu relativieren begonnen haben, verlangt nach einer konstruktiven Entwicklungspolitik. Sie kann nur auf der Grundlage der Partnerschaft konzipiert werden."

365. Umfassende, individuelle Entwicklungshilfe

Hans Otto Wesemann, Gebote der Partnerschaft. In: Offene Welt Nr. 69/70 (1960), S. 377ff.

„Wenn man auf den eben beschriebenen Geleisen der Überlegung (personale Schwierigkeiten in den Entwicklungsländern) weiterfährt, bestätigt sich auch hier die Erkenntnis, daß die technische Seite der Entwicklungshilfe im Grunde verhältnismäßig unwichtig ist und daß die technische Assistenz wahrscheinlich die am leichtesten zu lösende Aufgabe von allen sein wird. Viel schwieriger ist es, mit der Technik die gesellschaftspolitischen und menschlichen Qualitäten mitzuliefern, die notwendigerweise zu dem Instrumentarium der modernen Industriegesellschaft gehören. Bei uns hat die Hinwendung zur modernen Industriewirtschaft es immerhin notwendig gemacht, ein neues Vokabularium zur angemessenen Bezeichnung der neuen Verhältnisse und Beziehungen zu entwickeln. Dürfen wir, von dieser Erfahrung ausgehend, annehmen, daß in den Entwicklungsländern geistig und auch in den Sprachen selbst die Voraussetzungen dafür vorhanden sind, daß man in einem viel schnelleren Vollzuge, als es in den entwickelten Ländern der Fall gewesen ist, den Sprung in die moderne Industriewirtschaft tut? Sie werden mir vielleicht vorwerfen, daß sich meine Auslassungen zu einem Panoptikum der verschiedensten Vorbehalte entwickeln und daß es sich um nichts anderes zu handeln scheint als um eine Aufzählung all der Schwierigkeiten, für deren Überwindung wohl noch keiner von uns bisher ein Rezept gefunden hat. Trotzdem – gerade wenn wir von der Vorstellung eines partnerschaftlichen Zusammenwirkens ausgehen, müssen wir zunächst einmal ein nüchternes Bild von dem schaffen, was jeder Partner in das gemeinsame Werk einbringt und was nicht. Deshalb ist es selbstverständlich notwendig, die Frage nach der politischen Stabilität, überhaupt nach der politischen Verfassung der Länder zu stellen, in denen der Prozeß der wirtschaftlichen Entfaltung und der Wohlstandsförderung mit Hilfe der entwickelten Länder stattfinden soll. Ganz bestimmt haben wir es dort nicht mit Demokratien im modernen westlichen Sinn zu tun. In einem Land – und es gibt deren viele – in dem die Zahl der Analphabeten bei 80% liegt, in dem also die innerstaatliche Kommunikation infolge der Unfähigkeit, Zeitungen zu lesen und infolge des Fehlens von elektrischem Strom zum Betreiben von Rundfunkgeräten schon rein technisch nicht möglich ist, kann sich keine Art von Gemeingefühl der Staatsbürger entwickeln. Dies aber ist überhaupt erst die Basis für die Entstehung einer Demokratie moderner westlicher Prägung. In solchen Ländern ist allein der Umstand, lesen und schreiben zu können, fast schon ein Privileg, denn nur Menschen mit diesen Fertigkeiten kommen für die personelle Ausstattung jeglicher Administration in Betracht – ganz zu schweigen von der Ausübung der gesetzgebenden Gewalt in Parlamenten oder ähnlichen Einrichtungen. Wir wissen alle aus der eigenen Erfahrung, daß die moderne Industriegesellschaft ohne einen zuverlässig funktionierenden Apparat der inneren Verwaltung nicht existieren kann. Es gibt Entwicklungsländer, in denen von einer durchorganisierten und hierarchisch geordneten Verwaltung – von der Gewerbepolizei bis zu den Gesundheitsämtern – fast noch nichts zu finden ist."

366. R.F. Behrendt über die Neuorientierung der Entwicklungspolitik

Neue Folge der „Kieler Vorträge", Heft 33, 1964, S. 12f.

Behrendt fordert eine Kombination von sozialer Strategie und wirtschaftlicher Entwicklung

„Dieses bedeutet bewußt gelenkten dynamischen Kulturwandel, gezielt auf die Erhöhung der Produktionsfähigkeit und des Lebenshaltungsniveaus möglichst vieler Mitglieder eines Sozialgebildes sowie ihrer Fähigkeit, hierzu aus eigenen Kräften beizutragen, hieraus Nutzen zu ziehen und möglichst weitgehend beratend, mitentscheidend und ausführend am öffentlichen Leben teilzunehmen – all dies mit besonderer Berücksichtigung der bisher am wenigsten entwickelten Bevölkerungsschichten und gesteuert durch rationale Wahl der optimal entwicklungskonformen Mittel, unter Berücksichtigung der technischen, wirtschaftlichen und sozialen Ebenen und der autochtonen sowie der entlehnten Kulturelemente."

367. Entwicklungsländer und östliche Ideologie

Aus dem neuen Programm der KPdSU vom Oktober 1961.
A. Gerigk, Deutschland und das Weltgeschehen, 1961, S. 107f.

„Die mächtige Woge der nationalen Befreiungsrevolutionen fegt das Kolonialsystem hinweg und untergräbt die Pfeiler des Imperialismus. An Stelle ehemaliger Kolonien und Halbkolonien entstanden und entstehen junge souveräne Staaten ... Solange diese Länder nicht mit der wirtschaftlichen Abhängigkeit vom Imperialismus Schluß machen, werden sie ein Objekt halbkolonialer Ausbeutung bleiben ...

Welchen Weg werden die Kolonialländer gehen, die das Joch des Kolonialismus abgeschüttelt haben: den kapitalistischen oder den nichtkapitalistischen Entwicklungsweg? Das ist eines der Hauptprobleme, denen sich ihre Völker gegenübersehen. Was hat ihnen der Kapitalismus zu bieten? Der Kapitalismus wird keinen raschen wirtschaftlichen Fortschritt und keine Beseitigung des Elends bringen; die soziale Ungleichheit wird zunehmen. Was hat der Sozialismus den Völkern zu bieten? Der Sozialismus ist der Weg der Völker zu Freiheit und Glück. Er gewährleistet einen raschen Aufschwung der Wirtschaft und der Kultur. Nicht in Jahrhunderten, sondern zu Lebzeiten einer einzigen Generation verwandelt er ein rückständiges Land in eine Industriemacht."

368. Die zwei Versionen Europas

Hermann Görgen, Entwicklungsländer in der Entscheidung (Beilage z. Parlament 1.4.1964 S. 28f.).

„Aus Bewunderung und Ablehnung, Skepsis und Bejahung ist die Haltung der meisten Entwicklungsländer Europa gegenüber zusammengesetzt. Marxismus und Kapitalismus, Kommunismus und Kolonialismus, Marktwirtschaft und Planwirtschaft sind im Grunde „zwei Versionen Europas in Konkurrenz um die Umformung der ganzen Menschheit". Im geistig-kulturellen Spannungsfeld spielt sich der Kampf zwischen Ost und West und zwischen Entwicklungsländern und Europa ab. Es geht um die Seele der Völker, ihre Denkmethoden, ihre Willensmotivationen, ihre Lebensphilosophien, ihre Stellung zur Ratio als der eigentlichen europäischen Geschichtsmacht, es geht um die Erziehung des ganzen Menschen.

So lehnen die meisten Entwicklungsländer das europazentrische Weltbild ab und strömen nach Europa, um sich die Einzelheiten dieses Weltbildes anzueignen.

Sie lehnen die europäische Kultur ab und bewundern Europa und wollen es ihm gleich tun.

Sie reden vom Untergang und der geistigen Hoffnungslosigkeit, die über der rational-rechnerischen Geisteshaltung Europas laste, und imitieren und übernehmen europäisches Bildungswesen, europäische Wissenschaften, europäischen Rationalismus und europäische Dynamik.

Sie kritisieren – mit Recht – Europas Abfall von seinen eigenen Idealen und folgen den schlechtesten Beispielen aus der europäischen Geschichte der Gewalt, der Usurpation und der nationalen Gesetzlosigkeit.

Sie denunzieren die europäischen Nationalismen und machen aus ihrem eigenen Nationalismus ein Glaubensbekenntnis.

In diesem Kreuz und Quer der Antagonismen ist es Aufgabe des Westens darzutun, daß trotz aller – oder gerade wegen – der qualvollen Epochen europäischer Geschichte Freiheit und Würde der Person bei aller Sozialbezogenheit als Primärwert in der Hierarchie der existentiellen und moralischen Ordnungen zu gelten haben. Nur die in Freiheit der Gemeinschaft zugeordnete schöpferische Persönlichkeit vermag dauerhafte Gesellschaftsordnungen zu errichten."

369. Sinn und Ziel amerikanischer Entwicklungshilfe

Aus der Sonderbotschaft John F. Kennedys vom 22. 3. 1961.
J.F. Kennedy, Dämme gegen die Flut, 1962, S. 189ff.

„Unser Volk muß jede Erörterung der Auslandshilfe im Jahre 1961 damit beginnen, daß es sich ganz klar dreier Tatsachen bewußt wird:

1. Die bestehenden Pläne und Konzeptionen für die Auslandshilfe sind zum größten Teil unbefriedigend und entsprechen weder unseren eigenen Bedürfnissen noch denen der unterentwickelten Länder am Anfang der sechziger Jahre.

2. Der wirtschaftliche Zusammenbruch jener zwar freien, aber wirtschaftlich rückständigen Staaten, die sich jetzt zwischen einer gesicherten Expansion ihrer Wirtschaft und einem Wirtschaftschaos in der Schwebe befinden, wäre eine Katastrophe für unsere nationale Sicherheit, eine Gefahr für unsere vergleichsweise hohe Prosperität und eine schwere Belastung für unser Gewissen.

3. Den industrialisierten freien Staaten bietet sich in den sechziger Jahren eine geschichtliche Chance, durch Gewährung einer großzügigen Wirtschaftshilfe mehr als der Hälfte aller Völker der zurückgebliebenen Staaten den Übergang zu einem aus eigenen Impulsen unterhaltenen wirtschaftlichen Wachstum zu ermöglichen, während die übrigen Nationen erheblich näher an den Tag heranrücken, an dem auch sie nicht mehr auf Beistand von außen angewiesen sind.

Die Auslandshilfe, jenes noch nicht dagewesene Unternehmen, mit dem Amerika den Notschrei der Welt beantwortete, ist nicht das Werk einer einzigen Partei oder Regierung. Unter der Führung zweier großer Präsidenten, Harry Trumans und Dwight Eisenhowers, ist sie in Gang gekommen, und weitblickende Mitglieder der beiden politischen Parteien im Kongreß und im ganzen Volk haben sie unterstützt.

Unsere erste bedeutende Maßnahme auf diesem Gebiet war ein Nothilfeprogramm zur Versorgung von Ländern, die der zweite Weltkrieg verwüstet hatte, mit Nahrung, Kleidung und Unterkünften. Als nächstes leiteten wir den Marshall-Plan ein, ein gewaltiges und von Erfolg gekröntes Programm zum Wiederaufbau der Volkswirtschaften in Westeuropa und zur Verhinderung einer kommunistischen Machtübernahme in diesem Erdteil. Darauf folgte das Punkt-Vier-Programm, mit dem wir uns bemühten, der Bevölkerung von Entwicklungsländern wissenschaftliche und technische Fortschritte zugänglich zu machen. Und in neuester Zeit hat die Konzeption der Entwicklungshilfe, dazu die Gründung der Organisation für wirtschaftliche Zusammenarbeit und Entwicklung (OECD) den Weg frei gemacht zu einer gemeinsamen Anstrengung der freien Welt, einen Beitrag zur wirtschaftlichen und sozialen Entwicklung der unterentwickelten Gebiete unserer Erde zu leisten.

Um dieses neue Ziel zu verwirklichen, werden wir den Geist gemeinsamer Energieentfaltung, der hinter unseren Anstrengungen in der Vergangenheit stand, wiederbeleben müssen. Wir müssen außerdem die Organisation unserer Auslandshilfe und unsere Grundvorstellungen über ihre Durchführung revidieren, um die neuen Probleme zu bewältigen, vor die wir nun gestellt sind.

Denn kein Befürworter der Auslandshilfe kann sich bei objektiver Betrachtung mit dem derzeitigen Programm zufriedengeben, das in Wirklichkeit aus einer Vielfalt von Programmen besteht. Seine Verwaltung verteilt sich, bürokratisch in Bruchstücke zerlegt, unbeholfen und langsam funktionierend, über einen aufs Geratewohl entstandenen und unrationellen Komplex von Behörden, der mindestens vier Ministerien und einige andere Dienststellen einschließt. Das Programm basiert auf einer Reihe legislativer Akte und administrativer Maßnahmen und Verfahren, die zu verschiedenen Zeiten und für verschiedene Zwecke konzipiert wurden und von denen viele jetzt veraltet und unzusammenhängend oder ungebührlich starr und deshalb für die jetzigen Bedürfnisse und Zwecke ungeeignet sind. Schon haben die Schwächen dieses Programms begonnen, hier und im Ausland das Vertrauen in unsere Bemühungen zu unterhöhlen.

Das Programm erfordert den Einsatz hochqualifizierter Kräfte in einem festen Dienstverhältnis, dessen Bedingungen so beschaffen sein müssen, daß sie eine beträchtliche Zahl von hervorragend tüchtigen Männern und Frauen anziehen, die befähigt sind, mit fremden Regierungen feinfühlig zu verhandeln, und großes Verständnis für den Prozeß der wirtschaftlichen Entwicklung besitzen. Die Ungewißheit über ihre berufliche Zukunft und die Minderung ihres Ansehens in der Öffentlichkeit hat indessen bei jenen im Außendienst beschäftigten Angestellten, die durch die Verzögerungen und Verworrenheiten infolge der Überschneidung von Ämterkompetenzen und infolge unklarer Zielsetzungen immer wieder Enttäuschungen erleben, zu einem Sinken der Berufsmoral und der Leistungen geführt. Nur die beharrlichen Bemühungen derjenigen treu und hart arbeitenden Beamten, die bisher das Programm in Gang gehalten haben, konnten unseren Vorhaben in Übersee zu einigem Erfolg verhelfen. Zudem hat die ungleichmäßige und unzuverlässige kurzfristige Finanzierung unserer Auslandshilfe den Anreiz zu langfristigen Planungen und eigenen Bemühungen der Empfängernationen, wie sie für eine solide Wirtschaftsentwicklung von ausschlaggebender Bedeutung sind, vermindert. Das Fehlen von Stabilität und Kontinuität im Programm, die Notwendigkeit, jede Planung nach einem jährlichen Auslauftermin zu richten, und dazu noch eine verwirrende Vielzahl amerikanischer Auslandshilfevertretungen in ein und demselben fremden Land – all das hat die Wirkung unseres Beistands beeinträchtigt und die Aufgabe erschwert, realistische Ziele zu stekken und vernünftige Normen vorzuschreiben. Zusammengestückelte Projekte, hastig entworfen, um mit dem Rhythmus des jeweiligen Haushaltsjahres Schritt zu halten, sind kein Ersatz für eine regelrechte Planung auf lange Sicht. Dagegen hat die Möglichkeit, langfristige Verpflichtungen einzugehen, es der Sowjetunion ermöglicht, ihr Auslandshilfeprogramm dazu zu benutzen, Entwicklungsländer von der russischen Unterstützung wirtschaftlich abhängig zu machen und so die Ziele des Weltkommunismus zu fördern.

Wenn unsere Hilfsprogramme auch dazu beitrugen, ein Wirtschaftschaos und den völligen wirtschaftlichen Zusammenbruch zu verhüten, und manchen Staaten ihre Unabhängigkeit und Freiheit bewahren halfen, ist es doch eine Tatsache, daß viele ständig von uns unterstützte Länder gegenwärtig dem Zustand eines kontinuierlichen wirtschaftlichen Wachstums nicht viel näher sind als zu dem Zeitpunkt, an dem unsere Hilfe begann. Geld, das wir ausgaben, um Krisensituationen zu bewältigen oder kurzfristige politische Ziele zu verwirklichen, mag zwar mitgeholfen haben, die Unversehrtheit und Unabhängigkeit eines Staates zu erhalten, hat aber nur selten das Empfängerland einer größeren wirtschaftlichen Stabilität nähergebracht ..."

370. Aus den Grundsätzen für die Entwicklungshilfe

Aufgestellt von der Welthandelskonferenz, veröffentlicht in „Auswertung der Dokumentation der WHK", Heft 1, S. 50ff. Wiss. Schriftenreihe des Bundesministeriums f. wirtschaftl. Zusammenarbeit, Bd. 7, H. 1, 1966.

„Die internationalen Institutionen und die entwickelten Länder sollten in zunehmendem Maße für einen Zufluß von internationalen finanziellen, technischen und wirtschaftlichen Hilfeleistungen sorgen, um durch Ergänzung der Exporteinnahmen der Entwicklungsländer die Anstrengungen zu unterstützen und zu verstärken, die von diesen auf Grund ihrer nationalen Politik, ihrer Planung und ihrer wirtschaftlichen Entwicklungsprogramme unternommen werden, um ihr wirtschaftliches Wachstum durch Auffächerung, Industrialisierung und Produktivitätssteigerung zu beschleunigen. Eine Unterstützung dieser Art sollte keinerlei politischen oder militärischen Bedingungen unterliegen. Welche Form sie auch immer annehmen oder aus welchen Quellen sie fließen mag, diese Unterstützung, einschließlich der Zurverfügungstellung ausländischer öffentlicher und privater Kredite oder entsprechenden Kapitals, sollte den Entwicklungsländern zu Bedingungen gewährt werden, die mit ihren Handels- und Entwicklungsbedürfnissen völlig in Einklang stehen. Die internationale Finanz- und Geldpolitik sollte die Handels- und Entwicklungsbedürfnisse der Entwicklungsländer voll und ganz berücksichtigen."

...

„Die Industrialisierung der Entwicklungsländer und die Modernisierung ihrer landwirtschaftlichen Erzeugung sind notwendige Voraussetzungen für ihre wirtschaftliche und soziale Entwicklung und für die Ausweitung und vielseitigere Gestaltung ihres Handels. Dementsprechend sollten die Entwicklungsländer nationale Pläne und Programme aufstellen und in Kraft setzen sowie ihre einheimischen Hilfsquellen voll ausschöpfen und die erforderlichen Reformen durchführen.

Die entwickelten Länder sollten die Bemühungen der Entwicklungsländer ergänzen durch die Vermittlung von technischem Wissen (know-how), die Gewährung technischer und finanzieller Hilfe sowie von Ausbildungsmöglichkeiten; des weiteren sollten sie die erforderlichen Maßnahmen ergreifen, um die Einfuhr von Halb- und Fertigwaren aus den Entwicklungsländern zu erhöhen."

...

„Jedes Mal, wenn die internationalen Maßnahmen zur Stabilisierung der Preise für Grundstoffe in ihrem Verhältnis zu den Preisen für Fertigwaren sich als unzureichend erweisen, sollten auf einer angemessenen und weltweiten Basis sowie ohne Beeinträchtigung des Gesamtumfanges der finanziellen Hilfeleistungen an die Entwicklungsländer Vereinbarungen getroffen werden, um die Verschlechterung der Austauschverhältnisse und den kurzfristigen Rückgang der Exporterlöse der Länder, die Grundstoffe exportieren, zu berichtigen und auszugleichen mit dem Ziel, die Durchführung der wirtschaftlichen Entwicklungspläne und -programme zu erleichtern."

371. Was nottut in der Entwicklungshilfe

Kritische Stimmen von der Travemünder Tagung der Gesellschaft für Wirtschafts- und Sozialwissenschaften, nach Frankfurter Allgemeine Zeitung 1964, 230, 5.

„Der Entwicklungsprozeß, und dementsprechend auch die Entwicklungspolitik, spielen sich auf drei verschiedenen Ebenen oder in drei Dimensionen ab:

a) der technischen, also im Wandel von Verfahrensweisen der Produktion, des Transportes, der Kommunikation und der Verteilung, zwecks Erzielung eines optimalen Verhältnisses zwischen Aufwand und Ertrag;

b) der wirtschaftlichen, in der Herausbildung wirksamerer Methoden der Organisation, der Planung und Ertragsermittlung;

c) der gesellschaftlichen, in der Mobilität der Gesellschaftsstruktur, in ihrer wachsenden Differenzierung in bezug auf Rollen und Funktionen ihrer Mitglieder und in der wachsenden Ausweitung sowohl der horizontalen (geographischen), wie der vertikalen (schichtungsmäßigen) Mobilität.

Zwischen diesen drei Ebenen bestehen fast immer Unterschiede des Tempos der Wandlung und ihrer Bedeutung für den Entwicklungsprozeß als ganzen. Technische Entwicklung ist am leichtesten zu bewerkstelligen – etwa in der Form des Lehrens und des Lernens von neuen manuellen Fertigkeiten –, ist aber auch am wenigsten bedeutsam. Soziale Entwicklung ist umgekehrt am schwierigsten, gleichzeitig aber auch am bedeutsamsten, weil es sich hier um Wandlungen grundlegender und gewöhnlich tief verwurzelter Leitideen, Verhaltensweisen und Institutionen handelt, von denen die Entscheidung über die Ziele wirtschaftlicher und gesellschaftlicher Betätigung und über den Einsatz technischer und wirtschaftlicher Faktoren abhängt. Wie weit wirtschaftliche und technische Neuerungen also Fuß fassen können, wie weit sie für entwicklungskonforme Zwecke eingesetzt werden und wie wirksam dies geschieht, wird demnach auf dieser sozialen Ebene bestimmt.

Aus diesen, in jedem bisherigen dynamischen Kulturwandel – auch dem unseren – vorgekommenen Diskrepanzen zwischen den drei Entwicklungsebenen ergibt sich der bekannte „cultural lag“, der sich im Vorprellen von technischen und wirtschaftlichen Neuerungen ausdrückt, die sich jeweils lediglich auf beschränkte Teilbereiche der Wirtschaft und Gesellschaft beziehen und denen keine adäquate Wandlungen des sozialen Strukturdenkens, der Verhaltensweisen und Institutionen entsprechen. Die für die Lebensgestaltung maßgebenden gesellschaftlichen Leitideen, Normen und Strukturen bleiben großenteils noch lange traditional bestimmt und verursachen so vielfältige Disproportionalitäten, Selbstwidersprüche, Orientierungs- und Kommunikationsschwierigkeiten und Konflikte. Dieser Bruch innerhalb der Kultur, insbesondere der heutigen Entwicklungsländer, scheint mir nun in erster Linie für die zahlreichen Fehlschläge der bisherigen Entwicklungspolitik verantwortlich zu sein.

Aus diesen – hier natürlich nur summarisch angedeuteten – negativen Erfahrungen ergibt sich meines Erachtens zwingend die Notwendigkeit einer grundlegenden Revision der bisher maßgebenden gesellschaftspolitischen Methoden der Entwicklungsförderung, einer Umorientierung von der imitativ-zentralistischen Entwicklungsschematik zu einer sozialen Entwicklungsstrategie, die der originär-dezentralisierten Grundform der Entwicklungspolitik entsprechen müßte.

Es handelt sich also um demokratisch gelenkten und strukturierten Kulturwandel. Demokratie (im soziologischen Sinne) erweist sich dabei nicht als ein politisch-ideologisches Fernziel und „Luxus“ für die Entwicklungsvölker, sondern als ein unentbehrliches Strukturelement sozialer Entwicklungsstrategie, zwecks: Mobilisierung der größtmöglichen Zahl entwicklungsorientierter Mitarbeiter und damit Vervielfältigung der Entwicklungspotenz; Erarbeitung realistischer Entwicklungskonzepte und konkreter Projekte.

Alle Entwicklungszellen und -träger – Intellektuelle, „Unternehmer", Militärs, Arbeiter, landhungrige Bauern – sind auf den Staat als universalen Entwicklungsträger hin orientiert und erwarten die Lösung aller ihrer Probleme von ihm. Sie werden darin – bewußt oder unbewußt – von den internationalen Organisationen und sogar von den Amerikanern bestärkt, die bisher Entwicklungshilfe ganz überwiegend als intergouvernementale Aktion aufgefaßt haben – trotz der ständigen Beteuerungen, der Loyalität zum Free Private Enterprise System. Dabei will ich durchaus nicht die Bedeutung der dezentralisierten Entwicklungsversuche verkennen, wie sie beispielsweise in den Community Development Projects in Indien, Pakistan und Ceylon und in den Aktionen amerikanischer Universitäten, insbesondere in der genossenschaftlichen Entwicklung in Vicos, Peru, gemacht worden sind. Aber bisher sind diese Ansätze leider Ausnahmen von einer andersgearteten Regel gewesen. Insbesondere die auf die Schaffung von Genossenschaften gerichteten Aktionen sind immer wieder gescheitert, weil sie viel zu einseitig von nationalen Regierungsbehörden durchgeführt und von politischen Günstlingen ausgebeutet wurden.

. . .

Genau dies aber muß das Bestreben der sozialen Entwicklungsstrategie von jetzt an sein: konkrete, rasch realisierbare Möglichkeiten der Kombination von individueller unternehmerischer Autonomie, kooperativer Hilfe und gestreuter, dem Durchschnittsindividuum oder der Sippe zugänglicher Beteiligung an Planung und Verwirklichung der Entwicklung in freiwilligen Gruppen, Schulen, Gewerkschaften, Kredit- und Hilfskassen, Gemeinden, Region und Nation zu zeigen.

Realistische Planung müßte sich auf einer umfassenden Analyse der Gründe der Unterentwicklung und einer ebenso umfassenden Bestandsaufnahme der konkreten Möglichkeiten, ihnen entgegenzuwirken, gründen und dürfte nur solche Maßnahmen vorsehen, welche im Lichte einer solchen Prüfung realisierbar erscheinen; für ihre Ausführung müßten nicht nur finanzielle und technische, sondern auch sozialstrategische Empfehlungen gemacht werden. Und schließlich müßte von vornherein die soziale Realitätsnähe des Planes dadurch gesichert werden, daß er unter Beteiligung der Vertreter möglichst vieler Gruppen und Schichten und im Einverständnis mit den politischen unentbehrlichen Kreisen ausgearbeitet wird, um so die bestmöglichen Voraussetzungen dafür zu schaffen, daß er nicht als das Hirngespinst einiger Intellektueller beiseite gelegt wird."

Aus dem Vortrag von R. Behrendt

„Käme ein Nationalökonom von einem anderen Stern, der den ganzen Begriff der Entwicklungshilfe noch nicht kennt, so möchte er wohl meinen, es gäbe hier gar keine speziellen Probleme; getreu nach der klassischen Theorie würde der Markt entscheiden, wieviel Mittel den zu entwickelnden Gebieten zufließen, und es wäre Sache des Zinsmechanismus, also wiederum des Marktes, die richtige Auswahl unter den von den Planern ausgearbeiteten Projekten zu treffen. Die Kapital- und Güterübertragung vom Industrie- zum Entwicklungsland schließlich würde sich, ebenso wie die spätere Rückzahlung, nach den Gesetzen der klassischen oder neoklassischen Transfertheorie abspielen.

Wir wissen, daß dem nicht so ist. Die Industrieländer sind aus vielerlei Gründen – Gründen politischer, wirtschaftlicher und moralischer Art – bereit, nicht nur mehr Mittel in die Entwicklungsländer zu schleusen, als der Markt zu geben bereit ist, sondern dies auch zu Konditionen zu tun, die unter den Marktkonditionen liegen. Aus diesem Grundtatbestand resultieren alle die speziellen finanziellen Probleme. Wenn als Entwicklungshilfe demnach Kapitalbewegungen außerhalb des Marktes anzusehen sind, so bedeutet das, in die Terminologie der neoliberalen Schule übertragen, nichts anderes, als daß es sich um „Interventionismus" handelt. Stellt man sich auf diesen Boden, so wäre zu folgern, daß dieser Interventionismus mit seinen Ausstrahlungen den Marktbereich gefährdet und damit nach und nach immer stärkere Verzerrungen mit sich bringen wird – und daß es folglich nichts Wichtigeres zu tun geben sollte, als diesen Interventionismus so schnell wie möglich wieder abzuschaffen. All das scheint unbestreitbar – nur das „so schnell wie möglich" bedarf einer sehr geduldigen Interpretation. Um es hier gleich vorwegzunehmen: Im Gegensatz zu manchen optimistischeren Meinungen glaube ich, daß der private Kapitalstrom in die Entwicklungsländer trotz aller Stützen und Anreize, die die Regierungen fast aller Geberländer ihm vernünftigerweise zuteil werden lassen, nur sehr langsam wachsen wird. Die Hauptlast der großen weltgeschichtlichen Aufgabe, die Entwicklungsländer bei ihrem Bemühen um einen Durchbruch aus dem Circulus vitiosus der Armut zu unterstützen, wird damit noch auf lange Zeit von den öffentlichen Haushalten der Geberländer getragen werden müssen. Das heißt nichts anderes, als daß wir mit diesem „Interventionismus" der Entwicklungshilfe noch lange leben müssen."

Aus dem Vortrag von W. Guth

„Die Entwicklungsprogramme vieler Länder sind meist von ehrgeizigen politischen Zielen und Prestigebedürfnissen bestimmt, sie haben oft einen ausgesprochen staatlichen Charakter, der nicht viel Spielraum für Privatinitiative läßt, manchmal sogar die privaten Unternehmer von der Teilnahme an wichtigen industriellen Aufgabengebieten völlig ausschließt. Die Welthandelskonferenz in Genf hat deutlich gezeigt, wie sehr das planerisch-staatswirtschaftliche Denken, das die unerläßliche Unternehmer-Initiative einzwängt, in den jungen Nationen vorherrscht. Diese haben zudem mit ihren zügellosen Forderungen, indem sie die permanente Alimentierung der Entwicklungsbedürftigen als Rechtsanspruch anerkannt wissen wollen, eine Einstellung bekundet, die vom Geiste partnerschaftlicher Zusammenarbeit noch wenig verspüren läßt. Sie wollen von der als vordringlich erkannten Selbsthilfe und den notwendigen harten innenpolitischen Entscheidungen (auf die soeben Weltbank-Präsident George Woods in Tokio mit aller Deutlichkeit und allem Ernst hingewiesen hat) wenig wissen und sehen nur das grünere Gras auf unserer Weide. Der Ausfluß einer solchen Haltung sind für den privaten Unternehmer dann bürokratische Behinderung, das Risiko der Nationalisierung und Enteignung, die Besteuerung ohne Rücksicht auf die Wirtschaftskraft, Benachteiligung bei der Devisenzuteilung für Importlizenzen, Verbot des Gewinntransfers und anderes mehr."

Aus dem Vortrag von Mathias Schmitt

ABSCHNITT XIII

Die Frage der Sicherung des Weltfriedens

Einführung

Die Bestrebungen zur Friedenssicherung wurzeln in dem Friedensgedanken des christlich geprägten mittelalterlichen Reiches, der seit dem Ausgang des Mittelalters trotz der Anerkennung des „ius belli“ souveräner Nationalstaaten fortgewirkt hat. Aus dieser Überlieferung und diesem geistigen Wurzelgrund entspringende Friedensregungen blieben verständlicherweise auf das christliche Europa beschränkt. Erst Kant kam zu einem auf der Rechtsidee basierenden universalen Friedensprogramm.

In der praktischen Politik führten die Bemühungen der Großmächte im 19. Jahrhundert (Heilige Allianz) zu keinen immerwährenden Lösungen. Doch machte der Gedanke, internationale Streitigkeiten durch Schiedsgerichte zu schlichten, so bedeutende Fortschritte, daß er bereits um 1900 institutionelle Gestalt annehmen konnte. Nach dem Ersten Weltkrieg verstärkte sich das Streben nach einer kollektiven Sicherung des allgemeinen Friedens, wie sehr auch der Geist der Pariser Vorortverträge ihm widersprechen mochte. Im Völkerbund konkretisierten sich schließlich allen Widerständen zum Trotz diese Tendenzen, doch wurde er aus verschiedensten Gründen nicht zu einem schlagkräftigen und wirksamen Instrument gegenüber Friedensstörungen, die sich in lokalbegrenzten Konflikten entluden und schließlich im Zweiten Weltkrieg globalen Charakter annahmen.

Die Schrecklichkeit der Katastrophe, die Sieger wie Besiegte betraf, nährte 1945 intensivere Sehnsüchte und Forderungen nach einer Frieden und Wohlfahrt in aller Welt gewährleistenden Organisation, die freilich aus dem Versagen des Völkerbundes heilsame Lehren ziehen sollte. Mit der Konstituierung der Vereinten Nationen gelang es zwar, ein Forum zu schaffen, das dieses Verlangen erfüllte und der historischen Erfahrung gerecht wurde, aber das Auseinanderfallen der Welt in zwei feindliche Blöcke, das Aufbrechen der durch die Kampfgemeinschaft im Zweiten Weltkrieg nur überdeckten ideologischen Gegensätze zwischen den USA und der Sowjetunion konnten nicht verhindert werden. Die Formierung militärischer Allianzen auf beiden Seiten, Nato und Warschauer Pakt, die atomare und nukleare Rüstung in West und Ost haben die bestehende Kluft vertieft, die Teilung der Welt in zwei gegnerische Machtsphären besiegelt und die Sicherung des Weltfriedens abhängig gemacht von einem „Gleichgewicht des Schreckens.“ Die gegenwärtige Menschheit wandelt auf einem schmalen Grat, jedoch scheint nach allen Anzeichen die Wahrscheinlichkeit gering, daß der Zustand der Koexistenz preisgegeben und der Krieg tatsächlich geführt wird, zu dem sich beide Seiten rüsten. Weder für die Hoffnung auf eine Weltregierung noch für die Befürchtung einer apokalyptischen Katastrophe sind reale Ansätze erkennbar. Der Weltfriede wird weiterhin nur auf einer Strategie der Abschreckung beruhen können. Eine Alternative gibt es nicht. „Das Schicksal der Menschheit hängt ... von der bangen Frage ab, ob die Masse Mensch sich als echte Schicksalsträgerin erweist, die sie ist, nämlich im transzendenten Auftrag zu existieren. Dieser irrationale Zustand muß ins Bewußtsein gehoben werden als die eigentliche ‚Bildungsaufgabe‘, für die eine Vorherrschaft des europäischen Intellekts nicht mehr nötig erscheint. Das wäre Weltpolitik neuen, unentbehrlichen Stils.“

(Fritz Wagner in Studium Universale, München 1965, „Der Historiker und die Weltgeschichte“, S. 180)

Quellen und Darstellungen

372. Wilsons Friedensidee – ihr bleibender Gehalt

Hans Herzfeld, Die Pariser Friedensschlüsse von 1919/1920 und das Problem der dauernden Friedensordnung, in Festschrift für A. Leschnitzer (1961), S. 131f.

„Das 20. Jahrhundert hat aus tragischen Erfahrungen gelernt, daß die alte Sehnsucht der Menschheit nach dauerndem Frieden nicht so sehr das Ergebnis einzelner Ereignisse sein, nicht allein durch wohlgemeinte Verträge und Konferenzen bewirkt werden kann, als die Folge einer inneren Verständigung der Völker über den Widersinn ihrer erbitterten Kämpfe sein muß. In dieser Erkenntnis spiegelt sich die Schwierigkeit des Problems, hier liegen die Ursachen, die die Nationen auch heute noch in der enttäuschenden Spannung zwischen idealer Zielsetzung und praktisch Erreichbarem erhalten. Diese Erfahrungen haben aber auch dem historischen Urteil über den ersten großen Versuch, den Krieg durch den Krieg zu beenden und damit die Welt sicher für die Demokratie zu machen, viel von seiner ursprünglichen Erregung genommen und das Thema der Pariser Friedensschlüsse erst recht eigentlich der geschichtlichen Erwägung zugänglich gemacht. Sie stellen heute einen Ereigniskomplex dar, der durch größere und jüngere Umwälzungen allmählich in den Schatten sinkt und einer Betrachtung aus historischem Abstand zugänglich zu werden beginnt.

Die vorbereitende Arbeit der Friedensbewegung des 19. Jahrhunderts und die Erlebnisse des 1. Weltkrieges haben zusammengewirkt, um den amerikanischen Präsidenten als den Propheten einer neuen besseren Zeit erscheinen zu lassen, als er in dem Programm der 14 Punkte vom Januar 1918 zum ersten Mal wagte, der Souveränität des Nationalstaates, der er selbst noch mit seiner Forderung des Selbstbestimmungsrechtes der Völker seinen Tribut zollte, Grenzen zu ziehen und die angeblich realistische Macht- und Interessenpolitik der neueren Staatengeschichte überwinden zu wollen. Er hat damit, und das sollte unvergessen bleiben, zuerst als verantwortlicher Staatsmann Ziele formuliert, die bis heute nicht erreicht, aber auch nicht überwunden worden sind: das gilt selbst für die in den Einzelheiten ihrer Anwendung so fragwürdige Forderung, daß die politische Organisation der Staatenwelt in den möglichen Grenzen auf der Selbstbestimmung freier und gleichberechtigter Völker beruhen solle. Es gilt ebenso für seine Proklamierung der Aufgabe, die Welt der rivalisierenden Einzelstaaten zu überwölben durch eine erdumspannende internationale Organisation mit der Aufgabe, Garant der Sicherheit aller ihrer Mitglieder und nach Möglichkeit Träger einer allgemeinen Abrüstung zu werden.“

373. Aus der Völkerbundsatzung, 1919

Der Friedensvertrag zwischen Deutschland und den alliierten und assoziierten Mächten. Amtl. Text, Charlottenburg 1919, S. 10ff.

„In der Erwägung, daß es zur Förderung der Zusammenarbeit unter den Nationen und zur Gewährleistung des internationalen Friedens und der internationalen Sicherheit wesentlich ist, bestimmte Verpflichtungen zu übernehmen, nicht zum Kriege zu schreiten; in aller Öffentlichkeit auf Gerechtigkeit und Ehre gegründete internationale Beziehungen zu unterhalten; die Vorschriften des internationalen Rechts, die fürderhin als Richtschnur für das tatsächliche Verhalten der Regierungen anerkannt sind, genau zu beobachten, die Gerechtigkeit herrschen zu lassen und alle Vertragsverpflichtungen in den gegenseitigen Beziehungen der organisierten Völker peinlich zu achten, nehmen die Hohen Vertragschließenden Teile die gegenwärtige Satzung, die den Völkerbund errichtet, an. . . .

Art. 8. Die Bundesmitglieder bekennen sich zu dem Grundsatz, daß die Aufrechterhaltung des Friedens eine Herabsetzung der nationalen Rüstungen auf das Mindestmaß erfordert, das mit der nationalen Sicherheit und mit der Erzwingung internationaler Verpflichtungen durch gemeinschaftliches Vorgehen vereinbar ist. Der Rat entwirft unter Berücksichtigung der geographischen und der besonderen Verhältnisse eines jeden Staates die Abrüstungspläne und unterbreitet sie den verschiedenen Regierungen zur Prüfung und Entscheidung. . . . Die Bundesmitglieder übernehmen es, sich in der offensten und erschöpfendsten Weise gegenseitig jede Auskunft über den Stand ihrer Rüstung, über ihr Heer- und Flottenprogramm und über die Lage ihrer auf Kriegszwecke einstellbaren Industrien zukommen zu lassen.

Art. 10. Die Bundesmitglieder verpflichten sich, die Unversehrtheit des Gebiets und die bestehende politische Unabhängigkeit aller Bundesmitglieder zu achten und gegen jeden äußeren Angriff zu wahren . . .

Art. 12. Alle Bundesmitglieder kommen überein, eine etwa zwischen ihnen entstehende Streitfrage, die zu einem Bruche führen könnte, entweder der Schiedsgerichtsbarkeit oder der Prüfung durch den Rat zu unterbreiten.

Art. 14. Der Rat wird mit dem Entwurf eines Planes zur Errichtung eines Ständigen Internationalen Gerichtshofes betraut . . .

Art. 16. Schreitet ein Bundesmitglied entgegen den . . . übernommenen Verpflichtungen zum Kriege, so wird es ohne weiteres so angesehen, als hätte es eine Kriegshandlung gegen alle anderen Bundesmitglieder begangen. Diese verpflichten sich, unverzüglich alle Handels- und Finanzbeziehungen zu ihm abzubrechen . . .

Art. 19. Die Bundesversammlung kann von Zeit zu Zeit die Bundesmitglieder zu einer Nachprüfung der unanwendbar gewordenen Verträge und solcher internationalen Verhältnisse auffordern, deren Aufrechterhaltung den Weltfrieden gefährden könnte.

Art. 22. Auf die Kolonien und Gebiete, die infolge des Krieges aufgehört haben unter der Souveränität der Staaten zu stehen, die sie vorher beherrschten, und die von solchen Völkern bewohnt sind, die noch nicht imstande sind, sich . . . selbst zu leiten, finden die nachstehenden Grundsätze Anwendung: Das Wohlergehen und die Entwicklung dieser Völker bilden eine heilige Aufgabe der Zivilisation, und es ist geboten, in die gegenwärtige Satzung Bürgschaften für die Erfüllung dieser Aufgabe aufzunehmen. Der beste Weg, diesen Grundsatz durch die Tat zu verwirklichen, ist die Übertragung der Vormundschaft über diese Völker an die fortgeschrittenen Nationen . . .; sie hätten die Vormundschaft als Mandatare des Bundes und in seinem Namen zu führen."

374. Aus der Charta der Vereinten Nationen, 26. Juni 1945

Die Organe der Vereinten Nationen

„1. Die Vollversammlung, die aus den Delegierten aller Vereinten Nationen besteht. Jedes Mitglied hat eine Stimme. Entscheidungen über wichtige Fragen sollen durch Zweidrittelmehrheit getroffen werden. 2. Der Sicherheitsrat. Er besteht aus 11 Mitgliedern der Vereinten Nationen. Ständige Mitglieder sind die Großmächte, d.h. die Vereinigten Staaten von Amerika, Rußland, England, Frankreich und China. Die 6 nichtständigen Mitglieder werden für einen Zeitraum von zwei Jahren durch die Vollversammlung gewählt. Entscheidungen des Sicherheitsrates erfordern die Zustimmung von 7 Mitgliedern, in denen alle Stimmen der ständigen Mitglieder, also der Großmächte, enthalten sein müssen. Da Rußland durch sein Veto die Tätigkeit des Sicherheitsrates immer wieder lahmlegte, hat inzwischen die Vollversammlung die Möglichkeit geschaffen, sich bei wichtigen Beschlüssen einzuschalten und durch Zweidrittelmehrheit zu beschließen. 3. Der Wirtschafts- und Sozialrat, der aus 18 Mitgliedern der Vereinten Nationen besteht. 4. Der Treuhandschaftsrat. 5. Der Internationale Gerichtshof. 6. Das Sekretariat, das aus einem Generalsekretär und seinem Stab besteht. Der Generalsekretär wird von der Vollversammlung auf Vorschlag des Sicherheitsrates ernannt und ist der Hauptverwaltungsbeamte der Organisation der Vereinten Nationen."

Die Grundsätze und Ziele der Vereinten Nationen

Sie wurden auf die allgemeinen Menschenrechte der Einzelperson und das die zwischenstaatlichen Beziehungen regelnde Völkerrecht gegründet:

„Wir, die Völker der Vereinten Nationen, entschlossen, kommende Geschlechter vor der Geißel des Krieges, welche zweimal zu unseren Lebzeiten der Menschheit unsagbares Leid gebracht hat, zu bewahren und den Glauben an die Grundrechte des Menschen, an die Würde und den Wert der menschlichen Person, an die gleichen Rechte von Männern und Frauen und großen und kleinen Völkern erneut zu bekunden und Bedingungen herzustellen, unter denen Gerechtigkeit und Achtung vor den Verpflichtungen, die sich aus Verträgen und Quellen des Völkerrechts herleiten, gewahrt bleiben können, und den sozialen Fortschritt und einen höheren Lebensstandard in größerer Freiheit zu fördern ... haben beschlossen, zur Verwirklichung dieser Ziele unsere Anstrengungen zu vereinigen."

Zu den Zielen der Vereinten Nationen gehören:

„1. Den internationalen Frieden und die Sicherheit zu wahren und zu diesem Ziele: zur Verhinderung und Beseitigung von Friedensbedrohungen und zur Unterdrückung von Angriffshandlungen und anderen Friedensbrüchen wirksame kollektive Maßnahmen zu ergreifen und mit friedlichen Mitteln und in Übereinstimmung mit den Grundsätzen der Gerechtigkeit und des Völkerrechts die Schlichtung oder Beilegung von internationalen Streitigkeiten oder Situationen zu erreichen, welche zu einem Bruch des Friedens führen könnten. 2. Unter den Nationen freundschaftliche Beziehungen, die auf der Achtung vor dem Grundsatz der gleichen Rechte und der Selbstbestimmung der Völker beruhen, zu entwickeln und andere geeignete Maßnahmen zur Festigung des Weltfriedens zu ergreifen. 3. Internationale Zusammenarbeit zu erreichen bei der Lösung von internationalen Problemen wirtschaftlicher, sozialer, kultureller oder humanitärer Art und bei der Förderung und Unterstützung der Achtung vor den Menschenrechten und vor den Grundfreiheiten für alle ohne Ansehen der Rasse, des Geschlechts, der Sprache oder der Religion."

Die Vollversammlung

Zu den Machtbefugnissen der Vollversammlung gehört:

„Die Vollversammlung kann die allgemeinen Grundsätze für die Zusammenarbeit zur Wahrung des internationalen Friedens und der Sicherheit, einschließlich der Grundsätze, welche die Abrüstung und die Regelung der Rüstungen leiten sollen, erwägen und kann den Mitgliedern oder dem Sicherheitsrat oder beiden hinsichtlich solcher Grundsätze Vorschläge machen. Die Vollversammlung kann alle Fragen erörtern, die sich auf die Wahrung des internationalen Friedens und der Sicherheit beziehen und die von irgendeinem Mitglied der Vereinten Nationen oder vom Sicherheitsrat oder von einem Staat, welcher kein Mitglied der Vereinten Nationen ist, vor sie gebracht werden, und kann dem betreffenden Staat oder den Staaten oder dem Sicherheitsrat oder beiden Vorschläge hinsichtlich solcher Fragen machen. Die Vollversammlung kann die Aufmerksamkeit des Sicherheitsrates auf Situationen lenken, die geeignet sind, den internationalen Frieden und die Sicherheit zu gefährden. Solange der Sicherheitsrat hinsichtlich irgendeines Streites oder einer Situation die ihm in der vorliegenden Urkunde zugeteilte Funktion ausübt, soll die Vollversammlung bezüglich dieses Streites oder dieser Situation keinerlei Vorschläge machen, wenn der Sicherheitsrat nicht darum bittet."

Der Sicherheitsrat

Die eigentlichen Machtbefugnisse liegen beim Sicherheitsrat:

„Um schnelles und wirksames Handeln durch die Vereinten Nationen zu sichern, übertragen ihre Mitglieder dem Sicherheitsrat die höchste Verantwortung für die Wahrung des internationalen Friedens und der Sicherheit und kommen überein, daß der Sicherheitsrat bei der Ausübung seiner Pflichten laut dieser Verantwortung an ihrer Statt handelt:

Der Sicherheitsrat kann jeden Streit oder jede Situation prüfen, welche zu einer internationalen Reibung führen oder einen Streit entstehen lassen könnte, um zu entscheiden, ob die Fortdauer des Streites geeignet erscheint, die Wahrung des internationalen Friedens und der Sicherheit zu gefährden.

Der Sicherheitsrat soll über das Vorhandensein irgendeiner Friedensbedrohung, eines Friedensbruches oder einer Angriffshandlung entscheiden und soll Vorschläge machen oder beschließen, welche Maßnahmen . . . getroffen werden sollen, um den internationalen Frieden und die Sicherheit zu wahren oder wiederherzustellen.

Der Sicherheitsrat kann entscheiden, welche Maßnahmen, die den Gebrauch von Waffengewalt nicht bedingen, angewandt werden sollen, um seine Entscheidungen zu verwirklichen, und er kann die Mitglieder der Vereinten Nationen aufrufen, solche Maßnahmen anzuwenden. Diese können die vollständige oder teilweise Unterbrechung der Wirtschaftsbeziehungen und der Eisenbahn-, Schiffahrts-, Flug-, Post-, Telegraphen-, Funk- und sonstigen Verbindungen und den Abbruch der diplomatischen Beziehungen einschließen.

Sollte der Sicherheitsrat zu der Ansicht gelangen, daß (im vorigen Satz) vorgesehene Maßnahmen unangebracht sein würden oder sich als unangebracht erwiesen haben, kann er mit Hilfe von Luft-, See- oder Landstreitkräften so vorgehen, wie es notwendig sein mag, um den internationalen Frieden und die Sicherheit zu wahren oder wiederherzustellen . . . Um zur Wahrung des internationalen Friedens und der Sicherheit beizutragen, verpflichten sich alle Mitglieder der Vereinten Nationen, dem Sicherheitsrat, wenn er sie dazu aufruft und in Übereinstimmung mit einer Sondervereinbarung oder Sondervereinbarungen, Streitkräfte, Unterstützung und Hilfsmittel zur Verfügung zu stellen, einschließlich Durchzugsrechten, die zum Zwecke der Wahrung des internationalen Friedens und der Sicherheit notwendig sind."

Die Treuhandterritorien

Über die Treuhandterritorien, deren Verwaltung durch Mitglieder der Vereinten Nationen vorgesehen wird, wurde folgendes bestimmt:

„Mitglieder der Vereinten Nationen, welche Verantwortlichkeiten für die Verwaltung von Territorien, deren Völker noch kein volles Maß von Selbstregierung erreicht haben, haben oder übernehmen, erkennen den Grundsatz an, daß die Interessen der Bewohner dieser Territorien am höchsten stehen ..."

Aufgabe ist in den Treuhandterritorien u.a.:

„Das politische, wirtschaftliche, soziale und erziehungsmäßige Fortschreiten der Bewohner der Treuhandterritorien und ihre fortschreitende Entwicklung zur Selbstregierung oder Unabhängigkeit zu fördern, wie es bei den besonderen Umständen eines jeden Landes und seiner Völker und den frei geäußerten Wünschen der betreffenden Völker geeignet sein mag ..."

Unter der Autorität der Vollversammlung hat der Treuhandschaftsrat ein Prüfungsrecht der Verwaltung der Treuhandterritorien.

Der Internationale Gerichtshof

Über ihn wurde bestimmt:

„Jedes Mitglied der Vereinten Nationen verpflichtet sich, sich der Entscheidung des Internationalen Gerichtshofes in jedem Streitfall, an dem es beteiligt ist, zu fügen."

375. Aus dem Brüsseler Fünf-Mächte-Vertrag vom 17. März 1948

Helmut Rönnefarth, Vertrags-Ploetz, a.a.O., S. 420 ff.

Partner: Belgien, Frankreich, Luxemburg, Holland, England.

Zweck: Bestätigung der Ideale der Vereinten Nationen, der Prinzipien der Demokratie, der persönlichen und politischen Freiheit. Beistandsversprechen. Kulturelle Zusammenarbeit. Besonders wichtig der

Artikel 4: „Wenn eine der Hohen vertragschließenden Parteien das Ziel eines bewaffneten Angriffs in Europa werden sollte, so werden die anderen Hohen vertragschließenden Parteien der angegriffenen Partei in Übereinstimmung mit den Klauseln des Artikels 51 der Charta der Vereinten Nationen alle in ihrer Macht liegende militärische und sonstige Hilfe und Unterstützung leisten."

376. Aus dem Nordatlantikpakt vom 4. April 1949

Helmut Rönnefarth, Vertrags-Ploetz, a.a.O., S. 422 ff.

Unterzeichner: USA, Kanada, Großbritannien, Frankreich, Italien, Belgien, Niederlande, Luxemburg, Dänemark, Norwegen, Island, Portugal.

Aus der Präambel:

„Die vertragschließenden Staaten bestätigen ihren Glauben an die Ziele und Prinzipien der Charta der Vereinten Nationen und ihren Wunsch, mit allen Völkern... in Frieden zu leben. Sie sind entschlossen, die Freiheit, das gemeinsame Kulturerbe ihrer Völker, gegründet auf die Prinzipien der Demokratie, auf die Freiheit der einzelnen und die Grundsätze des Rechts, sicherzustellen. Sie sind bestrebt, die Stabilität und Wohlfahrt im nordatlantischen Gebiet zu fördern.

Artikel 1: Die vertragschließenden Staaten verpflichten sich, gemäß den Bestimmungen der Charta der Vereinten Nationen jeden internationalen Streitfall, an dem sie beteiligt sein mögen, durch friedliche Mittel in der Weise zu regeln, daß Frieden, Sicherheit und Gerechtigkeit unter den Völkern nicht gefährdet werden, und sich in ihren internationalen Beziehungen jeglicher Drohung oder Gewaltanwendung zu enthalten, die in irgendeiner Weise mit den Zielen der Vereinten Nationen nicht vereinbar ist.

Artikel 5: Die vertragschließenden Staaten sind darüber einig, daß ein bewaffneter

Angriff gegen eine oder mehrere von ihnen in Europa oder Nordamerika als ein Angriff gegen sie alle betrachtet werden wird . . . und kommen überein, daß jeder von ihnen . . . in Ausübung des in Artikel 51 der Charta der Vereinten Nationen anerkannten Rechts . . . den oder die Vertragsstaaten, die angegriffen werden, unterstützen wird . . .“

377. Die Nato – vor dem Blick des Historikers

H. Prinz zu Löwenstein, Die Verteidigung des Westens (1960), S. 403f.

„In einer Schicksalsstunde, als die Völker Europas sich ihrer Gemeinschaft von neuem bewußt wurden, ist die Nato entstanden. Daß sie verwirklicht werden konnte, war dem Schutz durch Amerikas atomaren Vorsprung zu danken. Sollten die Völker der atlantischen Gemeinschaft sich je verleiten lassen, dieses Bündnis zu lösen, so könnten sie es nicht nach Belieben neu schaffen. Sie wären der atomaren Erpressung der Sowjets einzeln ausgeliefert. Und eine zweite Nato würde der Kreml ebensowenig je wieder gestatten, wie er die Satellitenvölker, die ihrer Geschichte, ihrer Kultur und ihrem politischen Willen nach zu Europa gehören, bisher aus seiner Gewalt entließ.

Aufgabe dieses Berichtes kann es nicht sein, Voraussagen über die Zukunft zu machen; es genügt zu sagen, daß auch das kommende Jahrzehnt im Zeichen des Kampfes stehen wird, der durch die Jahrtausende abendländischer Geschichte geht und dem Auftrag gilt, dem auch unsere Generation sich nicht entziehen kann – die Freiheit zu wahren. Wir sind uns dabei bewußt, daß es zu einfach wäre, nur in Kategorien von Schwarz und Weiß, von Gut und Böse zu denken. Man darf niemals vergessen, daß dieser Auftrag sich ebenso an die Völker hinter dem Eisernen Vorhang richtet, auch an das russische Volk selbst. Aber diese Völker sind heute in ein Regime verstrickt, das mit unnachsichtiger Gewalt nach dem Ziel einer gottlosen Weltherrschaft strebt. Daß demgegenüber im Lager der freien Welt, auch in der Ordnung, die die freien Völker sich selber gegeben haben, das Menschentum steht, kann nicht bezweifelt werden. Gewiß, ein Menschentum mit all seinen Schwächen und Mängeln. Auch in der Hand des Westens bleibt eine Wasserstoffbombe, was sie ist , und birgt in sich millionenfachen Tod. Fernlenkgeschosse, strategische Waffen von größerer Zerstörungskraft als die aller früheren Kriege zusammen, werden nicht dadurch, daß sie der Nato zu Verfügung stehen, zu sakralen Gegenständen. Aber was ihnen ihre ethische Rechtfertigung gibt, ist das Ziel, daß sie niemals zur Anwendung kommen mögen, und der Wille, das Sowjetregime zu hindern, von diesen furchtbaren Waffen je Gebrauch zu machen.“

378. Aus den Pariser Verträgen von 1954

Joh. Hohlfeld, a.a.O., Bd. VIII, S. 437ff.

Verpflichtung Deutschlands

Die Verpflichtungserklärung der Regierung der Bundesrepublik Deutschland über den Beitritt zum Brüsseler und zum Nordatlantikpakt hat folgenden Wortlaut:

„Die Bundesrepublik Deutschland hat sich bereit erklärt, ihre Politik gemäß den Grundsätzen der Satzung der Vereinten Nationen zu gestalten, und nimmt die in Artikel 2 dieser Satzung enthaltenen Verpflichtungen an.

Nach ihrem Beitritt zum Nordatlantikpakt und zum Brüsseler Vertrag erklärt die Bundesrepublik Deutschland, daß sie sich aller Maßnahmen enthalten wird, die mit dem defensiven Charakter dieser beiden Verträge unvereinbar sind. Insbesondere verpflichtet sich die Bundesrepublik Deutschland, die Wiedervereinigung Deutschlands oder die Änderung der gegenwärtigen Grenzen der Bundesrepublik Deutschland niemals mit gewaltsamen Mitteln herbeizuführen und alle zwischen der Bundesrepublik und anderen Staaten gegebenenfalls entstehenden Streitfragen mit friedlichen Mitteln zu lösen."

Erklärung über Berlin

Die Außenminister der drei Westmächte haben in Paris folgende Erklärung über Berlin abgegeben:

„In bezug auf Berlin haben die Außenminister Frankreichs, des Vereinigten Königreichs und der Vereinigten Staaten zusätzlich zu den Sicherheitsgarantien der Alliierten, die in dem Londoner Kommuniqué vom 3. Oktober 1954 vereinbart worden sind, mit tiefer Genugtuung die enge und freundschaftliche Zusammenarbeit zwischen den Alliierten und den Berliner Behörden zur Kenntnis genommen. Die drei Mächte sind entschlossen, Berlin das größtmögliche Ausmaß an Selbstregierung zu gewährleisten, das mit der Sonderlage Berlins vereinbar ist. Deshalb haben die drei Regierungen ihre Vertreter in Berlin angewiesen, sich mit den Behörden der Stadt ins Benehmen zu setzen, um die obenerwähnten Grundsätze gemeinsam und in dem weitestmöglichen Maße durchzuführen."

379. Der Warschauer Pakt vom 14. Mai 1955

Helmut Rönnefarth, Heinrich Euler, Vertrags-Ploetz, Teil II, Bd. 4 (1914–59), Würzburg 1959, S. 492 f.

Partner: Albanien, Bulgarien, Ungarn, DDR, Polen, Rumänien, Sowjetunion und Tschechoslowakei.

Ziel: Verstärkte militärische und politische Zusammenarbeit.

Art. 1 und 2: Die Vertragspartner verpflichten sich, in Übereinstimmung mit der Satzung der Charta der UN ihre internationalen Streitfragen mit friedlichen Mitteln zu lösen und sich dafür einzusetzen, daß wirksame Maßnahmen zur Abrüstung und zum Verbot der Atom- und Wasserstoffbomben ergriffen werden.

Art. 3: Sie werden in allen wichtigen internationalen Fragen, die ihre gemeinsamen Interessen berühren, und insbesondere, wenn die Gefahr eines bewaffneten Angriffs gegen einen oder mehrere von ihnen droht, Beratungen pflegen.

Art. 4: Im Falle eines bewaffneten Überfalls in Europa auf einen oder mehrere Partner werden alle von ihnen in Übereinstimmung mit Art. 51 der Charta der UN dem Angegriffenen mit allen, auch militärischen Mitteln sofort Beistand individuell und in Vereinbarung mit den anderen Teilnehmerstaaten leisten. Die hierzu ergriffenen Maßnahmen werden eingestellt, wenn der Sicherheitsrat die notwendigen Schritte zur Wiederherstellung des Friedens ergriffen hat.

Art. 5: Um für einen solchen Fall gerüstet zu sein, kommen die Partner überein, Streitkräfte zur Verfügung zu stellen und dafür ein vereintes gemeinsames Oberkommando zu schaffen.

Art. 6: Zur Durchführung der in diesem Vertrag vorgesehenen Beratung und Erörterung damit zusammenhängender Fragen wird ein politischer beratender Ausschuß geschaffen, in den jeder Partnerstaat einen Vertreter delegiert.

Art. 9: Dieser Vertrag steht anderen Staaten zum Beitritt offen, die unabhängig von ihrer gesellschaftlichen und staatlichen Ordnung ihre Bereitschaft bekunden, durch Teilnahme an diesem Vertrag zur Vereinigung der Anstrengungen der friedliebenden Staaten zum Zwecke der Gewährleistung des Friedens und der Sicherheit der

Völker beizutragen. Der Beitritt ist von der Zustimmung der Vertragspartner abhängig.

Art. 11: Die Partner werden unentwegt einen gesamteuropäischen Vertrag über kollektive Sicherheit anstreben. An jenem Tage, da ein solcher Vertrag in Kraft tritt, soll das vorliegende Abkommen seine Gültigkeit verlieren.

380. Politische und militärische Bedeutung des Warschauer Paktes

Boris Meissner, Der Warschauer Pakt (1962), S. 69f.

„Der Warschauer Vertrag bietet der Sowjetunion auch in den Ländern, mit denen sie Truppenverträge abgeschlossen hat, eine zusätzliche Rechtsgrundlage für die Stationierung ihrer Streitkräfte. Der Vertrag ermöglicht es ihr außerdem, die Integration auf militärischem Gebiet stetig voranzutreiben und damit vor allem die Armeen jener Volksdemokratien enger an sich zu binden, bei denen sich, wie z.B. in der Tschechoslowakei und in Bulgarien, eine gewisse russophile Tradition als integrierendes Element auswirkt.

Ob die Sowjets auf dem Gebiet der militärischen Integration seit 1956 wesentliche Fortschritte erzielt haben, läßt sich schwer beurteilen, da die militärische Entwicklung der letzten Jahre weitgehend im Dunkel liegt und die einzelnen Völker des sowjetischen Macht- und Einflußbereichs sich in ihrer militärischen Überlieferung und nationalen Widerstandskraft stark unterscheiden. Daß es auf diesem Gebiet jederzeit Überraschungen geben kann, hat vor kurzem erst der albanische Fall gezeigt.

Der politische Wert der Warschauer Paktorganisation erscheint auf den ersten Blick größer als der militärische zu sein. Der außenpolitischen Aktivität des Politischen Beratenden Ausschusses, die mehr vordergründigen Charakter besitzt, sollte jedoch keine übertriebene Bedeutung beigelegt werden. Der Konsultativausschuß ist seit 1955 weitaus seltener zusammengetreten als der NATO-Rat. Es scheint, daß der Politische Beratende Ausschuß nicht als ein Arbeitsgremium, wohl aber als ein für die Öffentlichkeit bestimmtes Forum zur Festlegung und Verkündung der jeweiligen außenpolitischen Linie Moskaus anzusehen ist.

Weit größere Bedeutung kommt, insbesondere im Bündnisfall, seinem ständigen „Hilfsorgan", dem Vereinten Sekretariat, zu.

Die Warschauer Paktorganisation mag zunächst, wie aus der Hervorkehrung ihres vorläufigen Charakters durch die Sowjetdiplomatie hervorgeht, hauptsächlich als eine politische Kaufmünze für die NATO gedacht gewesen sein.

Heute bildet sie trotz aller inzwischen erfolgten Rückschläge für die Sowjetunion ein wichtiges Herrschaftsinstrument, das vor allem dafür sorgt, daß die europäischen Ostblockländer nicht aus dem von Moskau angeführten Gleichschritt kommen."

381. Die Beziehungen zwischen den politischen Gemeinschaften

Aus der Enzyklika von Papst Johannes XXIII. „Pacem in terris" vom 11. 4. 1963. Sonderdruck der Katholischen Nachrichtenagentur, Bonn, S. 23ff.

„Was Unsere Vorgänger oftmals gelehrt haben, das wollen auch Wir mit Unserer Autorität bekräftigen: Es bestehen zwischen den Nationen gegenseitige Rechte und Pflichten. Deshalb sollen auch ihre Beziehungen von den Richtlinien der Wahrheit, der Gerechtigkeit, der tatkräftigen Einheit und der Freiheit bestimmt werden. Das gleiche Naturgesetz, das die Lebensbeziehungen unter den einzelnen Bürgern regelt, soll auch die gegenseitigen Beziehungen zwischen den Staaten leiten.

Da Wir durch Gottes Anregung gegenüber allen Menschen insgesamt die Gesinnungen väterlicher Liebe hegen, betrachten Wir mit großem Schmerz das Los derer, die aus politischen Gründen aus ihrer Heimat vertrieben wurden. Viele und unglaubliche Leiden begleiten ja ständig die große, in unserer Zeit wahrlich ungezählte Menge der Flüchtlinge.

Andererseits sehen Wir nicht ohne großen Schmerz, daß in den wirtschaftlich gut entwickelten Staaten ungeheure Kriegsrüstungen geschaffen wurden und noch geschaffen werden und daß dafür die größten geistigen und materiellen Güter aufgewendet wurden. So kommt es, daß während die Bürger dieser Nationen keine geringen Lasten zu tragen haben, andere Staaten, die sich wirtschaftlich und sozial entwickeln sollten, der notwendigen Hilfeleistungen entbehren.

Als rechtfertigenden Grund für diese militärische Rüstung pflegt man anzugeben, daß unter den gegenwärtigen Umständen der Friede nur durch das Gleichgewicht der Rüstungen gesichert werden kann. Die militärische Rüstung, die irgendwo besteht, hat also zur Folge, daß auch anderswo das Streben nach Mehrung der Waffen zunimmt. Und wenn eine Nation mit Atomwaffen ausgerüstet ist, gibt dies anderen Nationen Anlaß, daß auch sie sich solche Waffen mit gleicher Zerstörungskraft zu verschaffen suchen.

Infolgedessen befinden sich die Völker beständig in Furcht, als ob ein Sturm sie bedrohte, der jeden Augenblick mit erschreckender Gewalt losbrechen könne. Und das nicht ohne Grund, denn an Waffen fehlt es tatsächlich nicht. Wenn es auch kaum glaublich ist, daß es Menschen gibt, die es wagen möchten, die Verantwortung für die Vernichtung und das Leid auf sich zu nehmen, die ein Krieg im Gefolge hat, so kann man doch nicht leugnen, daß unversehens und unerwartet ein Kriegsbrand entstehen kann. Und wenn auch die ungeheure militärische Rüstung heute die Menschen davon abschrecken dürfte, einen Krieg zu beginnen, so ist dennoch zu fürchten, daß die schon für Kriegszwecke unternommenen Kernwaffen-Experimente, wenn sie nicht aufhören, die verschiedenen Arten des Lebens auf Erden in schwere Gefahr bringen.

Deshalb fordern Gerechtigkeit, gesunde Vernunft und Sinn für die Menschenwürde dringend, daß der allgemeine Rüstungswettlauf aufhört; daß ferner die in verschiedenen Staaten bereits zur Verfügung stehenden Waffen auf beiden Seiten und gleichzeitig vermindert werden; daß Atomwaffen untersagt werden; und daß endlich alle nach Vereinbarung zu einer entsprechenden Abrüstung mit wirksamer gegenseitiger Kontrolle gelangen. „Es ist mit allen Kräften zu verhindern" – mahnte Unser Vorgänger seligen Andenkens Pius XII. – „daß das Grauen eines Weltkrieges mit seiner wirtschaftlichen Not, seinem sozialen Elend und seinen sittlichen Verirrungen zum drittenmal über die Menschheit komme."

Dennoch müssen alle davon überzeugt sein, daß die Einschränkung der Kriegsrüstungen, ihre wirksame Herabminderung oder gar völlige Beseitigung so gut wie unmöglich sind, wenn man nicht zu einer allumfassenden Abrüstung schreitet, das heißt, wenn sich nicht alle einmütig und aufrichtig Mühe geben, daß die Furcht und die angstvolle Erwartung eines Krieges aus den Herzen gebannt werde. Dies fordert aber, daß an die Stelle des obersten Gesetzes, worauf der Friede sich heute stützt, ein ganz anderes Gesetz gestellt werde, wodurch bestimmt wird, daß der wahre Friede unter den Völkern nicht durch die Gleichheit des militärischen Apparates, sondern nur durch gegenseitiges Vertrauen fest und sicher bestehen kann. Wir meinen, daß dies geschehen kann. Noch mehr: Wir meinen, daß es sich um eine Sache handelt, die nicht nur von den Gesetzen der gesunden Vernunft befohlen wird, sondern auch höchst wünschenswert und überaus segensreich wäre.

Zunächst handelt es sich um eine Sache, die von der Vernunft befohlen ist. Denn wie alle wissen oder wenigstens wissen sollen, müssen die gegenseitigen Beziehungen der Staaten, ebenso wie die der einzelnen Menschen, nicht durch Waffengewalt, sondern nach den Gesetzen der gesunden Vernunft, also nach den Gesetzen der Wahrheit, Gerechtigkeit und der tätigen Solidarität geregelt werden. Das aber sollte man erstreben. In der Tat, wer hätte nicht den brennenden Wunsch, daß des Krieges Unheil abgewendet, der Friede aber unversehrt bewahrt und täglich mehr gefestigt werde?

Endlich ist der Friede von höchstem Nutzen für alle: für die einzelnen Menschen, für den häuslichen Herd, für die Völker und schließlich für die gesamte Menschheitsfamilie. Diesbezüglich hallt in unseren Ohren noch die mahnende Stimme Unseres Vorgängers Pius XII. nach: „Nichts ist verloren mit dem Frieden, aber alles kann verloren sein mit einem Kriege!"

Wir, die Wir auf Erden die Stelle Jesu Christi, des Welterlösers und des Urhebers des Friedens, vertreten und, von väterlicher Liebe gegenüber allen Menschen angetrieben, den brennenden Wunsch der ganzen Menschheitsfamilie deuten, Wir halten es für Unsere Aufgabe, alle Menschen und besonders jene, die den Staat lenken, zu bitten und zu beschwören, keine Sorge und keine Mühe zu scheuen, bis endlich der menschlichen Dinge Lauf mit des Menschen Vernunft und Würde übereinstimmt.

In den Beratungen der Männer, die durch ihre Stellung und Autorität hervorragen, soll gründlich geprüft werden, wie auf der ganzen Welt die gegenseitigen Beziehungen der Staaten in menschlicherem Gleichgewicht neu zu gestalten sind; Wir meinen ein Gleichgewicht, das auf gegenseitigem Vertrauen, auf aufrichtigen Verträgen und auf unverletzlichen Vereinbarungen gegründet ist. Aber diese Frage soll so von allen Seiten erwogen werden, daß eine Grundlage gefunden wird, auf der freundschaftliche, feste und nützliche Bündnisse entstehen können.

Was Uns betrifft, so unterlassen Wir es nicht, Gott zu bitten, daß er durch seine himmliche Kraft diesen Arbeiten Erfolg verleihe und sie fruchtbar mache."

ABSCHNITT XIV

Die Lage der beiden Führungsmächte bis Anfang der 70er Jahre

A. Die Situation der Vereinigten Staaten

Einführung

Vom Ende des Jahres 1963 (Tod Kennedys) an ist die weltpolitische Entwicklung durch eine gewisse Stagnation ihrer Hauptfragen gekennzeichnet. Die totale Konfrontation zwischen Kapitalismus und Kommunismus, welche in der Kuba-Krise ihren Höhepunkt erreicht hatte, wurde durch ein Zurückweichen der beiden Supermächte vor der totalen kriegerischen Auseinandersetzung (Atomkrieg) auf das Feld lokaler Konfrontationen verwiesen. Der Tod J.F. Kennedys 1963 und der Sturz Chruschtschows 1964 verhinderten jedoch eine vielleicht weitergehende diplomatische Annäherung der Vereinigten Staaten und der Sowjetunion, da sowohl Kennedy zur Lösung der inneramerikanischen Probleme als auch Chruschtschow zur Verwirklichung seines politischen und wirtschaftlichen Reformkurses mehr als nur ein labiles „Gleichgewicht des Schreckens" benötigt hätten.

Neben dem Vietnamkrieg kennzeichnet ein zweites Hauptproblem die jüngste Entwicklung der USA: Wird das westlich-demokratische System als politisches, das neokapitalistische als gesellschaftlich-wirtschaftliches überleben?

Die gemeinschaftsbildende seelische Kraft des ursprünglichen Freiheitserlebnisses ist im Schwinden, weil es der amerikanischen Freiheitsidee zwar gelungen ist, die gesellschaftliche Gleichstellung von Menschen verschiedener Nationalität und Religion, nicht aber eigentliche Rassenschranken zu überwinden. Die bürgerrechtliche Gleichstellung, z.B. der Neger, ist daher angesichts ihrer sozialen und wirtschaftlichen Deklassierung praktisch bedeutungslos. Von dieser Situation sind außer den Negern vor allem die Orientalen, Mexikaner, Indianer und Portorikaner betroffen. Im schwarzen wie im weißen Lager der USA gibt es daher heute Stimmen, die nur noch in einer Apartheid-Politik nach dem Muster der Südafrikanischen Union eine echte Lösungsmöglichkeit der Negerfrage sehen.

Wenn trotz der Rücksichtnahme auf das schwarze Wählerreservoir und der Bildung von Negerorganisationen so wenig erreicht wurde, um in praktischen Schritten der wirtschaftlich-gesellschaftlichen Reform eine Wendung zum besseren zu erzielen, so vor allem deshalb, weil das föderative System bundeseinheitliche Lösungen verhindert und der alte amerikanische Grundsatz, so wenig Staat wie möglich und so viel private und kommunallokale Initiative wie nur denkbar, immer noch vorherrscht.

Die Unterprivilegierung der Neger beginnt mit den mangelnden Bildungschancen, die z.T. auf die Trennung nach Wohn- und Schulbezirken zurückgehen. Innerhalb eines Wirtschaftssystems, das Jahr für Jahr höhere Bildungs- und Ausbildungsanforderungen stellt, geraten daher die Neger automatisch in die untersten Einkommensschichten, die zu 60% aus Schwarzen gebildet werden, und stellen im Falle von Rezessionen die höchste Arbeitslosenquote, wie dies mit 7% im Jahre 1966 der Fall war, berechnet auf die Gesamtheit der Voll- oder noch teilweise Beschäftigten, während die Vergleichszahl für die weiße Bevölkerung bei etwa 3% lag. Auch die amerikanischen Gewerkschaften haben den Negern bisher keine wirksame Hilfe geleistet. Die schlechte wirtschaftliche Lage führte zur Entstehung der ghettoartigen Slums, jener überfüllten Wohnbezirke der Schwarzen, die durch primitive sanitäre, gesundheitliche und sittliche Verhältnisse und hohe Kriminalität gekennzeichnet sind.

In solcher Lage ist es erstaunlich, daß gemäßigte Negerorganisationen wie z.B. diejenige um den ermordeten Martin Luther King noch auf Widerhall in den eigenen Reihen stoßen und daß die Radikalen der „Black-Power“ mit ihren Parolen „Alle Macht den Negern!“ und „Brennt das weiße Amerika nieder!“ nicht längst das Feld allein beherrschen, zumal ihnen weiße Rassefanatiker mit der Forderung „Bringt die Neger nach Afrika zurück!“ gegenüberstehen.

Die Lage der Neger erweist sich nach Auffassung amerikanischer Sozialkritiker jedoch nur als dunkelster Schlagschatten im Bilde der monopolkapitalistischen Gesellschaft der USA. Diese Kritiker leugnen zwar keineswegs die bedeutenden Leistungen in den Bereichen von Wissenschaft und Technik, ja auch des wirtschaftlichen Managements, die wiederum zur Verdoppelung der Produktion und der Dienstleistungen im letzten Jahrzehnt geführt haben. Sie sehen auch ein, daß diese von *Jean-Jacques Servan-Schreiber* als „amerikanische Herausforderung“ (nämlich an Europa) bezeichneten Erfolge ein stetiges Wachstum der Familieneinkommen in den USA ermöglicht haben. Ja selbst *Ferdinand Lundberg*, einer der radikalsten Kritiker der nordamerikanischen Industriegesellschaft, gesteht zu, daß die amerikanischen Industriearbeiter unter einer marxistischen Regierung kaum mehr, wahrscheinlich aber weniger verdienen würden als im kapitalistischen System.

Diese realistische Einschätzung hindert jedoch die Sozialkritik nicht daran, dem kapitalistischen System in den USA den Vorwurf zu machen, es mache die Reichen immer reicher und die Armen immer ärmer. Während Spitzenkräfte unter den Industriearbeitern, Manager, viele Selbständige ein hohes Einkommensniveau erreichten, seien breite Schichten unterbezahlt wie z.B. Lehrer, Polizisten, Feuerwehrleute u.a.m. Viele von ihnen bringen es jedoch um den Preis einer 60–70-Stunden-Woche auf beachtliche Einkommen, indem sie 2 Jobs nebeneinander annehmen, was ihnen die volkstümliche Bezeichnung ‚moonlighter‘ eingebracht hat.

Dem stehen folgende Tatsachen gegenüber: Spitzeneinkommen für etwa 5% der USA-Bürger werden kontinuierlich größer, 32% aller Vermögenswerte und aller Wertpapiere sind in den Händen von nur 1,6% der Bevölkerung, 50% aller Erwachsenen verfügen über Besitz im Werte von nur 3.500 Dollar. Diese von Professor *Lampman* (Universität von Wisconsin) bereits für das Jahr 1953 ausgemachten Fakten dürften in ihren Relationen sich bis 1970 kaum verschoben haben, das Ausmaß ungerechter Vermögensverteilung dürfte sich eher noch verschärft haben.

C. Wright Mills und *Ferdinand Lundberg* haben auf den Zusammenhang von wirtschaftlicher und politischer Macht hingewiesen. Konzernherren und Militärs schaffen nach ihrer Meinung jenen militärischen Kapitalismus, dem ein geschwächtes und noch formal demokratisches System keine Zügel mehr anlegen kann.

Auf die Parallelität des amerikanischen und des sowjetischen Systems hat Lundberg hingewiesen: in den USA herrscht die „Partei der Eigentümer“, in der UdSSR herrschen die Spitzenfunktionäre der KPdSU. Im ersten Fall führt das System des privaten Monopolkapitalismus, im zweiten des Partei- und Staatsmonopolismus zum gleichen Ergebnis, nämlich zur politisch-wirtschaftlichen Entmachtung breiter Volksmassen.

Auf diesem Hintergrund ist auch das Dilemma der amerikanischen Außenpolitik zu sehen. Die Intervention in Vietnam entstand aus einer Mischung von ideologischen und systemimmanenten Herrschaftsansprüchen der USA, die sie nach Ausbreitung des „american way of life", nach einer mittels der UNO beherrschten „one world" unter Zurückdrängung des Kommunismus, nach der Ausbreitung des monopolkapitalistischen Systems auf möglichst weite Teile der Welt streben ließ. Diese Politik scheiterte militärisch am System des Volksbefreiungskriegs maoistischer Prägung sowie an der massiven sowjetischen Materialhilfe, zumal Washington nicht bereit war, alle ihm zur Verfügung stehenden Machtmittel um das Risiko eines dritten Weltkriegs einzusetzen. Die unter Präsident Nixon eingeleitete Politik des Rückzugs amerikanischer Streitkräfte und der „Vietnamisierung" des Krieges sind Konsequenzen dieser Niederlage, die freilich den totalen Sieg des kommunistischen Systems in Vietnam zur Folge haben könnte.

Quellen und Darstellungen

382. Ziele der amerikanischen Außenpolitik

Rede des amerikanischen Außenministers Herter vom 4. 4. 1960.
Europa-Archiv 1960, D. 115.

„Es ist fast ein Jahr her, seit ich das Amt des Außenministers antrat. Ich möchte daher einen Überblick über die Grundzüge der amerikanischen Außenpolitik geben und einiges zu dem sagen, was vor uns liegt. Die Gewährleistung der Freiheit und Sicherheit des amerikanischen Volkes ist das Hauptziel der amerikanischen Politik. Um dies in der heutigen Welt zu erreichen, müssen wir ein Problem lösen, das die Menschheit bisher noch nicht zu meistern vermocht hat – das Problem des friedlichen Wandels. Wir müssen die Anwendung militärischer Macht zur Erreichung eines Wandels verhindern und Mittel ersinnen, um notwendige Veränderungen auf friedlichem Wege zu erzielen. Die Vereinigten Staaten bemühen sich, die Möglichkeit von Gewaltmaßnahmen zu vermindern und sicherzustellen, da die notwendigen Anpassungen in friedlicher Weise erfolgen – und zwar bemühen sie sich darum in fünf grundsätzlichen Formen: Erstens verstärken wir die kollektiven Sicherheitsabkommen, die vor einer Aggression abschrecken; zweitens streben wir nach einem Abkommen über Maßnahmen zur Rüstungskontrolle, durch das die Gefahr eines Krieges verkleinert würde; drittens verhandeln wir mit der Sowjetunion, um die Lösung politischer Fragen zu fördern, die uns trennen; viertens verstärken wir unser Programm zur Unterstützung der weniger entwickelten Länder, um den hier notwendigen Fortschritt zu erreichen; fünftens unterstützen wir die Vereinten Nationen in den Bemühungen, die ordnungsgemäße Lösung von Problemen zu fördern und damit die Möglichkeit eines Konflikts zu verringern."

383. Probleme der amerikanischen Politik

Aus der Antrittsrede des Präsidenten Kennedy vom 30. 1. 1961,
Europa-Archiv 1961/1, D. 106f.

„Die größte Aufgabe und Herausforderung bietet uns die Welt, die jenseits des Kalten Krieges wartet – doch das erste große Hindernis ist noch immer unser Verhältnis zur Sowjetunion und zum kommunistischen China. Wir dürfen uns nie weismachen lassen, daß etwa eine dieser Mächte ihre Weltherrschaftsgelüste aufgegeben habe – Gelüste, zu denen sie sich erst kürzlich wieder mit Nachdruck bekannten. Es ist im Gegenteil unsere Aufgabe, sie davon zu überzeugen, daß ihnen Aggression und Subversion bei der Verfolgung dieser Absichten nichts einbringen. Offener und friedlicher Wettbewerb – um Prestige, um Märkte, um wissenschaftliche Leistung, ja selbst um die Geisteshaltung der Menschen – ist wieder etwas ganz anderes. Denn wenn Freiheit und Kommunismus in einer Welt des Friedens miteinander wetteifern müßten, um die Menschen für sich zu gewinnen würde ich mit ständig wachsender Zuversicht der Zukunft entgegensehen. Um diese Vielzahl von Herausforderungen zu meistern, um der Rolle auf der weltpolitischen Bühne gerecht zu werden, der wir uns nicht entziehen können, müssen wir eine Überprüfung und Inventur unseres gesamten Instrumentariums, unserer militärischen, wirtschaftlichen und politischen Mittel durchführen. Keines darf das andere in den Hintergrund drängen. Auf dem Wappen des Präsidenten hält der amerikanische Adler in seinem rechten Fang den Olivenzweig und in seinem linken einen Bündel Pfeile. Wir gedenken, beiden die gleiche Aufmerksamkeit zuzuwenden.

An erster Stelle müssen wir unsere militärischen Mittel verstärken. Wir gehen einer Periode der unbestimmten Risiken und großer Verantwortung entgegen, in der die Streitmacht der freien Welt sowohl im Hinblick auf die militärischen als auch auf die diplomatischen Möglichkeiten so gewaltig sein muß, daß jegliche Aggression von vornherein sinnlos erscheint."

384. Die internationale Politik und Lateinamerika

Gustavo Beyhaut in Fischer Weltgeschichte, Band 23, S. 309, 323

Als Kennedy Präsident wurde (1960), half ihm – wie früher auch Roosevelt – ein neuer Gehirntrust, die nordamerikanische Außenpolitik insgesamt und in bezug auf Lateinamerika auf neue Grundlagen zu stellen. Es gab genug Reibungsflächen in den Beziehungen zu den südlichen Nachbarländern (die öffentliche Meinung hatte das mit der außerordentlich unfreundlichen Aufnahme des damaligen Vizepräsidenten Richard Nixon während seines Lateinamerikabesuches klar genug zum Ausdruck gebracht). Zu den alten Streitfragen waren neue gekommen, wie die verringerte Einfuhr lateinamerikanischer Erzeugnisse durch die USA oder die Bumerangwirkung des Gesetzes Nr. 480 (über landwirtschaftliche Überschüsse). Dieses Gesetz ist das Ergebnis eines Kompromisses zwischen der Landwirtschaft und der Industrie der Vereinigten Staaten. Er besteht darin, daß die Regierung die aufgrund des technischen Fortschritts erzeugte landwirtschaftliche Überproduktion aufkauft und lagert. Wenn aber diese Überschüsse im Ausland untergebracht werden, führt dies zu einem unlauteren Wettbewerb auf traditionell von Lateinamerika belieferten Märkten. In manchen Fällen wurden sie auch zu sehr niedrigen Preisen an verschiedene lateinamerikanische Länder verkauft und beeinträchtigten damit die Möglichkeit, dort einheimische Produktionszweige zu stärken und zu entwickeln, die einen, wenn auch mit höheren Kosten arbeitenden, wesentlichen Bestandteil dieser Volkswirtschaften bildeten. Ein weiterer geheimer Anlaß zu starken Verstimmungen wurde es, daß die Vereinigten Staaten in ihrer Furcht vor einer weiteren Ausbreitung des Kommunismus auf dem Weg über den Marshall-Plan und ähnliche Maßnahmen ungeheure Summen nach Westeuropa und in andere Länder pumpten, dagegen nur wenig oder gar nichts in die Länder Lateinamerikas.

Die von den Kennedy-Beratern angestrebte Umstellung in der Außenpolitik ging mit einem größeren Verständnis für den tatsächlichen Ernst der Lage Hand in Hand. Diese Erkenntnis war nicht zuletzt der kubanischen Revolution zu verdanken. Ein ausgesuchtes Beraterteam (Galbraith, Schlesinger, Rostow und andere) überzeugte den Präsidenten davon, daß es notwendig sei, die sozialen und wirtschaftlichen Umwälzungen in Lateinamerika in gewissem Ausmaß zu unterstützen, bevor sie zu explosiven Zuständen führen könnten. Dieses Team wies nachdrücklich darauf hin, daß die Vereinigten Staaten die Strukturwandlungen, und ganz besonders die Agrarreform, in Lateinamerika fördern sollten.

385. Die Lage der Neger

a) Adam C. Powell, farbiger Abgeordneter, in einer Rede v. 29. 5. 1966, zitiert nach G. Schlott, Das Negerproblem in den USA, Opladen 1967, S. 50.

„Eine schwarze Haut bedeutet, daß Sie noch ein Kind sind, und daß alle die weißen ‚Liberalen', die Ihnen bei den ersten Schritten zur Freiheit und zum Erwachsensein halfen, nun glauben, daß ihnen Ihre Seele gehört, daß sie Ihr Leben bestimmen und Ihre Bürgerrechtsorganisationen steuern können ... Bürgerrechte sind das große Täuschungsinstrument jener, die ... nicht glauben, daß gottgegebene Rechte den schwarzen Mann ebenso zur Überlegenheit wie zur Gleichberechtigung befähigen können ... Diese gottgegebenen Rechte zu verlangen, heißt, schwarze Macht (black power) zu suchen, kühne Macht, – die Macht, schwarze Einrichtungen mit blendenden Leistungen zu errichten. ... Wir sind die letzten Revolutionäre Amerikas und die letzte Transfusion von Freiheit in den Blutkreislauf der Demokratie ... Warum sollen wir zulassen, daß Sozialarbeiter und diverse Vereine uns repräsentieren, während sie doch nur die dekadente weiße Machthierarchie vertreten, die ihre Gehälter zahlt und sie anweist, was sie zu sagen haben? Solche Leute können nicht den edlen Hochmut der Macht (noble arrogance of power) haben, der Menschen inspiriert, Völker in Bewegung setzt und das Schicksal der Menschheit entscheidet ...“

b) John H. Herz, Amerika – Land ohne Alternative? Zur gesellschaftlichen und politischen Krise in den Vereinigten Staaten – Politische Vierteljahresschrift, 10. Jhg. 2/3, 1969, S. 172ff.

„... Seit über hundert Jahren ist der amerikanische Neger im formal-juristischen Sinne frei und theoretisch gleichberechtigt, seit etwa zwanzig Jahren versucht auch Gesetzgebung und Verwaltung, ihm de facto den Genuß dieser Rechte zu verschaffen, wie Wahlrecht und sonstige Bürgerrechte, sowie die tatsächliche Chancengleichheit insbesondere auf dem Gebiet der Erziehung und der beruflichen Beschäftigung. Aber gerade auf letzterem Gebiete ist der Erfolg, von dem wirtschaftlicher Aufstieg und soziale Gleichstellung abhängen, im großen ganzen ausgeblieben. Gelegentlich wird sogar das Gegenteil des von einer bestimmten Maßnahme erhofften Erfolgs erzielt. So mag zum Beispiel ein Mindestlohngesetz des Bundes, das die Plantagenbesitzer im Süden zwingen sollte, den schwarzen Landarbeitern etwas bessere Löhne zu zahlen als die Hungerlöhne, die sie bislang erhielten, zum Ergebnis haben, daß die Farmer einfach zur weiteren Mechanisierung schreiten und die Farbigen, die selber kein Land besitzen, vertreiben. Das trägt dann zur Wanderung der Südstaatenneger in die Städte des Nordens bei, eine Wanderungsbewegung, die sich in den letzten Jahrzehnten auf Millionen beziffert hat. Im Norden nun ergibt sich im Teufelskreis, daß die Weißen vor den Negern in die Vorstädte fliehen, daß die Metropolen, infolge verringerten Steueraufkommens und steigender Wohlfahrtsausgaben, verarmen, infolgedessen Verschlechterung der Schulen, keine Berufsvor- oder Ausbildung der Neger dort, was wiederum Ausfall von Arbeitsmöglichkeiten und größere Arbeitslosigkeit, damit mehr Wohlfahrtsausgaben, mehr Kriminalität, mehr Ausgaben für Polizei usw. bedeutet. Es gibt heute in den Negerghettos bereits Generationen, in denen sich Arbeitslosigkeit vererbt hat, d.h. wo keiner Arbeit im Sinne von regulären jobs je gekannt hat. Diese Menschen stagnieren. Sie verbringen ihre Tage und Jahre passiv, ihr einziger Besitz der Fernsehapparat, der ihnen in ihren unvorstellbar heruntergekommenen Mietskasernen das Traumbild der sie umgebenden Wohlstandsgesellschaft vor Augen führt. Kann es da überraschen, wenn wir jahraus und jahrein, in regelmäßig zu erwartenden ‚heißen Sommern', das traurige Schauspiel des Aufruhrs, der Brandstiftungen, der Plünderungen haben, da ja nicht nur das Elend als solches, sondern mehr noch enttäuschte Hoffnungen und Erwartungen Frustration und daraus entspringende Neigung zur Gewaltanwendung zu erwecken pflegen? Dies nun, die Unzufriedenheit und der periodische Aufstand der Negermassen führt im circulus vitiosus zum ‚Rückschlag' (backlash) der Weißen, zum Versuch, durch Polizeieinsatz die Unruhen zu unterdrücken, ohne an den Kern des Problems herangehen zu müssen, zu damit verbundenen Polizeibrutalitäten, zum beiderseitigen Sich-Bewaffnen, zum Extremismus auf beiden Seiten, zum Rückgang der Integration der Neger und des Einflusses derer, die, wie Martin Luther King, für Gewaltfreien Widerstand eingetreten waren, kurz zum endemischen Bürgerkrieg. Psychologisch gesehen, stellt die Rebellion dieser Unterdrückten und Verelendeten die Reaktion dar auf den ungehört gebliebenen Ruf nach Hilfe ..."

386. Kritik am amerikanischen System

a) C. Wright Mills, Die amerikanische Elite, Hamburg 1962, S. 307.

„... Suchen wir den Schlüssel zum Verständnis der heutigen Macht-Elite im Wirtschaftlichen, so liegt er in der Tatsache, daß unsere Wirtschaft gleichzeitig permanente Kriegswirtschaft und private Monopolwirtschaft ist. Heute ist der amerikanische Kapitalismus zum großen Teil militärischer Kapitalismus, und die wichtigste Beziehung zwischen der großen Aktiengesellschaft und dem Staat liegt in der Gemeinsamkeit militärischer und wirtschaftlicher Interessen, wie sie von den Militärs und den Konzernherren definiert werden. Diese Übereinstimmung der Interessen zwischen den hohen Militärs und den Herrschenden der Großindustrie stärkt die Stellung beider Gruppen innerhalb der nationalen Führungsschicht ganz erheblich und trägt zur weiteren Entmachtung der reinen Politiker bei. Nicht die Politiker, sondern die Generaldirektoren setzen sich mit den Militärs zusammen, um die Organisation der Kriegswirtschaft zu planen ..."

b) Gabriel Kolko, Besitz und Macht, edit. suhrkamp, 239, 1967, S. 60f.

„... Trotz den eindeutigen Tatsachen über die Konzentrierung des Aktienbesitzes wurde die Öffentlichkeit mit einer ausgedehnten Werbekampagne traktiert, die den Leuten demokratische Besitzverhältnisse in den amerikanischen Aktiengesellschaften zu suggerieren suchte. Man redete ihnen ein, der Anstieg der Aktionärszahl von 6,5 Millionen im Jahr 1952 auf 12,5 Millionen im Jahr 1959 sei wesentlich, wo es doch 1930 bei kleinerer Bevölkerungszahl 9 bis 11 Millionen Aktionäre gegeben hat. Die Jahreshauptversammlung der Aktionäre wird als ‚städtische Wählerversammlung', eine Demokratie in nuce dargestellt – obgleich eine Wählerversammlung, auf der eine Handvoll Teilnehmer über die Mehrheit der Stimmen verfügt, doch wohl ein Unding ist. Man beachtet nicht, daß diese Veranstaltungen in zunehmendem Maße von Public-Relations-Beratern inszeniert werden, die auf alle Zwischenfälle vorbereitet sind. Der Schluß ist unumgänglich, daß die Betonung bei ‚Volkskapitalismus' nicht auf ‚Volk' liegt.

Das Schlagwort vom ‚Volkskapitalismus' hat Menschen zur Börse getrieben, denen die elementarsten Wirtschaftskenntnisse fehlten; viele davon haben dabei ihre Einlage verloren und die Börse bei kurzfristigen politischen Depressionen noch mehr ins Schwanken gebracht. Zu viele davon tun kaum mehr, als mit Aktien spekulieren. Die Börsenaufsichtsbehörde hat deshalb nach 1956 versucht, die kleine, aber wachsende Gruppe von Maklern, die dem Publikum fast wertlose Papiere andrehen wollen, an die Kandare zu nehmen. Und tatsächlich sind die Makler die einzige Bevölkerungsschicht, die aus der starken Spekulationssucht im ‚Volkskapitalismus' ständigen Nutzen zieht. 1959 eröffneten die Maklerfirmen 203 neue Zweigstellen, verglichen mit 73 im Vorjahr, und Dutzende von ihnen zogen um in ‚größere, pompösere New Yorker Büros', wie das Wall Street Journal es ausdrückte.

Man hat darauf hingewiesen, daß der angeblich wachsende Aktienbesitz von Arbeitnehmer-Pensionskassen und Investmentgesellschaften 50 Millionen Amerikaner zu indirekten Inhabern von Großbetrieben gemacht habe und deren proportionale Einkünfte aus Gesellschaftsprofiten steigen würden, wenn der Aktienbesitz von Pensionskassen u.ä. rasch zunähme. ‚Das Konzernsystem', schrieb A.A. Berle jr. 1959, ‚bewirkt somit tatsächlich eine Sozialisierung der amerikanischen Industrie, aber ohne Einmischung der politischen Gewalt.' Da die Pensionskassen und Versicherungen in den fünfziger Jahren 10 bis 15 Prozent des Industriekapitals stellten und man annimmt, daß sie in den sechziger Jahren sogar noch mehr stellen, rechnet Berle mit der Möglichkeit, daß die Manager dieser Kassen einmal die betriebliche Kontrolle über die Großunternehmen ausüben werden. Aber diese Theorie hat einen entscheidenden Schönheitsfehler. Die Treuhänder dieser Pensionskassen sind nicht Gewerkschaftsfunktionäre, sondern, wie Berle einräumt, hauptsächlich New Yorker Banken. Diese üben das Stimmrecht für die Kassen kaum aus und treten so gut wie nie in Opposition zur bestehenden Unternehmerkontrolle, da der Arbeitgeber gemeinhin vertraglich berechtigt ist, das Pensionskonto zu einer anderen Bank zu verlegen ..."

c) Ferdinand Lundberg, Die Reichen und die Superreichen, Hamburg 1969, S. 38.

„... Um sich in Rußland politisch betätigen zu können, muß man Mitglied der Kommunistischen Partei sein. Das ist eine formale Bedingung. Um aber in den Vereinigten Staaten eine wichtige Rolle in der Politik spielen zu können, muß man Vermögen haben. Das ist kein formales Erfordernis; grundsätzlich kann jeder in die Politik gehen. Tatsächlich aber ist die politische Betätigung für die Bürger ohne Vermögen so schwierig, daß sie so gut wie unmöglich wird – wenn man einmal von ihrem Recht absieht, Kandidaten zu wählen, die vorher von den Parteien ausgesucht wurden.

Ein unvermögender Amerikaner, der eine politisch einflußreiche Position erringen und auch behalten will, muß schleunigst sehen, daß er zu Geld kommt. Das ist einer der Gründe, weshalb in den Vereinigten Staaten besitzlose Nachwuchspolitiker legal oder illegal Gelegenheiten finden oder schaffen müssen, um Vermögen zu bilden. Ohne Geld sind sie schutzlos dem ersten Sturm gegnerischer Mißgunst und öffentlicher Undankbarkeit ausgeliefert.

Politisch gesehen, haben die Besitzlosen in den Vereinigten Staaten nur geringen Einfluß – sie operieren bestenfalls an der Peripherie. Damit will ich nicht sagen, daß alle Reichen politischen Einfluß ausüben. Aber wenn es ums Ganze geht, so haben sie das Geschehen in Ausschußräumen und Vorzimmern direkt oder durch reichlich belohnte Mittelsmänner in der Hand – zumindest aber können sie es maßgeblich beeinflussen. In Amerika verschafft Vermögen, oft ausgewiesen durch den Besitz einer Kreditkarte, denselben persönlichen Spielraum, wie ihn das Parteibuch in der Sowjetunion gewährt.

Obwohl verschieden, sind die politischen Systeme in Amerika und Rußland doch wieder nicht so unterschiedlich, wie weithin angenommen wird. Man kann sagen, daß es in den USA, im Endeffekt, nur eine einzige Partei gibt: die der Eigentümer. Sie hat sozusagen zwei Unterabteilungen: Die Republikanische Partei, längst fälligen Änderungen im allgemeinen abgeneigt und daher ‚konservativ' genannt, und die Demokratische Partei, die solche Reformen in den letzten Jahrzehnten begünstigte und daher als ‚liberal' betitelt wird. Der wichtigste Grund, weshalb jede weitere Partei wieder eingegangen ist – ein Rätsel für so manchen politischen Wissenschaftler – ist einfach der, daß sich keine handfeste Gruppe von Kapitalbesitzern gefunden hat, um sie zu unterstützen. Es gibt keine Anti-Vermögens-Partei . . ."

387. Die Wahrheit über Vietnam

Dennis J. Duncanson, Vietnam und die Großmächte, Europa-Archiv 12/1969, S. 427ff.

„. . . Der Westen hat sich mit seiner Unfähigkeit, den Vietnam-Konflikt als den Machtkampf zu erkennen, der er in Wirklichkeit ist, und mit seiner Suche nach romantischen Erklärungen durch aus dem Europa des 19. Jahrhunderts überkommene Begriffe wie Nationalismus und Sozialismus ein intellektuelles Versagen zuschulden kommen lassen, das kaum weniger fatal war als das militärische Versagen, das dem Pentagon vorgeworfen wird, weil es angeblich die Grundbegriffe der Guerilla-Kriegführung nicht erfaßt hat. Diese Verwirrung der Gemüter ist aber weitgehend auf das geheimnisvolle Gebaren der vietnamesischen Kommunisten zurückzuführen, die sowohl einzeln als auch in ihrer Gesamtheit immer wieder ihre Identität hinter den verschiedensten Namen und Bezeichnungen verschleierten, mehrfach die ‚Front' wechselten, sich zeitweise ganz auflösten und dann wieder als ‚legale' kommunistische Partei auftauchten. Überdies haben sie von Zeit zu Zeit den Akzent ihres Programms verschoben: Klassenkampf, Antifaschismus, Antiimperialismus, Unabhängigkeit für ganz Indochina, Unabhängigkeit allein für Vietnam. Bodenreform, Syndikalismus, Basisdemokratie, Freundschaft mit Amerika (eine kurze Zeit im Jahre 1945), Feindschaft gegen Amerika; dabei wurden zwei ihrer echten Ziele – die kommunistische Machtergreifung und die Kollektivierung von Wirtschaft und Gesellschaft – nie erwähnt, obgleich sie heute in Nord-Vietnam verwirklicht sind . . .

Derartige Enthüllungen seitens der Partei gab es noch nicht, so lange sie es mit Frankreich zu tun hatte. Daß die Franzosen sich irreführen ließen, ist daher entschuldbar. Die Amerikaner dagegen gehen von der Annahme aus, die kommunistischen Führer redeten zwar durchaus doppelzüngig, seien aber doch in der Lage, mit ihren Bekenntnissen das eigene Volk zu täuschen, das ihnen aus Begeisterung für die jeweils gerade vertretene Sache Gefolgschaft leiste. Aber die vietnamesischen Intellektuellen sind sich sehr wohl im klaren über den Unterschied zwischen Reformern und Revolutionären, der in der neueren Geschichte ihres Landes – ebenso wie in der Chinas – immer wieder eine Rolle gespielt hat. Ihre Reformer haben versucht, Unrecht und Mißstände zu beseitigen, ohne für sich selbst die Macht anzustreben, während es den Revolutionären nur willkommen war, wenn die Mißstände andauerten und sich noch verschlimmerten, da sie ihnen als Vorwand für Subversion und Ergreifung der Macht um ihrer selbst willen dienten. Auch die vietnamesischen Bauern sind nicht blind. Sie kennen beispielsweise zur Genüge den Schwindel der Bodenreform; und selbst wenn sie nicht wissen, wie schon ihre großen nationalen Führer der Vergangenheit Bodenreformen regelmäßig dazu benutzten, diejenigen Familien aus dem Wege zu räumen, die ihnen bei ihrem Aufstieg im Wege gestanden hatten, so haben sie doch in Teilen Süd-Vietnams wie auch in Nord-Vietnam erlebt, wie die Bodenreform-Volksgerichtshöfe der Kommunisten dazu benutzt werden, die Menschen zur Denunziation ihrer Nachbarn anzustacheln. Auf diese Art werden die Denunzianten an die Partei gebunden, die potentiellen Kritiker der Partei identifiziert und alle diejenigen, die noch einmal davonkommen, so eingeschüchtert, daß sie sich spontan der Parteilinie anpassen, während die tatsächlich betriebene Agrarpolitik genau das Gegenteil von Bodenreform ist, nämlich totale Zwangskollektivierung . . ."

388. Vietnam als utopische Hoffnung

Die Sicht der studentischen Rebellion bei Rudi Dutschke und Gaston Salvatore in ihrer Einleitung zu Che Guevara, Schaffen wir zwei, drei, viele Vietnam, Berlin 1967.

„Che bringt die weltgeschichtliche Tragödie der vietnamesischen Revolution auf den Begriff: die ‚tragische Einsamkeit' des vietnamesischen Volkes ist eine ‚peinliche Realität', peinlich für uns alle, die wir von Solidarität sprechen und den wirklichen Charakter der Auseinandersetzung verdrängen.

Das vietnamesische Volk erteilt uns täglich eine unübersehbare Lektion an Opfermut, Ausdauer und revolutionärer Menschlichkeit im Kampfe gegen den weltweiten Vertreter der Unterdrückung und Repression. Es beweist uns ununterbrochen, wie der nationale Befreiungskampf eines Volkes – sei es noch so klein – einen erfolgreichen Kampf auch gegen die größte imperialistische Weltmacht führen kann. Die Revolution hat die historische Funktion, als Beispiel und Vorbild den Kampf der anderen Völker um ihre Befreiung voranzutreiben. Bleibt sie allein, so besteht die Gefahr, daß der weltweite Prozeß des Kampfes gegen Unmenschlichkeit und Hunger für Jahrzehnte aufgehalten wird. In diesem Sinne macht der Kampf der Vietnamesen Tag für Tag die historische Alternative sichtbar:

Beginn des Prozesses der totalen Befreiung der Menschen von Krieg, Hunger, Unmenschlichkeit und Manipulation oder Wiedererstarken des in Gefahr geratenen Systems der Herrschaft von Menschen über Menschen in der ganzen Welt.

Wenn die in Unmündigkeit und vollständiger Abhängigkeit gehaltenen Völker der dritten Welt die Möglichkeit der Befreiung im vietnamesischen Sinne des Wortes voll begreifen, wird die Aktualität der Weltrevolution für jeden von uns, der gegen das System kämpfen möchte, aber noch von der Unüberwindbarkeit der bestehenden Ordnung innerlich tief überzeugt ist, eine unübersehbare Realität sein."

389. Neue China-Politik der USA

Aus Nixons Bericht zur Lage der Welt vom 9. 2. 1972.

Friede in Asien und Friede in der Welt hat zur Voraussetzung, daß wir unsere Meinungen austauschen, nicht so sehr trotz unserer Differenzen, sondern wegen unserer Differenzen. Klare Vorstellungen über die Ziele beider Seiten sind notwendige Voraussetzungen in einem Zeitalter des Umbruchs und der Atomwaffen. Es liegt im

Interesse Amerikas und der Welt, daß die Volksrepublik China die ihr gemäße Rolle in der Gestaltung internationaler Vereinigungen spielt, die ihre Interessen betreffen ... Keine Nation sollte die einzige Stimme für einen bestimmten Block sein. Wir werden uns mit allen Staaten auf der Basis spezieller Probleme und außenpolitischer Beziehungen auseinandersetzen, nicht jedoch mit abstrakter Theorie ... China und die Vereinigten Staaten haben viele gemeinsame Interessen und können vieles gemeinsam tun, um das Leben unserer Völker zu bereichern ...

Sollte man in unseren Schritten eine Verlegung der Prioritäten von Tokio nach Peking sehen? Man sollte nicht. Mit den Chinesen stehen wir am Anfang eines langen Prozesses. Mit den Japanern haben wir über zwei Dekaden lang die engste politische und ökonomische Zusammenarbeit gepflegt. Es wäre sehr kurzsichtig, enge Verbindungen mit einem sehr wichtigen Verbündeten auszutauschen für die Besänftigung der Feindseligkeit eines entschlossenen Gegners. Aber es würde gleichermaßen kurzsichtig sein, keine Verbindungen und besseres Verstehen mit einem Viertel der Weltbevölkerung zu suchen. Wir sehen keinen Konflikt in diesen beiden Zielen ...

Unsere Politik richtet sich nicht gegen Moskau. Die Vereinigten Staaten und die Sowjetunion haben Probleme von übergroßer Wichtigkeit zu lösen. Es wäre sehr kostspielig, Fortschritt in diese Richtung durch neue Gegensätze zu gefährden ... Wir haben die Differenzen zwischen den kommunistischen Mächten nicht geschaffen ... Aber wir werden auf jeden Fall versuchen, bessere Beziehungen zu beiden Staaten herzustellen ...

Realität, nicht Sentimentalität, hat zu meiner Reise geführt. Und Realität wird die Zukunft unserer Beziehungen bestimmen. Ich fahre ohne Illusion nach Peking. Aber ich fahre, da ich mich der Verbesserung der Beziehungen zwischen unseren beiden Staaten verschrieben habe ...

Wir werden mit der Volksrepublik China uns auseinandersetzen, zuversichtlich, daß ein friedliches und blühendes China in unserem eigenen Interesse liegt, anerkennend, daß die Fähigkeiten und Erfolge der Chinesen die ihnen gemäße Anerkennung finden, gewiß, daß Frieden in Asien und das größtmögliche Maß an Fortschritt und Stabilität in Asien und der ganzen Welt Chinas positive Mitarbeit braucht, wissend, daß wie die Vereinigten Staaten die Volksrepublik China ihre eigenen Prinzipien nicht opfern wird ...

B. Die Situation der Sowjetunion

Einführung

Entgegen den Prognosen der KPdSU, nach welchen sich die Sowjetgesellschaft auf dem Weg vom Sozialismus zum Kommunismus, d. h. zum Endstadium der ‚klassenlosen Gesellschaft' befände, hat die wissenschaftlich-technische Entwicklung auch in der Sowjetunion starke gesellschaftliche Differenzierungstendenzen aufzuweisen. Die Verbesserung der wirtschaftlichen Grundverhältnisse in den 60er Jahren hat diese Aufgliederung in Schichten und den Konsumdruck der breiten Massen eher verstärkt als vermindert. *Chruschtschow* und seine Nachfolger in der kollektiven Führung um *Breschnjew* und *Kossygin* sind jedoch vor der radikalen Anwendung des Wirtschaftsrezepts des Charkower Nationalökonomen *Liberman* zurückgeschreckt, weil sie den damit verbundenen Machtverlust des Parteiapparats und den Machtgewinn der Techniker und Fachleute befürchteten. Liberman wollte eine marktgerechte Autonomie der Betriebe schaffen, ihnen die Freiheit der Investition und der den wirklichen Bedürfnissen der Bevölkerung angepaßten Produktion geben, um auf diese Weise auch ihre Unrentabilität und die häufig mangelhafte Qualität ihrer Produktion zu beseitigen.

So hätte in der Sowjetunion auf der Grundlage des Kollektivbesitzes an Produktionsmitteln eine kommunistische Form freier Marktwirtschaft entstehen sollen. In den Führungsgremien der KPdSU aber sah man klar: dies alles hätte weitere gesellschaftliche Differenzierung, Abbau der Diktatur der Parteifunktionäre auf allen Ebenen (der „Neuen Klasse“ von Djilas), das Ende des staatsmonopolistischen Kapitalismus, womöglich das Heraufkommen eines Regimes sowjetischer Wissenschaftler, Techniker und Betriebsleiter bedeutet.

Man blieb daher beim System der zentralen Planung und nahm daneben lieber eine Verstärkung des Prinzips der „materiellen Interessiertheit“ in Kauf, was mehr privates Wirtschaftsland für den Kollektivbauern und mehr Prämien für besondere Leistungen in der Industrie bedeutete. Man nahm mit diesem System in Kauf, daß die Einkommen der Technokraten, Manager und Parteifunktionäre stiegen, während diejenigen der Kolchosbauern aus dem Kollektivbetrieb, der angelernten Arbeiter und der unteren Angestellten zurückblieben, was die Führung durch erhebliche Anstrengungen im Bereich von Bildung und Ausbildung zu kompensieren sucht. Während also die Probleme der Leistungsgesellschaft in Ost und West in vielem ähnlich sind, ist es dem Modell der kommunistischen Zentralverwaltungswirtschaft bisher nicht gelungen, das Niveau westlicher Produktion und Dienstleistung auch nur annähernd zu erreichen.

Das Festhalten an der „Diktatur des Proletariats“, die in Wirklichkeit eine Diktatur der obersten Parteiführung bedeutet, mußte die Sowjetführung zugleich zur schärfsten Gegnerin jeglicher Art von Reformkommunismus machen. Als daher die Prager Reformer nach Ausbootung des Stalinisten Novotny den Versuch unternahmen, eine Synthese kommunistischer Grundlehren mit freiheitlich-pluralistischen Anschauungen herbeizuführen, intervenierten sie sinnvoller Weise in dem Augenblick, in welchem der tschechoslowakischen Parteiführung unter *Dubček* die Zügel aus der Hand zu gleiten drohten, die Gewerkschaften sich als parteiunabhängige Vertretung von Arbeiterinteressen zu etablieren suchten, eine immer freiere Presse ihre Wirkung zeitigte und die wirtschaftlichen Reformideen von Professor *Sik* sich wie ein Ölfleck auszubreiten drohten. Indem man in Prag intervenierte, unterband man zugleich ähnliche Tendenzen im eigenen Lande, wie sie in Kreisen progressistischer Schriftsteller und Wissenschaftler zu Tage getreten waren. Es mußte dem Kreml als Alarmzeichen gelten, daß ein zweifellos überzeugter Kommunist wie der alsbald seiner Ämter enthobene Physikprofessor *Andrej Dmitriwitsch Sacharow*, Mitglied der sowjetischen Akademie der Wissenschaften und Mitkonstrukteur der russischen Wasserstoffbombe, in einem (im Westen veröffentlichten) Memorandum es gewagt hatte, das sowjetische Führungssystem als „bürokratischen Dogmatismus“ zu bezeichnen und neben Atomkriegsgefahr, Hungerkatastrophen, „Verdummung und Narkotisierung der Massen“ sowie der „Gewalt grausamer und heimtückischer Demagogen, welche durch aggresive Legenden die Massen beherrschen“ (gemeint war Mao-tse-tung), als eine Gefahr für den Weltfrieden zu charakterisieren.

Chruschtschow hätte seinen politischen und militärischen Gegnern den Nachweis eines effektiven Nachlassens der internationalen Spannung erbringen müssen. Der unter seiner Führung sich zuspitzende Konflikt Moskau–Peking gab jedoch seinen Widersachern entscheidenden Auftrieb. Inwieweit die sich verstärkende Spannung Moskau-Peking, die sich Anfang 1969 am Ussuri auch militärisch entlud, die Gewichte in der weltpolitischen Lage verändern wird, bleibt abzuwarten.

Die Eskalation im Vietnam-Krieg und die fast gleichzeitige Schwächung Chinas im Verlauf der Kulturrevolution machten es den Nachfolgern Chruschtschows möglich, die frühere Konfrontation mit den USA zunächst wieder im verstärkten Maße aufzunehmen und dabei den machtpolitischen und militärischen Spielraum der UdSSR in allen Konfrontationsräumen zu erweitern. Dies zeigte sich in der sowjetischen Einflußnahme im arabisch-israelischen Konflikt, in dem Aufmarsch starker sowjetischer Seestreitkräfte im östlichen Mittelmeer, in der massiven Waffenhilfe für Nordvietnam und schließlich auch bei der Invasion in der Tschechoslowakei.

Als jedoch 1970 in den USA und in der UdSSR Raketen mit atomaren Mehrfachsprengköpfen und Abfang-Raketen-Systeme entwicklungsreif wurden, drohte das Abschreckungsgleichgewicht der Supermächte außer Kontrolle zu geraten: Diese Waffen konnten einen Gegenschlag unmöglich und einen Angreifer daher unverletzlich machen.

Nach langwierigen Verhandlungen über die Begrenzung strategischer Waffen unterzeichneten Nixon und Breschnew im Mai 1972 in Moskau, ein Vierteljahr nach Nixons Besuch in Peking, zwei Abkommen: einen Vertrag über die „Einschränkung der Raketenabwehrsysteme" und ein „Zeitweiliges Abkommen über die Begrenzung der strategischen Offensivwaffen". Diese Verträge sicherten das atomare Kräftegleichgewicht und damit das „Gleichgewicht der Abschreckung" zwischen den beiden Supermächten.

Quellen und Darstellungen

390. Die soziale Lage in der UdSSR

Aus Klaus Mehnert, Der Sowjetmensch, Stuttgart 1959, S. 35ff.

„. . . Die Bolschewiken wehren sich mit Händen und Füßen, wenn man ihr Land einen Klassenstaat nennt; dabei berufen sie sich darauf, daß man von Klassenunterschieden nur dort sprechen könne, wo es einerseits Menschen gebe, denen Produktionsmittel gehören, andererseits solche, die diese nicht besitzen und die daher in Abhängigkeit von jenen leben. Das mag gewiß ein Kriterium von Klassen sein, aber ganz sicher ist es nicht das einzige, ja, gegenwärtig nicht einmal das entscheidende. Heute kommt es weit mehr darauf an, wer über die Produktionsmittel verfügt, nicht wem sie gehören. Und daß es in der Sowjetunion Personen gibt, welche über Produktionsmittel verfügen, und andere, die über diese nicht verfügen und daher von den ersteren abhängig sind, das kann auch ein Bolschewik nicht bestreiten. Erst recht kann er das weite Auseinanderklaffen des Einkommens und Lebensstandards von Oben und Unten nicht leugnen; dieses ist es, was dem Ausländer im heutigen Sowjetstaat mehr als alles andere ins Auge springt – hie Luxus, dort Armut; hie komfortable Wohnungen und Landhäuser, dort vollgepferchte Massenquartiere; hie bequeme Schlafwagen und elegante Limousinen, dort Güterwagen und überfüllte Autobusse.

Da ist es ein Streit um des Kaisers Bart, so will mir scheinen, ob man die soziale Struktur im Land der Sowjets als Klassenstaat bezeichnen oder ihrem Wunsch entsprechend auf dieses Wort verzichten soll. Tatsache ist, daß es in der Sowjetunion eine sehr deutlich ausgeprägte und steile soziale Pyramide gibt mit einem kraß voneinander verschiedenen Oben und Unten, mit zahlreichen, klar unterscheidbaren Etagen dazwischen . . ."

391. Das Prager Reformmodell

Aus dem Aktionsprogramm der KPČ vom 5. April 1968, nach Europa-Archiv 1968, 2, W 296 ff.

„Seit dem Ende der fünfziger Jahre ist unsere Gesellschaft in eine neue Entwicklungsetappe eingetreten. Aus dieser Tatsache hat sich allmählich die politische Linie herausgebildet, die wir in schöpferischer Weise verfolgen und entfalten wollen. Für die gegenwärtige Etappe ist charakteristisch:

es bestehen keine antagonistischen Klassen mehr, und zum wichtigsten Wesenszug der inneren Entwicklung wird der Prozeß der Annäherung aller sozialen Gruppen unserer Gesellschaft;

die bisherigen Methoden der Leitung und Organisation der Volkswirtschaft sind überlebt und erfordern dringend Änderungen, d.h. ein ökonomisches Leitungssystem, das eine Wendung zu intensivem Wachstum durchzusetzen vermag;

es wird notwendig sein, die Einschaltung des Landes in den Prozeß der in der Welt sich vollziehenden wissenschaftlich-technischen Revolution vorzubereiten; dies erfordert eine besonders intensive Zusammenarbeit zwischen Arbeitern und Bauern einerseits und der technischen sowie Fachintelligenz andererseits und wird hohe Anforderungen hinsichtlich Kenntnis und Qualifikation der Menschen sowie Geltendmachung der Wissenschaft stellen;

weiter Spielraum für die gesellschaftliche Initiative, offener Meinungsaustausch und Demokratisierung des ganzen Gesellschafts- und politischen Systems werden im wahren Sinn des Wortes zu einer Vorbedingung für die Dynamik der sozialistischen Gesellschaft – einer Vorbedingung dafür, daß wir im Wettbewerb vor der Welt bestehen und unsere Pflichten gegenüber der internationalen Arbeiterbewegung redlich erfüllen ...

Ohne Unternehmungstätigkeit kommt der Sozialismus nicht aus ...

Das Programm der Demokratisierung in der Wirtschaft verbindet die ökonomische Reform enger mit den Prozessen, die uns auf dem Gebiet der Politik und der gesamten Leitung der Gesellschaft bevorstehen, und es regt zur Bestimmung und Geltendmachung neuer Elemente an, die die ökonomische Reform weiterentwickeln würden. Das Programm der Demokratisierung der Wirtschaft umfaßt namentlich die Verwirklichung der Selbständigkeit der Unternehmen und Betriebsgruppierungen sowie ihre relative Unabhängigkeit von den Organen des Staates, die volle und reale Geltendmachung des Rechts des Verbrauchers, seinen Bedarf und seinen Lebensstil zu bestimmen, das Recht der freien Wahl der Arbeitstätigkeit, das Recht und die reale Möglichkeit verschiedener Gruppen von Werktätigen und unterschiedlicher sozialer Gruppen, ihre ökonomischen Interessen bei der Bildung der Wirtschaftspolitik zu formulieren und zu verteidigen.

Bei der Entfaltung demokratischer Beziehungen in der Wirtschaft erachten wir derzeit als das Wichtigste die endgültige Lösung der ökonomischen Stellung der Unternehmen, ihrer Vollmacht und Verantwortlichkeit ..."

392. Die Warnung an Prag

Aus dem gemeinsamen Brief der Führer der Kommunistischen Parteien der Sowjetunion, Polens, der DDR, Ungarns und Bulgariens vom 15. 7. 1968 an das ZK der KPČ.

„... Ihnen ist bekannt, daß die Bruderparteien die Beschlüsse des Januar-Plenums des ZK der KPČ mit Verständnis aufgenommen haben in der Überzeugung, daß Ihre

Partei die Hebel der Macht fest in ihren Händen halten, den ganzen Prozeß im Interesse des Sozialismus lenken und der antikommunistischen Reaktion nicht gestatten wird, diesen Prozeß für die eigenen Zwecke zu mißbrauchen. Wir waren überzeugt, daß Sie das Leninsche Prinzip des demokratischen Zentralismus wie Ihren Augapfel hüten werden. Jegliche Mißachtung einer Seite dieses Prinzips, sowohl der Demokratie als auch des Zentralismus, schwächt unvermeidlich die Partei und ihre führende Rolle und verwandelt die Partei entweder in eine bürokratische Organisation oder in einen Diskussionsklub. Wir haben bei unseren Zusammenkünften wiederholt über alle diese Fragen gesprochen und von Ihrer Seite die Versicherung erhalten, daß Sie sich über alle Gefahren Rechenschaft ablegen und fest entschlossen sind, diese Gefahren abzuwehren.

Leider nahmen die Ereignisse einen anderen Verlauf. Die Kräfte der Reaktion nutzten die Schwächung der Führung des Landes durch die Partei aus, mißbrauchten demagogisch die Losung der ‚Demokratisierung', entfesselten eine Kampagne gegen die Kommunistische Partei der Tschechoslowakei, gegen ihre ehrlichen und treuen Kader in der offenkundigen Absicht, die führende Rolle der Partei zu liquidieren, die sozialistische Ordnung zu unterhöhlen und die Tschechoslowakei in Gegensatz zu den anderen sozialistischen Ländern zu bringen. Die in der letzten Zeit außerhalb der Nationalen Front entstandenen politischen Organisationen und Klubs sind im Grunde genommen zu Stäben der Kräfte der Reaktion geworden. Die Sozialdemokraten fordern hartnäckig die Schaffung ihrer Partei, sie organisieren illegale Komitees, sie sind bemüht, die Arbeiterbewegung in der Tschechoslowakei zu spalten und die Führung des Landes in die Hand zu nehmen, um die bürgerliche Ordnung wiederherzustellen. Die antisozialistischen und revisionistischen Kräfte haben die Presse, den Rundfunk und das Fernsehen an sich gerissen und sie zu einem Sprachrohr der Angriffe gegen die Kommunistische Partei, der Desorientierung der Arbeiterklasse und aller Werktätigen, einer zügellosen antisozialistischen Demagogie, der Unterminierung der freundschaftlichen Beziehungen zwischen der ČSSR und anderen sozialistischen Ländern gemacht. Eine Reihe von Massenmedien praktiziert systematisch einen regelrechten moralischen Terror gegen jene Menschen, die ihre Besorgnis über den Verlauf der Ereignisse bekunden und gegen die Kräfte der Reaktion auftreten ..."

393. Aus der Erklärung der sowjetischen Nachrichtenagentur TASS zum Einmarsch von Truppen der Sowjetunion, Bulgariens, der DDR, Polens und Ungarns in die Tschechoslowakei vom 21. August 1968

Neues Deutschland, 21. August 1968

TASS ist bevollmächtigt zu erklären, daß sich Persönlichkeiten der Partei und des Staates der Tschechoslowakischen Sozialistischen Republik an die Sowjetunion und die anderen verbündeten Staaten mit der Bitte gewandt haben, dem tschechoslowakischen Brudervolk dringend Hilfe, einschließlich der Hilfe durch bewaffnete Kräfte, zu gewähren. Dieser Appell wurde ausgelöst, weil die in der Verfassung festgelegte sozialistische Staatsordnung durch konterrevolutionäre Kräfte gefährdet wurde, die mit den dem Sozialismus feindlichen äußeren Kräften in eine Verschwörung getreten sind.

Sowjetische Militäreinheiten haben gemeinsam mit Militäreinheiten der verbündeten Länder am 21. August 1968 das Territorium der Tschechoslowakei betreten. Sie werden sofort aus der CSSR herausgeführt, sobald die Gefahr für die Errungenschaften des Sozialismus in der Tschechoslowakei, die Gefahr für die Sicherheit der Länder der sozialistischen Gemeinschaft beseitigt ist, sobald die rechtmäßige Staatsmacht die Meinung vertritt, daß für einen weiteren Aufenthalt dieser militärischen Einheiten in der CSSR keine Notwendigkeit mehr besteht.

394. Aus einem Artikel des Zentralorgans der Kommunistischen Partei der Sowjetunion vom 26. September 1968 (die sog. „Breschnjew-Doktrin")

Die Presse der Sowjetunion (Ost-Berlin), 16. Oktober 1968

Die Völker der sozialistischen Länder, die kommunistischen Parteien haben die uneingeschränkte Freiheit, und sie müssen sie haben, die Entwicklungswege ihres Landes zu bestimmen. Jedoch darf keine Entscheidung von ihrer Seite entweder dem Sozialismus in ihrem Lande oder den Grundinteressen der anderen sozialistischen Länder, der ganzen internationalen Arbeiterbewegung, die den Kampf für den Sozialismus führt, Schaden zufügen. Das bedeutet, daß jede kommunistische Partei vor ihrem Volk und auch vor allen sozialistischen Ländern, vor der ganzen sozialistischen Bewegung verantwortlich ist ...

Die Soldaten der sozialistischen Bruderländer, die sich in der Tschechoslowakei befinden, beweisen mit ihren Handlungen, daß sie keine anderen Aufgaben außer der Verteidigung der sozialistischen Errungenschaften in diesem Lande haben. Sie mischen sich nicht in die inneren Angelegenheiten des Landes ein. Nicht mit Worten, sondern in der Tat führen sie den Kampf für die Prinzipien der Selbstbestimmung der Völker der Tschechoslowakei, für ihr unwiderrufliches Recht, selbst, ohne Einschüchterung seitens der Konterrevolutionäre, ohne revisionistische und nationalistische Demagogie, ihr Schicksal wohlüberlegt zu entscheiden.

395. Aus der Erklärung der sowjetischen Regierung zum sowjetisch-chinesischen Grenzverlauf im Fernen Osten vom 29. März 1969

Sowjetunion heute, 16. April 1969

Man darf ohne Übertreibung sagen, daß die Sowjetunion – durch Kredite, Lieferungen modernster Ausrüstungen und unentgeltliche Übermittlung enormer wissenschaftlicher und technischer Erfahrungen auf Bitte der chinesischen Regierung – China geholfen hat, die Basis einer modernen Industrie zu schaffen und die wirtschaftlichen Grundlagen des Sozialismus zu errichten. Tausende von sowjetischen Spezialisten arbeiteten in China Hand in Hand mit chinesischen Arbeitern und Ingenieuren beim Aufbau von für China völlig neuen Industrien: Flugzeugbau, Kraftwagenbau, rundfunktechnische Industrie und viele andere Branchen.

Diese gutnachbarliche Zusammenarbeit, in der sich die Prinzipien des sozialistischen Internationalismus verkörperten, wurde infolge der Wandlungen sowohl in der Innen- als auch in der Außenpolitik der chinesischen Regierung seit Anfang der sechziger Jahre beeinträchtigt. Damals begann auch die Lage an den Grenzen komplizierter zu werden ...

Die bewaffneten Provokationen der chinesischen Behörden am Fluß Ussuri sind somit keine zufälligen Zwischenfälle. Solche Aktionen fügen ebenso wie die Spannung an der sowjetisch-chinesischen Grenze im allgemeinen der Sache des Sozialismus und des Friedens, der Freundschaft zwischen dem sowjetischen und dem chinesischen Volk schweren Schaden zu.

Die Regierung der UdSSR erklärte und hält es für notwendig, erneut zu erklären, daß sie alle Anschläge auf sowjetisches Gebiet, von wem immer sie ausgehen mögen, nachdrücklich zurückweist. Und Versuche, mit der Sowjetunion und dem Sowjetvolk in der Sprache der Waffen zu sprechen, werden auf harten Widerstand stoßen.

396. Aus dem Vertrag über Freundschaft und Zusammenarbeit zwischen der Sowjetunion und der Vereinigten Arabischen Republik vom 27. Mai 1971

Neues Deutschland, 27. Mai 1971

Art. 2. Die UdSSR als sozialistischer Staat und die Vereinigte Arabische Republik, die sich die sozialistische Umgestaltung der Gesellschaft zum Ziel setzt, werden bei der Gewährleistung der Bedingungen für die Erhaltung und Weiterentwicklung der sozialökonomischen Errungenschaften ihrer Völker eng und allseitig zusammenarbeiten.

Art. 5. Die Hohen Vertragschließenden Seiten werden die allseitige Zusammenarbeit und den Erfahrungsaustausch auf wirtschaftlichem und wissenschaftlich-technischem Gebiet – in der Industrie, der Land- und Wasserwirtschaft, bei der Bewässerung, der Erschließung der Naturschätze, der Entwicklung der Energiewirtschaft, der Ausbildung nationaler Kader und auf anderen Gebieten der Wirtschaft – erweitern und vertiefen.

Die Seiten werden den Handel und die Schiffahrt zwischen den beiden Staaten auf der Grundlage der Prinzipien des beiderseitigen Vorteils und der Meistbegünstigung erweitern.

Art. 8. Im Interesse der Festigung der Verteidigungsbereitschaft der VAR werden die Hohen Vertragschließenden Seiten die Zusammenarbeit auf militärischem Gebiet auf der Grundlage entsprechender Abkommen zwischen ihnen weiterentwickeln. Eine solche Zusammenarbeit wird insbesondere Hilfe bei der Ausbildung von Militärangehörigen der VAR, bei der Ausbildung an den Waffen und Ausrüstungen vorsehen, die an die VAR geliefert werden, um deren Fähigkeit zur Beseitigung der Folgen der Aggression, wie auch ihre Fähigkeit zur Abwehr der Aggression überhaupt zu stärken.

Art. 9. Von den Zielen und Prinzipien dieses Vertrags ausgehend, erklärt jede der Hohen Vertragschließenden Seiten, daß sie nicht Bündnissen beitreten und sich nicht an Staatsgruppierungen sowie an Handlungen oder Maßnahmen beteiligen wird, die sich gegen die andere Hohe Vertragschließende Seite richten.

Art. 11. Der vorliegende Vertrag wird 15 Jahre gültig sein.

397. Aus der Grundsatzerklärung über die amerikanisch-sowjetischen Beziehungen, anläßlich des Besuchs des Präsidenten der USA, Richard M. Nixon, unterzeichnet, Moskau, 29. Mai 1972

Amerika-Dienst, Information Nr. 22/1972

Die Vereinigten Staaten und die Union der Sozialistischen Sowjetrepubliken sind wie folgt übereingekommen:

1. Sie werden von dem gemeinsamen Schluß ausgehen, daß es im Nuklear-Zeitalter keine andere Alternative gibt, als die gegenseitigen Beziehungen auf der Grundlage einer friedlichen Koexistenz zu gestalten. Unterschiede in der Ideologie und in den Gesellschaftssystemen der USA und der UdSSR sind keine Hindernisse für die bilaterale Entwicklung normaler Beziehungen, die auf den Grundsätzen der Sou-

veränität, der Gleichberechtigung, der Nichteinmischung in innere Angelegenheiten und des beiderseitigen Vorteils beruhen.

2. Die USA und die UdSSR legen größten Wert darauf, das Entstehen von Situationen zu verhindern, die zu einer gefährlichen Verschlechterung ihrer Beziehungen führen könnten. Sie werden daher ihr Äußerstes tun, um militärische Konfrontationen zu vermeiden und den Ausbruch eines Nuklearkrieges zu verhindern. Sie werden in ihren gegenseitigen Beziehungen stets Zurückhaltung üben, und sie werden bereit sein, zu verhandeln und Meinungsverschiedenheiten mit friedlichen Mitteln beizulegen. Die Voraussetzungen für die Erhaltung und Stärkung friedlicher Beziehungen zwischen den USA und der UdSSR sind die Anerkennung der Sicherheitsinteressen der Vertragspartner auf der Basis des Grundsatzes der Gleichberechtigung und der Verzicht auf Anwendung oder Androhung von Gewalt.

3. Die USA und die UdSSR sind bestrebt, Bedingungen herbeizuführen, unter denen alle Länder in Frieden und Sicherheit leben können und nicht Gegenstand einer Einmischung in ihre inneren Angelegenheiten von außen werden ...

11. Die Entwicklung der amerikanisch-sowjetischen Beziehungen richtet sich nicht gegen irgendwelche dritten Länder oder deren Interessen.

12. Die in diesem Dokument dargelegten Grundsätze berühren nicht Verpflichtungen irgendwelcher Art, die von den USA oder der UdSSR in bezug auf andere Länder früher eingegangen worden sind.

Register der wichtigsten Personennamen

987654